여암 신경준 연구

실시학사
실학연구총서 17

여암 신경준 연구

旅菴 申景濬 硏究

고동환 · 신익철 · 이준환 · 류명환 · 박권수 저
재단법인 실시학사 편

학자원

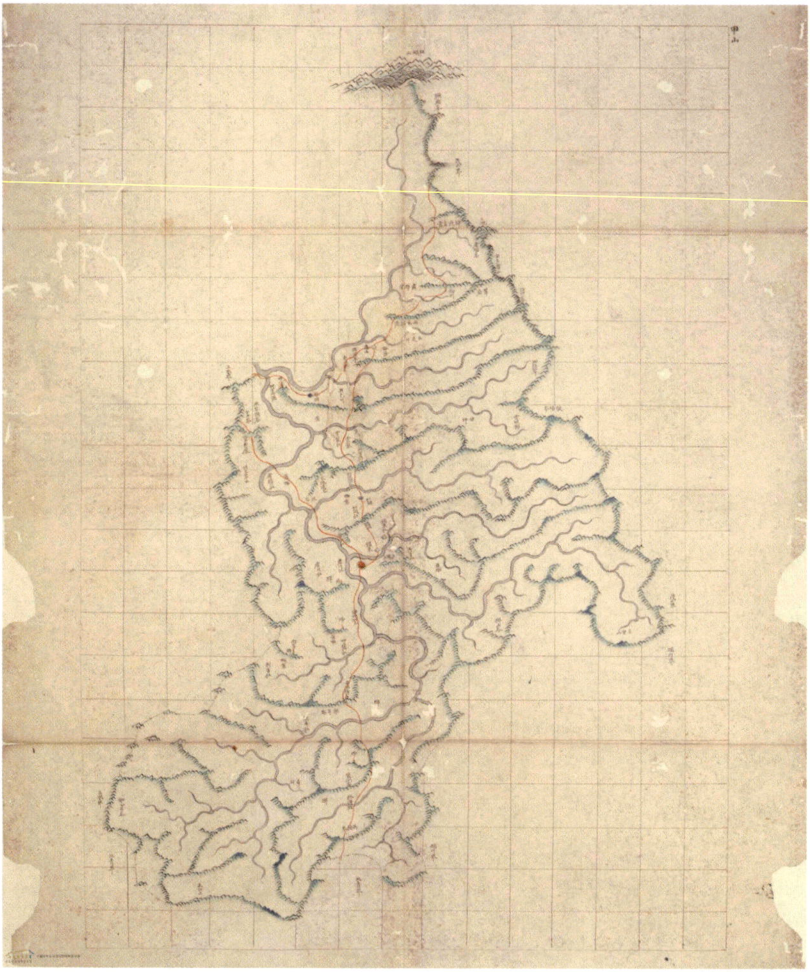

조선지도 함경도 갑산지도(보물 제1587호) 출처: 서울대학교 규장각한국학연구소 소장

경기도지도 (보물 제1598호) 출처: 경희대학교 혜정박물관 소장

경상총여도 (보물 제1599호)　출처: 개인소장 (신성수)

귀래정 원경　촬영: 고동환

여암 신경준 묘소　촬영: 고동환

신경준묘 우측석물

신경준묘 좌측석물

實學硏究叢書를 펴내며

실학(實學)이 우리나라 학계에 연구주제로 떠올라, 정식의 학술논문으로 학술지에 등재(登載)되기 시작한 것은 1952년 이후의 일이다. 천관우(千寬宇)의 「반계 류형원(磻溪 柳馨遠) 연구」가 『역사학보(歷史學報)』 2 · 3집에 발표된 것이 그 시발점이다. 지난 계몽기(啓蒙期)의 몇몇 선학(先學)들이 실학에 대한 관심을 표명해 왔으나 일반 신문 잡지에 논설조(論說調)로 내놓은 것이 고작이었던 것에 비하면, 천관우의 글은 당시 비록 한편에서 저널리스트식 필치로 써내려온 것이란 비판이 있었지만 일단 수미정연(首尾整然)한 체제를 갖춘 논문으로 주목할 만하였다. 그러나 당시 연구자의 수가 많지 않고 학계의 관심도 분산되어 있어서 개별 실학자에 대한 연구가 간헐적으로 있는 정도였고 그리 활발한 편은 아니었다. 그중에서 1961년에 한우근(韓沽劤)의 성호(星湖) 이익(李瀷)에 관한 연구가 『이조후기(李朝後期)의 사회(社會)와 사상(思想)』이란 책으로 나와, 그의 실증사학(實證史學)으로서의 견고한 학풍을 보여주었다.

그러다가 1970년에 이우성(李佑成)의 「실학연구서설(實學硏究序說)」

이 나와, 그동안 유동적이었던 실학의 명칭문제가 일단 타결된 듯이 보이고, 나아가 실학의 내용을 경세치용(經世致用)·이용후생(利用厚生)·실사구시(實事求是)의 세 파로 나누어 설명함으로써 그 학문의 성격을 용이하게 파악할 수 있게 하였다. 또한 경세치용파를 근기지방(近畿地方)의 농촌토착적 환경에서, 그리고 이용후생파를 서울의 도시적 상황 속에 형성된 것으로 이해하면서 「18세기 서울의 도시적 양상」을 묘사하여 이용후생파의 성립 배경을 밝히려고 하였다. 다시 나아가 다산(茶山) 정약용(丁若鏞)에 이르러 위의 양파(兩派)가 회합(匯合)되는 동시에 호한(浩汗)한 경전해석(經典解釋)으로 실사구시파(實事求是派)를 추동(推動)시킨 느낌이 있어, 다산학이 실학의 대성을 의미하는 것이라고 언급하였다. 이후 계속해서 실학의 후속 학자로 최한기(崔漢綺)와 최성환(崔瑆煥)을 연구하여 최한기가 『기학(氣學)』과 『인정(人政)』을 저술하는 한편 서양과학지식을 대폭 수용하고, 최성환은 중인(中人) 출신으로 국왕(國王)의 자문에 응한다는 취지에서 『고문비략(顧問備略)』을 저술하여 전반적 제도 개혁을 주장한 것을 높게 평가하였다. 특히 최성환의 바로 뒤에 중인층의 후배들이 개화운동의 배후 공작자로 활약하게 된 것을 말함으로써 실학사상(實學思想)과 개화사상(開化思想)의 연결 관계를 미루어 알게 하였다.

한편 '실학국제회의(實學國際會議)'를 구성하여 한·중·일 삼국의 학자들이 각자 자국의 실학을 중심으로, 2년마다 돌아가면서 국제회의를 개최하도록 함으로써 동아시아세계로 실학의 지평을 넓혔다. 그리고 '한국실학학회(韓國實學學會)'를 조직하여 국내 학자들을 수시로 발표시키고 1년에 두 차례 학보를 발행하여 우리나라 실학연구를 다소 진작되게 하기도 하였다.

실시학사(實是學舍)가 서울에서 근기(近畿) 쪽으로 옮긴 뒤에도 나는 젊은 학도들과 강독 및 연토(硏討)를 지속해오고 있지만 연로신쇠(年老身衰)한 처지에서 불원 철수 은퇴할 것을 생각하고 있었다. 뜻밖에 나의 친구 모하(慕何) 이헌조(李憲祖) 형이 거액의 사재를 출연하여 실시학사를 재단법인으로 만들고 그 기금으로 실학연구에 박차를 가해 줄 것을 권유해 왔다. 나는 사회와 학문에 대한 그의 열정에 감동하여 사양치 않고 그의 뜻에 따랐다. 즉시 연구계획을 세우고 국내학자들을 널리 동원하여 1차 연도에 성호·다산을, 2차 연도에 담헌(湛軒)·연암(燕巖)과 실학파 문학을, 그리고 3차 연도에 반계와 초정(楚亭)을 다루기로 하였다. 각 팀에 5명을 한 단위로 하여 1년 동안의 공동연구 끝에 각자 논문을 제출하여 한 권의 책을 내기로 하였다.

이제 2년의 세월이 흘렀다. 각기 1년씩의 기간이 끝나 논문들이 함께 나와, 무려 5책을 한꺼번에 출판하게 되었다. 집필자들은 모두 해당 분야의 전문 연구자로서 가장 정예(精銳)로운 분들이라고 생각한다. 독자 여러분의 보살핌을 바란다. 앞으로 3차에 이어, 4차, 5차로 계속 진행될 것이다. 국내외 학계 여러분의 성원과 협조를 기대하여 마지않는다.

이 글을 마치려 함에 있어, 거듭 모하(慕何) 형에게 고마움을 표하면서 앞으로 그 뜻을 살려 더욱 성과를 내게 될 것을 다짐한다.

2012년 임진 4월 3일

李佑成

| 이 책을 내면서 |

재단법인 실시학사는 2012년 『성호 이익 연구』를 시작으로 16권의 '실시학사 실학연구총서'를 간행하여 왔다. 이번에 총서의 17권으로 『여암 신경준 연구』를 출간하게 되었으니, 만 10년 만에 17권의 연구총서를 펴내는 왕성한 활동을 한 것이다. 책머리에 이번 총서 출간의 경위를 밝히고 전체 내용을 간명하게 제시하여 독자의 이해를 돕고자 한다.

신경준(申景濬)은 당대에 '박학지재(博學之才)', '경제지사(經濟之士)'라고 일컬어진 박식한 학자로 지리 · 역사 · 언어 · 과학기술 등 여러 방면에서 걸출한 저술을 남긴 실학자이다. 이처럼 다양한 신경준의 학문 세계는 격물치지(格物致知)의 전통적 학문관을 넘어서 실생활에 유용한 기예(技藝) 또한 학문의 대상으로 중시한 특징을 지닌다. 기술과 실용을 강조하며 여러 부문에서 탁월한 학문적 성취를 이룬 그의 학문은 소북(小北)의 가학 전통과 함께 서울 학풍을 폭넓게 소화한 바탕에서 형성되었으며, 18세기 사상사에서 독특한 위상을 지니는 것으로 알려져 있다.

이처럼 다양한 부문에 걸쳐있는 신경준의 저술과 학문 세계를 총체적으로 조명하기 위해서 각 분야의 전문 연구자로 연구진을 구성하게 되었다. 신경준의 생애와 사상을 전반적으로 살펴보는 글은 고동환 교수가 맡기로 하였고, 문학에 대한 관점과 그 성취를 해명하는 글은 신익철이 담당하게 되었다. 문자학 분야의 탁월한 저술인 『운해훈민정음(韻解訓民正音)』은 이준환 교수, 지리학 분야는 류명환 연구원, 과학 기술과 관련된 여러 저술은 박권수 교수가 맡게 되었다. 이 다섯 사람은 각자의 전공 분야에서 신경준에 관심을 가지고 연구를 진행해 오거나 관련 주제로 논문을 쓴 경험이 풍부한 연구자이다.

연구진이 구성된 이후 각자의 연구 주제를 구체화하고, 의견과 자료를 교환하는 모임을 갖고자 하였는데, 코로나 사태로 뜻한 만큼 자주 기회를 갖지는 못하였다. 2018년 연말에 연구진이 구성되었는데, 6개월이 더 지난 2019년 6월 28일에야 첫 모임을 가질 수 있었다. 이 자리에서 송재소 원장님이 '실학연구총서'의 출간 현황과 신경준 연구를 기획하게 된 배경을 말씀해주시고, 다섯 명의 연구자는 각자의 연구 방향과 계획을 설명하고 향후 일정을 논의하였다. 이때 순창 남산골에 있는 여암(旅菴) 고택을 함께 답사하고, 원고의 초고를 발표하는 모임을 갖기로 하였다. 그런데 이 또한 코로나 사태로 부득이 취소하게 되었고, 대신에 2020년 9월 12일에야 온라인상에서 각자 초고를 발표하고 의견을 교환하는 기회를 가졌다. 이 모임에서 연보 작성은 고동환 교수가 맡아 수고해 주시기로 하였다.

그동안 실학연구총서 연구팀의 중간발표회는 성균관대학교 600주년 기념관에서 많은 청중이 참석한 가운데 성대하게 개최하는 것이 관례였다. 그런데 이 역시 코로나 사태로 인해 2020년 10월 16일 한국학중앙연구원 문형관 회의실에서 토론자만 참석한 채 간략하게 진행할 수밖에 없었다. 이날 발표회에서 고동환의 「여암 신경준의 생애와 사상」(토론: 이헌창 고려대 교수), 신익철의 「신경준 문학관의 특징과 창작의 실제」(토론: 김동준 이화여대 교수), 이준환의 「『운해훈민정음』에 반영된 신경준의 성운(聲韻) 인식」(토론: 임다영 단국대 일본연구소 교수), 류명환의 「여암 신경준의 지리학」(토론: 정은주 한국학중앙연구원 연구원), 박권수의 「여암 신경준의 과학사상」(토론: 구만옥 경희대 교수)의 주제로 논문을 발표하고 토론을 진행하였다. 종합토론의 사회는 권오영 한국학중앙연구원 교수가 맡아 수고를 해주셨다.

당초 계획은 중간발표회를 마치고 나서 토론자의 지적을 반영하고 미흡한 내용들을 보완하여 12월 말까지 완성된 원고를 제출하는 것이었다. 그런데 코로나 사태로 연구 일정이 전반적으로 미루어지면서 올해 2월 말에야 전체 원고가 완성될 수 있었다. 완성된 원고를 제출하고 나서 연구자가 모여 집담회를 가지는 것도 코로나 사태로 두 차례나 연기한 끝에 대면 모임을 포기하고 올해 8월 13일에 온라인상에서 개최할 수밖에 없었다. 집담회를 통해 각자 논문의 핵심적인 취지를 밝히고 상호 의견을 교환하면서 향후 신경준 연구에 있어 나아가야 할 방향을 전망해보았다.

이제 이 책에서 사학, 문학, 어학, 지리학, 과학사 분야의 전공자가 쓴 글의 내용을 간략히 소개하겠는데, 논문이 실린 순서대로 살펴본다.

먼저 고동환 교수는 「여암 신경준의 생애와 사상」이라는 제목으로 신경준의 생애와 학문세계를 종합적으로 살펴보았다. 고동환 교수는 신경준에 대해 꾸준히 관심을 가지고 연구해 온 연구자로 생애의 특징으로 세 가지 점에 주목했다. 첫째 신경준은 전국 각지를 유력하면서 수학했으며, 강화도에 머물 때 소론(少論)의 강화학파(江華學派)에 영향 받았을 가능성이 있다는 점과 둘째로 관직 생활에 있어서는 권세가와의 연결이 없이 자신이 지닌 능력만으로 승진했다는 점, 마지막으로 소북(小北) 가문의 가학적 전통과 함께 서울 지역의 학문 풍토로부터 받은 영향이 보인다는 점이다.

여암의 사상과 관련해서 고동환 교수는 박학(博學)하면서도 실증(實證)을 중시한 신경준은 경세론(經世論)이나 이기론(理氣論)과 관련된 글을 거의 남기지 않고 있어 독특한 면모를 지닌다고 하였다. 일반적으로 18세기의 사상가들은 성호(星湖) 이익(李瀷)의 영향을 받거나, 연행(燕行)을 통한 중국의 선진 문명 수용 등에 경도된 이들이 많은데, 신경준에게서는 이러한 경향을 찾아볼 수 없다고 하였다. 그러면서 정치와 분리된 학문을 추구하여 전근대 학문의 속성을 탈피한 점에 여암 사상의 독특한 특징이 있는 것으로 보았다. 고동환 교수의 이러한 견해는 18세기 사상사에서 신경준이 지닌 위상을 파악함에 있어 많은 시사점을 제시한다고 하겠다.

필자는 「신경준 문학관의 특징과 창작의 실제」라는 제목하에 문학관이 어떤 특징을 가지고 있으며, 그것이 시와 산문을 포괄한 문학세계 전반에 어떻게 구현되고 있는지를 살펴보고자 했다. 신경준은 문인이라기보다는 학자적 면모가 강한 분으로 이치(理致)의 자득(自得)을 중시하며 역학(易學)이나 상수학(象數學)에도 조예가 깊었던 인물이다. 문학관에 있어서는 시의 경우 『시칙(詩則)』의 분석을 통해 성률(聲律)을 중시하고 근체시(近體詩)보다는 고체시(古體詩)를 선호하였음을 밝혔다. 산문에 있어서는 분석적이고 치밀한 글쓰기와 함께 이치의 자득을 중시하는 관점을 지녔는데, 이는 관찰과 실증을 중시한 학문관과 관련되는 것으로 보았다.

민족 고유의 정서를 반영하는 데 관심이 많았던 신경준은 민요풍의 시와 악부시를 많이 창작했다. 그중에서 「농구(農謳)」와 같은 민요풍의 악부시나 영조의 명에 의해 지어진 「민은시(民隱詩)」 같은 작품은 애민 의식과 함께 민풍 토속을 실감나게 그린 뛰어난 작품으로 평가하였다. 산문의 경우 「서장자제물론후(書莊子齊物論後)」를 분석하여 이치의 자득을 중시한 분석적이고 치밀한 글쓰기가 작품에서 어떻게 발휘되고 있는지 구체적으로 살펴보았다. 불교계의 선승(禪僧)들과 주고받은 시문에도 치밀한 글쓰기로 깊은 주제 의식을 담은 작품들이 있음을 소개하고 분석하기도 하였다. 아울러 신경준의 문학세계를 소북의 문학 전통과 일정한 관련이 있는 것으로 파악하고, 향후 심화된 연구가 진행될 필요가 있음을 지적하였다.

국어학 분야의 이준환 교수는 「『운해(韻解)』의 기술 내용에서 볼 수 있는 신경준의 성운(聲韻) 인식」이라는 제목으로 『운해훈민정음』을 정치하게 분석하고는 그 명칭을 『운해』로 부르는 것이 옳다는 견해를 제시하였다. 그 이유는 여기에서 훈민정음은 연구의 대상이라기보다는 성운의 특성을 드러내는 표음(表音)의 도구로 활용되고 있기에, 원제목대로 '운해'라 칭함이 이 저작의 성격에 부합한다고 본 것이다. 기존에 『운해훈민정음』을 훈민정음 연구서로 보거나 우리의 한자음 연구서로 보는 견해와 달리 이준환 교수는 중국의 한자음과 우리의 한자음, 일본의 한자음까지 분석해서 도해(圖解)함을 목적으로 한 저작으로 그 성격을 파악한 것이다.

『운해』에서 신경준은 소옹(邵雍)의 「황극경세성음창화도(皇極經世聲音唱和圖)」에 기반을 두고서 중국, 조선, 일본 한자음의 변화를 최대한 반영하고자 하였는데, 이는 성모(聲母)와 운모(韻母) 중 운모를 세분화하는 것으로 나타났다고 설명하였다. 즉 성모는 『홍무정운(洪武正韻)』 등에서 제시한 36자모(字母)의 틀을 유지하면서 운모의 경우에는 개구호(開口呼)와 합구호(合口呼)의 이호(二呼) 체계에서 제치호(齊齒呼)와 촬구호(撮口呼)로 더 세분화해서 사호(四呼) 체계로 운도(韻圖)를 제시하였다는 것이다. 그리하여 당시 한자음의 변모를 반영함에 있어 성모는 이전의 규범을 따르면서 운모를 현실 언어에 맞게 재편하는 방식으로 운도를 만들어낸 점에 『운해』의 독창성이 있는 것으로 보았다. 이처럼 실제 현실의 변화에 관심을 가지고 현실음을 정확히 반영하려는 노력에서 실학자적 면모를 발견할 수 있다고 하였다. 이준환 교수의 이러한 주장은 『운해훈민정음』을 매우 깊이 있게 분석하여 참신한 견해를 제시한 것이기에, 향후 국어학 분야에서 활발한 논쟁을 불러일으킬 것으로 보인다.

신경준은 『강계고(疆界考)』, 『사연고(四沿考)』, 『도로고(道路考)』, 『산수고(山水考)』, 『가람고(伽藍考)』 등의 여러 지리서를 저술하였으며, 관찬지리지인 『여지고(輿地考)』와 『동국여지도(東國輿地圖)』의 편찬을 주도하여 지리학 분야에도 탁월한 업적을 남긴 학자이다. 류명환 연구원은 「여암 신경준의 지리학」이라는 주제로 신경준의 다양한 지리서의 성격을 개괄하고 그의 국토 인식의 특징을 규명하였다. 예컨대 영조에 명에 의해 편찬된 『여지고』는 신경준이 저술한 지리서들을 참고해서 제작이 되었는바, 신경준의 지리 지식이 국가적으로 공유화 되면서 강역(疆域), 군현 연혁, 산천, 방어, 교통 등 국토에 대한 다양한 주제를 포괄한 지리서가 출현할 수 있었던 것으로 보았다. 신경준은 지도 제작에도 참여하여 『동국지도(東國地圖)』를 바탕으로 『열읍도(列邑圖)』 8권과 『팔도도(八道圖)』 1권, 「전국도(全國圖)」 족자 한 개를 완성하였다고 하는데, 현재 여러 기관에 보물로 지정된 지도가 신경준이 편찬한 지도로 추정되고 있음을 소개하였다.

한편 신경준의 국토 인식과 관련해서는 동서남북이라는 사연(四沿) 안에 우리나라 영역의 범위를 유기적으로 엮어 『도로고』에 설정하고 있으며, 특히 백두산을 사연로의 출발점으로 삼아 압록강-백두산-두만강을 잇는 지역을 우리나라 북쪽 경계로 설정한 것에 주목하였다. 이처럼 다양한 지리서와 지도 편찬은 신경준에 의해 조선 지리학이 정립되었다고 평할 만하며, 김정호(金正浩)의 지도 제작에 영향을 끼쳤다고 하였다.

신경준은 지도 제작 외에도 기술 지식과 군사 분야에도 비상한 관심을 가져 천문관측(天文觀測) 기구와 선박과 화차(火車) 등의 제작 방법을 도면과 함께 상세하게 논한 저술을 남겼다. 과학기술에 대한 비상한 관심은 여타 실학자와 구별되는 신경준 학문의 독특한 면모로 진작부터 주목받아 왔다. 이에 대해 박권수 교수는 신경준의 과학기술과 전통적인 성리학적 자연철학이 함께 논의될 필요가 있음을 지적하고, 「여암 신경준의 과학사상」이라는 주제로 관련 저술을 검토하였다. 즉 천문학(天文學)과 조석(潮汐)에 관한 논의와 여러 기술적 지식에 관한 저술을 살펴본 데 이어, 『소사문답(素沙問答)』과 『훈민정음운해(訓民正音韻解)』에 담긴 자연철학과 성운학(聲韻學)에 관한 관점까지 함께 논의한 것이다. 그러고 나서 신경준의 과학기술 저술에 보이는 실용적이고 실제적인 지식들이 전통적 자연철학적 지식들과 어떤 식으로 결합되어 있으며, 아울러 어떠한 지적인 맥락 속에서 이 둘이 통합되어 있는지를 살펴보았다.

이처럼 관련 저술을 면밀하게 검토한 후에 박권수 교수는 과학과 기술적 지식에 대해 실용적인 관점에서 구체적인 탐구를 진행하면서 동시에 전통적인 자연철학을 토대로 기술적 지식의 기본 원리를 드러내고자 한 데서 신경준 과학사상의 특징을 찾았다. 이는 격물(格物)과 함께 기예(技藝)까지 철저하게 탐구하여 세계와 사물에 대한 치지(致知), 즉 지극한 앎의 경지에 도달하고자 한 원대한 학문관에서 기인한 것으로 보았다. 그러면서 신경준의 저술에 보이는 상수학적 자연철학의 면모는 신경준 학문의 '실학적 성격'의 또 다른 일면으로 이해할 필요가 있음을 지적하였다. 이러한 논의는 신경준의 저술에서 확인되는 양면성, 즉 실용적인 지식에 대한 탐구와 성리학적 자연철학의 관념을 통합적으로 인식하는 해법을 제시하였다는 점에서 시사하는 바가 크다고 생각된다.

이상에서 이 책에 수록된 논문의 내용을 다소 거칠게 살펴보았다. 각 논문은 대략 300매에서 500매에 이르는 분량의 장편의 글로 현 단계에서 신경준의 학문과 사상에 대한 연구 성과를 대변하고 있다고 보아도 무방하다. 사학 · 문학 · 어학 · 지리학 · 과학사 분야의 연구자가 쓴 이 글들은 박학하기로 이름난 신경준의 학문 세계를 전반적으로 살펴보는 데에 요긴한 도움을 줄 수 있을 것으로 기대한다.

논문 외에 고동환 교수가 작성한 연보는 문집(文集), 묘갈명(墓碣銘), 묘지명(墓誌銘), 행장(行狀) 등의 기록과 『승정원일기(承政院日記)』, 『영조실록(英祖實錄)』, 『비변사등록(備邊司謄錄)』 등의 관찬(官撰) 기록을 두루 참조해 신경준의 생애를 세밀하게 복원하였다. 향후 신경준 연구에 있어 많은 참조가 될 것이다. 최다정 선생이 정리한 연구논저 목록은 초간본(初刊本), 중간(重刊), 영인본(影印本)으로 구분해 원전 자료를 정리하였고, 연구 논저와 번역서, 잡지 등에 실린 관련 글에 이르기까지 신경준 관련 연구 성과를 최대한 빠짐없이 수록하고자 노력하였다. 신경준 연구사를 살펴보는 데 유용한 참고가 될 것이라 생각한다.

감준희 선생이 정리한 집담회 내용 또한 신경준의 학문과 사상을 이해하는 데 도움을 주리라 기대한다. 우리 연구팀은 이 자리에서 향후 신경준 연구에 있어 고려할 문제점으로 세 가지 사안에 공감했다. 첫째, 여암 자료의 정본(定本)을 확립하는 작업이다. 여암 자료들이 많이 흩어져 있기에, 적극적으로 조사해서 여암이 직접 저작한 것과 학습용으로 다른 사람들의 저작을 초록한 것 등을 자세히 검토해서 정본을 확립하는 작업이 시급하다는 데 의견을 같이하였다. 둘째, 실학 사상사에서 신경준을 어떻게 평가하느냐의 문제이다. 일직이 위당(爲堂) 정인보(鄭寅普) 선생은 성호(星湖)와 다산(茶山) 사이에 여암을 위치시켰는데, 이들과 변별되는 여암 학문의 특징을 실학사의 맥락에서 어떻게 정립하는 것이 온당한 지에 대한 모색이 필요하다고 보았다. 셋째, 실용적인 학문에 대한 비상한 관심과 함께 상수학이나 역학에 대해서도 조예가 깊었던 양 측면을 어떻게 인식해야 할지에 대한 문제이다. 이와 관련해서는 박권수 교수가 마지막까지 원고를 수정하면서 나름의 견해를 제시하고자 노력한 것으로 보인다.

모쪼록 이러한 다양한 논의를 담고 있는 『여암 신경준 연구』가 향후 신경준과 18세기 학술계를 조명하는 연구자들에게 많은 참조가 되며 관련 연구를 촉발시키는 계기가 될 수 있기를 기대한다.

2021년 11월 12일

집필진을 대표하여 신익철 씀

| 차 례 |

『운해(韻解)』의 기술 내용에서 볼 수 있는 신경준(申景濬)의 성운(聲韻) 인식

| 이준환 |

여암 신경준의 지리학

| 류명환 |

여암 신경준의 과학사상

| 박권수 |

부록

旅 菴

여암 신경준의 생애와 사상

고동환 | KAIST 인문사회과학부 교수

1. 머리말

2. 여암의 생애

3. 여암 사상의 특질

4. 여암의 상상사적 위치 - 맺음말에 대신하여

1. 머리말

> "신여암(申旅菴)선생은 고령인이니 경준(景濬)은 휘(諱)요 순민(舜民)은 그의 자(字)이다. 이렇듯 거룩한 어른을 말하면서 그의 호(號)만으로 부족하여 다시 그의 휘와 자를 쓰게 되는 것을 보면 마치 이 세상에 대하여 첫 번으로 소개하는 것 같다. 세상이 다 여암선생을 고루 알지 못할 새 이렇게 써서 알아드리기를 구하는 것이 아닌가? 이 어찌 개연치 아니한가?"[1]

이 글은 일제강점기 국학 운동을 주도했던 위당 정인보(1893~1950) 선생이 순창 남산골의 여암 고택방문기를 쓰면서 남긴 첫 문장이다. 위당에 의해 여암 신경준(1712~1781)이 재발견되는 순간이었다. 1934년 7월 14일 위당은 석전(石田) 유건영(柳健永, 1883~1940), 민세 안재홍(1891~1965), 윤석오(尹錫五, 1912~1980)와 함께 남쪽지방 여행을 떠났다. 도중에 순창의 여암 고택을 방문하여, 네 차례에 걸쳐 방문기를 썼다. 위당 정인보는 "여암이 남긴 저술이 고택에 사람 키만큼 쌓였건만 사람들이 귀한 줄 몰라 좀이 슬고 쥐가 갉아먹는 현실"을 매우 아파하면서 여암의 저술이 출판되기를 염원했다.[2] 위당의 염원은 1939년 『여암전서(旅菴全書)』가 활자본으로 간행되면서 결실을 보았다. 위당은 이 책의 교열을 담당했고, 총서(總敍)를 작

---

* 본고는 필자가 기왕에 발표한 글(2003a; 2003b; 2012)을 토대로 새로운 자료들을 보완하여 여암의 생애와 사상에 대해 종합한 글임을 밝혀둔다.

1 정인보, 「南遊寄信 申旅菴古宅訪問記 1」, 『薝園 鄭寅普全集』 1(연세대 출판부, 1983), 188쪽.

2 정인보 지음, 정양완 옮김, 「將編申旅菴先生全書 書示先生五世孫相賢」, 『薝園文錄』 中(태학사, 2006), 128쪽, "最傷著述等身高, 人不知貴蠹鼠食."

성하였다. 그러나 무슨 이유에선지 총서는 『여암전서』에 실리지 못하고 유고 형태로 위당의 집에 남겨져 있다가, 1976년 경인문화사에서 『여암전서』 영인본을 간행할 때 비로소 햇빛을 보게 된다. 「여암전서총서(旅菴全書總敍)」에서 정인보는 다음과 같이 여암을 평하고 있다.

> 만약에 여암선생이 그때 정부의 대권을 잡을 지위에 쓰여서 그 재주를 다 발휘하여 실시케 할 수 있었던들, 지금으로부터 140~150년 전이니 어찌 알랴, 쇠해지지 않고 떨쳤으며, 무너져 내리던 것이 완전해지고 약한 게 굳건해지고 가난도 넉넉해지고 가뭄 걱정을 않고 메진 땅도 백성을 괴롭히지 않았을 것이다. ……(중략)…… 저 성(盛)하게 날로 떨쳐 오르는 자와 견주더라도 어쩌면 앞질렀었을 것을! 설사 앞지르지는 못했다 하더라도 어찌 문득 그 밑에야 깔리었겠는가. 그럴 만한 인재가 있었건만 그로 하여금 그 마음먹은 바를 완수케 하지 못하여 만사가 끝장나게 하였으니 어찌 하리요. 한 선비의 등용됨과 버려짐이 세상의 흥망과의 관계가 얼마나 큰가.[3]

신경준이 국정을 담당하는 위치에 있었더라면 나라가 망하지는 않을 것이며, 오히려 일본을 능가하는 발전을 이룩할 수 있었을 것이라는 진한 아쉬움을 표하고 있는 것이다. 나라가 망한 까닭은 여암과 같은 인재를 제대로 활용하지 않고 버렸기 때문이라는 것이다.

이처럼 위당이 나라를 구할 재주를 지녔다고 평가한 여암 신경준은 당대에 '해박지재(該博之才)'[4], '경제지재(經濟之才)'[5]라는 평가를 받

3 정인보 지음, 정양완 옮김, 「旅菴全書總敍」, 『薝園文錄』 中(태학사, 2006), 230~235쪽.

았으며, 오늘날에도 '국학정신의 온상'[6], '국토와 도로의 개념을 발견한 실학자'[7]라고 평가받고 있다. 여암 신경준에 대해 당대의 평가는 주로 '엄박(淹博)'이라는 점에 초점이 두어졌으나,[8] 일제강점기 국학운동기로부터 오늘날까지는 주로 국어, 국토, 국사를 연구했던 국학자로서 자리매김하고 있다.

그러나 신경준의 연구영역은 국학에 그친 것만은 아니었다. 그는 불교, 도교 및 제자백가 사상에도 널리 해박할 뿐만 아니라, 선박, 수레, 화기(火器) 등 각종 실용적인 기기류에 대해서도 상당한 지식을 지닌 학자였다. 그러므로 그의 평생지기였던 이계(耳溪) 홍양호(洪良浩, 1724~1802)는 그에 대해서 이교구류(二教九流)에 널리 능통한 학자라고 평가하고 있다.[9] 노장과 불교사상은 물론 전국시대의 유가, 도가, 음양가, 법가, 명가, 묵가, 종횡가, 잡가, 농가 등 구류(九流)에도 모두 능통했다는 것이다.

이교구류 외에도 여암은 시인이면서 동시에 언어학자, 지리학자, 천문학자, 병법가, 공학자, 식물학자의 면모도 가지고 있었다. 이처

---

4 『승정원일기』 영조 46년 1월 6일, "上曰, 申景濬 該博之才也."

5 『旅菴遺稿』 권13, 「行狀 禮曹判書申獻求敬撰」, "領相洪鳳漢聞先生名, 諷使入京, 先生不動 乃言于上曰, 申某經濟之才也, 辟爲備局郎. 上命馳馹召之."

6 강신항(1965)

7 이종범(2003)

8 『頤齋亂藁』 권11, 初六日 庚申, "以南中文官言之, 高低貴賤, 通共七十餘人. 見今生存, 文學則李基敬, 淹博則申景濬, 若其孝友而兼有文詞者, 安正言致宅是也."

9 『旅菴遺稿』 권13, 「大提學洪良浩撰墓碣銘」. 홍양호의 初名은 良漢이다. 여암보다 2년 앞선 1752년 문과에 급제하였고, 지평 · 수찬 · 교리를 지낸 뒤 영조연간에 『여지도서』의 편찬을 건의했으며, 정조 때 홍국영이 실각한 뒤 한성우윤, 대사간, 대사헌, 평안도관찰사, 이조판서 등을 역임하였다.

럼 다양한 분야에 많은 글을 남긴 여암은 '박학(博學)'이란 말로만으로는 포용할 수 없는 학문세계를 구축한 학자였다. 여암 신경준의 학문은 사승(師承)관계가 없는 자득학문(自得學問)이라는 점에서 뿐만 아니라, 이단에 관용적이며 기술과 실용을 중시한다는 점에서 18세기 사상사에서 매우 독특한 위치를 점한다. 그러나 기왕의 연구에서는 신경준이 남긴 글들을 관심분야에 따라 따로 분석하여 국어학자, 역사지리학자로 자리매김해 온 것이 대부분이다.[10] 이러한 각론적 이해를 통해서도 신경준의 학문이 지닌 역사적 의의를 어느 정도 드러낼 수 있을 터이지만, 신경준의 총체적인 학문과 사상을 복원하는 데는 미흡한 점이 많다. 본고에서는 기왕의 각론적 연구를 반성하는 의미에서 신경준의 생애를 총체적으로 복원하는 데 초점을 두고, 그의 사상에 영향을 미친 요소로 소북파의 학문전통과 여암 집안의 가학(家學), 그리고 소론계열의 인사들과의 교류를 살펴보고자 한다. 또한 여암은 이기심성론과 같은 추상적인 담론에 매몰되지 않고 사물과 사건, 지리와 역사, 언어 등에 대해 관찰과 실험, 답사와 조사 등의 방법을 동원하여 논리적이며 합리적인 방법을 통해 그의 학문체계를 형성한 인물이었다. 이러한 작업을 통해 우리는 여암 신경준이 조선 후기 사상사에서 어떠한 위치를 점하는지 확인할 수 있을 것이다.

10 여암에 대한 연구는 국어학, 한문학, 역사지리학, 실학, 철학 제 방면에서 연구되어 왔다. 이에 대해서는 본서 부록에 실린 연구논저목록 참조.

2. 여암의 생애

1) 여암의 가계(家系)와 소북(小北)의 학문전통

① 가계와 가학(家學)

신경준은 신숙주(申叔舟)의 동생인 귀래공(歸來公) 신말주(申末舟)의 10대손이다. 신말주는 세조가 단종을 쫓아내고 왕위에 오르자 형과 달리 이에 협조하지 않고 순창으로 내려와 거주하였다. 이후부터 순창은 신말주 후손들이 세거하는 지역이 되었다. 말주 이래의 가계를 보면 다음과 같다.[11]

8世	9世	10世	11世	12世	13世	14世	15世	16世	17世	18世
末舟(歸來公)	洪(判書公)	公濟(伊溪公)	遂	碩潾	潫(主簿公)	克淳(系)	澐	善泳	沬	景濬
							滈	善溥	沬(善泳에 出系)	
		公渡(司禦公)								
		公涉(安峽公)	淑	彥湜	淰	起漢	濡(竹堂, 判書公)			
							澐(克淳의 아들로 出系)			
							混(初庵, 校理公)			
							瀓			
						克淳(出)				

〈여암 신경준의 가계도〉

말주의 장손인 이계공(伊溪公) 공제(公濟) 계열은 줄곧 순창을 세거지로 하였으나, 안협공(安峽公) 공섭(公涉) 계열은 공섭 이후로 서울에 진출하여 서울에 세거하였다. 서울에 진출한 공섭계 중에서 신경준의 증조 운(澐, 贈 執義; 1617~1645)의 조부가 좌승지를 지낸 심(淰, 1566~1601)이며, 운의 형제들인 죽당공(竹堂公) 유(濡, 判書 1610~1665),

11 이하 신경준의 가계와 생애는 고동환(2003a; 2003b)에 기초하여 정리한 것이다.

초암공(初庵公) 혼(混, 校理 1624~1656)은 소북계의 매우 뛰어난 인물로 활약하였다.

신경준은 족보상으로 보면 공제 계열의 장손으로서 순창에 세거하는 집안을 대표하는 것이지만, 증조인 운(澐)이 공섭의 4대손 기한(起漢)을 생부(生父)로 두고, 공제계의 극순(克淳)의 아들로 입후(立後)되었다. 운은 순창과 서울을 매년 서너 차례 왕래하면서, 양가(養家)와 생가(生家) 부모에게 효를 다하다가 28세의 나이로 일찍 죽었다.[12] 운의 아들인 선영(善泳, 1638~1700)은 7세 때 아버지를 잃고 서울에 있는 친조부인 정랑공(正郎公) 기한의 집에서 길러졌다. 특히 선영은 백부인 참판공 유(濡)와 교리공 혼(混)의 사랑을 받았는데, 이 두 사람은 당시의 사종(詞宗)으로 일컬어지던 인물들이었다. 그러나 선영도 후사가 없이 죽자 그의 사촌인 선부(善溥, 1667~1745)의 아들 뢰(洡, 1689~1737)를 입계하여 후사를 잇게 된다.[13] 이 뢰의 큰아들이 바로 여암 신경준(1712~1781)이다.

여암의 친생조부(親生祖父)인 선부는 서울에서 태어나서 자랐으며, 30세에 성균관 진사가 되었고, 그 후 과거에 응시했으나 뜻을 이루지 못하자 40세인 1707년(숙종 33) 과거를 포기하고 순창의 귀래정 옆에 내려와서 살았다.[14] 그러므로 아들인 뢰도 이때 부친을 따라 낙향한

12 『高靈申氏世譜』 권1, 「參奉公克淳派」

13 『旅菴遺稿』 권12, 「祖考察訪公(善泳)墓誌銘」, "公諱善泳, 字子適, 姓申氏, 申爲高靈之望. 中葉有諱末舟, 世稱歸來先生, 子諱洪校尉贈兵曹判書, 子長曰公濟右參贊, 季曰公涉監安峽縣. 參贊之後, 參奉諱克淳無嗣, 以安峽之後, 工曹正郎諱起漢之仲胤, 諱澐胤之, 寔公之皇考也. 娶谷山韓氏縣監命吉女, 崇禎戊寅生公, 公七歲孤, 養于正郎公家. 時多性穎拔, 讀書倍文, 兼人功力. 伯父參判公, 季父校理公奇愛之, 教之勤. 二公當時詞宗也, 從父弟翰林, 翰林之弟曲肱齋, 以文行鳴于世."

14 『旅菴遺稿』 권12, 「本生祖考進士公(善溥)墓誌銘」, "選國子進士, 四十停擧業, 棄京

것으로 보인다. 뢰는 낙향한 지 5년 만에 신경준을 낳았다. 뢰는 아들 신경준이 25세 때, 자신의 부친인 선부보다 8년 먼저 세상을 떠났다.[15]

순창에서 태어난 여암은 앞의 세계도에서 보듯이 공제계 집안의 장손이었지만, 그의 증조 운이 공섭계이고, 조부 선영이 공섭계 장손인 기한에게서 길러졌기 때문에, 여암은 서울과 순창으로 나뉘어졌던 귀래공 계열의 두 집안을 하나로 통합하는 위치에 있었다. 그러므로 신경준도 자신을 '고조와 증조의 제사를 받드는 종손[承高曾祖禰之宗]'으로 표현하고 있다.[16]

여암이 집안에서 이러한 위치에 있었기 때문에, 「십대조고전주부윤귀래선생유허비명(十代祖考全州府尹歸來先生遺墟碑銘)」,[17] 「오대조고주부공묘비명(五代祖考主簿公墓碑銘)」,[18] 효자로 정려(旌閭)되고 『삼강행실도(三綱行實圖)』 「효자도」에도 기록된 「재종증조칠휴당공묘비명(再從曾祖七休堂公墓碑銘)」[19]과 죽당공 유(濡)의 5세손 현록(顯祿)의 부탁으로 여암은 죽은 지 백여 년이 지난 종증조부인 죽당공의 신도비명(神道碑銘)을 지었다.[20]

第歸淳昌. 結茅於歸來亭南, 巖崖多幽奇剃荒穢, 使化工之刻鏤, 眞形盡露. 其不足者, 集衆石以補之. 種樹時花消搖其間, 掃絶諸念, 棲神冲漠, 不出洞門外."

15 『旅菴遺稿』 권12, 「先考(洡)墓誌」, "公初諱濡, 後改以洡, 字耕叟氏申. ……(중략)…… 公以國子進士諱善溥之子, 出承大宗, 爲察訪諱善泳之子. 貌豊而秀, 美鬚髯, 性重厚子諒, 寡言笑. 居常未嘗論人長短及時世事. 土田臧獲, 與兄弟共, 不用分券所載, 以善書名, 碑刻堂顔之來請者多. 生於京兆, 長於湖南, 祟水土有貞疾, 無意於世, 閒居靜養不克壽. 以明陵己巳生, 元陵丁巳卒, 享年四十九."

16 『旅菴遺稿』 권6, 「祭故室崔氏文」 壬戌, "景濬之身, 上而承高曾祖禰之宗."

17 『旅菴遺稿』 권11, 「十代祖考全州府尹歸來先生遺墟碑銘」

18 『旅菴遺稿』 권11, 「五代祖考主簿公墓碑銘」

19 『旅菴遺稿』 권11, 「再從曾祖七休堂公墓碑銘」

20 『旅菴遺稿』 권11, 「從曾祖禮曹參判竹堂公神道碑銘」, "墓道東南, 尙闕顯刻, 五世孫

또한 8대조 이계공 공제가 1522년(중종 17) 명나라 사신으로 갔다가 '태정원년조(泰定元年造)'라는 다섯 글자가 새겨진 악기[琴]를 가지고 왔는데,[21] 이 악기는 순창의 시골집에서 3대에 걸쳐 전해졌다. 그러나 만력 경인년(1590)에 5대조 주부공(主簿公) 책(漈)이 일본이 쳐들어올 것을 염려하여 모든 가족을 거느리고 태백산 아래 삼척으로 피신하였는데, 이때 이 악기는 집에 두고 갈 수밖에 없었다. 정유년(1597)에 왜구들이 전라도 순창군에 쳐들어 왔고, 왜구들이 물러난 이후 집에 돌아와 보니 집이 모두 불타고, 이 악기 또한 없어졌다. 1643년(인조 21) 3대조 죽당공 유가 일본 통신사로 가서 일본에서 연회를 베풀 때 보니 태정금(泰定琴)이 마침 그곳에 있어서 "이 악기는 원래 우리 것인데 돌려 달라"고 하자, 일본의 장수는 "이것은 왕부(王府)에 소장된 매우 귀중한 보물이어서 돌려줄 수 없다"고 하였다. 여암은 이 태정금에 대해 "중국에서 199년을 있다가 조선에서 76년, 그리고 일본에서 184년을 지낸 매우 특이한 악기"라고 기록하고 있다.[22]

신경준은 또한 집에 전해 내려오는 신말주의 유품인 「십로계축(十老契軸)」에 대하여 「십로계축후서(十老契軸後敍)」라는 글을 남기고 있다. 「십로계축후서」는 말주(末舟)가 71세 때 70세 이상의 노인 9명과 계를 맺어 각각 자신의 모습을 그리고 칠언절구를 지어 주었던 것을 노승(老僧)으로부터 구하게 된 경위를 적은 것이다.[23]

顯祿懼久而漸泯, 撰次遺狀, 以請銘於景濬, 景濬乃公之從曾孫也. 以聞於家庭者有詳而然也, 然而公之朋交鴻藻鉅卿, 後公沒者多, 而是銘也今始成, 其亦有時也歟, 可感也已."

21 泰定은 원나라 泰定帝의 연호로 원년은 1324년이다.

22 『旅菴遺稿』 권8, 「泰定琴引」

23 『旅菴遺稿』 권5, 「十老契軸後敍」 辛丑.

여암은 또한 진사(進士) 양여매(楊汝梅)의 증손 학태(學泰)의 부탁으로 양여매의 묘갈명을 썼는데, 여암은 묘갈명에서 양여매가 자신의 증조부인 죽당공, 초암공과 깊은 교류를 했다는 점을 강조하고 있다.[24] 그리고 죽당공 유의 아들인 선호(善浩)의 사위 남준명(南浚明)의 묘비명도 지었으며,[25] 남준명의 첫째 아들인 참판 남태혁(南泰赫)의 묘지명과 신도비명,[26] 셋째 아들인 남태적(南泰績)의 묘지명도 지었다.[27] 남태혁과는 외8촌지간인 셈이다. 이러한 관계 때문에 신경준은 의령 남씨 집안의 묘지명, 신도비명 등 5편과 「현록집성니옹행장(顯祿輯成泥翁行狀)」을 남기고 있는 것이다.[28] 이들 남씨 집안은 소북계로 신경준 집안과는 당색을 같이하는 집안이었다. 그러므로 1755년(영조 31) 나주괘서사건이 발생하자 신경준은 이광좌(李光佐) 등 소론 준론계를 성토하는 상소에 행부사직 남태온(南泰溫), 전 대사간 남태기(南泰耆), 전 정언 남태저(南泰著), 부사과 남덕노(南德老), 전좌랑 남운로(南雲老), 급제 남태제(南泰齊) 등 남씨 집안 인물과 함께 참여하

---

24 『旅菴遺稿』 권11, 「進士楊公墓碣銘」, "景濬之得之家庭, 所以知公者, 有異於人. 公之曾孫學泰, 遂屬景濬銘."

25 『旅菴遺稿』 권11, 「贈吏曹參判南(浚明)公墓碑銘」, "配高靈申氏, 宣敎郎善浩之女, 參判號竹堂濡之孫, 有婦德, 壽八十五, 諸孤子之保育而成就之, 皆夫人力也. 晩歲 子與孫連登小大科, 得享祿養, 男四 泰一 泰吉 泰績皆早歿, 泰赫文科參判, 女一柳宗之, 泰一二男, 命老進士, 定老 泰吉三男, 得老直長, 惠老文科輔德, 後老 泰赫三男,,頜老 顯老 頎老."

26 『旅菴遺稿』 권11, 「工曹參判南公墓誌銘」, "公宜寧人, 姓南氏, 諱泰赫, 字汝輝, 號酒仙 ……(중략)…… 外祖高靈申參判濡之子善浩."
『旅菴遺稿』 권11, 「工曹參判南(泰赫)公神道碑銘」, "字汝輝, 號酒仙, 太夫人高靈申氏, 考宣敎郎善浩, 祖禮曹參判號竹堂諱濡."

27 『旅菴遺稿』 권11, 「學生南公泰績墓碑銘」

28 『旅菴遺稿』 권5, 「巖軒先生親筆帖後敍」 戊戌, "景濬撰南氏墓表誌神道碑銘者五篇, 顯祿輯成泥翁行狀一卷."

였다.[29]

여암의 학문에는 여암 집안의 가학(家學) 전통도 상당한 영향을 끼쳤다. 그의 8대조인 신공제(申公濟, 1469~1536)는 1530년(중종 30)에 『동국여지승람』 신증작업에 참여한 인물이다. 여암이 특기로 삼은 역사지리연구는 여암 집안의 가학이었다. 1770년(영조 46) 영조가 『동국여지도』의 제작을 명하자, 여암은 자신의 집에 소장되어 있는 10여 건의 지도와 여러 집안에 소장된 옛 지도들을 참고하여 그해 6월 6일 시작하여 두 달 보름 만인 8월 24일에 완성하였다.[30] 이처럼 짧은 시간에 방대한 양의 지도책을 만들 수 있었던 것은 여암 집안의 가학 전통이 있었기 때문이었다.

역사지리에 대한 집안의 전통적인 학문과 더불어 여암에게 직접적인 영향을 준 인물은 친생조부(親生祖父)인 신선부였다. 1745년에 죽은 선부는 여암의 부친인 뢰(涞)보다 오래 살았기 때문에 그만큼 여암에 대해 많은 영향력을 미쳤다. 여암의 문집 곳곳에는 할아버지와의 다양한 경험담이 실려 있는데, 이는 친조부의 영향력을 방증하는 것이다.

---

29 『승정원일기』 영조 31년 3월 3일, "行副司直南泰溫, 前大司諫南泰耆, 判決事朴玶, 副司直崔成大, 副司直任瑋, 司僕寺正李壽鳳, 前獻納李堉, 副司果李基德, 前正言南泰著, 副司果南德老, 前佐郞南雲老, 及第南泰齊, 及第李壽德, 及第鄭恒齡, 及第崔允衡, 及第任希敎, 前副司直朴道天, 副正字申景濬 · 任瑎 · 宋瑛等疏曰, 伏以噫嘻痛矣. 辛壬諸凶流禍之憯且烈也, 自戊申迄于今數十餘年, 亂賊接踵, 逆獄滋興, 至於賊志賊徵而極矣."

30 『旅菴遺稿』 권5, 「東國輿地圖跋」, "歲庚寅歲庚寅, 上命撰東國文獻備考, 賤臣與其役. 旣又命臣作東國地圖, 於是發公府藏十餘件, 訪諸家古本考之, 無如玄老所圖者, 遂用之略加校讎. 始于六月初六, 八月十四日訖進之, 列邑圖八卷, 八道圖一卷, 全國圖簇子一. 以周尺二寸爲一線, 縱線七十六, 橫線一百三十一. 又命獻東宮如其數, 上親製小序, 弁諸簇子之顚, 宸章煥爛, 八域山川 咸被昭回之光矣."

서울에서 태어나 자란 선부는 30세에 성균관 진사가 되어 10년 동안 과거에 응시했으나 뜻을 이루지 못하고 40세인 1707년 순창에 내려온 인물이었다. 신경준은 할아버지의 지적 편력에 대해 다음과 같이 말하고 있다.

> 친조부인 선부(善溥)는 시(詩), 서(書), 화(畵)에 모두 능했는데, 시는 당시(唐詩)에 뛰어났고, 서는 진체(晉體)를 잘했으며, 그림은 핍신(逼神)의 경지였는데, 특히 고전대자(古篆大字)와 영모도(翎毛圖)는 조선건국 이래 필적할 사람이 드물었다. 그러나 조부는 한갓 기예로 이름을 이루길 원하지 않았기 때문에 약관이후 절필하였다. 과거공부를 멀리한 이후 도가 계열의 서적인 청하자(靑霞子) 권극중(權克中, 1585~1659)의 『참동계주해(參同契註解)』를 즐겨 읽고, 이를 통해 천하의 이치를 탐구하였다. 또한 병법서를 즐겨 읽어서 공수영진(攻守營陣), 기정합산(奇正合算), 천시음양지법(天時陰陽之法)을 모두 통달했다. 특히 기형의기(璣衡儀器), 보시종(報時鍾), 전진기계(戰陣機械), 주거수차(舟車水車), 기타 개물이용지구(其他開物利用之具)에 대해 옛날 제도의 어려움을 모두 풀고, 혹은 새로운 방안을 적용하여 만들어 낸 것이 많았으며, 이를 모두 혼자서 시험해 보고 다른 사람에게 보이지 않았다.[31]

여기서 주목되는 것은 기형의기, 보시종, 전진기계, 주거수차, 기타 개물이용지구에 대한 관심이다. 이와 같은 천문, 국방, 농업에 관련

31 『旅菴遺稿』 권12, 「本生祖考進士公墓誌銘」, "不大肆力而就. 世稱公有三絶藝, 詩學唐, 筆法晉, 畵以逼神名, 而弱冠後絶筆, 傳于世者絶少. 識者以爲古篆大字及翎毛圖, 國朝三百年, 鮮公敵. 然而公不欲以一藝成名, 又不喜名放, 不留意於是三者, 蚤有遺世 遐擧之志. 喜看靑霞子丹訣, 靑霞子南人也, 得其全書, 益求奧旨, 嘗試以行火, 曰不可謂天下無是理也. 又悅孫吳書 攻守營陣, 奇正合散, 天時陰陽之法, 皆通焉. 平居一語, 未嘗及此. 凡璣衡儀器, 報時種, 戰陣機械, 舟車水車, 其他開物利用之具, 解古制之難解, 或創智以成者多, 而皆試之已, 不示於人, 畏其名也."

된 기계는 서학의 전래와 함께 도입된 것이다. 또한 병법서를 즐겨 읽어서 공수영진, 기정합산, 천시음양지법을 모두 통달했으며, 여러 기구에 대해 새로운 방안을 적용하여 만들어 낸 것이 많았다고 쓰고 있다.[32]

이와 같은 선부의 학문 분위기는 당시 서울에서 형성된 서울 학인들의 학문경향과 대체로 일치한다. 당시 서울 학인들 사이에는 고문과 당시가 유행했으며, 문학에서 정주학적 분위기에서 이탈하여, 노장, 불교 등 이단사상과 천문, 지리, 복서(卜筮), 단학(丹學), 의약, 상수역학(常數易學) 등 잡학, 기술학에 대한 관심이 고조되고 있었다.[33] 요컨대 여암의 친조부 선부는 40세 이후 낙향하긴 했지만, 당대 서울 학인의 학문경향을 주도적으로 수용하고 그 속에서 상당한 성과를 올렸던 인물이었던 것이다. 이러한 사정을 놓고 볼 때 여암의 학문형성 배경에는 소북계의 중심가문이었던 공섭계 학풍이 강하게 영향을 미쳤을 것이라고 짐작할 수 있다. 특히 선부가 전력을 기울였던 이러한 실용의기에 대한 관심은 여암에게도 그대로 전승되어 여암이 기술 중심의 실용적 학문관을 형성하는 데 중요한 기여를 했을 것이다.[34]

---

32 일제강점기 정인보의 교주에 의해 간행된 『旅菴遺稿』에는 1639년 간행된 『農政全書』의 「水車圖說」이 그대로 전재되어 있다. 신선부가 남긴 유고가 있었다고 전해지지만, 문집으로 간행된 적이 없다. 다만 『旅菴遺稿』가 한말에 간행된 『旅菴遺稿』에는 실리지 않았다가, 일제강점기 정인보의 교주에 의해 신경준 집안에 남겨진 많은 원고들이 함께 『旅菴全書』로 간행되었다. 이때 「水車圖說」도 실리는데, 신선부의 지적 편력으로 볼 때, 「水車圖說」은 신선부가 공부를 위해 필사해 놓은 것으로 추정된다. 이에 대해서는 고동환(2003a) 참조.

33 한영우(1992) 참조.

34 후술하듯이 현재의 『旅菴全書』에는 徐光啓가 펴낸 『農政全書』에 실린 이태리 선교사 우르시스(Sabbathino de Ursis, 1575~1620)가 지은 『泰西水法』이 그대로 실려 있다. 이 『태서수법』은 성균관 진사를 지냈던 신선부가 실용의기에 대한 공부를

그러므로 오늘날 여암 신경준을 조선후기 호남실학자로 평가하는 부분에 대해서는 재고할 부분이 많다고 판단된다. 비록 당대부터도 호남을 대표하는 지식인으로 여암을 비롯하여 이재(頤齋) 황윤석(黃胤錫, 1729~1791) 등 3~4명이 꼽히고 있었지만, 이는 출신 지역만을 의미하는 것일 뿐이다. 만약 '호남' 실학이라는 개념이 호남이라는 지역을 기반으로 하는 지적 전통을 계승한다는 점이 주된 것이라고 한다면 여암의 지적 계승은 '호남성'보다는 '소북'과 '경기(京畿)'에 더 근접하고 있다고 평가해야 할 것이다.[35]

② 소북(小北)의 학문전통

1755년(영조 31) 나주괘서사건이 발생하자 영조는 대탕평을 시행하기 위한 전제 조치로 소론(少論)들을 위협하여 스스로 변명하게 하였는데, 신경준은 남태제(南泰齊), 박평(朴玶, 박제가의 부친) 등과 더불어 소북파로 변명에 참여하였다.[36] 여암의 증조부 형제들인 유(濡)는 소북팔문장(小北八文章)의 한 사람이었고,[37] 혼(混)은 소북가문 19성

위해 베낀 자료일 가능성이 크다. 『고령신씨족보』에는 신선부의 유고가 남아 있었다고 기록하고 있다. 여암 집안에서는 신선부의 유고들을 보관하고 있다가 1939년 『여암전서』를 간행할 때 여암의 저술에 포함된 것으로 추정된다. 이러한 추정이 맞는다면, 여암은 신선부의 유고를 항상 참조하고 있었음이 확인되는 것이다.

35 호남실학에 대해서는 하우봉(2018) 참조.

36 李建昌, 『黨議通略』(조선광문회, 1913) 105쪽 이때 소북으로 분류된 인사들은 司直 南泰齊, 前大諫 南泰耆, 前及第 南泰會, 司果 南德老, 南雲老, 僕正 李壽鳳, 李壽德, 司直 任煒, 正字 任瑎, 司書 任希教, 判決 朴玶, 司直 崔成大, 前獻納 李埥, 司果 李壽基, 鄭恒齡, 崔台衡, 司正 朴道天, 正字 申景濬, 宋瑛 등이었다.

37 『北譜』(여강출판사, 1987)에 의하면 소북팔문장은 다음과 같다. 任翰伯(1605~1664), 南翊(1609~1656), 姜栢年(1603~1681), 申濡(1610~1665), 朴守玄(1605~1671), 李休徵(1607~1677), 沈𤻮(1597~1660), 鄭昌胄(1606~1668)이다.

(姓) 26가(家)의 34인이 모여 8가지 약조를 할 때 참여하였다. 고령 신씨 귀래공파는 소북파의 중심가문이었기 때문에, 18세기 중반에도 여암의 집안은 소북으로 규정되었던 것이다.

소북인들이 편찬한 『북보(北譜)』에 의하면 소북에 속한 가문들은 28개성(姓), 69개 가문으로 구성되었다.[38] 인조대 이후 1910년까지 1,271명의 문과합격자와 3,123명의 사마시 급제자 그리고 4,977명에 이르는 문음출사자(門蔭出仕者)를 배출하는 한편, 40여 명의 재상급 고위 관료를 배출했으면서도, 소북이 조선정치사의 구도 속에서 남인과 소론에 흡수되어 본색이 아예 사라진 것처럼 여겨진 까닭은 소북의 정치지향성이 매우 소극적이었기 때문이다.[39] 이들은 스스로 항상 조심하여 이름을 드러내지 않고 나라의 큰 의론(議論)이나 사화(士禍)에 간여하지 않는 것을 전통으로 삼고 있었다. 초암공 혼이 참여하여 작성된 소북인의 「팔약조(八約條)」는 이러한 사정을 잘 알려준다.[40] 이때 제시된 소북인의 행동강령 8가지는 다음과 같다.

1. 입조사군동심(立朝事君同心) : 벼슬하면 같은 마음으로 임금을 섬긴다.
2. 노인잠거교손(老人潛居教孫) : 노인이 되면 물러나 자손을 가르친다.
3. 소년폐문독서(少年閉門讀書) : 어린 사람은 문은 닫고 공부에 열중한다.
4. 위재불매전토(爲宰不買田土) : 벼슬하고 있을 때는 땅을 사지 않는다.

---

38 『北譜』(여강출판사, 1987)

39 강경훈(2002) 참조.

40 「八約條」 자료는 소북인사 19姓 26家 34人이 孝廟丁酉(1657년) 九月十日 會于貞洞 裵司果家에서 8가지 행동강령을 지키기로 약속했다는 자료이다. 그런데 이 자료에 참여했던 34명의 생몰연대를 알아보면, 1657년 당시 19명은 이미 작고했고, 13명이 생존했으며, 배상일과 강원희 등 2명은 미상이다. 그러므로 소북인사들의 약속은 1657년 이전에 성립되었고, 이를 기록한 것이 1657년이라고 추정하고 있다.

5. 가취불계영고(嫁娶不計榮枯) : 혼인은 상대의 영화와 쇠락을 가리지 않는다.
6. 사거물언공사(私居勿言公事) : 사사로운 곳에서 공사(公事)를 논하지 않는다.
7. 거불이안국방(居不移安國坊) : 유력자가 사는 안국방 같은 곳에 이사하지 않는다.
8. 향불하충청도(鄕不下忠清道) : 충청도 이남으로는 낙향하지 않는다.[41]

소북인들은 임금에만 충성을 바치고, 권귀(權貴)와 가까이하지 않으며, 후손교육에 심혈을 기울이며, 청렴한 벼슬살이를 하며, 충청도 이남으로는 낙향하지 않는다는 점을 행동강령으로 삼고 있다. 소북인들은 인조반정이후 붕당으로서의 세력을 상실하였기 때문에 독자적인 정파로서 행동할 수 없었다. 유력자와 사귀지 않고, 교육을 통해 개인적 실력을 양성하며, 임금에게만 충성할 것을 행동강령으로 삼음으로써 자신들의 안전을 도모했던 것이다.

소북파의 학문경향은 주자학을 기반으로 하여 불교, 도교 및 양명학적 사상을 절충해보려는 삼교회통적 성격을 띤다.[42] 그들에게 이기론과 같은 추상적 이념보다는 경제나 행정 등의 실무능력이 무엇보다 중요했다. 소북파는 주자주의적 의리와 명분에 집착하지 않고 도가, 불교, 양명학 등에 대해 관심을 가지면서 실무관료로서 자신의 입지를 지켜나갔다. 이들이 중앙정계에 활약할 수 있었던 무기는 정파적 위세가 아닌 개인의 출중한 능력이었다.[43]

---

41 「八約條」, 『北譜』(여강출판사, 1987)
42 한영우(1991) 참조.
43 신병주(2011) 참조.

소북파들의 정서가 충청도 이남의 먼 곳으로 낙향하지 않는다고 했기 때문에, 여암집안에서도 순창에서 태어난 여암을 어릴 때부터 강화도로 유학을 보냈던 것이다. 또한 여암이 불교는 물론 도가, 나아가 구류(九流)에 대한 해박한 지식과 실용적 기기(機器)에 대한 관심을 지녔던 것은 17세기 이후 소북계열이 주도해 왔던 박학풍조, 삼교회통적인 사상을 계승한 것이었으며, 여암이 중앙관직에 진출할 수 있었던 것도 경제, 지리에 대한 실무능력 때문이었다. 여기서 보듯이, 여암의 삶에는 소북의 학문관, 출세관이 강하게 영향을 미치고 있었다고 보인다.

2) 여암의 생애

① 학문수학기

여암의 생애를 크게 구분하면, 43세인 1754년(영조 30) 증광문과(增廣文科)에 급제하여 관직에 진출하는 시기를 기준으로 그 이전의 수학기와 그 이후의 사환기(仕宦期)로 나눌 수 있다. 관직에 진출하기 이전 여암의 삶은 고향인 전라도 순창, 서울, 강화, 충청도 온양과 직산, 경기도 소사 등지를 편력하면서 살았다. 같은 시기 사대부들이 한 곳에 오래 머물러 살았다는 점과 견주어 보면 수학기 여암의 삶은 매우 독특했다고 평가할 수 있을 것이다.

신경준은 1712년(숙종 38) 4월 15일, 순창(淳昌) 남산(南山) 구제(舊第)에서 부친 뢰(淶), 모친 한산 이씨(진사 의홍(儀鴻)의 딸)의 맏아들로 태어났다. 태몽은 부친이 꾸었는데, 붉은 호랑이가 하늘로부터 내려오는 꿈이었다. 이 꿈에 대해 추성(樞星: 북두칠성 중에 제일 첫째

별)의 정(精)을 의미하는 것으로 뛰어난 아들이 태어날 것이라고 노인이 풀이했다고 한다.

그의 문재(文才)는 어릴 때부터 무척 뛰어났다. 태어난 지 9개월 만에 벽 위에 쓰인 글자를 알아봤고, 네 살 적에 천자문을 읽고 문자의 뜻을 깨닫고 글을 지었으며, 다섯 살 때 『시경(詩經)』을 읽었으며, 7세 때에는 「용기부(龍旂賦)」를 지었다.[44] 이처럼 문재가 뛰어났기 때문에 여암의 집안에서는 여암을 8살 때 서울로 불러들여 가르치다가, 9살 때는 뛰어난 스승을 찾아 강화도까지 보내 공부를 시켰던 것이다.[45]

여암은 9살 때부터 12살까지 강화도에서 공부를 했다.[46] 강화도에서 공부하면서 부모를 생각하며 「비사곡(悲思曲)」을 짓고 산에 올라가 읊으니 듣는 사람이 가엽게 여겼다고 한다.[47] 여암의 강화도 수학은 3년 만에 중지되었다. '소북팔약조'의 2, 3항에서 보듯이, 후손에 대한 교육을 매우 중시했던 소북 가문에서 3년이라는 강화도 수학기

---

44 『旅菴遺稿』 권13, 「行狀 禮曹判書申獻求敬撰」, "考諱涑克趾先美, 隱德不仕, 以善書著. 妣韓山李氏, 進士儀鴻女, 貞淑端莊, 婦德咸備. 以肅廟壬辰四月十五日, 生先生于南山之舊第, 學生公夢, 一大赤虎自天而降, 有一老人云, 是樞星之精, 必爲奇男於君家. 生纔八九月, 能知壁上之有文字者, 而指示於人. 四歲讀周興嗣千字文, 輒隨其字, 能會意而作字. 五歲受詩經, 文義大就. 七歲作龍旂賦."

45 이처럼 집안에서 심혈을 기울여 여암을 공부시켰지만, 여암의 문집이나 주변 인사들의 글에서 여암을 가르친 스승에 대한 기록을 찾기 어렵다. 뛰어난 문재로 인해 한명의 스승에 절대적 영향을 받았다기보다는 스스로 학문을 개척해간 인물로 여암을 평가하는 것이 일반적이다.

46 이는 여암이 남긴 「除夕懷親」이라는 시의 '己亥(1719~인용자)寒澌流, 沁水抗風柁'(『旅菴遺稿』 권1 詩)라는 구절에서도 확인된다.

47 『旅菴遺稿』 권4, 「南山舊廬記」 庚子, "西入于江都海中, 離親闈七百餘里, 作悲思曲三闋, 登山而謠, 聞者憐之."

는 매우 짧은 기간이라고 하지 않을 수 없다. 왜 3년 만에 공부를 그만두어야 했을까? 널리 알려져 있듯이 강화도는 1709년 하곡(霞谷) 정제두(鄭齊斗, 1649~1736)가 낙향하여 양명학을 꽃피운 곳으로, 소론 학문의 중심지 역할을 했던 곳이다. 추측컨대 소북파 인물이었던 여암의 친생조부 선부는 소론과 밀접한 관련을 맺고 자신의 손자인 여암을 소론의 본거지로 유학을 시켜 공부시켰던 것이 아닌가 생각된다.

또한 여암을 발탁하고, 여암의 평생지기(知己)였던 홍양호도 소론이었다.[48] 홍양호도 여암과 비슷하게 특정한 스승을 모시거나 학파와 연관됨이 없이 집안에서 독서하며 스스로 학문적 토대를 세웠다고 평가된다.[49] 홍양호는 일찍 부친을 여읜 후에 외가에서 자랐는데, 이때 외삼촌인 저촌(樗村) 심육(沈錥, 1685~1753)에게서 글을 배웠다고 한다.[50] 심육은 정제두의 제자로 강화학파의 중심인물이었다.[51] 심육은 신경준과의 편지를 주고받는 관계였고, 이 편지에서 자신이 서쪽 밭두둑에 물을 끌어들일 일이 있으니 물을 끌어들이는 방법을 시험해보고자 하는 의견을 피력하고 있다.[52]

---

48 근대 이후 여암을 재발굴한 위당 정인보도 소론의 양명학을 계승한 인물이었다. 여암의 생애에서 소론과의 관련성을 이처럼 매우 밀접한 것이었다. 식민지시대 여암의 재발견에 대해서는 조만간 별고를 통해 자세히 살펴보고자 한다.

49 강석화(2005) 참조.

50 洪良浩, 『耳溪集』 권18, 「太史氏自序」, "十歲而孤, 養於外氏, 師伯舅樗村沈先生. 先生謂其質美可教, 教之古人爲己之學, 良浩心悅之 專心服事."

51 樗村 沈錥(1685~1753)은 姜晉相(1652~1718)의 딸과 혼인하여 슬하에 沈麟之(1705~1748), 沈說之(1707~1735), 沈靖之(1712~1753) 세 아들과 趙毅榮, 李需, 申光德에게 시집간 세 딸을 두었다. 심육의 둘째 누이는 洪鎭輔와 혼인하였는데, 둘째 누이와 홍진보 사이에서 태어난 장남이 洪良浩이다.

52 『樗村先生遺稿』 권34, 「答申舜民」, "仲春之約, 佇立久矣. 而訖無來信, 豈或赴擧, 亦

이처럼 여암의 생애에 있어 강화도 수학기는 소론과의 매우 소중한 인연을 맺은 시기로 이해된다. 그러나 여암이 남긴 글 중에는 강화도 수학과 관련하여 어떠한 기록도 찾을 수 없다. 감수성이 매우 예민했을 시기인 10대 초반의 교육에 대해 한마디 회고도 없다. 강화도 수학 중단이 어쩌면 정치적인 사건과 관련되기 때문은 아니었을까?

여암이 서울에서 강화로 공부하러 간 1720년은 숙종이 서거하고 경종의 즉위한 해였다. 그 이듬해인 1721년 노론세력은 경종을 압박하여 연잉군(延礽君)을 세제(世弟)로 책봉하였지만, 1721년 말 소론 급진파 김일경 등이 세제의 대리청정을 추진하는 노론 사대신을 비판하는 상소를 올려 4대신이 처형되었으며, 1722년에는 노론명문가의 자제들이 경종시해 역모를 꾸미고 있다는 목호룡 고변사건으로 노론세력이 몰락하였다. 이후 경종이 재위 4년 만에 숨지고 영조가 1724년에 즉위하면서 정치는 다시 일변하게 된다. 이와 같은 정치 환경의 급변과 여암의 강화도 수학 중단은 상당한 관련이 있을 것이라고 짐작되는 것이다.

여암이 강화도에서 수학한 시기는 1720년에서 1722년의 3년간이었다. 조선사회에서 양명학을 열었던 정제두는 41세부터 60세까지의 경기도 안산에서의 생활을 접고 61세 때인 1709년(숙종 35) 강화도 하일리로 이주하여 제자를 길러내기 시작했다. 1710년에서 1731년 사이에 강화도에서 수학한 소론 인물들은 이광명(李匡明, 1701~1778), 원

不能成行而然否, 春陰多雨, 不審起居此時如何, 某家弟龍潭之行, 奉板輿以往, 啓程後消息, 姑未聞, 私情悶甚. 西疇將有事, 必欲一試導水之法, 曾以此與之商量, 苦企馭者之過, 玆專小奴爲探動止, 多少只留, 早晩對究. 餘不備, 伏惟下照.”

교(圓嶠) 이광사(李匡師, 1705~1777), 이광신(李匡臣, 1700~1744) 등이었다. 특히 이광사는 1731년 강화에서 몇 달간 머물면서 정제두로부터 배웠고, 1736년 강화도로 가족 모두 이사 왔지만, 이사 온 해에 하곡이 사망하여 더 이상 가르침을 받을 수 없었다. 정제두의 제자들은 1755년(영조 31) 나주벽서사건으로 대부분 유배형에 처해져 정치적으로 몰락하였다. 여암이 관직에 진출한 시기는 나주벽서사건이 일어나기 바로 1년 전인 1754년이었다. 무리 없이 관직생활을 지속하기 위해서는 강화학파와의 관련성을 드러낼 이유는 없었을 것이다.

서울, 강화수학을 끝내고 12살 때 순창의 남산 고향집으로 돌아왔다가,[53] 16살 때인 1727년에는 태인현 시산(詩山: 태인현-현재 정읍시 칠보면)에 거주하였고,[54] 3년 뒤인 1730년에는 옥과(玉果)의 이양(伊陽)에서 살았다.[55] 시산(詩山)과 이양(伊陽)에서 살 때인 17~18세 무렵까지 여암은 주로 고체시(古體詩)인 당시(唐詩)를 배우고 즐겨 지었는데,[56] 이 시기 지은 시가 「농구(農謳)」라는 12편의 연작시(1729년 작), 「유자음(遊子吟)」이라는 4편의 연작시(1730년 작)이다.[57] 이 시에서 자신을 '떠돌이[遊子]'로 표현하고 있음이 주목된다. 유자(遊子)라는 자기 규정과 어울리게 여암은 21세인 1732년 이후부터는 연속되는 상화(喪禍)로 29세인 1740년까지 서울, 경기지역과 충청지역을 오가

---

53 『旅菴遺稿』 권4, 「南山舊廬記」, "癸卯復于鄕."

54 『旅菴遺稿』 권1, 「除夕懷親」, "丁未在詩山."

55 『旅菴遺稿』 권1, 「記夢」이 시에 '庚戌夏 余在伊陽舊齋'라는 표현이 있는데, 이는 여암 집안이 순창의 남산골 이외에도 옥과현의 이양에 다른 근거지가 있었음을 짐작케 한다.

56 『旅菴遺稿』 권1, 「月嘆」, "喜作古體詩, 多效唐孫盧. 壬子以後, 喪禍連仍, 庚申之間, 流離奔走, 遂不復有所吟咏矣."

57 『旅菴遺稿』 권1, 「農謳」 己酉; 「遊子吟」 庚戌

며 생활했다.[58]

온양(溫陽)에서는 4년 가까이 거주했는데, 1734년(영조 10) 시를 배우려는 소년에게 시작법(詩作法)을 가르칠 생각으로 『시칙(詩則)』을 저술하였다.[59] 『시칙』은 한시(漢詩)의 체제, 내용, 격식, 그리고 운작법(韻作法) 등을 논한 글이다. 이 글에서 여암은 시를 문장의 기예로 인식하고, 시를 짓는 방법을 도식화하여 체계화하였다.[60] 이때 연말에 어버이를 생각하면서 지은 시를 보면

온양 땅에서 머뭇거리는 사이	夷猶溫水陽
올해로 두해가 지났네	歲今再拔鑣
어제는 보내신 편지를 받았는데	昨者承下書
… 중략 …	
경계의 말씀 글속에 가득하네	書中戒辭夥
돌아오기를 서둘지 말고	爾歸式無遄
학문이 모자람을 걱정하라시네.	秪憂學叢脞[61]

라는 표현에서 알 수 있듯이, 부모님이 집에 돌아오기 보다는 학문의 모자람을 걱정하라고 말하고 있기 때문에 여암의 온양 생활은 과거를 위한 공부에 매진한 것으로 이해된다. 여암은 1754년에 향시에서 급제하고, 그 해 치러진 증광문과에 합격하기 전까지 과거시험을 준비

58 『旅菴遺稿』 권4, 「南山舊廬記」, "壬子以後, 爲肄業, 周流洛下湖西."

59 『旅菴遺稿』 권8, 「詩則」 甲寅, "夫詩者秪一文章之藝也, 知之者亦鮮, 況其餘乎. 歲在甲寅, 余旅居溫水之陽, 有童子問詩者, 遂以得於古書及聞於師友者, 輯爲一卷以與之."

60 허호구(1986) 참조.

61 『旅菴遺稿』 권1, 「除夕懷親」. 여암 시의 번역은 김현주(2003)를 기초로 하여 필자가 약간 수정하였다. 이하 시의 번역은 모두 동일함을 밝혀둔다.

하고 있었기 때문이다. 그가 과거공부의 폐단을 비판하기는 했지만, 당대의 지식인으로서 과거는 포기하기 어려웠을 것이다.

여암은 온양에 거주할 때인 1737년(영조 13) 부친상을 당한다. 부친의 상례를 치룬 이후 여암은 그 이듬해인 1738년 모친을 비롯한 식구들을 모두 거느리고 경기도 소사(素沙)로 이주하여 3년간을 살았다.[62] 이때 소사에서 지은 책이 『소사문답(素沙問答)』이다. 『소사문답』은 논리학적 방법을 통해 사물을 인식하는 원리를 밝히고자 한 것으로, 자신의 과학적 철학적 견해를 밝힌 논문이다. 소사문답은 현대 철학적인 의미의 존재론적, 인식론적, 가치론적인 면을 다 갖추고 있다는 점에서 매우 획기적인 저작으로 평가되고 있다.[63] 또한 소사에서는 「채포인(菜圃引)」[64]과 「소사감회(素沙感懷)」라는 시를 지었다.[65]

30세인 1741년 여암은 소사에서 직산(稷山)으로 이사하여 3년간을 거주하였는데, 이곳에서 그는 직산 일대의 산과 들, 하천에 대해 읊은 시와 그 지역의 역사와 지명유래 등을 고찰한 글들을 모아 「직주기(稷州記)」를 저술하였다.[66] 이 해에 외할머니, 숙모가 모두 세상을 떠나 장례를 치렀다.[67]

충청도 온양과 경기도 소사, 직산, 전라도 순창 등지를 오가며 '유자(遊子)' 생활을 하는 20세에서 30세까지의 나이에 신경준은 등산을

---

62 『旅菴遺稿』 권4, 「南山舊廬記」, "丁巳, 先君子棄子孫, 奉太夫人, 移家于畿甸之素沙野."

63 오병무(1996) 참조.

64 『旅菴遺稿』 권1, 「菜圃引」 庚申

65 『旅菴遺稿』 권1, 「素沙感懷」 十首 庚申

66 『旅菴遺稿』 권13, 「行狀 禮曹判書申獻求敬撰」

67 『旅菴遺稿』 권4, 「南山舊廬記」, "辛酉 遷于蛇山, 哭伉儷與李妹, 爲太夫人, 奉渭陽家來共宅, 外王母叔叔母, 皆喪逝."

좋아하여 변산, 선운산, 백양산, 추월산, 무등산, 황학산, 백운산, 방장산(지리산), 마이산, 대둔산, 계룡산, 태화산, 오서산, 가야산, 용문산, 월농산, 마니산의 참성단까지 올랐다고 한다. 여암은 스스로

> 나의 성품이 멀리서 바라보는 것을 좋아하기 때문에 산에 들어서면 반드시 정상을 올라서 산천이 휘돌아가는 모습을 굽어보고, 내 소매 깃을 열어 만 리에서 불어오는 바람을 맞는 것을 기쁨으로 삼았다. 젊었을 때는 넝쿨을 붙들고 곧 바로 산을 올라도 발이 오히려 가볍고 피곤한 줄 몰랐는데, 나이 들어 벼슬한 지 20년 동안 한해도 산에 오르지 못했다.[68]

라고 얘기하고 있다. 그는 산에 오르면 반드시 정상을 정복하였고, 정상에서 주변에 굽이쳐 흐르는 강을 바라보는 것을 기쁨으로 여겼다. 산을 너무 좋아해서 지리산을 유람하느라 향시(鄕試)의 초시에 합격했으나 회시(會試)를 놓칠 정도였다.[69] 이와 같은 그의 여행과 등산 경험은 후일 『강계고』, 『산수고』, 『가람고』, 『사연고』, 『도로고』 등 교통, 지리에 대한 저술로 이어진 것이다.

31세 때인 1742년에는 두 번째 부인 강릉 최씨가 병으로 세상을 떠나자 장례를 치렀다. 아들을 낳은 강릉 최씨에 대해서 애정이 많아 최씨 부인에 대해서만 특별히 제문(祭文)을 남기고 있다.[70] 1732년 고

---

68 『旅菴遺稿』 권5, 「四物銘 並小序 栟櫚杖銘」, "舜民二十三十, 喜山遊, 西遊卞山, 躋禹陳巖, 歷禪雲白羊秋月, 南之無等, 玩叢圭瑞石, 至于黃鶴白雲, 望瀛洲之山, 海中九百餘里, 東蹋方丈, 其洞天十二, 見其人, 上天王絶頂二萬四千丈, 道馬耳珠崒, 進德裕住九千磊七淵, 凡三月, 北過大芚雞龍泰華烏棲伽倻龍門月籠, 抵摩尼之檀君塹星壇, 朝儛瑯琊若可覩, 性好遠矚, 入山必登絶頂, 俯覽山川之紆曲, 開襟引萬里風, 是可喜也. 捫蘿直上擧趾輕, 不自知其疲, 晩而從仕踰二紀, 無一間歲出行."

69 주 75) 참조.

향을 떠나온 이후 여암은 10년 동안 1년에 한두 차례 고향집에 잠깐 들렀을 뿐, 고향에 오래 머문 적이 없었다.[71]

33세 때인 1744년(영조 20) 직산에서 순창으로 돌아온 이후 여암은 서울에서 벼슬할 때까지 10년간 고향에 머물게 된다. 여암이 고향으로 돌아오게 된 계기는 친생조부인 선부(善溥)의 사망이었다.[72] 여암은 할아버지의 상을 치른 이후 종손으로서 집안을 관리해야 할 책임이 있었기 때문에 그해 겨울 순창으로 돌아온 것이다.[73] 여암은 이해 순창에서 고향 주변의 나무와 꽃 등을 보면서 「순원화훼잡설(淳園花卉雜說)」을 지었으며,[74] 11월에는 순창으로 돌아와 옛 집에 보관해 두었던 20세 전에 지었던 고체시(古體詩)를 가려서 책으로 묶었다.[75] 고향에 오니 어머님께서 “가난이 괴로운 것이 아니라 공부가 모자란 것이 부끄러운 것이니 나를 걱정하지 말고 너만을 걱정해라. 무릇 효라는 것은 그 뜻을 키우는 데 있다”고 여암에게 훈계를 듣고 공부에

---

70 『旅菴遺稿』 권6, 「祭故室崔氏文」 壬戌, “維崇禎再壬戌正月辛酉朔, 壬午之日, 靈川子申景濬, 敬以一盃之奠, 告于故室江陵崔氏之靈.”

71 『旅菴遺稿』 권10, 「淳園花卉雜說」 梅, “辛酉, 移于稷之邑, 地皆鹵薄不宜樹, 且多風蛾嚙葉, 樹不能生, 出遊無一可以休憩者, 況梅乎. 余或歷歲而未歸鄉焉 或歲一歸焉, 或歲二歸焉, 而常失梅之花時, 十歲之間, 未嘗一見梅花焉.”

72 『旅菴遺稿』 권12, 「本生祖考進士公(善溥)墓誌銘」, “甲子春, 有疾數日, 命籃輿詣園中, 周覽樹石還, 入戶就席而卒.”

73 『旅菴遺稿』 권10, 「淳園花卉雜說」 梅, “甲子冬, 復于鄉, 至明年春, 梅之早晚得盡觀, 其疎枝老査, 瘦蘂冷萼與神會, 固有悠然而不可言者矣.”

74 『旅菴遺稿』 권10, 「淳園花卉雜說」, “歲甲子, 余自畿復焉, 覽物感舊, 愴懷無已, 且居常嘯笑歌詠, 幽思閒興之寓於目而發於中者, 時拈筆以書, 姑先花焉, 而花亦十之一云爾.”

75 『旅菴遺稿』 권1, 「月歎」, “偶閱古笥 得亂藁一卷, 雖不足收置, 而觀少時之所游戲者, 亦有感焉, 乃輯以錄之. 而其過於險怪者, 皆刪之 總若干篇. 甲子十一月小寒節.” 이때 묶였던 시들이 『旅菴遺稿』의 권1 詩편에 실려 있다.

매진하였다.[76]

37세 때인 1748년(영조 24)에는 향시의 초시에는 합격[發解]했으나, 지리산을 유람하느라 회시(會試)에 참가하지 못하였으며,[77] 이 해에 모친이 돌아가셔서 장례를 치렀다.[78] 39세인 1750년에는 『훈민정음운해(訓民正音韻解)』를 저술하였고, 덕유산에서 승려와 절에 보관되어 있는 백도연적(白陶硯滴)에 대해 얘기를 나누었으며,[79] 41세인 1752년(영조 28) 봄에는 지리산 쌍계계곡에 놀러가서 뛰어난 경치를 감상하고 있다.[80]

여암이 순창으로 돌아온 33세 이후 43세 때 증광문과(增廣文科)에 합격할 때까지의 10여 년간에 그의 학문이 크게 진전되었다. 『강계고』, 『산수고』, 『가람고』, 『사연고』, 『도로고』 등의 역사지리에 관한 저작이 모두 이 시기에 완성되었기 때문이다. 이 시기 여암은 주변의 명산을 두루 돌아다녔을 뿐만 아니라, 불교의 선사들과도 교류하였다. 예컨대 「증간선사서(贈侃禪師序)」에는 "나와 간사(侃師)와는 인연

---

76 『旅菴遺稿』 권4, 「南山舊廬記」, "甲子 又復于鄕, 織路南北, 不康其居, 疾病喪窆嫁娶, 吉凶之故相仍, 家遂以窶, 太夫人年高而不能致養, 太夫人嘗謂余曰, 家貧非病也, 學貧是耻也, 家雖貧, 汝不負米於百里而日再食, 勿以我爲憂, 憂汝之憂, 凡孝貴養其志也."

77 『旅菴遺稿』 권 13, 「行狀 禮曹判書申獻求敬撰」, "戊辰 丁內艱, 哀毁盡制, 一如前喪, 嘗應擧發解, 偶遊智異山樂之, 遂不赴會."

78 『旅菴遺稿』 권4, 「南山舊廬記」, "戊辰 太夫人下世, 天傾地壞, 怙恃俱失, 猶能食息以延其生."

79 『旅菴遺稿』 권5, 「四物銘 並小序 瘞硯銘」, "歲庚午 余遊德裕山, 寺僧示白陶硯滴, 小而圓以淡靑畫草花者曰, 中歲大雨山崩, 有大石半破, 中含硯滴露其半, 劚而出之, 此必先天時器也."

80 『旅菴遺稿』 권5, 「杜機翁詩集敍」, "壬申春 余遊智異山之雙溪洞, 朝曦方旭, 有絲霞起於西峯之腰, 漸舒而如輕羅帷盡籠一山, 依微掩映, 須臾微風演漾, 淡處復濃, 濃處復淡, 隱者時見, 見者時隱, 林壑若推移運動, 眞奇賞也."

을 맺은 지 오래다. 내가 북쪽으로 벼슬길에 나간 이후 26년 동안 서로 보지 못했다. 기해년(1779) 내가 돌아온 후에 선사가 용천산(龍泉山)에서부터 나를 방문하기 위해 직접 왔다."라고 기술하고 있다.[81]

② 사환기(仕宦期)

신경준은 43세인 1754년(영조 30) 호남좌도 증광초시(增廣初試)에 1등 합격하였다. 당시의 시험 감독관은 평생의 지기이며 여암의 후원자가 된 이계 홍양호였고, 이때의 책제(策題)가 거제(車制)였다.[82] 홍양호는 시험에 앞서 시험감독 부관(副官)인 호남 수령 두 명에게 호남에서 제일 뛰어난 선비가 누구냐고 묻자, 모두 다 순창의 신경준을 지목하였고, 홍양호가 시험답안지 이름을 보지도 않고 신경준이 쓴 글을 최고로 뽑아내자 호남 수령들이 놀랐다고 한다.[83] 신경준의 명성은 향시 합격 이전에 이미 호남지역에서 널리 알려졌던 것이다. 이후 여암은 중앙관료는 물론 국왕인 영조에게까지 호남을 대표하는 학자로 인정받게 된다.[84]

여암은 이 해 여름 서울에서 치러진 증광문과(增廣文科)에 중고을

81 『旅菴遺稿』 권3, 「贈侃禪師序」, "余與侃師結象外交久矣, 自余宦遊於北, 二十六年不相見. 己亥余返于常閭, 師自龍泉山, 越歷重疊巘㟧以訪余, 師之年已八十一, 貌癯瘦益奇偉, 師素守無言戒, 少時相際, 未嘗詡詡諧笑以爲歡. 今也耳且聾, 必盛氣大聲然後聞之, 余之言之也難, 師之聞之也難."

82 이 글은 『旅菴遺稿』 권8, 「車制策」 甲戌로 실려 있다.

83 『旅菴遺稿』 권13, 「大提學 洪良浩撰 墓碣銘」, "掌試湖南, 二守令爲副, 余問本道知名士爲誰, 僉曰 有淳昌申某者, 南士之冠也. 得此一人, 足侈一榜矣, 旣開場, 發策問車制, 見晩呈一券, 余擊案曰, 吾得申某矣. 二副曰何以知之, 余笑曰, 第觀之, 遂擢置第一, 及坼名果然, 二副皆驚."

84 『頤齋亂藁』 권9, 「十二日」 壬申

과(中高乙科: 을과 7명 중 높은 성적]의 성적으로 급제하였다.[85] 여암은 전시(殿試) 답안지에 자(字)인 순민(舜民)을 빠트리고 제출하였다. 명정전(明政殿)에서 문무과(文武科) 합격자들을 친견하는 자리에서 영조는 신경준에게 "지금 그 사람을 보니 충분히 자(字)를 빠트릴 만 하다"고 여암을 낮게 평가하였다. 그러나 그 자리에 있던 많은 사람들이 "신경준은 글을 잘하는 선비이고, 자(字)를 빠트릴만한 사람이 아닙니다. 어쩌다 실수로 빠트린 것"이라고 변명해주었다. 그러자 영조는 전시(殿試)에서 지은 시 한 구절을 외우게 함으로써 여암의 실수를 덮어주었다.[86] 추측컨대 여암이 자(字)를 빠트린 것은 실수가 아니었을 것이다. 여암이 영조 면전에서 영조 임금의 백성이 아닌 순임금의 백성이라는 뜻을 드러내면 불충의 뜻으로 비춰질까 염려하여 일부러 자(字)를 쓰지 않았을 것이다.

과거에 급제한 신경준은 1754년부터 본격적인 관료의 길을 걷게 된다. 1754년 처음 승정원의 가주서(假注書)로 임시 임명되었다가, 1755년(영조 31)에는 종9품직인 승문원(承文院) 부정자(副正字)로 정식 임명되었다. 이 해에 소론계 일파가 노론을 제거할 목적으로 일으킨 나주벽서사건이 발생하자, 여암은 홍문관 부정자(副正字)의 직함으로 소북계 인물들과 함께 이광좌(李光佐) 등 소론 준론계(峻論系)를 성토하는 상소에 참여하였다.[87] 이 해 4월 15일에는 주서(注書) 홍지해(洪

---

85 『旅菴遺稿』 권13, 「大提學 洪良浩撰 墓碣銘」, "甲戌夏 擢增廣乙科, 隷承文院, 拜徽陵別檢, 例陞成均典籍, 轉兵禮曹郎."

86 『승정원일기』 영조 30년 윤 4월 11일, "甲戌閏四月十一日辰時, 上御明政殿, 文武科親臨放榜入侍時 ……(중략)…… 申景濬進伏, 上曰 此是殿試之劵漏字之人耶, 今見其人, 宜乎漏字, 僉曰 此能文之士, 固非漏字之人, 而適偶然爾. 上命誦殿試作誦奏一句."

87 『승정원일기』 영조 31년 3월 3일, "行副司直南泰溫, 前大司諫南泰耆, 判決事朴玶,

趾海)가 병으로 근무하지 못하자 대신 임시직인 가주서(假注書)로 임명되었다.[88]

1756년에는 종8품 휘능별검(徽陵別檢)으로 승진했고,[89] 이 해에 『강계지(疆界志)』를 완성함으로써 역사지리의 전문가로서 입지를 굳히게 된다. 휘릉별검으로 근무하는 중에 목능(穆陵), 숭능(崇陵), 창능(昌陵), 경능(敬陵), 현능(顯陵), 혜능(惠能)의 별검과 참봉 모두를 의금부에서 체포하여 투옥하는 일이 생겼다. 신경준도 예외 없이 체포되어 스무날 남짓 의금부 옥에 갇혔다가,[90] 같은 해 3월 5일 정성왕후의 초상(初喪)을 맞아 석방되었다.[91]

47세 때인 1758년 10월에는 휘릉별검의 근무기한을 다 채워 정6품직인 성균관 전적(典籍)으로 승진했고,[92] 1759년 5월에는 정6품의 예조좌랑(禮曹佐郎), 1760년에는 정6품 사간원 정언에 임명되었다.[93] 정언에 임명될 당시 여암은 순창에 있었기 때문에 신속하게 상경하지 못하였다. 이에 사헌부, 사간원에서 신경준을 우선 파직 후에 의금부에서 체포 압송하라는 탄핵을 받았다. 그러나 신경준이 신속하게 상경하지 못한 이유가 순창에 있었다는 사실이 해명되어 영조는 특명을

副司直崔成大, 副司直任瑋, 司僕寺正李壽鳳, 前獻納李堉, 副司果李基德, 前正言南泰著, 副司果南德老, 前佐郎南雲老, 及第南泰齊, 及第李壽德, 及第鄭恒齡, 及第崔允衡, 及第任希敎, 前副司直朴道天, 副正字申景濬·任瑎·宋瑛等疏曰, 伏以噫嘻痛矣辛壬諸凶流禍之憯且烈也 自戊申迄于今數十餘年, 亂賊接踵, 逆獄滋興, 至於賊志賊徵而極矣."

88 『승정원일기』 영조 31년 4월 15일, "注書洪趾海病, 代〈以〉申景濬爲假注書."

89 『승정원일기』 영조 32년 3월 12일.

90 『승정원일기』 영조 33년 2월 13일.

91 『승정원일기』 영조 33년 3월 5일.

92 『승정원일기』 영조 34년 10월 18일, "申景濬·成胤儉爲典籍."

93 『승정원일기』 영조 36년 7월 26일.

내려 신경준을 처벌에서 제외할 것을 명령하였다.[94] 같은 해 여암은 무관직인 종6품 부사과(副司果),[95] 정6품 이조좌랑(吏曹佐郎),[96] 정5품 이조정랑(吏曹正郎)으로 승진하여,[97] 1761년(영조 37) 말까지 이조정랑 직임을 수행하였다.

51세 때인 1762년(영조 38) 1월에는 종4품직인 서산군수(瑞山郡守)로 발령받아 처음으로 목민관의 업무를 담당하였다.[98] 서산군수로 재직하면서 여암은 서산지역의 기근을 슬기롭게 극복하였다. 여암은 기근이 닥치자 자신의 봉급을 줄여서 빈민들의 진휼에 보태고, 소금을 구워 무역하여 굶주린 백성을 구제했다. 또한 기후를 잘 살펴서 미리 백성들에게 이를 대비토록 했는데, 이 해 가을에 큰 비가 내릴 것으로 예상하고 벼가 여물었으나, 아직 익지는 않은 상태[熟禾未登]에서 급히 명령을 발하여 모든 벼를 베어내게 하였다. 여암의 예상처럼 벼를 베어낸 지 3일 만에 큰 비가 내려 다른 지역에서는 큰 피해를 입었으나, 서산 지역은 피해를 입지 않았다.[99]

52세 때인 1763년(영조 39) 7월 7일에는 사간원 정언으로 다시 임명

---

94 『승정원일기』 영조 36년 8월 3일, "正言申景濬時在全羅道淳昌地, 請竝斯速乘馹上來事, 下諭 上曰, 尹鳳五 · 申景濬, 下諭依啓 近來除旨, 輒稱在外, 爲今痼弊, 國之貳君今方浴溫, 而偃處外鄕, 今日常參, 宜先于此, 先罷職後禁推 ……(중략)…… 上曰, 兩司下諭中, 都憲及正言申景濬外, 竝先罷職後禁推."

95 『승정원일기』 영조 36년 9월 24일.

96 『승정원일기』 영조 36년 12월 2일.

97 『승정원일기』 영조 36년 12월 19일.

98 『승정원일기』 영조 38년 1월 16일.

99 『旅菴遺稿』 권13, 「行狀 禮曹判書申獻求敬撰」, "壬午春, 出知瑞山郡, 丁大饑, 削廩備賑, 煮塩易粟, 闔境無遺瘠, 嘗以爲耕農, 民命攸係, 故望氛祲察災祥, 使民豫備, 時當秋熟, 禾未登場, 急令境內銍刈而庤之, 居三日大雨雹, 所經無不傷禾黍, 一境獨晏如, 民皆蹈舞稱頌."

되었고,[100] 7월 12일 영조가 빨리 상경하라는 명령을 내렸다.[101] 여암이 서산을 떠나려하자 서산주민들이 계속 머물러 달라고 호소하고, 떠나게 된다면 옷이라도 남겨두어 제사를 지내게 해달라고 요청했으나 여암은 이를 웃으면서 거절하였다.[102] 서울로 상경한 직후인 7월 22일 여암은 종5품 충청도사(忠淸都事)로 임명되어 충청감영이 있는 공주로 내려왔고,[103] 이곳에서 충청도의 과거시험을 관장하였다.[104]

1764년에는 충청도사로서 충청도 조운(漕運)을 감독하였으며,[105] 사형수의 재판도 처결하였다. 여암은 그동안 관찰사와 유능한 수령 7~8명이 모여 재판을 해도 결정이 되지 않아 미뤄두었던 재판을 공정하게 처리하여 3명의 사형수를 석방하는 판결을 내렸다. 사형수 3명을 살려준 뒤에 셋째 아들이 태어나서 아들의 이름을 활삼(活三)이라고 지었다고 한다.[106] 여암은 충청도사의 근무기한을 채운 뒤 순창으로 귀향했는데, 그해 9월 17일 정4품직인 사헌부 장령(掌令)으로 승진 임명되었지만,[107] 고향에 있었기 때문에 관직에 나가지 못하고

---

100 『영조실록』 영조 39년 7월 7일, "以申景濬爲正言"

101 『승정원일기』 영조 39년 7월 11일, "正言申景濬, 時在瑞山郡任所, 請竝斯速乘馹上來事, 下諭 上曰, 依啓."

102 『旅菴遺稿』 권13, 「行狀 禮曹判書申獻求敬撰」, "癸未召還, 郡男女老穉啼號擁路, 願留衣以祠之, 先生笑而却之道."

103 『승정원일기』 영조 39년 7월 22일.

104 『旅菴遺稿』 권13, 「大提學 洪良浩撰 墓碣銘」, "移忠淸都事, 掌試事."

105 『旅菴遺稿』 권13, 「行狀 禮曹判書申獻求敬撰」

106 『旅菴遺稿』 권12, 「殤兒活三墓銘」, "湖西有死囚三歲久疑未決. 甲申 上命道伯會以能名者守令七八共讞, 又未決. 時景濬掌試士到湖西, 道伯要景濬決之, 狀成以聞, 上褒道伯明賞之. 釋三囚未幾, 景濬家人來告子男生, 道伯曰 活三人, 是兒宜有祉, 名以活三可乎, 因從之."

107 『승정원일기』 영조 40년 9월 17일, "有政 吏批, 申景濬爲掌令."

곧 교체되었다가,[108] 12월 3일 사헌부 장령으로 다시 임명되었고,[109] 이에 따라 무반직도 부사과(副司果)에서 부호군(副護軍)으로 승진하였다.[110]

1764년 12월에는 종6품직인 장연현감(長淵縣監)으로 발령받았다가,[111] 1765년 1월에 종3품직 장연부사(長淵府使)로 수정 임명받았다. 1765년 2월에는 영조가 지방수령들에게 자신이 다스리는 지역의 풍속과 민막에 대한 부(賦)를 지어 올리라는 명령을 내리자 「민은시(民隱詩)」를 지어 올렸다. 여암의 시에 대해 영조는 매우 잘 지은 시라고 높이 평가하였다.[112] 장연부사로 근무할 때 셋째 아들인 활삼(活三)이 장연에 와서 9개월을 함께 지냈다.[113]

서산군수에 이어 두 번째 목민관으로 근무하게 된 여암은 장연에서의 군교(軍校)와 활리(猾吏)의 농간을 드러내고 이를 처벌함으로써 백성들의 칭송을 들었다. 장연에는 도둑들이 많았는데, 도둑들이 장연현 관아의 뒷산에 장물을 몰래 묻어둔다고 주민들이 얘기하였다. 여암은 뒷산을 산보하면서 아전에게 한 곳을 파보라고 했고, 그 다음에는 앞서 파본 곳에서 몇 발자국 떨어진 곳을 파보라고 했지만, 장물은 발견되지 않았다. 이 일이 있고 난 3일 이후에 장교에게 산길에

---

108 『旅菴遺稿』 권13, 「行狀 禮曹判書申獻求敬撰」, "甲申 留監漕運, 期滿歸, 再除掌令, 皆以在鄉遞."

109 『승정원일기』 영조 40년 12월 3일.

110 『승정원일기』 영조 40년 12월 4일.

111 『승정원일기』 영조 40년 12월 25일.

112 『旅菴遺稿』 권1, 「民隱詩」 乙酉, "甲申冬, 上講唐風有感, 命八道方伯及文臣爲守宰者, 各賦其地之謠俗民瘼以進, 名之曰民隱詩. 是冬, 賤臣除長淵縣監, 正月赴任, 故二月製進, 上覽後曰善作."

113 『旅菴遺稿』 권12, 「殤兒活三墓銘」, "丙戌 出宰長淵, 兒從之留九月."

숨어 있다가 관을 들고 지나는 자를 물어보지 말고 누구인지를 염탐하라고 하니, 과연 그 밤에 관을 들고 가는 사람이 있었는데 그 사람이 활리(猾吏)였다. 활리는 처음과 두 번째 파둔 곳 사이에 광을 파고 장물을 묻었다. 여암은 도둑들이 구덩이를 판 곳 사이는 다시 뒤지지 않을 것이라고 여길 것을 예상하고 밤에 지켰다가 도둑인 활리를 검거한 것이다. 이와 같이 뛰어난 지혜로 활리의 농간을 드러내고 처벌한 여암을 장연사람들은 귀신같은 사람이라고 여겼다고 한다.[114]

그해 12월에는 장연부사직에서 정5품직인 사간원 헌납(獻納)으로 임명되었다.[115] 12월 21일 장연부사에서 물러난 여암[116]은 바로 고향으로 내려간 것으로 보인다. 이때 집에 돌아온 여암은 오랫동안 순창의 집안을 살피지 못했기 때문에 집이 낡아 비가 샐 지경이었다고 회고하고 있다.[117] 헌납으로 임명되었음에도 고향으로 내려간 신경준에게 영조는 신속하게 상경할 것을 명령하고 있다.[118]

55세인 1766년 9월 여암은 정3품직인 통례원(通禮院) 우통례(右通禮)로 승진하여 서울에서 근무하였는데,[119] 1767년(영조 43) 7월 15일 여암은 휴가기간을 넘겨도 상경하지 않았기 때문에,[120] 우통례에서

---

114 『旅菴遺稿』 권13, 「大提學 洪良浩撰 墓碣銘」, “多以罪去, 傳言衙後山有隱瘞者, 以是不利於官, 而終莫得其處. 公一日散步遊後山, 令吏掘一處無所得, 後夜又令掘其傍若干步, 又無所得. 茅三夜, 乃令部校伏山路曰, 有舁棺過者勿問, 但詗其爲誰, 其夜果有舁過者, 乃縣之猾吏也. 視其壙常兩掘之間, 邑人皆伏以爲神.”

115 『승정원일기』 영조 41년 12월 22일.

116 『승정원일기』 영조 41년 12월 21일. 여암의 후임으로 장연부사로 임명된 자는 다산 정약용의 장인인 訓鍊正 洪和輔였다.

117 『旅菴遺稿』 권13, 「大提學 洪良浩撰 墓碣銘」, “自海西歸家, 適草堂爲雨所頹.”

118 『승정원일기』 영조 42년 1월 2일.

119 『승정원일기』 영조 42년 9월 14일.

120 『승정원일기』 영조 43년 7월 15일.

사간원 사간으로 직임을 바꾸었으나,[121] 여전히 상경하지 않았다. 이에 조정에서는 여암을 불서지전(不敍之典)에 처함과 동시에 충청도의 바닷가 고을인 면천(沔川)에 유배형에 처하였다.[122]

귀양살이를 하던 여암은 영의정 김치인(金致仁, 1716~1790)의 건의로 1768년 2월 석방되었다. 김치인은 대간으로 때에 맞춰 상경하지 못한 것은 문제가 있으나 이미 유배생활이 해를 넘겼으므로 특별히 신경준의 귀양을 풀 것을 건의하였고, 영조가 이 건의를 받아들인 것이다.[123] 6개월여의 유배생활에서 풀려난 여암은 순창에 머물다가,[124] 그 해 8월 23일 1년 만에 사간원 사간으로 복직하였다.[125] 1768년 9월에는 이조판서 조명정(趙明鼎, 1709~1779)이 여암을 고산찰방(高山察訪)에 천거하였으나 영조가 "신경준이 어떤 사람인지 모르겠다"고 하면서 서용(敍用)하지 않았다.[126] 영조는 여암을 서용하기는커녕 여암을 천거한 조명정에 대해 "이제 많이 노쇠하였다"고 비난하면서 종중추고(從重推考)에 처하였다.[127] 이 해 12월에는 홍봉한(洪鳳漢)이 여암

---

121 『영조실록』 영조 43년 7월 15일.

122 『영조실록』 영조 43년 8월 9일, "命下諭後, 不上來諸臺, 竝施不敍之典, 其中申景濬湖沿投畀."

123 『승정원일기』 영조 44년 2월 9일, "金致仁 ……(중략)…… 啓曰, 向來申景濬, 以帶臺職在外, 至被竄配之命, 而景濬本來居鄕, 其未及上來, 容或無怪, 且已經年, 宜有參恕之道矣 上曰, 特放, 可也."

124 『旅菴遺稿』 권6, 「祭故弟弟婦文」 戊子, "今歲三月之三, 余自沔川解謫歸家."

125 『영조실록』 영조 44년 8월 24일.

126 『승정원일기』 영조 44년 9월 14일, "吏曹口傳政事, 高山察訪望李壽勛 · 李普觀 · 申景濬, 不用."

127 『승정원일기』 영조 44년 12월 13일, "上曰, 高山察訪望讀之, 潭讀訖, 上厲聲曰, 吏判果衰矣, 李壽勛 · 李普觀太善, 而申景濬則不知何狀人矣. 致仁曰, 俄者下敎聽瑩, 故似未詳聞矣. 上曰, 今者高山察訪, 三司擇差之命, 意蓋深矣, 則今覽望單, 噫, 近者益衰而然乎? 氣雖衰, 心則不衰, 可謂擇差乎? 若此而其何風動一道, 亦何暮年礪世, 此

을 강진현감으로 추천하였지만, 이때도 영조는 “신경준이 어떤 사람인지 모른다”고 하여 받아들이지 않았다.[128] 그 해 12월 26일에 여암은 사간(司諫)으로 복귀하였다.[129] 이로써 보면 57세인 1768년(영조 44)까지만 해도 영조는 여암의 인물됨에 대해 제대로 파악하지 못하고 있었다. 그러나 후술하듯이 영조는 1770년(영조 46) 『동국문헌비고』의 편찬을 계기로 여암의 인물됨을 새롭게 발견하고 여암을 총애하게 된다.

여암은 58세 때인 1769년(영조 45) 4월 23일 다시 사간으로 발령받았다.[130] 그 해 7월 27일에는 종부시정(宗簿寺正)로 임명되어,[131] 강화도의 선원각(璿源閣) 수리 공사를 마친 후에 다시 순창으로 내려갔다.[132] 11월에는 서울에 올라와 무반직인 부사과(副司果)의 직함으로 비변사의 낭청으로 근무하였고,[133] 11월 25일 우통례(右通禮)로 발령을 받아,[134] 이번에는 비변사 문낭청(文郎廳)으로 근무하였다.[135] 여암

望勿施, 吏曹判書趙明鼎, 從重推考, 更爲另擇以入.”

128 『승정원일기』 영조 44년 9월 14일, “藥房都提調 洪鳳漢曰, 康津大而難治, 此人必不善爲矣, 前日言事, 臣雖未知, 而曾經騎郎時, 亦不能善爲矣, ……(중략)…… 聞康津人心最難云矣, 鳳漢曰, 不但人心之難也, 雖縣監而大處矣. 上曰, 卿試思一人焉, 鳳漢曰, 有申景濬也, 上曰, 予不識其何狀也.”

129 『영조실록』 영조 44년 12월 26일.

130 『영조실록』 영조 45년 4월 23일. 영조 44년 8월 23일, 12월 26일 사간으로 임명되었고, 영조 45년 4월 23일 다시 사간으로 임명한 것으로 보아, 영조 44년의 사간 임명 때는 사간으로 복귀하지 않았던 것으로 보인다. 이때 비로소 서울로 올라와 사간 업무를 맡은 것으로 보인다.

131 『승정원일기』 영조 45년 7월 27일.

132 『旅菴遺稿』 권13, 「大提學 洪良浩撰 墓碣銘」, “己丑 以宗簿正, 奉命修江都璿源閣, 既事, 歸鄕廬.”

133 『비변사등록』 영조 45년 11월 座目.

134 『승정원일기』 영조 45년 11월 25일.

은 12월 21일 다시 사간(司諫)으로 임명받았다.[136]

이 해 12월 24일 홍봉한은 신경준을 "언어가 불선(不善)하지만 총명하고 꼼꼼하고, 전고(典故)에 밝기 때문에 비변사 문낭관(文郎官)으로 강역지의 교정을 맡길 수 있다"고 천거하였고, 영조가 "신경준이 노론, 소론 중에 어디냐"고 하자 홍봉한이 "노론은 아니라"고 답하여 영조가 신경준에게 『동국문헌비고』 편찬을 담당하게 하였다.[137] 이때 영조는 『강역지(疆域誌)』의 이름을 『여지편람(輿地便覽)』으로 바꾸고, 신경준을 비변사의 편집청 낭청으로 임명하여, 『동국문헌비고』의 편찬과 교정에 전념토록 하였다.[138] 홍봉한이 여암이 '말을 잘 하지 못한다[불선언어(不善言語)]'라고 얘기한 것은 여암의 말이 매우 어눌했음을 의미한다. 추측컨대 말을 더듬거나 아니면 사투리를 심하게 썼던 것이 아닌가 생각된다. 언어에 문제가 있다는 점은 홍봉한 뿐만 아니라 신경준 자신도 인정하고 있는 사실이다. 젊었을 때 만났다가 81살 때 자신을 방문한 간선사(侃禪師)와 대담하면서 81살 먹은 간선사는 귀가 멀어 듣는 데 어려움이 있고, 자신 또한 말하는 데 어려움이 있어서 서로 침묵으로 상대한다고 얘기하고 있기 때문이다.[139]

---

135 『비변사등록』 영조 45년 12월 座目.

136 『영조실록』 영조 45년 12월 21일.

137 『승정원일기』 영조 45년 12월 24일, "上曰, 我國規模, 如均役 · 濬川等事, 皆載錄則甚好. 而疆域誌之目甚野, 此則校正, 可也. 具允明曰, 申景濬明於典故, 疆域誌, 使之釐正, 好矣. 鳳漢曰, 景濬雖不善言語, 聰明精詳, 鍊達機務, 眞可爲備局文郎, 使之董力矣. 上曰, 老乎少乎, 鳳漢曰, 不老矣."

138 『비변사등록』 영조 45년 12월 24일, "頃者以疆域誌下教, 今覺其名, 近於野名, 曰輿地便覽, 此非張大者, 令句管備局堂郎, 照管紙筆墨, 書寫許給郎廳, 申景濬臺職許遞, 復差備郎, 令該曹口傳付軍職, 其令專意玆事."

139 『旅菴遺稿』 권3, 「贈侃禪師序」, "師之年已八十一, 貌癯瘦益奇偉, 師素守無言戒, 少時相際, 未嘗詡詡諧笑以爲歡, 今也耳且聾, 必盛氣大聲然後聞之, 余之言之也難, 師

한편 여암의 천거 과정에 대해 홍양호는 여암의 묘갈명에서 "홍봉한이 여암의 명성을 듣고, 사람을 보내 서울로 올라올 것을 요청했지만 여암은 바로 상경하지 않았다. 이에 홍봉한은 신경준은 경제지재(經濟之才)라고 평가하면서 비국낭(備局郎)에 임명해 줄 것을 영조에게 천거하였고, 영조가 이를 받아들여 여암에게 빨리 상경하여 『여지편람(輿地便覽)』의 감수를 명하자" 서울로 올라왔다고 기록하고 있다.[140]

여암의 59세 때인 1770년(영조 46)은 『동국문헌비고』와 『동국여지도』를 완성하고, 영조의 총애를 받은 해로, 여암 생애에 있어 매우 특별한 해이다. 영조는 1월 대궐 내에 찬집청(纂輯廳)을 설치하여 문학지사(文學之士) 8인을 뽑아 문헌비고의 편찬을 독려했다. 영조는 『동국문헌비고』의 편찬에 각별한 관심으로 가지고 이들 문낭청 8명을 우대하였는데, 그중에서도 여암에 대한 신임은 각별한 것이었다. 여암은 매일 또는 이틀에 한번 꼴로 영조와 대면하면서 『문헌비고』 「여지고」 편찬에 열중했다. 여암은 영조의 특별한 배려로 창경궁 안의 태복사(太僕司) 직방(直房)[141]에 거처를 마련했을 뿐만 아니라,[142] 때때로 음식과 술을 내려주었고, 의정부, 호조, 선혜청, 훈련도감, 금위영 등에서 매달 쌀과 돈을 지급하여 평상시 받는 녹봉의 부족분을

之聞之也難, 遂嘿坐相對, 燭旣跋乃寢, 旁有人曰師之來, 遠且勞矣, 嘿而終日夜, 有何合席之樂乎."

140 『旅菴遺稿』 권13, 「大提學 洪良浩撰 墓碣銘」, "領相洪鳳漢聞先生名, 諷使入京, 先生不動, 乃言于上曰, 申某經濟之才也, 辟爲備局郎. 上命馳馹召之, 監修輿地便覽."

141 太僕寺는 闕內各司의 하나로 창경궁 보루각 동쪽에 위치했다.(서울학연구소 편역(1994), 『궁궐지 1-경복궁, 창덕궁』, 「창덕궁지」 太僕寺, 183쪽)

142 『승정원일기』 영조 46년 3월 28일, "仍命書傳敎曰, 纂輯郎廳中申景濬, 許其太僕直房爲家."

보조해 주었다.[143] 궁궐 내에 거처를 마련한 까닭은 밤늦게까지 작업하는 신경준이 궁궐 출입으로 불편이 많았기 때문에 영조가 특별히 배려한 것이다.[144] 『동국문헌비고』의 책 이름은 편찬하는 과정에서 여러 차례 바뀌었다. 처음 책의 이름은 『여지편람(輿地便覽)』, 『강역지(疆域誌)』 등이었다가, 홍봉한은 『동국문헌비고』, 『문헌통고(海東文獻通考)』, 채제공은 『동국문헌비고』, 『해동문헌편고(海東文獻便考)』를 추천하여 영조가 편집청 낭청들이 시원임대신과 상의해서 책 제목을 정하도록 하라고 명령하였다.[145] 그리하여 1770년(영조 46) 1월 8일 책 이름을 『해동문헌통고(海東文獻通考)』로 정하였는데,[146] 이 책의 이름은 나중에 『동국문헌비고(東國文獻備考)』로 최종 변경된다.

1770년 1월 10일 여암은 정3품 장낙원정(掌樂院正)으로 임명되었고,[147] 2월 8일에는 「산수고(山水考)」를 완성하였으며,[148] 3월에는 영

143 『旅菴遺稿』 권13, 「行狀 禮曹判書申獻求敬撰」, "於是上又設簒輯廳于闕下, 選文學之士八人, 撰文獻備考. 先生則雖掌輿地考, 上數命入侍, 指陳應對, 常至夜分, 上奇之, 頻賜酒饌, 特命地部 · 惠廳給錢米, 兩軍門繼薪炭, 以周旅食之艱, 先生固辭數月乃止."

144 『旅菴遺稿』 권4, 「南山舊廬記」, "庚寅 除樂正兼備邊郎, 編輯文獻備考, 命處于闕下公廨, 日日或隔日入對, 或夜分乃退, 有時宣醞賜饌, 使相府 · 地部 · 惠廳 · 二軍營, 以次月給米錢, 以補常祿之不足, 固辭于諸府, 旣數月得止."

145 『승정원일기』 영조 46년 1월 6일, "上曰, 洪奉朝賀, 謂以海東文獻通考爲名, 恰好云, 此名, 何如? 輿地便覽 · 疆域誌等名, 皆是偏獨, 青丘文獻之名, 似好矣, 判尹意, 則何如? 濟恭曰, 其名皆可用, 而名以海東文獻便考, 亦好矣 上曰, 然乎 ……(중략)…… 上曰, 今番編輯之名, 初以輿地便覽下敎, 輿地卽一事, 名曰海東文獻便覽, 一曰只海東文獻, 可也 以此令郎廳, 問于時原任後, 入侍以奏,"

146 『승정원일기』 영조 46년 1월 8일, "備局文郎廳申景濬 · 洪纘海進伏, 上曰, 編輯冊名, 曰海東文獻編覽, 何如? 啓禧對曰, 好矣, 而編覽改以通考, 則似好矣."

147 『승정원일기』 영조 46년 1월 10일.

148 『승정원일기』 영조 46년 2월 8일, "詣備邊司殿座 上曰, 編輯堂郎皆進伏 洪龍漢進伏 上曰, 盡抄乎 對曰, 未及抄矣 申景濬進伏, 奏山水考." 이 기사에서 신경준이 편찬한

조 앞에서 신경준이 완성한 「산수고」의 초고를 진독(進讀)하였고, 5월에 다시 여암에게 「여지고(輿地考)」를 읽게 하였다.[149] 5월 23일에는 셋째 아들 활삼이 병으로 죽었지만, 고향에 내려가지 못하고 나중에 묘명(墓銘)을 지어 주었다.[150] 윤5월 10일에는 영조가 여암을 『동국여지비고』 편집청의 주인이라고 높이 평가하였으며,[151] 윤5월 16일에는 신경준의 무반직을 오위장(五衛將)으로 승진시켰다.[152]

윤5월 16일 『동국문헌비고』의 「상위고(象緯考)」가 이루어졌다. 이에 영조가 숭정전(崇政殿)에서 이 책을 받고, 편집청의 당상과 낭관들에게 상을 내렸다. 신경준에게는 호조와 선혜청에서 돈과 쌀을 그리고 금위영, 어영청의 두 군문(軍門)에서는 신탄(薪炭)을 지급하였고, 공해(公廨)를 택하여 가지도록 하였으며,[153] 「여지고(輿地考)」의 교정이 끝난 후 영조는 "이 책의 주인은 신경준"이라고 평가하였다.[154] 「여지고」의 완성과 함께 『도로고(道路考)』도 이때 완성하였다. 이해 신경준은 정3품 당상관직인 동부승지(同副承旨)와[155] 병조참지(兵曹參知)로 임명되었으며,[156] 오위의 부사직(副司直),[157] 예조낭청(禮曹

『輿地考』의 처음 이름은 『山水考』라는 사실을 알 수 있다.

149 『승정원일기』 영조 46년 5월 14일.

150 『旅菴遺稿』 권12, 「殤兒活三墓銘」 "兒稍長, 貌克哲性聰慧, 端序有見, 庚寅五月二十三日, 以疾死, 坾于淳昌郡南妙法山先兆參奉夫人墓前."

151 『승정원일기』 영조 46년 윤5월 10일, "編輯郎廳 申景濬入侍事, 出榻教. 景濬入,侍上曰 今番輿地圖, 古所罕有, 實爲編輯廳主人矣."

152 『승정원일기』 영조 46년 윤5월 16일.

153 『승정원일기』 영조 46년 윤5월 17일, "上曰, 輿地圖功重, 令申景濬擇公廨, 雖今日, 仍爲監董."

154 『승정원일기』 영조 46년 윤5월 21일, "輿地考畢校正後, 依目錄, 次第印進事分付, 出傳教. 上曰, 申景濬果是此冊之主人."

155 『승정원일기』 영조 46년 6월 20일.

郎廳),[158] 편집청의 감인당상(監印堂上)[159]으로 임명되었다. 이해 8월 『해동문헌비고』[『동국문헌비고』]가 완성되자, 영조가 서문을 쓰고 나서 이 책의 완성에 가장 공이 큰 사람은 신경준이라고 평가하였다.[160] 영조가 여암을 특별히 통정대부로 가자(加資)하고 승정원의 동부승지로 발탁한 것은 『동국문헌비고』의 완성에 공을 보상하기 위한 것이었다.[161]

한편 영조는 『팔도지도』(이 지도책의 이름은 나중에 『동국여지도』로 바뀐다.)의 편찬도 여암에게 맡겼다. 원래 『동국여지도』는 『동국문헌비고』의 「여지고」 편에 합하여 편찬할 예정이었지만, 지도와 문헌비고를 합책하여 편찬하는 예가 없었기 때문에 『동국여지도』는 『동국문헌비고』와 독립적인 작업을 거쳐 『동국여지도』로 편찬하게 된 것이다.[162] 영조는 『동국문헌비고』와 마찬가지로 『동국여지도』의 편찬에도 각별한 관심을 가지고 완성을 독려했다. 영조는 수시로 신경준에게 『동국여지도』 진척도를 물었는데, 여암은 332개 군현의 지도 크기가 같지 않아 책으로 만들기에 어려움이 많다고 보고하였다.[163]

---

156 『승정원일기』 영조 46년 6월 20일.

157 『승정원일기』 영조 46년 6월 29일.

158 『승정원일기』 영조 46년 7월 8일.

159 『승정원일기』 영조 46년 7월 22일.

160 『승정원일기』 영조 46년 8월 21일, "上以申景濬, 於文獻備考有功, 命允鈺書傳敎曰, 今番海東文獻備考, 若是成功, 卽諸臣之效功, 而其中功多者, 卽申景濬也, 人君紀功之道, 豈可訖功而遺心乎? 且輿地旣熟, 亦宜試也, 擇善地, 卽爲調用事, 分付銓曹."

161 『旅菴遺稿』 권13, 「大提學 洪良浩撰 墓碣銘」, "上親序卷首, 乃曰是書之輯, 某也功爲多, 特加通政階, 擢承政院同副承旨."

162 『旅菴遺稿』 권13, 「英廟御製輿地圖小敍」, "此圖, 初欲同錄於備考, 通考無此例, 故因諸議作此名曰輿地圖, 自京都兩都, 至於八道道里山川, 纖悉具備, 此編緝, 卽申景濬之所專掌而成之者也."

『동국여지도』는 그해 8월 24일 완성되었다. 신경준의 발문(跋文)에 따르면, 여암은 관청에 소장되어 있는 10여 건의 지도와 민간에 소장되어 전하는 옛 지도들을 참고하였고, 정항령(鄭恒齡, 1700~?)의 부친인 정상기(鄭尙驥, 1678~1752)가 제작한 백리척을 사용하여 제작한 『동국지도(東國地圖)』를 본보기 삼아 여기에 약간의 교정과 수정을 거쳐 완성하였다. 『동국여지도』의 제작은 6월 6일 시작하여 8월 24일에 끝냈는데, 78일 만에 완성한 것이다. 『동국여지도』는 정상기가 만든 『동국지도』처럼 백리척을 사용하여 만든 지도로 주척(周尺) 2촌(寸)을 1선(線), 종선(縱線)은 76, 횡선(橫線)은 131로 구획을 했고, 「열읍도(列邑圖)」 8권, 「팔도도(八道圖)」 1권, 「전국도(全國圖)」 족자 1개로 구성되었다. 여암은 자신이 펴낸 『동국여지도』는 정항령이 그린 지도와 다를 바 없었다고 평가하고 있다.[164] 특히 전국도 족자는 360여 개의 군현의 크기와 멀고 가까움을 한 번에 펼쳐 손바닥 들여다보듯이 알 수 있도록 한 것으로 영조는 대전(大殿)에 이를 걸어두고 항상 참조하였다. 영조는 『동국문헌비고』와 마찬가지로 『동국여지도』에도 직접 서문을 쓰고 있다.[165] 신경준이 3개월도 안 되는 짧은 기간

163 『승정원일기』 영조 46년 6월 10일, "命景濬進前, 上曰, 地圖今至垂成耶? 景濬曰已爲出草, 而姑未成正本矣. 上曰, 邑樣盡圖寫乎? 景濬曰, 面名村名, 亦皆錄矣. 上曰, 此地圖之第一也. 景濬曰, 三百三十二官地界, 大小不同, 難於作冊."

164 『旅菴遺稿』 권5, 「東國輿地圖跋」, "歲庚寅, 上命撰東國文獻備考, 賤臣與其役, 旣又命臣作東國地圖. 於是發公府藏十餘件, 訪諸家古本考之, 無如玄老所圖者, 遂用之略加校讎. 始于六月初六, 八月十四日訖進之. 列邑圖八卷, 八道圖一卷, 全國圖簇子一, 以周尺二寸爲一線, 縱線七十六, 橫線一百三十一. 又命獻東宮如其數, 上親製小序, 弁諸簇子之顚, 宸章煥爛, 八域山川, 咸被昭回之光矣."

165 『旅菴遺稿』 권13, 「英廟御製輿地圖小敍」, "此圖, 初欲同錄於備考, 通考無此例, 故因諸議作此名曰輿地圖, 自京都兩都, 至於八道道里山川, 纖悉具備, 此編緝, 卽申景濬之所專掌而成之者也. 三百六十州大小遠近, 一展而如指掌焉. 畧記顚末, 特題於圖上

에 이러한 방대한 지도책을 완성할 수 있었던 것은 신경준 집안의 지도제작과 인문지리에 대한 가학전통에 힘입은 바가 컸을 것이다.

『동국문헌비고』와 『동국여지도』의 완성을 계기로 영조의 여암에 대한 총애는 더욱 깊어졌고, 이후 외직으로 나가기 전까지 여암은 승지, 참찬관(參贊官, 경연을 담당하는 정3품 관직)[166]으로 영조를 가장 가까이에서 보필하게 된다. 앞서 언급했듯이 고산찰방과 강진현감으로 여암이 추천되었을 때 영조는 여암이 어떤 사람인지 모른다고 얘기하면서 여암을 서용(敍用)하지 않았었다. 그러나 비변사 문낭청으로 『동국문헌비고』의 편집을 담당하면서 여암은 영조의 지음(知音)을 얻게 된다. 1770년 1월 5일 초경 4점(저녁 8시 30분경)에 집경당(集慶堂)에서 영조는 여암에 대해 "이미 여러 해 동안 나를 시종했는데 네가 어떤 사람인지 몰랐구나. 지금 아뢰는 바를 들으니 실로 대면이 늦었던 것이 너무나 한스럽구나"라고 얘기하고 있다.[167] 이때 영조는 "신경준을 해박지재(該博之材)이며, 질박하고 진실된 것은 북도(北道) 사람과 같다고 평가"하였다.[168] 영조는 또한 신경준에 대해 "북도풍(北道風)이 있어 귀하다"고 말하였는데, 여기서 북도풍은 기자(箕子)가 동쪽으로 올 때 5천명이 따라왔는데, 모두 백이(伯夷)의 풍(風)을 의미하는 것이었다.[169] 영조는 또한 신경준의 해박함은 누구도 따라올

云爾. 予卽阼四十六年歲庚寅朱明上澣."

166 『승정원일기』 영조 46년 9월 22일.

167 『승정원일기』 영조 46년 1월 5일, "月初五日初更四點, 上御集慶堂, 備邊司文郎廳入侍時, 文郎廳申景濬洪纘海 ……(중략)…… 景濬曰, 易云地水師, 蓋藏於九地之中, 不念敵人見也. 上曰, 予以汝, 置侍從多年, 而不知何狀矣, 今聞所奏, 實恨相見之晩也."

168 『승정원일기』 영조 46년 1월 6일, "上曰, 申景濬該博之才也. 得雨曰, 凡於諸技,,無所不通矣. 上曰, 質實如北道人矣."

169 『승정원일기』 영조 46년 1월 14일, "上曰, 申景濬爲人, 頗有北道風, 可貴. 頃言箕子

수 없다고 평가하였고,[170] "여암이 호남사람이지만 영남인과 같이 순실(純實)하면서 야박(野朴)한 모습이 있다"고 얘기하면서,[171] 이러한 성품은 호남사람 중에서 매우 귀하다고 평가하였다.[172] 영조는 여암이 "속태(俗態)가 없을 뿐만 아니라 시체(時體)를 좇는 사람도 아니다. 늘그막에 신경준을 얻었다"고 하여 여암을 발견한 것을 매우 기쁘게 생각하고 있었다.[173] 그리고 같은 해 9월 여암을 승지로 임명하면서 "승지의 머리칼이 반백이 되었고, 나도 그러한데 이렇게 늦게 만난 것이 한스럽다."고 한탄하고, 또 "여암의 부모가 모두 돌아가셨고, 나도 또한 그러하다며 함께 눈물을 흘리면서 승지로서 일을 마치고 나서도 나에게서 멀리 떨어지지 않도록 하라"고 특별히 부탁할 정도로 여암을 아꼈다.[174]

이처럼 영조는 여암 신경준의 재주 뿐만 아니라 인품 등 모든 것을 높이 평가하고 아꼈다. 여암은 그해 11월 13일 승지로 근무하면서 최익남(崔益男, 1724~1770)의 상소[175]를 봉납했다고 하여 불서지전(不敍

來東時, 五千人隨來, 皆有伯夷之風云, 此言好矣."

170 『승정원일기』 영조 46년 윤5월 16일, "上曰, 申景濬該博, 可謂無與爲伍."

171 『승정원일기』 영조 49년 6월 25일, "上曰, 景濬則以湖南人, 有嶺南人態矣."

172 『승정원일기』 영조 49년 7월 3일, "上曰, 湖南人物, 極爲多謀, 雖如此者流, 所對不爲泛然, 如申景濬·高晳, 則質淳若嶺南人, 貴矣貴矣."

173 『승정원일기』 영조 46년 7월 24일, "上曰, 申景濬亦無俗態, 亦非時體也, 暮年得一景濬矣."

174 『旅菴遺稿』 권4, 「南山舊廬記」, "庚寅. 上臨賤臣, 喟然嘆曰, 何相見之晩也者再, 又嘗曰, 承宣之髮皤者半也否, 予則大耋, 君臣相遇太晩暮可恨也. 又嘗曰, 承宣有日短之歎乎? 對曰, 臣之父母俱不存. 上曰, 承宣亦抱哀之人也, 其如予, 因泫然涕下久之曰, 承宣今也所當事者, 唯予一人, 毋捨予而遠."

175 홍봉한을 지지하는 세력인 吏曹佐郞 崔益男은 1770년(영조 46) 3월 22일, 홍봉한 반대세력인 청주 유생 韓愈가 올린 상소문(홍봉한 세력이 권력을 농단하여 나라를 어지럽히고 있으니 처벌하라는 내용)에 대한 반박 상소를 올렸다. 최익남은 "영의정

之典),[176] 삭직지전(削職之典)과[177] 유배형에 처하게 되었다. 여암이 삭탈관직과 유배형까지 엄하게 처벌된 것은 불온한 상소를 봉납한 책임 외에도 영조가 묻는 질문에 답을 하지 않았기 때문이다. 영조는 최익남의 상소에 대해 시비(是非)를 3번이나 여암에게 물었지만, 여암은 '네네'라고만 하고 제대로 답을 하지 않았다. 여암은 최익남의 상소 중에 말하기 어려운 부분이 있어서, 이를 배척하는 말을 하고 싶지 않았기 때문이다. 이에 영조는 여암을 충청도 바닷가 고을인 은진에 3년 유배형을 내렸다. 그러나 영조는 은진이 순창에 가깝다는 얘기를 듣고 여암이 고향으로 돌아가서 영영 상경하지 않을까 염려하여 유배 장소를 수원으로 바꾸었다가,[178] 24일 만에 유배를 풀고 관직에 복귀하도록 하였다.[179]

이처럼 여암의 유배장소를 변경하기까지 하면서 여암을 자신이 곁에 두고자 한 것은 앞서 '여암에게 나를 버리고 멀리 가지 말라'고 한 영조의 얘기가 단지 말에 그치는 것이 아니라 진심임을 보여주는 것

金致仁이 사도세자의 죽음에 책임이 있으며, 또한 당파를 짓고 있으니 처벌하라"는 내용이었다. 이 상소는 사도세자와 세손의 문제를 언급했기 때문에 영조의 격노를 샀고, 이 상소를 받아들인 여암도 함께 처벌하였다.

176 『승정원일기』 영조 46년 11월 13일, "上曰, 崔益男上疏, 誰捧乎? 在協曰, 申景濬捧納矣 ……(중략)…… 捧納承旨, 特施不敍之典."

177 『승정원일기』 영조 46년 11월 26일, "今番益男疏, 先爲謄紙注書, 稷山縣定配, 不能檢飭承旨, 亦施削職之典."

178 『승정원일기』 영조 46년 11월 26일, "以義禁府言啓曰, 前承旨申景濬, 恩津縣徒三年定配. 傳曰, 依爲之. 申景濬既下敎, 以水原府擧行. 又以義禁府言啓曰, 前承旨申景濬, 以水原府擧行事, 命下矣. 申景濬, 水原府徒三年定配之意, 敢啓. 傳曰, 知道."

179 『旅菴遺稿』 권4, 「南山舊廬記」. "庚寅. 是歲, 賤臣獲罪, 命竄湖西海沿, 法府以恩津書入. 上下詢曰, 恩津是之湖南路歟? 若然則申景濬必歸于鄕, 命改以水原, 歷二十四日宥之, 繼以有知申之命."

이다. 여암은 영조의 이러한 배려에 감동하여 그 이후에는 서울의 남쪽 지역에 집을 마련하여 다시는 고향에 돌아갈 생각을 하지 못하였다.[180] 유배에서 풀려난 여암은 그 해 12월 25일 부사직(副司直)으로 복귀했으며,[181] 이듬해 1월 우부승지로 발령받아 승지에도 복귀하였다.[182]

60세인 1771년 2월 여암은 외직인 북청부사(北青府使)로 발령받았는데, 서산군수, 장연부사에 이어 3번째 외직이었다.[183] 북청에 부임한 여암은 1772년(영조 48) 2월 북청의 사인(士人) 김성간(金性鍊)에게 향사례를 주관케 하고, 집사 58인을 뽑아 청해관(青海館)에서 음식과 악기들을 차려놓고 북청부의 유생 3백명과 함께 엄숙하게 향사례를 거행했다.[184] 향교에 백성들을 모아놓고 여암이 직접 활쏘기, 음주례를 시범보이고, 백성들이 둘러서서 이를 보고 비로소 윗사람을 공경하는 뜻을 조금 알게 되었다고 한다.[185] 한편 1772년은 여암이 회갑을 맞이하는 해이기도 했다. 아들인 해주(海柱)[186]가 북청으로 와서 환갑

---

180 『旅菴遺稿』 권13, 「大提學 洪良浩撰 墓碣銘」, "庚寅. 時有臺臣崔益男, 疏論領相金致仁, 上召公問是非, 公唯唯, 三問而三不對, 上默然罷朝, 命竄公湖沿, 盖疏中有難言者, 公不欲斥言之也. 初配恩津, 上問地近湖南耶, 恐申某從此歸矣, 改命水原, 未幾宥. 公自是僦舍于京城, 不敢在歸意."

181 『승정원일기』 영조 46년 12월 25일.

182 『승정원일기』 영조 47년 2월 10일.

183 『승정원일기』 영조 47년 2월 17일, "申景濬爲北青府使, 至守令望筒, 上曰, 申景濬多功勞矣."

184 『旅菴遺稿』 권4, 「鄕射禮記」, "壬辰. 欲行鄕射禮, 問之故舊, 以時行 侯, 福, 鹿, 籌物乏, 諸具皆俱藏于鄕射堂, 士人金性鍊, 閑於是, 俾主之, 掄執事五十八人, 以二月庚寅, 於青海館, 設俎豆笙鼓, 贊臚儀, 升降拜揖, 進退步趍如率, 肅如也, 徹俎旣, 庭宴青衿三百, 樂合奏觶傳三, 驩如也."

185 『旅菴遺稿』 권13, 「行狀 禮曹判書申獻求敬撰」, "先生聚秀民于校宮, 親自講授鄕射, 鄕飮禮, 士民環觀, 粗知親上敬長之義."

잔치를 열겠다고 3번이나 간청했지만 자신은 어렸을 때 부친이 돌아가셔서 환갑잔치를 해드리지 못했는데 내가 어찌 환갑잔치를 받을 수 있겠느냐고 허락하지 않았다. 그리고 향사례를 베푼 이틀 뒤에 자신의 회갑연 대신에 북청의 80세 이상의 노인 43명을 모시고 잔치를 베풀었다.[187]

북청부는 땅이 넓고 관북(關北)지역의 교통 요지였기 때문에 각종 회계나 소송 관련 일이 매우 많았다. 그러므로 밤이 깊도록 일을 해야 해서 쉴 수가 없었다고 호소하기도 했다.[188] 여암은 이와 같은 격무속에서도 역사 지리에 대한 관심을 놓지 않고 있다. 여암은 북청의 무너진 고분 속에 남겨진 도관(陶棺)[옹관(甕棺)]에 대해 자신이 가진 역사적 지식을 동원하여 이 옹관이 여진족의 무덤임을 추정하는 「와관설(瓦棺說)」을 지었다.[189] 여암은 1772년 7월 북청부사직에서 파직

---

186 홍양호가 쓴 여암의 묘갈명에는 여암의 아들로 在權과 斗權 2명이 기록되어 있다. 海柱는 이 두 명 외의 또 다른 아들인지 아니면 재권과 두권 두 아들 중 한 사람의 별명인지 확인되지 않는다.

187 『旅菴遺稿』 권4, 「北靑府宴老人記」, "余知靑海之翼年壬辰, 是余回庚也, 子海柱來, 將設宴以壽, 再三請, 不許曰, 余少孤, 不能行此禮於親也, 余何以受乎 ……(중략)…… 乃令十八社長, 訪七十九歲老人, 邀以至致恩軒而宴之, 凡四十三人, 有居平壤者一人來亦與之, 余曰聖上優於高年, 今郡縣賜米肉, 業已行之, 而諸叟生於大聖人誕降之歲, 與他老人有異, 故玆煩杖屨, 要以永今夕 衆老人皆起拜, 余亦拜 ……(중략)…… 惟我聖上, 今七十九歲, 臨御四十九歲, 無堯之勸, 而昧爽丕顯如湯 ……(중략)…… 再昨之日, 與靑襟三百, 行鄕射禮, 今日宴衆老, 余之樂於是歲者多."

188 『旅菴遺稿』 권3, 「南參判(泰著)致仕序」, "壬辰春 不佞宰靑海, 靑地大, 介於關北三路, 簿書聽理煩甚, 侵夜或不能休."

189 『旅菴遺稿』 권5, 「瓦棺說」, "見野中有古墓崩圮, 棺露三分之一, 乃陶棺也. 聞諸土人曰, 州之山野間古墓, 亦或有用甕葬者, 凡甕口狹而腹廣, 取兩長瓮, 環缺其瓮口, 至瓮腹三之二或半, 欲其口闊而腹窄也. 以上瓮口深冒於下瓮口, 兩口合處, 用石灰泥封, 甚厚且廣, 因成石, 歲久而不相離也. 此必女眞時所葬云."

되어 서울로 복귀하였다. 북청으로 귀양 온 천극죄인(荐棘罪人) 정존겸(鄭存謙)이 외부 사람들과 서로 연락하는 등 자유롭게 행동했는데,[190] 여암이 정존겸을 가시울타리 속에 두어 외부와 연락을 차단하지 못했다는 죄목이었다.[191] 62세 때인 1773년(영조 49) 2월 여암은 전시(殿試) 일소(一所)의 시험감독관[시관(試官)]으로 복귀했다.[192] 정존겸이 1772년 11월 18일 풀려나,[193] 이듬해 3월 관작도 회복되었기 때문에,[194] 여암도 다시 관직에 복귀한 것으로 보인다.

1773년 5월 4일 여암은 강계부사로 발령받았지만, 대사헌 정광충(鄭光忠)이 여암이 문반(文班)으로 박식하고 화려하지만 변방의 극도로 어려운 임무를 맡는 것은 쉽지 않으므로 신경준이 강계부사로 나가는 것을 반대하여 결국에는 부임하지 못하였다.[195] 강계부사직으로 나가는 것이 좌절된 이후 여암은 5월 7일 부사직,[196] 5월 8일 승지로 임명되어 왕의 측근에서 근무하다가,[197] 10월 15일 순천부사로 발령

---

190 『승정원일기』 영조 48년 7월 5일, "又啓曰, 荐棘罪人鄭存謙, 罪犯, 何如 而身在荐棘之中, 交通外客, 已極爲非, 況李範濟方在拿問中, 則尤焉敢延見接對, 而出示朝報乎事極駭然, 請北青府荐棘罪人鄭存謙, 極邊移棘 上曰, 其得臺體, 鍾城府荐棘."

191 『승정원일기』 영조 48년 7월 5일, "又啓曰, 北青府使, 既以不能檢束罪人之事, 至被譴罷之典."

192 『승정원일기』 영조 49년 2월 28일, "上曰, 一所試官, 誰也. 澤遂對曰, 徐命善 · 申景濬 · 李敬養 · 李在學矣."

193 『승정원일기』 영조 48년 11월 18일, "咸鏡道鍾城府荐棘罪人鄭存謙 ……(중략)…… 等竝特放, 非逆律而發配者, 勿論遠近, 令該府該曹, 卽放以啓事, 命下矣."

194 『승정원일기』 영조 49년 3월 2일.

195 『승정원일기』 영조 49년 5월 4일, "朝家用人之道, 隨才授任, 然後人器相稱, 公私得宜矣. 新除授江界府使 申景濬, 文華博識, 固自有裕, 邊府劇務, 非其所長, 臣謂江界府使申景濬改差. 上曰, 此人文獻備考, 已知博識, 於此任其可試, 有此請宜擇人 依啓."

196 『승정원일기』 영조 49년 5월 7일.

197 『승정원일기』 영조 49년 5월 8일, "前府使申景濬爲承旨, 牌招察任."

받아 이듬해 6월 제주목사로 발령받기까지 8개월간 근무하였다.[198]

여암은 순천부사로 부임할 때 수레 위에서 고갯길 옆 길가의 남편 무덤에서 곡을 하는 여인이 있었는데, 여암이 곡성을 듣고 여인의 안색을 살펴서 무엇인가 몰래 숨기는 것이 있음을 알았다. 그리하여 이교(吏校)에게 여인을 붙잡아 오라고 하여 3일 동안 조사하고, 죽은 남편을 위해 곡하는 까닭을 말하는데 말이 숨기는 것이 많았다. 이에 무덤을 파내 남편의 시신을 검시해보니 시신의 배꼽에 쇠꼬챙이가 꽂혀있었다. 엄하게 추궁하니 여인이 비로소 간부(間夫)와 함께 남편을 살해한 것이라고 자복하였다. 살인 사건을 잘 처리하니 순천부 사람들이 그 밝음에 모두 탄복하고 감히 속일 생각을 하지 못했다.[199] 순천은 고향인 순창과 가까운 곳이어서 친척과 친지들이 방문이 잦았는데도 여암은 이들에게 여러 도움을 주면서도 어려운 기색을 보이지 않았으며, 스스로 검약하게 살았다. 집안의 가재도구들이 낡아서 순천부에서 와부(瓦釜) 하나를 구매해서 순창에 보냈는데, 사람들이 이를 운반하다가 10리도 가지 못해서 바위에 떨어져 파손되었다. 주민들이 아직도 그 바위이름을 파부(破斧)바위로 부르고 있다고 한다.[200]

63세인 1774년(영조 50) 6월 3일 여암은 제주목사로 발령받았다.[201]

---

198 『승정원일기』 영조 49년 10월 15일.

199 『旅菴遺稿』 권13, 「行狀 禮曹判書申獻求敬撰」, "其秋, 出知順天府, 到本府小鍊峙, 有女哭於路傍塚. 先生從車上聞聲察色, 知其有陰詐, 令吏校押囚, 過三日而查究, 以謂哭故夫, 而語多隱晦, 乃掘其尸, 撿得臍上鐵釘, 遂嚴覈之, 女始自服, 與間夫戕殺本夫也. 獄旣成, 一府皆服其明, 莫敢欺詐."

200 『旅菴遺稿』 권13, 「行狀 禮曹判書申獻求敬撰」, "且順與淳地相接, 親戚故舊日扶携而至, 先生資給無難色, 而臨事裁決則一任法焉. 持身儉約, 家什寥落, 嘗自順府買一瓦釜, 以送于本第, 使人未及十里, 瓦釜墜石而破, 居人名其巖以破釜, 至今稱之."

201 『승정원일기』 영조 50년 6월 3일.

63세의 나이에 제주목사로 부임하는 것에 대해 많은 사람이 걱정했지만, 조정의 명령에 따라 바로 제주로 부임하여 거의 1년 동안 목사로 근무하였다.[202] 이 해 11월 7일 여암이 진상 및 별진하(別進賀) 물품을 실은 선박이 역풍으로 손상을 입어 진상물품이 기한 내에 바다를 건너지 못했음을 보고하고 대죄(待罪)하니, 영조는 대죄하지 말 것을 회유하고,[203] 제주목사 신경준을 잉임(仍任)하라는 전교를 내렸다.[204] 그러나 한 달이 지나도 제주의 감귤을 비롯한 진상품이 서울에 도착하지 않자 영조는 실망을 나타내면서 여암에 대해 함사(緘辭)[205]중추(重推)할 것을 명령하였다. 『문헌비고』를 완성할 때 해박하다는 점을 높이 평가하여 제주목사로 발령했는데, 이처럼 공물의 운송을 지체한다는 것은 마치 선량한 관리로 이름 높은 한나라 때 황패(黃霸)가 군(郡)을 다스리면서 백성들에게 손해를 입히는 것과 무엇이 다르냐고 책망하고 있는 것이다.[206]

이듬해인 1775년(영조 51) 1월 3일에는 영조의 질책이 더욱 강화되어 과일의 공납을 지체하고 장계를 올리지 않은 신경준에 대해,[207] 함사(緘辭)를 기다리지 말고 즉각 불서지전(不敍之典)을 시행하도록 명하여 제주목사에서 파직하였다.[208] 또한 2월 1일에는 암행어사 홍

---

202 『旅菴遺稿』 권13, 「行狀 禮曹判書申獻求敬撰」, "改濟州牧使, 時公年已六十有三, 人多愍之, 公恬然就道曰, 君命敢言夷險耶? 居一年."

203 『승정원일기』 영조 50년 11월 7일, "濟州防禦使申景濬狀啓, 九月朔進上及別陳賀箋文所載船隻, 逆風致傷, 限內不得渡海, 惶恐待罪事 傳于李萬育曰, 勿待罪事, 回諭."

204 『승정원일기』 영조 50년 12월 5일.

205 조선시대 관아에 직접 출두할 수 없는 경우 서면으로 진술하는 문서.

206 『승정원일기』 영조 50년 12월 10일.

207 『영조실록』 영조 51년 1월 3일, "以貢果之遲滯, 而製述狀聞, 久不封呈也."

208 『승정원일기』 영조 51년 1월 3일, "近者國綱, 皆由於此等事, 一雖參酌, 況再乎? 以待

상성(洪相聖)이 민사(民事)를 이유로 신경준의 처벌을 요청하는 서계(書啓)가 올라온 것과 동시에 홍상성이 기생을 데리고 제주로 온 것이 알려지자 대사헌 송영중(宋瑩中)과 대사간 박사해(朴師海) 등이 홍상성을 사형에 처하라고 탄핵하였고, 또한 박사해가 신경준을 체포하여 심문한 이후 엄중히 처벌하도록 요청하니, 임금이 그대로 따랐다.[209] 이에 3월 13일 의금부에서 도사(都事)를 파견하여 체포해 올 것을 명령하였고,[210] 3월 19일 의금부에서 신경준의 공사(供辭)를 아뢰었고,[211] 3월 20일 신경준이 쓴 공사(供辭)를 모두 읽은 영조는 제주목사 신경준은 이미 그 직을 교체했기 때문에 특별히 석방할 것을 명령하여 풀려났다.[212]

그 사이 신경준은 서울에 올라온 것으로 보인다. 4월 15일에는 덕유당(德游堂)의 문신(文臣) 제술시관(製述試官)으로 신경준을 임명하기 때문이다. 그러나 신경준은 제술시관으로 근무하지 못하고, 신경준을 대신하여 이방영(李昉榮)이 그 직을 수행하였다.[213] 그 해 5월 2일 부

緘辭, 其亦苟且, 牧使申景濬, 亟施不敍之典."

209 『영조실록』 영조 51년 2월 1일, "大司憲宋瑩中 · 大司諫朴師海等啓曰, 洪相聖之載妓越海, 古今未有之駭擧也. 處分嚴重, 則固當泥首候風 而今聞晏然挾妓, 自同尋常, 放恣無忌, 莫此爲甚 請嚴鞫得情, 快施王法. 上曰 今日果有臺閣 依啓. 朴師海又論, 濟州前牧使申景濬, 御史被罪之後, 御史狀啓, 自歸勿施 而今此被罪前狀啓, 同封上送, 其涉可駭 請拿問重勘. 上從之."

210 『승정원일기』 영조 51년 3월 13일, "李邦榮, 以義禁府言啓曰, 申景濬拿來都事, 旣有削職之命, 發遣他都事於申景濬所到處, 執捉拿來之意, 敢啓 答曰, 知道."

211 『승정원일기』 영조 51년 3월 19일, "李崇祜啓曰, 判義禁具善復, 同義禁邊得讓, 持申景濬草供, 趙鎭禎口招, 依下敎來待矣."

212 『승정원일기』 영조 51년 3월 20일, "上命讀申景濬供辭訖, 命書傳敎曰, 聞此前濟州牧使申景濬供辭, 則狀啓同封, 直由於鄕闇, 其他亦然, 旣遞其職, 有何深非, 特放."

213 『승정원일기』 영조 51년 4월 15일.

사직(副司直)으로 복귀하였고,[214] 7월 20일에는 제주에서 진상한 말이 모두 병들었거나 약한 것이어서 진상의 책임자인 전 제주목사 신경준을 추고경책(推考警責)하도록 하였다.[215] 여암은 제주목사에 파직된 이후 서울에 올라와서는 교유를 가졌던 풍고자(楓皐子) 유광익(柳光翼, 1713~1780)이 살던 집을 빌려 거주하였다.[216]

65세 때인 1776년(영조 52) 3월 5일 영조가 승하하였다. 여암은 "모두가 임금의 신하이지만, 나처럼 임금님의 은혜를 입은 사람은 만고(萬古)에 매우 드물 것"이라고 하면서, "임금님의 은혜를 하나도 갚지 못했는데, 같이 죽지 못한 것이 한스럽다"고 통곡하였다. 여암은 월이곡반(月二哭班)에 참여하여 곡을 하였고,[217] 여암은 삼년상을 치르는 동안 음식도 소식(素食)하였고, 매번 영조와의 인연을 얘기하면서 울면서 서울의 남산 밑의 집에서 3년간 상복을 입었다.[218]

정조가 즉위한 이후 여암은 홍인한(洪麟漢, 1722~1776)의 죄상을 탄핵하는 인양군(仁陽君) 이경호(李景祜, 1705~1779) 등이 올린 상소에 참여하였으며,[219] 8월 17일에는 분병조참의(分兵曹參議) 부사직(副

---

214 『승정원일기』 영조 51년 5월 2일.

215 『승정원일기』 영조 51년 7월 20일, "濟州前牧使申景濬遞任, 進上馬二匹, 今纔上來, 禾毛色別單書入, 依例內廐立養, 而一匹蹇病特甚, 其外二匹, 亦皆體小無才, 本島馬品, 素稱雄健, 進上事體, 何等重大, 而三馬俱是病劣之類, 當該牧使, 不可無飭, 推考警責, 何如? 傳曰 允."

216 『旅菴遺稿』 권3, 「二柳集序」, "歲乙未. 楓皐子移于稷下, 余得楓皐舊舍而居之, 庭梧壇松皆在前, 想像士燮之携琴邀月, 土勛之把筆賦懷, 愀然如見其形."

217 『旅菴遺稿』 권4, 「南山舊廬記」, "噫! 孰不爲人臣乎? 受恩如賤臣者, 曠古所稀也. 涓埃未報, 雲馭賓天, 不得以身褥蟻, 爲參月二哭班, 遲留三年而歸."

218 『旅菴遺稿』 권13, 부록 行狀, 「禮曹判書申獻求敬撰」, "英廟上賓旣因山, 先生猶素食, 每說先朝事, 輒言淚俱下. 至己亥, 公告人曰, 余受知先王, 屢奉恩言, 故不忍遠離."

219 『승정원일기』 정조 즉위년 6월 27일.

司直)으로 발령받았다.[220] 66세 때인 1777년(정조 1) 가을에는 서울 집에서 셋째 아들 활삼의 꿈을 꾸고 「상아활삼묘명(殤兒活三墓銘)」을 지었다.[221] 이때도 관직은 병조분참의(兵曹分參議),[222] 행부사직(行副司直)으로 근무하였다.[223] 67세 때인 1778년(정조 2)에는 소북파의 일원인 의령 남씨 집안의 묘지명, 신도비명 등 5편과 「현록집성니옹행장(顯祿輯成泥翁行狀)」 1권을 썼고,[224] 집안에 남겨진 「암헌선생친필첩후서(巖軒先生親筆帖後敍)」를 썼다.[225]

68세 때인 1779년(정조 3) 정월 28일 영조의 삼년상이 끝나자 서울에서 풍고자 유광익과 14명의 벗들과 함께 시를 읊고 강세황이 그림을 그려 『풍암아집(楓巖雅集)』으로 엮었다.[226] 풍암아회 모임을 끝으로 여암은 서울 생활을 정리하고 순창으로 귀향하였다. 여암은 "나는 선왕의 지음(知音)을 받아 여러 차례에 은혜를 입었다. 그러므로 멀리 떠날 수 없었는데, 이제 삼년상이 모두 끝났으니 돌아갈 수 있게 되었다"고 하여 순창의 남산 옛집으로 돌아갔다.[227] 영조가 여암에게 요청한 "나와 멀리 떨어져 있지 말라"는 약속을 지킨 셈이다.

순창으로 내려 온 이후 여암은 「온진정팔경(蘊眞亭八景)」, 「남산구

---

220 『승정원일기』 정조 즉위년 8월 17일.

221 『旅菴遺稿』 권12, 「殤兒活三墓銘」

222 『승정원일기』 정조 1년 8월 1일.

223 『승정원일기』 정조 1년 8월 20일.

224 『旅菴遺稿』 권5, 「巖軒先生親筆帖後敍」, "戊戌. 景濬撰南氏墓表誌神道碑銘者五篇, 顯祿輯成泥翁行狀一卷."

225 『旅菴遺稿』 권5, 「巖軒先生親筆帖後敍」

226 『旅菴遺稿』 권3, 「楓巖雅集序」, "己亥 正月二十有八日, 楓皐子感春氣之早至, 念朋交之久離, 乃肆筵設觴, 發書以邀, 至者凡十四."

227 『旅菴遺稿』 권13, 「行狀 禮曹判書申獻求敬撰」, "至己亥, 先生告人曰, 余受知先王, 屢奉恩言, 不忍離違, 今三年已畢, 可以歸矣. 遂退居南山舊廬."

려기(南山舊閭記)」[228] 등을 썼고, 간선사(侃禪師)가 용천산(龍泉山)에서 여암을 방문하는 등 그동안 관직 생활로 교유가 끊겼던 선사들과의 교유도 다시 시작하였다.[229] 69세인 1780년(정조 4)에는 정조가 4월 14일,[230] 6월 9일,[231] 6월 10일[232] 세 차례 승지에 임명하였으나 소를 올리고 나가지 않았다.[233] 이때 「소충십장(小蟲十章)」을 지었다.[234] 70세 때인 1781년(정조 5) 5월 21일 여암은 세상을 떠났고, 3개월 후인 7월에 남산간좌지원(南山艮坐之原)[반용강(盤龍崗)]에 묻혔다.[235]

여암은 부인 3명에 2남 3녀를 두었다. 첫째 부인 광주 이씨로 자녀가 없었으며, 둘째 부인 강릉 최씨로 소생은 큰아들 재권(在權), 둘째 아들 두권(斗權), 첫째 딸(사위는 진사(進士) 이영갑(李永甲)이며, 셋째 부인 평창 이씨로 소생은 둘째 딸(사위 이호연(李浩淵), 셋째 딸(사위 진사 윤치정(尹致鼎) 이 있다.[236] 아들을 낳은 강릉 최씨에 대해서 애정

---

228 『旅菴遺稿』 권4, 「南山舊廬記」, "余年六十八, 自京師返舊廬, 俯仰今昔, 心自隕而涕自零也."

229 『旅菴遺稿』 권3, 「贈侃禪師序」, "余與侃師結象外交久矣. 自余宦遊於北, 二十六年不相見, 已亥余返于常閭, 師自龍泉山, 越歷重疊巘崿以訪余, 師之年已八十一, 貌癯瘦益奇偉, 師素守無言戒, 少時相際, 未嘗詡詡諧笑以爲歡. 今也耳且聾, 必盛氣大聲然後聞之, 余之言之也難, 師之聞之也難."

230 『승정원일기』 정조 4년 4월 14일.

231 『승정원일기』 정조 4년 6월 9일.

232 『승정원일기』 정조 4년 6월 10일.

233 『旅菴遺稿』 권13, 「行狀 禮曹判書申獻求敬撰」, "庚子. 三除承宣, 進疏終不就."

234 『旅菴遺稿』 권1, 「小蟲十章」

235 『旅菴遺稿』 권13, 「大提學 洪良浩撰 墓碣銘」, "忽語二子曰, 余近覺氣憊, 殆不久乎, 因歷敍平生事甚悉, 翼日與客碁微眩, 就床臥移時, 翛然而逝. 時辛丑五月二十一日也. 越三月某日, 葬于南山艮坐之原."

236 『旅菴遺稿』 권13, 「大提學 洪良浩撰 墓碣銘」, "公凡三娶, 元配廣州李氏, 蔭郎亨晩女, 早卒無子. 次配江陵崔氏, 學生惇五女, 後配平昌李氏, 蔭郎光濮女. 有二男三女, 長女歸進士李永甲崔出, 男在權 · 斗權, 二女歸李浩淵, 尹致鼎, 並李出."

이 많아 최씨 부인에 대해서만 특별히 제문(祭文)을 남기고 있다.[237]

3) 여암의 교유관계

신경준은 이계 홍양호를 제외하고 권세가와의 교유가 거의 없었다.[238] 여암은 자신보다 열두 살이나 아래였지만 당시 중앙핵심 관료로 영향력이 컸던 홍양호와는 밀접한 관계를 맺고 있었다. 홍양호와의 교류는 1754년 과거에 급제한 직후 홍양호가 여암의 집을 찾아가 만나면서 시작되었다.[239] 이 두 사람은 경전과 역사에 대해 토론을 시작하면 밤이 깊은 줄도 몰랐고, 며칠 동안 머무르면서 토론하는 경우도 있었다. 홍양호는 여암과의 관계를 '지기(知己)'이며 '동심(同心)'으로 표현하고 있다. 마치 천리를 떨어져 있어도 대면하는 것과 다를 바 없고, 30년이 하루와 같은 사이라는 것이다.[240] 여암과 홍양호와의 관계는 영조와 여암의 관계만큼 매우 긴밀했다.

동심이라는 표현에서 알 수 있듯이 신경준과 홍양호의 사상은 서로 상통하는 바가 많았다. 예컨대 1756년 『강계고(疆界考)』가 완성된

---

237 『旅菴遺稿』 권6, 「祭故室崔氏文」 壬戌.

238 『旅菴遺稿』 권13, 「行狀 禮曹判書申獻求敬撰」, "立朝二十餘年, 足不近權貴之門, 一資半級, 皆由上簡, 而以文學深交者, 惟洪太史一人而已."

239 『旅菴遺稿』 권13, 「行狀 禮曹判書申獻求敬撰」, "夏赴會試, 又中高選, 洪公卽就見先生于京邸, 遂與定交."

240 『旅菴遺稿』 권13, 「墓碣銘 大提學洪良浩撰」, "又中高選, 余就見于邸, 信魁奇士也, 遂與定交. 公居京, 罕與人遊, 惟余之從. 討論墳典, 上下今古, 不知日之夕而夜之永也. 或留連數日, 興盡而返. ……(중략)…… 喜知己之有人也. 古所謂同心之言, 其臭如蘭者非耶. 公旣宦遊四方, 余亦閱歷險屯, 合散無常, 而雖在千里, 無異對面, 三十年如一日焉."

이듬해에 홍양호는 영조에게 전국지리지 편찬을 건의하여 『여지도서』 편찬이 시작되었는데,[241] 홍양호가 여암의 『강계고』를 읽은 이후 이러한 건의를 한 것이라고 생각된다. 또한 1783년(정조 7) 홍양호는 "수레 사용으로 상품유통이 원활해지고, 세곡 운송 등에서 말을 이용하는 것에 비하여 십 배, 백 배의 이익을 가져다 줄 것이며, 수레를 사용하게 되면 나라와 백성과 군대가 모두 애쓰지 않아도 스스로 부강해진다"라고 상소를 올려 수레 사용을 적극 주장하였다.[242] 이러한 주장은 여암의 「거제책(車制策)」에서 제시한 견해와 완전히 일치하는 것이다. 홍양호는 여암 사후, 여암의 묘갈명과 『여암유고』의 서문을 썼으며,[243] 여암 또한 홍양호 소유의 별서(別墅)인 겸산루(兼山樓)에 기(記)를 남기고 있다.[244] 여암과 홍양호의 교류는 철저하게 문학을 통한 교류에 국한되었다.[245] 이 점에서 여암은 소북파 행동강령인 "권귀와 가까이 하지 않는다"라는 조항을 철저하게 지킨 셈이다.

여암이 남긴 시문집을 통해 밀접하게 교류한 인물을 꼽자면 풍고자(楓皐子) 유광익(柳光翼, 1713~1780)을 빼놓을 수 없다. 유광익이 직산으로 이사를 가자 서울의 그의 집을 얻어서 거주하였을 뿐만 아니라, 유광익의 일찍 죽은 두 동생인 유광적(柳光迪)과 유광필(柳光弼)

241 『승정원일기』 영조 41년 12월 8일, "輿地圖書, 曾見有印本有寫本, 此是謄本乎? (副提學徐)命膺曰, 最初洪良漢爲玉堂時, 陳達, 八道邑誌修正以上, 此則有印本有寫本矣 其後金應淳爲玉堂時, 陳達改修正, 而李瀓爲玉堂時, 行關於八道."

242 『正祖實錄』 정조 7년 7월 18일, "洪良浩上疏曰 ……(중략)…… 用車之利, 什百於馬也 ……(중략)…… 試言大者, 一則商賈轉輸, 百貨流通也. 一則貢獻賦稅, 雇賃費省也. ……(중략)…… 故一行車制, 國不期富而自富, 民不期足而自足, 兵不期强而自强矣."

243 『旅菴遺稿』 권13, 「大提學 洪良浩撰 墓碣銘」

244 『旅菴遺稿』 권4, 「兼山樓記」

245 주 238) 참조.

이 남긴 글들을 모은 문집에 서문을 쓰고 있다.[246] 뿐만 아니라 유광익이 주도한 시회(詩會)에 강세황(姜世晃, 1713~1791), 이수봉(李壽鳳, 1710~1784) 등 14명과 참석하기도 했다. 유광익은 이 시회 때 지어진 시와 강세황이 그린 그림을 합하여 『풍암아집(楓巖雅集)』을 펴내었다.[247] 유광익은 성리학을 연구했지만, 그의 관심은 역사와 지리에 있었던 것으로 보인다. 일찍이 과거를 포기하고 학문에 전심, 특히 성리학분야에서는 『심경주해(心經註解)』를 보충하고, 사단칠정(四端七情) 논쟁에 대해 '사칠호발(四七互發)'에 관한 저술을 했으며, 『대학집요(大學輯要)』, 『강학제요(講學提要)』, 『동사편년(東史編年)』, 『경현신편(景賢新編)』, 『풍암집화(楓巖輯話)』 등의 저서가 있다. 이 중에 『풍암집화』는 우리나라의 역사를 주요 사건별로 나누어 기술하고 자신이 의문을 해결한 내용을 부록으로 기록한 역사서로 그의 만년에 편술한 것으로 보인다. 이와 같이 여암의 관심과 풍고자의 관심은 역사지리의 측면에서 동일했기 때문에 상호 상당한 영향을 주고받은 것으로 여겨진다.

또한 성호우파(星湖右派)를 대표하는 순암(順庵) 안정복(安鼎福, 1712~1791)과는 동갑으로서 신경준이 안정복보다 10년 먼저 세상을 떠나긴 했지만, 둘 사이에는 밀접한 교류가 있었다. 『동국여지승람』의 개정을 시도하면서 『해동여지통재(海東輿地通載)』를 편찬하고자 했는데, 이때 안정복이 편집책임자인 이가환(李家煥, 1742~1801)에게 편지

---

246 『旅菴遺稿』 권3, 「二柳集序」, "余友廣陵李士信, 凝川朴春卿, 論洛下士, 必稱柳士燮, 士勛曰, 其才性俱高. 况以楓皐子爲兄乎? 余心慕而遠, 無以見也. 甲戌夏初, 余始仕入洛, 士燮之歿已七年, 士勛之歿纔二旬, ……(중략)…… 士燮諱光迪, 士勛諱光弼, 篤於孝友, 樂於詩書, 是其性也."

247 『旅菴遺稿』 권3, 「楓巖雅集序」

를 보내, 신경준의 지리서와 『동국문헌비고』 중의 「여지고(輿地考)」, 『성경지(盛京志)』 등을 참고해 줄 것을 부탁했는데, 이때 안정복은 신경준을 망우(亡友)라고 지칭하고 있기 때문이다.[248]

여암과 함께 당시 호남의 학자를 대표하던 이재(頤齋) 황윤석(黃胤錫, 1729~1791)과도 교류가 있었다. 그러나 17세의 나이차, 입사(入仕) 시기의 차이, 지향하는 학문의 차이 등으로 이 두 사람의 관계는 그다지 밀접하지는 않았다. 『이재난고(頤齋亂藁)』에 의하면 황윤석이 벼슬하기 전 서너 차례 만났을 뿐으로, 영조가 호남의 학자를 대표하는 인물이라 하여 동시에 입시를 명하여 경복궁의 유래를 물을 때 함께 조정에 선 것을 제외하고 밀접한 교류가 없었다. 다만 후배로서, 여암에 못지않은 박학을 자부하던 황윤석은 학행(學行)으로 천거된 자신과 달리 과거급제로 관직에 진출한 여암은 경쟁상대로 생각했던 것으로 보인다. 황윤석은 자세한 경위는 밝혀지지 않았으나 나양필(羅良弼)이 사소한 일로 신경준을 깎아 내리고 황윤석을 치켜 올렸는데, 이를 계기로 신경준이 황윤석을 멀리하게 되었다고 기록하고 있다.[249]

황윤석은 또한 여암의 최대의 업적이라고 할 수 있는 『동국문헌비고』 「여지고」에 대해서도, 이를 유형원(柳馨遠, 1622~1673), 김윤(金崙, 1565~?), 안정복, 한백겸(韓百謙, 1552~1615)의 여러 학설을 인용한 것일 뿐이며,[250] 특히 패수(浿水)의 위치를 요동지역에 비정한 「여

248 安鼎福, 『順菴集』 권7, 「與李廷藻家煥書(己酉; 1789)」, "備考中地理考, 亡友申承宣舜民小編, 大有力量, 詳細考入."

249 『頤齋亂藁』 권26, 初八日 乙未, "頃歲羅良弼, 有一微事, 欲抑申景濬, 乃扶我而譽之, 以致申亦厭我矣."

250 『頤齋亂藁』 권16, 初八日 庚辰, "文獻備考之輿地考, 卽申景濬所修, 而實用柳馨遠 ·

지고」의 설은 성호(星湖) 이익(李瀷)의 설을 따랐고, 기타 다른 학설도 안정복과 정일영(鄭一永), 정운유(鄭運維) 정철조(鄭喆朝) 3대에 걸친 연구를 인용한 것이라고 지적하고, 그럼에도 불구하고 「여지고」 편찬의 업적은 모두 신경준에게만 돌아갔다고 비판하고 있다.[251]

황윤석은 여암이 박학하다는 세평(世評)에 대해서도 박학하기는 하지만 정밀하지 못하다고 평가한다.[252] 그리고 자신과 신경준을 호남을 대표하는 학자로 꼽는 세상 사람들의 평가에 대해서도 황윤석은 자신은 신경준과 기미(氣味)가 서로 맞지 않은 사람임에도 세상사람들이 자꾸 비교하는 것은 식자들의 우환이라고 얘기한다.[253] 이와 같이 황윤석이 여암에 대해 기미가 서로 맞지 않는다고 한 것은 두 사람의 학문적 지향이 크게 달랐기 때문이다. 황윤석이 김원행(金元行)의 제자로서 율곡의 이발기승일도설(理發氣乘一途說)를 수용하고, 우암 송시열을 철저하게 존신(尊信)하면서 성리학 정통론의 입장에 서서 주자의 본의에 어긋나는 주장들을 강하게 배척하였던 데 반해,[254]

金崙 · 安鼎福, 以至韓百謙諸說者也."

251 『頤齋亂藁』 권16, 二十一日 癸亥, "近聞前監察安鼎福, 居廣州慶安驛西南十里地, 故監役李瀷門徒也. 以史學稱嘗考論東國古今事實, 以至輿地, 官制 勒成一家. 言又因鄭運維之父一寧及子喆祚, 三世所修, 輿地文字訂定. 而以浿水可疑者, 質之瀷, 瀷曰浿水, 何必求諸我國, 蓋我國, 或謂猪灘及大同鴨綠二江, 疑其爲浿水, 而實則正在遼東, 卽泥河當爲古浿水故也. 其所質正多類, 此近日文獻備考之役, 申景濬, 乃取鄭安二家私藁用之, 而不歸功於安."

252 『頤齋亂藁』 권15, 初六日癸丑, "人稱博雅, 頃於榻前對面, 聞其說話, 似博而亦不精."

253 『頤齋亂藁』 권26, 十七日 乙亥, "工曹佐郎張君顯慶來訪 ……(중략)…… 渠言, 頃遇典籍李家煥, 李談及湖南名下士, 以余及申景濬二人爲對, 則李曰 此二人皆已名世者, 願聞其未及著聞者耳, 噫! 余之於申, 非氣味相合, 而老韓同傳, 每若是, 信乎! 識字之憂患也."

254 김기현(1994) 참조.

신경준은 후술하듯이 노장(老壯)은 물론 불교에 이르기까지 각종 이단사상에 대해서 매우 관용적인 태도로 일관했기 때문이다.

여암은 지도, 지리에 관심이 많았기 때문에 당대의 지리학자였던 농포 정상기의 아들 정항령(鄭恒齡)과도 교류하였다. 여암은 『동국여지도』를 제작할 때 정상기의 『동국지도』를 본보기 삼아 제작했는데, 이때 여암은 정상기의 아들인 정항령을 '나의 친구[吾友]'라고 칭하면서 정항령의 지도제작기술을 많이 활용했다고 했다. 정항령과의 교유에 대해 여암은 「동국여지도발(東國輿地圖跋)」에서 다음과 같이 얘기하고 있다.

> 천도(天圖)를 그리는 것보다 지도(地圖)를 그리는 것이 훨씬 어려운데, 나의 친구 정항령이 고생하여 그 어려움을 이겨내어 『동국지도』를 완성하였다. 열읍(列邑)으로 나뉘어 제작하고, 이를 합하여 전국지도가 되었다. 측량을 엄밀히 하여 매우 정밀하였다. 이것은 정항령과 그 부친 농포 정상기가 창안한 것이다. ……(중략)…… 영조 때에 윤사웅(尹士雄), 최천구(崔天衢), 이무림(李茂林)을 파견하여 강화도 마니산, 갑산의 백두산, 탐라의 한라산에서 북극고도를 측정한 바 있는데, 북극고도 측정치가 전해지지 않았기 때문에 여암은 정항령의 집에서 제작한 간평의(簡平儀)를 가지고 우리나라 국토의 네 끝의 성도(星度)와 구경(晷景)을 측량하고 온 다음 비로소 지도 작업을 끝낼 수 있었다. 정항령은 이미 돌아가셨지만, 나와 정항령이 (아니면) 누가 이것을 할 수 있었겠는가?[255]

255 『旅菴遺稿』 권5, 「東國輿地圖跋」, "天遠地邇, 而天之日月運行度數, 星宿高低躔次, 可以分寸計而無毫髮差也. 地之山川脉絡, 道里遠近, 卒無以詳, 盖天高而其望通, 地低而其見窒, 天體平直, 地形凹凸紆曲, 天陽也顯, 地陰也隱, 故圖地難於圖天也. 吾友鄭恒齡玄老, 於其難者用心苦, 嘗圖東國, 分而爲列邑, 合而爲全國, 尺量寸度, 至爲精

『동국여지도』의 완성에 정항령이 축적한 지도제작기법이 매우 중요함을 얘기하고 있는 것이다.

여암은 등산과 여행을 즐겼던 사람이었다. 그가 젊었을 때 「유자음(遊子吟)」이라는 시를 남긴 것도 그의 이러한 품성을 잘 보여주는 것이다. 그러므로 전국에서 등산을 좋아하고 여행을 즐기는 사람들과의 교류도 있었다. 예컨대 조선후기 전국의 산을 가장 많이 올랐다고 평가되는 창해(滄海) 정란(鄭瀾, 1725~1791)이 18살에 먼저 죽은 아들의 묘갈명을 신경준에게 부탁하자, 이를 써주면서 정란이 서울을 거쳐 왕검성[평양]과 토산의 기자 정전 유지를 돌아보고, 태백산의 단군단을 방문한 뒤에 개마고원을 거쳐 불함산[백두산]에 올라 중국과 조선 두 나라의 산천을 두루 돌아보고 남쪽으로 내려와 설악산을 거쳐 돌아오는 여정에 오르는 것을 얘기하고 있다. 정란은 백두산, 한라산, 금강산, 묘향산, 지리산, 덕유산, 속리산, 태백산, 소백산 등 전국의 명산을 두루 올랐으며, 금강산은 네차례나 올랐으며, 한라산을 오르기 위해 험난한 바다를 건너기도 했다.[256]

신경준은 선종(禪宗)에 대한 이해가 깊었고 개별 승려와의 교류도 각별했다. 그는 여러 곳의 사찰이나 암자의 기문(記文)을 작성했으며, 상월선사(霜月禪師),[257] 용담선사(龍潭禪師),[258] 추파대사(秋波大師),[259]

密, 與方星 · 坼星 · 渾盖通圖, 同其例也. 玄老之皇考農圃公實創之, 其胤元霖增益之. 凡三世五十餘年乃成, 不如是, 何以盡其妙乎 ……(중략)…… 英廟朝, 遣尹士雄 · 崔天衢 · 李茂林于沁都之摩尼山, 甲山之白頭山, 耽羅之漢拏山, 測北極高度, 如堯之分命羲和, 而其所測度數今不傳, 可嘅也. 玄老家製置簡平儀, 與余約, 苟到於國之四隅, 測星度晷景而來, 以卒地圖之業, 玄老已沒矣. 余且老, 其誰爲之."

256 안대회(2011) 참조.

257 『旅菴遺稿』 권3, 「霜月禪師詩集序」

258 『旅菴遺稿』 권3, 「龍潭禪師詩集序」

서악선사(西岳禪師),[260] 간선사(侃禪師)[261] 등 선승들의 시문집의 서문을 썼으며, 미월선사령주탑비(嵋月禪師靈珠塔碑),[262] 벽봉선사비명(碧峯禪師碑銘)[263]도 쓰고 있다. 이 중에서도 간선사(侃禪師)와는 여행과 등산의 취미가 같았다. 간선사는 서쪽의 태백산 단군단, 북쪽의 칠보산, 동쪽의 동해와 만물상, 동남쪽의 장산 몰운대, 남쪽의 방장산[지리산]과 월출산까지 모두 돌아보았고, 돌아다닌 거리도 1만1천리가 되었다고 얘기할 정도로 등산과 여행을 즐기는 인물이었다.[264] 여암은 이처럼 등산과 여행을 즐기는 지인들을 확보된 정보들을 종합하여 역사 지리에 관한 책들을 완성했던 것이다.

3. 여암 사상의 특질

1) 이교구류(二教九流)의 회통사상(會通思想)

여암은 조선 시대의 주류적 사상인 성리학 외에도 불교는 물론 도가, 음양가, 법가, 명가, 묵가, 종횡가, 잡가, 농가 등 다양한 분야에서

---

259 『旅菴遺稿』 권3, 「秋波集序」

260 『旅菴遺稿』 권3, 「西岳集序」

261 『旅菴遺稿』 권3, 「贈侃禪師序」

262 『旅菴遺稿』 권11, 「嵋月禪師靈珠塔碑銘」

263 『旅菴遺稿』 권11, 「碧峯禪師碑銘」

264 『旅菴遺稿』 권3, 「贈侃禪師序」, "師曰, 余嘗喜遊名山, 西之太白, 訪檀君壇, 北入七寶, 見千佛會像開心之勝, 東登怳怛絶頂, 瞰大海, 至萬物草, 笑造化翁浪費心力, 東南抵萇山沒雲臺, 南躡方丈之七佛三神靈溪, 遭而至月出達摩, 以一瓶一錫, 周流萬有千里, 不知其遠, 不辭其勞, 吾之心在於愛山也, 山未嘗與人有言語酬酢, 而相對悠然."

해박한 지식을 지닌 학자였다. 그는 성리학적 도그마에 매몰되지 않고 이단 사상들에 대해서도 자유로운 입장을 보인 사상가였다. 그러므로 홍양호는 여암의 학문에 대해 "구류이교(九流二敎)에 능통했을 뿐만 아니라, 천관(天官), 직방(職方), 성률(聲律), 의복지학(醫卜之學)은 물론 역대헌장(歷代憲章)과 해외의 기이하고 희귀한 서적들 모두를 구하여 그 깊은 뜻과 요지를 헤아렸으며, 우리나라의 산천도리(山川道里) 또한 눈앞에서 보듯이 일목요연하게 정리했다"고 평가하고 있다.[265]

여암은 불교에 대해 매우 우호적인 태도를 보였다. 그는 전국에 흩어져 있는 사찰의 위치들을 일목요연하게 정리한 『가람고(伽藍考)』를 저술하거나,[266] 불교 승려들의 시문집에 서문(序文)을 쓴다든가, 또는 「금성보국사중건기(金城補國寺重建記)」, 「법운암기(法雲菴記)」, 「변산내소사기(卞山來蘇寺記)」, 「용천사향각기(龍泉寺香閣記)」, 「용천사기(龍泉寺記)」, 「중대암기(中臺菴記)」 등 개별 사찰이나 암자의 기문(記文)을 작성하였다. 이와 같이 불교에 우호적인 태도는 여암 집안의 전통이었다. 여암의 집안에는 강천사(剛泉寺)라는 원찰(願刹)이 있었는데, 이 사찰은 원래 여암의 10대조인 신말주의 부인 설씨(薛氏)가 1482년(성종 13) 「부도암중건권선문(浮屠庵重建勸善文)」을 지어 보시(布施)한 순창의 부도암(浮屠庵)이 개명한 사찰로서, 10대에 걸쳐 집안의 원찰(願刹)로 기능하였던 것이다.[267]

---

265 『旅菴遺稿』 권13, 「大提學 洪良浩撰 墓碣銘」, "自聖人書潛心探賾, 得其大旨, 汎濫于九流二敎, 以至天官職方聲律醫卜之學, 歷代憲章, 海外奇癖之書, 靡不鉤其奧而絜其要, 於本國山川道里, 又瞭然如在目中, 曰凡爲將者須先識地利, 其自任如此."

266 류명환(2015) 참조.

267 강경훈(1996)

신경준은 선승들과의 교류를 통해 선(禪)에 대한 이해도 상당한 수준에 이른 것으로 보인다. 예컨대 상월선사시집(霜月禪師詩集)을 돈을 들여 엮으려는 제자들에게 "선사가 남긴 시는 모두 선사의 기침(咳唾)에 불과하다"거나,[268] 또는 서악대사(西岳大師)의 시문집을 엮으려는 제자들에게 "선가(禪家)에서는 모든 사물을 허망된 것으로 보며, 모든 상념을 끊고 공(空)으로 돌아가는 것이지 않는가. 그런데 왜 스승의 만음(漫吟)을 편하여 문집을 만들려고 하는가"라 하여,[269] 문집을 엮는 일에 집착하는 제자들을 나무라고 있다. 그는 공(空)에 대해서는 "하늘을 가리키며 태공(太空)하니, 하늘을 없다고 할 수 있겠는가. 물이 맑은 것을 공이라고 하고, 거울처럼 밝은 것도 공이라고 하는데, 물이 거울처럼 비추인다고 없다고 할 수 있겠는가, 공이라는 것은 비유비무(非有非無)인 것이다",[270] "북이나 비파 등이 오음(五音)을 내는 것은 그 중심이 비어있기 때문이다. 북이나 비파가 그 중심이 비어있는 것은 동일하지만, 그 소리는 같지 않다. 공 또한 다름이 있는 것이다. 불이 비어있으면[火空] 밝으며, 물이 비어 있으면[水空] 맑으며, 토목이 공하면 부러진다"[271]라고 하여, "공이 비유비무이긴 하지만, 공(空)도 서로 달라 가공(可空)과 불가공(不可空)이 따로 있는 것인가?"라고 의문을 제기하고 있다. 공을 존재론과 인식론 차원에서 규정했

---

268 『旅菴遺稿』 권3, 「霜月禪師詩集序」, "今聞師已沒 師之弟子費隱謹遠 以師詩集求余言. 噫! 詩固師之咳唾耳."

269 『旅菴遺稿』 권3, 「西岳集序」, "禪家以諸物爲幻, 絶息萬念, 以歸於空, 而今幸上人數數於其師之謾吟陳編何也."

270 『旅菴遺稿』 권3, 「西岳集序」, "指天而曰太空, 以天爲無可乎, 水之淸者曰空, 鑑之明者曰空, 以水鑑爲無可乎, 空者非有非無也."

271 『旅菴遺稿』 권3, 「龍潭禪師詩集序」, "鍾皷琴瑟, 其中之虛同, 而聲出不同, 空亦有異耶? 火空則明, 水空則淸, 土木空則折陷, 空亦有可空不可空者耶?"

을 때 차이점에 대해 지적하고 있는 셈이다.

신경준은 불교뿐만 아니라 도교에 대해서도 우호적이었다. 1731년의 기근으로 생활할 방도를 찾지 못하고 산에서 살면서 7개월간 소나무 잎과 느릅나무 즙만으로 연명한 순창 사람 조양복(趙陽復)에 대해, "생식(生食)하는 것은 구전지술(九轉之術)"이라 높이 평가하고 시를 지어주기도 했으며,[272] 고향 사람 권숭덕(權崇德)이 은둔 생활을 하자 중화(中和)의 정(正)을 얻은 사람으로 높이 평가해 그 행적을 기술했다. 그는 이렇게 도가적 인물을 평가하면서, "특히 이런 사람들은 전라도 사람 중에 많고, 이들은 신비로운 조화술이나 명흑지묘(冥黑之妙)를 즐기므로 이들을 법도로 옭아매는 것은 불가능하다"며 도가적 인물을 성리학적 잣대로 비판하는 것은 바람직하지 않다고 말하고 있다.[273]

신경준은 불교와 도교에 관용적이었을 뿐만 아니라 구류(九流)와 같은 다양한 사상조류에 대해서도 해박한 지식을 지니고 있었다. 이러한 지식을 토대로 서술한 책이 『소사문답(素沙問答)』이다. 이 저술에 대해 홍양호는 '사물을 관찰한 후에 깨달은 이치[관물오리지언(觀物悟理之言)]'를 적은 글이라고 평가하고 있으며,[274] 1855년(철종 6) 남

272 『旅菴遺稿』 권1, 「送趙秀才還山」, "玉川人. 小也業經既通. 以眼昏未赴擧, 家甚貧, 値辛亥之饑, 無以計活. 遂棲山嚥松葉與楡汁, 不食粒穀, 已七朔云. 余甚奇之, 告以九轉之術, 仍作詩以贈之."

273 『旅菴遺稿』 권3, 「孝友堂 權公行蹟序」, "南州自古多偉人善士, 而以地之遠且僻, 未易顯, 爲公車業者, 矻矻窮年不懈, 卒難與洛下之藻思淸新悅人目者, 角其藝, 幸而不爲有司者黜, 而其於進道, 羈旅齟齬, 無以伸胸中之所有, 其性氣不甚齷齪專意榮利者, 豈肯爲此哉 ……(중략)…… 又或遊神造化, 潛心奇耦, 玩太虛冥嘿之妙, 窮人物變化之故, 磅礴曼衍, 遠而不知返, 若此類繩以法度, 不能無出入而落落可奇也, 且其爲生, 豈不快活可樂乎, 然而是猶靈神之藥草, 萎沒於邃林榛莽之中而不見採也, 於草固無傷, 而彼呻吟痛苦以竢死者, 得此則可以生而卒不得, 可哀也. 吾鄕之南崖權公, 亦隱而得中和之正者也. 公諱崇德, 性至孝, 事父母, 色愉如也."

희채(南義采)는 “『장자외편(莊子外篇)』에 수록된 「추수(秋水)」보다 기기(奇奇)하며, 양웅(楊雄)이 쓴 『태현경(太玄經)』보다 간간(簡簡)하며, 소옹(邵擁)의 『어초문답(漁樵問答)』보다 고고(古古)하니, 운(韻)과 격(格)이 뛰어나고 더욱 높다. 이러한 것은 우주간에 드문 문자”라고 평하고 있다.[275] 또한 민태훈(閔泰勳)은 “여암의 문장은 옛날 장자(莊子)나 양주(楊朱)의 문장과 거의 비슷하다. 다만 『소사문답』 일편은 장자와 양주를 다시 살려낸다고 해도 반드시 자기보다 여암이 낫다고 할 것이다”라고 높이 평가하고 있다.[276] 이와 같이 높이 평가를 받는 『소사문답』은 만물의 형태와 색의 차이를 음양의 조화와 오행의 원리로 설명한 글로서, 명가, 음양가, 병가, 술수가, 묵가, 도가, 불가, 유가 등 구류(九流)의 각 관점에서 현상을 살피는 논리를 전개하고 이를 하나하나 비판적으로 분석함으로써 현상과 본질의 차이를 논리적으로 명백하게 드러내려고 한 것이다. 요컨대 사물의 존재를 인식하는 원리를 밝히고자 한 것으로, 이 글은 자신의 과학적 철학적 견해를 밝힌 논문인 셈이다.[277] 이 저술은 다른 저술과 달리 매우 철학적이고 현학적인 내용을 담고 있다. 실용적, 실증적이라는 그의 일반적 취향과는 전혀 성질을 달리하는 저술이다. 이 글은 30세 이전에 완성된 저술로서, 젊었을 때 그가 성리학적 도그마에 매몰되지 않고 얼마나 자유분방한 사고를 지녔는가를 알려주는 저술인 것이다.

---

274 『旅菴遺稿』 권13, 「大提學 洪良浩撰 墓碣銘」

275 『旅菴遺稿』 권2, 「素沙跋」, “變而復合, 素曰出沙曰沒, 沒而復出, 奇奇於秋水, 簡簡於太玄, 古古於漁樵問答, 韻與格益勝益高 ……(중략)…… 宇宙間希有文字.”

276 『旅菴遺稿』 권2, 「素沙跋」, “比觀於古莊楊諸子, 似不間伯仲, 而但素沙一篇, 雖復起莊楊諸子來, 必許與爲伯.”

277 『소사문답(素沙問答)』에 대한 자세한 논의는 이강오(1994) 참조.

이렇듯 자유로운 사상을 지녔던 신경준은 성리학 외의 다른 이단 사상에 대해서도 관용적이었다. 그는 유치경(柳稚敬)이 8년 넘게 공을 들여 구류백가어(九流百家語)를 엮어 만든 『사부절선(四部節選)』이라는 책의 서문에서 "이단적인 제자백가 사상들도 성인의 도와 어긋나는 것이긴 하지만, 세상의 변화를 궁구하고 우리들의 지식을 넓히는데 도움을 주는 것"이라고 그 효용을 인정하고 있다.[278] 그는 구류백가어를 한 곳에 모아놓은 이 책은 서적이 부족한 자들에게 큰 도움을 줄 것이라고 하여, 벽이단(闢異端)이라는 교조적 입장보다는 실용주의적 편의를 더 중시하였던 것이다. 그의 이단에 대한 관용적 태도는 단순한 편의주의적 효용성을 뛰어넘어 학문의 본질에 대한 태도에서 비롯되는 것이었다. 그는

> 무릇 학문이라는 것은 부동(不同)한 것에서 동자(同者)를 넓힘으로써, 그 약(約)을 지키고, 그 기(氣)를 기르며, 그 이치를 밝힘으로써 그 근원을 바르게 하는 것일 뿐이다.[279]

라고 하여 세상 모든 이치가 동일하지 않기 때문에 이러한 차이를 인정하고 성인의 도가 아닌 것을 이단으로 부정하고 배척하는 것이 아니라 이러한 차이를 없애고 서로 같게 해나가는 것이 학문의 기능이라는 것이다. 이런 그의 태도는 성리학이라는 선험적 진리에 교조적

---

278 『旅菴遺稿』 권3, 「四部節選序」, "輯九流百家語成書, 名曰四部節選, 凡三十八卷, 八年而訖. ……(중략)…… 彼諸子者, 得氣不同, 見理不同, 加之以世變無窮, 淺之爲詞藻, 深之爲術數, 異端者競尙新奇, 支離曼衍, 其於聖人之道, 違背者多, 而亦足以窮天下事物之變而廣吾識矣."

279 『旅菴遺稿』 권3, 「四部節選序」, "學者, 必於不同者而致其博, 於同者而守其約, 養其氣明其理, 以正其原而已."

으로 의존하기보다 다양한 사상 조류를 회통하는 입장에 그가 서 있었기 때문에 가능한 것이었다. 제자백가 사상을 상호 비교하는 과정에서 유교사상 또한 상대화될 수밖에 없었던 것이다. 이러한 회통적 입장은 그의 학문을 성리학적 도그마에 매몰되지 않고 기술 중시의 실용학문으로 나아가게 하는 바탕이었다.

2) 관찰과 답사를 중시한 실증적 학문방법

여암은 특별한 사승(師承)관계가 확인되지 않은 스스로 공부하여 일가를 이룬 학자였다. 그는 '도재자득(道在自得)'이라 하여 학문의 진리는 스스로의 사색과 체험의 결과로 찾을 수 있다고 확신했다.[280] 직접 체험을 통해 사물의 현상을 이해하고자 하는 노력은 앞서 언급했듯이 전국 각지를 직접 여행하면서 높은 산의 정상에서 산천의 흐름을 본 이후에 『산수고』, 『도로고』 등의 저술을 내는 것과 상통하는 것이다.

여암은 사물에 대한 사실 관찰을 바탕으로 한 경우로는 들벌레와 미미한 벌레에 대한 시를 통해 확인할 수 있다. 신경준은 평소 주변 사물에 대한 지대한 관심을 가지고 있었고, 심지어 아무리 미물이지만 그냥 지나치지 않고 반드시 관찰하는 습관이 있었다. 이러한 평소 습관에서 지어진 작품이 「야충(野蟲)」과 「소충십장(小蟲十章)」이다. 여암은 이러한 시들을 통해 사물 자체의 모습을 존중하면서 사물의

280 『旅菴遺稿』 권13, 「行狀 禮曹判書申獻求敬撰」, "先生才器俊偉, 意氣豪邁沈深有大志. 嘗曰, 大丈夫生斯世, 天下事皆吾職, 一物未格耻也, 一藝不能病也, 希聖希賢, 在深思力行而已. 學貴見道, 道在自得."

진정한 가치를 인정하였던 것이다.

여암이 면밀한 관찰을 통해 사물을 이해하고자 하는 것은 「순원화훼잡설(淳園花卉雜說)」이라는 글에 잘 나타나있다. 이 글에서 그는 꽃을 소재로 하여, 그로부터 비롯되는 여러 가지 관심사들을 적고 있다. 잡설(雜說)의 소재가 된 꽃은

> 명사(榠樝, 명자나무), 도(桃, 복숭아), 척촉(躑躅, 철쭉), 무(楙, 모과나무), 작약(芍藥), 앵도(櫻桃, 앵두나무), 목단(牧丹, 모란), 근(槿, 무궁화), 백합(百合), 석류(石榴), 규(葵, 접시꽃), 영산홍(映山紅), 옥잠(玉簪), 지(枳, 탱자나무), 상산(常山), 동백(冬柏), 자미(紫薇, 배롱나무/백일홍), 사계(四季, 사계화), 망우(忘憂, 훤초)·합환(合歡, 자귀나무), 창포(菖蒲), 산수유(山茱萸), 목가(木茄), 어상(禦霜), 풍목단(風牧丹), 면내(眠來), 충천(衝天), 금정(錦庭)[281]

등이며, 이외에도 지금으로서는 확인하지 못하는 식물들도 있으며, 이름이 없거나 알 수 없는 꽃들을 위한 「무명(無名)」이라는 글과, 사계절을 다룬 글도 한 편씩 남기고 있다 이 중에는 연(蓮), 난초(蘭草)와 혜초(蕙草), 난혜(蘭蕙), 국(菊), 매(梅), 죽(竹)과 같이 선비정신의 상징으로 오랫동안 글의 소재가 되어 왔던 꽃나무들도 있지만, 그뿐만 아니라 주변에서 볼 수 있는 많은 꽃과 나무들이 글의 소재가 되었다.[282]

이외에도 『여암유고』의 「잡설」의 몇몇 글들은 의서(醫書), 농서(農書), 지리지, 사전 등 여러 문헌들을 인용하면서 각 초목의 품종과 기

---

281 『旅菴遺稿』 권10, 「淳園花卉雜說」

282 이준영(2009) 참조.

르는 법, 약으로서의 효용 등을 서술하고 있다. 초목의 원산지나 이름의 유래를 언급하기도 하고, 모습과 크기 등을 관찰하여 서술하면서 비슷해 보이는 다른 품종과의 차이점을 기술하였다. 그는 생물을 일정한 기준에 따라 분류해보는 모습이 보이고, 백일홍의 꽃이 피어 있는 기간을 '일이험지(日以驗之)'라고 하여 날마다 관찰해 보았다고 언급한다. 또한 초목의 품종이나 키우는 방법 등을 서술할 때에도 비록 예전의 문헌들을 참고한 부분도 있지만, 상당부분은 자신이 직접 정원에서 초목들을 키우면서 관찰한 경험을 토대로 썼음을 알 수 있다.

> 우리 집 남쪽 뜰에는 풀이 있는데 보는 사람들 중 혹자는 난초라고 하고 혹자는 혜초라고 한다. 잎은 난초와 비슷하지만 자줏빛 점이 없고, 꽃과 줄기는 혜초와 비슷하지만 열매는 푸르다. 겨울과 봄에는 잎이 푸르고 무성하며, 여름에는 잎이 마르고 줄기가 빼어나며, 가을에는 줄기가 오르고 꽃이 핀다. 가을에서 겨울로 바뀔 때 줄기가 시들면서 잎이 자라는데, 향이 매우 맑고 담백하다. 대개 난초와 혜초의 족속이지만, 난초도 혜초도 아니다. 안타깝도다! 지금 비록 난초와 혜초가 있지만, 알아보는 이가 누구인가? 아는 것도 또한 안 되는데 사랑해주는 이는 또 누구이겠는가?[283]

이 글에서 보듯이 자신이 1년 동안 꾸준히 관찰한 결과를 토대로 꽃과 풀 등 식물을 묘사하고 있는 것이다. 풀과 같은 미물에도 면밀하게 관찰한 결과를 통해 자신이 의도한 바를 얘기하는 것은 '완물상

---

283 『旅菴遺稿』 권10, 「淳園花卉雜說」 蘭蕙, "余家南庭有草, 見者或曰蘭也, 或曰蕙也. 葉似蘭而無紫點, 花與莖似蕙而實青. 冬春葉青而茂, 夏葉枯而莖秀, 秋莖上花發, 秋冬之交, 莖萎而葉生, 香甚清淡. 盖蘭蕙之族, 而非眞蘭蕙也. 嗟乎! 今雖有蘭與蕙, 而知之者將誰也? 知之且不能, 愛之者 又將誰也耶?"

지(玩物喪志)'라는 순간적 감정을 사물에 이입하는 전통적 글쓰기와는 매우 다른, 실증적 차원의 글쓰기라고 평가될 수 있을 것이다.[284]

신경준은 1771년(영조 47) 북청부사로 근무할 때 무너진 고분 속에 옹관(甕棺)[도관(陶棺)]이 있음을 확인하고, 이에 대한 자세한 관찰 기록을 남기고 있다. 이 「와관설(瓦棺說)」에는 옹관은 입구가 좁고 가운데 복장 부분이 넓은데, 이는 긴 항아리 두 개를 취하여, 서로 합하게 만들었으며, 항아리 입이 서로 합쳐지는 곳에는 석회와 진흙을 사용하여 매우 두껍고 넓게 발라 돌처럼 단단하게 합쳐서 오랜 세월이 지나도 서로 떨어지지 않게 만들었다고 해석하고, 이러한 옹관을 사용하는 장례풍습은 여진족의 장례풍습이라고 설명을 하고 있다.[285]

또한 그는 20세부터 등산을 좋아했기 때문에 변산, 선운산, 백양산, 추월산, 무등산, 황학산, 백운산, 방장산(지리산), 마이산, 대둔산, 계룡산, 태화산, 오서산, 가야산, 용문산, 월농산, 마니산의 참성단 등 대부분의 이름난 산을 모두 올랐다고 한다.[286] 이러한 등산과 전국적인 여행 등은 그가 역사지리 전문가로서 명성을 남길 수 있는 매우 중요한 자산이었다. 신경준이 당대에 산천 지리에 대해서 단순히 문헌자료만을 통해서 연구하는 것이 아니라 직접 답사를 통해서 이를 확인해갔음도 충분히 짐작할 수 있을 것이다. 요컨대 여암은 관찰과 실험, 답사 등 실증적인 근거를 토대로 학문을 전개해나갔던 학자였던 것이다.

---

284 이준영(2009) 참조.

285 주 187) 참조.

286 주 68), 주 264) 참조.

3) 기술 중심의 실용주의적 학문관

여암은 명분과 허명보다 내용과 실질을 중시하였다. 그의 이러한 생각은 그가 남긴 「무명(無名)」이라는 다음의 글에서 잘 드러난다.

> 동산의 꽃 중에 이름 없는 꽃이 많다. 무릇 사물이란 스스로 이름을 짓지 못하기 때문에 사람들이 이름을 지어줘야 한다. 아직 이름이 없다면 내가 이름을 지어줄 수 있지만, 반드시 이름을 지어야 할 필요가 있을까? 사람들이 사랑하는 것은 사물의 이름이라기보다는 이름 밖에 있는 그 무엇이다. 사람이 음식을 좋아하는 것은 이름이 좋기 때문이 아니며, 좋아하는 옷도 그 이름을 사랑하기 때문이 아니다. 맛있는 생선구이가 있다면 배불리 먹을 뿐, 어떤 고기인지 모른들 어떠랴. 가벼운 털옷이 있다면 그 옷을 입어 몸을 따습게 할 뿐, 어떤 짐승의 가죽인지 모른들 또 어떠랴. 내가 본 꽃에 이미 사랑을 느꼈다면 그 꽃의 이름을 모른다고 해서 뭐가 문제가 될 것인가? 그 꽃에 대해 사랑을 느낄 수 있는 그 무엇이 없다면 아예 이름을 지을 필요조차 없겠으나, 그 꽃에서 사랑을 느낄 만한 것이 있어 이미 그 사랑을 내가 느꼈다면 구태여 이름을 지을 필요 또한 없지 않은가?[287]

그는 꽃에서 사랑을 느끼는 것(내용과 실질)이 중요하지, 그 이름은 몰라도 좋을 뿐더러 이미 사랑을 느꼈다면 그 후에 굳이 이름을 붙일 이유조차 없다고 했다.

신경준이 이와 같이 내용과 실질을 중시하는 이러한 태도는 성리학적 고담준론에 매몰된 산림처사들의 행태와 사장(詞章)을 위주로 한 과거공부에 대한 비판으로 이어지고 있었다. 그는

287 『旅菴遺稿』 권10, 「淳園花卉雜說」

> 우리나라 선비들은 사장(詞章)의 공(功)으로 과거합격을 위해 온갖 노력을 하다가 일생을 마치게 된다. 모든 사물에 대해 해박하고, 다양한 기술에 통하는 길에 대해서는 관심을 갖지 않는다. 그러면서도 산림에 은거하여 수양하는 자는 자주 그 뜻을 높이면서 큰 소리로 명물도수(名物度數)는 하찮은 일이라고 말한다. ……(중략)…… 『서경(書經)』에 정덕(正德), 이용(利用), 후생(厚生)의 세 가지 일은 성인(聖人)이 편벽되게 폐하지 않았다는 것을 알 수 있는데, 진실로 일세의 선비들로 하여금 덕에 근거하고, 또한 예(藝)를 잘 부리어서 격물(格物)의 공(工)을 다하게 함으로써 궁리(窮理)의 밝음에 도달하게 해야 할 것이다.[288]

라 하여 우리나라 선비들이 과거를 위한 글짓기에만 힘을 쏟고, 명분을 중시하는 산림이 목소리만 큰 반면, 명물도수의 학문에 대해서는 거의 관심을 가지지 않는데, 이는 성인이 말하는 정덕(正德), 이용(利用), 후생(厚生)에도 어긋나는 일이라고 비판하고 있는 것이다.[289] 그는 기술에 대한 완벽한 이해를 통해 격물에 이를 수 있으며, 이를 통해서 비로소 궁리(窮理)라는 학문의 목적을 달성할 수 있다고 주장한다. 그는 여기서 나아가 기술자들을 등용할 수 있는 새로운 문로를 개설해야 된다고 다음과 같이 말하고 있다.

---

288 『旅菴遺稿』 권8, 「車制策」 甲戌, "以詞章之功, 爲決科之計者, 枉費心力, 壞了一生. 其於明庶物通衆藝之道, 固無足責, 而山林隱居修業者, 往往高其志大其言, 以名物度數爲末務 ……(중략)…… 書以正德利用厚生爲三事, 聖人之不爲偏廢者, 可知矣. 誠使一世之士, 旣據於德, 又遊於藝, 以盡格物之工, 以致窮理之明."

289 이와 같은 신경준의 입장은 북학파의 중심인물인 연암 박지원의 『熱河日記』에 그대로 반복되고 있다. "利用이 있은 후에야 厚生이 될 것이고, 厚生이 된 후에야 正德이 될 것이다. 이용, 후생, 정덕은 유교에서 말하는 三事이다."(『燕巖集』 권11, 「熱河日記 · 渡江錄」) 이를 통해서 보면, 여암 신경준을 북학사상이 꽃피우기 전에 그 길을 열었던 인물로 평가하기에 부족함이 없을 것이다.

> 우리나라의 과거시험은 오직 사장(詞章) 한가지의 길밖에 없으니 초야에 비록 기이한 재주와 기술을 지닌 사람이 있어도 사장에 능하지 못한다면 쓸모없는 사람이 되어버리니, 늙어서 죽을 때까지 그 사람은 얼마나 한스럽겠는가. 인재를 등용하는 길을 과거로만 한정하지 말고 새로운 문로를 열어서 효용의 길을 널리 구해야 할 것이라고 생각한다.[290]

즉 그는 사장(詞章)에만 능한 인물을 등용하는 제도에서 벗어나 명물도수지학과 기술에 능력을 가진 사람들도 등용할 수 있는 길을 새로 만들어서 선비들의 학문이 실제 생활에 도움이 될 수 있도록 하는 것이 중요하다고 주장하고 있는 것이다.

여기서 더 나아가 여암은 "대장부로 세상에 태어났으면 천하의 모든 일을 자신의 일로 삼아야 한다. 하나의 사물이나 일, 기예라도 통달하지 못하면 대장부로서 부끄러워해야 한다"며, 자신의 학문이 격물(格物)에 그치지 않고 하찮은 기예(技藝)까지도 모두 능해야 한다고 주장했다.[291] 그는 격물에서 물(物)이 의미하는 '일과 사물'의 차원을 뛰어넘어 기예의 차원까지도 포괄하는 치지(致知)의 경지, 즉 지식의 전체 체계를 확립하고자 했다. 그는 기술에 대한 완벽한 이해를 통해 격물에 이를 수 있으며, 이를 통해 비로소 궁리(窮理)라는 학문의 목적을 달성할 수 있다고 주장했다. 이처럼 기예와 기술을 중시하는 것 또한 신경준의 학문을 특징짓는 중요한 요소였다. 23세 때 저술한

290 『旅菴遺稿』 권8, 「車制策」 甲戌, "只一詞章之路而已. 草野之間, 雖有奇才異藝者, 於此詞章有所不能, 則爲無用之人. 而老死不知者, 果何恨哉. 取人不專以科擧, 又開一門路, 以爲廣收效用之道."

291 『旅菴遺稿』 권13, 「大提學 洪良浩撰 墓碣銘」, "嘗曰大丈夫生斯世, 天下事皆吾職, 一物未格恥也, 一藝不能病也."

『시칙(詩則)』에서 시를 짓는 것을 문장의 한 기예에 불과하다고 얘기한 것도 이와 같은 학문관에서 나온 것이다.

조선후기는 전국적 시장권이 형성되면서 상품유통이 활성화되는 시기였다. 그러므로 도로의 중요성이 그 이전에 비해 훨씬 높아진 시기였다. 뿐만 아니라 이러한 상품유통의 활성화는 해안지대에서 생산되는 다양한 산물의 유통을 촉진시킴으로써 섬을 비롯한 해안지대의 경제적 가치 또한 대폭 증대되고 있었다. 박제가(朴齊家)는 서울과 원산을 오가는 북어상(北魚商)들이 "사흘에 돌아오면 조금 남고, 닷새동안 걸리면 무해무득(無害無得)하고, 열흘간 유숙(留宿)하면 크게 빚지고 돌아온다"라고 하여,[292] 빠른 길에 대한 정보가 장삿길의 성패를 좌우하는 요소라고 말했다. 신경준이 『도로고』와 『사연고』 등에서 해안 지역과 도로 교통에 대한 정보를 정리하고, 수레와 선박 등 운송 수단에 대한 개선책을 제시한 것도 이와 같은 사정에서 실용을 위한 학문의 일환으로 전개한 것이었다.

『도로고』는 어로(御路)와 서울부터 전국에 이르는 육대로(六大路), 팔도 각읍의 경계에서 인근 감영과 서울까지의 거리, 백두산로, 압록강 연로, 두만강 연로 등의 사연로(四沿路), 바닷가를 육지에서 연결하는 도로인 해연로(海沿路), 역로(驛路)와 파발로(把撥路), 봉로(烽路) 그리고 사대교린 사행로 등 각각의 도로의 위치와 용도에 맞게 구분하여 기록하였다. 또한 해상교통의 중요성을 반영하여 조석(潮汐), 풍우(風雨)현상과 더불어 각읍별 장시와 그 개시일을 수록하였다.[293] 이

---

292 『北學議』 內篇, 「車」

293 「도로고」에 대해서는 류명환(2014) 참조.

책은 부록에 서양인들이 바닷물에서 식수를 얻는 '해중취청수방(海中取淸水方)'을 제시할 정도로 과학적인 운항방법과 운항 시 대처요령을 기록함으로써 뱃사람들에게는 항해기술서로서의 가치를 지니는 저술로도 평가되고 있다.

『사연고(四沿考)』는 압록강, 두만강과 8도 해연로(海沿路), 그리고 중국과 일본으로의 해로, 조석간만 현상 등 바다를 낀 연안지역의 교통로와 자연현상을 정리한 글로서, 『도로고』와 마찬가지로 연해지역의 경제적 가치가 높아지는 현실에서 이를 활용하기 위한 자료로서 정리한 글이다. 신경준은 해로(海路)와 해도(海島)에 대한 새로운 인식에 기초해서 밀물과 썰물에 대한 견해들을 정리하였다. 그는 국토의 방어와 경제적 활용을 위해서는 조선의 지리적 특성상 수로(水路)의 이용이 필수적이라고 생각하였다. 바다의 군사적, 경제적 유용성을 제고하기 위해서는 무엇보다도 밀물과 썰물 현상을 경험적으로 분석 정리하여 선박의 항해에 도움을 줄 수 있어야 된다고 생각한 것이다. 요컨대 실용적인 목적으로 조석 현상을 연구한 것이다.[294]

한편 신경준은 선박, 화기(火器), 수레, 수차(水車) 등 실용적인 기구에 대한 그림을 동원하여 자세히 분석함과 동시에 올바른 활용법을 제시함으로써 과학, 실증, 실용중심의 학문을 추구하였다. 그의 이러한 주장이 가장 체계적으로 개진된 것은 1754년 호남에서 치러진 증광초시의 책제로 제출한 『거제책(車制策)』이었다. 그는

> 중국의 경우 부상대고(富商大賈)들이 수레를 이용하여 천하를 주류(周流)하는데, 우리나라는 예전부터 지금까지 수레를 사용할 수 없어서,

294 구만옥(2017) 참조.

오로지 우마(牛馬)에 의존한다. 비용이 많이 드나, 그 공은 적다. 그 이유가 무엇인가. 예전부터 사람들은 우리나라의 지세가 험하고 좁아서 수레 사용에 이롭지 못하다고 한다. 이는 그렇지 않다. 중국의 13성의 땅은 모두다 평원인 것은 아니다. 임진란 때에 중국병사들은 식사와 이동을 모두 수레에 의존했다. 어찌 우리나라에서만 수레의 이용이 이롭지 않다고 하겠는가. 우리나라에서는 관북과 해서에서는 수레를 사용하는 자가 많다. 그런데 다른 도(道)에서 사용할 수 없는 것은 무슨 까닭인가.[295]

라고 하여 우리나라의 지세가 험해 수레를 사용할 수 없다는 세론(世論)에 대해 중국에도 험지가 많음에도 수레가 널리 통용되고 있을 뿐만 아니라, 임진왜란 때 명군이 우리나라에서 수레를 사용했다는 점을 들어 우리나라의 자연지세가 수레 사용의 장애요소는 아니라는 점을 지적하고 있다.

수레의 종류를 융차(戎車), 수차(水車), 승차(乘車)의 세 가지를 들고, 각각 군사상의 이익, 관개를 통해 가뭄극복의 이익, 용이한 화물 운반의 이익을 얻을 수 있다고 주장하였다. 그러나 그동안 우리가 수레 사용법을 알지 못하기 때문에 융차(戎車), 수차(水車), 승차(乘車)의 이익을 누리지 못했을 뿐만 아니라, 이로 인해 우리나라는 외국에 수모를 당할 수밖에 없었다고 말하고 있다.[296] 그는 수레 사용을 위해 중국의 수레 제작법을 확실히 배워야 한다고 주장하면서도, 이를 그대로 모방하는 것은 실패할 확률이 높다고 지적한다. 그는 "수레의 제도는 필히 땅의 지형에 따라 다른 것이다. 마치 배가 동해와 서해,

295 『旅菴遺稿』 권8, 雜著, 「車制策」 甲戌.

296 위와 같은 조, "全昧其法, 未蒙其利 ……(중략)…… 我國之受侮於外國者, 亦宜矣."

그리고 강화에서 사용하는 배가 다르듯이"라고 하여 우리 지형에 맞는 수레로 재창조해서 수레를 활용해야 한다고 주장한 것이다.[297] 이와 같은 그의 수레, 선박, 화기에 대한 연구는 기술을 중시하는 신경준의 학문의 성격을 잘 드러내는 것이며, 이러한 연구에 기초한 많은 주장들도 대부분 우리의 역사 경험에 대한 반성에서 나오는 것이라는 점에서 매우 설득력이 있는 것이었다.

여암은 이러한 수레 사용의 이점과 기술 도입을 주장하는 데 그친 것이 아니라 실제 수차(水車)를 제작하기도 했다. 이 사실에 대해서 다산 정약용은 "예전에 신경준(申景濬)이 여러 번 수차를 만들었으나 끝내 성공하지 못하였다. 연구가 세밀하지 않은 것이 아니라 나라에 훌륭한 수공업 장인이 없었기 때문이었다"고 말하고 있다.[298]

여암은 또한 「논병선화차제비어지구(論兵船火車諸備禦之具)」라는 글을 통해, 우리나라의 병선(兵船), 방패선(防牌船), 전선(戰船), 사후선(伺候船), 복물선(卜物船) 등에 대하여 고찰한 뒤에, 이들 선박이 평저선형(平底船型)을 채택해온 것에 대해 비판하면서, 평면저판(平面底板) 대신에 곡면저판(曲面底板)을 채택하는 등 선체구조를 첨저선형으로 전환시킴으로써 배의 운항속도를 향상시킬 수 있다고 주장하였다.[299] 그는 「호누선본판곡직지도(號樓船本板曲直之圖)」, 「본판광협지도(本板廣狹之圖)」, 「누선전체지도(樓船全體之圖)」, 「사후선지도(伺候船之圖)」, 「사선지도(沙船之圖)」 등 다양한 선박의 도면을 제시하고, 실증적 차

---

297 위와 같은 조.

298 『牧民心書』, 「工典 · 川澤」, "龍尾 · 玉衡 · 水車之制, 最是良法, 然鍊鐵未精, 製法未熟. 昔淳昌申承旨景濬, 屢作水車, 終不能食效, 非講究之不詳, 國無良工也."

299 김재근(1994) 참조.

원에서 선형개선의 필요성을 주장했을 뿐만 아니라, 선박의 선형이 전중후경(前重後輕)하고, 전저후고(前底後高)해야 빠른 속도를 낼 수 있다고 하여, 저항과 속도의 물리학적 관계에 대한 과학적 통찰을 기초로 선박구조의 개선을 주장한 것이다.[300] 이와 같은 신경준의 선박 연구는 과학적, 실증적 연구에 기초한 것으로서, 박제가의 언급에서 보듯이 상품유통에서의 운송기일이 장삿길의 성패를 좌우하는 당시의 현실 속에서 보다 빠른 배를 만들고자 하는 실용주의적 목적에서 제시된 것이다.

또한 「화기화차지설(火器火車之說)」에서는 병자호란 시에 청나라가 사용한 홍이포(洪夷砲)와 불랑기(佛狼機)를 비교하여 홍이포는 운반하는 데 매우 무거운 반면, 불랑기는 매우 가볍고 운반하는 데 편리하다고 평가하고, 무거운 홍이포 등도 화차(火車)를 제작하여 활용하면 어려움을 극복할 수 있다고 하여, 화차의 구조를 도면[화차지도(火車之圖)]으로 제시하고 있다. 이와 더불어 그는 공주의 쌍수산성(雙樹山城)을 남쪽의 보장중진(保障重鎭)으로 활용해야 하며, 이를 위해서 5천 냥을 투자하여 동철(銅鐵) 1,800근, 수철(水鐵) 500근, 정철(正鐵) 500근, 연철(鉛鐵) 1천 근으로 지자총통(地字銃筒) 2대, 불랑기(佛狼機) 10대, 자포(子砲) 50문과 대완(大碗) 7천 개, 연환(鉛丸) 6만 개 등의 무기를 제작하여 비치하고, 이곳에 군포(軍舖), 감영(監營), 화기(火器), 검탄(黔炭)을 갖추면 충분히 그 기능을 할 수 있다고 주장하였다. 영남에는 조령산성(鳥嶺山城)을 보장중진(保障重鎭)으로 개편하고, 또한 각종 수공업 장인들을 각읍에 거주하게 하여 만일에 대비토

300 『旅菴遺稿』 권18, 「論兵船火車諸備禦之具」

록 하면 유사시에 군비의 부족으로 곤란을 겪는 일은 없을 것이라고 주장하였다.[301] 또한 그는 "한나라의 장수가 되려는 사람은 우선 지리에 밝아야 한다"[302]라고 하여 지리에 대한 관심도 지적 호기심의 차원이 아니라 국방상의 필요, 효용성의 측면에서 추구되어야 한다고 지적하였다. 결국 그의 학문은 실제 생활에서의 효용성 추구라는 데 두어져 있었고, 그의 학문관은 이용후생을 목적으로 하는 매우 실용주의적인 것이다. 이러한 여암의 학문관은, 비록 학파적 연계는 없었지만, 18세기 후반을 풍미한 북학사상의 선구로 평가해도 손색이 없는 것이다.

4) 국학의 토대 확립 - 국토, 국사, 국어연구

여암은 북학사상이 개화되기 직전 명물도수학(名物度數學)을 본격적으로 열어갔던 학자였다. 여암의 학문형성에는 앞서 보았듯이 친조부 선부의 가학전통과 소북계(小北系)와 서울 학풍의 영향력이 매우 중요했다. 당시 서울의 학풍은 경제적 문제에 관심을 높이면서 성리학적 도그마에 매몰되지 않고 유불선을 동시에 포괄하려는 회통주의적 태도를 지니고 있었다. 이러한 회통주의적 지식인들은 성리학 일변도의 사유체계에서 해방되면서, 17세기이후 민족, 민중지향의 실학을 발생시키는 중요한 터전을 조성하였다.[303] 신경준은 이러한 사상조류에 영향을 받아 『강계지』, 『동국문헌비고』, 『도로고』, 『산수고』,

301 『旅菴遺稿』 권18, 「火器火車之說」
302 『旅菴遺稿』 권13, 「大提學 洪良浩撰 墓碣銘」
303 한영우(1991) 참조.

『훈민정음운해』 등의 저술을 통해 국토, 역사, 국어연구라는 우리나라의 국학(國學)의 토대를 확립한 학자였다.

『강계지(疆界志)』는 한백겸의 『동국지리지』와 유형원의 『여지지(輿地志)』에 큰 영향을 받은 저술이다. 그는 단순 사료취합에서 벗어나 각종 사서기록을 비교하고, 역사적 사실로 지역을 비정하는 방법, 음사(音似)나 사독(史讀)에 의한 방법, 지세를 연구하여 위치를 파악하는 방법, 금석문의 내용을 분석하는 방법 등을 동원하여 고증을 시도하였고, 여기에 안(按)이라 하여 자신의 견해를 밝히고 있다. 이를 통해 그는 역사상 나타난 각 나라의 위치를 비정하고, 그 경계를 해명하는 한편, 지명의 상이를 고증적으로 해명하여, 각 문헌사이에 나타나는 모순을 해소하고자 하였다.[304]

그의 역사인식을 살펴보면, 고조선의 경우 강역은 요동에 이르고, 대마도까지 포용한 큰 나라임을 고증하였다. 이로써 그는 우리 강역이 한반도에 국한되지 않는다는 한백겸 이후의 역사지리 연구성과를 흡수하고 청나라 자료까지 참고한 것으로, 한반도 북부와 만주에서는 고조선, 고구려, 발해가 건설되었고, 남부에는 진국과 삼한을 거쳐 신라, 백제, 가야가 건설된 것으로 파악하였다. 이른바 한백겸의 북자북(北自北), 남자남(南自南)의 이해를 계승한 것이다.[305]

고려와 조선시대 서술은 주로 북방지역과 국경문제에 초점이 두어졌다. 특히 두만강, 압록강 일대의 도로와 지리를 정리하고, 백두산정계비 건립과정, 폐사군에 대한 논의, 안용복이 울릉도를 영토화하는

---

304 이상태(1984) 참조.

305 한영우(2002), 190~192쪽.

데 기여한 사실, 대마도가 원래 우리 땅이었다는 사실을 상세히 기록하고 있다. 이는 영조대 이후 영토에 대한 관심이 고조된 것을 반영할 뿐만 아니라 국방이라는 실용적 필요에 의해 편찬되었음을 알 수 있다. "장수(將帥)가 되려는 사람은 우선 지리(地利)에 밝아야 한다"라는 자신의 지론(持論)을 학문적으로 실천하는 의미가 있는 것이다.

『동국문헌비고』「여지고」는 여러 역사와 지리에 관련된 저술들을 종합 정리하는 차원에서 편찬된 것으로, 『강계지』의 역사인식은 그대로 계승되었다. 『동국문헌비고』는 원래 신경준이 저술한 『강역지(疆域誌)』를 본 홍봉한의 건의에 의해 강역(疆域), 여지문자(輿地文字)에 국한하여 편찬할 의도였으나, 점차 일이 확대되어 예악(禮樂), 형정(刑政) 등으로 확대된 것이었다.[306] 신경준이 편찬을 담당한 「여지고」는 한백겸 이래의 역사연구를 집대성한 의의를 지님에도 불구하고, 『요사(遼史)』, 『대명일통지(大明一統志)』, 『성경통지(盛京統志)』 등 거짓이 많은 청나라 사료를 이용한 것이 오히려 문제가 되어 그 후에 안정복, 정약용, 한진서 등에 의해 비판을 받았다. 안정복은 『동국문헌비고』가 졸속으로 편찬되었음을 비판하였으며, 정약용, 한진서는 국내자료에 중점을 두고, 상고사의 중심무대를 반도중심으로 환원시켰다. 이러한 수정은 이만운의 『증정문헌비고(增訂文獻備考)』「여지고」에서 안정복의 고증내용을 대폭 수용하였으며, 고종대 장지연의 『증보문헌비고』「여지고」에서는 정약용의 「강역고(疆域考)」의 역사인식을 수용

306 『頤齋亂藁』 권15, 十二日 庚寅, "初止疆域輿地文字耳, 旋聞以此添入, 凡禮樂刑政之類備焉 ……(중략)…… 始聞申景濬私抄, 本國輿地勝覽爲一冊, 稱以疆域誌, 後以于示洪領相, 則洪啓請自備局修正, 自領其事, 而備局堂上李最中 · 鄭存謙, 亦與聞, 又以申景濬與洪纘海, 差本局文郎廳董成, 近日漸益張大, 加設堂郎."

하여 상고사의 중심무대를 반도 중심으로 기술하였다.[307]

『산수고(山水考)』는 우리나라의 산과 하천을 각각 12개의 분합(分合) 체계로 파악한 한국적 지형학을 정리한 저술로서, 국토의 뼈대와 핏줄을 이루고 있는 산과 강을 체계적으로 정리한 최초의 지리서이다. 특히 촌락과 도시가 위치한 지역을 산과 강의 측면에서 파악함으로써, 지질중심의 근대적 자연인식과는 다른, 생활중심의 전통적 자연인식체계를 잘 보여주고 있다.[308]

1750년 저술된 『운해(韻解)』는 『훈민정음해례본(訓民正音解例本)』이 발견되기 이전까지 유일한 한글에 대한 연구서로 주목받았기 때문에 신경준이 역사지리학자로서보다 국어학자로 널리 알려진 계기가 되기도 하였다. 『운해』는 비록 우리말 자체의 연구목적으로 시작된 것이 아니라 훈민정음을 한자음 표기에 적합하도록 정리하고, 등운학(等韻學)에 의거하여 운도(韻圖)를 작성한 것이긴 하지만,[309] 새로운 관점에서 국어분석을 시도했다는 점에서 의의가 높다. 특히 음(音: 소리)과 운(운: 음소(音素))를 구분하여 인식했다거나, 각 소리들의 지방적 차이의 분석을 시도했다는 점, 그리고 『훈민정음해례본』에서는 자음의 순서를 간단한 글자에서부터 복잡한 글자 순서인 아(牙)(어금니), 설(舌)(혀), 순(脣)(입술), 치(齒)(잇소리) 후(喉)(목구멍)의 순으로 잡고 있지만, 『운해』에서는 목구멍에서 시작하여 밖으로 차례대로 나오면서 어금니, 혀, 이, 입술소리의 순서를 따라 배열하고 있는 점에서 그의 국어연구가 실용적, 과학적 방법에 기초한 연구라고 평가되고 있

307 박인호(1996) 참조.
308 양보경(1994) 참조.
309 이준환(2021); 이상규, 천명희(2018); 서병국(1965) 참조.

다. 신경준은 조음체 운동의 정밀한 관찰을 통해 각 소리의 특징을 규정하고 있는 것이다.[310]

이러한 그의 언어에 대한 관심은 국어뿐만 아니라 일본어와 베트남어[안남어(安南語)]에도 미치고 있었다. 현재 전하고 있지는 않아 그 전모를 알 수 없지만, 일본어에 대한 연구서로 『일본증운(日本證韻)』이 있다. 또한 신경준은 제주목사로 있을 때, 제주사람 중에서 안남국(安南國)에 표류했다가 돌아온 사람을 통해서 하늘, 땅, 오늘, 내일 등 백여 종의 언어에 대해 안남어로 어떻게 발음하는가를 조사하여 "맛 천야(天也), 지 지야(地也), 위우실 금일(今日), 좌우실 명일(明日), 못 일야(一也), 해 이야(二也), 마 삼야(三也)"의 형태로 기록하였다.[311]

이와 같은 그의 역사, 지리, 언어연구는 당시 학문이 유교경전에 대한 부용(附庸)에서 벗어나 학문적 독립성을 확보하는 추세와 관련되어 있었다. 특히 이 시기 역사학은 경체사용(經體史用)이라는 유교의 전통학문에서 벗어나 문헌고증적 방법이 확립되는 한편, 역사동력으로서 도덕이나 윤리가 아닌 지리, 경제, 풍토와 같은 부분을 중시하였고, 이 속에서 과학적, 민족적인 것을 추구하는 민족, 실증 중심의 관점이 확립되어 있었다.[312] 이러한 과학적, 민족적 학풍을 충실히 수용하여 연구를 진행함으로써 국학의 토대를 구축한 이가 바로 신경준이었다.

---

310 김석득(1971); 김석득(1975) 참조.

311 『頤齋亂藁』 권35, 十一日 癸巳, "士彬言, 申景濬爲濟州牧使時, 遇州人嘗漂至安南國者, 因其所傳安南國方言而錄之. 有以傳錄示余, 余亦錄之如左, 맛天也, 지地也. ……(하략)……"

312 한영우(1989) 참조.

4. 여암의 사상사적 위치-맺음말에 대신하여

신경준은 43세에 과거에 급제한 뒤 26여 년간 관료로 일했던 관료학자였다. 사환의 길에 들어서기 전 여암은 순창, 서울, 강화, 옥과, 태인, 온양, 소사, 직산 등 충청도, 서울, 경기와 고향을 옮겨 다니며 공부를 계속했다. 젊은 시절 여암은 자신을 '떠돌이[遊子]'로 일컬을 정도로 2~3년을 주기로 끊임없이 이사하였다. 이처럼 집을 옮겨 다니는 것은 사환기에 들어서도 계속되었다.

43세 때 서울에서 10년간 벼슬살이를 한 이후, 52세 때는 서산군수, 53세 때는 충청도사, 54세 때는 장연부사로 외직으로 근무하다가, 56세 때 다시 사간원 사간으로 서울에서 근무하였고, 59세 때 통례원 우통례 겸 비변사 문낭청으로 『동국문헌비고』의 「여지고」과 『동국여지도』를 완성하여 영조로부터 총애를 받았다. 60세 때는 북청부사로, 62세 때는 순천부사, 63세 때는 제주목사를 역임하였고, 65세 때 영조의 승하를 획기로 여암의 벼슬살이는 실질적으로 멈추게 된다. 이렇게 본다면 사환기에도 초기 10년간 서울 살이를 제외하고 외직과 경직으로 오가면서 근무한 셈이 된다. 63세 노인의 처지에서 제주목사로 발령받고서도 사직소(辭職疏)도 올리지 않고 제주목사에 부임한 것으로 보면, 외방 수령직이 경제적으로 이익 뿐만 아니라 자신의 취향과도 맞았기 때문이라고 생각된다.

여암 신경준의 사환기 승진양상을 보면, 권문세가의 영향력을 통해 신속하게 승진하는 벌열가문의 자제와 달리, 여암은 당시 과거합격자가 거치는 매우 일반적인 승진경로를 거쳤음을 알 수 있다. 그가 당상관 통정대부의 품계를 받고 승지로 발탁된 것은 철저하게 자신의 실력을 바탕으로 한 것이었다. 영조의 총애를 입었음에도 여암이 맡은 서산, 장연, 강계, 순천, 제주 등의 지방 수령직은 병조와 이조가 상의하여 임명하는 연변지역이었다. 이 자리는 무반과 문반이 함께 임명되는 자리였다.[313] 권력가문과 연계가 있었다면 문과 급제자였던 여암은 이보다 훨씬 중요한 지방수령직을 맡았을 것이다. 이처럼 연변지역 수령직을 전전했다는 점은 여암이 중앙권력의 비호 없이 관직을 수행했음을 보여주는 반증인 것이다. 여기서도 여암은 「소북팔약조(小北八約條)」에서 강조한 권귀(權貴)와 가까이하지 않는다는 원칙을 철저히 지키고 있음을 알 수 있다.

신경준의 학문은 소북계(小北系) 집안의 학풍, 성균관 진사를 지낸 친조부 선부(善溥)의 실험 · 실용주의적 가학(家學), 경제중시의 삼교회통적(三教會通的) 서울 학풍의 영향하에 형성되었다. 그는 명분과 형식을 중시하는 성리학적 교조주의에 비판적이었고, 불교와 도가 사상은 물론 제자백가 사상도 세상의 이치를 이해하는 데 도움을 줄 수 있다고 긍정하는 사상을 지녔다. 뿐만 아니라 격물치지(格物致知)라는 유교적 진리 탐구의 궁리(窮理)에서도, 기술에 대한 정확한 이해까지도 포괄해야 치지(致知)에 도달할 수 있다고 믿는 기술 중시의 학문관을 지니고 있었다. 그러므로 기술자가 우대받는 사회를 만들기 위해 사장(詞章) 위주의 과거제를 개혁하여 기술자들을 등용할 수 있는 길을 새로 열어야 한다고 주장했던 것이다. 그의 주장은 이념의 제약을 벗어던지고 기술혁신을 통해 사회발전을 도모하는 것이었다. 그가 기

313 『經國大典』, 「吏典 · 除授」, "沿邊守令, 兵曹同議除授."; 『續大典』, 「吏典 · 外官職」, "文武交差."

술 중시의 학문관에 기초해 전력한 학문은 수레, 화차, 선박, 수차 등의 기술 중심의 실용 학문과 국어, 국사, 국토 등의 국학이었다. 국학의 기초를 놓은 신경준의 사상은 성리학이나 국수주의와 같은 교조적, 배타적 사상이 아니라, 이단에 관용적인 이교구류를 모두 아우르는 회통사상이었다.

18세기 중반 조선의 사상계는 전통적인 예론, 심성론 위주에서 탈피하여, 명물도수에 대한 관심이 높아지는 한편, 민족, 민중지향의 경제지학의 움직임도 나타나고 있었다. 연암 박지원으로 대표되는 북학사상과 다산 정약용으로 대표되는 농본적 경세학의 시대를 예비하고 있었다. 신경준은 18세기 후반 꽃을 피우는 이러한 사상적 전환을 가장 먼저 성취한 학자였다. 여암의 후배인 홍대용, 박지원, 박제가 등이 청조 고증학 중에서 이용후생(利用厚生), 적용이수세(適用而需世)하려는 관점을 수용하여 북학의 단서를 열었던 것에 비해,[314] 여암의 경우 고증학의 영향력은 그다지 크게 나타나지 않는다. 그에게 영향을 미친 중국의 사상조류는 명말청초 서양선교사의 영향하에서 중국으로 수입되었던 『태서수법(泰西水法)』과 같은 서양의 과학기술을 적극적으로 수용하려는 움직임이었다. 그는 이러한 서양의 과학기술은 물론 중국의 앞선 과학기술도 수입하여 조선의 현실에 맞게 개조한 후에 조선에 적용하려고 노력하였다. 그의 이러한 입장은 후일 박제가의 『북학의』에서 논의되는 수레와 선박개선론의 선구를 이루는 것이었다. 비록 박제가처럼 적극적인 통상론을 함께 제기되지는 않았지만, 사장(詞章)을 위주로 한 과거제를 개혁하여 전문기술인을 등용하

314 유봉학(1995) 참조.

는 길을 열어야 한다는 그의 주장은 이념의 제약을 벗어던지고 기술 혁신을 통해 사회발전을 도모하는 것이었다. 특히 그의 저작 대부분이 당시 지배이념인 성리학적 굴레에서 자유롭다는 점에서, 그리고 지리, 언어, 기기(機器) 등을 소재로 가치중립적인 연구로 시종했다는 점에서 그를 정치와 분리된 학문을 추구해 간 학자로 평가해도 되지 않을까 생각된다.

관료였기 때문에 사(士)로서의 책임 의식에서 완전히 벗어나지는 못했지만, 그의 학문이 전근대 학문의 본령인 치인지학(治人之學)으로서의 성격을 탈각한 차원에서 전개되고 있었다고 평가할 수 있다. 그가 남긴 글 중에 당시 지식인들이 흔히 제기하던 경세론 차원의 사회개혁론이 없다는 점도 이와 같은 그의 학문적 성격을 드러내는 것이다. 소북파라는 정파적 한계로 인해 1930년대 위당 정인보에 의해 재발견되기까지 그의 학문은 묻혀질 수밖에 없었다. 그러나 위당이 '나라를 구할 인재'라고 평가했듯이 그의 학문은 18세기 이후 조선사회가 나아가야 할 방향을 정확히 지시하고 있었던 것이다.

參考文獻

『高靈申氏族譜』

『旅菴遺稿』

『旅菴全書』

『樗村先生遺稿』

『耳溪集』

『頤齋亂藁』

『승정원일기』

『영조실록』

『정조실록』

『비변사등록』

『燕巖集』

『牧民心書』

『典錄通考』

李建昌, 『黨議通略』, 조선광문회, 1913.

『北譜』, 여강출판사, 1987.

『薝園 鄭寅普全集』, 연세대 출판부, 1983.

정인보 지음, 정양완 옮김, 『薝園文錄』, 태학사, 2006.

강경훈(1996), 「조선조의 여성문화사에 있어서 설씨부인의 流薰」, 『貞夫人 淳昌 薛氏의 문학과 예술에 관한 세미나』, 옥천향토문화사회연구소.

_____(2002), 『重菴 姜彛天 文學研究』, 동국대학교 박사학위논문.

강석화(2005), 「이계 홍양호(1724~1802)의 생애와 학문관」, 『진단학보』 100집, 진단학회.

강신항(1965), 「신경준-국학정신의 온상」, 『한국의 인간상』 4권, 신구문화사.

고동환(2003a), 「여암 신경준의 학문과 사상」, 『지방사와 지방문화』 6권 2호, 역사문화학회.

______(2003b), 「신경준-기술과 실용을 중시한 국학자」, 『63인의 역사학자가 쓴 한국사인물열전』 2, 돌베개.

______(2012), 「旅菴 申景濬의 생애와 학문관」, 『여암 신경준선생 탄신 300주년 기념 국제학술대회 논문집』, 순창군.

구만옥(2017), 「『四沿考』와 『道路考』를 통해서 본 申景濬의 潮汐說」, 『한국실학연구』 34집, 한국실학학회.

김기현(1994), 「이재 황윤석의 학문체계 분석」, 『이재 황윤석-영 · 정조시대의 호남실학』, 민음사.

김석득(1971), 「한국 三大韻書의 言語學史的 意義」, 『인문과학』 24 · 25집, 연세대학교 인문과학연구소.

______(1975), 「실학과 국어학의 전개-최석정과 신경준과의 학문적 거리」, 『동방학지』 16, 연세대학교 국학연구원.

김재근(1994), 「여암의 병선개혁론」, 『여암 신경준 선생의 학문과 사상』, 옥천향토문화연구원.

김현주(2003), 「역주 여암시」, 경성대학교 한국학과 석사논문.

류명환(2014), 『여암 신경준과 역주 도로고』, 역사문화.

______(2015), 「조선시대 사찰기록 비교를 통한 『가람고』 편찬의 의의」, 『한국사상과 문화』 79, 한국사상문화학회.

박인호(1996), 『朝鮮後期 歷史地理學研究』, 以會文化社.

서병국(1965), 「훈민정음 해례본 이후의 이조국어학사 시비」, 『경대논문집 인문사회』 9, 경북대학교.

서울학연구소 편역(1994), 『궁궐지 1. 경복궁, 창덕궁』, 서울학연구소.

신병주(2011), 「北人학파의 연원과 사상, 그리고 현실인식」, 『한국철학논집』 32집, 한국철학사연구회.

안대회(2011), 『벽광나치오』, 휴머니스트.

양보경(1994), 「조선시대의 자연인식체계」, 『韓國史市民講座』 14, 일조각.

오병무(1996), 「여암 신경준의 소사문답에 관한 존재론적 조명」, 『건지철학』 4, 한국건지철학회.

유봉학(1995), 『연암일파의 북학사상연구』, 일지사.

이강오(1994),「旅菴의 素沙問答」,『旅菴 申景濬선생의 학문과 사상』, 옥천향토문화연구소.

伊藤英人(1995),「신경준의『韻解訓民正音』에 대하여」,『국어학』25, 국어학회.

이상규, 천명희(2018),『여암 신경준의 저정서 연구』, 역락

이상태(1984),「신경준의 역사지리인식-『疆界志』를 중심으로」,『사학연구』38, 한국사학회.

이종범(2003),「신경준-국토와 도로의 개념을 발견한 실학자」,『역사비평』62, 한국역사연구회.

이준영(2009),「申景濬의「淳園花卉雜說」로 본 18세기 글쓰기의 변화」,『관악어문연구』34집, 서울대학교.

이준환(2021),「운해의 자모도와 운도의 현실 언어의 반영과 규범화」,『구결연구』46, 구결학회.

하우봉(2018),「호남실학의 전개양상과 성격」『한국실학연구』36, 한국실학학회

한영우(1989),『朝鮮後期 史學史硏究』, 일지사.

_____(1991),「17세기후반 18세기초 홍만종의 회통사상과 역사의식」,『한국문화』12, 서울대학교 한국문화연구소.

_____(1992),「이수광의 학문과 사상」,『한국문화』13, 서울대학교 한국문화연구소.

_____(2002),『역사학의 역사』, 지식산업사.

허호구(1986),「역주 여암 신경준의 詩則」,『한문학논집』4, 근역한문학회.

신경준 문학관의 특징과 창작의 실제

신익철 | 한국학중앙연구원 한국학대학원 인문학부 교수

1. 머리말

2. 문학관의 특징

3. 시문 창작의 실제

4. 맺음말

1. 머리말

여암(旅菴) 신경준(申景濬, 1712~1781)은 '박학지재(博學之才)', '경제지사(經濟之士)'라고 일컬어지는 실로 박식한 학자로 지리 · 역사 · 언어 등 다양한 방면에 걸출한 업적을 남긴 인물이다. 그의 평생지기인 홍양호(洪良浩, 1724~1802)는 "구류이교(九流二敎)에 해박하여 천관(天官) · 직방(職方) · 성률(聲律) · 의복(醫卜) 등의 학문과 역대의 헌장(憲章) 및 해외의 기이하고 험벽한 서적에 이르기까지 깊이 탐구하여 요점을 파악하지 않음이 없다"[1]고 하여, 신경준의 박학함에 탄복한 바 있다. 신경준의 학문이 노장과 불교 사상은 물론 전국시대의 유가, 도가, 음양가, 법가, 명가, 묵가, 종횡가, 잡가, 농가 등 구류(九流)에 능통했음을 알 수 있는 것이다. 이처럼 해박한 학문 세계와 함께 일정한 사승 관계가 없이 자득(自得)을 중시했으며, 이단에 관용적이며 기술과 실용을 중시하는 면모를 지닌 점에서 신경준은 18세기 사상사에서 매우 독특한 위치를 점하는 인물로 평가받는다.[2]

이처럼 다양한 분야에 학문적 관심을 지니고 여러 저술을 남긴 것에 견주어 보면 신경준의 시문(詩文)은 상대적으로 빈약해 보인다. 그의 시문을 모은 『여암유고(旅菴遺稿)』(13권 5책) 권1에 수록된 시는 도합 62제(題) 132수(首)에 불과하다. 『시칙(詩則)』이란 체계적인 시론서를 남긴 문인의 시로는 빈약한 수량이 아닐 수 없다. 그의 시는 영조의 명에 의해 지어진 『민은시(民隱詩)』나 민간의 농요(農謠)를 시화

---

1 『耳溪集』 권28, 「左承旨旅庵申公墓碣銘」, "汎濫于九流二教, 以至天官職方聲律醫卜之學, 歷代憲章, 海外奇僻之書, 靡不鉤其奧而挈其要."

2 고동환(2003)

한 『농구(農謳)』를 제외하고는 개인적 감흥을 노래하거나 외물을 관찰하면서 지은 영물시가 대부분을 차지하고 있다. 그가 활동한 18세기는 다양한 모임의 시사(詩社)가 활발하게 전개되었는데,[3] 그의 문집에는 시사에서 지은 시를 전혀 찾아볼 수 없거니와 벗과 수창한 시 또한 거의 보이지 않는다. 신경준이 시사 같은 문학적 활동이나 벗과의 시작(詩作)을 즐기지 않았음을 말해준다. 이는 당시 정권에서 소외되었던 소북계(小北系) 문인으로서의 입장도 작용하였겠지만, 기본적으로는 다양한 분야에 걸쳐 학문적 열정으로 충만해 있는 그에게 있어 음풍농월 하는 시작을 통해 문학적 풍류를 즐기는 모임은 그다지 관심을 끌지 못했던 것이 아닌가 한다.

그렇다면 산문은 어떠한가? 『여암유고』 권2~권12에 산문이 수록되어 있는바, 시에 비해서는 상대적으로 분량이 많고 체재 또한 다양한 편이다.[4] 산문 중에서는 서(序, 22편)와 발(跋, 11편)이나 기(記, 29편)의 비중이 높은 편이다. 서발(序跋)은 자신의 저서나 다른 이의 문집에 부친 글이고, 기문(記文)은 지인의 누정이나 승려의 암자 등에 써준 글이 대부분을 차지한다. 그의 산문 작품 중에서 주목받는 「소사문답(素沙問答)」·「거제책(車制策)」·「시칙(詩則)」·「순원화훼잡설(淳園花卉雜說)」 등은 모두 〈잡저(雜著)〉로 묶어져 권7~권10에 실려 있다. 지인이나 친분 있는 승려의 저서나 누정, 암자 등에 써준 서발이나 기문을 남기고 있는 데서, 시보다는 산문 창작을 통해 신경준이 당대의 문인과 문학적으로 교유했음을 알 수 있다. 그런데 문제작인

---

3 심경호(1998); 안대회(2013) 참조.

4 권2에 수록된 「畫舫齋辭」는 1769년 순창 군수 申景祖가 畫舫齋를 건립하자 이에 부친 9장으로 이루어진 漁父辭 계통의 시가이다.

「소사문답」·「거제책」·「시칙」·「순원화훼잡설」 등이 〈잡저〉에 수록되어 있는 데서, 신경준이 정통 산문의 격식과 구속에서 벗어나 자신의 생각과 감상을 자유롭게 표출하는 글쓰기를 선호했음을 알 수 있다.

그의 문집을 일별해보면 신경준은 시문 창작을 즐긴 문인이라기보다는 사물의 이치를 탐구하는 학자적 면모가 강한 인물이라는 점을 느끼게 된다. "대장부가 이 세상을 살아감에 천하의 모든 일이 나의 직무(職務)가 된다. 하나의 사물이라도 이치를 궁구하지 못함이 부끄럽고, 하나의 기예라도 능숙하지 못함이 근심이다."[5] 라는 말에서, 이미 그의 학자적 지향은 분명하게 표명되고 있다. 젊은 시절에 했다는 이 말에서 우리는 우주 만물의 이치를 낱낱이 해명하고 실용에 적용하고자 한 경세(經世) 의식에 투철한 학자의 모습을 떠올리게 된다.

이처럼 투철한 경세 의식과 함께 이치의 자득(自得)을 중시했던 신경준은 문학에 있어서 독특한 관점을 지닌 것으로 보인다. 18세기 문단은 문학 창작에서 천기(天機)를 중시하는 흐름이 주류를 이루었다.[6] 신경준은 이러한 문학관에 공감하여 천기에 입각한 진정(眞情)을 추구하면서도 성률(聲律)을 중시하는 시관(詩觀)을 지니고 있었다. 그의 이러한 시관은 『시칙』에서 체계적으로 개진되고 있으며, 성률의 중시는 고조(古調)의 회복을 통해 우리 고유의 민족적 정서를 구

5 『耳溪集』 권28, 「左承旨旅庵申公墓碣銘」, "公爲人沉深有大志, 嘗曰: '大丈夫生斯世, 天下事皆吾職. 一物未格, 恥也; 一藝不能, 病也."

6 조선 후기 천기론과 관련한 논의는 일일이 열거할 수 없을 만큼 그동안 많은 논의가 축적되었다. 그중에서 18세기 천기론의 성격과 관련한 최근의 논의로는 이훈(2014)와 김형술(2015)가 있다.

현하고자 한 의도의 소산으로 여겨진다. 성률을 중시하며 민족적 정조를 담고자 한 시의식은 창작에 있어 고체시를 중시하며 민요에 대한 관심으로 발현된다. 산문 창작에 있어서는 관물오리(觀物悟理)의 글쓰기와 『주역』과 상수학(象數學)에 대한 관심이 두드러지게 나타난다. 관물오리의 글쓰기는 사물의 이치를 파악하고자 하는 학문관과 관련되며, 『주역』과 음양 상수학은 그 근원적 이치를 모색할 때 활용되는 사유 체계이다. 사물의 이치를 치열하게 탐구하는 학자적 면모는 도형이나 기호를 활용한 분석적 글쓰기로도 나타나고 있다. 투철한 경세 의식으로 학문의 현실적 효용을 중시했던 신경준의 문학에서는 애민의식과 함께 사회현실에 대한 관심 또한 중요한 비중을 차지한다.

본고에서는 신경준의 문학관과 문학세계를 전반적으로 고찰하려 하는데, 다음과 같은 순서로 논의를 진행하기로 한다. 신경준의 문학세계를 체계적으로 살펴보기 위해서는 먼저 문학에 대한 그의 견해를 살펴볼 필요가 있다. '성률의 중시와 고조(古調)의 회복'과 '관물오리(觀物悟理)와 상수학(象數學)에 대한 관심'이라는 두 가지 측면에 주목하여 그의 문학관이 지닌 독특한 면모를 해명하고자 한다. 문학세계는 세 가지 점에 착안하여 살펴보기로 한다. 먼저 시와 명(銘) 등 운문의 특징으로는 고체시를 중시하며 형식적 구속에서 벗어나 진정(眞情)을 담아내고자 한 면모가 주목된다. 신경준은 실재하는 사물[形器]을 떠나 따로 존재하는 이치[理]가 없다고 여긴 학자였다.[7] 이러한 사

7 「素沙問答」 마지막에 전편의 주지를 밝히면서 "以不可離形器而爲道之意終之"라고 한 것이나, "凡諸形而下之器, 必有形而上之妙."(「車制策」)에서 그러한 생각이 분명히 제시되어 있다.

유를 지닌 신경준의 산문에서는 생활 주변의 사물을 소재로 하여 거기에 깃든 이치를 관조하며 우주 만물의 근원적 질서를 탐색하는 내용이 두드러지게 나타난다. 「소사문답」이나 「순원화훼잡설」 같은 작품이 대표적이거니와, 여타 시와 산문에서도 이러한 특징을 찾아볼 수 있다. 실지의 현실에서 참된 이치를 구하고자 한 신경준에게 있어 당대의 사회현실과 기층민의 삶은 문학세계의 주된 제재였다. 신경준의 애민의식과 사회현실에 대한 관심이 문학적으로 어떻게 형상화되고 있는 지 또한 살펴볼 것이다.

2. 문학관의 특징

신경준은 1734년, 그의 나이 23세의 젊은 나이로 잠시 온양에 거주할 때에 『시칙(詩則)』을 저술한다. 『시칙』은 신경준이 자신의 문학관을 체계적으로 제시한 유일한 저서로 시 작법과 풍격(風格) 등에 관해 깊이 있는 내용을 담고 있다. 성률을 중시하며 시를 논하고 있는 것이 두드러진 특징인데, 이는 고조(古調)를 강조하며 고체시를 중시하는 시의식의 반영으로 여겨진다. 『시칙』 외에 시에 대해 논한 글은 따로 보이지 않거니와, 산문 창작이나 작법과 관련한 구체적인 논의 또한 찾아볼 수 없다. 경세가(經世家)로서 다양한 학문 분야를 탐구하며 저작에 몰두한 신경준에게 있어 문학에 대한 논의는 현실 문제를 해결하는 데에 그다지 긴요치 않은 것으로 치부되었던 것이 아닌가 한다.

신경준의 산문은 생활 주변의 사물을 소재로 하여 그 속에 깃든 이치를 탐색하는 태도가 주요한 특징의 하나로 지적된 바 있다.[8] 주변 사물을 소재로 한 글쓰기는 관물오리(觀物悟理)의 학문관에서 나온 것으로 특히 상수학(象數學)과 관련한 언급이 주목된다. 이에 대해 신경준이 자신의 견해를 구체적으로 개진한 글을 따로 남기지는 않았지만, 이는 신경준 문학관의 독특한 특징의 하나로 여겨지기에 단편적인 언급을 종합하여 그 의미를 따져보기로 하겠다.

1) 성률의 중시와 고조(古調)의 회복

신경준의 시관(詩觀)에서 가장 주목되는 것은 성률(聲律)을 중시한 점인데, 이는 『시칙』에 잘 드러나 있다. 서문에서 신경준은 시에 대해 묻는 동자에게 답하기 위해 이를 저술했다고 하며 서적이나 사우로부터 들은 바를 모아놓은 것이라고 하였지만,[9] 『시칙』은 시의 본질과 체재를 정연하게 제시한 이론서의 면모를 갖추고 있다. 특히 시와 음악의 관계에 유의하여 시와 오성(五聲) 십이율(十二律)을 연관지워 보려는 시도는 역대 시론에서 볼 수 없었던 새로운 착상으로 주목받았다.[10] 그렇지만 이는 신경준이 밝힌 바대로 자신의 창견이 아니라, 상당 부분이 윤춘년(尹春年, 1514~1567)과 원대 사대가(四大家)의 한

---

8 이준영(2011); 박명희(2005; 2012)

9 『旅菴遺稿』 권8, 「詩則」, "余旅居溫水之陽, 有童子問詩者. 遂以得於古書及聞於師友者, 輯爲一卷以與之."

10 최신호(1997)에서 처음 주목한 이래, 정대림(1988; 1991)과 박명희(1995; 2005) 등의 연구가 이어졌다.

사람으로 일컬어지는 양재(楊載, 1271~1323)의 『시법원류(詩法原流)』에서 영향 받은 것임이 기존 연구를 통해 밝혀졌다.[11]

『시칙』은 서두에서 체(體)·의(意)·성(聲)의 3강령으로 시의 본질적 성격을 정의하고, 48조의 시의 풍격[詩格]과 14조의 표현 수법[詩中筆例]을 소개한 다음, 시작에 있어 유의할 점을 총괄적으로 설명[詩作法總]하는 체제로 이루어져 있다. 시와 관련된 일화를 소개하거나, 특정 시구를 거론하며 인상비평을 하는 것이 주를 이루는 대부분의 시론서에 비해 논리 정연하게 시의 본질과 체재를 설명하고 있는 것이다. 다만 『시칙』에서 체·의·성의 3강령으로 시의 본질을 설명하고 이와 연관된 30조 격식을 제시한 것은 양재의 『시법원류』와 이를 윤춘년이 주석한 「시법원류체의성삼자주해(詩法源流體意聲三字註解)」의 내용을 정리한 것이다. 『훈민정음운해』·『평측운호거요(平仄韻互擧要)』·『증정일본운(證正日本韻)』·『언서음해(諺書音解)』 등의 저작에서 알 수 있듯이 신경준은 음운학과 성률학 등에도 깊은 관심을 지녔다. 『시칙』에서 성률에 특히 유의하여 시학을 논한 것은 그의 이러한 학문적 성향이 20대 초반의 수학기부터 이미 형성된 것임을 알게 해준다.

성률에 대한 관심과 함께 『시칙』에서 간과할 수 없는 특징의 하나가 악부와 고체시에 대한 관심이다. 『시칙』에서는 시의 '체(體)'를 논하면서 오언과 칠언으로 대별하고 나서, 사(辭)·가(歌)·행(行)·가행(歌行)·조(操)·곡(曲)·음(吟)·탄(歎)·원(怨)·인(引)·요(謠)·영(詠)·편(篇)·율시(律詩)·절구(絶句)의 순으로 시체를 제시하고, 그

11 정대림(1991)과 안대회(2001) 참조.

특징에 대한 간단한 설명을 덧붙이고 있다. 마지막에 놓인 율시와 절구 외에 앞의 13체는 모두 악부나 고체시에 해당되는데, 이는 윤춘년이 「시법원류체의성삼자주해」에서 제시한 것을 따른 것이다. 그리고 그가 중시한 시의 '성(聲)'에서는 율시와 절구를 제외하고 사(辭: 平亮) · 가(歌: 高暢) · 행(行: 瀏亮) · 곡(曲: 縟諧) · 음(吟: 細切) · 탄(歎: 音長聲斷) · 원(怨: 悽斷) · 인(引: 平永) · 요(謠: 質俚)의 9체를 제시하며, 이들 고체시의 성률적 특성을 명기하고 있다. 그런데 이들 9체의 성률적 특성에 대한 정의 역시 윤춘년의 글을 그대로 따르고 있는바, 신경준이 윤춘년의 시학을 매우 중시했음을 알 수 있다.

윤춘년은 기묘사화 때 윤원형(尹元衡)과 함께 사림을 탄압하는데 앞장섰기에 사림으로부터 비난의 표적이 된 인물이지만, 박학다식하며 특히 성률에 정통한 것으로 알려져 있다. 그의 성률론은 평측과 압운을 넘어서 시가 지닌 음악적 성격을 깊이 있게 탐구한 독특한 이론으로 평가받지만,[12] 그의 부정적 행적으로 인해 후대에 그다지 관심을 끌지 못한 것으로 보인다. 신경준이 윤춘년의 견해를 대폭 수용한 것은 매우 이채로운 것인데, 이는 성률학에 대한 관심과 함께 신경준이 시학에 있어 음악성을 매우 중시했음을 말해 준다.

『시칙』에서 신경준의 창견은 시를 예로 들어 자신의 시론을 개진한 부분에서 드러난다. 예시한 작가와 시를 살펴보면 악부와 고체시가 절대 다수를 차지하니, 『시칙』에서 인용하고 있는 작품은 다음과 같다.

---

12 안대회(1995)

〈표 1〉『詩則』 인용 작품 목록

작가	작품명	시체	비고
李白	蜀道難, 梁甫吟, 上留田行, 行行遊獵篇, 公無渡河, 箜篌謠, 胡無人, 山人勸酒, 行路難, 遠別離	10수 모두 樂府	「行行遊獵篇」의 원제는 「行行且遊獵篇」임
韓愈	南山詩, 雜詩四首	오언장편고시/오언율시	
白居易	琵琶行	칠언장편고시	
賈島	擊甌歌	칠언장편고시	溫庭筠의 「郭處士擊甌歌」
王維	鳥鳴磵	오언절구	
韋應物	秋齋獨宿	오언절구	
柳宗元	江雪	오언절구	
高適	春酒歌	칠언장편고시	원제는 「同河南李少尹畢員外宅夜飲時洛陽告捷遂作春酒歌」
岑參	蓋將軍歌	칠언장편고시	원제는 「玉門關蓋將軍歌」
淮南小山	招隱士	초사체	楚辭
무명씨	關雎	시경체	『詩經』 「周南」
무명씨	騶虞	시경체	『詩經』 「召南」
崔瑞琳	垂楊詩	칠언절구	
鄭道傳	錦江樓詩	칠언고시	원제는 「題公州錦江樓」

『시칙』에서 인용하고 있는 시는 총 24편인데, 표에서 알 수 있듯이 이백의 시가 10편으로 절반 가까이를 차지하여 압도적으로 많은 비중을 차지한다.[13] 이에 비해 두보의 시가 1편도 없는 것이 의아하게 느

13 어부가 계열의 歌辭 작품인 「畫舫齋辭」에서도 신경준은 이백의 작품을 대거 集句하고 있다. 이규춘(1998)에서 이백의 작품이 압도적으로 많으며, 고악부 및 오언시에서 집구한 것을 다른 어부가에서는 찾아볼 수 없는 「화방재사」의 고유한 특징으

껴진다. 이에 대해 신경준은 "논자들이 반드시 이백과 두보를 나란히 일컬으며 대가라 칭한다. 나는 일찍이 충군애국(忠君愛國)과 의리를 지킨 점에 있어서는 두보가 변치 않는 법도이며 역사가 되니, 세교(世敎)에 관계되는 점에 있어서는 이백이 마땅히 우두머리를 양보해야 될 것이라고 논한바 있다. 그렇지만 충담(冲淡)하고 탄정(坦正)하여 능히 옛 풍미를 깊이 깨우친 점에 있어서는 오직 이백만이 그러하니, 두보는 끝내 후세의 시체가 됨을 변할 수 없다. ……〈중략〉…… 그런데 두보의 시는 권수에서 양중홍(楊仲弘, 楊載)이 말한 제격(諸格)에 상세히 풀이되어 있을 뿐 아니라, 예로부터 주석을 단 것이 또한 많다. 이백의 시 같은 경우 만나기 어려운 절창임은 두보와 다르지 않은데, 논한 바가 매우 적다. 이런 까닭에 이 책에서 많이 인용하여 언급하였다."[14]라고 하여 그 이유를 밝히고 있다. 여기에서 양중홍이 말한 제격에 상세히 풀이되어 있다는 것은 『시법원류』에서 33조의 시격(詩格)을 제시하고, 이를 두보의 율시를 대상으로 상세히 분석하여 설명한 것을 말한다.

신경준은 이백의 시에 대해 "충담하고 탄정하여 능히 옛 풍미를 깊이 깨우쳤다"고 했는데, 이는 이백 시가 『초사(楚辭)』의 전통을 계승하고, 민가의 전통을 흡수하여 많은 악부시를 창작한 점[15]을 지칭한 것으

로 파악하였다.(298~302쪽)

14 『旅菴遺稿』 권8, 『詩則』, "論者必以李杜併稱大家數, 而余嘗斷之以爲杜甫之憂愛君國, 扶持義理, 可以爲經, 可以爲史, 可以爲有關於世敎處, 則李白固當遜其矯矯之牛耳矣. 至於冲淡坦正, 能近邃古之風味者, 則惟李白有之, 杜甫卒未免爲後世之體. …… 然而杜詩非徒卷首楊仲弘所得諸格之詳解, 古來註箋亦多矣. 若李詩難會, 與杜無殊, 而所論甚尠, 故余於此書, 多引而言之." 번역은 최근에 장안영 · 안동교 · 이덕현이 공역한 『여암유고』(2책, 경인문화사, 2019)을 참조하면서 필자가 가다듬은 것이다. 이하 『여암유고』의 번역문은 마찬가지임.

로 보인다. 두보의 시가 이백의 시에 비해 후세의 시체가 된다는 말은 고체시에 능숙한 이백 시에 비해 율시에 뛰어난 두보 시의 풍격을 대비해 말한 것이다. 실제로 신경준이 인용한 이백의 시 10편은 모두 악부체임이 주목된다. 이백 외에는 한유(韓愈)의 시를 2편 인용하였고, 백거이(白居易)·가도(賈島)[16]·왕유(王維)·위응물(韋應物)·고적(高適)·잠삼(岑參)의 시를 각 1편씩 인용했다. 인용시가 모두 당시이니, 신경준이 송시보다는 당시를 추숭했음을 또한 알 수 있다.[17] 우리나라 시로는 최서림(崔瑞琳)[18]과 정도전(鄭道傳)의 시를 각 1편씩 인용하였으며, 『시경』에서 2편, 『초사』에서 1편을 인용하고 있다. 인용한 시의 시체를 보면 한유, 왕유, 위응물, 유종원, 최서림의 시 도합 5편을 제외하고는 나머지 19편이 모두 고체시이다. 이로 미루어보면 신경준이 근체시보다 고체시를 매우 중시했음이 분명히 드러난다.

---

15 『李太白全集』, 「出版說明」, 중화서국, 1995년 8쇄판, 7~8쪽 참조.

16 『시칙』에서 鋪陳과 影描의 수법을 대비해 말하면서 "同一樂律, 而白樂天之琵琶行, 是爲鋪陳, 賈浪仙之擊甌歌, 是爲影描."라고 하여, 「擊甌歌」를 賈島의 시로 소개하였다. 그런데 이는 溫庭筠의 「郭處士擊甌歌」를 오인한 것으로 여겨진다.

17 "唐人喜述光景, 故其詩多影描; 宋人喜立議論, 故其詩多鋪陳. 大抵述光景, 出於國風之餘, 而頗小眞厚之味; 立議論, 出於兩雅之餘, 而全露勘斷之跡. 俱未始不出於三百篇之餘, 而其視三百篇, 亦遠矣. 世之人皆以爲唐人以詩爲詩, 宋人以文爲詩, 唐固勝於宋, 宋固遜於唐, 此以唐詩多影描, 宋詩多鋪陳故也. 然而宋之不如唐, 是因氣格俱下之致也, 非由於鋪陳素不如影描而然也. 世末而文弊勝, 只以風韻景色爲尙, 不復審體格氣味之如何, 惜哉!"라 한 것에서도 신경준이 송시보다 당시를 추숭했음을 알 수 있다.

18 '近世崔寬谷'이라 칭한 崔瑞林(1632~1698)은 호가 寬谷으로 과거에 뜻을 두지 않고 병자호란 때 태인에 정착하여 은거하며 학문에 정진한 인물이다. 신경준은 16세 때에 전라도 태인과 담양에서 강학한 韓伯愈(1675~1742)의 문하에서 수학한 적이 있었다.(안동교(2019), 17쪽) 한백유는 『주역』과 음운에 밝은 학자로 그의 외증조부 최서림으로부터 학문을 배웠는바, 이러한 연유로 최서림의 시를 인용한 것으로 여겨진다.

이상을 통해 신경준이 당시 그중에서도 고체시를 특히 추숭했음을 알 수 있는데, 그 이유는 어디에 있을까? 신경준이 최성대(崔成大)의 시집에 쓴 글에서 그 이유의 일단을 헤아려 볼 수 있다. 「두기옹시집서(杜機翁詩集敍)」에서 신경준은 우리나라 시는 최치원을 비조로 하는데(중간에 읍취헌 박은이 있었으나 일찍 죽었다고 하면서) 고조를 얻은 이는 오직 최성대 한 사람이라고 하여 두기의 시를 극찬하였다. 그는 "최치원이 당으로부터 돌아온 광계(光啓) 을사년(885) 뒤 876년이 흐른 경진년(1760)에 쓴다"[19]라고 글을 끝맺어, 최치원 이후로 우리나라 시사의 정맥을 이은 사람은 최성대가 유일함을 재차 강조하였다. 신경준이 이처럼 최성대의 시를 극찬한 이유는 수학기에 최성대로터 수학한 사제의 인연이 작용한 것으로 짐작된다.[20] 그런데 최성대의 시가 고조를 지니고 있다는 말은 『시칙』에서 "이백이 옛 풍미를 깊이 깨우쳤다[邃古之風味]"는 말과 상통하는 발언이기에 주목할 필요가 있다.

고대에 패강(浿江)과 영명령(永明嶺)을 노래한 가요[21]가 있었으니, 그

---

19 『旅菴遺稿』 권5, 「杜機翁詩集敍」, "崔孤雲自唐而東光啓乙巳, 後八百七十六年庚辰書"

20 『旅菴遺稿』 권12, 「全州崔公墓誌銘」, "甲申之窉, 杜機先生之孫重純, 畢先生喪, 踵余門至再, 涕汍瀾被面不能言, 已曰: "先王考墓誌謹已具, 而於先考不可闕, 公其圖諸? …… 景濬僑其鄰久, 雖未及見公, 而竊有所知公者, 旣又登先生之門踰十載, 與有聞知公又深, 其可以辭拙辭?"

이종호(2004)에서 이 기록을 근거로 "신경준과 최성대는 모두 소북계 출신이다. 아마도 신경준이 소북계 선배인 최성대의 문하에 10여 년 동안 출입하면서 터득한 시가 이론을 『시칙』과 『시격』으로 정리한 것이 아닌가 한다."(690쪽 각주)라고 하였다.

21 『고려사』 「樂志 · 俗樂條」에 전하는 속악가사 「大同江」을 말함. 기자의 덕화에 기뻐한 백성들이 대동강을 黃河에, 永明嶺을 崇山에 비유하며 임금의 덕을 칭송하고 안녕을 비는 내용이라고 하였다.

> 가사는 없어졌지만 기자 때에 지은 것이다. 「공후인(箜篌引)」이 있으니, 고조선의 여인 여옥(麗玉)이 지은 것이다. 여옥은 나루터 사공의 아내인데도 시에 능한 것이 이와 같았는바, 당시 사대부 중에 어찌 시에 능한 자가 없었겠는가? 삼국의 악부를 살펴보면 백제는 중국의 제도를 본떴으며, 나라가 멸망하자 악부도 산일되었다. 고구려는 당 무후(武后) 때까지 20곡이 남아있었다. 신라는 삼죽삼현(三竹三絃)에 1451곡이 있었는데, 향악으로 「회소(會蘇)」·「신열(辛熱)」·「돌아(突阿)」·「지아(枝兒)」 등의 시와 사뇌[惱]로 「우식(憂息)」·「미지(美知)」·「도령(都領)」 등의 가(歌) 등 현악기에 맞추어 노래하는 악곡이 또한 많았다. 이는 모두 태상시(太常寺)에 기록된 것들인데 지금은 하나도 남아있지 않다. …… 우리나라의 고조는 모두 다 없어졌다.[22]

최치원 이전에 시가 없었던 것은 아니라고 하면서, 문헌에 전하는 악곡과 향가를 이처럼 언급하고 있다. 기자 때의 「대동강」과 고조선의 「공후인」부터 삼국시대의 향가 명을 열거하였는데, 신라 향가를 향악과 사뇌로 구분하고 이를 시와 가에 배속시켜 언급한 것이 독특하다. 중략한 부분에서는 강수(强首)·제문(帝文)·수진(守眞)·양도(良圖)·풍훈(風訓)·골번(骨番) 등 『신라고기(新羅古記)』에 전하는 여러 문장가를 소개하고 이들 모두 전하는 작품이 없기에, 동방의 고조가 다 없어졌다고 결론짓고 있다. 그리고 인용문 다음에는 고려와 조선의 여러 문장가가 있었지만 고조를 간직한 이는 오직 읍취헌(挹翠

---

22 『旅菴遺稿』 권5, 「杜機翁詩集敍」, "古有浿江永明嶺歌, 其辭軼而箕子時作; 有箜篌引, 朝鮮女麗玉作. 玉津吏之妻, 而猶能於詩如此, 當時士大夫, 豈無作者乎? 攷諸三國樂府, 百齊倣華制, 而其亡卽散失, 句麗至唐武后時, 餘存二十曲, 新羅三竹三絃一千四百五十一曲, 鄕樂會蘇·辛熱·突阿·枝兒詩, 惱憂息·美知·都領歌, 捺絃引諸曲亦多. 此皆太常所志, 而今亡一存, 况閭閻巾衍之儲乎? …… 東方之古調, 其盡亡矣."

軒) 박은(朴誾, 1479~1504)인데 일찍 죽었다고 하면서, 최성대가 유일하게 고조를 지녔다고 하였다. 여기에서 우리는 신경준이 말한 고조가 악부와 밀접한 관련이 있으며, 곧 우리나라의 가악 전통 속에서 생성된 고유의 '옛 가락'을 지칭하는 것임을 알 수 있다.

최성대 시의 성취에 대해 신경준은 "두기 최공의 시는 오직 천기를 운용하여 훌쩍 멀리 날아올랐기에 그 울림[韻]이 느긋하고 그 모습은 화사하며, 그 정감이 화평하고 그 정취가 그윽하다. 성당의 경상(景象)으로 강타여한(江沱汝漢)의 음(音)을 이루었으니, 우리나라 천년 역사에 이러한 곡조를 얻은 자는 오직 공 한 사람이다"[23]라고 하였다. 최성대의 시가 천기를 잘 발휘해 나무랄 데 없는 성당 시의 격조를 얻었다고 평가한 것인데, 그중 강타여한의 음조를 얻었다는 말이 주목된다. 강타여한은 『시경』 「주남(周南)」 편에 대한 주희의 주석 중 주공(周公)의 덕화가 남방 제후국인 강타여한 지역까지 미쳤다고 하면서 언급한 말이다.[24] 즉 천자의 교화에 감응한 제후국을 뜻하는 말로 여기에서는 우리나라를 가리키는바, 강타여한의 음(音)이란 '우리나라의 고유한 가락'를 지칭하는 것이다. 최성대의 절친한 시우였던 신유한(申維翰, 1681~1752)의 「두기시집서(杜機詩集序)」에서도 이 점이 확인되니, 해당 대목은 다음과 같다.

> 반백의 나이에 사집(士集, 최성대의 자)을 경사에서 만나 그의 고체시와 근체시 백여 편을 얻어 읽어 보았는데, 내 어찌 시를 잘 분별한다

---

23 동상, "杜機崔公作, 獨運天機, 翩然遠擧, 其韻徐, 其容華, 其情藹如, 其趣幽然, 以盛唐之色, 爲江沱汝漢之音, 千載東土, 能得此調者, 惟公一人."

24 『詩傳大全』 권1, "周公爲政於國中, 而召公宣布於諸侯, 於是德化大成於內, 而南方諸侯之國, 江沱汝漢之間, 莫不從化."

하리오?[25] 다만 처음 보고 입이 떡 벌어지더니, 두 번 읊조리고는 무릎을 꿇고 앉았으며, 세 번 읊조리자 마음이 고무되어 자리에서 일어나 문득 다음과 같이 말했다.

"드문 작품이야, 참으로 드문 작품일세. 그대는 고조(古調)로 지으면서 요가(鐃歌)·비무(鼙舞)·자야가(子夜歌)·오서곡(烏棲曲) 같은 고악부의 시제를 하나도 쓰지 않았네. 우리의 산천과 도회와 시골, 백성과 물산, 민요와 풍속을 읊으면서 진(秦)나라의 서울이나 한(漢)나라의 궁전, 연조(燕趙)의 가인(佳人)이나 초월(楚越)의 명품(名品) 또한 하나도 끌어다 쓰지 않았네. 유독 조선[析津][26] 옛 터의 황량한 흙바람, 동방의 방언과 옛 글자로 적은 역사, 여항의 이름 없는 백성 등을 망라하여 끌어 모았구려. 단군, 기자 이래로 아득한 혼돈의 세계를 열어젖힌 솜씨이니, 그 성률과 곡조는 이(夷)를 사용해 화(華)로 변화시켰다네."[27]

최성대의 시를 접하고 신유한이 경탄한 바 역시 그의 시가 지닌 고조였으니, 근체시보다 고체시에 주목한 것이다. 신유한은 최성대 시가 지닌 고조의 특징으로 중국 고악부(古樂府)의 표제를 차용하지 않은 점과 우리나라의 산천 풍속 등을 제재로 하면서 중국 악부시의 관

---

25 원문은 '淄澠'로 山東省에 있는 淄水와 澠水의 병칭이다. 전설에 의하면 두 강물의 물맛이 서로 다르지만 섞어 놓으면 판별하기 어려운데, 맛을 잘 아는 易牙는 잘 분별해 내었다고 한다.

26 析津은 析木津의 준말로 하늘의 析木星 별자리에 속한 분야인데, 중국에 있어서는 燕나라가 여기에 해당되어 燕京을 가리키는 말로 쓰인다. 그런데 요동과 조선 지방을 가리키기도 하니, 『海東繹史』에서는 『淸一統志』를 인용하여 "조선은 분야에 있어서 箕星에 해당되며 析津의 星次에 있다."(「星曆志·星野」조)라고 하였다.

27 『靑泉集』 권4, 「杜機詩選敍」, "年二毛而遇士集京師, 得其詩古近百餘篇讀之, 余何能淄澠? 第一眄而呿, 再諷而跽, 三鼓而作, 率爾語曰: "希有希有. 子爲古調, 一不沿鐃歌·鼙舞·子夜·烏棲等題, 所賦咏山川都鄙民物謠俗, 又不襲秦京漢殿燕趙佳人楚越名品, 獨網羅析津之墟荒霾嵎壤, 侏儺諺蟲鳥史, 甲黔乙黎, 以供薈蕞已. 是檀箕以來闢混沌手段, 卽其聲曲, 用夷變夏."

습적 표현을 빌어다 쓰지 않은 점을 들었다. 그러면서 고대의 유적과 역사, 방언 및 민간의 드러나지 않은 사적에 이르기까지 그 당시에 주목하지 않았던 우리나라 고유의 역사와 풍속을 제재로 한 점을 높이 평가하였다. '성률과 곡조는 이(夷)를 사용해 화(華)로 변화시켰다'는 말은 우리나라의 역사 현실[夷]을 제재로 하면서 악부시가 요구하는 성율[華]을 갖추었다는 평으로 이해된다. 이는 중국 악부시의 형식과 표현을 빌지 않았기에 가능한 것이니, 고조의 핵심을 조선의 현실을 고유의 가락으로 그려내는 것에 있다고 인식한 것이다.[28]

최성대는 고악부를 즐겨 지었으며, 민요풍의 시와 여성 정감을 지닌 작가로 알려져 있다.[29] 『시칙』에서 악부체의 고시를 대거 인용한 것은 신경준이 민요적 정취에 입각해 악부체의 형식으로 조선의 현실을 노래한 최성대의 시학에 깊이 공감했음을 말해준다. 요컨대 『시칙』은 윤춘년의 성률학에 영향을 받아 시가 지닌 음악성을 강조했으며, 조선의 현실을 고유의 가락으로 노래하는 고조를 중시한 시학서로 그 특징을 정리할 수 있다. 그런데 시의 음악성에 대한 강조와 고조, 즉 우리 고유의 옛 가락을 중시하는 것은 실상 기맥이 상통하는 관점이다. 신경준이 시학에서 체·의와 함께 성(聲)을 강조한 것은 곧 고조를 통해 우리 고유의 토속적 정서와 가락을 표현하고자 한데서 연유한 것으로 이해된다. 고조의 구현을 위해서는 평측과 대우가 엄격한

---

28 姜浚欽(1768~1833)의 『三溟詩話』에도 신유한이 최성대의 시고를 보고 "出示所爲詩, 周伯曰: '子爲古調, 不沿鐃歌·子夜·烏棲等題, 而所賦東方山川謠俗, 尤不襲用古語, 而獨得人間天香眞色, 其斯爲采眞之游!' 遂與定交."라고 하여, 조선의 고유한 정조를 고조로 노래한 점을 높이 평가한 것을 소개하고 있다.(민족문학사한문분과 옮김, 『삼명시화』, 소명출판, 2006, 244~247쪽 참조)

29 안대회(1999); 이종호(2004)

단형의 근체시보다 자유로운 형식의 고체시, 그중에서도 장편 고체시가 적합했을 것이다. 신경준이 『시칙』에서 자신의 시론을 개진하면서 악부와 고체시, 그중에서도 장편시를 많이 인용하고 있는 것은 이러한 시의식의 반영으로 여겨진다.[30]

그렇다면 신경준의 성률에 대한 인식은 구체적으로 어떠한 특징을 지니는가? 평성과 측성이 전용(轉用)되거나 차용(借用), 통용(通用)되는 경우를 논한 「평측운호거요서(平仄韻互擧要敍)」에서 이 점을 구체적으로 살펴볼 수 있다.

> 평성(平聲)은 올라가지도 않고 내려가지도 않는 평평한 소리다. 상성(上聲)은 높이 부르듯이 맹렬하게 올라가는 소리요, 거성(去聲)은 슬프고 슬프게 점점 멀어져 가는 소리이며, 입성(入聲)은 짧고 촉급하게 거두어들이는 소리이니, 모두 측성(仄聲)이다. 측성은 셋인데 평성은 하나뿐인 것은 무엇 때문인가? 평이라는 것은 중(中)이요, 측(仄)이라는 것은 편의(偏倚)를 칭하니 과불급(過不及)이다. 중은 하나이고 과불급은 둘이다. 일 년으로 말하면 낮과 밤이 평균인 것은 단지 춘분과 추분 이틀이요, 그 나머지는 모두 장단에 치우쳤다. 아! 평평함이란 이처럼 드문 것이다. 평성은 가볍고 낮고 측성은 무겁고 높다.
>
> 대저 소리의 정밀한 것이 말이니, 말을 할 때 사(事)와 물(物)을 가리켜서 '어떠어떠하다' 하고 '아무개, 무엇'이라고 하는 것은 아이가 처음 태어났을 때 이름 붙이는 것과 같다. 그 소리가 혹은 평평하고 혹은 치우침은 마침 그런 것이다. 글자의 평측은 다만 그 말의 소리에 기인할 것일 뿐이요, 일찍이 어떤 뜻이 있어서 정한 것이 아니다. 그러므로 하늘[天]은 지극히 높으면서 평성을 따르고, 땅[地]은 지극히 낮으면서 측

30 『시칙』과 관련한 이상의 논의는 필자(2016) 3장 '『시칙』의 저작 성격과 古體詩에 대한 중시'의 논의 내용을 수정 보완한 것이다.

성을 따르는 것이 그러한 것이다.

옛날에는 글자가 적어서 한 글자로 전용(轉用)하기도 하고 차용(借用)하기도 하며 통용(通用)하기도 했는데, 차용하거나 통용한 경우는 드물고 전용한 것은 많다. 전용은 자연(自然; 원래 그런 것), 사연(使然; 부려서 그렇게 만든 것), 시연(始然; 이제 와서 비로소 그런 것), 이연(已然; 이전부터 그런 것)으로써 평과 측을 나누었다. 자연은 힘이 없고 사연은 힘이 있다. 힘이 없는 것은 가볍고 힘이 있는 것은 무겁다. 그러므로 자연은 평성을 따르고, 사연은 측성을 따른다. 이는 정(靜)으로부터 동(動)에 이른 것이니, 정은 본성(本聲)이요 동은 전성(轉聲)이다. 시연은 아직 완성되지 않은 것이고, 이연은 이미 완성된 것이다. 아직 완성되지 않은 것은 가볍고 이미 완성된 것은 무겁다. 그러므로 시연은 평성을 따르고 이연은 측성을 따른다. 이는 동으로부터 정에 들어간 것이니, 동이 본성이요 정이 전성이다. ……〈하략〉……[31]

평상거입의 성조에 따른 음(音)의 차이를 설명하고 나서, 평성을 중(中), 측성을 과불급(過不及)에 견주어 평성이 드물다고 하였다. 그 이유를 말하면서 일 년 사계절에 낮과 밤이 똑같은 날은 춘분과 추분의 이틀밖에 없다고 하면서 중(中)이 이처럼 얻기 어렵다고 하였다. "소리

31 『旅菴遺稿』 권5, 「平仄韻互擧要敍」, "夫平聲不上不下而聲之平者也. 上聲高呼猛厲而上, 去聲哀哀漸遠而去, 入聲短促收藏而入, 皆聲之仄者也. 仄者三而平止一, 何也? 平者中也, 仄者偏倚之稱, 過不及也, 中一也, 過不及二也. 以一年言之, 晝夜平均, 只春秋分二日, 而其餘皆偏於長短. 噫! 平如是少矣乎? 平聲輕而低, 仄聲重而高. 夫聲之精者言, 而言之初, 指事指物, 云何云某, 如孩之始生而名之, 其聲之或平或仄, 適然也. 字之平仄, 只因其言之聲而已, 而未嘗有意以定, 故天之至高而從平, 地之至低而從仄者然也. 古昔字少, 以一字或轉用或借用或通用, 而借用通用者少, 轉用者多. 轉用者, 以自然使然始然已然分平仄. 自然已然者靜也, 使然始然者動也, 自然者無力而使然者有力, 無力者輕而有力者重, 故自然者從平. 使然者從仄, 此由靜而致動也. 靜爲本聲而動爲轉聲, 始然者未成而已然者已成, 未成者輕而已成者重, 故始然者從平, 已然者從仄, 此由動以入靜也, 動爲本聲而靜爲轉聲."

의 정밀한 것이 말이다"는 것은 한유가 「송맹동야서(送孟東野序)」에서 "사람의 소리 중에 정치한 것이 말이 되고, 문사는 말 중에서 또 더욱 정치한 것이다. 그래서 그 잘 우는 자를 가려서 그를 빌려 울게 한다. [人聲之精者爲言, 文辭之於言, 又其精也. 尤擇其善鳴者而假之鳴.]"라고 한 것을 빌려 쓴 것이다. 소리가 평성과 측성으로 나뉨은 절로 그러한 것이며. 글자의 평측은 뜻과 관계없이 소리에 따라 정해진다고 하였다. 그러면서 평성은 가볍고 낮은 데 비해 측성은 무겁고 높다고도 하였다.

이러한 전제에 이어서 글자가 전용되거나 차용, 통용되면서 평측이 달라지는 이치를 말하였는데, 여기에서 신경준의 독창적인 견해가 드러난다. 인용문은 전용(轉用)하면서 평측이 달라지는 경우를 말한 대목인데, 자연(自然; 원래 그런 것), 사연(使然; 부려서 그렇게 만든 것), 시연(始然; 이제 와서 비로소 그런 것), 이연(已然; 이전부터 그런 것)의 네 범주로 나누어 설명하였다. 자연과 사연의 분별은 힘이 없고 있음에 따라 가볍고 무거움의 차이가 있기에 자연은 평성을 따르고, 사연은 측성을 따른다. 그러면서 이 경우는 정(靜)으로부터 동(動)에 이른 것이기에 정이 본성(本聲)이 되고 동은 전성(轉聲)이 된다고 하였다. 시연과 이연의 분별은 아직 완성되지 않아서 가볍고 이미 완성되어 무거운 차이를 지니기에 시연은 평성을 따르고 이연은 측성을 따른다. 이는 동으로부터 정에 들어간 것이기에 앞의 자연과 사연의 경우와는 반대로 동이 본성(本聲)이 되고, 정은 전성(轉聲)이 된다고 하였다. 생략한 뒷부분에서는 글자를 예로 들어 평측이 달라지는 경우를 말하고 있는데, '동(動)과 정(靜)에 따라 나뉘는 경우'·'존비(尊卑)로 경중(輕重)이 나뉘는 경우'·'장단(長短)과 완급(緩急)에 따라 경중이 나뉘는 경우'·'원근(遠近)으로 경중이 나뉘는 경우'를 차례로 설명하였다. 예를 들어 '의(衣)'자의 경우 의상(衣裳)의 의(衣)는 자연(自然)이니 평성을 따르고, 입히다[衣之] 할 때의 의(衣)는 시연(始然)이기에 측성을 따른다고 하였다. 그리고 '풍(風)'자의 경우 '위에서 아래를 교화한다[上化下]' 할 때는 평성이요, '아래에서 위를 풍자한다[下刺上]' 할 때는 측성이라고도 하였다. 이처럼 글자가 쓰이는 경우에 따라 소리값이 달라지면서 평측이 분별되는 이치를 정밀하게 분석하는 성률관은 "(신경준에게 있어) 글자와 소리는 단순히 무의미한 기호가 아니라 자연률과 우주의 생성법칙과 우주정신의 일체에서 생동하는 철학적인 의미의 실존물로 인식했다"[32]는 지적을 떠올리게 한다.

성률에 깊은 관심을 지녔던 신경준은 음악에도 조예가 깊어 이에 관한 글을 많이 남겼는데, 특히 거문고를 소재로 한 시문이 여러 편 보인다.[33] 그중 「용문금(龍門琴)」이라는 시를 한 수 들어 본다.

손으로 용문금을 퉁겨보니	手弄龍門琴

---

32 김일(2001) 24쪽. 강신항(1959) 또한 "역학이론은 우주간과 인간사회의 모든 현상을 陰陽의 變異와 變化로써, 설명하여 왔고, 五行(火, 水, 木, 金, 土)이 流行 變轉하여, 우주간의 만물을 생성시킨다고 생각하였다."고 하며, 易學數理論의 저명한 이들로 徐敬德을 위시하여 그 문인 李之菡·朴枝華, 그 외에 張顯光·鮮于浹·鄭齊斗·金堉·柳馨遠·申景濬·洪大容·黃胤錫·柳僖 등을 거론한 바 있다.
한편 김동준(2007)에서 소론계 학자들이 훈민정음과 관련한 저술을 많이 남기고 있음에 주목하면서 홍양호와 긴밀하게 교유하였던 신경준을 함께 다루었다. 김동준은 「훈민정음운해」가 소옹의 『皇極經世書』의 영향을 많이 받으면서도 단순히 한자음을 표기하기 위한 용도로서 훈민정음에 주목한 것이 아니라, 천하에서 가장 우수한 표기체계로 훈민정음을 상정했을 가능성을 제시하였다.(26~27쪽)

33 石磬과 거문고 연주의 감흥을 노래한 고시 「古石磬」과 「龍門琴」, 솔바람 소리를 거문고 가락에 비유한 칠언율시 「靜坐聞松聲」 등이 있고, 산문으로는 「聽琴堂記」와 「停琴園記」가 보인다.

일곱 줄 소리가 맑고 시원하네.	冷冷七絃音
크고 작은 매화 뜨락에 떨어져	大梅小梅庭前落
바람 따라 날려서 천지에 가득하네.	隨風飛揚天地闊
잠깐 기러기발 놓고 창가에서 졸았더니	須臾舍軫牕間宿
고요한 밤 봄 산에 두견새도 잠들었네.	夜靜春山子規歇[34]

용문(龍門)은 산서성 하진(河津)과 섬서성 한성(韓城)에 걸쳐 있는 용문산을 가리키며, 이곳에서 나는 오동나무로 만든 거문고가 유명한 것으로 알려져 있다.[35] 용문금의 맑은 곡조에서 뜨락의 매화가 흩날리다가 그 꽃잎이 천지에 가득한 장면을 떠올리고 있다. 거문고를 연주하면서 그 맑은 음조에서 천지자연의 생동하는 기운을 느끼고 이에 동화되는 신경준의 모습이 연상된다. 잠시 연주를 멈추고 졸았더니 두견새 소리도 들리지 않았다는 끝맺음은 거문고 가락을 통해 만물이 조화를 얻어 평온한 휴식에 들었음을 비유하는 구절로 생각된다.

2) 관물오리(觀物悟理)와 상수학(象數學)에 대한 관심

신경준은 19세에 「유자음(遊子吟)」이라는 제목의 고체시를 지어 학문을 수학하느라 고향을 떠나 떠도는 자신의 신세를 읊은바 있다. 유불도 삼교의 이치를 비유적으로 논한 이 작품은 「소요(逍遙)」·「곤륜궁(崑崙宮)」·「도리굴(闍梨窟)」·「백록동(白鹿洞)」이라는 제목으로 이

---

34 『旅菴遺稿』 권1.

35 한나라 枚乘의 『七發』에 "용문산의 오동나무 백 척이나 높이 자랐는데 가지가 없구나, …… 금지(琴摯)로 하여금 베어내 거문고를 만들게 했네.(龍門之桐, 高百尺而無枝. …… 使琴摯斫斬以爲琴-『文選』 권34)"라고 한 것이 보인다. 琴摯는 춘추시대 魯나라의 太史로 거문고를 잘 연주했다고 한다.

루어진 연작시이다. 「소요」는 고향을 떠나 각지를 유력하는 심경을 노래한 것으로 서시 격에 해당되며, 「곤륜궁」은 도교, 「도리굴」은 불교, 「백록동」은 유교에 대해 논한 것이다. 이 시를 통해 신경준이 십대 시절에 이미 유불도의 이치를 두루 섭렵했음을 알 수 있는데, 「백록동」에서 유교에 귀의하는 자신의 지향을 노래한 대목은 다음과 같다.

실천하려면 먼저 알아야 하고	欲履須先知
알고자 하면 또 실천해야 하네.	欲知亦須履
부처는 돈오를 이야기하고	金神語頓悟
노자는 무위를 귀히 여긴다네.	紫氣貴無爲
외물의 번다함을 견디지 못하니	不堪物煩多
조급하고 협소함이 참으로 가엾구나.	燥狹眞可悲
너는 오직 성인의 교훈을 믿고	汝惟信聖謨
하늘이 기탁한 바를 공경히 보존하라.	祇保天所寄
소자가 일어나 두 번 절하니	小子起再拜
취해 어둡던 마음 씻은 듯 상쾌해지네.	爽明沃昏醉
힘써 행동하며 저녁까지 두려워하면	努力夕惕若
스승의 훈계 실추되지 않으리라.	師訓庶不墜
덧없는 세월 노년을 향해 가는데	荏苒西曦徂
자칫 미끄러져 본래 마음과 어긋났구나.	蹉砣素心愆
문 닫고 길게 탄식하노니	閉戶發長嗟
푸른 하늘에 깊이 부끄럽다네.	深愧對蒼天[36]

"실천하려면 먼저 알아야 하고, 알고자 하면 또 실천해야 하네"라는 말에서 신경준이 지행합일(知行合一)의 학문관에 의거해 불교와 도교

36 『旅菴遺稿』 권1.

를 배척했음을 알 수 있다. 돈오(頓悟)와 무위(無爲)를 내세우는 불교와 도교는 외물의 번다함을 감당하지 못하고 조급하고 협소한 데로 빠지기 마련이라고 하였다. 현실의 실상으로부터 초월해 고답적인 이치만을 내세움을 비판한 것이다.

불교와 도교에 대한 이러한 비판은 1738년 그의 나이 27세에 소사(素沙)에 머물 때 지은 「소사문답(素沙問答)」에서 보다 구체적으로 표명되고 있다. 소(素)와 사(沙)의 문답을 통해 존재의 본질에 대해 깊이 있게 탐구한 이 장편의 글은 구류이교(九流二教)에 해박하다는 신경준의 박학이 유감없이 발휘된 문제작이다. 「소사문답」은 「순원화훼잡설」과 함께 후대 문인들에게 널리 읽혀진 것으로 보이며, 특히 소북계 문인에게 상당한 영향을 미친 것이 확인된다. 충청 지역에 세거한 소북계 문인 남희채(南羲采, 1790~?)[37]는 「소사문답」에 대한 발문에서 "소(素)와 사(沙)는 색(色)과 형(形)에 가탁해 종횡무진의 논의를 펼쳤다. 사가 합(合)이라면 소는 변(變)이 되었다가 변(變)이 다시 합(合)이 되며, 소가 출(出)이라면 사는 몰(沒)이 되었다가 몰(沒)이 다시 출(出)이 되고 있다. 「추수(秋水)」보다 더 기이하고[奇], 『태현경(太玄經)』보다 더 간략[簡]하며 『어초문답(漁樵問答)』보다 더 고아하다.[古] …… 이 작품은 우주 간에 드문 문자이다."[38]라고 하여, 소(素)와 사(沙)를 색(色)과 형(形)에 가탁해서 종횡무진으로 합변(合變)과 출몰(出沒)을 반복하며 변화무쌍하게 논의를 펼치는 솜씨는 우주 간에 드물

37 南羲采에 대해서는 하지영(2013) 참조.

38 南羲采, 「素沙跋」, 『旅菴全書』 II(경인문화사, 1976.) 403~404쪽. "素沙假色形, 縱橫汪洋, 沙曰合, 素曰變, 變而復合, 素曰出, 沙曰沒, 沒而復出. 奇奇於秋水, 簡簡於太玄, 古古於漁樵問答, …… 此宇宙間希有文字."

게 보는 문자라고 극찬하였다. 기(奇)・간(簡)・고(古)의 세 측면을 들어 『장자』의 「추수」편이나, 양웅의 『태현경』, 소옹의 『어초문답』보다 뛰어나다고도 하였다. 그러면서 신경준의 문장은 기이하기가 장자나 양웅에 버금가는데, 「소사문답」만은 이들의 문장보다 더 뛰어나다고도 하였다.[39]

「소사문답」에서 신경준은 존재의 근원을 따지면서 음양오행설을 소개하고, 이어서 '상(象)'・'수(數)'・'병가(兵家)'・'형가(刑家)'・'명가(名家)'・'불가(佛家)'・'선가(仙家)'의 이치를 차례로 논하였다. 그러고 나서 유가(儒家)의 이치를 말하였는데, 만물에 법칙이 있으며 문질(文質)과 지행(知行)을 병행해야 한다는 것으로부터 논의를 시작하였다. 그 이유를 말하면서 주석을 달아 "노(老)・불(佛)이 우리 유가와 다른 점은 외물 밖으로 초월하여 외물에 따라 법칙을 연구하지 못한 것이다. 그래서 질(質)만 보존하고 문(文)을 빠뜨려서 삼백 삼천의 예의(禮儀)를 자질구레한 것으로 여기고 행하지 않았다. 그리고 행(行)을 우선하고 지(知)를 뒤로 돌리며 격물치지(格物致知)를 번뇌로 여기며 실천하지 않았다. 이 때문에 문(文)을 갖추지 못했을 뿐 아니라 질(質) 또한 치우치고 공허한 데로 귀결되었으며, 그 지(知)가 밝지 못했을 뿐 아니라 그 행(行) 또한 허공으로 돌아갔다."[40]라고 설명하였다. 사물의 법칙에 따라 이치를 탐구하기 위해서는 질(質, 내용)과 함께 문

---

39 동상, "近得申旅庵遺稿, 看素沙, 果是禁廚一臠. 以申公文章, 比觀於古莊揚諸子, 似不間伯仲, 而但素沙一篇, 雖復起莊揚諸子來, 必許與爲伯."

40 『旅菴遺稿』 권7, 「素沙問答」, "老佛之異於吾儒者, 超於物外, 不能隨物修則, 故存質而遺文, 以三百三千之禮儀, 爲瑣屑而不爲也. 先行而後知, 以格物致知, 爲煩惱而不爲也. 此所以不但其文之不備, 而其質亦歸於偏枯; 不但其知之不明, 而其行亦入於虛空矣."

(文, 형식)을 중시해야 하며, 지행합일을 이루기 위해서는 격물치지의 학문 자세가 요구됨을 강조한 것이다. 「소사문답」의 결말에서 신경준은 "형기(形器)를 떠나서 도(道)를 논할 수 없다는 뜻으로 끝을 맺는다"[41]고 하여 실재하는 사물을 떠난 도가 있을 수 없음을 강조하였다. 객관 사물을 관조하며 그 이치를 파악하고자 하는 관물오리(觀物悟理)의 자세가 젊은 시절부터 확고히 형성된 그의 학문관임을 말해주는 것이다.

이처럼 현상계의 실재하는 사물 속에 담긴 이치를 탐구하고자 한 신경준은 특히 『주역』과 상수학(象數學)에 깊은 관심을 지녔다. 신경준의 『훈민정음운해(訓民正音韻解)』는 『황극경세서(皇極經世書)』를 통해 접한 소옹(邵雍)의 상수학적 성운학(聲韻學)의 이론체계를 활용한 것으로 알려져 있다. 아울러 「산수고(山水考)」의 서두에서 한반도의 지리적 체계를 전통적인 음양(陰陽) 이론과 12산(山) 12수(水)에 대한 수리적인 대칭성의 관념을 토대로 이해하고자 한 데에서도,[42] 수리적 논리를 활용하는 상수학적 관념들이 드러나기도 한다.[43] 그런데 『주역』과 상수학에 대한 관심은 이들 저작 외에도 여러 글에서 두루 발견되는 특징으로, 신경준이 만물의 근원적 이치를 모색할 때 빈번하게 활용한 사유 체계로 여겨진다.

신헌구(申獻求, 1823~1902)는 신경준의 행장(行狀)에서 "선생이 문장을 지을 때에는 경전과 역사서를 바탕으로 하여 그 근원에 이르렀

41 동상, "以不可離形器而爲道之意終之"

42 『旅菴全書』 I 「山水考」 1, 315쪽. "一本而分萬者, 山也; 萬殊而合一者, 水也. 域內之山水, 表以十二, 自白頭山, 分而爲十二山, 十二山分而爲八路諸山. 八路諸水, 合而爲十二水, 十二水合而爲海. 流峙之形 · 分合之妙, 於玆可見."

43 박권수(2015)

고, 구삭(丘索)을 참고하여 그 마음을 넓혔으며, 단상(彖象)을 살펴보아 그 이치를 통달하였다."[44]라고 하여, 경전과 역사서 외에 구삭(丘索)과 단상(彖象)에 유념하였음을 특기하였다. 구삭은 상고 시대의 서책인 구구팔삭(九丘八索)의 줄임말로 구구(九丘)는 구주(九州)의 토산물과 풍속을 기록한 책이고, 팔삭(八索)은 『주역』의 팔괘(八卦)를 해설한 책을 가리킨다. 그리고 단상(彖象)은 주역의 괘사를 풀이한 단전(彖傳)과 상전(象傳)을 말한다. 신경준 문장의 특색으로 경사(經史)를 기본으로 하면서도 특히 『주역』을 중시한 점에 주목하고 있는 것이다. 아울러 신현록(申顯祿, 1752~1828)은 「제문(祭文)」에서 "평생토록 복희씨의 주역으로, 이치를 완미하며 이리저리 종합했지(平生羲畫, 玩理錯綜)"라 하였고, 이상리(李尙履) 또한 「만사(輓詞)」에서 "상에 펼친 복희씨 문자 오묘하네(床舒羲字邃)"라고 하였다. 신현록과 이상리는 신경준과 함께 생활하며 수학한바 있는 이들인데, 신경준이 평소에 『주역』을 가까이하며 이치를 탐구하는 모습을 말하고 있는 것이다.

『주역』과 상수학을 통해 만물의 이치를 파악하고자 한 신경준의 학문관은 문학 창작에도 반영되었다. 술에 취해 혼돈의 경지에 빠져드는 감흥을 노래한 「혼돈주가(渾沌酒歌)」를 먼저 보기로 하자.

---

44 『旅菴遺稿』 권13, 「行狀」, "先生之爲文章, 本諸經史, 以達其原, 參諸丘索, 以廣其心, 觀諸彖象, 以通其理." 신헌구의 「행장」에서는 9월 보름날 달빛이 비추는 곳에 잠깐 어리었다 사라지는 太陰의 정기를 알아본 일화를 소개하고 있기도 하다. 이 또한 신경준이 易理에 정통했음을 말해주는데, 원문은 다음과 같다. "嘗値九秋之望, 玉宇澄淸, 月色虛明. 先生夜深步堂, 命侍童登岸沙崩汰處, 鑿地尺餘, 見一物團圓澄澈, 如琉璃缸. 先生摩挲有頃, 還使掩埋而歸. 翌夜, 侍童與其徒疏其土, 左右摸索, 不見形迹. 乃從容仰問, 先生笑曰: '此非眞形, 月光直射處, 暫凝旋消, 卽太陰精也."

천지만물이 모두 텅 비어 없으니	天地萬物俱虛無
동서남북을 또 누가 분별하랴.	東西南北又誰分
다만 어떤 물체 파도처럼 출렁이더니	只見有物如波濤
긴 바람에 휩쓸려 서로 좇아 달려가네.	長風泊之相追奔
세찬 물살 솟아올라 돌아 흐르고	洶洶澒澒劇洄沉
물거품 튀어 올라 어지러이 생기네.	浪沫蹴拂生紛霏
흩어지는 듯 합치려는 듯 아득히 황홀하고	欲離欲合杳忽恍
검은 듯 누른 듯 도리어 희미해지네.	乍玄乍黃却依微
잠시 뒤에 아홉 형제의 사람 나타나더니	須臾有人兄弟九
흙을 뭉쳐 사람 만들어 평야에 흩어놓았네.	團土作人散平野
늦게 온 한 사람 나이 가장 젊은데	晩來一人年最少
뱀 머리의 기괴한 형상에 검은 말을 탔네.	蛇首奇偉乘驪馬
손에 흰 판자 잡고 신령스런 그림을 그리니	手持白板寫神畫
이어졌다 끊어졌다 다시 위 아래로.	或連或斷上復下
휘황찬란하게 빛나는 스물넉 장의 그림	二十四畫爛煌煌
삼라만상이 눈앞에서 환히 빛나네.	萬象森羅耀眼前
혼돈주 술기운 말끔히 깨고 보니	渾沌酒氣快已醒
산천은 높고 깊은데 일월이 걸렸어라.	山川高濬日月懸
인간세상 굽어보니 일이 더욱 많아	俯視人世事更多
해 저물도록 애쓰느라 한가할 틈 없구나.	役役窮曛不暫閒[45]

신경준 이전에 「혼돈주가」를 지은 이로는 연산군 시절에 음양학(陰陽學)에 뛰어났던 정희량(鄭希良, 1469~?)의 작품이 있다. 정희량은 무오사화에 연루되었다가 사면되어 모친상을 당해 복을 입던 중 행방을 감추었으며, 죽지 않고 이름을 바꾸어 숨어살았다는 설화가 전하

45 『旅菴遺稿』 권1.

는 인물이다. 허균(許筠, 1569~1618)은 『성수시화(惺叟詩話)』에서 정희량의 시가 뛰어나다고 하면서 「혼돈주가(渾沌酒歌)」는 소동파의 솜씨와 매우 흡사하다고 하고 있어,[46] 음양학(陰陽學)에 뛰어났다고 알려진 정희량이 문예에도 상당한 솜씨를 지녔음을 말해주고 있다. 술을 '혼돈(渾沌)'의 세계에 빗대어 노래한 「혼돈주가」라는 시제는 이전에 보이지 않는 것으로 정희량이 처음으로 창안한 것이며, 이후에 「혼돈주가」라는 제목의 시를 남긴 사람은 신경준이 유일한 것으로 보인다.[47] 허균이 정희량의 「혼돈주가」가 뛰어나다고 칭송했음에도 불구하고 후대에 이를 시제로 지은 시가 없는 것이 의외이거니와, 시작을 즐기지 않은 신경준이 이러한 작품을 남긴 것 또한 특이하게 생각된다.[48]

인용한 대목은 술에 취해 혼돈의 세계에 빠져 들었을 때 보이는 정경을 묘사한 부분인데, 천지만물이 텅 비고 동서남북을 분별할 수 없는 그야말로 카오스의 모습으로부터 시작하고 있다. 바람에 출렁이는

---

46 『惺所覆瓿稿』 권25, 「惺叟詩話」, "曺梅溪·兪濡溪, 一時俱有盛名, 不若鄭淳夫. 其渾沌酒歌甚好, 酷似長公."

47 한국고전번역원의 '한국고전종합DB'에서 '渾沌酒歌'로 검색하면 정희량과 신경준의 시가 보일 뿐이며, '中國基本古籍庫'에서 '渾沌酒歌' 또는 '渾沌酒'로 검색해 보아도 해당 작품을 찾을 수 없다. 정희량은 「혼돈주가」의 詩序에서 "귀양살이 이래로 술을 집에서 빚어 마시는데, 거르지도 않고 짜지도 않고 그대로 마셔 이름을 '혼돈주'라 한다.(謫居以來, 釀酒自飮, 不漉不壓, 名之曰渾沌. -『속동문선』 권5)라고 하여, '혼돈주'란 이름을 자신이 붙였다고 하였다. 李荇의 『容齋集』과 朴誾의 『挹翠軒遺稿』에도 "정희량이 탁주(濁酒)를 좋아하여 혼돈주라 불렀다.(鄭淳夫喜濁酒, 名曰渾沌酒.)"라는 말이 보이는 것으로 보아, 혼돈주는 탁주의 별칭으로 정희량이 처음으로 사용한 것임을 알 수 있다.

48 신경준 지음, 장안영·안동교·이덕현 옮김, 『여암유고1』에서는 정희량이 귀양살이할 때 「혼돈주가」를 지었음을 말하면서 신경준 또한 1767년이나 1770년의 유배기에 지은 것으로 추정하였다.(128쪽)

물결이 튀어 올라 물거품이 일어나 흩어질 듯 합해질 듯하더니, “乍玄乍黃却依微”라 하여 “언뜻 검고 언뜻 누런 것이 보이다가 도리어 희미해진다”고 하였다. 여기에서 현황(玄黃)은 ‘천지현황(天地玄黃)’을 가리키니, 혼돈의 세계로부터 하늘과 땅이 처음 열리는 개벽의 순간을 말한 것이다. 이어서 ‘아홉 사람의 형제[有人兄弟九]’가 나타나 흙을 빚어 사람을 흩어놓았다고 했는데, 이는 천황씨(天皇氏)와 지황씨(地皇氏)에 이어 인황씨(人皇氏)가 있어 형제 9인이 구주(九州)를 나누어 다스렸다는 『십구사략(十九史略)』 「태고(太古)」 편의 내용을 끌어다 쓴 것이다.

눈 여겨 볼 부분은 늦게 온 젊은 사람이 뱀 머리의 기괴한 형상에 검은 말을 탔다고 한 구절이다. ‘뱀 머리(蛇首)’는 ‘사람의 머리에 뱀의 몸(人首蛇身)’을 했다는 복희씨(伏羲氏)의 형상을 축약해 말한 것이며, ‘검은 말을 탔다(乘驪馬)’[49]는 것은 복희씨가 황하에서 용마(龍馬)가 하도(河圖)를 등에 지고 나오자 그것을 보고 팔괘(八卦)를 그렸다는 전설을 활용한 것이다. 이어진 것은 양효(陽爻), 끊어진 것은 음효(陰爻)를 가리키며, 위 아래로 배열하여 스물넉 장의 그림을 이루었다는 것은 8괘의 총획수인 24획을 말한다. 즉 건(乾:☰, 하늘) · 태(兌:☱, 연못) · 이(離:☲, 불) · 진(震:☳, 우레) · 손(巽:☴, 바람) · 감(坎:☵, 물) · 간(艮:☶, 산) · 곤(坤:☷, 땅)을 가리킨다. 스물넉 장의 그림이 완성되자 삼라만상이 빛난다고 하였는데, 이는 곧 혼돈의 세계로부터 복희팔괘

49 『梅山集』 권2, 「今年甲申 卽余四十九歲也 誦李白紫極宮詞 四十九年非一往不可復一句 彌令人興感 遂步韻敍懷 仍呈沈仲賢 五首」의 두 번째 수에서 “흑마와 거북 하락에 잠겨 있으니, 대연(大衍)의 수 점치기 어려워라(驪龜沈河洛, 大衍數難卜.)”이라 하여, 황하(黃河)에서 하도(河圖)를 지고 나온 용마(龍馬)를 ‘흑마[驪]’로 표현하고 있다.

도(伏羲八卦圖)에 근거한 선천(先天)의 세계가 완성되었음을 말한다. 『주역』「계사전 하(繫辭傳下)」에서 "팔괘가 열을 이루니, 상이 그 가운데 있다.(八卦成列, 象在其中.)"이란 한 것을 염두에 둔 표현으로 보인다. 상수학(象數學)의 대성자인 소옹은 복희씨(伏羲氏)의 역을 선천역(先天易)이라 하여 「선천팔괘도(先天八卦圖)」를 지어 인간의 작위가 개입되지 않은 본래부터 존재하던 자연의 이치를 드러내었다고 한다. 신경준은 혼돈주에 취해 몽상 속에서 우주 생성의 이치를 떠올리면서 인위가 개입되는 후천세계 이전에 우주 생성의 근원적인 원리를 설명한 선천세계를 꿈꾸고 있는 것이다.

이처럼 『주역』의 이치를 통해 천지만물의 질서를 파악하고자 하는 것은 1740년 소사(素沙)에서 거주하면서 느낀 감흥을 노래한 「소사감회(素沙感懷)」에서도 찾아볼 수 있다.

넓은 황야에 기이한 짐승 있어	大荒有奇獸
그 이름을 단(彖)이라 한다네.	其名乃爲彖
긴 어금니 희고 큼직하여	長牙白愷愷
칼보다 날카롭게 끊어내네.	利逾刀劍斷
쇠와 돌도 버틸 수 없는데	金石旣莫支
초목 따윈 말해 무엇 하랴.	木草誰能數
옛 성인 이제 이미 멀어졌기에	古聖今已遠
더불어 이 짐승을 완상할 이 없구나.	無與玩此獸[50]

단(彖)은 『설문해자(說文解字)』에서 '돼지가 달아나다(豕走)'는 뜻으로 보는데, 한편으로는 멧돼지처럼 강한 어금니로 사물을 끊어낸다

50 『旅菴遺稿』 권1, 「素沙感懷 十首 · 其九」

[斷]는 뜻으로 풀이하여 『주역』의 괘사(卦辭)를 판단하는 의미로 사용된다.[51] 이 시는 이러한 뜻으로 시상을 전개하여 한 괘(卦)의 뜻을 총론하여 길흉을 판단한 단사(彖辭)의 의의를 말하고 있다. 단사는 문왕(文王)이 지은 것으로 알려져 있으니, 결연의 '옛 성인'이란 문왕을 가리키는 것으로 괘(卦)의 상(象)을 완미하여 그것이 내포하고 있는 이치를 판단할 사람이 없음을 말하였다. 이 시를 음미하노라면 "단상(彖象)을 살펴보아 그 이치를 통달하였다.(觀諸彖象, 以通其理.)"는 신헌구의 말을 떠올리게 된다.

앞에서 「산수고(山水考)」가 한반도의 지리적 체계를 전통적인 음양(陰陽) 이론과 12산(山) 12수(水)에 대한 수리적인 대칭성의 관념을 토대로 이해하고자 한 점을 언급한바 있는데, 이러한 면모는 「순원화훼잡설(淳園花卉雜說)」에서도 찾아볼 수 있다.

> 섬돌 동쪽에 복숭아나무 세 그루가 있는데, 하나는 붉은색, 하나는 흰색, 하나는 분홍색 꽃이 핀다. …… 그 모양이 같고 그 이름이 같고 사는 곳도 같은데, 그 색깔이 같지 않음이 이와 같은 것은 무엇 때문일까? …… 하나가 있으면 반드시 둘이 있고 둘이 있으면 반드시 셋이 있으니, 셋은 수의 완성이다. 그러므로 동(動)에 전일한 것으로 하늘이 있고, 정(靜)에 전일한 것으로 땅이 있으며, 여기에 사람이 있어 동정(動靜)을 겸한다. 따뜻함을 오로지 하면 여름이 있고 추위를 오로지 하면 겨울이 있으며, 여기에 봄과 가을이 있어 더위와 추위가 반반이 된다. 천지의 운행과 변화 속에서 살아가는 만물은 그 수가 셋에서 완성됨이 마땅하다.[52]

---

51 신경준 지음, 장안영 · 안동교 · 이덕현 옮김, 『여암유고1』, 108쪽 각주 116) 참조.
52 『旅菴遺稿』 권10, 「淳園花卉雜說 · 桃」, "堦東有桃樹三, 一赤一白一粉紅. …… 其形

모과나무는 그 맛이 신데 신맛은 목(木)의 정미(正味)이다. 그 꽃은 푸른데 푸름은 목의 정색(正色)이다. 불을 쬐어 말리면 향기가 나는데 상생(相生)을 기뻐하는 것이며, 연상(鉛霜)을 바르면 신맛이 없어지는데 상극(相克)하여 본성을 상실한 것이다. 그러므로 모과나무는 목의 정(正)이 된다. 무릇 목은 목의 목이 있고, 화의 목, 토의 목, 금의 목, 수의 목, 목화토의 목, 수화토금의 목, 목화토금수의 목이 있다. 십분(十分)이면 이것과 저것이 오분(五分)씩인 것이 있고, 저쪽이 구분이면 이쪽은 일분인 것이 있고, 이쪽이 구분이면 저쪽이 일분인 것이 있다. 대개 오행의 기가 뒤섞여 종횡무진하고 변화하고 유행하여 만물을 이루는데, 사물이 얻은 바가 절로 편전(偏全)과 다소(多少)의 분수가 있을 따름이다.[53]

순원(淳園)은 순창의 귀래정(歸來亭) 부근에 조성한 정원으로, 이 글은 신경준이 1744년 33세의 나이로 오랜 객지 생활을 마치고 순창 집으로 돌아와 지낼 때에 지은 것이다. 〈이름 없는 꽃[無名]〉을 포함해 총 32종의 화훼를 다룬 이 글은 일상 주변의 사소한 소재로 형식상의 제약 없이 개인의 정감과 생각을 자유롭게 서술한 점에서 조선 후기 글쓰기의 방식과 관점의 변모를 보여주는 작품으로 주목받았다.[54] 그

同, 其名同, 其所居之地同, 而其色之不同, 至於如彼, 何也耶? …… 夫有一必有二, 有二必有三, 三者數之成也. 故一於動而有天, 一於靜而有地, 則有人焉而動靜兼之. 一於燠而有夏, 一於寒而有冬, 則有春秋焉而燠寒半之. 物之囿於天地運化之中者, 其數宜乎成於三也."

53 동상, 〈楙〉, "楙其味酸, 酸木之正味也. 其花青, 青木之正色也. 火乾則香, 說於其所生也, 以鉛霜塗之則無酸, 喪於其所爲剋也. 故楙爲木之正. 夫木有木之木, 有火之木, 有土之木, 有金之木, 有水之木, 有木火土之木, 有水火土金之木, 有木火土金水之木. 十分而有彼此五分者, 有彼九分而此一分者, 有此九分而彼一分者. 盖五行之氣, 雜糅迭蕩, 變轉流行而成物也, 物之所得, 自有偏全多小之分數耳."

54 이준영(2009)

런데 신경준이 주변 사물을 관찰하며 자신의 정감과 생각을 펼침에 있어서 음양오행과 상수학의 사유 체계를 동원하고 있는 점은 기존 연구에서 주목하지 않았다.

섬돌 동쪽 편에 자라는 복숭아나무 세 그루의 꽃 색깔이 붉고, 희고, 분홍빛으로 제 각각인 것을 보고 신경준은 셋은 수의 완성이라는 사실을 깨닫는다. 아마도 『노자』 42장에서 "도는 하나를 낳고, 하나는 둘을 낳고, 둘은 셋을 낳고 셋은 만물을 낳는다.(道生一, 一生二, 二生三, 三生萬物.)"는 구절을 떠올린 것으로 짐작된다. 우주생성의 이치를 논한 이 구절 다음에는 "만물은 음을 등에 지고 양을 안아서 충기로 조화를 이룬다.(萬物負陽而抱陰, 冲氣以爲和)"는 말이 이어진다. 둘이 음양(陰陽)을 지칭함을 알 수 있거니와, '충기(冲氣)'는 음양의 두 기가 서로 부딪침을 말하거나, 또는 음양 두 기가 서로 부딪쳐서 생기는 중화(中和)의 기운을 가리킨다. 따라서 "천지의 운행과 변화 속에서 살아가는 만물은 그 수가 셋에서 완성됨이 마땅하다."는 결말은 만물은 음양의 두 기가 각기 뒤섞여 조화를 이룬 것으로 보는 음양론을 바탕으로 한 것임을 알 수 있다.

모과나무를 논한 글에서는 오행사상에 입각해 그 생태적 특성을 설명하고 있다. 오행 중 목(木)의 정(正)이 됨을 말하면서, 맛이 신 것은 목(木)의 정미(正味)이고, 꽃이 푸른 것은[55] 목의 정색(正色)이라고 하였다. 불에 쬐면 향기가 나는 것은 상생의 이치[木生火]를 기뻐함이고, 초산연[鉛霜]을 바르면 신 맛이 없어지는 것은 상극의 이치[金克

55 모과나무는 연분홍 꽃이 피는 것으로 알고 있는데, 신경준이 꽃이 푸른색이라고 한 이유가 무엇인지 궁금하다. 우리가 알고 있는 모과나무 외에 푸른빛의 꽃이 피는 모과나무가 있는지도 모를 일이라는 생각이 들기도 한다.

木]에 따라 본성을 상실한 것이다. 이러한 성질을 지녔기에 오행 중 목(木)의 성질을 가장 바르게[正] 구현한 나무가 모과나무라고 하였다. 그러면서 "목은 목의 목이 있고, 화의 목, 토의 목, 금의 목, 수의 목, 목화토의 목, 수화토금의 목, 목화토금수의 목이 있다"고 하여, 같은 나무라도 오행의 성질을 함유한 비중은 저마다 다름을 말하였다. 아울러 생략한 뒷부분에서는 금(金)은 목(木)이 참으로 꺼리는 것인데도, 파[葱]·달래[蒜]·생강[薑] 같은 종류는 금의 기운을 타고난 것이라 금(金)의 정미(正味)인 매운 맛을 지니며, 이들이 자라고 있는 땅 밑에는 각기 은(銀), 금(金), 동석(銅錫)의 광물이 묻혀 있음을 언급하고 있기도 하다.[56]

이처럼 오행사상에 입각해 나무의 생태적 특성을 유비하는 것은 「순원화훼잡설」의 여러 곳에서 발견된다. 예컨대 앵두나무를 세속에서 '이사락(移徙樂)'이라고 부른다고 하면서 "앵도의 성질은 매우 열이 많아서 백과(百果)에 앞서 성숙하는데, 3월말이나 4월초면 이미 익는다. 이는 정양(正陽)의 기운을 얻은 것으로, 양은 동(動)을 근본으로 하는데 앵도는 옮김을 좋아하니 동이 본질이다."[57]고 설명하고 있다. 또 석류 열매가 겉은 강하고 속은 무른 것을 보고는 "동물과 식물이 만가지로 다르지만 그 근원을 궁구해보면 다 같이 하나에서 나왔다"고 하면서, 속은 뼈가 있고 겉은 살이 있는 것, 속에 살과 뼈가 있고 겉에 비늘과 깃털이 있는 것, 살만 있고 뼈가 없는 것, 겉은 뼈이고 안은

56 『旅菴遺稿』 권10, 「淳園花卉雜說」, "木遇金則絶, 金固木之忌, 而其生也, 亦能和而成焉. 葱蒜薑之類, 皆得於金者也, 故味辛, 辛者金之味也. 且山中有葱下必有銀, 有蒜下必有金, 有薑下必有銅錫."

57 동상, 〈櫻桃〉, "俗號移徙樂, … 櫻性甚熱, 先百果而成, 在三月末四月初已熟. 是得正陽之氣者, 而陽本動, 櫻好遷動性也."

살이 있는 것의 4가지로 동물과 식물을 범주화하고 있기도 하다.[58]

이처럼 「순원화훼잡설」에는 음양오행설과 상수학 등의 전통적인 자연철학의 사유 체계에 입각해 만물의 근원적 이치를 탐색하고 있는 것이 여러 군데에서 발견된다. 관물오리(觀物悟理)의 글쓰기라 부를 수 있는 이러한 면모는 신경준 문학관의 한 특징으로 여겨지니, 창포(菖蒲)를 보면서 식물의 생장에 있어 바람의 중요성을 논한 대목을 마지막으로 들어본다.

> 내가 일찍이 호서(湖西)의 산재(山齋)에 있을 때에 바람이 불었는데, 객이 나에게 묻기를 "전(傳)에 이르길 '5일에 바람이 한번 불고 10일에 비가 한번 내린다.'고 합니다. 비는 만물을 흠뻑 적셔주니 참으로 10일 넘도록 비가 없어서는 안 될 것입니다. 바람은 비보다 무엇이 뛰어나길래 5일 동안 없으면 안 되는 것일까요?"라고 하였다. 내가 말하기를 "대저 만물이 일동일정(一動一靜)한 연후에야 생장할 수 있습니다. 동은 있으나 정이 없으면 만물은 죽기 마련이며, 정이 있으나 동이 없으면 만물은 또한 죽기 마련입니다. 만물 가운데 발이 아래에 있는 것은 그 동과 정을 모두 스스로 행할 수 있습니다. 그런데 초목은 발이 위에 있는지라 행동하지 못하고 늘 정(靜)하게 있으며, 그것이 동(動)함에 있어서는 반드시 바람이 필요합니다. 바람은 초목을 뒤흔들어 어우러지게 하여 진액을 가지 끝까지 이르게 하니, 사람이 춤추고 발을 구르면 혈기가 조화롭게 펼쳐짐과 같은 것입니다. 그러므로 5일 동안 바람이 불지 않으면 초목은 반드시 말라 죽게 되는 것입니다. 대개 초목의

58 동상, 〈石榴〉, "余嘗觀榴之實, 外剛而內脆, 偶有所感焉. 夫二五之氣, 淸濁剛柔不齊, 故物之生, 飛潛動植, 有萬相殊, 而究其原, 同出於一. 故動植之物, 皆相類也. 物之有內骨而外肉者, 贏蟲是也, 而果之棗梨李杏其類也. 有內肉骨而外鱗羽毛者, 鳥獸魚是也, 而果之榛栗桃蓮其類也. 有有肉而無骨者, 蠐蚓無殼之蝸是也, 而果之柹葡萄之無核者其類也. [柹有無核者, 且柹三次傳接則無核; 葡萄一種, 有全無核者]"

진윤은 모두 수(水)와 토(土)에서 얻는데, 수와 토의 기운이 계속 이어지지 못하면 비를 기다려야 합니다. 비록 10일 동안 비가 오지 않더라도 그 마름은 필시 5일 동안 바람이 불지 않는 것과 같을 수 없는 것입니다."[59]

생략한 서두에서 신경준은 창포 잎에 새벽마다 물방울이 맺혀 있는 것은 초목이 생장함에 진윤(津潤)이 모두 위로 가기 때문이라는 주자의 말을 소개하였다.[60] 그러고 나서 자신이 호서(湖西) 지방에 머물 때에 객과 나눈 대화를 회상하였다. 바람이 5일 동안 불지 않으면 안 되는 뜻이 무엇이냐는 객의 물음에 신경준은 식물의 진액을 가지 끝에 이르게 하는 것은 바람의 힘이기 때문이라고 하였다. 만물은 동정(動靜)을 통해 생장하는데, 발이 아래에 있어 자유롭게 움직일 수 있는 동물과 달리 식물은 발이 위에 있기에 바람을 통해서만 움직일 수 있다는 것이다. 인용문의 다음에서는 객이 그렇다면 창포의 물방울이 반드시 새벽에 맺히는 이유는 무엇이냐고 묻자, 신경준은 초목의 기운이 오르내리는 것은 때[時]가 있기 때문이라고 답한다. 계절로는 봄과 여름에 상승하고 가을과 겨울에 하강하며, 하루에는 새벽에 상승

---

59 동상, 〈菖蒲〉, "余嘗在湖西山齋時有風, 客問於余曰: '傳云五日而一風, 十日而一雨. 雨則滋潤萬物, 固不可逾十日而無也, 風者有何尤於雨, 而不可無於五日乎?' 曰: '夫物一動一靜, 然後可以生. 有動而無靜, 則物必死, 有靜而無動, 則物亦必死. 物之足在下者, 其動靜皆自由之, 而草木之足居上矣, 不能行動而常靜, 其動也必須於風. 風之於草木, 搖拂摩盪, 使其津液達於枝梢, 若人之舞蹈而血氣調暢也. 故五日而無風, 則草木必將枯而死矣. 蓋草木之津潤, 皆得於水土, 而水土之氣, 不能以繼之, 則有待於雨, 雖十日不雨, 其枯必不能如風之無於五日也.'"

60 『주역』 정괘(井卦)의 뜻을 풀이하면서 한 말로 『朱子語類』 권 73에 보인다. "草木之生, 津潤皆上行, 直至樹末, 便是木上有水之義, 雖至小之物亦然. 如菖蒲葉每晨, 葉葉尾皆有水如珠顆, 雖藏之密室亦然."

하고 저녁에 하강한다는 것이다. 그러하기에 재목으로 쓸 나무는 가을과 겨울에 베어야 하니, 상승할 때에 취한 것은 물 기운이 많아서 견고하지 못하다고도 하였다.[61]

창포 잎에 맺히는 물방울을 보고서 초목이 생장함에 있어서 진액(津液)이 위로 가는 이치를 발견한 것은 주자의 견해로, 그가 강조한 격물치지의 하나의 좋은 사례라고 할 수 있다. 신경준은 주자가 창포 잎에서 발견한 이치에 근거하면서 사유를 확대하여 식물의 진액을 위로 행하게 하는 힘의 근원이 바람의 작용이라는 의견을 제시하였다. 그러한 근거를 만물은 동정(動靜)을 통해 생장하는데, 발이 아래에 있는 동물이 자유롭게 움직일 수 있는 것과 달리 식물은 발이 위에 있기에 스스로 움직일 수 없는 데서 찾았다. 이를 통해 식물의 생장에 있어서 바람은 비보다도 더욱 중요한 이치를 밝혔는데, 이 또한 관물오리의 학문관에 바탕한 신경준의 창견이라 할 것이다.

3. 시문 창작의 실제

1) 고체시의 중시와 진정(眞情)의 구현

앞에서 신경준이 성률을 중시하며 고조(古調)를 회복하고자 하는

61 『旅菴遺稿』 권10, 「淳園花卉雜說」, 〈菖蒲〉 “曰: ‘然則菖蒲之水珠, 必生於晨, 何也? 疑若不待風雨而有以時者然.’ 曰: ‘然. 草木之氣升降, 固有時也. 一歲而春夏升秋冬降, 一日而晨升昏降, 故用材者必竢其降而伐之. 取於升之時者, 水多不堅, 且有蛀隨其升降. 其津潤有多少, 而其鼓而升之者風也.’”

문학관을 지니고 있음을 살펴보았는데, 이는 자연스레 고체시에 대한 관심으로 이어졌다. 신경준은 “내 나이 17, 8세에 고체시 짓기를 즐겼는데, 대부분 이하(李賀)와 노동(盧仝)를 본받았다. 임자년(1732년, 21세) 이후로 줄초상의 재앙이 있었고 경신년(1740년, 29세) 무렵에는 분주히 떠도느라 마침내 다시는 시를 짓지 못하였다. 올 겨울에 우연히 오래된 상자를 열어보고 난고(亂藁) 1권을 얻었는데, 거두어 보관할 만한 것은 못되지만 젊은 시절에 장난삼아 지은 것을 보니 또한 감회가 있었다. 이에 모아 기록하되 그중 험괴(險怪)한 데로 흐른 것은 모두 삭제하고 나니 몇 편이 되었다.”[62]라고 하여, 젊은 시절 고체시에 관심을 가지고 많은 시를 창작하였음을 밝힌 바 있다. 『여암유고』 권1에는 「민은시(民隱詩)」(1765년 영조의 명에 의해 지은 시경체의 시 10수)를 첫머리에 수록하고, 저자의 생애에 따라 지은 시가 배열되어 있다. 이 중 「이합시(離合詩)」(4언 고시), 「월탄(月歎)」(악부체), 「농구(農謳)」(악부체 12수, 1729년), 「유자음(遊子吟)」(5언 · 7언 장편고시 4수, 1730년), 「제석회친(除夕懷親)」(5언 장편고시), 「야충(野蟲)」(5언 장

62 『旅菴全書』 권1. 「月歎」, “余年十七八, 喜作古體詩, 多效唐孫盧. 壬子以後, 喪禍連仍, 庚申之間, 流離奔走, 遂不復有所吟咏矣. 是歲冬, 偶閱古笥, 得亂藁一卷, 雖不足收置, 而觀少時之所游戲者, 亦有感焉. 乃輯以錄之, 而其過於險怪者, 皆刪之, 總若干篇. 甲子十一月小寒節.” 최근에 장안영 · 안동교 · 이덕현이 공역한 『여암유고』에서는 원문의 ‘多效唐孫盧’를 “당(唐)나라 손노(孫盧)를 본받았다”고 옮기고 손노는 미상이라고 하였는데,(『여암유고』1, 57쪽) 필자의 생각으로는 당의 시인 李賀와 盧仝을 지칭하는 것이 아닌가 한다. 李賀는 당의 종실인 鄭王 李亮의 후손으로, 이를 자부하여 자신을 ‘唐諸王孫’, ‘宗孫’으로 칭하였다. 주지하듯이 이하는 풍부한 상상력과 기발한 구상으로 독특한 풍격의 시를 지은 것으로 유명하다. 뒤에서 “險怪한 데로 흘렀다”고 한 것으로 미루어 보면 ‘盧’는 奇詭險怪한 시풍으로 알려진 盧仝을 지칭한 것으로 보인다.

편고시), 「기몽(記夢)」(5언 장편고시, 1730년), 「채포인(菜圃引)」(5언 장편고시, 1740년), 「이십이상자가 기이우(二十二相字歌寄李友)」(5언 고시), 「소사감회(素沙感懷)」(5언 고시 10수, 1740년)가 앞에서 말한 경신년(1740)까지의 작품으로 추정되는데, 모두 악부나 고체시 형식임을 알 수 있다. 신경준의 고체시는 앞에 열거한 젊은 시절의 작품에 그치지 않으니, 그가 남긴 154수의 시 가운데 고체시가 73수를 차지하며 고절구(古絶句)까지 포함하면 더욱 많아 60%에 육박한다고 한다.[63] 이를 보면 고체시에 대한 관심은 신경준이 평생 견지한 시의식임을 알 수 있다.

이처럼 신경준이 절구나 율시 같은 근체시보다 고체시를 즐겨 창작한 것은 형식에 얽매이지 않고 자신의 참된 정감을 자유롭게 표출하는 데에 적합했기 때문이다. 그가 젊은 시절에 지은 고체시 중 「월탄」, 「유자음」, 「제석회친」, 「기몽」, 「소사감회」 등은 개인적 감흥을 자유롭게 노래한 것이고, 「농구」는 농사일을 권면하는 내용의 노래이다. 그리고 「야충」과 「채포인」은 곤충과 채소를 제재로 한 장편고시로 미물(微物)에 주목하고 그 속에 담긴 이치를 찾고자 한 관물오리(觀物悟理)의 외물 인식이 드러나는 작품이다. 남은 작품 중 「이합시」는 '고령(高靈) 신경준(申景濬) 순민(舜民)'이라는 자신의 본관과 성명, 자를 제재로 한 잡체시(雜體詩)의 일종이며, 「이십이상자가 기이우(二十二相字歌寄李友)」는 '상(相)'자를 22번 사용하여 벗과의 우정을 유희적으로 노래한 시이다.

---

63 이준영(2011) 72쪽. 이 논문의 4장 1절 '다양한 형식의 古詩 창작'에서는 다양한 형식의 고체시를 창작하였으며 동일 어구의 반복이나, 對句 · 換韻 등의 수법을 통해 시의 운율감을 획득하기 위해 유의했음을 논하였다.

조선의 현실을 고유의 가락으로 노래하는 고조(古調)를 중시한 신경준은 민요에도 관심을 기울였다. 농부들이 농사일을 하면서 부르는 농요(農謠)에 바탕을 두고 창작된 「농구』와 어부가(漁父歌)의 일종인 「화방재사(畫舫齋辭)」를 남기고 있는 것이 이를 입증한다. 「화방재사」는 어부가로서의 전통을 계승하면서도 관료의 책무와 백성의 현실적인 모습을 묘사하고 있는 점이 그 특징이다.[64] 이에 대해서는 뒤에서 살펴보기로 하고, 여기에서는 먼저 「농구」를 보기로 한다.

신경준 이전에 「농구」를 창작한 이로는 강희맹(姜希孟, 1424~1483)과 이형상(李衡祥, 1653~1732)이 있다. 강희맹의 「농구」는 관직에서 물러나 경기도 금양현(衿陽縣)에 있는 묘막에 은거하여 손수 농사를 지으며 그곳 노농(老農)들과의 대화와 자신의 체험을 토대로 지은 『금양잡록(衿陽雜綠)』에 실려 전한다. 14장으로 이루어진 강희맹의 「농구」는 농민들의 애환과 당시 농정(農政)의 실상이 잘 묘사되어 있어, 강희맹의 시 중에서 가장 뛰어나다는 평을 받는 작품이다.[65] 이형상은 악학(樂學)에 조예가 깊었던 인물로 악학 이론서인 『악학편고(樂學便考)』와 시조집 『병와가곡집(瓶窩歌曲集)』을 편찬한바 있다. 이형상은 강희맹 「농구」의 체재와 내용을 충실히 계승해 「농구」 14장을 남겼다. 이에 비해 신경준의 작품은 12장으로 이루어져 있는데, 세 사람 「농구」의 각 장(章)을 순서에 따라 배열하면 다음과 같다.

---

64 이규춘(1998) 참조.

65 『私淑齋集』 권11, 『衿陽雜錄』 말미에 「農謳」를 수록하면서 "國朝詩刪曰: 創格爲之, 詞極理達, 公之所作, 無逾於此云."이라는 許筠의 평을 부기하였다.

〈표 2〉 「농구(農謳)」의 장별 순서

순번	강희맹 「農謳」	이형상 「次農謳」	신경준 「農謳」
1	〈雨暘若〉	〈雨暘若〉	〈雨暘若〉
2	〈捲露〉	〈捲露〉	〈迎陽〉
3	〈迎陽〉	〈迎陽〉	〈捲露〉
4	〈提鋤〉	〈提鋤〉	〈提鋤〉
5	〈討草〉	〈討草〉	〈討草〉
6	〈誇農〉	〈相勸〉	〈相勸〉
7	〈相勸〉	〈竟長畝〉	〈竟長畝〉
8	〈待饁〉	〈待饁〉	〈待饁〉
9	〈扣腹〉	〈鼓腹〉	〈水鷄鳴〉
10	〈望秋〉	〈水鷄鳴〉	없음
11	〈竟長畝〉	〈日啣山〉	〈濯足〉
12	〈水鷄鳴〉	〈濯足〉	〈鼓腹〉
13	〈日啣山〉	〈望秋〉	없음
14	〈濯足〉	〈誇農〉	〈誇農〉

강희맹의 「농구」는 〈비와 햇볕이 순조로움[雨暘若]〉·〈이슬을 헤치고[捲露]〉·〈해맞이[迎陽]〉·〈호미질[提鋤]〉·〈김매기[討草]〉·〈농사 자랑[誇農]〉·〈서로 권면함[相勸]〉·〈들밥 기다리기[待饁]〉·〈배를 두드리며[扣腹]〉·〈가을걷이를 기대함[望秋]〉·〈긴 밭일을 마치고[竟長畝]〉·〈비오리 울음[水鷄鳴]〉·〈해가 서산에 지다[日啣山]〉·〈발 씻기[濯足]〉의 순서로 구성되어 있다. 한해 날씨가 순조로워 풍년이 들기를 바라는 〈우양약(雨暘若)〉으로 시작하여 하루 농사일을 마치고 발을 씻는 〈탁족(濯足)〉으로 끝맺고 있는 것이다. 이형상의 「차농구」는 강희맹의 작품 배열순서와 차이를 보이는데, 가을의 풍년을 소망

하는 〈망추(望秋)〉와 농사꾼임을 자랑하는 〈과농(誇農)〉을 마지막에 배치한 것이 가장 두드러진 차이이다. 전반적으로 이형상의 「차농구」는 14장으로 이루어진 강희맹의 작품을 충실히 따르면서도 농부의 하루 노동의 순서에 맞게 바꾸어 재배치하였다고 할 수 있다.[66]

신경준의 「농구」 또한 〈과농(誇農)〉을 맨 마지막에 배치하여 강희맹보다는 이형상의 작품 배열 순서를 따르고 있는데, 풍년을 소망하는 〈망추(望秋)〉와 해가 서산에 지는 정경을 노래하는 〈일함산(日啣山)〉의 두 수를 생략하였다. 두 작품은 농사일을 하면서 부르는 노래인 농요의 성격에 부합하지 않는 것으로 생각하여 생략한 것이 아닌가 생각된다. 그러면서 긴 밭일을 마치고[竟長畝] 기다리던 들밥을[待饁] 먹고 나서, 술 한 잔을 걸치고[水鷄鳴] 발을 씻고[濯足] 배를 두드리는[扣腹] 것으로 시상을 전개하여 농부의 하루 일과를 그리는 데 초점을 맞추어 시상을 전개하였다.

신경준의 「농구」가 강희맹과 이형상의 작품과 변별되는 특징은 작품의 내용과 표현수법에서 보다 확연히 드러난다. 1장 〈우양약(雨暘若)〉은 임금의 은덕을 칭송하며 한 해 날씨의 순조로움을 기원하는 내용으로 전체 작품의 서시 격에 해당한다. 세 사람의 작품을 차례로 들어보면 다음과 같다.

성스러운 임금이 바른 법도를 세워	聖君建皇極
깊은 은덕이 가만히 통하니,	玄德潛通
비와 햇볕이 철따라 순조롭구나.	雨暘時旣若
비 오고 날 갬이 제대로 갖추어지면	雨暘極備

66 김진희(2013) 139쪽.

우리 농사 해침이 일체 없으리. 無一切傷我穡
흙덩이 부서지지 않고 가지 흔들리지 않게 塊不破枝不揚
천지의 기운이 순조롭게 조화롭다네. 絪緼調玉燭
아! 늙은 농부들이 어찌 임금의 힘인 줄 알랴 吁老農豈知蒙帝力
희희낙락 밭 갈고 우물만 파리. 熙熙但耕鑿[67]

우리 임금께서 등극한이래 自吾王御極
비 내리고 햇볕 쬐임이 曰雨曰暘
대저 모두 철따라 순조롭구나. 大抵皆時若
억조창생이 떠받들기 원하면서 億兆願戴
또한 농사일에 해가 없다 하네. 亦惟曰不痒穡
천명이 이로부터 빛날지니 天命又從而赫
비유컨대 촛불이 밝게 비추는 듯. 譬猶光明燭
저 양부(壤父)는 깨닫지도 알지도 못하고 彼壤父不識又不知
다만 밭 갈고 우물 팔 줄만 알았다네. 但覺饒耕鑿[68]

올해 풍년 들지 점쳐보니 占年豊
열흘마다 비 내리고 오일마다 바람 부네. 十日五日一雨風
창포 잎 날로 자라나고 蒲葉日以長
익모초 잎 날로 무성해지네. 萑葉日以盛
지금 철따라 순조로움 누가 이같이 하랴 今時若孰如
이처럼 순조로움 우리 임금의 성스러움 때문이지. 今時若我王聖
요 임금 밭은 구년 홍수 들었고 堯田九年墊
탕 임금 밭은 칠년 가뭄 들었네. 湯田七年爇
우리 임금의 성스러움이여 我王聖

---

67 姜希孟, 『私淑齋集』 권11, 『衿陽雜錄』, 「選農謳」

68 李衡祥, 『瓶窩集』 권3, 「次農謳」

시월 앞 들녘에 세 번 눈이 내렸네. 十月前郊三番雪[69]

강희맹과 이형상의 시는 약(若) · 색(穡) · 촉(燭) · 착(鑿)의 입성자를 사용하여 비슷한 시상을 전개하였다. 임금의 은덕으로 때맞추어 비 내리고 햇볕 드는 순조로운 날씨가 이어져 농사일에 근심이 없음을 말한 것이다. 임금의 은덕을 칭송하는 결연에서는 "해가 뜨면 나가서 일하고 해가 지면 들어와 쉬며. 우물 파서 물마시고 밭 갈아 배를 채우니, 임금이 나에게 무슨 은덕을 베풀랴?(吾日出而作, 日入而息, 鑿井而飮, 耕田而食, 帝何德於我哉)"라는 「격양가(擊壤歌)」를 끌어다 마무리하였다. 임금의 은덕조차 아무런 소용이 없다는 태평성대에 견주어 말한 것이다.

이에 비해 신경준의 시는 풍(風) · 성(盛) · 성(聖)에서 설(爇) · 설(雪)로 운자를 바꾸어 변화를 주고 있다. 강희맹과 이형상이 첫머리부터 임금의 덕화를 내세워 서술한 반면, 신경준은 "열흘마다 비 내리고 닷새마다 바람 부네"[70]라 하여 순조로운 날씨가 이어짐을 말하고, 창포와 익모초 잎이 무성히 자라는 것으로 이를 구체적으로 비유하였다. 임금의 덕화를 칭송하는 결연에서는 요와 순 같은 성군 시절에도 홍수와 가뭄이 이어졌는데, 지금은 임금의 성스러움으로 10월에 세 번 눈이 내렸다는 말로 마무리하였다. 납일(臘日) 전에 세 번 눈이 내리면 풍년이 든다는 '납전삼백(臘前三白)'이란 농가(農家)의 속담을 활용

---

69 申景濬, 『旅菴遺稿』 권1, 「農謳」

70 王充의 『論衡』에 "바람은 나뭇가지를 울리지 않고 비는 흙덩이를 파괴하지 않아서, 5일 만에 한 번 바람이 불고 10일 만에 한 번 비가 온다.(風不鳴條, 雨不破塊, 五日一風, 十日一雨.)"라는 구절을 가져다 쓴 것이다. 강희맹의 시에서 "흙덩이 부서지지 않고 가지 흔들리지 않게(塊不破枝不揚)"라 한 것도 여기에 출전을 둔 것이다.

하여,[71] 임금의 은덕을 한층 구체적으로 표현하고 있는 것이다.

농사일에 있어 호미질의 중요함을 말한 〈제서(提鋤)〉를 하나 더 보기로 하자. 마찬가지로 강희맹, 이형상, 신경준의 순으로 제시한다.

호미 메며 술병 당길 것 잊지 마소	提鋤莫忘提酒鍾
술병 당김도 본래 호미 멘 공이라네.	提酒元是提鋤功
한 해의 주림과 배부름이 호미질에 달렸으니	一年飢飽在提鋤
호미질을 어찌 감히 게을리 하랴.	提鋤安敢慵
호미 메며 호미 메며 또 술병도 쥐리라	提鋤提鋤復提鍾
술병에 남은 술도 호미질 한 공이라네.	鍾有餘飲鋤有功
호미질이 술에 취하고 배부르게 하나니	鋤功醉人又飽人
내 이 때문에 힘쓰며 게을리 안하네.	我故勵不慵
호미 메고 가노라	提鋤去
청산에 맑은 물 흐르는 벼논으로.	青山白水稻田
호미 메고 돌아오노라	提鋤歸
환한 달빛 아래 푸른 연기 이는 마을로.	月明前邨翠烟
백목(白木) 자루 세 치 남짓	白木柄强三咫
일 년 삼백 육십 일	一歲三百六十日
내 목숨을 너에게 맡기노라.	我命托子

시의 제목인 '제서(提鋤)'는 '호미를 메다(쥔다)'는 본래의 뜻이 확장

71 『農政全書』 권11 「占候」에 "동지 지난 뒤 세 번째 戌日이 납일이다. 납일 이전에 세 차례 큰 눈이 오는 것을 '臘前三白'이라고 하는데, 보리농사에 아주 좋다."하였으며, 『朝野僉載』에도 "섣달에 세 차례 내리는 눈을 보고 농부가 껄껄 웃는다.(臘月見三白 田公笑嚇嚇)"이라 한 것이 보인다.

되어 농사짓는다는 뜻으로 쓰이기도 한다. 농부들이 김매기가 끝나고 하는 민속놀이로 '호미 씻기(洗鋤)'라고 하는 것이 있는바, 이는 '호미 메기[提鋤]'의 상대어라 할 수 있다. 강세황과 이형상의 시에서는 호미 메는 일[提鋤]에서 술병 쥐는 일[提鍾]을 떠올리며, 호미질에 힘써야 함을 말하였다. 이에 비해 신경준의 시에서는 농사일 하는 모습을 '호미 멘다[提鋤]'는 것으로 상징하면서, 청산에 맑은 물 흐르는 벼논으로 갔다가 달빛 아래 밥 짓는 연기 피어오르는 집으로 돌아오는 일상을 그렸다. '백목(白木)'은 다듬기만 하고 아무런 칠도 하지 않은 나무로 만든 호미 자루를 뜻한다. "내 목숨을 너에게 맡긴다"고 하여, 호미자루에 의지해 한 해 내내 고된 농사일을 감내하는 농부의 삶을 제시하는 것으로 끝맺었다.

이상에서 강희맹과 이형상의 시와 견주어 보면서 신경준의 「농구」가 지닌 개성적인 면모를 간략히 살펴보았다. 이형상이 강희맹의 「농구」의 운자를 그대로 차운하며 시상 또한 비슷하게 전개하고 있음에 비해, 신경준은 자유롭게 환운하고 장단구 또한 빈번히 사용하면서 개성적인 표현을 구사하고 있다. 운자를 바꾸고 장단구를 활용해가며 자신의 정감을 자유롭게 토로하는 표현 방식은 신경준 시의 한 특징으로 여겨진다.

종 상인은 하나의 하늘이라	宗上人一天
밝은 별들 아미타에 모였네.	明星摠彌陀
종 상인이 이 세상에 나투니[72]	宗上人見在

72 '나투니'란 말은 장안영 · 안동교 · 이덕현이 공역한 『여암유고』의 번역문(1권, 110쪽)을 그대로 인용한 것이다. '나투다'는 말은 불경에 나오는 '現'자를 번역한 것으로

금속여래는 도대체 무엇인가?	金粟蔑甚麽
묵묵히 앉아 유무의 세계를 담론하며	默坐共說有無界
새벽까지 향 피워 일천 마귀 물리치니	五夜香燒辟千魔
흰 구름은 잠들고 푸른 솔만 물결치네.	白雲眠碧松波[73]

법명에 '종(宗)'자가 들어가는 승려에게 지어준 시인데, 누구인지는 확실치 않다. '하나의 하늘'이라 하여 종 상인이 자신만의 세계를 이루었음을 비유하고, 중생을 구제한다는 아미타불에 견주며 그 주위에 밝은 별들이 모이듯 많은 사람이 모인다고 했다. 종 상인이 사람들에게 모습을 드러내 보이니, 금속여래(金粟如來)라 불리는 유마힐(維摩詰)의 후신이라 자부한 이백(李白)은 도대체 어떤 사람이냐고도 했다.[74] 여기까지는 5언을 사용하여 종 상인의 높은 법력(法力)을 비유적으로 칭송하였다. 묵묵히 앉아 유무의 세계를 담론하며 새벽까지 향을 피우며 참선한다는 다음 연은 종 상인의 일상의 모습을 말한 것이라 하겠는데, 7언으로 바꾸어 썼다. 결구에서는 다시 6언으로 바꾸어 "흰 구름은 잠들고 맑은 솔바람 소리만 들려온다"라고 하여, 선정에 든 정신 경계를 비유적으로 표현하면서 끝맺었다. 종 상인의 높은 법력을 먼저 제시하고, 이어서 불경을 강론하고 참선하는 일상의 모

'나타나다'는 말의 古語인데,(부처가 깨달음이나 믿음을 주기 위해) 사람들에게 자신의 모습을 드러내 보인다는 의미를 지닌 용어로 쓰인다.

73 『旅菴遺稿』 권1, 「示宗上人」

74 이백이 「湖州의 迦葉 司馬가 이백은 어떤 사람이냐고 묻는 것에 답하다(荅湖州迦葉司馬問白是何人)」라는 시에서 "청련거사는 귀양 온 신선, 술집에 이름을 숨겨 산지 삼십 년. 호주사마는 어찌 물어보는가. 금속여래, 이 사람이 그의 후신이라.(青蓮居士謫仙人, 酒肆藏名三十春. 湖州司馬何須問, 金粟如來是後身.)"라고 하였다.(『李太白文集』 권15) 金粟如來는 過去佛의 이름으로, 석가모니의 俗弟子인 維摩居士의 前身이라고 한다.

습을 말하고 나서 선정에 든 정신 경계를 비유하는 끝맺음으로 시상이 전개되고 있는 것이다. 형식상으로는 시상의 전개에 따라 5언 4구에서 7언 2구, 그리고 다시 6언 1구로 바꾸어 썼다. 시상이 전환될 때마다 글자 수를 달리하여 내용과 형식이 긴밀하게 조응되는 효과를 거두고 있다. 글자 수를 자유롭게 바꾸어 쓰면서 자신의 정감을 효과적으로 표현하고 있는 것이다.

「화죽병음(畫竹屛吟)」은 묵죽화로 이름 난 유덕장(柳德章, 1675~1756)이 그린 각종 대나무 그림 병풍에 쓴 제화시인데, 여기에서도 5·7언 장단구를 활용하는 솜씨가 돋보인다. 8폭 병풍의 그림은 「순죽(筍竹)」·「우죽(雨竹)」·「총죽(叢竹)」·「풍죽(風竹)」·「소죽(疎竹)」·「연죽(烟竹)」·「노죽(老竹)」·「설죽(雪竹)」의 8종인데, 그중 두 수를 들어본다.

「순죽(筍竹)」

맑고 곧은 가훈을 전해 받아	淸直傳庭訓
두 손자 색동옷을 입었네.	斑衣兩孫兒
키 작다 업신여기지 말게나	莫以小少看
구름 헤치고 하늘 솟을 날 멀지 않으니.	上拂雲穹也不遲

「연죽(烟竹)」

무심한 안개 옅게 끼었는데	無心烟淡泊
무심한 대나무 들쭉날쭉 자랐네.	無心竹參差
우연히 만나 서로 사귀더니	偶然相逢交
고이 가지를 감고서 떠나지 못하누나.	繞枝嬡娟未肯離

돋아나는 알록달록한 문양에 착안하여 죽순을 색동옷[斑衣] 입은 손자로 의인화 하였다. “구름 헤치고 하늘로 솟을 날 멀지 않다”는 결구는 어린아이의 해맑은 패기를 느끼게 하면서, 빠른 시간에 쑥쑥 자라는 죽순의 생태 또한 담아내고 있다. 안개 속의 대나무를 노래한 시에서는 안개와 대나무가 무심히 만나 깊은 정을 나누는 모습으로 그리고 있다. 이른 새벽안개가 가시지 않은 대숲은 몽롱하면서도 신비스러운 분위기를 자아내어 화가들이 즐겨 그리는 대나무 그림의 소재이기도 하다. 안개가 대나무 가지를 휘감고 떠나지 못한다는 결구는 안개와 대나무의 환상적인 어울림을 이별을 아쉬워하며 연정을 나누는 모습으로 그리고 있는 것이다. 두 작품 모두 5언으로 이어지다가 결구에서 7언으로 끝맺었는데, 결구에 작자의 정감을 이입하여 순죽(筍竹)과 연죽(烟竹)의 특징을 선명하게 제시하고 있다.

장단구의 활용을 통해 시상을 전환하며 진실 된 정감을 담고자 하는 지향은 천기(天機)를 강조하는 문학관의 반영이기도 하다. 앞에서 신경준이 최성대(崔成大) 시의 뛰어난 성취를 천기의 뛰어난 운용에서 연유하는 것으로 인식하고 있음을 살펴본바 있는데,[75] 신경준은 천기란 ‘진(眞)’에 다름 아닌 것으로 인식하며, 마음속의 욕망과 외물의 속박을 벗어던진 진실한 정감의 표출을 강조하였다.[76] 천기에 입각한 진정의 표출을 문학적으로 형상화함에 있어서는 형식적 속박과 문학적 수사를 과감히 배제할 것이 요구된다. 신경준은 망자를 애도

---

75 『旅菴遺稿』 권5, 「杜機翁詩集敍」, “杜機崔公作, 獨運天機, 翩然遠擧, 其韻徐, 其容華, 其情藹如, 其趣幽然,”

76 『旅菴遺稿』 권4, 「蘊眞亭重建記」, “夫眞者天機也, 人之天機淺者, 以其嗜欲多也. 我祖遊心於沖泊, 居官以冰蘗, 不爲外物者累, 故天機自全, 其氣淸其知明.”

하는 명(銘)에서 간결하고 진솔한 글쓰기를 통해 이러한 문학적 지향을 담아내고 있다. 친한 벗 정란(鄭瀾, 1725~1791)의 외아들 정기동(鄭箕東, 1758~1775)이 18세의 나이로 세상을 뜨자 묘갈명을 짓고 덧붙인 명을 보기로 한다.

부모가 있고 아내가 있고	有父有母有妻
행실이 있고 품은 뜻도 있었네.	有行有志
수명이 없어 성취가 없고	而無年無成
형제가 없고 자식도 없으니	無兄弟無子
아! 탄식할 뿐이로다.	其嗟也已[77]

정란은 당대에 미친 사람으로 치부될 만큼 산수 유람에 벽(癖)이 깊었던 인물이다.[78] 신경준은 묘갈에서 그러한 정란의 모습을 소개하면서 아들 정기동의 효성과 학문에 힘쓰는 행실을 대비적으로 서술하였다. 이어서 정기동이 죽은 지 3년 뒤인 무술년(1778)에 정란이 먼 여행을 떠나면서 아들이 고문을 좋아했으니 묘갈명을 써달라는 부탁을 받고, 돌아올 때 길에서 기다릴 사람이 누구이겠냐는 말로 묘갈을 끝맺는다.[79] 그러고 나서 위와 같은 명을 덧붙였는데, 전혀 수식을 가하지 않고 마음속의 진정을 토로하였다. 부모와 아내가 있고 행실과 뜻을 갖춘 정기동이 수명이 모자라 성취를 못하고 형제와 자식도 없

77 『旅菴遺稿』 권11, 「鄭東野墓碣銘」

78 정란의 생애에 대해서는 안대회(2011) 참조.

79 『旅菴遺稿』 권11, 「鄭東野墓碣銘」, "滄海翁過余于洛曰: '吾將西至王儉城, 見兎山聖人藏井田制, 入太白訪檀君壇, 踰盖馬大嶺, 上不咸山, 俯覽二國山川之紆曲. 南遊悷怛雪嶽而歸.' 且曰: '吾兒嘗愛古文, 子其銘其墓.' 余爲之歔欷曰: '翁之行將遠矣, 遠而久, 今優之者誰歟? 及歸候于路者又誰歟?"

음을 말하고서, 탄식할 뿐이라는 말로 끝맺었다. 번듯한 사대부 가문에서 태어나 행실과 품은 뜻이 뛰어났음에도 불구하고 아무런 성취도 없이 자식도 남기지 못한 채 요절한 비통함을 지극히 평범한 글자로 담아내고 있는 것이다. 운문으로서 대개 격구로 압운을 하는 명의 일반적 형식을 의식한 듯 거성 '지(志)'운인 '지(志)'와 '이(已)'의 운자를 사용했을 뿐이다. 글자 수를 전혀 고려하지 않고 가슴속에서 우러나오는 탄식을 그대로 옮겨놓은 한 데서 절실한 애도의 감정이 자연스레 발현되고 있다.

신경준은 「사물명(四物銘)」이라 하여 자신이 소장하고 있는 벼루, 칼, 술잔, 지팡이에 대한 명을 남기기도 했다. 이 중 「앵무배명(鸚鵡盃銘)」에서는 옛 사람들은 주기(酒器)에 반드시 경계하는 뜻을 붙였다고 하면서 각종 술잔을 뜻하는 글자에 담긴 의미를 풀이하고 있다. 즉, '치(卮)'는 위태롭다[危], '배(盃)'는 채우지 말라[不], '잔(盞)'은 두 개의 창[二戈], '치(觶)'는 홀로[單], '상(觴)'은 다친다[傷]는 뜻을 부쳤으며 모두 '각(角)'을 부수로 하는 글자라고 하였다. '준(樽)'은 희생을 그리고, '굉(觥)'은 외뿔소를 본뜬 것이 뿔로 들이받는[角觸]는 뜻에서 취한 것이며, '뢰(罍)'에 우레[雷]가 있는 것은 경계를 더욱 엄히 한 것이라고도 하였다.[80] 신경준이 자학(字學)에도 해박했음을 알 수 있게 하는 흥미로운 내용이다. 그러면서 자신이 젊은 시절에는 술을 많이 먹었으나 60세 이후 주덕이 쇠하여 절제하지 못할까 하여 명을 짓는다고 하였는데, 다음과 같은 내용이다.

---

80 『旅菴遺稿』 권5, 「四物銘 · 鸚鵡盃銘」, "古人於酒器, 必寓戒焉. 其制字也, 卮者危也, 盃者不也, 盞者二戈也, 觶者單也, 觴者傷也, 皆從角. 樽畫犧, 觥象兕, 亦取乎角觸之義也. 罍以雷, 戒之尤嚴者也."

나는 본래 집이 가난해　　我本家貧
술이 늘 있지는 못했지.　　酒不常有
술 있어도 하루에 석 잔 넘기지 않았고　　有而日不過三杯
술 없어도 구차히 찾지는 않았지.　　無無求苟
진실로 이런 경지 넘어선다면　　苟於斯越
정신이 밝은 달과 같아지리라.　　有如明月[81]

가난한 집에 술이 늘 있는 것도 아니지만 술을 마셔도 석 잔을 넘기지 않았으며, 없으면 찾으려 애쓰지 않았다고 하였다. 이처럼 과거의 음주 습관을 말하고 나서는 '구(苟)'자를 반복하면서 '진실로'라는 뜻으로 바꾸어 사용하면서 시상을 전환하였다. 운자 또한 바꾸어 쓰면서 명(銘)에 담아야 할 경계의 뜻을 부쳤다. 이 같은 경지마저 초탈하여 늘 밝은 달처럼 맑은 정신을 유지하고자 한다는 것이다. 가슴에서 우러나오는 진솔한 정감을 평범한 글자를 사용하여 표출하고 있음을 여기에서도 보게 되는데, 결말에서 전환된 시상이 더욱 여운을 느끼게 한다.

2) 분석적 글쓰기와 이치의 모색

고체시를 중시하며 진솔한 정감을 표출함이 신경준 시의 특징이라면 산문 방면에서는 분석적 글쓰기를 통해 이치를 모색함을 그 특징으로 들 수 있다. 분석적인 글쓰기와 관련해 주목되는 것이 도해(圖解)와 부호 등을 적극적으로 활용하는 점이다. 『시칙』·『훈민정음운

---

81 『旅菴遺稿』 권5, 「四物銘 · 鸚鵡盃銘」

해』·『논병선화차제비어지구(論兵船火車諸備禦之具)』 같은 저작에서 신경준은 도해와 부호를 사용하면서 자신의 논지를 전개한다. 『시칙』에서는 시의 3강령으로 제시한 체(體)·의(意)·성(聲)의 체제와 시의 재료로 거론한 정(情)·물(物)·사(事)의 관계, 그리고 48가지의 시격(詩格)과 시상의 전개에서 유의해야 할 사항을 정리한 대목 등에서 도해가 6차례 등장한다. 이 같은 도해는 신경준의 시관(詩觀)을 일목요연하게 체계적으로 제시하며, 독자의 이해를 돕는 구실을 한다. 『훈민정음운해』에서는 무려 16가지의 도해를 사용하여 설명하였고,[82] 『논병선화차제비어지구』에서도 다양한 선박과 화차의 제조법을 설명하면서 6가지의 도면을 함께 제시하고 있다.[83]

도해를 적극적으로 활용한 신경준의 산문에서는 분석적인 성격이 두드러지는데, 이를 잘 보여주는 글로 「서장자제물론후(書莊子齊物論後)」를 들 수 있다. 『장자』 「제물론」에 관한 독후감이라 할 이 글에서 신경준은 「제물론」 전편의 주지를 예리하게 분석하여 장자 사상을 비판하였다. 그 과정에서 분석적 글쓰기가 유감없이 발휘되어 있다고 여겨지는 바, 이 글을 상세히 검토하여 이 점을 확인해보고자 한다. 「서장자제물론후」는 본론에 앞서 여러 부호를 사용하여 「제물론」의 독해에 있어 유의할 점을 먼저 제시하고 있다. 전체 글의 서문과 같은 구실을 하고 있는 이 대목은 아래와 같은 내용이다.

---

82 16가지 도해는 〈經世聲音數圖〉·〈律呂唱和圖〉·〈初聲圖〉·〈中聲圖〉·〈中聲配經世數圖〉·〈終聲圖〉·〈廣韻三十六字母〉·〈韻解三十五字母〉·〈洪武正韻三十一字母〉·〈韻解三十六字母〉·〈開口正韻第一章〉·〈開口副韻第二章〉·〈合口正韻第三章〉·〈合口副韻第四章〉·〈我國韻三聲總圖〉·〈日本韻三聲總圖〉이다.

83 6가지 도면은 〈號樓船本板曲直之圖〉·〈本板廣狹之圖〉·〈樓船全體之圖〉·〈伺候船之圖〉·〈沙船之圖〉·〈火車之圖〉이다.

○천(天) · ◎심(心) · ⊙지(知) · ◇형(形) · ◈언(言) · □도(道) · ■일(一) · ●용(庸) · ◘이명(以明) · ▣인시(因是) · ◨피차(彼此) · ⬓시비(是非) · ◓이해(利害) · ◒사생(死生) 등 여러 글자는 대대(對待)로 설명하기도 하고 잡착(雜錯)으로 설명하여 차례대로 생겨나 원근에서 호응하여 출몰합벽(出沒闔闢)하는 신묘한 변화가 황홀하다. 그리고 유무(有無)와 대소(大小), 성훼(成毁)와 몽교(夢覺), 가불가(可不可), 연불연(然不然), 변불변(辯不辯) 등의 글자가 어지럽게 뒤따르기에 반드시 자안(字眼)을 살핀 뒤라야 뜻을 파악함에 어지럽지 않게 된다. 마치 수많은 군사를 거느림이 다만 분수(分數)를 밝힘에 달려 있는 것과 같다. 그런데 그 가운데에 원수(元帥)가 있고 부장(副將)도 있으며 전모(前茅, 前軍) · 후상(後廂, 後軍) · 복병(伏兵) · 유기(遊騎)도 있으니 마땅히 잘 살펴야 한다.[84]

논의를 시작하기에 앞서 천(天) · 심(心) · 지(知) · 형(形) · 언(言) · 도(道) · 일(一) · 용(庸) · 이명(以明) · 인시(因是) · 피차(彼此) · 시비(是非) · 이해(利害) · 사생(死生) 등의 글자를 표시하는 부호를 제시하였다. 그러면서 「제물론」에는 이들 여러 글자가 대응되거나 잡다하게 뒤섞여 서로 호응되며 논의가 진행되기에 그 뜻을 파악하기가 쉽지 않다고 하였다. 이들 글자에 부호를 사용하여 표시한 것은 「제물론」을 분석적으로 고찰하여 논지의 핵심을 정확히 파악하고자 한 장치이다. 우언과 역설을 종횡무진으로 구사하며 논의를 전개하는 「제물론」

84 『旅菴遺稿』 권5, 「書莊子齊物論後」, "○天◎心⊙知◇形◈言□道■一●庸◘以明▣因是◨彼此⬓是非◓利害◒死生諸字, 或對待說去, 或雜錯說去, 次第以生, 遠近以應, 出沒闔闢, 神變恍惚. 而有無 · 大小 · 成毁 · 夢覺 · 可不可 · 然不然 · 辯不辯等字, 又紛然從之, 必審其字眼, 然後可以領略不亂. 如辦多多之軍者, 只在分數明也. 然而其中有元帥有副將, 有前茅 · 後廂 · 伏兵 · 遊騎, 當察之."

을 정확히 이해하기 위해서는 주요 글자에 부호를 표시해가며 정밀하게 독해함이 필요함을 강조한 것이다. 아울러 유무(有無)·대소(大小)·성훼(成毁)·몽교(夢覺)·가불가(可不可)·연불연(然不然)·변불변(辯不辯) 등의 대립되는 글자 또한 어지러이 뒤섞여 있다고 하였다. 그렇기에 장자의 본의를 정확히 파악하기 위해서는 정밀한 독법이 요구되는데, 신경준은 무엇보다 문장의 자안(字眼)을 잘 살펴보아야 한다고 강조하였다. 그러면서 병법에 비유하여 대군을 거느리면서 군사들 각자의 역할을 잘 파악해서 지휘해야 함에 비유하며 끝맺었다.

이처럼 「제물론」 독해에 있어 유의할 점을 먼저 제시하고 나서 시작되는 본론에서 신경준은 자신이 파악한 전편의 주지를 다음과 같이 말한다.

> 이 편에 대해 논하는 자는 모두 장자가 시비(是非)와 성훼(成毁), 몽교(夢覺)와 사생(死生)을 동일시하여 천하 만물을 뒤섞어 같이 대하고 구분하지 않고자 하려는 것이라고 한다. 이는 장자의 본뜻을 알지 못하는 것일 뿐 아니라 그 문장 또한 제대로 이해하지 못하는 것이다. 이 편을 살펴보면 첫머리에서 천(天)을 말하고 다음으로 심(心)을 말하였는데, 이는 제물(齊物)의 주체가 된다. 다음으로 이명(以明)을 말하고 그 다음에 인시(因是)를 말하였는데, 이는 제물(齊物)의 방도가 된다. 비유하자면 물론이 일치되지 않아 송자(訟者)가 서로 다툴 때에 심(心)은 송사를 판결하는 관원이고 천(天)은 군주로서 법률을 제정한 자이다. 피차간 시비를 다투는 것을 들으며 현혹되지 않음이 곧 이명(以明)이고, 법률에 비추어 보아 올바름을 따름이 곧 인시(因是)이다. 「제물론」 전편의 관건이 여기에 있으며, (이것이) 시종일관 반복된다.[85]

---

85 동상. "論此篇者, 皆以爲莊子齊是非·齊成毁·齊夢覺·齊死生, 欲使天下萬物混同

「제물론」은 현실세계 일체의 대립과 차별을 해소하고 절대 자유의 도의 경지에 이르는 방도를 설파한 장자 사상의 정수를 보여주는 글로 알려져 있다. 곧 만물제동(萬物齊同)의 입장에서 보면 대소(大小), 미추(美醜), 피차(彼此), 시비(是非), 이해(利害), 사생(死生) 등의 차별이 해소되어 모두가 하나임을 설파한 것이다. 신경준은「제물론」의 핵심이 천(天)과 심(心), 그리고 이명(以明)과 인시(因是)에 있다고 하였는바, 이것이 앞서 그가 말한 자안으로 여겨진다. '천'과 '심'은 제물의 주체가 되고 '이명'과 '인시'는 제물의 방도가 된다고 구분하면서, 4가지를 법률에 의거해 송사를 판결하는 행위에 비유해 설명했다. 여기서 '천'은 천지만물의 궁극적인 원리인 천리이고, '心'은 이를 파악하는 인간 주체의 인식 능력을 뜻하는 것으로 보인다. '천'과 '심'과 함께 '이명'과 '인시'에 주목하며 이를 제물의 방도라고 한 것이 주목되는데, 최근에 '이명(以明)'을 장자의 인식론에서 중요한 함의를 지니는 용어로 주목하고「제물론」에서 쓰인 그 의미를 탐구한 연구가 제출된바 있다.[86] 이는 신경준의「제물론」독법과 상통하는 것이어서 흥미롭다.

이처럼「제물론」전편의 주지를 파악하는 관점을 제시한 다음에 신경준은 '이명'에 관해 논하였다. 신경준은 장자의 본뜻은 시비를 하

而無分也, 此不徒不知莊子之意, 而並與其文不能解也. 按此篇, 首言天, 次言心, 此齊物之主也; 次言以明, 次言因是, 此齊物之方也. 譬之, 物論之不齊者, 訟者之相爭也, 心者聽訟之官也, 天者君而制法律者也. 彼此是非, 聽之不眩, 卽以明也; 照于法律, 是者與之, 卽因是也. 一篇關鍵在於此, 而反復始終焉."

86 김기(2012)에서는 장자가 儒家와 墨家의 대립을 해소하고 참된 인식을 가능하게 하는 방법으로 '以明'을 제시한 것으로 보고, '이명'이「제물론」에서 쓰인 용례를 세 층위에서 검토하여 '양 극단을 떠나 虛明한 심리 상태에서 대상을 관조하는 것'으로 정의하였다.

나로 보는 것이 아니라 시비를 분명히 밝히고자 한 것이라고 하면서, 「제물론」에 등장하는 여러 문구를 인용해 이를 입증하였다. 그런 다음에 장자는 결코 시비를 뒤섞어 하나로 보지 않았음을 강조하였다.[87] 이어서 장자가 시비뿐만 아니라 대소 · 성훼 · 몽교 · 사생 또한 동일하게 본 것이 아님을 「제물론」의 문구를 들어 예증하였다. 그런 다음에 신경준은 비로소 인시(因是)에 대해 논하고 있는데, 이 대목은 다음과 같다.

> 대저 만물이 생겨나기 전에 그 이(理)는 하나일 따름이니, 이것이 우리 유가에서 말하는 '형이상(形而上)'이고 장자가 말하는 '미시유물(未始有物, 처음부터 만물이 존재하지 않았다)'[88]이다. 만물이 생겨난 뒤 그 형체가 서로 다른데, 형체는 기(器)이고 그 작용은 저마다 다르다. 이것이 우리 유가에서 말하는 '이절부동(理絶不同, 理가 절연히 같지 않다)'이고, 장자에서 이른바 '만물은 본디 (각자) 그러한 바가 있고, 만물은 본디 (각자) 가한 바가 있다'는 것이다. 그러함과 가함이 만물마다 절연히 같지 않은바, 이를 억지로 같게 할 수 있겠는가? <u>서로 다른 바에 따라 달리 대하여 각기 그러함을 따르게 하고, 각기 가한 바대로 행함이 곧 인시(因是)이다</u>. ……〈중략〉…… 그 가지런하지 않은 것이 제일(齊一)하게 되는 까닭은 가지런하지 않음은 분수(分殊)이고, 제일함은 이일(理一)이기 때문이다. 그러므로 장자는 가지런하지 않음으로써 제

---

87 『旅菴遺稿』 권5, 「書莊子齊物論後」, "莊子之志, 切於明是非矣, …… 是非明然後可以齊物, 是非不明, 則只知己之是而不知人之是, 只知人之非而不知己之非, 爭辨紛紜, 自不得齊矣. 莊子方以是非之不明爲憂, 則況可混同之乎?"

88 「제물론」의 "古之人, 其知有所至矣. 惡乎至? 有以爲未始有物者, 至矣, 盡矣, 不可以加矣.(옛사람 중에 그 지혜가 지극한 경지에 이른 이가 있었으니, 어느 정도에 이르렀던가? 처음부터 만물이 존재하지 않는 것으로 여긴 자가 있었으니, 지극하고도 완전해서 더 보탤 것이 없다.)"를 지칭한 말이다.

일하게 여긴 것인데, 뭇사람은 제일함으로써 가지런하지 않게 여기는 것이다. 그런즉 장자가 논한 바는 우리 유가와 큰 차이가 없는데, 그가 이단이 됨은 무엇 때문인가? 그가 천(天), 심(心), 이명(以明)에 대해 말한 것은 모두 그 대체를 얻었으나, 인시(因是)의 인(因)이 끝내 폐단이 되었기 때문이다.[89]

만물이 생겨나기 전에는 하나의 이치로 통하지만 만물이 생겨나 서로 다른 형체를 품부 받게 되면서 그 작용이 저마다 다르게 된다. 이에 만물은 각자 다른 본성을 지니게 되는바, 이를 억지로 같게 할 수는 없다고 하였다. 이는 모든 사물은 하나의 이치[理]를 지니고 있으나, 개개의 사물은 상황에 따라 그 이치가 달리 구현된다는[分殊] 이일분수(理一分殊)의 관점이다. 신경준은 서로 다른 바에 따라 달리 대하여 각기 그러함을 따르게 하고, 각기 가한 바대로 행함이 곧 인시(因是)라고 하였다. 곧 '인시'는 개개의 사물에 내재해있는 개별적 이(理)에 따라 행함을 뜻한다고 할 것이다. 중략한 부분에서는 만물의 본성이 서로 다르지만 하나의 이(理)로 통함을 예시하며 설명하였다. 이처럼 만물이 지닌 개별적 이(理)는 곧 만물을 관철하는 보편적 이(理)에 귀결되기에, 만물을 제일(齊一)하게 파악할 수 있다. 여기에서 신경준은 서로 다른 만물이 제일하게 됨은 곧 이일분수의 이치에 따

---

89 『旅菴遺稿』 권5, 「書莊子齊物論後」, "夫物未生之前, 其理一而已, 此吾儒所謂形而上也, 莊子所謂未始有物也. 物旣生之後其形殊, 形者器也, 其用自殊, 此吾儒所謂理絶不同也, 莊子所謂物固有所然 · 物固有所可也. 其然其可, 物之絶然不同, 則其可强使之同乎? 因其不同而不同之, 各然其然, 各可其可, 卽因是也. …… 其不齊者所以齊也, 不齊者分殊也, 齊者理一也. 故莊子以不齊而齊者也, 衆人以齊而不齊者也. 然則莊子所論, 與吾儒無大異, 而其爲異端者, 何也? 其言天 · 言心 · 言以明, 能得其大體, 而因是之因, 其終也弊."

른 것임을 분명히 말하였다. 따라서 장자가 만물을 제일하게 본 것은 곧 우리 유가의 관점과 큰 차이가 없다고 하면서, 장자가 '하늘의 이치[天]'·'만물의 본성[心]'·(하늘과 만물의 관계에 대한) '밝은 인식[以明]'은 올바르게 파악했다고 하였다. 만물을 제일하게 본 점에서는 유가와 장자가 서로 차이가 없다고 본 것이다.[90]

신경준은 장자가 이단으로 흐른 것은 '이치에 따른다[因是]'라고 했을 때, 인(因)을 잘못 인식했기 때문이라고 했다. 그렇다면 장자는 구체적으로 무엇을 잘못 따랐다[因]는 것일까? 이 글의 결말은 곧 장자의 인시(因是)에 대한 비판이다.

> 대저 만물은 진실로 따를 수 있는[可因] 것이 있고, 따를 수 없는 것이 있다. 예컨대 미꾸라지·원숭이와 사슴이 서로 (그 본성이 사람과) 통할 수 없음은 참으로 마땅히 (이치에) 따르는 것이다. 그렇지만 사람의

---

90 『旅菴全書』 권20에는 「素沙問答」 다음에 「莊子辨解」가 실려 있어 신경준의 저작으로 오인되기도 하였으나, 「장자변해」는 南塘 韓元震(1682~1751)이 1716년(숙종 42)에 『莊子』 「內篇」에 실려 있는 〈逍遙遊〉·〈齊物論〉 등 7편에 대하여 변증한 저술로 규장각 한국학연구원에 전한다. 고동환(2003)에서 『여암전서』에 수록된 「郡縣之制」는 磻溪 柳馨遠의 저술이고, 「水車圖說」은 徐光啓가 편찬한 『農政全書』 권19와 20에 실린 「泰西水法」을 전재한 것임과 함께 「莊子辨解」가 한원진의 저술임을 지적하였다. 그러고서 "여암의 문집에 반계와 남당의 저술이 포함되어 있다는 사실은 여암이 반계의 저술뿐만 아니라 당시 湖論의 중심인물인 남당의 저술도 주의 깊게 읽었음을 확인할 수 있다"(고동환(2003), 186~187쪽)고 하였다. 한편 신경준과 달리 韓元震은 장자가 말하는 '理一分殊'의 이치는 유가와 서로 다른 것으로 보았다. 한원진은 유가의 一本萬殊가 理인데 비해, 장자의 一本萬殊는 氣이기에 유가의 齊一과 장자의 齊一은 선악에 차이를 보이며, 장자는 궁극적으로 齊一할 수 없다고 하였다.("吾儒見處, 一本萬殊皆理也, 在周之見處, 則一本萬殊皆氣也. 理一於善, 氣雜於善惡, 故以理齊之, 事事物物之上一循天理, 則無一毫私意之間隔, 而萬物眞得其齊矣. 以氣齊言之, 則事事物物之間, 眞忘是非錯雜混淆, 其所以齊之者, 不過以私意强之, 而萬物終不得其齊矣."(「莊子辨解」, 「齊物論」)

경우 그 형체가 나와 같고 그 본성이 나와 같은바, 비록 지극히 어리석고 지극히 미혹된 자라 하더라도 끝내는 (올바름을) 깨우칠 이치가 있는 것이다. 그러므로 인인군자(仁人君子)는 그가 어리석고 미혹되었다고 해서 내버려두지 않는 것이다. 가엾고 불쌍히 여기어 도리를 들어 깨우쳐주며 반드시 그와 함께 선(善)으로 함께 돌아가고자 하기에, 도(道)와 교(教), 충(忠)과 서(恕)를 늘 함께 일컫는 것이다. 공자가 수레를 타고 주유한 것이나 맹자가 변론을 즐겨한 것은 이를 스스로 그만둘 수가 없었기 때문이다.

그런데 장자의 생각은 시비는 명확히 분별하여 알고 있으면서도 이를 다만 가슴속에 묻어 두고는 다른 사람에게 드러내 보여주려 하지 않았다. 때문에 이 편은 18단락으로 이루어져 있는데, 앞의 11단락은 시비의 요점을 밝힘에 대해 말하였고, 뒤의 7단락은 분별하지 말 것에 대해 논하면서 말하지 않음[不言]에 이르렀는바, 이것이 어찌 인인군자의 마음이겠는가? 대저 (장자의) 인(因)이란 나의 힘을 들이지 않으면서 사물의 실정에 어긋나지 않고자 한 것이니, 편의에 따라 행하는 도리이고 재앙을 피하는 술수인 것이다. 그러므로 장자는 자신을 잊어버린다[忘我]라고 했지만 그 실상은 양주(楊朱)처럼 자신만 위함[爲我]이 된다.[91]

장자는 미꾸라지가 습지를 좋아하고, 원숭이가 나무를 좋아하며, 고라니와 사슴이 부드러운 풀을 좋아하지만 사람은 이들과 본성이 다

91 『旅菴遺稿』 권5, 「書莊子齊物論後」, "夫物固有可因者, 有不可因者, 如鰌猿麋鹿之不得相通者, 固當因之. 而至於人也, 其形與我同, 其性與我同, 雖至愚至迷者, 終必有可覺之理. 故仁人君子, 未嘗因於其愚迷而棄之, 惻然如傷, 開道曉諭, 必欲與之同歸於善, 而道與教·忠與恕, 每每對擧. 孔子之轍環·孟子之好辯, 自不得已也. 乃若莊子之意, 是非則明知, 而但懷之於中, 不欲開示於人. 故此篇凡十八段, 上十一段言明是非之要, 下七段言勿分辨之意, 而勿分辨之至, 至於不言, 此豈仁人君子之心乎! 大抵因者, 不費吾力, 不攖物情, 而爲占便之道·避禍之術也. 故莊子雖以忘我爲言, 而其實楊朱之爲我也."

르다고 했다. 그러면서 장자는 만물의 본성이 다 다르기에 인간의 관점에 입각한 인식과 미추의 기준 따위를 부정했으며,[92] 신경준 또한 이를 인정했다.[93] 이는 신경준 또한 하늘의 이치와 만물의 본성에 대한 장자의 견해를 긍정하였음을 말해준다. 대신 신경준은 인간에 대한 관점을 제기하며 장자가 말한 인시(因是)의 폐단을 지적한다. 신경준은 아무리 어리석은 인간이라도 그를 포기하여서는 안 되고 타고난 선한 본성을 회복하기 위해 노력해야 함을 강조하였다. 공자가 난세를 바로잡고자 천하를 주유한 것이나, 맹자가 군주를 설득하기 위해 변론을 한 것은 모두 이러한 인간관에 따른 것이다. 곧 지식인의 사회적 책무의 문제와 통한다 할 것인데, 「제물론」을 정밀하게 독해하여 이를 '인시'의 개념으로 적출한 것은 신경준의 탁견이라 할 것이다.

신경준은 장자가 시비는 명확히 알고 있으면서도 인간 사회의 문제에 전혀 관여하지 않음[不言]을 비판한다. '올바름에 따른다[因是]'고 했을 때 신경준의 비판의 초점은 올바름[是]에 대한 인식에 있는 것이 아니라, 올바름을 대하는 태도[因]에 있다.[94] 신경준의 장자 비판은 대상에 대한 인식의 문제가 아니라, 인식에 대한 실천의 문제에 그 핵

92 「제물론」에서 "且吾嘗試問乎汝, 民濕寢則腰疾偏死, 鰌然乎哉? 木處則惴慄恂懼, 猨猴然乎哉? 三者孰知正處? 民食芻豢, 麋鹿食薦, 蝍蛆甘帶, 鴟鴉嗜鼠, 四者孰知正味? 猨猵狙以爲雌, 麋與鹿交, 鰌與魚游. 毛嬙.西施, 人之所美也., 魚見之深入, 鳥見之高飛, 麋鹿見之決驟, 四者孰知天下之正色哉? 自我觀之, 仁義之端, 是非之塗, 樊然殽亂, 吾惡能知其辯!"라고 한 대목이다.

93 앞에서 "鰌之於濕, 猨之於木, 鹿之於薦, 蝍且之於帶, 皆因之已."라고 하였다.

94 신경준이 '因是'를 字眼으로 보며 중시한 데 비해 한원진은 이에 대해 그다지 주목하지 않은 것으로 보인다. 그는 「제물론」을 총 31단으로 나누어 자세히 변석하였는데, 因是에 대해서는 27단의 풀이에서 "因是字凡五六出, 而因是者, 因其是非兩行之謂也, 到底結之以齊之之意也"라고 하였다.

심이 놓여있는 것이다. “인(因)이란 나의 힘을 들이지 않고 사물의 실정에 어긋나지 않고자 한 것이다”는 말에서 이 점이 분명히 드러나니, 사회를 변혁시키고자 하는 주체의 노력을 배제한 채 객관 사물의 이치만을 파악하는 인식론적 태도를 비판한 것이다. 이는 천하사를 자신의 직무로 삼는다는 그의 실학적 학문관에 정면으로 배치되는 것이기에, 신경준은 편의에 따라 행하면서 재앙을 피하고자 하는 술수라고 단정하면서 양주의 위아설(爲我說)과 똑같은 것이라고 통렬하게 비판하며 이 글을 끝맺었다.[95]

이상에서 신경준의 분석적인 글쓰기의 사례로 「서장자제물론후」에 주목하여 그 내용을 상세히 검토하여 보았다. 이를 통해 그가 『장자』에 대해 깊이 있는 안목을 갖추고 있음을 확인할 수 있었는데, 이어서 승려의 문집에 쓴 서문을 한 편 보기로 하겠다. 다음은 추파(秋波) 대사의 문집에 남긴 서문의 서두이다.

> 대저 물의 물결은 경계(境界)에서 생긴다. 바람이 부딪치는 것, 돌이 막고 있는 것, 지세가 평탄하지 않은 것, 고래나 갈매기가 배회하는 것이 무엇인들 경계가 아니겠는가? 비단 같이 무늬가 생기기도 하고 띠처럼 드리우기도 하며, 구슬 같이 튀어 오르기도 하고 바퀴처럼 구르기도 하며, 산 같이 우뚝 솟기도 하고 우레처럼 울리면서 나무를 뽑고 언덕을 무너뜨리기도 한다. 앞으로 내달리다가 뒤로 다그치고, 왼쪽으로 합쳤다가 오른쪽으로 터지며, 쉬고 있다가도 갑자기 일어나고 가는 듯하다가 다시 돌아오기도 하는 등 괴기함을 예측할 수 없는 것이 무엇인들 경계와 더불어 변화한 것이 아니겠는가?

95 「書莊子齊物論後」와 관련한 이상의 논의는 필자(2016) 2장 ‘신경준의 『장자』 讀法’의 내용을 수정 보완한 것이다.

> 사물과 내가 서로 교접하는 것이 경계이다. 내가 천지간에 홀로 생존할 수 없어 뭇 사물과 더불어 지내는데, 천지 또한 사물이니 사물을 없애고자 한들 가능한 일이겠는가? 사물이 이미 있다면 서로 교접함이 어찌 없을 수 있겠는가마는 있으되 '있음[有]'에 고착될 수 없기에 있음 또한 없음이 된다. 물은 본디 감정이 없는 사물로 여러 경계와 만나도 감정이 없어 부딪히거나 가로막아도 성내거나 원망하는 일이 없다. 그러므로 저 경계가 되는 사물도 물에게 감정이 없어 서로 원업(冤業)이 되지 않는다. 그런데 오직 사람은 사물 가운데 가장 감정이 있으니, 저 물처럼 할 수 있음이 또한 어렵지 않겠는가?
>
> 추파 대사(秋波大師)가 '파(波)'로서 자호하였으니, 경계를 잊었다고 할 만하다. '파'에다가 '추(秋)'를 취하였으니, 물은 가을이 되면 참된 성질[眞性]이 드러난다. ……〈중략〉…… 관식 상인(慣拭上人)이 또 대사의 시문을 수집하여 목판에 새기려고 하면서 멀리서 나에게 서문을 써달라고 하였다. 대사가 문하의 제자들에게 경계됨이 깊고, 문학의 제자들이 대사에 대해 경계로 삼음이 길며, 나 또한 그 사이에 경계가 되니, 기이한 일이다.[96] ……〈하략〉……

앞에서 종(宗) 상인에게 준 시를 한 수 본바 있거니와, 신경준은 여러 승려들과 교유하면서 지은 다양한 글이 전한다. 그중 문집의 서문

---

96 『旅菴遺稿』 권3, 「秋波集序」, "夫水之波生於境也. 風之薄, 石之礙, 地勢之不平, 鯢鷗之盤桓, 孰非境也? 或紋如縠, 或垂如紳, 或跳如珠, 或轉如輪, 或屹如山, 吼如雷, 拔木崩岸, 前奔而後迫, 左合而右決, 旣息而忽興, 若往而復返, 怪奇不可測者, 孰非與境而變也? 物與我相際是境也, 我不可獨存於天地之間, 而與羣物處, 天地亦物也, 雖欲無物得乎? 物旣有也, 則其相際也烏可無乎? 有而無着於有, 有亦無也. 水固物之無情也, 與諸境遇也無情, 薄之礙之, 未嘗嗔惌, 故彼物之爲境者, 亦無情於水, 不相爲寃業. 而惟人也物之中最有情, 其能如水, 不亦難乎? 秋波大師以波自號, 則可謂忘乎境也. 波而取秋, 水至秋而淸, 眞性見也. …… 又稡集師之詩文, 謀鋟諸梓, 遠求弁文於余. 師之於門弟子, 爲境也深矣, 門弟子之於師, 爲境也長矣, 余亦爲境於其間, 異哉!"

으로는 「추파집서」 외에 「상월선사시집서(霜月禪師詩集序)」·「용담선사시집서(龍潭禪師詩集序)」·「서악집서(西岳集序)」가 있다.[97] 이들 서문은 친분 있는 승려들의 부탁에 따라 지어준 것으로 대부분 불교의 이치에 빗대어 논의를 전개하고 있음이 특징이다.

「추파집서」는 '추파(秋波)'라는 법명의 '파(波)' 자에 착안해서 "물의 물결[波]은 경계[境]에서 생긴다"라는 말로 시작하고 있다. 신경준은 물이 흘러가며 이런저런 경계와 부딪히면서 물결을 이루는 다양한 사례를 나열하고 나서, "사물과 내가 서로 교접하는 것이 경계이다"라고 경계를 정의한다. 여기에서 '경계[境]'는 두 사물이 맞닿은 자리라는 본뜻을 넘어서 인과(因果)의 이치에 따라 부딪치게 되는 모든 경우(境遇)를 의미한다. 그리고 인간이란 사물들과 교접하면서 살기 마련이기에 경계를 떠나 존재할 수 없음을 말하였다. 아울러 "있음[有]에 고착될 수 없기에 있음 또한 없음이 된다."라고 하여, 유무(有無)의 분별을 넘어서는 이치 또한 말하였다. 나와 경계의 구분을 초탈하는 불교적 해탈의 경지를 제시하면서 지금까지의 논지를 전환한 것이다. 그러고 나서 물은 감정[情]이 없는 사물이기에 이런저런 경계와 만나도 원업(冤業)을 짓지 않는다고 하였다. 감정이 많은 인간은 그렇게 하기가 어렵다고 하였는데, 대다수의 인간들이 사물과 교접하면서 매순간 온갖 감정에 휩쓸려 참된 자아를 상실함을 말한 것이라 하겠다. 여기

97 문집 서문 외에 「贈侃禪師序」 같은 贈序가 있고, 記文으로 「金城補國寺重建記」·「法雲庵記」·「卞山來蘓寺記」·「龍泉寺香閣記」·「龍泉寺記」·「中臺菴記」가 있다. 이밖에 『여암유고』에 마지막으로 수록되어 임종 직전에 지은 것으로 추정되는 시는 초여름에 두 스님을 그리워하는 내용인 「初夏懷二上人」이고, 「慕菴師畫像贊」 같은 贊과 「咸陽道谷書院重修上樑文」·「泉隱寺重修上樑文」 같은 상량문, 그리고 「碧峯禪師碑銘」·「嵋月禪師靈珠塔碑銘」 같은 碑銘이 전한다.

에서 우리는 이 글의 서두에서 물이 여러 경계를 만나 이루게 되는 온갖 물결의 모습에 대한 묘사가 사람이 외물과 교접하면서 느끼게 되는 갖가지 감정의 비유임을 알아차리게 된다.

여기까지는 이 글의 허두(虛頭)로 '경계[境]'를 제재로 삼아 인과의 이치를 말하고 나서, 나와 경계의 구분을 초탈하여 감정의 물결에 휩쓸리지 말 것을 말하였다. 그러고 나서 추파 대사가 파(波)로 자호한 것은 경계를 잊은 것이며, 가을의 맑은 물결을 취한 것은 진성(眞性)을 보인 것이라고 하였다. 아울러 대사와 제자가 서로 경계됨이 깊고 오래되었으며 서문을 쓰는 자신도 경계가 되었으니, 기이한 일이라고 하였다. '경(境)' 자를 10차례나 반복해 쓰면서 글을 전개하였는데, 그 뜻을 다양하게 바꾸어 쓰면서 변화를 준데서 이 글의 묘미를 찾을 수 있다. 여기에서 '경계[境]'는 사물이 맞닿는 경계에서 인과(因果)의 이치에 따라 처하는 모든 경우, 그리고 나와 경계의 구분을 초탈하는 뜻으로 확장되었다가, 마지막으로 경계로 인한 인연의 소중함을 말하는 것으로 귀결되고 있다. 요컨대 「추파집서」는 '경계[境]'를 안자로 삼아 시종일관 반복해 사용하여 주제 의식이 선명하면서도 그 의미를 다중적으로 활용하여 논지의 변화를 획득하여 여운을 느끼게 하는 점에서 수작으로 여겨진다. 그 기저에는 신경준의 불교에 대한 애정과 삶의 이치에 대한 성찰이 담겨져 있다고 하겠다.

3) 애민의식과 사회 현실에 대한 관심

앞에서 신경준이 강희맹과 이형상의 작품을 계승해 지은 「농구(農謳)」를 살펴본바 있는데, 이는 그가 젊은 시절부터 농민에 대한 애정과 함께 민요에 많은 관심을 지녔음을 말해준다. 천하의 모든 일을 자신의 직무로 여기며 그 해결책을 강구하는 데 진력한 실학자 신경준의 학문과 사상 저변에는 늘 애민의식이 자리하고 있었다. 그가 1779년에 영조의 상기(喪期)를 끝내고 순창으로 귀향한 해에 지은 시 「온진정팔경(蘊眞亭八景)」에서도 이점이 확인된다.

온진정(蘊眞亭)은 신말주(申末舟, 1429~1503)가 지었던 귀래정(歸來亭) 부근에 신공제(申公濟, 1469~1536)가 건립한 정자이다. 이계(伊溪)의 강변 절벽 위에 조성된 이 정자는 건물이 모두 무너지고 빈터에 주춧돌만 남아있는 폐허였던 것을 1776년에 중건한다.[98] 온진정 주변의 경치를 노래한 이 시에서 신경준은 「보평농구(寶坪農謳)」라는 제하에 들판에서 농사짓는 농부의 모습을 팔경(八景)의 하나로 그리고 있다.

한 가락 끝나기 전에 또 한 가락 일어나니	一聲未了一聲起
십리 안개 낀 들판에 곳곳에서 노래로다.	十里烟郊處處歌
힘든 호미질도 가락에 맞춰 해야 하는 법	努力鋤功須趁節
살구꽃 피어나고 푸른 부들 싹 돋아나네.	杏花初白綠蒲芽[99]

십리나 펼쳐진 들판에서 농부들이 호미질 하면서 부르는 노랫소리가 온진정까지 들려온다. 한 가락이 끝나기도 전에 또 한 가락이 이어지는 농부가를 들으며, 작자는 힘든 호미질을 노래로 이겨내려는 농민의 마음을 헤아리고 있다. 살구꽃 피어나고 부들에 새싹이 돋아

98 『旅菴遺稿』 권4, 「蘊眞亭重建記」 참조.

99 『旅菴遺稿』 권1, 「蘊眞亭八景 · 寶坪農謳」

나는 봄날에 농부들이 일하면서 부르는 노랫가락이 자연의 생기를 한층 더해줌을 느끼고 있는 것이다.

일반 백성들의 삶과 민요에 많은 관심을 지닌 신경준은 「화방재사(畫舫齋辭)」라는 제목의 어부가를 남기기도 했다. 대부분의 어부가가 자연 속에서 유유자적하며 풍류를 즐기는 모습을 노래한 데 비해, 「화방재사」는 백성들의 고통스러운 삶과 목민관의 책무를 강조하고 있어 독특한 면모를 지니고 있다. 이 작품은 1769년에 순창 군수 신경조(申景祖, 1707~1777)가 화방재(畫舫齋)를 건립하고 뱃노래를 지어 달라고 하여 창작한 것이다.[100] 이러한 창작 배경에 따라 「화방재사」는 어부가로서의 전통을 따르면서도 관료의 책무와 백성의 현실적인 모습을 묘사하고 있는 점에서 다른 어부가들과 차이를 지니고 있다.[101] 예컨대 "땀방울이 밭두둑에 떨어지니, 한낮에 김매는 때로구나. 배 저어라 배 저어라, 단청한 누각에 거문고 소리 한가롭다 말하지 마소, 지국총 지국총 어사와, 한마음으로 애쓰는 건 저들보다 더하다네.[汗滴田中土, 當午鋤禾時. 빅저어라빅저어라, 休言畫閣鳴琴閑. 指菊叢指菊叢於斯臥, 一心勞處勞於伊.]"[102]라는 4장이나, "우리 백성들 물고기처럼 즐겁기를 원하노라(願我民生樂如魚-5장)"·"임금의 근심을 나누니 근심이 어떠한가? 지국총 지국총 어사와, 고을에 떠도는 이 있어 녹봉 받기가 부끄럽네.[九重分憂憂如怎? 指菊叢指菊叢於斯臥, 邑有流亡愧俸錢.-6장]"[103]·"모든 일이 허술히 하는 데서 잘못된다오.

100 『旅菴遺稿』 권2, 「畵舫齋辭」, "余旣記是齋, 又以候之志, 作櫂歌九闋, 以侑其樂."

101 이규춘(1998) 앞의 논문 참조.

102 여기에서 "汗滴田中土, 當午鋤禾時"라고 한 첫 연은 당대의 시인 李紳의 「傷農」에서 "鋤禾日當午, 汗滴田中土."란 구절을 가져다 쓴 것이다.

지국총 지국총 어사와, 한 장 문서를 지을 때도 두세 번 살핀다네.[百事皆從容易失. 指菊叢指菊叢於斯臥, 一牒題時三再看.-7장]"라는 구절 등에서 이러한 애민의식을 엿볼 수가 있다.

당대의 사회 현실을 주시하면서 민간의 생활상을 노래한 신경준의 대표적인 작품으로는 「민은시(民隱詩)」가 주목된다. 이 시는 1764년(영조 40) 겨울 『시경』을 강론하던 중에 영조가 팔도의 지방관에게 그 지역의 풍속과 백성들의 고통을 시로 지어 올리라는 명에 따라 지어진 것이다.[104] 당시 팔도의 관찰사와 수령이 지어올린 민은시는 춘하추동(春夏秋冬)의 4첩으로 묶어졌는데, 이 중 춘하동(春夏冬)의 3첩이 한국학중앙연구원 장서각에 소장되어 있다.[105] 신경준은 이해 겨울에 장단 현감(長淵縣監)으로 제수되고 이듬해 정월에 부임하여 2월에 민은시를 지어 올린다.[106] 신경준은 시경체의 4언시로 총 10장의 민은

---

103 여기에서 "邑有流亡愧俸錢"란 구절은 韋應物의 「寄李儋元錫」에서 "身多疾病思田里, 邑有流亡愧俸錢."라고 한 것을 가져다 쓴 것이다.

104 1764년 11월 9일 영조는 經筵에서 『시경』의 「豳風」편 〈七月〉장을 강하다가 감회가 있어 각 도의 풍속을 채집하고 백성의 고통을 살펴보고자 하여 전국의 수령과 방백들에게 명하여 4언시 형태의 民隱詩를 지어 올리라고 명한다.(『承政院日記』, 영조 40년 11월 9일 기사 참조)

105 『兩都八道民隱詩』(도서번호; K4-0152, 春夏冬의 3帖本)로 春帖에는 영조가 친히 지은 서문과 兩都인 江華府와 開城府, 경기도, 충청도의 민은시가 수록되어 있다. 夏帖에는 강원도와 함경도의 민은시, 冬帖에는 황해도와 평안도의 민은시가 담겨 있다. 경상도와 전라도의 민은시가 보이지 않으니, 필시 망실된 秋帖에 수록되었을 것으로 추정된다. 민은시에 대해서는 魚江石(2010)에서 편찬 과정과 서지적 특성 및 민은시의 내용을 개략적으로 소개한 바 있다. 필자는 동료 교수들과 함께 『兩都八道民隱詩』의 번역에 착수하여 초역을 마친 상태로 조만간 출간할 예정이다.

106 『旅菴遺稿』 권1, 「民隱詩」, "甲申冬, 上講唐風有感, 命八道方伯及文臣爲守宰者, 各賦其地之謠俗民瘼以進, 名之曰'民隱詩'. 是冬, 賤臣除長淵縣監, 正月赴任, 故二月製進."

시를 창작하였는바, 〈총서(總敍)〉·〈용정(龍井)〉·〈장산곶(長山串)〉·〈채복(採鰒)〉·〈단철(鍛鐵)〉·〈방수당선(防戍唐船)〉·〈장산예목(長山曳木)〉·〈발기반시(撥機搬柴)〉·〈습상(拾橡)〉·〈제당(祭堂)〉이다. 서문격인 〈총서〉에서 장연 지방의 역사적 유래와 특산 등을 전반적으로 언급하고 나서, 나머지 9장에서 장연 지방의 토속과 백성들의 생활상을 구체적으로 다루었다. 〈용정〉·〈장산곶〉·〈제당〉이 장연의 지리와 풍속을 노래했다면, 여타 작품에서는 특산물 채취와 공물 운반을 비롯해 해삼을 채취하러 오는 중국 선박에 대한 방비, 발기를 사용해 땔감을 운반하거나 흉년에 도톨밤을 줍는 모습 등 이 지역 백성들의 삶의 풍경이 생생히 묘사되어 있다. 신경준의 민은시는 영조로부터 잘 지었다는 칭찬을 받은바 있는데,[107] 실제로 『양도팔도민은시(兩都八道民隱詩)』에 수록된 여타 민은시에 견주어 보면 풍부한 내용에 묘사 또한 적실하여 그 뛰어남에 공감하게 된다. 여기에서는 〈총서〉와 〈장산곶〉의 두 작품을 살펴보고자 하는데, 먼저 장연 지방을 전반적으로 소개하고 있는 〈총서〉를 보기로 하겠다.

> 아득히 먼 장연 땅, 서해의 물가에 있어　　　逖矣淵土 西海之滸
> 당나라 사신 머무는 관이 있었고, 원나라 임금도 체류했었지.
> 　　　唐价攸館 元帝來賓
> [원주: 羅麗時, 中國使臣多至府西登陸. 元順帝嘗謫于大靑島, 留二年.]
> 검은 이에 붉은 두건 두른 무리, 미친개처럼 날뛰며 분탕질하여
> 　　　黑齒紅帕 狂猘怒鬩
> 옛날 고려 말에는 가시나무만 무성하였지.　　　粤在麗季 荊杞蓁蓁

107 동상. "上覽後曰: '善作. 第二章五雲滃蒼之句意美, 第三章極有才思, 第四章獻芹, 是例語而用之於此, 甚有味, 第十章寂佳."

빛나는 우리 왕조 고을 이루어, 남방 백성을 옮겨 살게 했는데

昭代作邑 乃遷南民

[원주: 麗季, 倭寇數侵, 及紅巾之亂, 邑里丘墟. 我朝多遷南民以實之.]

그 토질은 진흙이라, 비 오면 진창 가물면 거북 등껍질.

厥土塗泥 雨淤旱龜

그 곡식은 기장과 피로 가장 하질의 밭이오　　厥穀黍稷 下下其畓

그 나물은 향기로워 사아와 빙순이 있구나.　　厥蔌維馨 沙芽氷蓴

[원주: 邑西海濱, 有沙平鋪十里, 極細姸, 名金沙. 靜觀之, 五色皆具. 春晩, 沙中有菜芽生, 色黃味香佳, 作熟菜, 似黃豆芽, 故名黃豆菜. 又有蓴池, 蓴甚白嫩, 色似氷凝, 故名氷蓴]

그 백성들 용감하고 굳세어 농촉의 기질과 흡사한데

厥民驍勁, 隴蜀氣偏

인가는 오천호요, 병사는 칠천이라.　　厥戶五千 厥兵七千

4언 20구로 이루어진 〈총서〉는 장연 고을의 역사적 유래(1구~10구), 토질과 산출되는 곡식(11구~16구), 백성들의 기질과 현황(17구~20구)으로 시상을 전개하였다. 서해 바닷가에 위치한 장연은 신라와 고려시대에 중국 사신이 내왕하는 요지로 관소가 설치되었으며 원나라 임금이 귀양 와서 지내기도 했음을 말하였다. 주석에서 해로로 온 중국 사신이 장연부(長淵府) 서쪽에 배를 대고 뭍에 올랐으며, 원나라 순제(順帝)가 귀양 와서 대청도에 2년 간 머문 사실을 소개하였다. 고려 말에는 홍건적의 침입을 받아 사람이 살지 않는 폐허가 되었던 곳을 우리 왕조 들어 남방 백성을 이주시켜 지금과 같은 고을을 이루게 되었다고도 하였다. 여기까지는 신라시대부터 지금에 이르는 장연 지방의 역사적 유래를 간략히 말하면서 주석을 활용해 주요 사실을 구체적으로 밝혔다.

다음으로는 장연의 토질과 곡식에 대해 언급하였다. 비가 오면 진창을 이루고 가물면 거북등처럼 갈라지는 척박한 토질이라 기장과 피 따위의 곡식만을 재배할 수 있다. 그렇지만 한편으로 사아와 빙순 같은 향기로운 나물이 난다고 하면서, 주석에서 자세히 소개하였다. 서쪽 바닷가 10리에 걸쳐 고운 금빛 모래밭이 있는데, 이곳에서 늦은 봄 향기로운 나물이 돋아나 사아(沙芽)라고 부르는데 삶으면 콩나물 비슷하여 황두채(黃豆采)라 부르기도 한다는 것이다. 또 순채 못[蓴池]이 있어 얼음처럼 희고 고운 순채가 자라나 빙순(氷蓴)이라 한다고도 하였다. 사아와 빙순을 대표적인 특산물로 언급하면서 명칭의 유래를 자세히 소개하였는데, 읽노라면 10리 금모래 밭이 펼쳐지고 순채가 자라는 맑은 못이 있는 장연의 지리 풍경을 떠올리게 된다. 마지막으로는 이 땅에 터 잡고 살고 있는 백성들의 기질과 인구수를 말하였다. 용감하고 굳세어 농촉(隴蜀)의 기질을 지녔다고 했는데, 여기에서 농촉은 장안을 가로막고 있는 천연의 요새를 말하는 것으로 보인다.[108] 이처럼 굳센 기질의 백성이 오천 호를 이루고 살면서 칠천의 병사가 지킨다고 하여, 오랜 역사를 지닌 이 땅에 살고 있는 백성의 현황을 말하면서 시상을 끝맺었다. 〈총서〉에서 신경준은 장연 지방의 역사적 사실과 지리 정보, 풍속과 특산물 등을 시 속에 자연스럽게 담아내고, 주석을 통해 구체적인 정보를 제공하고 있는 것이다.[109]

---

108 한 나라의 개국공신 장량(張良)이 관중(關中), 즉 장안이 도읍지로 적합함을 말하면서 "관중은 좌측에는 효산(崤山)과 함곡관(函谷關)이 있고 우측에는 농과 촉이 있고 기름진 들판이 천리에 펼쳐져 있다."고 한 바 있다.(『通鑑節要』 권2)

109 이준영(2011) 또한 이러한 특징을 언급하면서 "지방의 지리지를 편찬하듯 학술적인 지식들을 시로 형상화하였다는 점에서 학술의 시라 할 만하다."(48쪽)라고 하였다.

다음에는 마지막으로 유명한 장산곶(長山串)을 노래한 3장을 보기로 한다.

> 아침에 장산곶을 보고, 저녁에도 장산곶을 보니 朝見長山 暮見長山
> 장산곶 아래엔 커다란 바위 난간처럼 서있네. 長山之下 巨石闌干
> 바람이 불어오면 남북으로 세차게 소용돌이치는데 孟婆婆來 南北戰湍
> 우뚝 솟은 해옹암은 인자옹(人鮓甕)처럼 험난하구나. 醓瓮贔屭 人鮓之艱
> [원주: 長山串末, 有巖屹立百餘丈, 極危險, 名醓甕巖.]
> 항해하는 배 길을 잃으면, 파도 물살에 싸라기처럼 부서져
> 舟航失勢 糜碎波端
> 나라 곳간에 바칠 부세미, 해마다 온전한 적 드물었네.
> 天倉之賦 歲鮮克完
> 임금께서 탄식하며 내 백성들 해칠 수 없다 하여 聖主曰咨 無予民殘
> 쌀을 돈으로 바꾸라하여 평탄한 육로로 옮기어 편안해졌네.
> 易米以銅 由平陸安
> 넓게 펼쳐진 큰 길로 천천히 수레를 몰아가며 周道蕩蕩 徐驅駱驢
> 지난날 항해할 때 생각하노라면, 환한 얼굴 찡그려진다오.
> 念昔駕海 凋我朱顔

장산곶 앞에 있는 큰 바위 염옹암은 『대동여지도』에도 그 모습을 표기하고 있음이 확인된다. 장산곶 앞바다는 물살이 세어 항로가 험하기로 이름난 곳이었으니, 심청이가 뛰어들었다는 인당수(印塘水)가 바로 이곳으로 알려져 있다. 3연의 맹파(孟婆)는 전설로 전하는 풍신(風神)의 이름이다. 장산곶 앞바다에는 백여 길이나 되는 커다란 바위 두 개로 이루어진 해옹암(醓甕巖)이 바로 앞에서 난간처럼 버티고 솟아 있다. 이로 인해 항해하기가 극히 어렵고 파선되는 일이 자주 벌

어졌다. 신경준은 그 험난함을 인자옹(人鮓甕)에 빗대었는데, 둘 다 '사람들을 젓갈로 담그는 항아리'란 무시무시한 뜻을 지닌 글자이기에 꼭 맞는 대구라 하겠다.

이렇게 험난한 뱃길이었지만 고려 때부터 이곳은 황해도 전역의 세곡을 개성으로 운반하는 조운의 중심지였다. 이 세곡미를 저장하는 곳이 장연현에 위치한 안란창(安瀾倉)이었는데, 이로 인해 장연은 고려말에 왜구의 노략질이 빈번하던 지역이기도 하였다. 후반부에서는 이처럼 험난한 뱃길로 인해 세미를 돈으로 바꾸어 납부하게 한 임금의 조치를 칭송하는 것으로 끝맺었다.[110]

4. 맺음말

신경준은 기술과 실용을 중시하여 지리 · 역사 · 언어 등 다양한 방면에서 탁월한 업적을 남긴 실학자로 18세기 사상사에서 독특한 위치를 점하는 인물이다. 여러 분야에 학문적 관심을 지니고 방대한 저술을 남긴 것에 견주어 보면 신경준의 문학적 성과는 그리 많다고 할 수 없다. 이는 그가 시문 창작을 즐긴 문인이라기보다는 사물의 이치를 탐구하는 학자적 면모를 지닌 인물임을 말해준다. 그럼에도 불구하고 투철한 경세 의식과 함께 이치의 자득(自得)을 중시했던 신경준

110 해옹암으로 인해 파선하는 일이 잦아 세미를 돈으로 바꾸어 납부하게 한 사실을 신경준은 『四沿考』에서도 언급하여 "醯瓮巖有二, 長百餘丈, 屹立海中, 卽長山石脉, 從水中以連者也. 水勢廻轉, 舟行極險, 數不通矣. 今長山以北諸邑稅穀, 皆以錢收, 陸運至京."(『旅菴全書』 1, 285쪽)라고 하였다.

은 독특한 관점에 입각한 이채로운 문학세계를 펼쳐보였다. 이 글에서는 신경준의 문학관이 지닌 개성적 면모를 해명하고, 이에 입각해 문학세계의 특징을 전반적으로 살펴보았다. 본고의 논의를 요약하면 다음과 같다.

신경준은 시학에 있어 천기(天機)에 입각한 진정(眞情)을 추구하면서도 성률(聲律)을 중시하였다. 천기의 중시는 18세기 문단의 지배적인 조류라 할 수 있기에, 신경준 시학의 개성적 면모는 성률을 중시한 점에서 찾을 수 있다. 신경준이 20대에 저술한 『시칙(詩則)』은 양재(楊載)와 윤춘년(尹春年)의 시학을 계승하여 성률을 중시하여 시가 지닌 음악성을 강조한 점에 특징이 있다. 신경준은 음운학과 성률학에 깊은 관심을 지녀 많은 저술을 남겼는데, 이는 우주의 생성법칙을 반영하며 우주정신과의 합일을 매개하는 것으로 성률을 인식하는 관점의 소산으로 여겨진다. 『시칙』에서 신경준의 창견은 시를 예로 들어 자신의 시론을 개진한 부분에서 드러나는데, 인용한 시는 모두 당시이며 형식적으로는 고체시가 대부분을 차지하고 있다. 신경준은 고조(古調)의 회복을 통해 우리 민족 고유의 정서를 구현하고자 하는 시관을 지녔으며, 이는 창작에서 고체시에 대한 중시와 민요에 대한 관심으로 발현되었다. 그가 남긴 한시 중에서 고체시는 절반이 넘는 비중을 차지하며, 「농구(農謳)」와 「화방재사(畫舫齋辭)」 같은 작품은 민요에 대한 그의 관심과 애정을 잘 보여준다. 신경준 시의 특징은 장단구의 자유로운 활용과 문학적 수식을 배제한 진솔한 표현에서 찾을 수 있는데, 이는 형식적 속박에서 벗어나 천기에 입각한 진정(眞情)의 표출을 중시한 시의식을 반영한 것이다.

한편 신경준은 객관 사물을 관조하면서 그 이치를 파악하고자 하는 관물오리(觀物悟理)의 학문관에 따라 『주역』과 상수학(象數學)에 깊은 관심을 지녔다. 이러한 학문관은 문학 창작에도 반영되어 「혼돈주가(渾沌酒歌)」·「소사감회(素沙感懷)」 같은 시에서는 『주역』의 이치를 통해 천지만물의 질서를 파악하고자 하는 지향이 드러나고 있다. 「순원화훼잡설(淳園花卉雜說)」처럼 일상 주변의 사소한 소재를 대상으로 한 글쓰기에서도 여러 대목에서 음양오행과 상수학의 사유 체계를 펼쳐 보이고 있다. 관물오리의 학문관은 분석적 글쓰기를 통한 이치의 모색으로도 전개되었다. 신경준은 도해와 부호 등을 활용하여 자신의 논지를 치밀하게 전개하는 글쓰기를 구사하였는데, 이를 잘 보여주는 글이 「서장자제물론후(書莊子齊物論後)」이다. 여기에서 신경준은 『장자』 「제물론」을 정확히 독해하기 위해 주요 글자에 14개의 부호를 사용해 그 쓰임을 표시하고, 천(天)·심(心)·이명(以明)·인시(因是)를 「제물론」의 안자(眼字)로 파악하였다. 그리하여 장자가 '하늘의 이치[天]'·'만물의 본성[心]'·(하늘과 만물의 관계에 대한) '밝은 인식[以明]'에 있어서는 문제가 없는데, '이치에 따름[因是]'에 있어 인(因)을 잘못 인식했기에 이단으로 흘렀음을 논증하였다. 『장자』의 문제점이 대상에 대한 인식이 아니라 인식에 대한 실천의 문제에 있음을 정밀하게 논파한 것이다. 「서장자제물론후」는 노장 사상에 대한 깊이 있는 이해를 보여주거니와, 전국 각지의 사찰을 망라한 『가람고(伽藍考)』를 저술한 바 있는 신경준은 불교계의 여러 선승과도 교유하였다. 『여암유고』에는 선승들의 요청에 따라 지은 문집 서문과 기문, 상량문, 비문 등이 다수 수록되어 있다. 그중 「추파집서(秋波集序)」 같은 글에서는 '경계[境]'를 10차례나 반복해 쓰면서 그 의미를 다중적으로 활용하여 선명한 주제 의식과 함께 깊은 여운을 획득하고 있다.

신경준은 18세 때에 강희맹과 이형상의 작품을 계승한 「농구」를 창작하였으며, 별세하기 두 해 전인 1779년에 지은 「온진정팔경(蘊眞亭八景)」에서도 〈보평농구(寶坪農謳)〉를 팔경(八景)의 하나로 시화하였다. 신경준의 학문과 사상 저변에 늘 애민의식이 자리하고 있었음을 알 수 있는 것이다. 대부분의 어부가가 자연 속에서 유유자적하는 풍류를 노래한 데 비해, 「화방재사」는 백성들의 고통스러운 삶과 목민관의 책무를 강조하고 있어 독특한 면모를 지닌다. 민간의 생활상을 노래한 신경준의 대표적인 작품으로는 「민은시(民隱詩)」가 주목된다. 시경체의 4언시로 이루어진 10장의 시편 속에 신경준은 장연 지방의 역사적 유래와 지리 정보, 풍속과 특산물을 비롯해 백성들의 생활상을 세밀하게 담아내었다.

이상의 논의를 통해 신경준의 문학관과 문학세계가 지닌 개성적 측면을 확인할 수 있었는데, 이러한 신경준의 문학은 조선후기 실학파 문학의 전개 과정에서 어떠한 위상을 지니는 것인가? 신경준의 학문은 소북(小北)의 가학(家學) 전통에서 서울 학풍을 소화하여 17세기 이후 북인 계열이 주도해 왔던 박학 풍조, 삼교회통적인 사상의 맥을 계승한 것이 주목된다.[111] 문학관에 있어서도 민족 고유의 정서를 담은 고조(古調)의 회복을 추구하고 민요를 중시한 점은 당시 소북계 시인으로 명성이 높았던 최성대의 시학에 영향을 받은 것이 확인된다. 그의 문제작으로 평가받는 「소사문답」과 「순원화훼잡설」은 후대 문인들에게 널리 읽혀진 것으로 보이며, 특히 남희채(南羲采)와 민태훈(閔泰勳) 등 소북계 문인에게 높이 평가받으며 상당한 영향을 미쳤다.

111 고동환(2003) 앞의 논문, 191~195쪽.

신경준의 선조인 신유(申濡, 1610~1665)는 이른바 소북팔문장(小北八文章)의 한 사람이기도 하다. 향후 소북 문학의 전통을 고려하여 신경준 문학을 보다 정밀하게 독해하면, 실학파 문학에서 신경준이 차지하는 위상이 보다 선명해질 수 있을 것으로 기대한다.

參考文獻

1. 원전자료

姜希孟,『私淑齋集』; (標點影印)『韓國文集叢刊』 12집.

朴 誾,『挹翠軒遺稿』; (標點影印)『韓國文集叢刊』 21집.

申景濬,『旅菴遺稿』; (標點影印)『韓國文集叢刊』 231집.

______,『旅菴全書』 경인문화사 영인본, 1976.

申維翰,『青泉集』; (標點影印)『韓國文集叢刊』 200집.

李 荇,『容齋集』; (標點影印)『韓國文集叢刊』 20집.

李衡祥,『瓶窩集』; (標點影印)『韓國文集叢刊』 164집.

許 筠,『惺所覆瓿稿』; (標點影印)『韓國文集叢刊』 74집.

韓元震,「莊子辨解」, 서울대 규장각 한국학연구원 소장 필사본.

洪良浩,『耳溪集』; (標點影印)『韓國文集叢刊』 241~242집.

洪直弼,『梅山集』; (標點影印)『韓國文集叢刊』 295~296집.

『兩都八道民隱詩』, 한국학중앙연구원 장서각 소장 필사본.

姜浚欽 지음, 민족문학사한문분과 옮김,『삼명시화』, 소명출판, 2006.

申景濬 지음, 장안영 · 안동교 · 이덕현 옮김,『여암유고』, 경인문화사, 2019.

楊載 著, 尹春年 刊,『詩法源流』, 박철상 소장 목활자본;『尹春年과 詩話文學』 영인본.

李 白,『李太白全集』, 중화서국, 1995년 8쇄판.

朱 熹,『朱子語類』, 電子版 〈中國基本古籍庫〉

______,『詩傳大全』, 電子版 〈中國基本古籍庫〉

莊周 撰, 郭象 注,『莊子』, 電子版 〈中國基本古籍庫〉

한국고전종합DB, 한국고전번역원(https://db.itkc.or.kr)

2. 논저

고동환(2003), 「여암 신경준의 학문과 사상」, 『지방사와 지방문화』 6권 2호, 역사문화학회.

강신항(1959), 「신경준의 기본적 국어학 연구 태도」, 『국어국문학』 20, 국어국문학회.

김 기(2012), 「『장자』 「제물론」의 '以明'에 대한 인식론적 고찰」, 『동양철학연구』 69집, 동양철학연구회,

김동준(2007), 「소론계 학자들의 자국어문 연구활동과 양상」, 『민족문학사연구』 35집, 민족문학사학회.

김 일(2001), 「신경준의 〈훈민정음운해〉와 그의 역학적 언어관」, 『중국조선어문』 2001(3), 길림성민족사무위원회.

김진희(2013), 「이형상의 〈次農謳〉 연작에 대하여」, 『국문학연구』 27집, 국문학회.

김형술(2015), 「조선후기 천기론의 사상적 토대에 관한 고찰-백악시단의 천기론을 중심으로-」, 『한문학논집』 41권, 근역한문학회.

박권수(2015), 「여암 신경준의 과학사상」, 『한국실학연구』 29집, 한국실학학회.

박명희(1995), 「여암 신경준의 시론고」, 『한국언어문학』35, 한국언어문학회,

______(2005a), 「여암 신경준의 「시칙」 재론」(『한국언어문학』 54집, 한국언어문학회.

______(2005b), 「여암 신경준의 영물시 연구」, 『한국언어문학』 55집, 한국언어문학회.

______(2012), 『여암 신경준의 務實 정신과 문학적 실천」, 『국어국문학』 162호, 국어국문학회.

신익철(2009), 「신경준의 국토지리관과 海路·船舶에 대한 인식」, 『한국한문학연구』 43집, 한국한문학회.

______(2016), 「신경준의 『장자』 독법과 『詩則』에 담긴 시의식」, 『반교어문연구』 43집, 반교어문학회.

심경호(1998), 「조선후기 시사와 동호인 집단의 문화활동」, 『민족문화연구』 31집, 고려대학교 민족문화연구원.

안대회(1995), 「윤춘년의 聲律法에 대하여」, 『동방학지』 88권, 연세대 국학연구원.

______(1999), 『18세기 한국한시사 연구』, 소명출판.

______(2001), 『윤춘년과 시화문학』, 소명출판.

______(2013), 「18세기 詩社의 현황과 전개양상」, 『고전문학연구』 44집, 한국고전문학회.

______(2011), 『벽광나치오』, 휴머니스트.

魚江石(2010), 「『兩都八道民隱詩』의 書誌와 조선후기 民隱의 樣相」, 『장서각』 23집, 한국학중앙연구원.

이규춘(1998), 「여암 신경준의 「畫舫齋辭」 연구」, 『한국시가연구』 4집, 한국시가학회.

이종호(2004), 『조선의 문인이 걸어온 길』, 한길사.

이준영(2009), 「신경준의 〈淳園花卉雜說〉로 본 18세기 글쓰기의 변화」, 『관악어문연구』 34집, 서울대학교 국어국문학과.

______(2011), 「여암 신경준의 학문경향과 시세계」, 서울대학교 석사학위논문.

이 훈(2014), 「천기론의 사적 변이와 農巖의 '天眞' 개념 재론」, 『한문고전연구』 28권, 한국한문고전연구학회.

정대림(1991), 「신경준의 시론-「詩法源流」와 「詩法源流體意聲三字註解」의 영향을 중심으로」, 『한국고전문학 비평의 이해』, 태학사.

______(1998), 「신경준의 '시칙' 분석」, 『한국고전시학사』, 기린원.

최신호(1997), 「신경준의 『시칙』에 대하여-聲의 문제」, 『한국한문학연구』 2집, 한국한문학연구회.

하지영(2013), 「南義采의 『衆香國春秋』 소고」, 『한국한문학연구』 51집, 한국한문학회.

旅 菴

『운해(韻解)』의 기술 내용에서 볼 수 있는 신경준(申景濬)의 성운(聲韻) 인식

이준환 | 전남대학교 국어국문학과 교수

1. 들어가며

이 글은 여암(旅菴) 신경준(申景濬)이 지은 『운해(韻解)』(1750)에서 볼 수 있는 신경준의 성운(聲韻) 인식이 어떤 것인지를 살펴보는 것을 목적으로 한다. 이를 위하여 『운해(韻解)』에 기술된 구체적인 내용들을 하나하나 살펴보고, 이를 바탕으로 이 책을 신경준이 지은 목적은 무엇이며, 이에서 볼 수 있는 신경준의 정음관(正音觀)은 어떤 것인지 살펴본다.[1]

『운해(韻解)』에서 다루어진 핵심적인 내용은 소리를 대상으로 한 성운학적 논의와 역학적(易學的) 논의라고 하겠다. 이런 이 저작의 성격으로 말미암아 이에 관해서는 그간 국어학계, 성운학계, 철학계에서 주로 연구가 이루어졌다. 이로 인해 상당한 정도의 업적이 축적되어 있으며, 그 결과로 이 저작에 관한 기본적인 이해는 충분히 달성된 것으로 생각된다.

국어학계에서는 국어 한자음 연구자와 국어학사 연구자들이 주로 관심을 가지고 논의를 전개하였다. 가장 주목되는 연구로는 강신항(1959)를 들 수 있다. 이곳에서는 신경준의 행적에 관한 기술과 더불

---

1 필자는 이 글을 준비하고 작성하면서 얻은 문제의식으로 『운해(韻解)』의 자모도(字母圖)와 운도(韻圖)를 분석하여 여기에 반영되어 있는 언어 양상과 신경준의 언어 인식을 살펴 『구결연구』 46집(2021년 2월 발행)에 「『운해』의 자모도와 운도의 현실 언어의 반영과 규범화」란 제목으로 실은 바 있다. 즉 『구결연구』 46집에 실린 글은 원고 작성 시점이 이 글의 작성 시점보다 나중이었다. 그렇지만 『구결연구』 46집에 실린 글이 먼저 세상의 빛을 보게 되어 원고의 출판 시점으로는 먼저 작성한 원고가 늦게 소개가 되는 상황이 펼쳐지게 되었다. 이에 원고의 작성 순서가 이 글이 먼저이고 『구결연구』 46집에 실린 것이 나중임을 밝히니 이 점 감안하며 두 글을 살펴봐 주시면 감사하겠다.

어 『운해(韻解)』의 편찬 목적을 신경준이 바로잡았다고 생각하는 한자음을 운도(韻圖)를 작성하여 제시하는 데에 있었다고 보고, 『운해(韻解)』에서 기술된 내용 가운데에 어학적인 면에서 중요성이 있는 것을 대상으로 하여 압축적으로 논의를 전개하였다. 그런 후 강신항(1967)에서는 『운해(韻解)』의 전문을 현대어로 옮기고 주석을 달아 이해를 돕고자 하였다. 이 연구는 『운해(韻解)』에 관한 기본적인 이해와 더불어 우리가 주목해야 할 항목들을 제시하고 있다는 점에서 이후의 연구에 초석을 놓은 것으로 평가할 수 있다.

이를 이어 박태권(1970), 김석득(1975), 배윤덕(1991), 이토 히데토(伊藤英人, 1995), 정경일(2002) 등의 논의에서 『운해(韻解)』를 주 연구 대상으로 삼거나 부분적인 연구 대상으로 삼아 연구가 이루어져 있다. 여기에서 박태권(1970)을 제외하면 긍정적인 평가가 주를 이룬다고 할 수 있다. 박태권(1970)에서는 신경준의 어학설(語學說)을 다른 학자들의 것과 비교한 후에 그의 운학과 정음학에 관하여 고찰한 후에, 신경준이 만든 설살음(舌上音)을 표시하는 문자와 'ᆢ'를 만든 것 등으로 볼 때 문자와 음성 기호를 구분하지 못한 것으로 문자 발달 단계상 필요 없는 일이었다고 보고, 지나치게 소옹(邵雍)에 이끌려서 『훈민정음(訓民正音)』보다 퇴보한 결론을 얻었다고 비판하였다.

김석득(1975)에서는 조음 음성학적인 관점에서 『운해(韻解)』의 기술 내용을 살펴보고 신경준의 음성 분류를 볼 때 근대적 음성학에 접근하고 있는 면이 있으며, 음가를 추정하는 데 구체적 자질을 언급하였다는 점이 특징적이라고 하였다. 배윤덕(1991)에서는 『운해(韻解)』에서 다루어진 주요 내용들은 한자음운도(漢字音韻圖)를 만들기 위함이라고 지적하고 이 음운도(音韻圖)에 배열된 한자는 『사성통해(四聲

通解)』의 한자들이라고 하였으며, 신경준이 화음(華音)을 표기하기 위하여 필요한 중성이 18성(聲)이라고 한 것이 바로 『사성통해(四聲通解)』의 18운(韻)과 일치하는 것이라고 하였다. 이토 히데토(伊藤英人, 1995)는 신경준의 한자음 연구는 한자음의 구성 요소에 관한 미시적 연구에 초점을 맞춘 것으로서 한자음에 관한 한국적인 접근법을 지향한 연구라고 평하였다. 정경일(2002)에서는 신경준이 『운해(韻解)』를 지은 목적이 훈민정음을 이용하여 한국 한자음의 운도(韻圖)를 그려 보고자 한 것으로 보았다.

이상규(2014), 이상규 · 천명희(2018), 김슬옹(2016)은 『운해(韻解)』의 저본인 것으로 논의되고 있는 『저정서(邸井書)』를 대상으로 한 연구이다. 이상규(2014)에서는 우리가 흔히 접하는 숭실대본과는 다른 이본(異本)인 『저정서(邸井書)』를 대상으로 하여 이것의 서지적 내용을 살피고, 편찬 동기 · 구성 · 내용을 살펴서 신경준의 운학 이론을 다룬 것이다. 이를 통하여 등운학(等韻學)의 가장 기본적인 음운 변별 방식에 따라 매우 간략하게 조선식의 한자음 운도를 만든 것이라고 하였다. 이 연구를 바탕으로 하여 『저정서(邸井書)』 전체를 현대어로 번역함은 물론이고 각 부분에서 이루어진 기술에 관한 상세한 분석과 이해를 도모한 것이 이상규 · 천명희(2018)이다. 이 연구 덕택에 우리가 『운해(韻解)』의 다양한 이본을 동시에 고려하면서 연구를 하게 된 것은 크나큰 다행이라 하겠다. 김슬옹(2016)에서는 신경준이 지닌 정음관(正音觀)에 주목을 하여 논의를 전개하였는데, 신경준의 정음관은 세종(世宗)의 것을 이은 것이라고 하였으며, 중국의 운서에 따라 한자음 체계를 세운 다음에 '훈민정음도해(訓民正音圖解)'를 통해 한자음을 재정립하였다고 하였으며, 『훈민정음(訓民正音)』을 보지 않고도 이에 근접한 연구 성과를 내었다고 보고 있다.

성운학계에서의 논의는 심소희(2012a)를 비롯한 일련의 연구가 『운해(韻解)』를 이해하는 데에 도움이 되는 연구이다. 이 연구에서는 신경준과 『운해(韻解)』에 관해서 직접적으로 다루고 있지는 않다. 그러나 『운해(韻解)』를 이해하는 데에 필수적으로 요구되는 송대(宋代)의 『황극경세서(皇極經世書)』의 「성음창화도(聲音唱和圖)」에서 볼 수 있는 정음 체계를 상수 역학 체계와 음운의 관점에서 살피고, 조선 후기의 서경덕(徐敬德), 최석정(崔錫鼎), 황윤석(黃胤錫)을 살피고 있다. 이런 접근은 결과적으로 신경준과 『운해(韻解)』에 관한 이해를 풍성하게 해 주는 데에 도움을 준다.

끝으로 철학계에서는 조희영(2019)의 연구가 눈에 띄는데, 이 연구는 『훈민정음(訓民正音)』을 비롯하여 서경덕(徐敬德)의 『성음해(聲音解)』 등에 반영된 소강절(邵康節, 소옹)의 역학(易學)을 중심으로 한 송대(宋代) 철학에 관한 일련의 고찰의 일환이라 할 수 있다. 여기에서는 신경준이 소강절(邵康節) 역학(易學)에 자신의 견해를 더해서 역학(易學)을 한 것이며, 훈민정음을 통하여 중국의 한자음을 적는 데에 문제가 없다는 것과, 훈민정음을 이용하여 성음(聲音)의 도를 밝히려 하였고, 이것의 결과물로 운도(韻圖)가 나타나게 된 것이라 보아, 국어학계에서 말하는 한자음 운도를 작성하려는 것이 주목적이라 한 것과는 초점을 달리한 연구가 이루어져 있다.

이런 선행 연구를 참고하고 필자가 『운해(韻解)』를 살펴본 것을 통하여 언어적으로 주목하는 바는 다음과 같다. 첫째는 『운해(韻解)』를 편찬한 목적은 화음(華音)의 자모도(字母圖) 및 운도(韻圖)를 제시하려 하였던 것인가 국어 한자음의 자모도(字母圖) 및 운도(韻圖)를 제시하려 하였던 것인가 아니면 다른 데에 있는 것인가를 살피는 데에 있다. 둘째는 신경준이 지향한 정음관(正音觀)은 어떤 과정을 거쳐서 형성된 것이며 이와 관련하여 어떤 것과의 영향 관계를 생각하여 볼 필요가 있는가에 있다. 셋째 운학자로서의 신경준은 어느 정도의 식견을 갖추고 있었고 실제 언어를 어느 정도로 관찰하고 있었는가에 있다. 이와 같은 여러 문제를 『운해(韻解)』의 구체적인 기술 내용을 살펴보면서 하나하나 다루어 보도록 하겠다.

2. 『운해(韻解)』의 해제 및 구성

『운해(韻解)』는 여암 신경준이 영조(英祖) 26년인 1750년에 지은 것이다. 이것은 그의 나이 서른아홉 때의 일로, 과거에 급제하기 전의 일이다. 흔히 이 책을 운도(韻圖)로 보는 견해가 일반적으로 나타난다. 대표적으로 정경일(2002)에서 운도(韻圖)로 설명하고 있는 것이 이에 해당한다.

그런데 뒤에서 자세히 보겠지만 『운해(韻解)』를 보면 성운학(聲韻學)에 관한 상세한 논의가 되어 있다. 또한 한자음 표시와 관련한 문자 설정 및 문자 사용과 관련한 논의가 상세히 되어 있다. 이를 중국에서 편찬된 운도(韻圖)와 비교하여 보면 막상 제시된 운도(韻圖)에 비해서 운학적 기술의 비중이나 상세함에서 차이를 보인다는 것을 알 수 있다. 즉 중국의 운도는 운도 제시에 필요한 내용들을 개략적으로 기술하고 실제 어음(語音)의 조직을 보여 주는 운도(韻圖)를 제시하는 데에 지면이 주로 할애되어 있다. 물론 운도(韻圖) 가운데에는 원대(元代)에 나온 『경사정음절운지남(經史正音切韻指南)』에서 상대적으로 운도 이외의 기술이 상당히 나타나기도 한다.

그런데 이 『경사정음절운지남(經史正音切韻指南)』과 비교하여 볼 때 『운해(韻解)』에 기술된 내용은 단연 풍부하다고 할 수 있다. 이처럼 전통적인 중국의 운도(韻圖)와 비교하여 볼 때 『운해(韻解)』를 운도(韻圖)로만 보는 것은 이 책의 외연을 좁게 보는 접근이 될 수 있다. 특히 책이 이름이 『운해(韻解)』로서 운(韻)에 관한 종합적인 풀이와 이해를 도모한 것을 목적으로 하였을 것임을 고려하면 음운 조직에 관한 것만을 제시하는 데에 그 목표가 있다고 생각되지는 않는다. 이런 점에서 운도(韻圖)보다는 이를 포함하는 운학서(韻學書)라고 보아 외연을 넓게 잡을 필요가 있다.

『운해(韻解)』에는 크게 세 가지의 이본(異本)이 있다. 첫째는 정인보(鄭寅普) 선생의 해제가 되어 있는 『훈민정음운해(訓民正音韻解)』라고 불리는 『한글』 5-3(1937)에 실린 것인데 이것은 『여암전서(旅菴全書)』(1939)에 실려 있기도 하다. 둘째는 김완근(金完根) 소장본으로 현재 숭실대 기독교박물관에 소장되어 있고 태학사에서 1987년에 영인하여 간행한 『훈민정음운해(訓民正音韻解)』가 있다. 셋째는, 대구에 거주하는 조 모 씨가 소장하고 있는 『저정서(邸井書)』로 불리는 1750년에 필사된 것으로 『운해(韻解)』의 원본으로 추정되는 것이다(이상규 · 천명희 2018). 이것의 복사본을 이상규 교수가 소장하고 있으며, 이상규(2014)와 김슬옹(2016)과 이상규 · 천명희(2018)에서 이를 텍스트로 삼아 연구를 수행하였다. 이런 이본 가운데에 본고에서는 태학사에서 영인하여 출판한 숭실대 소장본을 주 텍스트로 삼아서 고찰을 하도록 한다.

『운해(韻解)』의 이름은 여러 가지로 불리고 있다. 권수제(卷首題)에 따른 『운해(韻解)』를 비롯하여 『훈민정음운해(訓民正音韻解)』, 『운해 훈민정음(韻解 訓民正音)』 등이 이에 해당한다. 이 외에 신경준의 행장(行狀)에는 『오성운해(五聲韻解)』란 이름이 보인다. 어느 경우든 운해(韻解)란 말이 들어가는 것이 공통적이며, 훈민정음(訓民正音)을 넣어 부르는 경우와 그렇지 않은 경우가 혼재되어 있는 것이 대표적인 사용 양상이다. 『오성운해(五聲韻解)』는 『운해(韻解)』에서의 오성(五聲)이 궁각치상우(宮角徵商羽)를 가리키는 것으로 보는 것이 가장 자연스럽다는 면에서 오음(五音)에 따른 성모(聲母)를 중심으로 하여 『운해(韻解)』에 부여된 명칭으로 생각된다. 이 글에서는 이런 여러 이름 가운데에서 권수제에 따라 『운해(韻解)』로 지칭하기로 한다.

이런 특성을 지니는 『운해(韻解)』의 차례와 각 부분에 포함된 내용은 다음과 같다.

(1) 『운해(韻解)』의 차례와 구성([ ] 안에 제시된 내용은 세부 항목의 제목)

① 「경세성음수도(經世聲音數圖)」[{양률창(陽律唱)}, {음려화(陰呂和)}]

② 「율려창화도(律呂唱和圖)」[{일성(一聲)}, {일음(一音)}, {율려창화성음유자표자지수(律呂唱和聲音有字標者之數)}, {훈민정음도해서(訓民正音圖解敍)}, {구국소서팔자(九國所書八字)}]

③ 「초성도(初聲圖)」, 「초성배경세수도(初聲配經世數圖)」, 「초성해(初聲解)」[{자모분속(字母分屬)}, {칠음해(七音解)(출원음통석(出元音通釋))}, {오음소속(五音所屬)}, {상형(象形)}, {상순설(象脣舌)}, {사음개자궁생(四音皆自宮生)}, {오음변성(五音變成)}, {변사(辨似)}, {층위(層位)}, {청탁(淸濁)}]

④「중성도(中聲圖)」, 「중성배경세수도(中聲配經世數圖)」, 「초성합중성위자지례(初聲合中聲爲字之例)」, 「훈민정음자차서(訓民正音字次序)」, 「종성합중성위자지례(終聲合中聲爲字之例)」, 「중성해(中聲解)」[{원도(圓圖)}, {방도(方圖)}, {상형(象形)}, {벽흡(闢翕)}, {정중성표(定中聲標)}]

⑤「종성해(終聲解)」[{상수(象數)}, {등위(等位)}, {분섭(分攝)}, {음섭종성(音攝終聲)}, {팔성(入聲)}, {어사종성(語辭終聲)}, {총설(總說)}, {절운(切韻)}, {역대운서(歷代韻書)}]

⑥「광운삼십육자모(廣韻三十六字母)」

⑦「운회삼십오자모(韻會三十五字母)」

⑧「홍무정운삼십일자모(洪武正韻三十一字母)」

⑨「운해삼십육자모(韻解三十六字母)」

⑩「개구정운제일장(開口正韻第一章)~사장(四章)」

⑪「중성금속지변(中聲今俗之變)」

⑫「아국운삼성총도(我國韻三聲總圖)」[{초성(初聲)}, {중성(中聲)}, {종성(終聲)}]

⑬「일본운삼성총도(日本韻三聲總圖)」[{초성(初聲)}, {중성(中聲)}, {종성(終聲)}]

이를 성리학의 역학 이론에 따라서 성운학으로 풀이하고 있는데, 이곳의 기술은 거의 대부분 한어(漢語)에 해당하는 내용으로 되어 있다. 조선과 일본의 삼성(三聲)에 관해서는 ⑫「아국운삼성총도(我國韻三聲總圖)」와 ⑬「일본운삼성총도(日本韻三聲總圖)」에 제시되어 있다. 전체적으로 보면 중국, 한국, 일본의 한자음에 관한 기술의 균형이 잘 맞는다고 볼 수는 없지만 형식상으로는 한중일의 한자음을 모두 기술 대상으로 하고 있다는 점을 알 수 있다.

그런데 이렇게 한어(漢語)에 관한 기술이 집중이 되는 것은 두 가지로 접근해 볼 수 있다. 첫째는 신경준이 관찰하고 기술하고자 한 주된 대상이 한어(漢語)였음을 보여 주는 것임을 보여 주는 것으로 이해해 볼 수 있다. 둘째 한자음을 살피고 운도를 만들기 위해서는 연구 방법론이 필요한데 그것은 중국의 성운학(聲韻學)에서 온 것이고 이 성운학은 역학(易學)과 밀접한 관련을 맺으므로 이를 소개하는 과정이 한어(漢語)에 관하여 기술하는 것과 중복되는 것으로 이해해 볼 수 있다.

이런 체재로 되어 있는 것은 『훈민정음 해례(訓民正音 解例)』에 한어(漢語)에 관한 기술이 있기는 하지만 국어에 관한 것이 관심의 대상이었고, 이곳에 일본어에 관한 것을 다루어지지 않았음을 비교하면 체재상으로는 별 관련성이 없다. 다만 중국, 조선, 일본의 한자음 관련 기술을 하는 데에 '훈민정음'이라는 개념 또는 술어를 쓰고 있다는 점에서 보면 '훈민정음'을 어떤 의미로 사용했는지에 관해서는 생각해 볼 바가 충분히 있다고 하겠다.

3. 기술 내용의 분석과 이해

3.1. 「경세성음수도(經世聲音數圖)」 및 「율려창화도(律呂唱和圖)」

가장 먼저 운해(韻解)〈1ㄱ〉이라는 권수제가 제시되어 있다. 이 제목을 어떻게 이해해야 할지는 『운해(韻解)』를 전체적으로 고찰을 하여 결론을 내려야 할 것이지만 운(韻)이 가리키는 것이 어느 언어의 음인지를 밝히는 것이 관건이 된다고 하겠다.

이어서 「경세성음수도(經世聲音數圖)」〈1ㄱ〉이 제시되어 있는데, 이것은 {양률창(陽律唱)}과 {음려화(陰呂和)}로 구성되어 있다. 즉 이는 음양(陰陽)과 관련이 있는 것으로 음양오행에 따른 성운에 관한 이해의 시작을 보여 주는 것이라 하겠다. {양률창(陽律唱)}은 1성(一聲)부터 10성(十聲)까지 일월성신(日月星辰)에 해당하는 내용이 제시되어 있고, {음려화(陰呂和)}는 1음(一音)부터 12음(十二音)까지 수화토석(水火土石)에 해당하는 내용이 제시되어 있다. 이어서 이 도(圖)에 관한 이해를 돕기 위한 것으로 {원성음지수(原聲音之數)}〈3ㄱ〉과 {각성중운서소례종성지수(各聲中韻書所隷終聲之數)}〈3ㄴ〉이 순차적으로 실려 있다.

다음으로 「율려창화도(律呂唱和圖)」〈5ㄱ〉이 제시되어 있는데, 여기에서는 1성(一聲)과 1음(一音)에 관한 것만 제시되어 있고, 이어서 {율려창화성음유자표자지수(律呂唱和聲音有字標者之數)}〈5ㄴ〉이 기술된 다음 {훈민정음도해서(訓民正音圖解敍)}〈6ㄴ〉이 기술되어 있다. 이 {훈민정음도해서(訓民正音圖解敍)}에는 (2)와 같이 세종이 훈민정음을 지었으며, 그 예는 반절(反切)의 뜻을 취하였고, 모양은 교역(交易)과 변역(變易)을 이용하였고, 일배지법(一倍之法)을 더하였으며, 문자를 나타내는 데에 쓰인 점과 획은 매우 간단하지만 청탁벽흡(淸濁闢翕)이 초성, 중성, 종성의 음에 찬연하게 온전히 드러나 있다고 기술되어 있다.

(2) {훈민정음도해서(訓民正音圖解敍)}의 훈민정음 관련 기술

우리나라에 예로부터 항간에서 사용해온 문자가 있지만 그 수가 충분히 갖추어져 있지 않고 그 형상이 일정한 법도가 없어서, 한 나라의 말을 형용하기에 부족함이 있고 한 나라의 쓰임을 갖추기에는 부족함

이 있었다. 정통(正統) 병인(丙寅)년에 우리 세종대왕께서 훈민정음(訓民正音)을 창제하셨는데, 그 체례는 반절의 뜻을 취한 것이고, 그 모양은 교역(交易) · 변역(變易)과 하나를 더하는 방식을 쓴 것이며, 그 문자는 점과 획이 매우 간단하고 청탁 · 벽합은 초중종의 소리가 찬연히 갖추어져 드러났다.[2]

그런데 이런 훈민정음의 창제와 훈민정음 창제에 이용된 원리, 문자로서의 특성 등을 언급하기에 앞서 우리나라에 예전에 사용되던 문자가 있었다는 언급이 있어 주목된다. 예전에 사용되던 이 문자는 수효도 충분하지 않았고 모양도 일정한 법이 없는 등 부족하여 한 곳의 말을 적어 내기에도 부족하였고 한 곳에서의 쓰임만 갖추었다와 같은 기술이 되어 있다. 이런 문자의 사용이 훈민정음의 창제와 관련이 되는 것임을 내용 전개상 어렵지 않게 알 수 있다.

그런데 훈민정음 창제 이전에 쓰이던 이 옛 속용 문자가 무엇인지에 관해서는 이두(吏讀)를 가리키는지 전혀 다른 문자를 가리키는 것인지 분명하지 않다는 해석이 이루어진 바 있다(강신항 1967: 28-29). 실제로 이곳에서는 훈민정음 창제 이전에 쓰이던 옛 속용 문자가 무엇인지 명시적으로 드러나지 않는다. 그렇지만 뒤에 제시된 「종성해(終聲解)」의 {어사종성(語辭終聲)}에는 신라의 이두에 관한 기술이 되어 있고, 구체적인 예로 '이온(是乎)', '들로(等以)', 'ᄒᆞᅀᆞᆸ거온(爲白去乎)' 등을 들고 있다. 그러한바 우리나라에서 예전에 사용되던 문자의 실체가 바로 이와 같은 이두였음을 알 수 있다.

---

2 『韻解』, 「訓民正音圖解敍」, "東方舊有俗用文字, 而其數不備, 其形無法, 不足以形一方之言, 而備一方之用也. 正統丙寅, 我世宗大王製訓民正音, 其例, 取反切之義, 其象, 用交易 · 變易 · 加一倍之法, 其文, 點畫甚簡, 而淸濁 · 闢翕, 初中終音聲, 燦然具著."

이어서 「구국소서팔자(九國所書八字)」〈7ㄱ〉이 제시되어 있다. 이것은 "명왕신덕사이함빈(明王愼德四夷咸賓)"을 9개 나라의 문자로 쓴 것을 제시한 것이다. 이에 해당하는 나라는 서천[西天, 인도], 여직[女直, 여진], 달단[韃靼, 몽골], 고창[高昌, 토번(위구르)], 회회[回回, 아라비아], 서번[西番, 서장(티베트)], 백이[百夷, 타이타우(미얀마의 일부)], 면전[緬甸, 미얀마], 팔백[八百, 미얀마와 태국 접경 지역국]이다. 그리고 일본(日本)이 부(附)로 실려 있다. 이처럼 부로 실린 일본의 한자음에 관한 운도나 맨 나중에 제시되어 있는 것을 어떻게 이해해야 할지도 관심사라 생각된다.

3.2. 초성(初聲)

1) 「초성도(初聲圖)」, {층위(層位)}

초성에 관한 기술은 「초성도(初聲圖)」〈8ㄱ〉에서부터 이루어져 있다. 「초성도(初聲圖)」는 [그림 1]과 같은 형태로 제시되어 있다.

「초성도(初聲圖)」는 중앙에 놓인 'ㅇ'으로 표시된 태극(太極)이 자리하는 것에서부터 시작한다. 이 자리에 궁(宮)이 오고 여기에서 북동쪽의 'ㆁ'으로 간 후 동남쪽의 'ㆆ'으로 이동한 후 남서쪽의 'ㅎ'으로 이동한 후, 서북쪽의 'ㆅ'으로 이동한 다음에 서쪽으로 이동하여 각(角), 북쪽으로 이동하여 치(徵), 동쪽으로 이동하여 상(商), 남쪽으로 이동하여 우(羽)로 가게 된다. 그리고 각 오음(五音) 내에서는 오른쪽에서 왼쪽으로 이동하게 된다.

이는 오방(五方)의 개념과 관련된다. 즉 중앙인 궁(宮)을 기준으로 하여 북(北), 남(南), 동(東), 서(西) 네 곳이 한데 어울려 다섯 개의 방위가 만들어지기 때문이다. 이는 뒤에서 다룰 『오방원음(五方元音)』의 「자학원류(字學源流)」에서 상세히 볼 수 있다. 그리고 『훈민정음 해례』에서도 초성과 중성에 대하여 음양오행방위지수(陰陽五行方位之數)가 있다는 언급이 있고 이에 관하여 상세히 기술되어 있다.

여기에서 술어 사용과 관련하여 전통적으로는 성모를 조음 위치로 구별할 때에는 칠음(七音)이든 오음(五音)이든 아·설·순·치·후·반설·반치(牙·舌·脣·齒·喉·半舌·半齒) 또는 아·설·순·치·후(牙·舌·脣·齒·喉)로 하는데 이렇게 하지 않고 각·치·상·우·궁·반치·반궁(角·徵·商·羽·宮·半徵·半宮)과 같이 하고 있다는 점이 눈에 띈다. 이는 『훈민정음 해례』의 기술과는 차이가 있다.

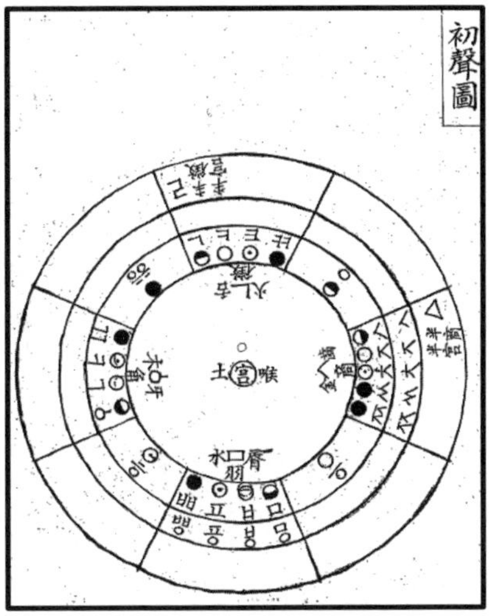

[그림 1] 『운해』의 「초성도」

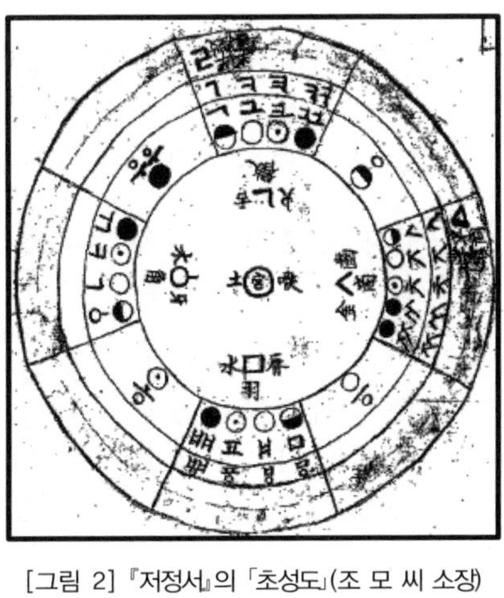

[그림 2] 『저정서』의 「초성도」(조 모 씨 소장)

중국의 운도 가운데에서 이렇게 각·치·상·우·궁·반치·반궁(角·徵·商·羽·宮·半徵·半宮)의 술어를 사용한 것은 『칠음략(七音略)』을 제외하고는 잘 보이지 않는다. 이 술어가 음악에서 칠음계(七音階), 오음계(五音

階)의 체계에서 각 음을 이르는 말임을 생각하여 보면, 음악을 중시하는 성리학적 사고를 드러낸 것이 아닌가 하는 생각이 들기도 한다.

그런데 이 그림에서는 설두음(舌頭音)에 해당하는 'ㄴ(泥), ㄷ(端), ㅌ(透), ㄸ(定)'이 누락되어 있다. 이런 사실은 「초성도(初聲圖)」의 뒤에 오는 「초성배경세수도(初聲配經世數圖)」〈8ㄴ〉 등과 비교하여 어렵지 않게 알 수 있다. 또한 [그림 2]와 같이 이본 중의 하나인 『저정서(邸井書)』에 실린 것과 비교하여 보면 분명히 알 수 있다. 즉 치(徵)의 첫 번째 칸은 설두음(舌頭音)이 들어가야 할 자리가 되며 현재의 설상음(舌上音)은 그 아래 칸으로 이동하는 것이 옳다.

그리고 초성의 청탁(淸濁)은 원 안에 색을 표시하는 방법으로 표시를 하고 있는데, 불청불탁(不淸不濁)은 ◒으로, 전청(全淸)은 ○으로, 차청(次淸)은 ⊙으로, 전탁(全濁)은 ●으로 표시를 하였다. 여기에서도 눈에 띄는 것이 있는데, 그것은 바로 상(商)의 'ㅅ'은 전청(全淸)인데도 ◒으로 표시하고 있다는 것이다. 이런 처리는 성운학의 분류와는 거리가 있다. 그런데 이런 처리는 『강희자전(康熙字典)』에서 심모(心母)를 ◐(다수), ◓(일부), ◑(일부), ◒(일부)로 나타내고 있는 것과 유사함이 있다. 이와 같은 처리가 이루어진 것은 한어(漢語) 성모 체계에서 치음(齒音)에서만 불청불탁이 없는 불균형을 해소하기 위한 동기에서 말미암은 것이 아닌가 생각된다.

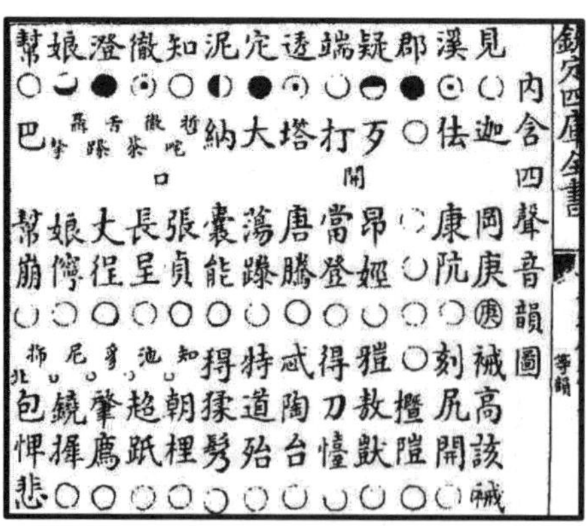

[그림 3] 『강희자전』의 청탁 표시의 예

이렇게 도형을 이용한 청탁의 표시는 『강희자전(康熙字典)』에서도 보이는 것과 유사하다. 『강희자전(康熙字典)』에서는 [그림 3]에서 볼 수 있듯이 전청(全淸)은 ○, 차청(次淸)은 ⊙, 전탁(全濁)은 ●으로 표시되어 있어서 『운해(韻解)』와 동일한 도형으로 청탁을 표시하고 있다. 다만 (3)에서 보듯이 불청불탁(不淸不濁)은 다음과 같이 양상이 한결같지는 않은 모습을 보인다.

(3) 『강희자전(康熙字典)』의 불청불탁의 도형 표시

① 의모(疑母) : ◓
② 니모(泥母) : ◐
③ 낭모(娘母) : ◒
④ 명모(明母) : ◑(주), ◒(일부), ○(일부)
⑤ 미모(微母) : ◓
⑥ 유모(喩母) : ◑(주), ◐(일부)
⑦ 래모(來母) : ○
⑧ 일모(日母) : ◓(주), ◒(일부)

이런 편차는 어떤 운도(韻圖)에 제시되어 있느냐에 따라서 같은 성모라 하더라도 다른 도형으로 표시되어 있는 경우도 있어서 도형의 사용이 고정되어 있지는 않다. 그러나 신경준은 기호를 일정하게 사용하고 있다.

이 「초성도(初聲圖)」에서 태극(太極), 오음(五音), 초성(初聲)이 어느 자리에 놓이느냐는 초성의 뒷부분에 제시된 {층위(層位)}에 기술된 내용과 관련지어서 이해해 볼 수 있는 것이다. 이에 순서를 바꾸어 {층위(層位)}〈14ㄴ〉에 해당하는 내용을 먼저 다루도록 하겠다. {층위(層

位)}의 내용은 표나 그림의 제시가 없이 글로만 서술되는 형태로 이루어져 있다.

이곳 {층위(層位)}는 다섯 방위의 방위 개념이 들어가 있는 것인데, 오음(五音)의 생성 순서(제1층, 제2층), 각 조음 위치의 기준이 되는 소리[3]가 만들어지는 순서(제3층), 세부 조음 위치의 차이로 분화되는 소리가 만들어지는 순서(제4층), 조음 방법에 따라 분화되는 소리가 만들어지는 순서(제5층)을 보인 것으로 이해된다. 여기에서 제4층과 제5층은 그 성격이 혼합되는 경우도 있을 수 있다. 이를 표로 정리하여 보면 다음과 같다.

〈표 1〉 초성의 층위

층위	오음	오행	방위	층위	초성
제1층	宮	土	中央	제3층	ㅇ(未方) ㆆ(戌方) ㅎ(丑方) ㆅ(辰方)
제2층	角	木	東方	제3층	ㆁ ㄱ ㅋ ㄲ
제2층	徵	火	南方	제3층	ㄴ ㄷ ㅌ ㄸ
				제4층	ㄴ ㄷ ㅌ ㄸ
				제5층	ㄹ
제2층	商	金	西方	제3층	ᄼ ᅐ ᅔ ᄽ ᅑ
				제4층	ᄾ ᅒ ᅕ ᄿ ᅓ
				제5층	ㅿ
제2층	羽	水	北方	제3층	ㅁ ㅂ ㅍ ㅃ
				제4층	ㅱ ㅸ ㆄ ㅹ

이처럼 〈표 1〉과 같이 표시된 내용을 가지고 층위(層位)의 개념을 이해하기란 여간 어렵지 않다. 그런데 이를 「초성도(初聲圖)」와 관련

3 이를 『훈민정음 해례』식으로 표현하면 기본자라고 할 수 있다.

지어 보면 이해가 참으로 수월해진다는 것을 알 수 있다. 〈표 1〉에서 제1층에 해당하는 것은 [그림 1]과 [그림 2]의 「초성도(初聲圖)」에서는 원의 한 가운데에 위치하는 것으로 이곳에 놓인 '궁(宮)'이 이에 해당한다. 제2층은 오음(五音) 중 '각(角)', '치(徵)', '상(商)', '우(羽)'에 해당하는 것으로 이 '궁(宮)'을 둘러싸고 있는 것의 위치가 된다. 제3층은 이에서 바깥으로 하나 더 나간 초성[聲母]에 해당하는 것이고, 제4층은 이보다 하나 더 바깥으로 나간 초성에 해당하는 것이고, 제5층은 원의 가장 바깥쪽에 자리한 초성에 해당하는 것이다.

이를 한어 음운사(漢語音韻史)와 관련지어 이해를 해 보면 흥미로운 것을 알 수 있다. 그것은 성모가 단일한 계열을 유지하고 있는 것은 모두 제3층에 들어가게 되지만, 분화를 겪어 계열이 나뉜 것은 본래의 성질을 유지하고 있는 성모의 경우는 제3층에 들어가게 되지만, 새로운 성질을 갖게 된 성모의 경우는 제4층에 들어가게 된다는 것이다. 즉 설음(舌音)이 설두음(舌頭音)과 설상음(舌上音)으로 분화되었고, 순음(脣音)이 순중음(脣重音)과 순경음(脣輕音)으로 분화되었고, 치음(齒音)이 치두음(齒頭音)과 정치음(正齒音)으로 분화되었는데, 이 중 본래의 성질을 그대로 유지하고 있는 설두음(舌頭音), 순중음(脣重音), 치두음(齒頭音)은 제3층에 놓이고, 새로운 성질을 갖게 된 설상음(舌上音), 순경음(脣輕音), 정치음(正齒音)은 제5층에 놓이게 된다.

그리고 오음(五音)의 분류에서는 반(半)으로 명명되어 순수한 성질을 지니지 못하는 반설음(半舌音), 반치음(半齒音)은 모두 제5층으로 분류된 것이다. 이런 제5층은 오음(五音)의 분류에 따라서는 정확히 설음(舌音)과 치음(齒音)에 해당하는 것이라 하기는 어렵다는 점에서 가장 층이 낮은 것으로 배치된 것이라 이해된다. 이렇게 보게 되면

[그림 1]에서 원이 쳐져 있는 '궁(宮)'에서부터 실선의 개수를 세어서 알 수 있는 원의 개수가 5개인 것과 층위(層位)의 개수는 일치한다는 것을 알 수 있다. 이런 점에서 [그림 2]에서 살짝 지워진 원이 하나 있는 것은 잘못을 수정하기 위한 것임을 알 수 있다. 이를 말끔하게 수정하여 [그림 1]에서는 원이 정확히 그려져 있다.

2) 「초성배경세수도(初聲配經世數圖)」

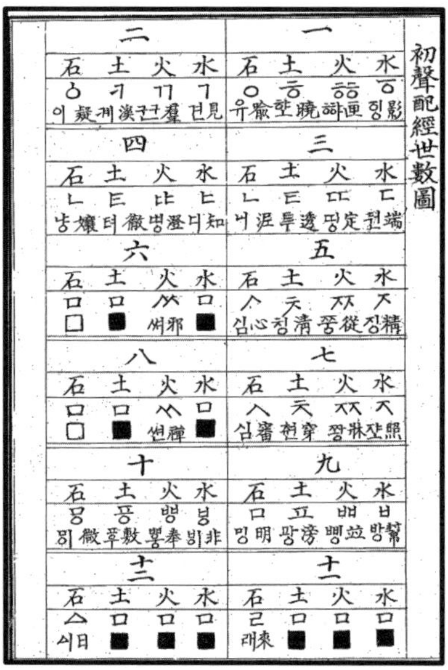

[그림 4] 「초성배경세수도」

다음으로 「초성배경세수도(初聲配經世數圖)」〈8ㄴ〉이 제시되어 있다. [그림 4]와 같이 이것은 수(數)와 관련지어 오행(五行)과 초성(初聲)을 어떻게 이해할 수 있는 것인지를 제시한 것이다. 여기에서는 초성을 12로 분류하여 제시하고 각 초성을 '수(水)', '화(火)', '토(土)', '석(石)'의 청탁(淸濁)에 따라 나누어 제시하고 있다. 이런 방식은 「황극경세성음창화도(皇極經世聲音唱和圖)」에서 '음(音)'을 12음으로 나누어 제시하고 각 음에 해당하는 청탁(淸濁)을 '청수(淸水)', '탁화(濁火)', '청토(淸土)', '탁석(濁石)'으로 나누어 제시하고 있는 것과 같다. 여기에서 볼 수 있는 특징적인 바는 다음과 같다.

첫째, 표시된 성모는 모두 36개이다. 따라서 36 성모 체계를 반영한 것이라 하겠다. 이에 따라서 설두음과 설상음의 구별, 순중음과 순경음의 구별, 치두음과 정치음의 구별이 이루어져 있다.

둘째, 성모의 이름을 훈민정음으로 표시한 것을 보면 한어(漢語)의 음을 표시하였음을 어렵지 않게 알 수 있다. 이 중에서 '匣햫'는 입성 운미의 소실을 보여 주어 한어(漢語)의 음운 변화가 반영되어 있다. 그러나 설상음의 정치음화는 반영되어 있지 않다. 또한 전탁(全濁) 성모의 소실을 반영하고 있지 않다. 이런 점에서 볼 때 한어(漢語)의 음운 변화가 선택적으로 반영되어 있다는 것을 알 수 있다.

셋째, 성모의 훈민정음 표시에서 설상음을 위한 'ㄷ', 'ㅌ', 'ㄷㄷ'와 같은 변형된 초성의 사용이 보여서 특징적이다. 치두음과 정치음은 이전부터 행해지던 방법으로 구분되어 있다. 다만 'ㄴ'만은 설두음과 설상음의 초성으로는 구별되지 않는다. 이것은 설음(舌音)이 분화를 한 다음에도 니모(泥母)와 낭모(娘母)(냥모(孃母))의 구별이 실질적이지 않았음을 반영한 것으로 보인다.

넷째, 훈민정음의 표기에서 '曉햪', '照쟢'와 같이 운미 /-u/를 지니고 있는 것을 표기할 때에는 홍무정운역훈식(洪武正韻譯訓式)의 표기법을 쓰지 않고 국속찬자지법(國俗撰字之法)에 따른 표기를 하고 있다.

3) 「초성해(初聲解)」

「초성해(初聲解)」는 {자모분속(字母分屬)}〈9ㄱ〉, {칠음해(七音解)(출원음통석(出元音通釋))}〈9ㄴ〉, {오음소속(五音所屬)}〈10ㄱ〉, {상형(象形)}〈10ㄱ〉, {상순설(象脣舌)}〈10ㄴ〉, {사음개자궁생(四音皆自宮生)}〈11ㄱ〉, {오음변성(五音變成)}〈12ㄱ〉, {변사(辨似)}〈14ㄱ〉, {층위(層位)}〈14ㄴ〉,

{청탁(淸濁)}〈15ㄱ〉에 해당하는 내용으로 기술되어 있다.

{칠음해(七音解)}에는 협주에 '출원음통석(出元音通釋)'과 같은 내용이 실려 있다. 이곳의 '원음통석(元音通釋)'이란 것을 강신항(1967: 80)과 이상규 · 천명희(2018: 339-340)에서 언급한 바와 같이 박성원(朴性源)의 『화동정음통석운고(華東正音通釋韻考)』(1747)의 「七音出聲(칠음출성) 출원음통석(出元音通釋)」의 내용과 공통된 것이 있다. 그런데 이 둘의 영향 관계에 대해서는 강신항(1967)에서는 신중한 입장을 취하고 있는 반면에 이상규 · 천명희(2018)에서는 신경준이 박성원의 기술에 직접적인 영향을 받은 것으로 다룬 바 있다. 이곳의 내용은 칠음(七音)이 발음되는 위치와 발음되는 방법에 관한 것이다. 곧 조음음성학적인 설명이 이루어지고 있는 것이다.

외견상 『화동정음통석운고(華東正音通釋韻考)』의 범례에 보면 이곳 {칠음해(七音解)}에 실린 부분과 같은 취지를 담고 있고 내용도 거의 차이가 없는 것이 실려 있다는 점에서 신경준이 박성원의 기술에 영향을 받았을 가능성은 충분히 있다고 하겠다. 하지만 『화동정음통석운고(華東正音通釋韻考)』에서도 출원음통석(出元音通釋)과 같이 『원음통석(元音通釋)』이란 것에서 가져온 것이라고 하고 있는 것을 보면, 이 텍스트를 신경준이 직접 보고 가져왔을 수도 있다.

여기에서 관건이 되는 것이 운서(韻書) 정도로 추정되는 『원음통석(元音通釋)』이라는 것이 과연 무엇이고 이 책의 어떤 내용을 참고하거나 받아들인 것인지를 알아야 한다는 것이다. 그래야 박성원과 신경준이 중시하였던 내용이 무엇인지 구체적으로 파악할 수 있을 것이다. 이를 확인할 수 있다면 『화동정음통석운고(華東正音通釋韻考)』가 『운해(韻解)』에 미친 영향을 구체적으로 논의할 수 있을 것이다.[4] 그런데 종래의 연구에서는 이에 관한 자세한 논의가 없다.

이에 책명에 '원음(元音)'이 들어가 있는 것으로 『오방원음(五方元音)』이라는 것이 있는데, 조선에서 유통된 이 책 가운데에 한글로 한자음이 주기되어 있는 『오방원음 훈민정음 음해본(五方元音 訓民正音 音解本)』과의 관계를 생각하여 보고자 한다. 이 『오방원음 훈민정음 음해본(五方元音 訓民正音 音解本』)에 관해서는 곽효운(2009, 2012a, 2012b)에서 상세히 다루어진 바 있다.

『오방원음(五方元音)』은 청대(淸代)에 명(明)의 유민이었던 번등봉(樊騰鳳)이 순치(順治) 11년과 강희(康熙) 12년(1654~1673) 사이에 편찬한 것으로 보인다(趙蔭棠 1984: 289, 곽효운 2012a: 43, 심소희 2013: 238, 247). 따라서 정확한 편찬 연대는 알 수 없다. 이 『오방원음(五方元音)』은 강희(康熙) 49년(1710)과 옹정(雍正) 5년(1727)에 연희요(年希堯)에 의해 증보되었다. 이 가운데에 1710년 증보본은 서울대학교 규장각에 소장되어 있고, 1727년 증보본은 고려대학교에 소장되어 있다. 따라서 이 둘은 조선에 들어와 유통되었음을 알 수 있다. 『오방원음(五方元音) 훈민정음 만주어 음해본』은 필사본으로 김방한 선생께서 소장하던 것인데 이것이 전남대학교 중앙도서관에 기증되어 현재는 이곳에 소장되어 있다. 이에 관하여 곽효운(2009)에서는 『오방원음(五方元音) 훈민정음 만주어 음해본』을 『화동정음통석운고(華東正音通釋韻考)』 및 『한청문감(漢淸文鑑)』과의 관계를 모색하여 이 책의

---

4 이렇게 보는 것은 후술하겠지만 『운해(韻解)』의 정음과 『화동정음통석운고(華東正音通釋韻考)』의 정음이 일치하지 않는 것이 있어서이다. 그 차이는 『홍무정운역훈(洪武正韻譯訓)』의 음을 어느 정도 따르느냐에 있는 것으로 보인다. 이런 점에서는 도리어 『운해(韻解)』는 이보다 1년 뒤에 나온 홍계희(洪啓禧)의 『삼운성휘(三韻聲彙)』(1751)와 일치하는 정도가 훨씬 높다.

편찬 연대를 영조대인 18세기 중엽으로 추정하였다.

곡효운(2009, 2012a)에서는 『오방원음(五方元音) 훈민정음 만주어 음해본』에 보이는 '◇'의 사용이 『화동정음통석운고(華東正音通釋韻考)』에서 표음을 하는 용도로 사용된 것을 주목하여 『오방원음(五方元音) 훈민정음 만주어 음해본』이 『화동정음통석운고(華東正音通釋韻考)』에 미친 영향을 제기한 바 있다. 그런데 『오방원음(五方元音) 훈민정음 만주어 음해본』에서 보이는 '◇'의 용도와 『화동정음통석운고(華東正音通釋韻考)』에서 보이는 '◇'의 용도에는 차이가 있다.

『오방원음(五方元音) 훈민정음 만주어 음해본』에서는 '◇'는 20 자모(字母) 가운데에 와모(蛙母)의 '문(文), 만(晩), 은(恩), 안(安)' 등의 글자를 표시하는 데에 쓰이고 있다. 이들의 근대음 성모 정보를 보면 '蛙・恩・安[영모(影母)]'와 같이 후음(喉音)의 영모(影母), '文・晩[미모(微母)]'와 같이 순경음(脣輕音)의 미모(微母)에 해당하는 것이다. 실제 음해(音解) 부분에서의 표음 양상을 살펴보면 '완 晩・挽[미모(微母)]', '완 彎・玩・綰・頑[영모(影母)]', '완 鯇・萑[갑모(匣母)]', '안 諳・鵪・鶕・揞・俺・案・暗・犴・岸[영모(影母)]', '안 豻[의모(疑母)/갑모(匣母)?]' 등의 양상이 보인다. 이를 통해서 '◇'는 20 자모(字母)에서 제시된 영모(影母), 미모(微母)를 나타내는 데에 쓰이고 있을 뿐 아니라 일부 갑모(匣母)의 글자를 표음하는 데에도 쓰이고 있음을 볼 수 있다.

이에 반해서 『화동정음통석운고(華東正音通釋韻考)』에 쓰인 '◇'은 오로지 미모(微母)만을 나타내는 데에만 쓰인 것으로 차이가 있다. 즉 『오방원음(五方元音) 훈민정음 만주어 음해본』에서는 '◇'을 통해서 여러 성모를 표음하고 있어서 근대음 이후의 성모의 변화 양상이 반영되어 있는 것으로 보인다. 그러나 『화동정음통석운고(華東正音通釋

韻考)』에서는 미모(微母)만을 표시하는 기능을 지니므로 엄연히 표음 문자의 운용에서 차이가 있다. 이처럼 '◇'의 기능에서의 차이점이 있으므로 성모의 표음에 이전의 문헌에서는 볼 수 없었던 '◇'을 사용하는 양상이 공통적으로 나타난다는 것을 근거로 하여 『오방원음(五方元音) 훈민정음 만주어 음해본』과 『화동정음통석운고(華東正音通釋韻考)』와의 관계를 단정하는 것은 상당한 위험 부담이 따른다.

이어서 『오방원음(五方元音)』과 『화동정음통석운고(華東正音通釋韻考)』와 『운해(韻解)』의 기술 내용의 관련성을 생각하여 보겠다. 『오방원음(五方元音)』에서는 『화동정음통석운고(華東正音通釋韻考)』와 『운해(韻解)』의 {칠음해(七音解)}에서 보이는 것과 같은 내용을 포함한 기술 내용이 전혀 보이지 않는다. 즉 칠음(七音)이 만들어지는 과정에 관하여 『화동정음통석운고(華東正音通釋韻考)』 및 『운해(韻解)』와 관련지어 생각해 볼 만한 부분이 발견되지 않는 것이다. 그렇지만 전체적인 내용 이해를 바탕으로 핵심적인 내용을 받아들였을 가능성이 있다. 그러므로 성모(聲母)와 관련된 기술에서 『운해(韻解)』와 비교하여 볼 수 있는 부분을 찾아서 살펴볼 필요성이 있다.

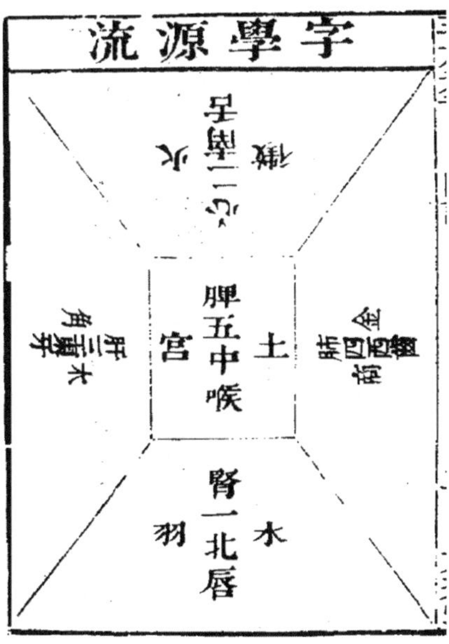

[그림 5] 『오방원음』의 「자학원류」

『오방원음(五方元音)』에 보면 [그림 5]에서와 같은 '자학원류

(字學源流)'가 제시되어 있다. 이를 [그림 1]에서 보인 『운해(韻解)』의 「초성도(初聲圖)」에서 볼 수 있는 오음(五音), 오행(五行)과 비교하여 보면 궁(宮), 치(徵), 각(角), 상(商), 우(羽)의 방위와 토(土), 목(木), 화(火), 금(金), 수(水)의 오행(五行)이 잘 대응한다는 것을 알 수 있다. 또한 『운해(韻解)』의 「초성도(初聲圖)」에서는 제시되어 있지는 않지만 『운해(韻解)』의 {자모분속(字母分屬)}에서 "궁토음(宮土音)은 비장(脾臟)에서 나왔다", "각목음(角木音)은 간장(肝臟)에서 나왔다", "치화음(徵火音)은 심장(心臟)에서 나왔다", "상금음(商金音)은 폐장(肺臟)에서 나왔다", "우수음(羽水音)은 신장(腎臟)에서 나왔다"와 같은 기술에서 볼 수 있듯이 오음(五音)을 오장(五臟)과 관련되는 것인지를 기술한 부분의 내용과도 잘 대응한다. 따라서 이런 내용은 『오방원음(五方元音)』을 박성원이나 신경준이 참고하였을 가능성이 있음을 생각하게 한다고 하겠다.

그런데 『오방원음(五方元音)』과 『운해(韻解)』는 오음(五音)의 설명 순서에서 상당한 차이를 보인다. 『오방원음(五方元音)』에서는 오음(五音)을 ① 순음목신우(脣音木腎羽), ② 설음화심치(舌音火心徵), ③ 치음금폐상(齒音金肺商), ④ 아음목간각(牙音木肝角), ⑤ 후음토비궁(喉音土脾宮)의 순서로 설명하고 있다. 즉 '우(羽) → 치(徵) → 상(商) → 각(角) → 궁(宮)'의 차례로 되어 있는 것이다. 이는 조음 기관 바깥에서부터 안으로 들어오는 순서로 제시되어 있는 것이라 하겠다. 그런데 이것은 「자학원류(字學源流)」에서 숫자의 제시 순서가 '① 우(羽) → ② 치(徵) → ③ 각(角) → ④ 상(商) → ⑤ 궁(宮)'으로 제시되어 있는 것과는 꼭 같지는 않다.

그런데 『운해(韻解)』에서는 {칠음해(七音解)}에서 ① 각성(角聲), ② 치성(徵聲), ③ 상성(商聲), ④ 우성(羽聲), ⑤ 궁성(宮聲), ⑥ 변치(變徵), ⑦ 변궁(變宮)의 순서로 제시되어 있다. 이어서 {오음소속(五音所屬)}에서는 ① 宮: 坤(卦)二(數)方未(方位)秋(季節)濁(音)土(器), ② 角: 震(卦)三(數)卯(方位)春(季節)濫(音)竹(器), ③ 徵: 离(卦)九(數)午(方位)夏(季節)哀(音)絲(器), ④ 商: 兌(卦)七(數)酉(方位)秋(季節)鏗(音)金(器), ⑤ 羽: 坎(卦)一(數)子(方位)冬(季節)讙(音)革(器)[5]와 같은 순서로 제시되어 있다. {칠음해(七音解)}와 {오음소속(五音所屬)}에서 오음의 제시 순서만을 생각하면 각(角)을 맨 앞에 제시할 것이냐 궁(宮)을 맨 앞에 제시할 것이냐에서만 차이가 있을 뿐이지 '각(角) → 치(徵) → 상(商) → 우(羽)'의 순서는 같다. 이는 조음 기관 안쪽에서부터 바깥쪽으로 나가는 순서를 띠고 있다.

이런 『운해(韻解)』의 오음(五音)의 제시 순서와 『오방원음(五方元音)』의 제시 순서는 조음 기관 안쪽에서 바깥으로 나가면서 오음을 제시하고 설명하고 있느냐, 반대로 조음 기관 바깥쪽에서 안쪽으로 들어오면서 오음을 제시하고 설명하고 있느냐의 차이라고 하겠다. 따라서 그 순서가 반대로 되어 있다고 하겠다. 즉 실제 오음(五音)에 관한 기술 내용에서는 편차가 큰 것이다.

이와 같이 「초성해(初聲解)」에 보이는 '출원음통석(出元音通釋)'이라고 하고서 기술된 내용은 『오방원음(五方元音)』에는 아예 제시되어 있지도 않다. 그리고 성모(聲母)와 관련된 기술에서 보이는 관련성도 오음(五音), 오행(五行)에 관한 것을 제외하면 오음의 제시 순서에서는

---

5 원래 이곳은 '기(氣)'로 되어 있는데, 다른 부분과의 관계를 고려할 때 이것은 '기(器)'의 잘못으로 판단되어 수정하여 제시하였다.

차이가 크다. 이런 점에서 볼 때 『오방원음(五方元音)』이 '원음통석(元音通釋)'에 해당하는 것이라 하기는 어려운 것으로 생각된다.

'상순설(象脣舌)'은 소리를 낼 때에 입술의 움직임과 혀의 작용을 말한 것이다. 이는 현대적인 관점에서 본다면 능동부에 해당하는 입술과 혀의 역할을 설명한 것이다. 이는 바로 앞에서 기술한 칠음의 조음 위치와 조음 방법에 해당하는 것에 관한 기술에 이어서 음성적인 기술을 한 것이라 하겠다. 따라서 연관성이 높은 기술이라고 하겠다.

그런데 이곳에는 이해하기 힘든 기술이 되어 있기도 하다. 이곳에서는 'ㅅ'을 설명하면서, 'ㅅ'을 소리낼 때 '㇒(왼쪽)'을 발음할 때에는 입술을 왼쪽으로 조금 기울이고 '㇔(오른쪽)'을 발음할 때에는 입술을 오른쪽으로 기울인다고 하고 있다. 이는 굉장히 특징적인 기술인데, 'ㅅ'을 조음할 때에 입술을 적극적으로 사용하지도 않을 뿐더러 조음 도중에 입술이 움직인다고 하기도 어렵다. 이런 점에서 이런 설은 받아들이기 힘든 것이다.

그러함에도 이와 같은 기술이 이루어진 것은 아마도 'ㅅ'의 자형에 이끌린 것으로 보인다. 『훈민정음 해례』에 따르면 'ㅅ'는 이의 모양을 본떠서 만들어진 것이다. 따라서 이것은 조음 기관의 움직임은 직접적으로 글자의 모양에 반영되어 있다고 하기 어렵다. 또한 꺾인 부분이 있기는 하지만 이것이 단절 또는 분리 가능성을 의미하는 것도 아니다. 그러하므로 이 부분은 신경준이 『훈민정음 해례』를 보지 않았거나, 보았다고 한다면 신경준이 독자적인 설을 펼친 것이라 하겠다.

{사음개자궁생(四音皆自宮生)}에서는 모든 자모가 궁(宮)의 'ㅇ'에서 왔다는 설을 제시하고 있다. 이는 앞에서 다룬 「초성도(初聲圖)」와 {층위(層位)}와 관련지어 이해해 볼 수 있는 것이다. 즉 궁(宮)의 가장

기본이 되는 글자가 'ㅇ'이므로 이렇게 설명할 수 있다고 본 것이다. 이런 기술은 텍스트 내적으로는 일관성이 있는 것이라고 하겠다.

이에 해당하는 부분을 가져와 보면 "① ㅇ은 자서(字書)에서 말하되 음이 王權切(원)이라고 하였으니 천(天)의 체(體)이며 하나이면서도 둘이니 정음(正音)의 'ㅇ'은 이치를 이로부터 취한 것인가." "② ㅇ, ㄴ, ㅅ, ㅁ은 각각 ㅇ의 일체(一體)를 얻어서 이루어진 것이다. ㅇ의 ㅣ는 ㅇ의 (을 바로 편 것이며 ㄴ은 ㅇ의 ◟ 이 굽은 것이고, ㅅ은 ㅇ의 ⌒ 을 꺾은 것이고, ㅁ은 ⌒ ◡ 을 합한 것이다.", "③ 대개 ㅇ으로부터 ㆁ이 비로소 생김은 ㆁ은 그 바탕이 ㅇ과 가깝고 그 자리가 종가의 맏아들의 위치인 까닭이다."를 들 수 있다.

여기에서 ②의 'ㅇ의 ㅣ'는 옛이응의 위에 있는 꼭지를 말하는 것으로 보인다. 자형상으로 'ㆁ'과 'ㅇ'은 유사하고 소리 면에서도 유사성이 있지만, 글자를 만든 원리상으로는 이 둘은 아무런 관계가 없다. 그리고 ②와 같은 기술은 『훈민정음 해례』의 제자해의 설명과는 너무도 거리가 멀다. 따라서 이것만 보고 판단해 본다면 신경준은 『훈민정음 해례』를 보지 않았거나, 보았다고 한다면 이와는 달리 신경준이 독자적인 설을 펼친 것이라 하겠다.

이와 같은 설을 펼친 것은 신경준이 역학(易學)의 이론에 따라서 하나의 변형이 일어나 새로운 소리가 만들어지고 그러면서 소리들이 서로 연결이 되어 가는 과정을 원리적으로 설명하기 위한 것이 아닌가 생각된다. 이렇게 생각되는 것은 다음에 기술할 바와 같이 변성(變成)을 통해 소리의 형성을 설명하는 시각을 신경준이 지니고 있어서이다.

{오음변성(五音變成)}에서는 각자 병서로 표기되는 소리인 전탁음을 차청음의 변음으로 처리하는 태도가 눈에 띈다. 이는 "ㅇ이 변하여 위

에 一가 더해지면 ㆆ가 되고 ㆆ가 변해서 위에 一가 더해지면 ㅎ가 되고 ㅎ가 변하여 나란히 쓰이면 ㆅ가 되는데 이는 궁이 변한 것이다. ㅇ이 변하여 위에 一가 더해지면 ㄱ가 되고 ㄱ이 변하여 위에 一가 더해지면 ㅋ가 되고 ㅋ가 변하여 나란히 쓰이면 ㄲ가 되는데 이는 각이 변한 것이다. ……[6]"와 같이 기술되어 있는 것에서 볼 수 있다.

이는 차청음이 변해서 전탁음이 된 것으로 여기는 것으로, 전청음이 엉겨서 전탁음이 된다고 보고 전탁의 배치도 전청에 바로 이어서 하고 있는 『훈민정음 해례』에서의 처리와는 성격이 다른 것이다. 『운해(韻解)』에서는 다른 조음 위치의 것도 이런 방식으로 설명하고 있다.

이때 전탁음을 유성 장애음으로 볼지 경음으로 볼지가 문제가 된다. 만일 전탁음을 유성 장애음으로 본다면 격음이 유성 장애음이 되는 것을 어떻게 변성으로 설명할 수 있을지가 의문이다. 격음은 유성음 사이에서 어떤 경우든 유성음이 되는 경우가 없이 본래의 음가를 유지하므로, 격음이 유성음이 된다고 하는 견해는 성립하기 어렵다.

그렇다면 격음이 경음으로 변성된다고 보았다고 판단하는 것이 자연스러워 보인다. 현대 국어에서 '폭발(爆發)'이 [폭빨]은 물론이고 [폭팔]로도 발음되는 경우가 비일비재함을 참고로 하여 보면 격음과 경음이 대치되는 것은 충분히 가능성이 있다. 격음과 경음을 변별적 자질로써 이해하여 보면, 격음은 [+긴장성, +유기성]을 지니나 경음은 [+긴장성, -유기성]을 지니는 것으로, 이 둘은 [유기성]에서만 값의 차이를 보인다. 이런 음운론적 대립을 고려하여 보면 변성이라는 것은

---

6 『韻解』, 「五音變成」, "ㅇ變而加一於上爲ㆆ, ㆆ變而加一於上爲ㅎ, ㅎ變而竝之爲ㆅ, 此宮之變者也. ㅇ變而加一於上爲ㄱ, ㄱ變而加一於爲ㅋ, ㅋ變而竝之爲ㄲ, 此角之變者也. ……"

차청음이 변해서 경음이 된 것이라고 생각해 볼 수도 있다.

그러나 한편으로는 경음은 이곳의 [+긴장성, -유기성]을 지니는 격음이나 [-긴장성, -유기성]을 지니는 평음 어느 쪽에 더 가깝다고 단정할 수 없다. 따라서 경음은 격음과 평음 중 어느 쪽에 가깝다고 단정하여 말할 수 있는 것은 아니라 하겠다. 이런 점에서 볼 때, 신경준의 기술이 『훈민정음 해례』의 기술과는 다르다고 해서 주관적인 것이라고만 하기는 어렵다는 것을 생각할 필요가 있다.

이런 점을 고려할 때 신경준이 격음이 변성되어 경음이 된다고 한 것은 『운해(韻解)』에서 초성의 제시 순서를 성운학에서 말하는 전청→차청→전탁으로 가져간 것과의 관련성을 생각해 봄직하다. 즉 이와 같은 전통적인 성모 배열 순서에 따른 인식이 영향을 주어서 격음과 경음 사이의 관계를 생각한 것이 아닌가 한다. [그림 1]에서 성모를 제시한 순서를 보면 신경준은 불청불탁→전청→차청→전탁의 순서로 가져가고 있음을 볼 수 있다.[7]

그리고 'ㆁ'은 『훈민정음 해례』에서는 이체자(異體字)로 처리된 것인데 이곳에서는 'ㆁ'이 변해서 된 것으로 설명하여 차이를 보인다. 이런 특징적인 인식은 'ㄹ', 'ㅿ'에 대해서도 나타난다. 'ㄹ'에 관해서는 "치와 상은 또 변하여 궁과 함께 사귀면 ㄹ이 되는데 이것은 'ㄴ'와 'ㆁ' 두 소리를 겸한다.[8]"와 같이 'ㄴ'과 'ㆁ'의 소리와 관련지어 설명하고 있고, 'ㅿ'에 관해서는 "상이 또한 변하여 궁과 함께 사귀면 ㅿ이 되는데 이

---

7 하지만 이런 제시 순서는 [그림 4]의 「초성배경세수도(初聲配經世數圖)」와는 차이를 보인다. 그렇기는 하지만 이곳의 배열은 오행의 제시 순서를 고려한 것이라 볼 수 있다. 따라서 이런 문제는 구조적으로 발생할 수밖에 없는 성격을 지니는 것으로 이해해 볼 수도 있을 것이다.

8 『韻解』, 「五音變成」, "徵商又變而與宮交爲ㄹ, 兼ㄴㆁ兩聲."

것은 '시'와 '이'의 두 소리를 겸한다.[9]"와 같이 'ㅅ'과 'ㅇ'의 소리와 관련지어 설명하고 있다. 이는 음운 변화로 인한 소리의 양상을 기술한 것으로 본래의 소리의 형성에 관한 것이라고 보기는 어렵다.

또한 'ㅱㅸㆄㅹ'에 대해서는 "대개 'ㅁ, ㅂ, ㅍ, ㅃ'은 입술을 합하여 소리를 만드나, 'ㅱ, ㅸ, ㆄ, ㅹ'를 만들 때에는 입술을 합하되 완전히 합하지 않고 공기를 불어 소리를 내기 때문에, 그 빈 고리점 'ㅇ'은 입술을 합치지 않고 공기를 부는 것을 본뜬 것으로, 이것은 우(羽)가 다시 변한 것이다.[10]"와 같이 기술을 하여 입술이 완전히 다물어지지 않음을 보이고 있으나 목구멍소리가 들어간다는 언급은 보이지 않는다. 따라서 『훈민정음 해례』의 기술과는 다르다고 하겠다. 또한 'ㅇ'을 후음(喉音)인 'ㅇ'으로 보지 않고 빈 고리점[空圈]으로 처리하고 있다는 점도 차이가 있는 것이다. '빈 고리점[空圈] ㅇ'은 단지 부호의 느낌만을 줄 뿐이지 소리로 연결해서 이해하기는 어려워 보인다. 이런 설명은 초성의 모양이 같게 나타나더라도 실제 소리의 결합으로 'ㅱ, ㅸ' 등을 표시할 수 없다는 점에서 음운론적인 방식의 설명이라고 하기가 어렵다.

{변사(辨似)}는 비슷한 것을 변별하는 것의 의미를 지니는데, 이곳에서는 설상음 대 정치음, 순중음 대 순경음의 변별에 관하여 기술하고 있다. 이 중 설상음 대 정치음은 한어(漢語)에서는 합류가 되어 구별되지 않는 것이다. 이에 반해 국어 한자음에서는 기본적으로 구별되는 것이지만 3등자에서만 구별되지 않는 것이다. 따라 한어(漢語)

---

9 『韻解』, 「五音變成」, "商又變而與宮交爲ㅿ, 兼시이兩聲."

10 『韻解』, 「五音變成」, "盖ㅁㅂㅍㅃ合脣作聲, 而ㅱㅸㆄㅹ之時, 將口合勿合吹氣出聲, 故其空圈ㅇ, 乃不合吹氣之象也, 此羽之再變者也."

와 국어의 양상은 차이가 있는 것이다. 순중음 대 순경음의 변별은 반대의 경우이다. 이 둘은 국어 한자음에서는 아예 구별이 없는 것이다. 이에 반해서 한어(漢語)에서는 니모(泥母)와 낭모(娘母)의 구별을 제외하고 나머지는 모두 구별이 되는 것이다. 따라서 이 또한 한어(漢語)와 국어의 양상이 다른 것이다. 이를 고려하면 순중음과 순경음의 섞임은 국어 한자음에서는 아예 없던 것이므로 이 둘을 구별하는 것은 불가능한 것이 되어 아예 문제 삼을 필요가 없는 것의 성격을 지닌다. 이런 점에서 볼 때 비슷한 것의 변별은 국어 한자음에서가 아니라 한어(漢語)에서 문제가 되고 해결책을 찾는 것이 필요한 것이라 보는 것이 타당하다.

다만 우리나라에서의 설음과 치음의 사용과 관련하여 관서(關西)와 영남(嶺南)에서는 설음을 많이 쓰고, 호남(湖南)과 호서(湖西)에서는 치음을 많이 쓴다는 것은 국어 한자음의 구개음화와 관련한 의미 있는 기술로 보이는 것이다. 그런데 영남이 설음을 많이 쓴다는 것은 실제 국어사 자료에서는 영남이 일찍이 구개음화의 발생 및 확산을 보여 준다는 점과 비교하여 보면 의외의 기술이라 하겠다. 이런 점에서 강신항(1967: 38)에서도 사실과 어긋나는 기술로 다룬 바 있다.

그렇다면 이를 어떻게 해석해야 할지가 고민이다. 추측컨대 영남에서는 유학이 발달하고 이로 인해 경서 등을 읽으면서 한자음의 본음에 관한 인식이 강해지고 본음(本音)을 존중해야 한다는 의식이 강해진 결과로 규범음(規範音) 사용을 많이 하거나 지향한다는 것을 기술한 것이 아닐까 생각된다.

{청탁(淸濁)}에서는 순청(純淸), 차청(次淸), 전탁(全濁), 반청반탁(半淸半濁)이라는 술어의 사용이 눈에 띈다. 여기에서 심모(審母)를 반청

반탁(半淸半濁)에 넣고 있는데 이것은 굉장히 이채로운 처리이다. 반청반탁(半淸半濁)과 더불어 차탁(次濁)이란 말도 쓰고 있는데, 이곳에 'ㅅ'을 넣은 것도 이채로운 처리이다. 이와 관련하여 신경준은 심모(心母)와 심모(審母) 둘이 『정운(正韻)』에서는 전청(全淸)에 들어가나 가만히 생각하여 보면 반청반탁(半淸半濁)이 되는 것이 마땅하다고 기술하고 있다.

이곳에서 그가 말하는 『정운(正韻)』이 가리키는 것이 무엇인지를 밝히는 것이 신경준이 이용한 운서 또는 운도가 어떤 것이었는지를 살피는 데에 관건이 된다. 또한 반청반탁(半淸半濁)이란 용어의 사용이 눈에 띈다. 이 용어는 흔히 불청불탁(不淸不濁)이란 용어 또는 차탁(次濁)이란 용어가 쓰이고 있는 것에 비하면 널리 쓰이지 않는 용어를 채택하고 있는 것이다. 이에 관해서는 뒤에서 다시 다루기로 하겠다.

3.3. 중성(中聲)

1) 「중성도(中聲圖)」

중성은 「중성도(中聲圖)」〈16ㄱ〉으로부터 중성에 관한 내용이 제시되어 있다. 이것은 [그림 6]에서 보듯이 16개의 중성을 제시한 것이다. 앞의 초성의 {층위(層位)}에서와 같은 분석 방법이라면 중성은 3개의 원을 그리게 되므로 3개

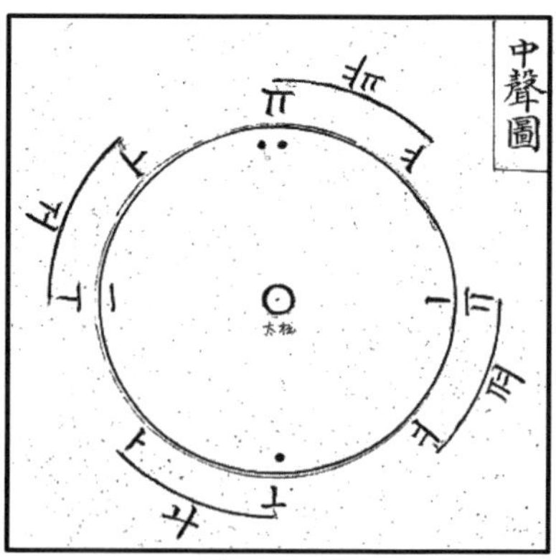

[그림 6] 「중성도」

의 층위를 이루는 것으로 이해하여 볼 수 있다.

이 「중성도(中聲圖)」의 아래에는 모두 32개의 중성을 개구(開口, 정운(正韻)), 제치(齊齒, 부운(副韻)), 합구(合口, 정운(正韻)), 촬구(撮口, 부운(副韻))으로 분류하여 제시해 놓은 표를 제시하고 있다. 이에 해당하는 것이 아래의 〈표 2〉이다. [그림 6]과 〈표 2〉를 비교하여 보면 [그림 6]에 제시된 중성은 어느 하나의 성격으로만 말하기가 어렵다.

첫째, 안쪽에서 첫 번째 원에 있는 'ㆍ', 'ㅡ', 'ᆢ', 'ㅣ'는 ㉠에 해당하는 것으로 개합(開合)으로 구분할 때 개구(開口)에 해당하는 것들이다. 둘째, 바깥의 첫 번째 원에 있는 'ㅗ', 'ㅏ', 'ㅜ', 'ㅓ', 'ㅛ', 'ㅑ', 'ㅠ', 'ㅕ'는 ㉡과 ㉢에 해당하는 것으로 성격을 어느 하나로 단정하여 말하기가 어렵다. 그러나 『훈민정음 해례』에 따라서 이해를 해 보면 초출자(初出字)와 재출자(再出字) 묶음의 성격을 지닌다. 셋째, 맨 바깥의 원에 있는 'ㅘ', 'ㅝ', 'ᆇ', 'ᆏ'는 ㉣에 해당하는 것으로 합구(合口)의 합용 병서에 해당하는 것이라 하겠다.

〈표 2〉「중성도」에 제시된 중성

<table>
<tr><td></td><td>④</td><td>③</td><td>②㉢</td><td>①㉠</td><td></td><td></td></tr>
<tr><td rowspan="2">正韻</td><td>ㅐ</td><td>ㆎ</td><td>ㅏ</td><td>ㆍ</td><td rowspan="2">開口</td><td rowspan="2">⑤</td></tr>
<tr><td>ㅔ</td><td>ㅢ</td><td>ㅓ</td><td>ㅡ</td></tr>
<tr><td rowspan="2">副韻</td><td>ㅒ</td><td>ᆢㅣ</td><td>ㅑ</td><td>ᆢ</td><td rowspan="2">齊齒</td><td rowspan="2">⑥</td></tr>
<tr><td>ㅖ</td><td>ㅣㅣ</td><td>ㅕ</td><td>ㅣ</td></tr>
<tr><td colspan="3"></td><td>㉣</td><td>㉡</td><td></td><td></td></tr>
<tr><td rowspan="2">正韻</td><td>ㅙ</td><td>ㅚ</td><td>ㅘ</td><td>ㅗ</td><td rowspan="2">合口</td><td rowspan="2">⑦</td></tr>
<tr><td>ㅞ</td><td>ㅟ</td><td>ㅝ</td><td>ㅜ</td></tr>
<tr><td rowspan="2">副韻</td><td>ᆈ</td><td>ㆉ</td><td>ᆇ</td><td>ㅛ</td><td rowspan="2">撮口</td><td rowspan="2">⑧</td></tr>
<tr><td>ᆑ</td><td>ㆌ</td><td>ᆏ</td><td>ㅠ</td></tr>
</table>

이런 사호(四呼)는 중고음(中古音) 때에는 본격적으로 발달하지 않았던 개합(開合)에 관한 이해인데, 이런 틀을 가지고서 중성을 開口(개구 정음), 齊齒(개구 부음), 合口(합구 정음), 撮口(합구 부음)으로 보았는데 이런 틀은 종래의 태도에서는 보이지 않는 바이다. 이것이 신경준의 논의가 이전과 차별화되는 가장 큰 부분 중에 하나이다.

이와 같은 사호(四呼)에 관한 기술은 『화동정음통석운고(華東正音通釋韻考)』에서도 잘 보이지 않는다. 또한 최석정의 『경세훈민정음(經世訓民正音)』(1701~1715 사이)에서도 논설에 해당하는 곤편(坤篇)에서 'ㅑ', 'ㅣ', 'ㅕ', 'ㅡ'를 개구(開口)로 'ㆇ', 'ㅛ', 'ㆊ', 'ㅠ'를 합구(合口)로 제시하고 있어서 개합(開合)으로만 나누고 있지 사호(四呼)에 대한 인식이나 기술을 보여 주지는 않는다. 이처럼 18세기에 조선에서 편찬된 음운서에서는 보이지 않는 기술이 신경준의 기술에서 나타나는 점을 볼 때 신경준은 상당한 정도로 명청대(明淸代) 이후의 중국의 성운학의 흐름을 파악하고 있었던 것으로 보인다.

그렇다면 구체적으로 중국에서 이루어졌던 어떤 기술과 관련지어서 생각하여 볼 수 있는지를 살펴볼 필요가 있다. 앞서 기술한 바와 같이 「초성해(初聲解)」의 {칠음해(七音解)}에는 '출원음통석(出元音通釋)'이란 말이 제시되어 있는데, 이때의 원음(元音)과 관련성이 있을지도 모르는 『오방원음(五方元音)』을 보아도 이곳에는 사호(四呼)에 관한 설명을 전혀 볼 수 없다. 그리고 이곳에 제시된 운목(韻目)은 모두 '天', '人', '龍', '羊', '五', '獒', '虎', '駝', '蛇', '馬', '豺', '地'와 같이 12개이다. 이것은 『운해(韻解)』에서 운모로 모두 10개의 성(聲)을 제시하고 있는 것과는 거리가 있다. 그리고 『강희자전(康熙字典)』(1716)에서도 사호(四呼)에 관한 기술은 잘 보이지 않는다.

사호(四呼)에 관한 기술은 이광지(李光地) 등이 어명을 받아 편찬한 『음운천미(音韻闡微)』(1715)에서 보이기 시작하는 듯하다. 이곳의 「범례(凡例)」를 보면 다음과 같이 개합(開合)이 개구(開口), 합구(合口), 제치(齊齒), 촬구(撮口)로 재편되는 것에 관한 기술이 명시적으로 등장한다.

(4) 『음운천미(音韻闡微)』 「범례」의 개합(開合) 및 사호(四呼) 관련 기술

① 자모를 배열하는 데에 각기 등급과 차례가 있어서 견(見)과 계(溪)의 여러 자모 아래에 1, 2, 3, 4자를 이어두었으니 곧 그 등급이다. 역대 운보는 대개 4등으로 나누었기에 세속에서 '등운(等韻)'이라고 부른다. 소옹(邵雍)의 『황극경세서(皇極經世書)』에서는 개발수폐(開發收閉)의 4음으로 나누었으니 곧 4등의 뜻을 나타낸 것이다. 이제 그 옛것을 그대로 따른다.[11]

② 운에 따라 음이 변하는 것은 각각을 부르는 법이 있는데, 옛날에는 개합 이호(二呼) 4등으로 나누었다. 근래에 음을 살핀 자들이 개구호에서 다시 제치호를 분류하고 합구호에서 다시 촬구호를 분류하여 매 호마다 두 개 등급으로 경중을 구분하였다. 이호를 (운보)의 한 폭에 배치하고 모두 4등으로 각 운목에 상세하게 추가하였으나 그 실상은 다르지 않은 것이다. 지금 매 운 안에서 개구호, 제치호, 합구호, 촬구호로 나누어 주석을 달고, 각각 약간의 음으로써 운모를 살펴 음을 나눈 근거로 삼고 호법이라고 하였다.[12]

---

11 『音韻闡微』 「凡例」, "排列字母, 各有等第, 見溪諸母下, 係一二三四字, 乃其等也. 歷代韻譜多分四等, 故俗呼等韻. 邵子皇極經世書, 分開發收閉四音, 卽四等之義, 今仍其舊."

12 『音韻闡微』 「凡例」, "依韻變音, 各有呼法, 舊分開合二呼四等. 近來審音者, 於開口呼又分齊齒呼, 於合口呼又分撮口呼, 每呼二等, 以別輕重. 二呼, 同居一幅, 共四等, 名目加詳, 其實無二. 今於每韻內, 分註開口呼齊齒呼合口呼撮口呼, 各若干音, 以爲

이곳의 ①에서 볼 수 있듯이 역대 운보에서는 운모를 4등으로 나누고 불러왔으며 「황극경세성음창화도(皇極經世聲音唱和圖)」에서 개발수폐(開發收閉)의 4음으로 나누었는데, ②에서 볼 수 있듯이 이것을 개합(開合) 이호(二呼)로 4등을 나누어 왔었는데 근래에 심음(審音)을 하던 자가 개구호(開口呼)가 또한 제치호(齊齒呼)로 나뉘고 합구호(合口呼)가 또한 촬구호(撮口呼)로 나뉨을 알아 이름을 붙이고 개구호(開口呼), 제치호(齊齒呼), 합구호(合口呼), 제치호(齊齒呼)로 주를 달았다는 것이 분명히 기록되어 있다.

이곳의 『음운천미(音韻闡微)』와 『운해(韻解)』 사이의 직접적인 관련성이 어떤지를 말하기는 어렵다. 그러나 『음운천미(音韻闡微)』에서도 「황극경세성음창화도(皇極經世聲音唱和圖)」를 중시하고 기술하고 있음을 볼 때 『운해(韻解)』와의 공통점은 분명히 지니고 있음을 볼 수 있다. 따라서 신경준이 『음운천미(音韻闡微)』를 직접 보고 참고했는지는 알 수 없으나, 이처럼 중국 음운서에서의 개합(開合) 이호(二呼)와 사호(四呼)에 관한 기술 내용 및 연구 현황을 파악하고 있었던 것은 분명하였던 것이 아닌가 생각된다.

2) 「중성배경세수도(中聲配經世數圖)」

「중성배경세수도(中聲配經世數圖)」〈16ㄴ〉은 [그림 7]과 같이 제시되어 있다. 이것은 일월성신(日月星辰)의 순서에 따라서 중성을 제시하고 있다. 여기에서도 볼 수 있듯이 중성의 표음 대상이 된 한자음은 '캐 開', '개 佳', 'ᄒᆑ 禾', 'ᄒᆒ 靴', 'ᅀᅳᆯ 兒' 등에서 보듯이 한어(漢語)의 음

按母分音之據, 乃呼法也."

이다.

이곳에는 중성으로 모두 10으로 나눈 다음에 각각에 대해서 일월성신(日月星辰)의 순서에 따라서 일(日)에는 기본 중성을 제시한 후 월(月)에는 합구 중성, 성(星)에는 운미 'ㅣ'가 더해진 중성, 신(辰)에는 월(月)에서 제시한 합구 중성에 운미 'ㅣ'가 더해진 중성을 제시하는 형태로 되어 있다. 그리고 홀수인 1, 3, 5, 7, 9는 개구(開口)와 합구(合口), 짝수인 2, 4, 6, 8, 10은 제치(齊齒)와 촬구(撮口)로 이루어진 것들이다. 이처럼 「중성배경세수도(中聲配經世數圖)」를 10개로 편성한 것은 『운해(韻解)』 맨 앞부분의 「경세성음수도(經世聲音數圖)」의 {양률창(陽律唱)}에서 제시한 10개의 성(聲)에 맞춘 것으로 이해된다.

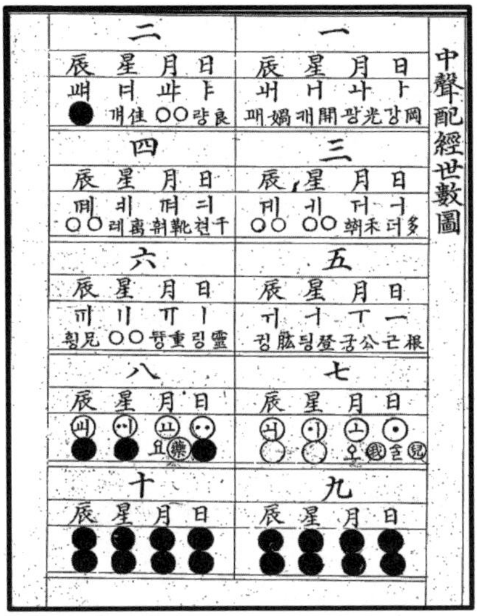

[그림 7] 「중성배경세수도」

이것을 소옹(邵雍)의 「황극경세성음창화도(皇極經世聲音唱和圖)」와 비교하면 두드러진 차이점이 보인다. 그것은 바로 「황극경세성음창화도(皇極經世聲音唱和圖)」에서는 개구(開口)와 합구(合口)만이 나타나는 것과 달리 이곳의 「중성배경세수도(中聲配經世數圖)」에서는 사호(四呼)의 성립을 반영하고 있다는 점이다. 운(韻)을 사호(四呼)로 분류하여 인식한다는 것은 근대 한어(漢語) 이후의 사정을 반영한 것이므로 당연히 송대(宋代)에 나온 「황극경세성음창화도(皇極經世聲音唱和圖)」와는 거리가 있을 수밖에 없다. 이런 사정을 이곳의 「중성배경세수도(中聲配經世數圖)」에서는 언어 현실에 맞게 반영하고 있는 것이다.

그렇지만 한 도(圖) 안에서의 구성 원리에는 눈에 띄는 유사점이 있다. 「황극경세성음창화도(皇極經世聲音唱和圖)」의 1성(聲)은 〈표 3〉과 같이 되어 있는데, 이 가운데 평성(平聲), 상성(上聲), 거성(去聲)은 『운해(韻解)』의 「중성배경세수도(中聲配經世數圖)」의 운용 방식을 그대로 보여 주는 것이다. 그것은 일(日)을 기본자로 하고, 월(月)은 일(日)을 기반으로 한 합구자(合口字)가 제시되고, 성(星)에는 일(日)을 기반으로 한 /-i/ 운미자(韻尾字)가 제시되고, 신(辰)에는 월(月)을 기반으로 한 /-i/ 운미자가 제시되는 것이 같다는 점이다. 즉 〈표 3〉에서 일(日)에 해당하는 '多, 可, 个', 월(月)에 해당하는 '禾, 火, 化', 성(星)에 해당하는 '開, 宰, 愛', 신(辰)에 해당하는 '回, 每, 退'가 이에 정확히 부합하는 경우이다.[13]

〈표 3〉「황극경세성음창화도」의 1성(聲)의 구성

聲	闢翕	平日	上月	去星	入辰
一	闢日	多[歌平開一見]	可[歌上開一溪]	个[歌去開一見]	舌[薛入開三船]
	翕月	禾[戈平合一平]	火[戈上合一曉]	化[麻去合二曉]	八[黠入開三幫]
	闢星	開[哈平開一溪]	宰[哈上開一精]	愛[哈去開一影]	○
	翕辰	回[灰平合一匣]	每[灰上合一明]	退[灰去合一透]	○

13 〈표 3〉에 제시된 보기들에는 이해의 편의를 위하여 히라야마 히사오(平山久雄, 1993)을 따라 음운 정보를 제시하였다. [ ] 안에 제시된 것이 앞에 놓인 보기들의 중고 음운 정보이다.

그런 다음 각 중성 아래에 해당 중성을 대표하는 한자음을 지닌 예를 제시하고 있다. 여기에서 ○과 ●으로 표시된 부분이 있는데, 이들은 우연적 빈칸과 필연적 빈칸을 뜻하는 것으로 볼 수 있다. 그리고 ○과는 달리 ◦ ◦과 같이 표시된 부분이 보이는데, 이 둘의 차이가 무엇을 뜻하는 것인지는 명확하지 않다. 또한 7(七)과 8(八)에서 ㆍ⃝, ㅗ⃝, ㆎ⃝, ㅚ⃝, ᆢ⃝, ㅛ⃝, ᆢㅣ⃝, ㆉ⃝와 같이 중성을 투명한 원으로 감싼 것이 무엇을 뜻하는지도 명확하지 않다.

여기에서 눈에 띄는 중성으로는 6(六)의 월(月)에 해당하는 중성으로 'ㅠ'가 제시되어 있고, 8(八)의 월(月)에 해당하는 중성으로 'ㅛ'가 제시되어 있다는 것이다. 이곳이 중성이 다른 곳의 양상과 평행하게 나타나려면 'ㅟ'와 'ㅚ'가 제시되어야 하나 그렇지 않다. 'ㅟ'는 5(五)의 신(辰)에 해당하는 중성으로 제시되어 있고, 'ㅚ'는 7(七)의 신(辰)에 해당하는 중성으로 제시되어 있다. 이 신(辰)의 자리에 'ㅟ'와 'ㅚ'가 각각 오는 5(五)와 7(七)의 중성을 보건대 자연스러운 것이다.

이를 통해서 볼 때 6(六)의 월(月)의 중성으로 'ㅠ'가 제시되고, 8(八)의 월(月)의 중성으로 'ㅛ'가 제시된 것은 각각 5(五)와 7(七)의 충돌을 피한 것으로 이해된다. 이것은 2(二), 4(四), 6(六), 8(八)이 기본적으로 'ㅣ'를 모두 포함한 중성으로 그렇지 않은 1(一), 3(三), 5(五), 7(七)과 관련을 맺으며 대립하는 것을 드러내는 데에 'ㅟ'와 'ㅚ'가 적합하지 않은 것을 고려한 결과라 하겠다. 따라서 이런 관계로부터 'ㅟ'와 'ㅠ', 'ㅚ'와 'ㅛ'가 음성적으로는 유사한 것이지만 음운론적으로는 구별되는 것이라는 추정을 해 볼 수 있다.

3) 「초성합중성위자지례(初聲合中聲爲字之例)」, 「훈민정음자차서(訓民正音字次序)」, 「종성합중성위자지례(終聲合中聲爲字之例)」

「초성합중성위자지례(初聲合中聲爲字之例)」〈17ㄱ〉은 음절의 구성을 보인 부분이다. 이곳에서는 초성과 중성이 결합하여 음절을 이룰 때의 표기를 어떻게 할 것인지를 제시한 것으로 초성과 중성의 부서법(附書法)을 보인 것이다. 예를 들어 'ㅣ, ㅢ, ㅐ, ㅔ'가 견류(見類)와 결합하여 '기, 긔, 개, 게'와 같은 자가 만들어지고 적음을 보인 것이다.

「훈민정음자차서(訓民正音字次序)」〈17ㄱ〉에서는 훈민정음의 순서가 '가 갸 거 겨 고 교 구 규 그 기 ᄀᆞ'로 제시되어 있다. 이는 『훈민정음 해례』의 순서와는 다르고, 『훈몽자회(訓蒙字會)』 범례의 초중성합용작자례(初中聲合用作字例)와 같은 것이다. 『훈몽자회』에서는 'ㄱ+ㅏ'가 '家'의 한자음과 같은 '가'의 음을 이루고, 여기에 'ㄱ'을 종성으로 써 합하면 '가+ㄱ'이 '各'의 한자음과 같은 '각'의 음을 이룸이 제시되어 있다.

이처럼 『훈몽자회』 범례의 순서와 같기는 하나 '훈민정음자'라고 표현하고 있어서 이름이 다르다. 『훈몽자회』의 초중성합용작자례(初中聲合用作字例)와 같은 취지의 이름은 「훈민정음자차서(訓民正音字次序)」 앞에 기술되어 있는 「초성합중성위자지례(初聲合中聲爲字之例)」라고 하겠다. 이곳에서는 'ㅏ, ㅑ, ㅓ, ㅕ, ㅣ' 등이 초성에 붙어서 '가, 갸, 거, 겨, 기' 등이 됨이 기술되어 있다. 이로써 판단하여 보면 소리의 결합을 훈민정음으로 표현한 것이 아닌가 하는 생각이 든다.

「종성성합중성위자지례(終聲聲合中聲爲字之例)」〈17ㄱ〉에서는 '강'이 응섭(凝攝)이 되고, '간'이 은섭(隱攝)이 되고, '감'이 음섭(音攝)이 됨이 언급되어 있다.

4) 「중성해(中聲解)」

「중성해(中聲解)」〈17ㄱ〉은 {원도(圓圖)}〈17ㄴ〉, {방도(方圖)}〈18ㄴ〉, {상형(象形)}〈18ㄴ〉, {벽흡(闢翕)}〈19ㄴ〉, {정중성표(定中聲標)}〈19ㄴ〉에 해당하는 내용으로 구성되어 있다. 이를 통해서 중성에 관한 설명을 종합적으로 하고 있다고 하겠다.

먼저 {원도(圓圖)}에서는 "가운데의 'ㅇ'는 태극(太極)이고 태극이 움직이면 하나의 양(陽)이 생겨서 'ㆍ'가 된다. 하늘이 하나인 것을 본뜬 것이다. 북쪽에 자리한다. 태극이 고요하여 하나의 음(陰)이 생겨서 'ᆢ'가 되니 땅이 둘임을 본뜬 것이고 남쪽에 자리한다."와 같은 기술이 주목된다. 이와 같은 내용은 『훈민정음 해례』의 제자해(制字解)의 기술과 유사한 면이 많다.

이렇게 해서 만들어진 글자는 16자이다. 이 16자는 〈표 1〉에서 제시한 글자들에 해당한다. 여기에 오른편에 한 획을 세로로 그으면 또 16성이 될 수 있는데 이는 중성이 다시 변한 결과로 설명할 수 있는 것이다.

{방도(方圖)}는 개합(開合)을 정하고 등운(等韻)을 하는 방법에 관하여 다룬 것이다. 이는 〈표 1〉에 관한 설명을 한 것이다.

{상형(象形)}에서는 중성의 상형의 기본 원리와 중성이 만들어진 과정이 소개되어 있다. 이와 관련한 것을 살펴보면 다음과 같다. "①중성 또한 입술, 혀를 본떠서 글자를 만든 것이다. ②'ㆍ'는 발음할 때 혀가 약간 움직이고 입술이 약간 열려 소리는 매우 가볍고 그 기(氣)[내쉬는 숨]이 매우 짧다. ③'ᆢ'는 'ㆍ'를 나란히 한 것인데, 그 소리는 'ㆍ'와 비교하여 무거운 차이가 있고 기(내쉬는 숨)이 'ㆍ'에 비해 길다는 차이가 있다. 대개 'ㆍ', 'ᆢ'는 소리의 시작으로 생긴 것이다.

그 모양이 미미하여 획을 이루는 데에 미치지 못한다. 그러므로 화음(華音)에서는 'ㆍ'와 'ᆢ'로써 중성을 쓰는 것은 오직 '아(兒)'를 2등자로 'ᄉᆢᆯ'로 읽으나 이것은 와전된 것이다. 우리나라의 자음(字音)에서는 'ㆍ'로써 중성을 이루는 것이 많으나 'ᆢ'인 것은 전혀 없으나 오직 방언에서 팔(八)을 'ᄋᆢᄃᆢᆲ'과 같이 말하는 경우뿐이다."와 같은 내용이 소개되어 있다. 이에서 보듯이 'ᆢ'는 한어음에서는 보이지 않고 국어음에서 보이는 소리임을 제시하고 있다.

이처럼 'ᆢ'가 화음(華音)에서는 전혀 없다고 하고 있는데, 실제로 [그림 7]에서 볼 수 있듯이 'ᆢ', 'ᆢㅣ'에는 해당되는 예가 제시되어 있지 않다. 그런데 구조적인 면에서 볼 때 이런 음을 지닌 중성은 존재할 수도 없는 것이었다. 그러므로 이런 점에 기대어 판단하여 보면 이것은 실제 음에 기반하여 필요에 의해서 만들어진 것이라기보다는 역학적 사유를 통해 얻어낸 것이라 하겠다.

여기에서 의문이 제기되는 것이 있다. 그것은 'ᆢ'의 자형을 원리상으로는 'ᆝ'로 하는 것이 우선적으로 고려되는데도 그러지 않았다는 것이다. 또한 'ᆝ'의 결합에 해당하는 것도 'ㅣ'로만 제시하고 있다는 점이 의문이다. 즉 글자를 통해서는 어떤 소리의 결합인지가 도출되기 어려운 자형을 띠고 있는 것이다. 이런 자형의 제시는 최석정이 『경세훈민정음(經世訓民正音)』에서 'ᆝ', 'ᆜ'를 제시하고 있는 것과는 대조적이다.

이 'ᆝ'와 'ᆜ'는 『훈민정음 해례』에서는 "'ㆍ'나 'ㅡ'가 'ㅣ'를 일으키는 소리는 우리나라 말에서 사용되지 않아서, 아동의 말이나, 변야(시골)의 어휘에 간혹 있다면 두 글자를 합하여 사용해야 하므로, 'ᄀᆝ', 'ᄀᆜ'와 같은 예가 된다. 먼저 위에서 아래로 쓰고 나중에 왼쪽에서 오른쪽으로 쓰는 것은, 다른 것과는 같지 않다.[14]"와 같이 아동의 소리나 변방에서 쓰이는 음에 해당하는 중성으로 제시된 바 있는 소리이다.

이런 점에서 볼 때 최석정은 『훈민정음 해례』를 보았을 가능성이 있는 것으로 생각된다. 이에 반해 신경준은 다른 자형을 제시하고 있다는 점에서 『훈민정음 해례』를 보지 못했을 수도 있어 보인다. 하지만 달리 생각해 볼 여지가 있기도 하다. 그것은 신경준이 'ᆝ'의 'ㅣ'를 '·'로 표시하고 있는 것이, 『훈민정음 해례』에서 'ㅣ+ㅗ, ㅣ+ㅏ, ㅣ+ㅜ, ㅣ+ㅓ'로 이루어진 'ㅛ, ㅑ, ㅠ, ㅕ'를 적을 때에 이 속에 들어 있는 'ㅣ'를 '·'로 적도록 한 것과 같은 맥락으로 이해할 수 있어서이다.

이런 점에서 신경준이 최석정과는 중성을 다르게 표시하였다고 하여 『훈민정음 해례』를 보지 않았을 것이라고 단정하기는 어렵다 하겠다. 또한 기술된 내용 가운데에는 『훈민정음 해례』와 유사한 것들이 적지 않게 보인다. 따라서 단순히 예단하기는 어렵고 신중히 접근해 가야 할 문제라 하겠다.

3.4. 종성(終聲)

1) 「종성도(終聲圖)」

「종성도(終聲圖)」에서는 [그림 8]과 같이 일곱 개의 섭(攝)을 제시하고 이를 훈민정음으로 어떻게 표기를 하고, 각 섭(攝)에 해당하는 운(韻)에 어떤 것이 있는지를 보이는 형태로 되어 있다.

---

14 『訓民正音』, 「合字解」, "·一起ㅣ聲, 於國語無用, 兒童之言, 邊野之語, 或有之, 當合二字而用, 如ᄀᆝᄀᆝᆫ之類. 其先縱後橫, 與他不同."

여기에서 단연 눈에 띄는 것은 섭(攝)을 설정하는 데에 기준을 종성(終聲)으로 삼고 있다는 점이다. 이것은 성운학의 전통적인 음절 이분법(二分法)에 따른다면 운모(韻母)를 기준으로 하여 이들의 유사성에 따라서 섭(攝)을 나누게 되는 것과는 성격이 다른 것이다. 즉 『운해(韻解)』에서는 음절을 삼분법(三分法)에 따라서 봄에 따라서 운(韻)과 섭(攝)을 판단하는 기준을 종성으로 가져가게 된 것으로 이해된다.

이로 인해서 종성의 역할이 커지게 되는 결과를 낳게 된 것으로 이해된다. 그래서 종성에 관한 기술을 하면서 중성과 관련된 언급이 계속적으로 이루어지게 되는 양상이 나타나게 되는 모습을 보인다.

또한 「종성도(終聲圖)」는 초성, 중성에 관한 것과 비교할 때 제시된 운(韻)의 음을 표시하고 있지 않다는 점이 차이점이기도 하다. 이런 면은 일관성 면에서는 눈에 띄는 부분이라고 하겠다.

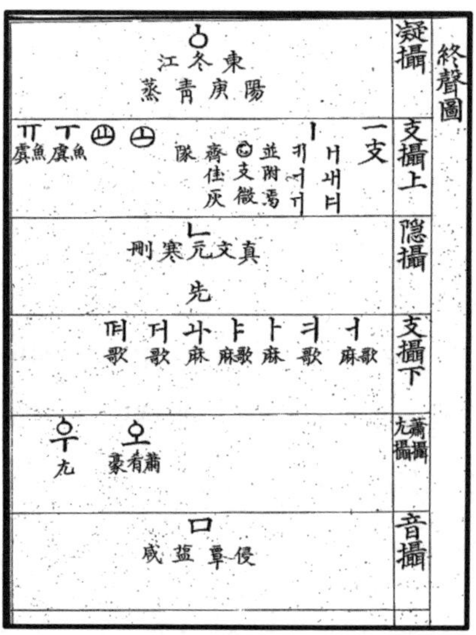

[그림 8] 「종성도」

[그림 8]을 보면 종성은 음성운(陰聲韻) 또는 양성운(陽聲韻)에 해당하는 것이다. 즉 입성운(入聲韻)에 해당하는 것은 보이지 않는다. 이것은 입성을 설정하고 있는 『운해(韻解)』의 틀에서 볼 때 의아할 수도 있겠으나 전혀 그렇지 않다. 그것은 우리가 섭(攝)의 이름을 통해서도 알 수 있듯이 섭(攝)의 이름은 음성운 또는 양성운의 이름으로 되어 있지 입성운의 이름으로 결

정되는 경우는 하나도 없어서이다.

즉 한어 음운학에서 섭(攝)은 음성운(陰聲韻) 또는 양성운(陽聲韻)을 지니는 것으로 나뉘게 되는데, 이들 운(韻)으로 이루어진 섭(攝)은 어떤 것이든 평성, 상성, 거성으로 성조가 나뉘게 된다. 여기에서 양성운의 경우는 입성운과 상배(相配)하게 된다. 즉 운미가 /-m/일 경우에는 /-p/와 상배하고, /-n/일 경우에는 /-t/와 상배하고, /- ŋ /일 경우에는 /-k/와 상배한다. 그러나 음성운일 경우에는 상배하는 입성운이 없다.

이에 따라서 [그림 8]을 이해하여 보면, 응섭(凝攝)의 경우는 상배하는 /-ㄱ/을 포함하고 있는 것으로 이해함이 마땅하고, 은섭(隱攝)의 경우는 상배하는 /-ㄷ/을 포함하고 있는 것으로 이해함이 마땅하고, 음섭(音攝)의 경우는 상배하는 /-ㅁ/을 포함하고 있는 것으로 이해함이 마땅하다. 『운해(韻解)』에서 이와 관련되는 기술은 {입성(入聲)}에서 이루어져 있다.

2) 「종성해(終聲解)」

「종성해(終聲解)」〈21ㄱ〉은 {상수(象數)}〈21ㄱ〉, {등위(等位)}〈21ㄱ〉, {분섭(分攝)}〈21ㄴ〉, {음섭종성(音攝終聲)}〈22ㄱ〉, {입성(入聲)}〈22ㄴ〉, {어사종성(語辭終聲)}〈24ㄱ〉, {총설(總說)}〈24ㄴ〉, {절운(切韻)}〈25ㄱ〉, {역대운서(歷代韻書)}〈25ㄴ〉에 해당하는 내용이 제시되는 양상으로 전개된다.

{상수(象數)}에서는 신경준이 『운해(韻解)』를 지을 때에 어떤 것을 참고하였는지를 엿볼 수 있는 기술이 되어 있다. 이곳에는 "무릇 글자는 반드시 삼성(三聲)이 합해져야 이루어지는 것이어서, 만일 종성

이 없으면 이는 글자를 이루지 못한 것이다.[15] 그러므로 중성이 종성을 겸하였다고 해야 옳고 종성이 없다고 하는 것은 옳지 않다."와 같은 기술이 되어 있다. 이는 종성을 중시하는 여암의 특징적인 태도가 반영되어 있는 것이다. 이곳의 "무릇 글자는 반드시 삼성이 합해져야 이루어지는데, 만일 종성이 없으면 글자를 이루지 못한다."는 다음과 같은 이전 문헌의 기술과도 유사함이 보인다.

(5) "범자필합삼성이성(凡字必合三聲而成)" 관련 이전 문헌의 기술

①『훈민정음 해례』의 「예의(例義)」: 무릇 글자는 반드시 세 개의 성음이 합해져야 한다.[16]

②『훈민정음 해례』의 「합자해(合字解)」: 초성 중성 종성의 삼성이 합해지면 글자를 이루게 된다.[17]

③『사성통해(四聲通解)』 서(序)에 실린 『광운(廣韻)』, 『운회(韻會)』, 『홍무정운(洪武正韻)』의 자모도(字母圖) 제시 이후의 설명: 무릇 글자는 모두 초성, 중성, 종성의 삼성을 지니고 있는데, 반드시 삼성이 아울러 합해진 연후에 하나의 글자를 이룬다.[18]

④『사성통해(四聲通解)』의 권말에 실린 「사성통고 범례(四聲通考 凡例)」 제9조: 무릇 자음은 반드시 종성이 있어야 하므로, 평성의 支·齊·魚·模·皆·灰韻 등의 글자는 마땅히 후음 ㅇ을 종성으로 삼아야 하지만 지금 그러지 않은 것은, 그것이 아음, 설음, 순음의 종성이 아닌 것이 명백하고(주: 즉, 양성 운미와 입성 운미를 지니지 않는 것이 명백하고), 비록 ㅇ으로 보완하지 않더라도 스스로 성음

15 『韻解』, 「終聲解」, "而凡字必合三聲而成, 若無終聲, 則是不成字也."

16 『訓民正音』, 「例義」, "凡字必合三聲音."

17 『訓民正音』, 「合字解」, "初中終三聲合而成字."

18 『四聲通解』, 「序」, "凡字皆有初中終三聲, 必將三聲併合然後, 乃成一字."

하기 때문이다. 상성과 거성의 여러 운도 같다.[19]

{등위(等位)}는 「초성해(初聲解)」에서 본 {층위(層位)}와 유사한 성격을 보이는 것으로 보인다. 이것은 소리가 만들어지는 순서와 원리에 해당하는 것으로 이해된다.

이곳에서는 "'ㅇ'은 하늘을 본뜬 것이라 가장 위에 놓이고 'ㅁ'은 땅을 본뜬 것이라 가장 아래에 놓이며 중성이 종성을 겸한 것은 가운데에 놓이는데, 중성 16을 반으로 나누면 'ㆍ', 'ᆢ', 'ㅡ', 'ㅣ', 'ㅗ', 'ㅛ', 'ㅜ', 'ㅠ' 여덟 개는 위에 놓이는데 그것은 먼저 생겨 소리가 가벼워서이다. 'ㅓ', 'ㅕ', 'ㅏ', 'ㅑ', 'ퟆ', 'ㅝ', 'ㆊ' 여덟 개는 아래에 놓이는데 생성이 뒤이고 소리가 무거워서이다."와 같은 기술이 주목된다. 이곳에는 실제로 중성을 위해 쓰이지 않은 'ㆍ', 'ᆢ', 'ퟆ'가 포함되어 있다. 이것은 앞에 제시한 〈표 2〉에서 굵은 테두리로 표시한 부분에 해당하는 것들이다.

앞의 〈표 2〉는 개구(開口)와 합구(合口)를 정운(正韻)으로 하고, 제치(齊齒)와 촬구(撮口)를 부운(副韻)으로 하는 형식으로 제시되어 있다. 이를 '{등위(等位)}의 기술에서는 개구(ㆍ) → 제치(ᆢ), 개구(ㅡ) → 제치(ㅣ), 합구(ㅗ) → 촬구(ㅛ), 합구(ㅜ) → 촬구(ㅠ)의 순서로 제시한 것이다. 즉 기본이 되는 개구 두 글자를 순차적으로 구개성 개음과 결합한 제치와 관련지어 보인 후에, 개구에 원순성을 더하여 나온 합구 두 글자에 순차적으로 구개성 개음과 결합한 촬구를 관련지어 보

19 『四聲通解』, 「凡例」, "凡字音必有終聲, 如平聲支 · 齊 · 魚 · 模 · 皆 · 灰等韻之字, 當以喉音ㅇ爲終聲, 而今不爾者, 以其非如牙 · 舌 · 脣終之爲明白, 雖不以ㅇ補之, 而自成音爾. 上去諸韻同."

인 것이다. 이 과정을 ①에서 ②의 순서로 한 결과로 제시된 것이 16개의 중성이다.

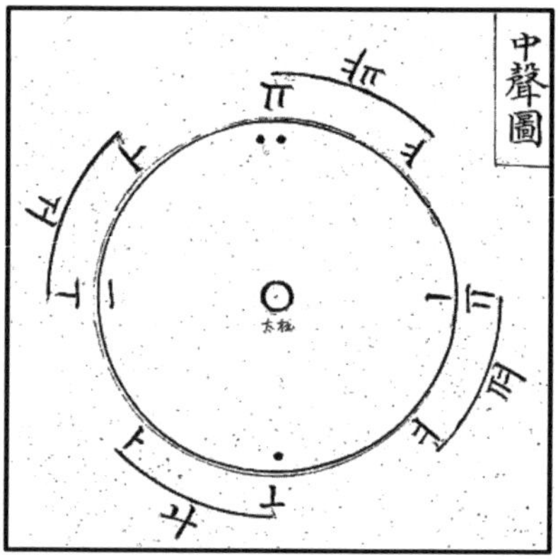

[그림 6] 「중성도」(다시 제시)

이를 앞의 [그림 6]을 다시 가져와서 설명하여 보면 다음과 같다. 먼저 중앙에 있는 태극에서 하늘을 상징하는 ‘ㆍ’가 나오게 되고, 이것에 구개성 개음(介音)이 결합하여 ‘ᆢ’가 나오게 된다. 이어서 땅을 상징하는 ‘ㅡ’가 나오게 되고, 이것에 구개성 개음(介音)이 결합하여 ‘ㅣ’가 나오게 된다. 이 하늘의 ‘ㆍ’에 원순성 개음(介音)이 결합하여 ‘ㅗ’가 나온 후 여기에 구개성 개음(介音)이 결합하여 ‘ㅛ’가 나오게 된다. 이어서 땅의 ‘ㅡ’에 원순성 개음(介音)이 결합하여 ‘ㅜ’가 나온 후 여기에 구개성 개음(介音)이 결합하여 ‘ㅠ’가 나오게 된다. 이런 순서에 따라서 원의 안쪽을 ‘ㆍ’→‘ᆢ’→‘ㅡ’→‘ㅣ’를 돈 후에 원 밖에서 원 안에 있는 글자의 바로 아래쪽을 ‘ㅗ’→‘ㅛ’→‘ㅜ’→‘ㅠ’의 순서로 돎으로써 중성이 순차적으로 만들어지는 것이다.

그런 다음에 ②에 해당하는 과정이 원 밖의 끊어진 선을 따라서 동일한 방법으로 순차적으로 적용되게 되면 ‘ㅏ’→‘ㅑ’→‘ㅓ’→‘ㅕ’→‘ㅘ’→‘ㆇ’→‘ㅝ’→‘ㆊ’가 만들어지게 된다. 원을 도는 전체적인 방향은 시계 방향이다. 이와 같은 선후의 관계와 태극으로부터의 거리를 동시에 고려하여 ‘위에 놓인다’, ‘아래에 놓인다’란 말을 구사하게 된 것으로 생각된다.

[그림 6] 「중성도(中聲圖)」는 개구(정운)인 ‘ㆍ’, ‘ㅡ’, 제치(부운)인 ‘ᆢ’, ‘ㅣ’를 중심으로 하여 중성이 만들어지는 과정과 서로 어울려 합용이 되는 관계를 집합적으로 이해할 수 있도록 해 주고 있다. 이와 같이 {등위(等位)}는 중성 및 중성도(中聲圖)와 관련지어 이해해 볼 수 있는 것이라고 하겠다.

이처럼 이해해 보면 이곳 {등위(等位)}에서 기술되어 있는 ‘가오’, ‘나오’, ‘기우’, ‘느우’, ‘갸’, ‘갸’에서 ‘오/ㅗ’, ‘우/ㅜ’가 선행하는 음절의 중성 또는 선행하는 중성에 따라 달라지는 것을 설명할 수 있는 길이 열린다. 즉, ‘ㅏ’는 ‘ㅗ’와 하나의 집합을 이루는 것이고, ‘ㅑ’는 ‘ᆢ’와 하나의 집합을 이루는데 ‘ᆢ’는 ‘ㆍ’에서 온 것이므로 ‘ㅗ’와 자연스럽게 어울릴 수 있는 것이다. 마찬가지의 이치로 ‘ㅡ’는 ‘ㅜ’와 하나의 집합을 이루고, ‘ㅣ’는 ‘ㅡ’에서 온 것이므로 ‘ㅜ’와 자연스럽게 어울릴 수 있는 것이다.

〈표 2〉에서 ㉠으로 표시된 부분은 ‘ᆢ’를 제외하면 훈민정음의 기본자(基本字)이며, ㉡은 초출자(初出字)와 재출자(再出字) 가운데에 구축(口蹙)에 해당하는 것이고, ㉢은 초출자와 재출자 가운데 구장(口張)에 해당하는 것이다. 따라서 이런 분류 기준을 고려하며 이곳의 기술을 살필 필요가 있다.

{분섭(分攝)}에서는 ① 응섭(凝攝), ② 지섭(支攝) 상, ③ 은섭(隱攝), ④ 지섭(支攝) 하, ⑤ 소섭(蕭攝), ⑥ 우섭(尤攝), ⑦ 음섭(音攝)으로 섭(攝)을 7개로 나눌 수 있음을 보이고 있다. 이를 분류하는 기준은 종성에 있다. ②에 해당하는 것은 종성이 ‘ㅡ, ㅣ, ㅗ, ㅛ, ㅜ, ㅠ’이며, ④에 해당하는 것은 종성이 ‘ㅓ, ㅕ, ㅏ, ㅑ, ㅘ, ㅝ, ㆊ’인 경우이다. ②는 지운(支韻)ㆍ미운(微韻)ㆍ여운(麗韻)ㆍ개운(佳韻)ㆍ회운(灰韻)ㆍ대

운(隊韻)・어운(魚韻)・우운(虞韻)의 여덟 개 운(韻)에 해당하는 것으로, 이들은 중고음의 지섭(止攝), 해섭(蟹攝), 우섭(遇攝)에 해당하는 것이다. ④는 가운(歌韻)・마운(麻韻)의 두 운에 해당하는 것으로, 이들은 중고음의 과섭(果攝), 가섭(假攝)에 해당하는 것이다. ④에서 'ᆑ'와 같은 것이 있음을 보면 이것은 국어 한자음을 대상으로 한 것이 아님이 명백하다.

그런데 이를 『화동정음통석운고(華東正音通釋韻考)』에서 보이는 이들 섭(攝)의 표음 양상과 비교하거나, 「중성금속지변(中聲今俗之變)」 〈50ㄱ〉과 비교하여 보면 일치하지 않는 것들이 눈에 띈다. 그리고 ⑦ 음섭(音攝)은 당시 한어(漢語)로는 설명하기가 어렵다. 그러나 뒤에 오는 {음섭종성(音攝終聲)}을 보면 이것은 당시의 한어(漢語)를 기준으로 한 것이라기보다는 명대(明代)의 한어(漢語)를 기준으로 한 것으로 보이므로 이해가 된다. 아래의 『홍무정운역훈(洪武正韻譯訓)』의 운모체계를 고려할 때 'ᆑ' 등이 잘 대응하는 것으로 보아 『홍무정운역훈(洪武正韻譯訓)』과 관련지어 이해해 볼 수 있다.

(6) 『홍무정운역훈(洪武正韻譯訓)』의 운모(韻母) 체계

1. 동운(東韻): 웅/욱, 융/육, 2. 지운(支韻): 으, 이, 3. 제운(齊韻): 예, 4. 어운(魚韻): 유, 5. 모운(模韻): 우, 6. 개운(皆韻): 애, 얘, 왜, 7. 회운(灰韻): 위, 8. 진운(眞韻): 은/읃, 인/읻, 운/욷, 윤/윧, 9. 한운(寒韻): 언/얻, 원/웓, 10. 산운(刪韻): 안/앋, 얀/얃, 완/왇, 11. 선운(先韻): 연/엳, 원/웓, 12. 소운(蕭韻): 엻, 13. 효운(爻韻)): 앟, 얗, 14. 가운(歌韻): 어, 워, 15. 마운(麻韻): 아, 야, 와, 16. 차운(遮韻): 여, 워, 17. 양운(陽韻): 앙/악, 양/약, 왕/왁, 18. 경운(庚韻): 읭/읙, 잉/익, 욍/윅, 윙/윅, 19. 우운(尤韻): 읗/잏, 20. 침운(侵韻): 음/읍, 임/입, 21. 담운(覃韻): 암

/압, 얍/얍, 22. 염운(鹽韻): 염/엽

{음섭종성(音攝終聲)}에는 화음(華音)에서의 변화에 관한 기술이 되어 있다. 구체적 내용은 다음과 같다.

(7) {**음섭종성(音攝終聲)}의 화음(華音)의 변화 관련 기술**

화음 '俺', '甚', '怎' 석 자 외에는 모두 은섭(隱攝)의 종성 'ㄴ'과 같아서 『절운』에까지 서로 통한다. 우리나라는 ㅁ으로 발음하고 있는데 대개 ㄴ으로써 발음하면 미치지 못하고 ㅁ으로 발음하면 지나치게 되기 때문이다. …… 대개 은섭(隱攝)은 소리를 끝낼 때에 입술을 열고, 음섭(音攝)은 ㄴ으로써 발음하되 소리가 끝날 때 입술을 다문다. 중국의 '全'을 ㄴ으로써 발음하니 이는 자서(字書)를 모르는 이가 하는 것이요 자서에 밝은 자는 그러하지 않는다. 우리나라의 '全'을 ㅁ으로써 발음하는 것은 안에 ㄴ 소리가 포함되어 있음을 알지 못한 것이다. 그렇기 때문에 마땅히 다시 ㄴㅁ의 간음으로 말하여 음섭(音攝)의 종성으로 삼아야 한다. ㅁ의 아랫부분은 이미 ㄴ이고 위에 다시 ㄱ으로 합하였으니 이는 입을 다문 모양이다.[20]

이와 같은 기술 내용이 18세기 무렵의 것이라고 하기는 어렵다. /-m/ 〉 /-n/의 변화는 명대(明代)에 일어난 것으로 보는 것이 일반적이다. 이를 고려한다면 이 부분의 기술은 이미 이전의 음운 변화에 관한 것이라 하겠다. 이를 볼 때 과연 『운해(韻解)』에서 이해하고 설명

20 『韻解』, 「終聲解」, "華音俺·甚·怎三字外, 皆如隱攝終聲之ㄴ, 而至於切韻相通. 東方則以ㅁ呼之, 盖以ㄴ則不及也, 以ㅁ則過也. …… 盖隱攝, 終聲時開脣, 音攝, 以ㄴ呼之, 而聲終時閉脣. 中國之全, 以ㄴ呼者, 是不知字書者之爲也, 明者必不然也. 東方之全, 以ㅁ呼者, 不知內含ㄴ聲者也. 然則宜更說ㄴㅁ之間, 以爲音攝終聲, 而ㅁ之下體, 旣是ㄴ, 上又以ㄱ合之, 是閉口之象也."

하고자 한 화음(華音)이 신경준이 살고 있는 시대의 것인지가 의문이 든다. 이 기술만을 바탕으로 생각하여 본다면 명대(明代)의 것으로 봄이 자연스럽다 할 것이다.

다음으로 {입성(入聲)}의 디귿(池末)['末'자는 우리말로의 뜻으로 읽음으로써 도를 만든다(末字讀以方言之釋故作圖)]와 같이 국어에 해당하는 것은 방언(方言)으로 표시되어 있다는 점을 지적할 필요가 있겠다. 이곳에는 정음 23 초성이라 하고 있고 이 가운데에 8자인 'ㄱ', 'ㄴ', 'ㄷ', 'ㄹ', 'ㅁ', 'ㅂ', 'ㅅ', 'ㅇ'이 종성으로 쓰일 수 있다고 하였다. 그리고 중성과 종성을 두 가지 자로 갖춘 글자는 소리가 길고 중성과 종성을 한 자로써 겸한 것은 소리가 짧으며 그 소리가 짧으면 평성은 거의 입성에 가까운 것이라고 하였다.

여기에서 'ㄱ', 'ㄹ', 'ㅂ', 'ㄷ', 'ㅅ'을 우리나라에서 입성의 종성으로 삼는다고 하면서, 'ㄱ'은 응섭(凝攝) 입성의 종성으로, 'ㄹ'은 은섭(隱攝) 입성의 종성으로, 'ㅂ'은 음섭(音攝) 입성의 종성으로 삼는다는 기술이 되어 있다. 이들이 각각 한 가지가 될 수 있는 것은 각각 각음(角音), 치음(徵音), 우음(羽音)이기 때문이라고 하였다.

그리고 성조의 표시와 관련한 기술이 이루어져 있다. 이에 해당하는 것을 들면, "어떤 이가 말하기를 훈민정음의 청음(淸音), 탁음(濁音), 개구(開口), 합구(合口) 등은 글자 모양만 보아도 알 수 있는데, 평상거입(平上去入)에 한해서만 구별하는 것이 없으니 어찌된 일인가라고 하였는데, 평상거입의 구별은 점을 오른편에 찍어서 표시하는데 평성은 무점(無點)이고 상성은 이점(二點)이고 거성과 입성은 일점(一點)이다."와 같다.

이는 당시에는 방점(傍點)을 사용하지 않고 있었음을 보여 주는데,

이를 해소할 방법을 『훈민정음 해례』를 보고 알게 되었든지 중세 국어 시기에 나온 문헌을 보고 그 원리를 파악한 다음에 이곳에 기술한 듯하다. 그러나 『사성통해(四聲通解)』나 『홍무정운역훈(洪武正韻譯訓)』과의 유사성이 높다는 점을 고려하면 이 중 『홍무정운역훈(洪武正韻譯訓)』에서 보이는 방점 표기를 보고 이런 생각을 하였을 가능성이 있다.

이와 관련하여 참고할 만한 것이 있다. 그것은 18세기에 『평양판 노걸대언해(平壤版 老乞大諺解)』(1763)와 『중간 노걸대언해(重刊 老乞大諺解)』(1795)에서 좌측음을 『홍무정운역훈(洪武正韻譯訓)』의 음(『사성통해(四聲通解)』의 정음(正音)을 홍무정운역훈식으로 표시해 놓았다. 즉 좌측음의 기준이 『홍무정운역훈(洪武正韻譯訓)』의 음으로 바뀌게 된 것이다. 이처럼 홍무정운의 음을 존숭하는 태도가 나타나는데, 이런 분위기와 『운해(韻解)』의 저작이 관련성을 맺고 있는 것이 아닌지 생각해 볼 필요가 있다.

『조선왕조실록(朝鮮王朝實錄)』의 「영조실록」과 「정조실록」의 기사를 살펴보면 다음과 같이 조정 차원에서 『홍무정운(洪武正韻)』에 따라서 한어(漢語)의 음을 정리하는 것이 논의되고 있었음을 볼 수 있다.

(8) 『홍무정운』 관련 「영조실록」의 기사

임금이 대신과 비국 당상을 인견하였다. 좌의정 한익모가 말하기를, "우리나라의 한음(漢音)은 일체 『홍무정운』에 따라 정리하였습니다. 그런데 근래에 속음으로 고쳐 간행하는 바람에 계속 잘못되어 가고 있습니다. 그러니 본음으로 강습하게 하고 곁에다 속음을 기록하여 참고로 하게 하소서." 하니, 영의정 김치인이 말하기를, "속음으로 고쳐 간행한 것은 홍계희가 청하였기 때문인데, 지금 비록 속음으로 강습하더라도 정음을 참고하여 보게 하면 좋을 듯합니다." 하자, 임금이 말하기를, "편리한 방법으로 하도록 하라." 하였다.[21]

-「영조실록」 110권, 영조 44년 4월 24일 신사(辛巳) 2번째 기사, 건륭(乾隆) 33년(1768) -

(9)『홍무정운』 관련 「정조실록」의 기사

돌아온 동지 정사(冬至正使) 황인점(黃仁點)·부사(副使) 홍검(洪檢)을 소견(召見)하였다. 홍검이 아뢰기를, "신이 이번 길에 왕래하며 거친 노참(路站)과 관소(館所)에 머물렀을 때에 역관(譯官)이 저들과 수작하는 말을 들으니, 『홍무정운(洪武正韻)』과 상반되는 것이 많이 있으므로 그 까닭을 물었더니, 연전에 홍계희(洪啓禧)가 연경(燕京)에 갔을 때 관동(關東)의 상호(商胡)가 장사할 때에 쓰는 말을 채집하여 돌아와 정본(正本)을 만들었으므로 구판(舊版)은 버리고 쓰지 않으며, 역원(譯院)의 생도(生徒)를 모두 신음(新音)으로 시취(試取)하고 심지어 문신 전강(文臣殿講)까지도 같은 예로 이것을 쓴다 합니다. 저들의 언어가 모두 잘못된 것을 답습하더라도 책자와 간행(刊行)만큼은 의당 정음(正音)을 취해야 할 것인데, 더구나 저들 중에서 벼슬하는 조정의 귀한 사람과 남방의 한인(漢人)은 오로지 정음을 숭상하지 않습니까? 이제 구본(舊本)을 버리고 신간(新刊)을 취하는 것은 매우 말이 되지 않으니, 대신(大臣)에게 하문하시어 바른 대로 돌아가게 하는 것이 좋을 듯합니다." 하니, 묘당(廟堂)에 명하여 품처(稟處)하게 하였다.[22]

-「정조실록」 9권, 정조 4년 4월 19일 정묘(丁卯) 1번째 기사, 건륭(乾隆) 45년(1780) -

---

21 『英祖實錄』 110권, 영조44년 4월 24일 辛巳 두 번째 기사, "上引見大臣備堂. 左議政韓翼謩奏曰 我國漢音, 一從洪武正韻釐正矣. 年來以俗音改刊, 以訛傳訛, 請以本音講習, 傍錄俗音, 以備參考. 領議政金致仁曰 俗音改刊, 卽洪啓禧所陳請, 而今雖以俗音講習, 亦令參看正音似好矣. 上曰 以順便之道爲之."

22 『正祖實錄』 9권, 정조 4년 4월 19일 丁卯 1번째 기사, "召見回還冬至正使黃仁點·副

(8)과 (9)에서 보듯이 한어음(漢語音)의 정음의 기준이 되는 것이 『홍무정운(洪武正韻)』의 음이었음을 알 수 있고, 한어(漢語)의 변화에 따라서 현실음에 해당하는 속음을 익히고 사용한다고 하더라도 책자를 편찬할 때에는 정음을 참고의 대상으로 삼아 속음을 정음과 비교하여 이해하도록 하는 것이 필요하다는 데에서 신하와 임금의 생각이 일치함을 볼 수 있다. 또한 이런 생각을 영조와 정조가 공통적으로 하였던 것을 알 수 있다.

이를 통해서 알 수 있는 것은 임금과 신하들이 한어음(漢語音)의 정음(正音)과 속음(俗音)에 관한 인식을 상당히 구체적으로 하고 있었다는 것이다. 또한 정음(正音)의 기준이 되는 것을 『홍무정운(洪武正韻)』의 음으로 생각하였을 뿐만 아니라, 이 『홍무정운(洪武正韻)』의 음이 중국 조정에서 고관들과 남방의 한인(漢人)들에 의해서 숭상되었다는 것을 볼 수 있다. 따라서 이 무렵에 정음(正音)을 존중하게 된 것은 조선의 상황뿐만 아니라 중국에서의 상황도 영향을 미친 것으로 보는 것이 자연스러운 것으로 생각된다.

이런 분위기에 따라서 『홍무정운역훈(洪武正韻譯訓)』의 음이 부활하여 쓰이게 된 정황을 이해해 볼 수 있다. 이를 『노걸대(老乞大)』에서는 『홍무정운역훈(洪武正韻譯訓)』의 표기에 따라서 하였으나, 『운해(韻解)』에서는 {등위(等位)}에서 볼 수 있는 바와 같이 '갼', '갸'와 같

使洪檢. 檢啓言 臣於今行往來所經路站及留館時, 聞譯舌與彼人酬酢之語, 則相反於《洪武正韻》者居多. 問其故, 則年前啓禧赴燕時, 採歸關東商胡, 行貨之俗語, 作爲正本, 舊板則閣而不用, 譯院生徒, 皆以新音試取, 甚至文臣殿講, 一例用此云. 假令彼人言語, 一皆襲謬, 若其冊子刊行, 宜取正音. 況彼中搢紳朝貴及南方漢人, 專尙正音者乎? 今此捨舊本, 而取新刊, 殊不成說. 下詢大臣, 俾爲歸正似好. 命廟堂稟處."

이 국속찬자지법(國俗撰字之法)에 따라서 하였다는 점에서 차이가 있다. 이들을 『운해(韻解)』에서는 각각 '가오', '기우'의 문자를 생략하여 합친 것으로 설명하고 있다.

{어사종성(語辭終聲)}에는 신라(新羅)의 이두(吏讀)에 관한 기술이 되어 있고, 앞에서도 언급한 바와 같이 구체적인 예로 '이온(是乎)', '들로(等以)', 'ᄒᆞᄉᆞᆸ거온(爲白去乎)' 등을 들고 있다. 이는 {훈민정음도해서(訓民正音圖解敍)}에서 "우리나라에 예로부터 항간에서 사용해온 문자가 있지만 그 수가 충분히 갖추어져 있지 않고 그 형상이 일정한 법도가 없어서, 한 나라의 말을 형용하기에 부족함이 있고 한 나라의 쓰임을 갖추기에는 부족함이 있었다."[23]라고 한 기술에서 우리나라에서 예전에 사용되던 문자의 실체가 바로 이와 같은 이두(吏讀)였음을 드러내 보인 것으로 이해해 볼 수 있다.

{총설(總說)}에서는 초성은 음(音), 중성은 성(聲)이라 되어 있다. 초성은 청탁(淸濁)을 정하는 것이고, 중성은 개합(開合)을 정하는 것으로 되어 있다. 종성은 운(韻)이라 되어 있는데, 이것이 동운(東韻)·동운(冬韻)·강운(江韻)·지운(止韻) 등을 정하는 것이다. 이곳에서 특이한 언급이 보이는데 그것은 성조를 4등(等)으로 나눈다는 것이다. 이와 관련되는 언급을 보면 "그 청탁이나 개합이 이미 같고 종성 또한 같은데, 느리고 빠르고 낮고 높은 것이 같지 않은 것이 나뉘어 4등이 되는데 평상거입이 바로 이것이다." 이처럼 성조를 가지고서 4등으로 나누는 것은 전통적으로 성운학에서는 하지 않는 것으로 특이하다.

---

23 『韻解』, 「訓民正音圖解敍」, "東方舊有俗用文字, 而其數不備, 其形無法, 不足以形一方之言, 而備一方之用也."

따라서 성조를 분등하였다는 점에서 신경준의 특이한 생각을 볼 수 있다.

{절운(切韻)}에는 '德드紅홍切爲東둥字'와 같은 예가 실려 있다. 이를 보면 음은 근대 한어음을 제시하고 있다는 것을 알 수 있다.

{역대운서(歷代韻書)}에는 여러 운서에 관한 소개가 되어 있다. 여기에 실려 있는 운서는 『성류(聲類)』, 『운집(韻集)』, 『서성절운(四聲切韻)』, 『사성(四聲)』, 『운찬(韻纂)』, 『광운(廣韻)』, 『당운(唐韻)』, 『중수광운(重修廣韻)』, 『집운(集韻)』, 『오음집운(五音集韻)』, 『운회거요(韻會擧要)』, 「홍무정운(洪武正韻)』과 같이 모두 중국의 것이다.

3.5. 자모도(字母圖), 운도(韻圖) 및 「중성금속지변(中聲今俗之變)」

이어서 「광운삼십육자모(廣韻三十六字母)」〈26ㄱ〉이 실려 있다. 이곳에는 최세진이 홍무운(洪武韻)에 관하여 말한 바가 기술되어 있다.

그리고 「운회삼십오자모(韻會三十五字母)」〈27ㄱ〉이 실려 있다. 이곳에서도 최세진이 기술한 성모에 관한 기술이 실려 있다.

다음으로 「홍무정운삼십일자모(洪武正韻三十一字母)」〈28ㄴ〉이 실려 있다. 이것은 우리나라의 근대 운서에서는 『삼운성휘(三韻聲彙)』(1751)에 실려 있으나 『화동정음통석운고(華東正音通釋韻考)』(1747)에서는 실려 있지 않다. 신경준이 「홍무정운삼십일자모(洪武正韻三十一字母)」를 실었다는 것은 『광운(廣韻)』, 『운회(韻會)』만큼이나 『홍무정운(洪武正韻)』을 중요한 운서로 간주하고 있음을 보여 준다고 하겠다.

그런 다음 「운해삼십육자모(韻解三十六字母)」〈29ㄱ〉이 실려 있다. 이것은 자모 체계에 관한 신경준의 생각을 압축적으로 보여 주는 것인데 『광운(廣韻)』과 『홍무정운(洪武正韻)』과의 관계를 고려하며 성격을 이해해 보아야 할 성질의 것이다.

이어서 4장(章)의 운도가 개구정운(開口正韻), 개구부운(開口副韻), 합구정운(合口正韻), 합구부운(合口副韻)의 순서로 제시되어 있다. 이 운도(韻圖)는 『운해(韻解)』에 기술된 내용에서 가장 방대한 분량을 자랑한다. 또한 기존의 운도와 비교할 때 상당히 특징적인 면을 지니고 있다.

다음으로 「중성금속지변(中聲今俗之變)」〈50ㄱ〉이 제시되어 있다. 이곳에 기술되어 있는 내용은 다음과 같은데, 이것은 화음(華音)에 쓰이는 중성을 제시하고 이와 관련한 당시 음의 변화 양상을 기술한 것이다. 이런 기술이 『화동정음통석운고(華東正音通釋韻考)』의 「각운중성(各韻中聲)」에서도 제시되어 있다. 이에 이 부분은 『화동정음통석운고(華東正音通釋韻考)』의 것을 가져온 것이 아닌가 하는 접근이 여러 연구에서 이루어진 바 있다.

〈표 4〉「운해」의 「중성금속지변」과 「화동정음통석운고」의 「각운중성」([ ] 안은 협주 제시 내용)

「운해」의 「중성금속지변」 「화동정음통석운고」의 「각운중성」	「화동정음통석운고」의 「각운중성」에서만 보이거나 차이를 보이는 기술
東 ㅜㅠ 屋同	東[華ㅜㅠ 東ㅗㅛㅜㅠ] ○屋[上同]
冬 同東 沃同	冬[同東洪武韻附東] ○沃[上同]
江 ㅏㅑ[ㅏ今變呼ㅘ洪武韻移屬陽] 覺同[ㅑ今變呼ㅛ]	江[華ㅏㅑ 東ㅏㅘ] ○[華從ㅘ者ㅏ之變洪武韻附陽] ○覺[上同] ○[華從ㅛ者ㅑ之變]
支 ㅣㅡㅟ[從ㅟ者洪武韻自灰賄隊來雜 從ㅣ者或自薺霽來雜]	支[華ㅣㅡㅟ 東ㅣㅓㅟ·ㅣ] ○[華從ㅟ卽洪武韻灰隊賄之雜 從ㅣ或薺霽之雜]
微 同支[洪武韻合于支]	微[同支洪武韻附支]
魚 ㅜㅠ[從ㅜ者洪武韻合于虞]	魚[華ㅜㅠ 東ㅓㅕ] ○[華從ㅜ者洪武韻附虞]

虞 ㅜ	虞[華ㅜ 東ㅜㅠ]
齊 ㅖㅟ[ㅖ今變呼ㅣ 從ㅟ者洪武韻移屬隊]	齊[華ㅖ 東ㅖ] ○[華變呼ㅣ 東或從ㅕ 華從ㅟ 洪武韻去隊]
佳 ㅐㅒㅙ[ㅒ今變呼ㅖ]	佳[華ㅐㅒㅙ 東ㅐㅙ] ○[華從ㅖ者ㅒ之變俗]
灰 ㅟㅐㅙ[從ㅐㅙ者洪武韻移屬佳]	灰[華ㅟㅙㅐ 東ㅚㅐㆎㅙ] ○[華從ㅐㅙ字洪武韻入佳]
隊 ㅟㅐㅖㅙㅣ[從ㅟㅙ者洪武韻移屬卦 從ㅐㅖ者移屬泰 從ㅣ者移屬寘]	隊[華ㅟㅐㅖㅙㅣ 東ㅚㅐㆎ] ○[此韻從ㅟㅙ洪韻去卦 從ㅐㅖ去泰 從ㅣ去寘]
眞 ㅣㅡㅜㅠ 質同	眞[華ㅣㅜㅠㅡ 東ㅣㅡㅜㅠ] ○質[上同]
文 同眞[洪武韻移屬眞] 物同[ㅜ今變呼ㅗ]	文[華東並同眞 洪武韻附振] ○物[上同] ○[華從ㅗ者ㅜ之變俗]
元[並與眞文寒刪先相雜 故洪武韻從類分屬] 月同	元[華東並與眞文寒刪先相混 故洪武韻從類分屬] ○月[上同]
寒 ㅓㅝ[ㅓ今變呼ㅏ] 曷同[ㅝ今變呼ㅗㅘ]	寒[華ㅓㅝ 東ㅏㅘ] ○[華從ㅏ者ㅓ之變俗] ○曷[上同] ○[華從ㅗㅘ者ㅝ之變俗]
刪 ㅏㅑㅘ 黠同	刪[華ㅏㅑㅘ 東ㅏㅘ] ○黠[上同]
先 ㅕㆊ 屑同	先[華ㅕㆊ 東ㅓㅕㅛ] ○屑[上同]
蕭 ㅕ[今變呼ㅑ]	蕭[華ㅕ 東ㅗㅛ] ○[華變呼ㅑ]
肴 ㅏㅑ[洪武韻合于豪]	肴[華ㅏㅑ 東同蕭]
豪 同肴	豪[華同肴 東同蕭] ○[洪武韻肴豪合]
歌 ㅓㅝ[ㅓ今變呼ㅗ]	歌[華ㅓㅝ 東ㅏㅘ] ○[華俗或變ㅓ從ㅗ]
麻 ㅏㅑㅘ	麻[華ㅏㅑㅘ 東ㅏㅑㅘ]
陽 ㅏㅑㅘ 藥同[ㅏㅑ今變呼ㅗㅛ]	陽[華ㅏㅑㅘ 東ㅏㅑㅘ] ○藥[上同] ○[華從ㅗㅛ者ㅏㅑ之變俗]
庚 ㅣㅓㅟㆌ[ㅓ今變呼·ㅣㅡ ㅟㆌ今變呼ㅜㅠ] 陌同[ㅓ今變呼ㅢ ㆌ今變呼ㅙ]	庚[華ㅣㅓㅟㆌ 東ㅕㆎㅡㅣ] ○[華之ㅓㅟㆌ變爲ㅡㅜㅠ] ○陌[上同 ㅓ變爲ㅢ ㅟ變爲ㅙ]
青 同庚[洪武韻青蒸合于庚] 錫同	青[華東並同庚] ○[洪武韻庚青蒸合] ○錫[上同]
蒸 同庚 職同[ㅢ今變呼ㅓ ㆌ今變呼ㅠ ㅝ今變呼ㅟ]	蒸[華東並同庚] ○職[上同] ○[華之從ㅓ者ㅢ之變 從ㅠ者ㆌ之變 從ㅝ者ㅟ之變]
尤 ㅡㅣ	尤[華ㅡㅣ 東ㅜㅠ] ○[此韻東音無疊音之用 故與虁相混]

侵 ㅣㅡ[ㅡ今變呼·] 緝同	侵[華ㅣㅡ 東ㅣㅡ·] ○[華今俗變ㅡ呼·] ○緝[上同] ※ 통석의 유일한 '·' 예
覃 ㅏㅑ 合同[ㅏ今變呼ㅓ]	覃[華ㅏㅑ 東ㅏ] ○合[上同] ○[華從ㅓ者ㅏ之變俗]
鹽 ㅕ 葉同	鹽[華ㅕ 東ㅓㅕ] ○葉[上同]
咸 同覃[ㅑ今變呼ㅕ 洪武韻合于覃] 洽同	咸[華東並同覃] ○[華從ㅑ今呼ㅕ 洪武附覃] ○洽[上同]
	[諸韻終聲ㄴㅁㅇ之呼初不相混而直 以侵覃咸鹽合口終聲漢俗皆呼爲ㄴ 故眞與侵刪與覃 先與鹽之音相混矣[24]

〈표 4〉에서 볼 수 있듯이 제시된 내용에서 유사한 것이 대다수이다. 그러나 세부 내용에서는 약간의 차이를 보이기도 한다. 이에 해당하는 것을 제시하여 보면 다음과 같다.

첫째, 『운해(韻解)』에서는 동음(東音)에 관한 것은 표시하고 있지 않다. 이는 『운해(韻解)』가 화음(華音)에 관한 기술을 하기 위해 지어진 것이 주된 목적임을 드러내는 것으로 이해된다.

둘째, 실질적으로 같은 내용이더라도 표현 방법이 다른 것이 적지 않다. 구체적으로 『운해(韻解)』에서는 『홍무정운(洪武正韻)』을 한결같이 홍무운(洪武韻)으로 가리키고 있으나, 『화동정음통석운고(華東正音通釋韻考)』에서는 홍무운(洪武韻)이 대체로 쓰이나 홍운(洪韻)과 홍무(洪武)도 각각 한 예씩 보인다. 그리고 호운(豪韻)에 관해서 『운해(韻解)』에서는 효운(肴韻)에서 이 운(韻)이 호운(豪韻)과 합류하였다는 기술이 되어 있으나, 『화동정음통석운고(華東正音通釋韻考)』에서는 호운(豪韻)에서만 호운(豪韻)이 효운(肴韻)과 같고 『홍무정운(洪武正韻)』에

24 이와 관련한 기술이 『운해(韻解)』에서는 「종성해(終聲解)」의 '음섭종성(音攝終聲)' 〈22ㄱ〉에 기술되어 있다.

서 효운(肴韻)과 호운(豪韻)이 합해져 있다는 기술이 되어 있어서 차이가 있다. 이어서 미운(微韻)의 경우 『운해(韻解)』에서는 "홍무운합우지(洪武韻合于支)"와 같이 『홍무정운(洪武正韻)』에서는 지운(支韻)에 합류되어 있다는 식으로 기술되어 있는 반면에 『화동정음통석운고(華東正音通釋韻考)』에서는 "홍무운부지(洪武韻附支)"와 같이 『홍무정운(洪武正韻)』에서는 지운(支韻)에 붙여 놓았다는 식으로 기술되어 있어서 차이가 있다.

셋째, 운(韻)에 관한 내용에서 눈에 띄는 차이를 보이는 것이 있다. 첫째 제운(齊韻)의 경우 『운해(韻解)』에서는 /ㅖ/, /ㅟ/를 제시하고 있으나 『화동정음통석운고(華東正音通釋韻考)』에서는 /ㅖ/만을 제시하고 있고, /ㅟ/는 대운(隊韻)에 합류된 것을 반영하여 그곳에서만 반영하고 있다는 것을 들 수 있다. 둘째 경운(庚韻)의 경우 협주로 제시된 "ㅓ는 이제 변하여 ·, ㅣ, ㅡ로 발음하고 ㅟ, ㆌ는 이제 변하여 ㅜ, ㅠ로 발음한다."[25]의 내용은 『화동정음통석운고(華東正音通釋韻考)』에서는 보이지 않는 것이다.

넷째, 모음의 제시 순서가 차이를 보이는 것들이 있다. 일부의 예이기는 하나 '灰 ㅟ ㅐ ㅙ : ㅟ ㅙ ㅐ', '眞 ㅣ ㅡ ㅜ ㅠ : ㅣ ㅜ ㅠ ㅡ'가 이에 해당한다.

다섯째, 운미의 변화에 관해서는 『운해(韻解)』에서는 기술되어 있지 않으나 『화동정음통석운고(華東正音通釋韻考)』에서는 비음 운미의 변화에 관하여 언급되어 있고 이로 인한 운의 섞임에 관하여 기술하고 있다.

25 『韻解』, 「中聲今俗之變」, "ㅓ今變呼·ㅣㅡ, ㅟㆌ今變呼ㅜㅠ."

여섯째, 『화동정음통석운고(華東正音通釋韻考)』에서는 화음(華音)의 중성 다음에 오는 것에 아무 것도 오지 않는 경우, '者'가 오는 경우, '字'가 오는 경우로 나뉜다. 예를 들면 "華從ㅟ洪武韻去隊", "華從ㅜ者洪武韻附虞", "華從ㅐㅒ字洪武韻入佳"가 이에 해당한다. 이들의 구별이 어떤 특별한 의미를 갖는 것인지 아니면 표현상의 다양성에 해당하는 것인지 분명히 이해되지는 않는다.

이런 점을 고려할 때 『운해(韻解)』가 『화동정음통석운고(華東正音通釋韻考)』의 기술 내용과 일치하는 내용이 많은 것은 사실이지만 직접적인 영향 관계를 단정적으로 말하기는 어려운 것이 아닌가 하는 생각이 든다. 만일 신경준이 『화동정음통석운고(華東正音通釋韻考)』의 것을 가져왔다 하더라도 여기의 것을 그대로 옮겨 온 것은 아님을 알 수 있다.

여기에서 협주에 홍무운(洪武韻)에서 운이 달라져 있는 것으로 기술된 부분이 많다는 점이 눈에 띈다. 이는 「중성금속지변(中聲今俗之變)」에서 말하는 '금(今)'이라고 하는 것은 언제적인지를 생각하는 데에 중요한 참고 자료가 되는 것으로 생각된다. 이 기술을 액면 그대로 따른다면 금(今)이란 홍무운(洪武韻)을 기준으로 한 근대 한어(漢語)에서의 변화라고 보는 것이 타당하리라 생각된다. 즉 18세기 및 이에 가까운 시기의 변화라고는 보기가 어려운 것이다.

그렇다면 이때의 변화라는 것이 소옹(邵雍)이 「황극경세성음창화도(皇極經世聲音唱和圖)」에서 제시한 것과 달라졌다는 뜻으로 보는 것이 타당할 가능성도 생각해 볼 필요가 있다. 만일 이것을 밝혀낼 수 있다면 신경준이 『운해(韻解)』를 짓게 된 까닭을 설득적으로 제시할 수 있을 것이다.

3.6. 「아국운삼성총도(我國韻三聲總圖)」

「아국운삼성총도(我國韻三聲總圖)」〈51ㄴ〉에서는 초성을 궁(宮), 각(角), 치(徵), 상(商), 우(羽), 반치(半徵)로 나누어 보이고 있고, 중성을 개구(開口), 제치(齊齒), 합구(合口), 촬구(撮口)로 나누어 보이고 있고, 종성으로 'ㅇ', 'ㄴ', 'ㅁ', 중성 겸 종성(中聲兼終聲)으로 지운(支韻) · 미운(微韻) · 제운(齊韻) · 개운(佳韻) · 회운(灰韻) · 대운(隊韻) · 어운(魚韻) · 우운(虞韻) · 가운(歌韻)을, 입성으로 'ㄱ, ㄹ, ㅂ'을 제시하고 있다. 그런 후 {초성(初聲)}〈52ㄴ〉, {중성(中聲)}〈52ㄴ〉, {종성(終聲)}〈53ㄱ〉을 기술하고 있다.

이런 그림의 제시 형식에서 입성에 관해서는 정보는 제시되고 있지만 평성, 상성, 거성에 관한 정보는 전혀 제시되고 있지 않다는 점이 눈에 띈다. 이는 사성(四聲)이 평성 · 상성 · 거성은 높낮이에 의해 실현이 되는 것임에 비해 입성은 종성의 촉급(促急)에 의하여 실현되는 것을 감안하여, 입성은 평성 · 상성 · 거성과는 달리 종성을 가지고서 그 성격을 규정할 수 있음을 드러낸 것이다. 이에 반해 평성 · 상성 · 거성에 관해서는 「아국운삼성총도(我國韻三聲總圖)」의 다음 면에서의 기술에도 보이지 않는다. 따라서 사실상 성조에 관한 것은 논의 대상에서 제외되어 있다고 하겠다.

이 「아국운삼성총도(我國韻三聲總圖)」는 이처럼 초성, 중성, 종성을 모두 언급하고 있음을 고려할 때, 이곳의 이름에서 보이는 운(韻)이란 운모(韻母)에 해당하는 것이 아니라 성모+운모+성조가 모두 결합한 한자음을 가리키는 것으로 이해함이 마땅하다. 즉 한자음의 구성 요소들이 결합하여 발화체로서 나타나는 덩어리로서의 운(韻)을 지칭하는 것이다. 이곳에서 제시한 것을 온전하게 이해하기 위해서는 그림 다음 면에 제시된 {초성(初聲)}, {중성(中聲)}, {종성(終聲)}에 제시된 내용을 종합하여 이해하는 것이 필요하다. 이를 위하여 그 기술이 자세한 {초성(初聲)}과 「아국운삼성총도(我國韻三聲總圖)」의 초성 부분의 것을 한데 묶어 살펴보도록 하겠다.

(10) 23자모 관련 **「아국운삼성총도(我國韻三聲總圖)」 {초성(初聲)}의 기술**

훈민정음에는 23모(母)가 있는데, 효(曉)모 · 유(喩)모 · 견(見)모 · 단(端)모 · 투(透)모 · 니(泥)모 · 정(精)모 · 청(淸)모 · 심(心)모 · 방(幫)모 · 방(滂)모 · 명(明)모 · 래(來)모의 13모는 글자가 있고, 갑(匣)모 · 군(羣)모 · 계(溪)모 · 정(定)모 · 종(從)모 · 사(邪)모 · 병(並)모의 7모는 다만 말을 하는 사이에만 쓰이고 글자는 없다. 영(影)모 · 의(疑)모 · 일(日)모 3모는 옛날 경전언해에도 이것으로 글자의 음을 단 경우는 없었으며, 모두 유모(喩母)로써 기록했고 대개 말을 할 때에 사용하더라도 분별하기가 어렵다. 그 밖에 지(知)모 · 철(徹)모 · 징(澄)모 · 냥(孃)모 · 조(照)모 · 상(牀)모 · 천(穿)모 · 심(審)모 · 사(邪)모 · 비(非)모 · 봉(奉)모 · 부(敷)모 · 미(微)모 등의 모는 말하는 사이에 드물게 쓰는데, 혹 그것을 쓴다고 하더라도 역시 분별할 수 없다. 정음 23모 가운데 지금 사람들이 익히는 바는 오직 효모, 견모 등 13모뿐이고, 갑모, 군모 등의 전탁성에 대해서는 심모의 ㅅ자를 함께 왼쪽에 붙여 써서 군모의 ㅺ과 같이 쓴다. 정모를 ㅼ으로 쓰는 것은 잘못이다. 대개 우리와 일본 자음에서 전탁은 전무한데, 오로지 강(江)운 가운데에 쌍(雙)자를 선모[ᄽ]로 발음하니 이는 속음의 오류이다. 본래는 심모[ᄼ]에 속한다.[26]

26 『韻解』, 「我國韻三聲總圖」, "訓民正音有二十三母, 而曉 · 喩 · 見 · 端 · 透 · 泥 · 精 · 淸 · 心 · 幫 · 滂 · 明 · 來十三母有字, 匣 · 羣 · 溪 · 定 · 從 · 邪 · 並七母, 只用於行話之間而無字. 影 · 疑 · 日三母, 古時經傳諺解亦無以此懸字音者, 而皆以喩母書之, 盖用於行話之間而不能分別. 其餘知 · 徹 · 澄 · 孃 · 照 · 牀 · 穿 · 審 · 邪 · 非 · 奉 · 敷 ·

〈표 5〉「아국운삼성총도」의 {초성}

七音	淸濁	有字 聲母	正音	行話 無字 聲母	경전언해에서도 無字
宮(喉音)	⊙	曉母	ㅎ	匣母(√)	
	○[28]	喩母	ㅇ		影母(√), 疑母(√),[29] 日母(√)
角(牙音)	○	見母	ㄱ	羣母(√), 溪母(√), 匣母	
徵(舌音)	○	端母	ㄷ	定母(√), 知母, 澄母	
	⊙	透母	ㅌ	徹母, 定母	
	◒	泥母	ㄴ	孃母	
商(齒音)	○	精母	ᅎ	從母(√), 照母	
	⊙	淸母	ᅔ	穿母	
	◒[30]	心母	ᄼ[31]	邪母(√), 審母, 禪母, 牀母	
羽(脣音)	○	幫母	ㅂ	並母(√), 非母, 敷母, 滂母, 奉母	
	⊙	滂母	ㅍ	並母	
	◒	明母	ㅁ	微母	
半徵(半舌音)	◒	來母	ㄹ		

微等母, 行話之間罕用, 或用之而亦不能分別焉. 正音二十三母中, 今俗所習, 只曉·見等十三母, 至於匣·羣等全濁聲, 並以心ㅅ字, 附書於左, 如羣母以ㅺ書之. 定母以ㅼ書之, 誤也. 蓋我國與日本字音, 全濁則全無, 惟江韻中雙字, 以禪母呼之, 是俗音之譌也, 本屬審母."

27 행용 무자 자모(行話 無字 聲母)의 배열 순서는 정밀히 살펴보아야겠으나, 기술된 내용을 가지고 판단하여 본다면 글자의 실제 사용 빈도를 고려한 것이 아닌가 생각된다.

28 이곳의 청탁을 불청불탁 '◒'이 아닌 전청인 '○'으로 처리한 것이 눈에 띈다.

29 이 그림에서는 의모(疑母)는 빠져 있는데, 기술된 내용을 고려하여 보면 이처럼 포함되는 것이 마땅하다.

30 이곳의 청탁은 전청에 해당한다. 따라서 불청불탁을 나타내는 부호인 '◒'이 아닌 전청을 나타내는 '○'이 쓰이는 것이 옳다.

31 이곳의 'ᄼ'는 'ᄾ'(숭실대본) 또는 'ㅅ'(저정서)와 같이 표기되어 있는데, 전체의 내용

〈표 5〉는 (10)에서 기술된 것을 바탕으로 하여 실제로 「아국운삼성총도(我國韻三聲總圖)」에 제시된 것과는 달리 필자가 재구성한 것을 제시한 것이다. 여기에서 눈에 띄는 것을 하나하나 살펴보기고 하겠다.

첫째 이곳의 성모에서는 반상(半商)에 해당하는 일모(日母)가 없다. 이것은 다음의 「일본운삼성총도(日本韻三聲總圖)」에서 일모(日母)를 'ㅿ'을 이용하여 표음하고 있는 것과는 대조적이다. 이 둘을 비교하여 이해할 때 이곳에서 일모(日母)를 제시하지 않은 것은 국어음에서 일모(日母)가 음가를 잃은 것을 현실을 반영한 것이다.[32] 이런 점에서 이 그림은 현실음에 입각하여 이루어진 결과물임을 짐작하기 어렵지 않다. 이에 따라 신경준이 생각한 국어 한자음의 초성 체계는 모두 13개로 이루어진 것이라 하겠다.

둘째, (10)에서 볼 수 있듯이 갑모(匣母), 군모(羣母) 등의 전탁음(全濁音)은 자모(字母)에 해당하는 군모(羣母)를 'ㅺ', 정모(定母)를 'ㅼ'으로 적는 것을 기술한 것으로써 전탁음을 병서를 이용하여 구별하여 나타내려고 한 것이 적절치 않다고 되어 있다. 실제로 〈표 5〉에서 보듯이 신경준은 각 조음 위치별 전탁 성모를 전청 성모 또는 차청 성모에 포함하여 다루고 있다. 그런데 이 가운데에 징모(澄母)의 경우는 단모(端母)에만 들어가 있고, 종모(從母)는 정모(精母)에만 들어가 있

을 고려할 때 이는 치두음을 나타내는 'ᄼ'으로 보는 것이 타당하다.

32 이런 양상은 일모(日母)를 'ㅿ'을 이용하여 표시하고 있는 『화동정음통석운고(華東正音通釋韻考)』(1747)의 표음 양상과는 차이가 있다. 반면에 『삼운성휘(三韻聲彙)』(1751)에서는 일모(日母)를 'ㅇ'을 이용하여 표시하여 국어 한자음에서 음가를 잃었음을 반영하고 있다. 이런 점은 『운해(韻解)』와 『화동정음통석운고(華東正音通釋韻考)』와의 관계를 살펴보는 데에 꼭 염두에 두어야 할 요소라 하겠다.

고 하는 양상을 보여 일관되지 못한 처리도 되어 있다. 이런 처리를 탁음청화(濁音淸化)에 따라서 전청과 차청으로 변하게 된 한어(漢語)의 변화와 관련지어 보기는 어렵다. 따라서 국어 한자음의 체계상의 변화 양상을 반영한 것으로 이해되며, 이때 불규칙한 변화 양상도 감안을 한 것으로 보인다.

이와 반해 강운(江韻) 가운데의 '쌍(雙)'자의 경우는 자모가 아닌 구체적인 글자를 지시하고 있는 것으로, 국어 음에 없는 전탁을 보이는 '雙'의 음에 해당하는 예로 국어 한자음에서 경음화한 예를 제시하고 해당 양상을 기술한 것이다. 따라서 이 기술을 통해 '雙'의 음이 이 무렵에 널리 경음으로 발음되고 그렇게 인식되기에 이르렀음을 볼 수 있다. 이를 통해서 신경준은 국어의 경음을 전탁음에 해당하는 것으로 인식하였음을 명확히 알 수 있다.

셋째, 'ㅋ'에 해당하는 것은 보이지 않는다. 15세기 국어에서도 '快'가 '쾌'로 읽히고, 18세기 국어 한자음에서는 '快'는 물론이고 '儈' 등이 '쾌'로 쓰이고 있음은 운서의 기술을 통해서도 확인이 되는 바이다. 이런 현실을 일부 한자음에서 보이고 있었음에도 불구하고 신경준은 이에 관해서는 전혀 기술하고 있지 않다. 따라서 한자음 전체 체계에 관한 인식 속에서 한자음의 문제를 고려하고 있었음을 알 수 있다.

넷째, (10)에서 말하는 '훈민정음(訓民正音)'은 한자 성모를 가리키는 것으로 이해되지 실제 국어에서 사용되는 음으로 이해되지는 않는다. 즉 한자를 적지 않고 훈민정음으로써 자모(字母)를 표시할 때 'ㅼ'은 정모(定母)를 나타내고, 'ㅺ'은 군모(羣母)를 나타내는 의미가 있다는 것 등으로 이해되는 것이다. 그러한바 이때는 훈민정음을 자(字)와 같은 개념으로 쓰고 있다고 하겠다. 그리고 이런 전탁음의 표시와 관련하여 '말하는 사이'라고 하는 것은 실제의 음성에서 관찰되는 이례적인 음이나 변이음 정도에 해당하는 것이 아닐까 싶다. 즉 음소적 차원의 실현으로는 이해하기 어려운 자유 변이음 정도로 보이는 음성적 실현 양상으로 이해하고 기술하여 둔 것이다.

다섯째, (10)에서 설음의 경우 설두음 성모, 치음의 경우 치두음 성모, 순음의 경우 순중음 성모가 쓰이고 있다고 한 것은 국어 한자음에서 성모의 실현을 이해하는 데에 중요한 기술이다. 특히 치음의 성모로 치두음이 쓰인다고 하는 것은, 이 당시 국어 치음의 조음상의 특징을 이해하는 것과 관련하여 무척 주목되는 바라 하겠다.

3.7. 「일본운삼성총도(日本韻三聲總圖)」

「일본운삼성총도(日本韻三聲總圖)」〈53ㄴ〉이 「아국운삼성총도(我國韻三聲總圖)」와 같은 방식으로 {초성}, {중성}, {종성}으로 제시되어 있다. 이런 틀에서 눈에 띄는 것은 발음(撥音, 하네루음) /N/과 촉음(促音, 쓰마루음) /Q/를 제외하고는 종성을 보이지 않음에도 불구하고 종성을 설정하여 한자음을 설명하고 있다는 점이다. 이것은 중국, 조선, 일본의 한자음을 일관되게 음절 삼분법에 따라서 설명을 하고 있음을 분명히 보여 주는 바이다. 구체적인 내용을 살펴보도록 하겠다.

첫째, 이곳의 초성에는 반상(半商)이 제시되어 있다. 이는 일본어에서는 일모(日母)가 음가를 지니며 쓰이고 있기 때문이다. 이런 점에서는 「아국운삼성총도(我國韻三聲總圖)」에 제시된 것과는 분명히 비교된다.

둘째, 'ㆁㄱ', 'ㄴㄷ', 'ㅁㅂ'과 같이 합용 병서가 쓰여 있다. 이들은 각각 '莪', '砮', '夢' 등의 성모를 표시하기 위한 것이다. 이때 앞에 오는 'ㆁ'으로 아음의 비음성을, 'ㄴ'으로 설음의 비음성을, 'ㅁ'으로 순음의 비음성을 드러내어 해당 성모가 비음성을 지니고 있는 것임을 드러내었다. 이것은 일본어사 연구에서 이 무렵의 일본어의 탁음(濁音)이 비음성을 지니고 있었다고 보는 것과 부합하는 바이며, 왜학서(倭學書)인 『첩해신어(捷解新語)』류의 표기와도 부합하는 것이라 하겠다.[33]

셋째, 중종성(重終聲)에 보면 '우'가 음섭입(音攝入), '즈즈'가 은섭입(隱攝入), '구'가 응섭입(凝攝入)이란 설명을 달아 놓아 일본어에서의 입성의 변화와 관련한 중요한 증언이 되어 있다는 점이다. 이를 보면 운미 [-m]이 가장 일찍 자음적 성격을 잃고 변화하였음을 볼 수 있다.

넷째, 중종성(重終聲)에서 '기'에 맥석직삼운중착례(陌錫職三韻中錯隷)와 같이 운미 [-k]가 전설화된 양상으로 발음되는 실태를 반영해 놓고 있다.

이런 기술 내용을 보면 신경준이 상당한 정도로 일본어를 관찰하였음을 알 수 있다. 이것이 그의 일본어 이해 능력과 구사 능력과 관련되는 것인지 지인을 통해 얻은 바인지는 분명하지 않다. 하지만 그가 전국을 누비며 지리를 관찰하고 지명을 연구하고 한 행적을 보면 일본어를 구사하는 역관이나 조선에 들어와 있는 일본인과의 접촉을

33 17세기에 나온 『첩해신어(捷解新語)』에서는 ガ행은 'ㅇ$ㄱ'의 연쇄, ザ행은 'ㄴ$ㅈ' 또는 'ㄴ$ㅅ'의 연쇄, ダ행은 'ㄴ$ㄷ' 또는 'ㄴ$ㅈ'의 연쇄, バ행은 'ㅁ$ㅂ'의 연쇄로 일본어의 탁음(濁音)이 비음성을 지니고 있음을 결합적으로 표기하는 방식을 사용하고 있음이 널리 보인다.

통해 해당 내용을 직접 수집하고 분석한 것일 가능성도 배제하기는 어렵다. 그러한바 앞으로 이와 관련한 고찰을 수행하는 것이 필요할 것이다.

4. 『운해(韻解)』의 편찬 목적과 신경준의 정음관(正音觀)

4.1. 자모도(字母圖)와 운도(韻圖)를 통해 살펴본 편찬 목적

신경준이 음운 관련 기술을 바탕으로 하여 『운해(韻解)』에서 보이고자 했던 것은 자모(字母)와 관련해서는 「운해삼십육자모(韻解三十六字母)」이며, 운도(韻圖)와 관련해서는 「개구정운제일장(開口正韻第一章)」, 「개구부운제이장(開口副韻第二章)」, 「합구정운제삼장(合口正韻第三章)」, 「합구부운제사장(合口副韻第四章)」이라고 할 수 있다. 그러므로 이 두 종류의 표를 이전 시기의 운서 또는 운도에서 제시되었던 것들과 비교하여 보고, 신경준이 기술한 내용과 비교하여 살펴보도록 하겠다.

먼저 「운해삼십육자모(韻解三十六字母)」는 〈표 6〉과 같이 제시되어 있다. 이것은 "율려도(律呂圖)에 따라서 정간(井間)이 채워졌기 때문에 자모의 순서는 대개 구운(舊韻)과 같지 않다."[34]와 같은 설명이 달린 것에서 볼 수 있듯이 율려도에 따르되 한자음의 변화는 감안하고서 봐야 하는 것으로 이해된다. 강신항(1967: 144-145)와 이상규 · 천명희

34 『韻解』, 「韻解三十六字母」, "依律呂圖, 井間排塡, 故字母次序, 多與舊韻不同."

(2018: 448-449)에서는 이를 "율려도에 의하여 가로 세로의 줄 사이에 자모를 벌려 메꾸었기 때문에, 그 차례가 그 전 운서류와 같지 않은 것이 많다."로 이해하였다. 즉 해당 문장을 "…… 故字母次序多與舊韻不同"와 같이 이해한 것이다.

그러나 이렇게 이해할 경우에 「운해삼십육자모(韻解三十六字母)」가 사실상 「광운삼십육자모(廣韻三十六字母)」와 같으며 『홍무정운(洪武正韻)』의 자모 체계를 보완한 것이라는 점을 설명하기 어렵다는 문제가 생긴다. 이에 본고에서는 여기의 '운(韻)'을 앞에서 살핀 「아국운삼성총도(我國韻三聲總圖)」와 「일본운삼성총도(日本韻三聲總圖)」에서의 '운(韻)'과 같이 발화체로서의 한자음 자체를 가리키는 것임을 고려할 필요가 있다고 생각한다. 그리고 만일 '운(韻)'을 운모(韻母)로 이해할 경우에는 성모 체계를 다루는 데에 운모를 언급할 필요는 없다는 점에서 적절치 않다고 생각한다. 이런 점을 복합적으로 아울러 '운(韻)'은 한자음으로 이해하고, 이것이 쓰인 해당 부분은 자모(字母)로 이용된 것들의 한자음이 예전과는 달라졌다는 것으로 이해하는 것이 타당하리라 판단한다.

〈표 6〉「운해삼십육자모」

	宮	角	徵		商		羽		半徵 半宮	半商 半宮
全淸	影	見	端	知	精	照	幫	非		
全濁	匣	羣	定	澄	從	牀	竝	奉		
次淸	曉	溪	透	徹	淸	穿	滂	敷		
半淸 半濁	喩	疑	泥	孃	心	審	明	微	來	日
全濁					邪	禪				

이렇게 보게 되면 신경준이 제시한 「운해삼십육자모(韻解三十六字母)」는 이전의 운서에서 보이는 자모 체계를 충실히 살피고 고려한 것이되, 한자음의 변화를 염두에 두고 그려낸 것이라 하겠다. 그렇다면 신경준이 구체적으로 생각한 한자음의 변화란 어떤 것인지 생각하여 보겠다.

첫째, 〈표 6〉에서 보듯이 래모(來母)의 칠음(七音)을 반치반궁(半徵半宮)으로 일모(日母)의 칠음(七音)을 반상반궁(半商半宮)으로 하였다는 점이 눈에 띈다. 래모(來母)는 「광운삼심육자모(廣韻三十六字母)」에서는 반치(半徵), 「운회삼십오자모(韻會三十五字母)」에서는 반치상(半徵商), 「홍무정운삼십일자모(洪武正韻三十一字母)」에서는 반치반상(半徵半商)으로 되어 있다. 따라서 반치(半徵)는 변함이 없으나 (반)상((半)商)이 반궁(半宮)으로 바뀌게 되었다는 것을 알 수 있다. 그리고 일모(日母)는 「광운삼십육자모(廣韻三十六字母)」에서는 반상(半商), 「운회삼십오자모(韻會三十五字母)」에서는 반궁상(半宮商), 「홍무정운삼십일자모(洪武正韻三十一字母)」에서는 반상반치(半商半徵)로 되어 있다. 따라서 반상(半商)은 변함이 없으나 반궁(半宮), 반치(半徵)에 관한 것에 변화가 있음을 볼 수 있다.

이것에 관한 해석은 「운해삼십육자모(韻解三十六字母)」에 관한 설명으로 달린 부분에 제시된 "래(來)모에 속하는 '루'는 '누우'의 간음이며, 일(日)모에 속하는 '수'는 '수우'의 간음으로 모두 궁을 겸한다. 비(非)모에 속하는 '부'는 '부우'의 간음인데 (순경음인) 비(非)모 · 봉(奉)모 · 부(敷)모 · 미(微)모 4모 역시 미세하게 궁을 겸하는 것이다."[35]와

---

35 『韻解』, 「韻解三十六字母」, "來母所屬루卽누우間音, 日母所屬수卽수우間音, 皆兼

관련지어 이해해 볼 수 있다.[36] 이 기술에서 볼 수 있는 것은 래모(來母), 일모(日母), 순경음(脣輕音)이 '우'의 특성을 부분적으로 갖는다는 것이다. 한글로 표시된 '우'는 「초성배경세수도(初聲配經世數圖)」를 비롯하여 「초성해(初聲解)」의 여러 곳의 설명과 관련지어 이해를 해 보면 유모(喩母)(유)를 나타내는 것임을 알 수 있다. 유모(喩母)는 후음(喉音)으로서 신경준은 이를 궁(宮)으로 성격 규정을 하고 있다. 따라서 '우'는 후음인 유모(喩母)를 가리키는 것으로 이해된다.

이런 틀에서는 래모(來母)를 '누우'의 간음, 일모(日母)를 '수우'의 간음, 비모(非母)를 '부우'의 간음으로 보는 입장을 취하고 있는 신경준은 이 성모가 부분적으로 후음(喉音)의 성격을 갖게 된다고 하는 것을 반궁(半宮)으로 표현하게 된 것으로 이해된다. 이때 '우'는 유모(喩母)가 지니고 있었다고 생각하는 약마찰음의 성질을 지닌 것으로 이해했을 것으로 생각된다.

그렇다면 이제 여기에서 래모(來母)를 '누우'의 간음이라고 한 것이 어디의 음을 가리키는 것인지를 생각해 보겠다. 이와 관련하여 앞에

宮. 非母所屬부卽부우間音, 非·奉·敷·微四母亦微兼宮者也."

36 여기에서 맨 끝부분의 "역미겸궁자야(亦微兼宮者也)"의 '微'를 강신항(1967: 145)에서는 "역시 미음과 궁음을 겸한 것이다"라고 해석을 하였고, 이상규·천명희(2018: 449)에서는 "역시 치(徵)음과 궁음을 겸한 것이다"와 같이 해석을 하였다. 강신항(1967)의 해석은 '微'를 '미음'으로 본 것인데, 칠음(七音)의 명칭이 아니고 자모의 명칭인 '微'를 '微音'으로 해석하는 것이 앞에서는 잘 관찰되지 않으며 용어 사용의 위계가 맞지 않는다는 점에서 적절한 것으로 판단되지는 않는다. 그리고 이상규·천명희(2018)의 해석에서도 같은 양상이 나타나는데, '微'는 타동사인 '兼'의 목적어 자리에 온 것이 아니라는 점에서 '微'를 '宮'과 나란히 두고 해석하는 것은 적절하지 않아 보인다. 또한 이상규·천명희(2018)에서는 '微'가 '徵'로 잘못 해석이 되어 있다. 이런 점에 근거하여 필자는 '微'를 한문의 어순에 따라 부사어로 해석을 하고 논의를 전개하겠다.

서도 기술한 바 있듯이, 「초성해(初聲解)」의 {오음변성(五音變成)}에서는 'ㄹ', 'ㅿ', 'ㅸ' 등에 관한 설명이 되어 있다. 이를 고려한다면 래모(來母)는 '루'란 음과 더불어 이것이 변해서 된 '누', '우'란 음이 같이 쓰이는 것으로 이해할 수 있다. 일모(日母)도 같은 원리로 'ᅀᅮ' 이외에 '수', '우'란 음이 같이 쓰이고, 비모(非毋)도 마찬가지로 'ᄫᅮ' 이외에 '부', '우'란 음이 같이 쓰이는 것으로 이해할 수 있다.

이 가운데에 국어 한자음과 관련지어 가장 자연스럽게 이해할 수 있는 것은 래모(來母)이다. 즉 '老'는 '로', '노'와 관련지어 이해할 수 있다. '禮'도 '례', '네'와 관련지어 이해할 수 있으나 18세기 중엽의 현실에서 '예'와 관련지어 이해하기는 다소 어려움이 있다. 그리고 일모(日母)는 '우'와 같은 음이 실재했고, 비모(非毋)는 '부'란 음으로 쓰이니 이들도 부분적으로 해당 사항이 있다. 하지만 각각 '수'와 '우'란 음을 갖는 것은 아니라는 점에서 이 음과의 관련성은 생각하기 어렵다. 이런 점을 고려하면 이곳의 기술이 실제 언어 변화에서 폭넓게 지지받을 수 있는 경우는 래모(來母)에 국한되는 것으로 보인다.[37]

그렇다면 한어(漢語)와 관련지어 이해를 해 보겠다. 먼저 래모(來母)는 부분적으로 해당 사항이 있다. '老'를 예로 든다면 관화(官話)의 소현(巢縣, 소호(巢湖))・천호(芜湖)・동성(桐城, 안휘성지(安徽省志))・안경(安慶) 등의 지역 및 감(贛) 방언의 양신(陽新, 국화(國和)) 지역에서 /n-/으로 나타나는 경우가 있기는 하다. 하지만 이것은 일반적인

37 이 외에 국어 한자음에서 태부(太夫)가 '태우'로 나타나는 경우가 『소학언해(小學諺解)』(1588) 등의 국어사 문헌에서 많이 보인다. 그렇지만 '夫'가 '우'를 보이는 경우는 이를 제외하고는 찾아보기가 쉽지 않을 뿐만 아니라 이때의 '우'도 선행하는 '태'가 지닌 음운 환경과 관련하여 특수하게 일어난 음운 변화로 생각해 볼 여지가 있으므로 한자음 자체의 변화 양상으로 다루기에는 무리가 있다.

변화 양상은 아니다. 또한 후두 마찰음인 'ㆆ'처럼 나타나는 곳은 보이지 않는다. 그리고 미모(微母)의 경우는 '文'이 /ɱ-/〉/w-/과 같이 변했으니 '우'란 음과 어렵지 않게 관련지어 다룰 수 있는 경우가 된다. 일모(日母)인 'ㅿ'은 /ʐ-/〉/ɽ-/의 변화를 거친 것으로 이 기술과는 무관해 보이지만 방언을 보면 관화(官話)에서는 계림 · 유주(桂林 · 柳州) 등, 진어(晉語)의 평순 · 장치(平順 · 長治) 등, 오어(吳語)의 단양 · 석태(丹陽 · 石台) 등에서 ø로 나타나는 곳이 있어서 관련성을 인정받을 수 있다.[38]

이런 점에서 생각하여 보면 신경준이 기술한 "來母所屬루 卽누우間音 日母所屬ᅀᅮ 卽ᅀᅮ우間音 皆兼宮 非母所屬ᄫᅮ 卽부우間音 非奉敷微四母 亦微兼宮者也"는 아무래도 국어 한자음보다는 화음(華音)에 관한 기술로 받아들이는 것이 연관되는 부분이 많다는 것을 볼 수 있다. 따라서 이 부분의 기술은 강신항(1967: 145)에서 기술한 바와 같이 『화동정음통석운고(華東正音通釋韻考)』의 「범례」에서 "華音之ᅀᅮ者 ᅀᅮ우之間音[淺喉音相變宮] ᄫᅮ者 부우之間音[輕脣音吹脣而呼]"와 같이 되어 있는 것과 매우 유사한데, 실제로 이곳의 기술의 타당성을 확인할 수 있고 화음(華音)과 관련지어 이해함이 가장 적합하다는 것을 알 수 있다. 또한 신경준은 앞의 3.5.에서 살핀 바와 같이 「중성금속지변(中聲今俗之變)」을 제시하면서 『화동정음통석운고(華東正音通釋韻考)』와는 달리 동음(東音)에 관한 것은 표시하고 있지 않다. 이는 『운해(韻解)』의 관심이 화음(華音)에 관한 기술을 하는 데에 있음을 잘 보여

38 이상의 한어(漢語)의 방언음에 관한 것은 漢典(https://www.zdic.net)에서 '老', 'ㅿ' 등을 검색하여 음운 방언(音韻方言)의 정보를 통해서 얻은 것이다.

주는 것으로 이해함이 자연스럽다.

이런 면에서 볼 때 신경준은 화음(華音)의 변화에 관심을 두고 있었으며, 그 변화가 규칙적으로 나타난 것이 아니라도 이를 자모 체계의 변화와 관련지어 이해하려고 한 시도를 하였음을 볼 수 있다. 이것은 아마도 소리의 변화가 지니고 있는 성리학적 원리를 규명하고 이를 바탕으로 소리의 변화를 기술하고자 한 태도와 연관되는 것으로 이해된다. 그러하기에 실제 언어 변화에는 편차가 있고 예외도 있지만 자연스러운 흐름이자 체계적인 것으로 이해하고자 했던 것 같다. 즉 신경준은 상당히 체계의 관점에서 한자음의 틀과 변화를 생각하였던 것이 아닌가 생각된다.

이런 면에서 〈표 6〉에서 심모(心母)와 심모(審母)를 반청반탁(半清半濁)에 넣음으로써 굉장히 이채로운 처리를 한 것을 이해해 볼 수도 있을 듯하다. 이와 관련한 것은 앞의 {청탁(清濁)}에서도 일부 다루어진 것인데 이곳에서 신경준은 심모(心母)와 심모(審母) 둘은 『정운(正韻)』에서는 전청(全清)에 들어가지만 가만히 생각하여 보면 반청반탁(半清半濁)이 되는 것이 마땅하다고 기술하였다. 하지만 그 근거는 제시되어 있지 않다. 이런 신경준의 생각은 한어(漢語)의 변화나 현대 한어(漢語) 방언에서 심모(心母)와 심모(審母)가 유성음으로 실현되는 것은 보이지 않는다는 점에서 볼 때 근거를 찾기가 어렵다.

이러함에도 불구하고 신경준이 이들을 반청반탁(半清半濁)에 넣은 것은, 체계적인 관점에서 자모(字母)와 자모(字母)의 변화를 생각하는 사람이었던 신경준으로서는 치음(齒音)인 상(商)에서만 반청반탁(半清半濁)이 없는 것이 궁(宮), 각(角), 치(徵), 우(羽), 반치(半徵), 반상(半商)과 어울리지 않는다고 생각했을 수 있다. 그래서 심모(心母)와 심모(審母)를 반청반탁(半淸半濁)에 넣음으로써 이런 체계적인 면에서의 미비함을 해소하고자 한 것으로 볼 수 있지 않을까 생각된다.

둘째, 전탁(全濁)이 전청(全淸) 다음에 배열되어 있어서 중국의 주요 운도인 『운경(韻鏡)』, 『칠음략(七音略)』, 『사성등자(四聲等子)』, 『절운지장도(切韻指掌圖)』, 『경사정음절운지남(經史正音切韻指南)』에서 전청(全淸), 차청(次淸), 전탁(全濁), 불청불탁(不淸不濁)의 순서로 배열되어 있는 것과는 배열 순서에서 차이가 있다. 〈표 6〉에서의 순서는 「경세성음수도(經世聲音數圖)」의 {음려화(陰呂和)}에서 일청(一淸), 이탁(二濁), 삼청(三淸), 사탁(四濁)으로 제시되어 있어 전청, 전탁, 차청, 불청불탁의 순서로 제시된 것과 같다. 이것은 「황극경세성음창화도(皇極經世聲音唱和圖)」에서 청수(淸水), 탁화(濁火), 청토(淸土), 탁석(濁石)으로 제시되어 있는 것과 같은 것이기도 하다. 이런 점에서 볼 때 이곳의 청탁(淸濁)의 제시 순서는 「황극경세성음창화도(皇極經世聲音唱和圖)」를 이은 {음려화(陰呂和)}의 제시 순서와 같다고 하겠다.

셋째, 불청불탁(不淸不濁)에 해당하는 용어를 반청반탁(半淸半濁)으로 제시하고 있다. 앞의 「초성해(初聲解)」의 {청탁(淸濁)}에 관한 기술에서 밝힌 바와 같이 이것은 그다지 널리 쓰이는 용어는 아니다. 이곳의 반청반탁(半淸半濁)은 「운해삼십육자모(韻解三十六字母)」의 바로 앞에 제시되어 있는 「홍무정운삼십일자모(洪武正韻三十一字母)」에 제시된 반청반탁(半淸半濁)과 같은 형태이다. 그런데 본래의 「홍무정운삼십일자모(洪武正韻三十一字母)」에는 이 반청반탁(半淸半濁)이 제시되어 있지는 않다. 『홍무정운역훈(洪武正韻譯訓)』은 권1과 권2가 낙질이기에 아마도 권1에 실려 있었을 것으로 추정되는 「홍무정운삼십일자모(洪武正韻三十一字母)」를 직접 볼 수는 없다. 하지만 『사성통해(四

聲通解)』「서(序)」에 실린 「홍무운삼십일자모지도(洪武韻三十一字母之圖)」와 『삼운성휘(三韻聲彙)』의 「범례(凡例)」에 실린 「홍무운삼십일자모지도(洪武韻三十一字母之圖)」와의 비교를 통하여 이 용어의 쓰임을 확인해 볼 수 있다.

그래서 『사성통해(四聲通解)』와 『삼운성휘(三韻聲彙)』에 실린 자모지도(字母之圖)를 보면 『운해(韻解)』에는 반청반탁(半清半濁)으로 되어 있는 것이 모두 전탁(全濁)으로 되어 있다. 따라서 신경준이 『운해(韻解)』의 「홍무정운삼십일자모(洪武正韻三十一字母)」에서 반청반탁(半清半濁)으로 수정한 것임을 알 수 있다. 이런 수정은 신경준이 참고하였을 다른 것에서 영향을 받아 빚어진 결과이거나 신경준이 자신의 생각에 따라 사용한 것 중 하나라는 것을 알 수 있다. 그리고 이처럼 「운해삼십육자모(韻解三十六字母)」에서 사용한 용어를 「홍무정운삼십일자모(洪武正韻三十一字母)」를 제시하는 데에도 적용하여 이 둘 사이에 통일이 이루어져 있다는 점이 주목된다 하겠다.

『운해(韻解)』에는 이 두 자모도(字母圖) 이외에도 「광운삼십육자모(廣韻三十六字母)」와 「운회삼십오자모(韻會三十五字母)」가 실려 있는데 이곳에서는 반청반탁(半清半濁)이란 용어는 보이지 않는다. 「광운삼십육자모(廣韻三十六字母)」에는 불청불탁(不清不濁)이 쓰여 있으며, 「운회삼십오자모(韻會三十五字母)」에는 탁(濁)으로 되어 있다. 이 두 자모도를 제시하고서 신경준은 최세진에 관한 언급을 하였다. 따라서 최세진의 저술을 신경준이 눈여겨 살폈음을 알 수 있다. 따라서 이 자모도(字母圖)를 살피는 데에는 『사성통해(四聲通解)』와의 관계가 중시되어야 할 필요가 있다.[39]

『사성통해(四聲通解)』의 「서(序)」를 보면 「광운삼십육자모(廣韻三十

六字母)」와 「운회삼십오자모(韻會三十五字母)」가 실려 있는데, 이곳에서의 용어 사용은 각각 불청불탁(不淸不濁)과 차탁음(次濁音)으로 나타난다. 『운해(韻解)』에서는 각각 불청불탁(不淸不濁)과 차탁(次濁)이 쓰여 있다. 따라서 이것은 『사성통해(四聲通解)』와 달라지지 않았음을 알 수 있다. 이렇게 신경준은 최세진의 기술을 중요하게 참고하고 인용하고 있음에도 불구하고 『사성통해(四聲通解)』와 달리 「홍무정운삼십일자모(洪武正韻三十一字母)」에서 반청반탁(半淸半濁)이란 용어를 사용한 점이 눈에 띈다. 이 용어의 사용에 관해서 신경준은 따로 언급하고 있지 않다. 그리고 이 자모도(字母圖)에서 泥[合孃], 非[合敷], 照[合知], 穿[合徹], 牀[合澄]과 같은 표시를 하고 있는 점 또는 다른 곳의 자모도(字母圖)에서는 볼 수 없는 눈에 띄는 점이라 하겠다.

이런 작업이 이루어진 까닭은 「운해삼십육자모(韻解三十六字母)」가 기본적으로는 『광운(廣韻)』의 자모도(字母圖)의 틀을 바탕으로 하되 『홍무정운(洪武正韻)』을 중요한 근거로 활용하고 있다는 점을 바탕으로 생각하여 볼 수 있을 듯하다. 즉 신경준은 『홍무정운(洪武正韻)』이 중시되는 18세기의 청(淸)과 조선(朝鮮)의 분위기에 맞추어 『홍무정운(洪武正韻)』을 자신의 자모도(字母圖) 제작 및 운도(韻圖) 제작에 중요

39 「광운삼십육자모(廣韻三十六字母)」 다음에는 "崔世珍曰: 『洪武韻』三十一字母同此, 而但以知 · 徹 · 澄 · 孃 · 敷 併於照 · 穿 · 牀 · 泥 · 非矣. ……"과 같은 기술이 되어 있는데, 이것은 극히 일부의 차이를 제외하고는 『사성통해(四聲通解)』의 「광운삼십육자모지도(廣韻三十六字母之圖)」 다음에 제시된 기술과 같은 것이다. 또한 「운회삼십오자모(韻會三十五字母)」 다음에는 "崔世珍曰: 魚卽疑音, 孃卽泥音, 么卽影音, 敷卽非音, 不宜分二. ……"와 같은 기술이 되어 있는데, 이것 또한 『사성통해(四聲通解)』의 「운회삼십오자모지도(韻會三十五字母之圖)」 다음에 제시된 기술과 문장도 정확히 같다. 따라서 신경준이 최세진의 기술을 직접 보고 이를 옮겨온 것임을 알 수 있다.

한 근거로 삼아야겠다고 생각한 것이 아닌가 생각된다. 그러기에 「홍무정운삼십일자모(洪武正韻三十一字母)」에 泥[合孃], 非[合敷], 照[合知], 穿[合徹], 牀[合澄] 등의 한자음 체계의 변화상을 반영하고, 불청불탁(不淸不濁)을 반청반탁(半淸半濁)이란 용어로 대치를 한 것이 아닌가 생각된다. 이를 통하여 「운해삼십육자모(韻解三十六字母)」와 「홍무정운삼십일자모(洪武正韻三十一字母)」의 공통점을 늘린 것이다.

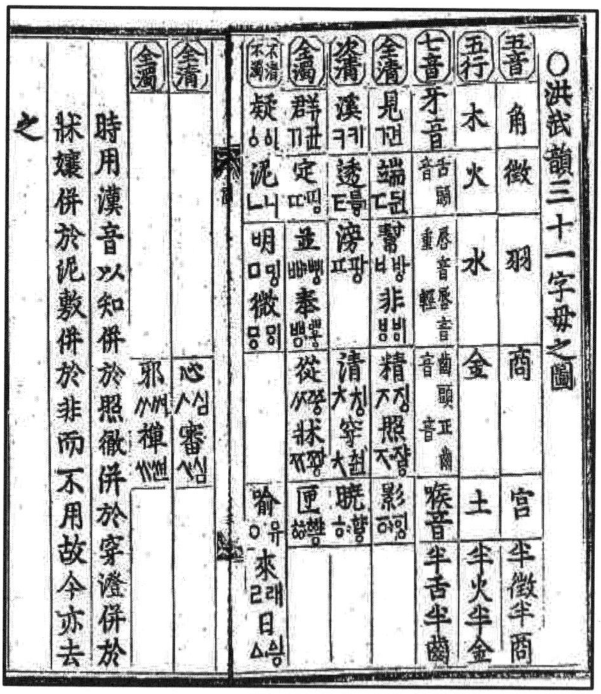
○洪武韻三十一字母之圖

五音	五行	七音	全清	次清	全濁	不清不濁	全清	全濁
角	木	牙音	見	溪	群	疑		
徵	火	舌頭音	端	透	定	泥		
羽	水	脣音重	幫	滂	並	明		
		脣音輕	非		奉	微		
商	金	齒頭音	精	清	從		心	邪
		正齒音	照	穿	牀		審	禪
宮	土	喉音	影	曉	匣	喩		
半徵半商	半火半金	半舌半齒				來 日		

時用漢音以知併於照徹併於穿澄併於牀孃併於泥敷併於非而不用故今亦去之

[그림 9] 『사성통해』의 「홍무운자모도」

그러나 이런 「홍무정운삼십일자모(洪武正韻三十一字母)」의 변형도 사실은 『사성통해(四聲通解)』에 실린 자모도(字母圖)의 내용을 빠짐없이 반영한 결과로 나타난 것이다. [그림 9]와 [그림 10]을 비교하여 보면 이를 바로 확인할 수 있다. 살펴보면 『사성통해(四聲通解)』의 「자모지도(字母之圖)」가 제시되고 난 후의 서술에서 설상음이 정치음에 합병되고, 설상음 중 냥모(孃母)는 니모(泥母)에 합병되고, 순경음 전청(全淸)의 비모(非母)에 합병되어 있다는 점이 명기된 것을 자모도 안으로 편입을 하여 반영해 놓은 것이 [그림 10]임을

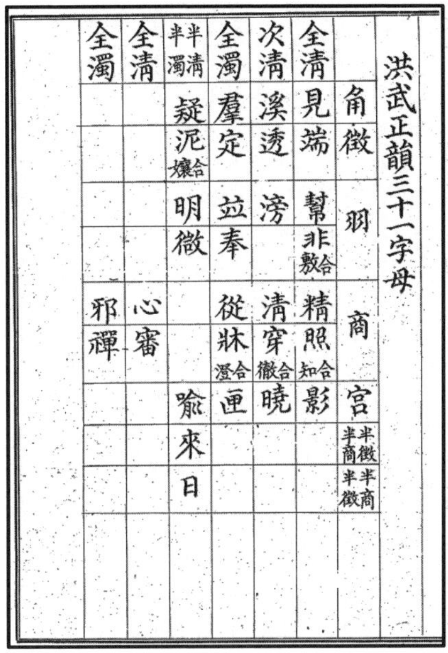

洪武正韻三十一字母

	全清	次清	全濁	半清半濁	全清	全濁
角	見	溪	羣	疑		
徵	端	透	定	泥 孃合		
羽	幫	滂	並	明		
	非 敷合		奉	微		
商	精	清	從		心	邪
	照 知合	穿 徹合	牀 澄合		審	禪
宮	影	曉	匣	喻		
半徵半商				來		
半商半徵				日		

[그림 10] 『운해』의 「홍무정운자모도」

어렵지 않게 볼 수 있다. 반면에 불청불탁(不淸不濁)을 반청반탁(半淸半濁)으로 달리한 것은 『사성통해(四聲通解)』로부터는 근거를 찾을 수는 없다. 이런 점에서 볼 때 반청반탁(半淸半濁)의 용어 사용은 신경준의 가장 독특한 면모를 보여 주는 용어 사용으로 보인다.

이어서 운도(韻圖)를 보겠다. 신경준은 모두 넉 장의 운도를 제작하여 제시하였다. 각각의 운도는 「개구정운제일장(開口正韻第一章)」(岡ㅏ, 開ㅐ, 根ㅡ, 多ㅓ, 登ㅢ)〈30ㄱ〉, 「개구부운제이장(開口副韻第二章)」(良ㅑ, 佳ㅒ, 靈ㅣ, 千ㅕ, 离ㅖ)〈35ㄱ〉, 「합구정운제삼장(合口正韻第三章)」(光ㅘ, 媧ㅙ, 公ㅜ, 禾ㅝ, 肱ㅟ)〈40ㄱ〉, 「합구부운제사장(合口副韻第四章)」(重ㅠ, 靴ㆇ, 兄ㆊ)〈45ㄱ〉으로 괄호 안에 제시한 중성을 중심으로 하여 이를 중성으로 지니는 한자들을 영모(影母), 갑모(匣母), 효모(曉母),

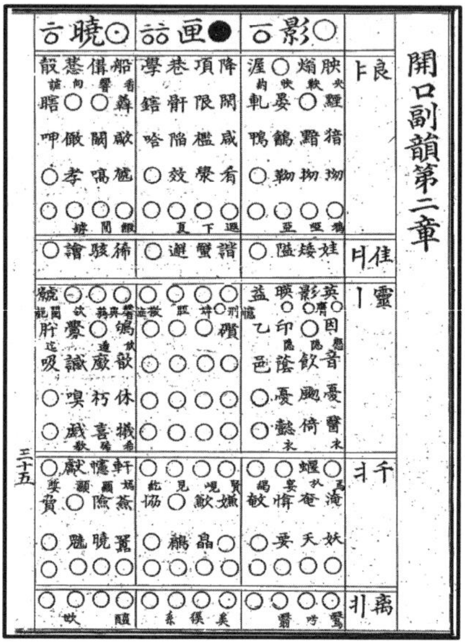

[그림 11] 『운해』의 「개구부운제이장」

유모(喩母), 견모(見母), 군모(羣母), 계모(溪母), 의모(疑母), 단모(端母), 정모(定母), 투모(透母), 니모(泥母), 지모(知母), 징모(澄母), 철모(徹母), 냥모(孃母), 정모(精母), 종모(從母), 청모(淸母), 심모(心母), 사모(邪母), 조모(照母), 상모(牀母), 천모(穿母), 심모(審母), 선모(禪母), 방모(幫母), 병모(並母), 방모(滂母), 명모(明母), 비모(非母), 봉모(奉母), 부모(敷母), 미모(微母), 래모(來母), 일모(日母)의 자모순으로 제시하고 있다.

이것은 궁(宮)[영모(影母), 갑모(匣母), 효모(曉母), 유모(喩母)], 각(角)[견모(見母), 군모(羣母), 계모(溪母), 의모(疑母)], 치(徵)[단모(端母), 정모(定母), 투모(透母), 니모(泥母), 지모(知母), 징모(澄母), 철모(徹母), 냥모(孃母)], 상(商)[정모(精母), 종모(從母), 청모(淸母), 심모(心母), 사모(邪母), 조모(照母), 상모(牀母), 천모(穿母), 심모(審母), 선모(禪母)], 우(羽)[방모(幫母), 병모(並母), 방모(滂母), 명모(明母), 비모(非母), 봉모(奉母), 부모(敷母), 미모(微母)], 반치반궁(半徵半宮)[래모(來母)], 반상반궁(半商半宮)[일모(日母)]로 다시 쓸 수 있다. 각 조음 위치에서 제시된 자모의 제시 순서는 앞의 「운해삼십육자모(韻解三十六字母)」에서 제시한 칠음의 제시 순서는 물론 전청(全淸)-전탁(全濁)-차청(次淸)-반청반탁(半淸半濁)-전탁(全濁)의 순서를 그대로 지키고 있다.

이렇게 하여 조직이 되는 형태로 되어 있는 운도는 각 자모와 중성의 결합으로 나타나는 한자음을 지닌 한자들을 제시하고 있다. 예를 들어 [그림 11]에 제시되어 있는 「개구부운제이장(開口副韻第二章)」 중에서 '量ㅑ'과 '●匣ㆅ'의 결합으로 나타나는 것을 예로 들어 보면 첫째 줄에는 '降(평성), 項(상성), 巷(거성), 學(입성)', 둘째 줄에는 '閑(평성), 限(상성), 骭(거성), 鎋(입성)', 셋째 줄에는 '咸(평성), 檻(상성), 陷(거성), 哈(입성)', 넷째 줄에는 '肴(평성), 槼(상성), 效(거성), ○(입성)', 다섯째 줄에는 '○(평성), ○(상성), ○(거성), ○(입성)', 여섯째 줄에는 '遐(거성), 下(거성), 夏(거성)'이 제시되어 있다.

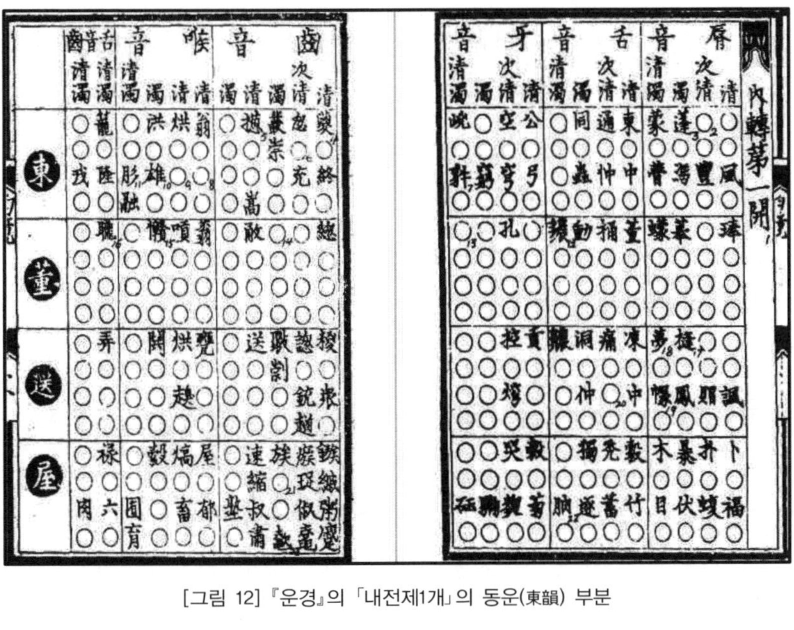

[그림 12] 『운경』의 「내전제1개」의 동운(東韻) 부분

여기에서 첫째 줄은 운미가 '-ŋ/-k', 둘째 줄은 운미가 '-n/-t', 셋째 줄은 운미가 '-m/-p', 넷째 줄은 운미가 '-u', 다섯째 줄은 운미

가 '-i', 여섯째 줄은 운미가 '-ø'인 것들이다. 이것을 『운해(韻解)』의 「종성도(終聲圖)」에서 제시된 바에 따라서 훈민정음으로 제시하여 본다면 첫째 줄은 '-ㅇ/-ㄱ', 둘째 줄은 '-ㄴ/-ㄹ', 셋째 줄은 '-ㅁ/-ㅂ', 넷째 줄은 '-오', 다섯째 줄은 '-ㅣ', 여섯째 줄은 '-ㅏ'와 같이 쓸 수 있다. 이런 운도는 [그림 12]의 『운경(韻鏡)』과 같은 전통적인 중국의 운도에서 세로를 사성(四聲)의 제시를 위하여 '동(東)', '동(董)', '송(送)', '옥(屋)'과 같이 단을 나누고 각 단에 위에서부터 1등(等), 2등(等), 3등(等), 4등(等)의 순서로 글자를 제시하여 네 개의 등(等)을 나타내는 데에 사용했던 것과는 운용 방법이 다르다. 그러기에 [그림 12]와는 달리 [그림 11]처럼 줄이 넉 줄로 정해져 있지 않고 한 줄도 있고 여덟 줄도 있고 드나듦이 있는 것이다. 이런 운도의 구성과 운용 방법은 굉장히 독창적이다.

이처럼 이 운도는 각 표 안에 제시된 한자들의 음에 관한 등(等)을 표시하는 기능은 없다. 한어 음운학에서 등(等)이란 보통 주요 모음의 특징과 이에 결합하는 전설성(前舌性) 개음의 구개성(口蓋性) 정도에 따라서 구별된다. 이런 점을 고려한다면 개구(開口)-합구(合口), 제치(齊齒)-촬구(撮口)의 구별은 등(等)의 구별이 반영되어 있는 것이다. 그러므로 전통적인 운도에서는 운모(韻母)와 성모(聲母)가 만나는 곳이 어디냐에 따라서 등(等)을 표시하게 되어 있는 반면에, 『운해(韻解)』에서는 표의 결합 기준이 되는 중성이 정운(正韻)이냐 부운(副韻) 어디에 해당하느냐에 따라 결정되게 되는 양상을 보이게 된다.

이와 같은 방식의 운도의 고안은 주요 모음과 개음의 결합으로 이루어지는 운모의 구성을 전통적으로는 개구(開口)와 합구(合口)의 이호(二呼)로만 이해하던 것을 한어(漢語)에서의 변화에 따라서 각각을 제치(齊齒)와 촬구(撮口)로 더 나누어 사호(四呼)로 이해하게 된 것을 신경준이 받아들인 결과에서 가능해진 것으로 이해된다. 만일 여전히 이호(二呼)로 인식하는 상황에서 운도를 만들려고 하였다면 개구(開口)와 합구(合口) 1・2등, 제치(齊齒)와 촬구(撮口)는 3・4등으로 나뉘는 것을 등(等)을 통하여 구분할 수밖에 없게 되기 때문이다. 이렇게 구분하는 방식이 유지되었더라면 [그림 11]과 같은 틀의 운도는 고안되기가 어렵다.

이와 같은 방식으로 제시된 음을 결합하여 얻게 된 음은 [그림 11]은 물론이고 '靴ᆒ', '兄ᆔ' 등의 촬구호(撮口呼)의 예에서도 볼 수 있듯이 국어 한자음과는 거리가 있는 음절 형태를 지닌 것들이다. 따라서 이 운도(韻圖)를 통하여 나타내고자 한 음은 국어 한자음이라 하기 어렵다. 이런 양상은 앞에서 「운해삼십육자모(韻解三十六字母)」에서 제시하고자 한 것도 국어 한자음이라기보다는 한어(漢語)의 음임을 보이는 것과 잘 부합한다.

그러나 당시 한어(漢語)의 음을 고려할 때 입성을 설정한 것은 한어(漢語)의 현실에 맞지 않는 것이다. 이것은 앞에서 기술한 「종성도(終聲圖)」 및 「종성해(終聲解)」에서도 볼 수 있었듯이 한자음이 초성・중성・종성을 모두 갖추어야 한다고 생각한 틀에서는 어렵지 않게 이해할 수 있는 것이기도 하다. 이런 점은 앞에서 자모(字母)와 관련하여 전탁(全濁)을 설정하고 설상음을 설정하고 하는 것과 동일한 맥락으로 이해해 볼 수 있는 것이다. 따라서 『운해(韻解)』에 제시된 자모(字母)와 운도(韻圖)는 상당히 이상적인 체계성을 지향하는 신경준의 지향점에 따라서 이루어진 결과물로 이해된다.

4.2. 신경준의 정음관(正音觀)-중국 운서와의 관계

4.1.의 기술을 통하여 신경준은 당시 화음(華音)의 실상은 물론이거니와 화음(華音)의 변화가 한어(漢語)의 방언에 따라서는 차이가 있었던 것도 상당히 알고 있었던 것임을 어렵지 않게 짐작할 수 있다. 그리고 중성이 개구호(開口呼), 제치호(齊齒呼), 합구호(合口呼), 촬구호(撮口呼)가 확립되었음을 알고 중성을 이호(二呼)의 틀이 아닌 사호(四呼)의 틀로 기술하고 운도를 제시하였다. 이로 바탕으로 전통적인 중국의 운도와는 틀이 다른 새로운 방식의 운도를 저술할 수 있을 정도로 화음(華音)에 관하여 상당한 지식을 지니고 있었다.

이와 같이 신경준이 상당한 정도의 화음(華音) 관련 지식을 얻게 된 것에는 최세진의 『사성통해(四聲通解)』와 박성원의 『화동정음통석운고(華東正音通釋韻考)』가 많은 영향을 끼친 것으로 보인다. 앞의 기술 내용에서 볼 수 있었듯이 자모(字母)에 관해서는 최세진의 기술이 중요하게 참고되었음을 알 수 있다. 그리고 당시 한어(漢語)의 변화와 관련해서는 「중성금속지변(中聲今俗之變)」에서 볼 수 있듯이 『화동정음통석운고(華東正音通釋韻考)』의 「각운중성(各韻中聲)」에 영향을 받았을 것임을 어렵지 않게 짐작할 수 있다. 그러나 이 이외의 내용들은 이전 업적과의 영향 관계가 명확하지 않다. 또한 신경준이 지니고 있는 성운학적 지식이 기본적인 바탕을 형성하는 것들이다.

신경준의 자모도(字母圖)와 운도(韻圖)를 보면 이 둘은 상반된 방향을 지향하고 있음을 볼 수 있다. 자모도(字母圖)는 굉장히 복고적인 방향성을 띠고 있는 것에 비해서 운도(韻圖)는 개합(開合)이 사호(四呼)로 재편되게 된 것을 과감하게 반영하여 현실성을 띠고 있기 때문이다. 즉 성모(聲母)에 관해서는 복고적인 생각을 지니고 있으면서 운모(韻母)에 관해서는 현실의 적극적인 반영을 지향하고 있다는 점에서 차이점이 있는 것이다. 물론 운모(韻母)에서도 사성(四聲)을 유지하고 있는 것은 복고적인 방향성을 띤 것이다. 이런 방향성은 역대 중국의 운서에서 성모(聲母)가 운모(韻母)에 비해 변화의 폭이 좁고 보수적인 지향점을 지니고 있었던 것과 굉장히 닮은꼴이다. 이것은 신경준이 역대 운서가 담고 있는 음계(音系)를 파악하고 성모(聲母)와 운모(韻母)가 반영하고 있는 화음(華音)의 방향성에 차이가 있다는 것을 간파한 결과일 수도 있다.

그간의 논의에서 「중성금속지변(中聲今俗之變)」의 제시 등을 근거로 하여 신경준이 박성원의 『화동정음통석운고(華東正音通釋韻考)』의 영향을 상당히 받았을 가능성이 상당히 제기되었다(강신항 1967, 이상규 · 천명희 2018 등). 『운해(韻解)』의 「중성금속지변(中聲今俗之變)」이 『화동정음통석운고(華東正音通釋韻考)』의 「각운중성(各韻中聲)」과 거의 같은 것은 사실이다. 하지만 앞에서 기술한 바와 같이 세부적인 내용에서는 차이가 없지 않다. 이런 점에서 신경준이 『화동정음통석운고(華東正音通釋韻考)』의 영향을 받았다고 하더라도 일방적인 수용으로까지 보기는 어렵지 않을까 한다.

이렇게 보는 까닭은 첫째, 『화동정음통석운고(華東正音通釋韻考)』에서는 개합(開合)에 관한 인식은 여전히 이호(二呼)에 머물고 있는 반면에 『운해(韻解)』에서는 사호(四呼)에 관한 인식에 이르고 있다는 점이다. 둘째, 『화동정음통석운고(華東正音通釋韻考)』에서는 화음(華音)에서의 운미 /-m/>/-n/의 변화를 모두 반영하고 있다. 그래서 '侵친', '飮인', '咸현', '范반' 등과 같이 심섭(深攝)과 함섭(咸攝)의 운미를 모두 'ㄴ'으로 표기를 하고 있다. 그러나 『운해(韻解)』에서는 여전히 'ㅁ'을 유지하고 있다. 따라서 『화동정음통석운고(華東正音通釋韻考)』와는 분명한 차이를 보인다.

이런 두 가지 면은 신경준을 박성원과 같은 계통으로 다루기에는 설명되어야 할 부분이 적지 않다는 것을 보여 주는 것으로 생각된다. 그러한바 당시 조선과 청(淸)의 음운 관련 인식을 바탕으로 하여 신경준이 박성원과는 다른 틀을 가지고서 『운해(韻解)』를 편찬하게 된 이유를 추적하여 보는 것이 필요하리라 생각된다.

신경준이 살았던 18세기에는 조선과 청(淸) 모두 복고적인 음을 존숭하는 분위기가 있었다. 청(淸)에서 이런 분위기가 조성된 데에는 성조(聖祖) 강희제(康熙帝)의 역할이 절대적이었다. 자학(字學)에 지대한 관심을 가지고 있었던 강희제(康熙帝)는 적극적으로 유교적 가치관을 수용하고 한족(漢族)의 문화를 모방하고자 하는 생각을 가지고서 남방을 순례하기도 하며, 과거 제도를 부활하고 국자감과 관학을 재건하였으며, 남방 출신의 학자들을 대거 등용하여 어명으로 『강희자전(康熙字典)』, 『패문운부(珮文韻府)』, 『청문감(淸文監)』, 『고금도서집성(古今圖書集成)』 등의 대대적인 편찬 사업을 벌이는 등 유가적 군주로서의 이미지를 구축하여 나갔다(심소희 2013: 217-218). 강희제(康熙帝)는 1662년에 즉위하여 1722년까지 무려 61년간을 재위한 사람이다. 따라서 그간 지향했던 바가 오랜 재위 기간 동안 충분히 구체화되었다고 하겠다.

강희제(康熙帝) 하면 떠오르는 언어 관련 업적인 『강희자전(康熙字典)』(1716)이 복고적인 성격을 지니게 된 것은 이와 같은 그의 지향점을 반영한 것이다. 그리고 이런 분위기에 따라서 나온 청대(淸代)의 운서로 이광지(李光地) 등이 어명을 받들어 지은 『음운천미(音韻闡微)』(1715)를 들 수 있다. 이 운서는 굉장히 복고적인 성격을 지니는 것으로 전통 운서를 그대로 찍어낸 것이라 보아도 이상하지 않을 정도로 31 성모(聲母)와 76 운부(韻部)의 체계를 지닌 것으로 『홍무정운(洪武正韻)』보다도 더 존고(存古)의 성격을 지니고 있었다. 이곳의 「범례」에 보면 "오직 36자모의 체계가 한문과 부합하므로 옛 방식을 따라서 36자모를 사용하기로 한다."[40]와 같은 기술이 되어 있다. 이처럼 이 운서는 전통적인 자모 체계에 근거하여 편찬된 것이다.

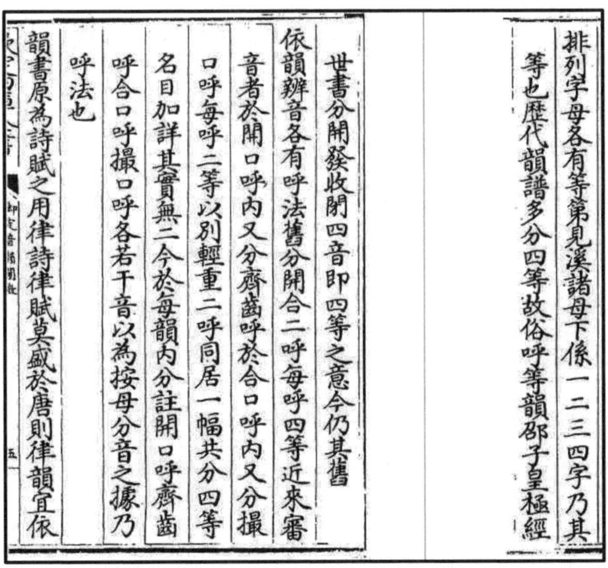

排列字母各有等第見溪諸母下係一二三四字乃其
等也歷代韻譜多分四等故俗呼等韻邵子皇極經

世書分開發收閉四音即四等之意今仍其舊
依韻辨音各有呼法舊分開合二呼每呼四等近來審
音者於開口呼内又分齊齒呼於合口呼内又分撮
口呼每呼二等以別輕重二呼同居一幅共分四等
名目加詳其實無二今於每韻内分註開口呼齊齒
呼合口呼撮口呼各若干音以為按母分音之據乃
呼法也
韻書原為詩賦之用律詩律賦莫盛於唐則律韻宜依

[그림 13] 『음운천미』 사호(四呼) 관련 기술

그리고 운모 체계에서 이 운서는 106운의 평수운(平水韻)을 따르고

40 『音韻闡微』, 「凡例」, "惟三十六母之譜與漢文合. 今仍其舊."

있고 /-m/을 여전히 보존하고 있으며, 입성운을 양성운에 상배하여 입성 운미를 보존하여 놓고 있다(김태완 · 안기섭 2004, 심소희 2013: 220-221). 그러나 한편으로는 평성(平聲)의 음평성(陰平聲)과 양평성(陽平聲)으로의 분화와 전탁(全濁) 상성(上聲)의 거성화(去聲化)를 반영하고 있기도 하다(김태완 · 안기섭 2004).

이와 같이 『음운천미(音韻闡微)』는 언어 변화를 적극적으로 반영하고 있는 것도 있으나 기본적으로 복고적인 경향을 띠고 있다. 이로 인해 당대 언어 현실을 정확히 반영하지는 못한 면이 있지만, 당시의 필요에 의해서 한족이 지향하는 남방의 언어 양상을 고려하여 만든 것으로, 필요에 부합하는 성격을 지니게 된 것으로 보인다. 이런 성격을 지닌 『음운천미(音韻闡微)』는 독서음(讀書音)을 담은 표준 운서였다는 평가를 받는다(김태완 · 안기섭 2004)

그렇기는 하지만 『음운천미(音韻闡微)』에서는 「범례」의 기술을 통하여 운모(韻母)에서 종래의 개합(開合)에 관하여 [그림 13]의 기술과 같이 사호(四呼)가 성립해 있음을 증언하고 있다는 점에서 주목되는 바가 있다. 즉 앞의 3.3.의 (4)를 통해서 제시한 바와 같이 "근래에 음을 자세히 살핀 자들이 개구호에서 또한 제치호를 나누고 합구호에서 또한 촬구호를 나누어 매 호를 두 개의 등으로 나누고 별도의 경중 이호(二呼)로써 (운보)의 한 폭에 있도록 하고 4등을 함께하니 각각의 이름은 기 실체가 두 번 따지지 않는 것을 자세히 더한 것이다."와 같은 기술을 하여 명청대(明淸代)에 걸쳐서 이루어진 사호(四呼)의 성립을 기술하여 한어(漢語)에서의 눈에 띄는 변화를 기술하고 있는 것이다. 이와 같은 기술 내용이 『화동정음통석운고(華東正音通釋韻考)』에는 드러나지 않는다. 그리고 『운해(韻解)』와 비슷한 식으로 구성되어 있는 최석정의 『경세훈민정음(經世訓民正音)』(1678)에서도 보이지는 않는다. 이런 점에서 보아 신경준이 청(淸)에서 나온 저술들을 직접 접했을 가능성이 상당히 높다고 하겠다.

그리고 이곳에서도 『황극경세서(皇極經世書)』에 관하여 "『황극경세서(皇極經世書)』를 보니 율(律)이 여(呂)에 감응하여 소리[聲]가 생겨나고 여(呂)가 율(律)에 감응하여 음(音)이 생성된다. 율(律)과 여(呂)가 창화하고 상생함이 다함이 없음은 성음(聲音)으로 만물의 변화를 통섭하는 것이니, 말하는 자가 성(聲)으로 수(數)를 홍기시키고, 수(數)를 괘(卦)에 합치시켜 만물의 이치가 갖추어지는 것이다라고 이른 것이다."[41]와 같이 『황극경세서(皇極經世書)』를 소리 이해에 관한 기본 원리를 담은 책으로 기술하고 있다(심소희 2013: 223). 이처럼 『황극경세서(皇極經世書)』를 중시하는 분위기는 조선의 분위기가 다르지 않았다.

이렇게 황제가 주도하여 운서(韻書) 및 자전(字典)을 편찬하며 성운학(聲韻學)과 자학(字學)을 중시하는 청(淸)의 분위기는 조선에도 영향을 미치게 되었다. 그래서 『강희자전(康熙字典)』을 중시하게 되었으며, 정조 때에 『전운옥편(全韻玉篇)』을 편찬할 때에는 『강희자전(康熙字典)』의 영향이 많이 받은 것으로 알려져 있다. 이것과의 영향 관계를 단정하기는 어렵지만 이형상(李衡祥)은 18세기 초에 『자학(字學)』의 저술을 통하여 한자를 중심으로 음과 의미에 관한 고찰을 하기도 하였다.

---

41 『音韻闡微』, 「御製音韻闡微序」, "嘗觀『皇極經世書』, 律應呂而聲生, 呂應律而音生, 律呂倡和相生不窮, 以聲音統攝萬物之變, 說者謂其以聲起數 以數合卦 而萬物之理備焉."

그리고 전통적으로 조선에서도 『황극경세서(皇極經世書)』를 소리를 인식하는 학문적 기준으로 여기고 한족(漢族)이 중시했던 음을 존숭하고자 하는 태도에서 『홍무정운(洪武正韻)』의 음을 중시하는 분위기가 있었다. 특히 중국에 만주족이 명(明)을 무너뜨리고 청(淸)을 세우고 난 다음에는 청(淸)에 대한 반감으로 이런 분위기는 고조되는 상황이었다.

이런 여러 상황들을 반영하여 홍계희(洪啓禧)에 의해 『삼운성휘(三韻聲彙)』가 편찬될 때에는 『홍무정운(洪武正韻)』의 음계를 화음(華音)으로 반영하였다. 또한 18세기 중엽 이후에 이루어진 『노걸대언해(老乞大諺解)』류의 편찬에서는 좌측음이 『홍무정운역훈(洪武正韻譯訓)』과 같은 음으로 교체되는 변화가 있었다.

이런 때를 살아간 신경준 또한 기본적으로 성리학자로서 성운학에 관심을 가지고 있었던 사람으로서 『황극경세서(皇極經世書)』를 바탕으로 소리의 원리와 바탕에 관심을 가지고 있었다. 그리고 성운학을 탐구하는 과정에서 당시 중국에서 유행하던 음운서를 접해 보고 한어(漢語)의 변화에 상당한 관심을 가졌던 것으로 보인다. 이 과정에서 『음운천미(音韻闡微)』와 같이 복고적이면서도 당시 한어(漢語)의 변화를 기술하고 있는 책을 접하게 되지 않았을까 추정된다. 특히 『음운천미(音韻闡微)』는 황제의 명으로 편찬된 운서였기에 우선적인 관심의 대상이 되었을 가능성이 있다.

이런 흐름에서 신경준은 자모(字母) 쪽은 전탁음(全濁音) 유지, 설상음 부활 등의 복고적인 음을 지향하고 중성은 사호(四呼)의 분화를 반영하여 현실음을 반영하되 종성은 입성을 그대로 유지하고 양성 운미도 그대로 유지한 상태로 사성(四聲)을 갖춘 한자음 체계를 구상하게 되지 않았을까 추정되며 이를 『운해(韻解)』에 그대로 반영하였다.[42] 이것은 『운해(韻解)』에서도 중시했던 『홍무정운(洪武正韻)』이 성모는 전탁음을 유지하고, 입성을 보존하며, 평성을 음양(陰陽)으로 나누지 않고 단일한 성조로 유지하고 있다는 점에서 보수적인 양상을 띠면서도 나머지 운모는 북방음의 변화를 상당히 수용한 양상으로 편찬된 것과 유사한 방향을 띠는 것으로도 이해해 볼 수 있다.

이와 같은 방향에서 그는 성리학자로서 초중종성과 사성(四聲) 모두 갖춘 한자음에 관한 정음관(正音觀)을 갖게 되었던 것으로 보인다. 그리고 이런 정음관을 구체적으로 화음(華音)을 대상으로 하여 적용하여 「운해삼십육자모도(韻解三十六字母圖)」와 4장(章)의 운도(韻圖)로써 표현해 낸 것이 아닌가 한다. 이런 자모도와 운도를 제시하게 된 이론적인 근거는 기본적으로 「율려창화도(律呂唱和圖)」에 바탕을 둔 것이었다.

5. 나오며

이 글은 『운해(韻解)』(1750)에서 볼 수 있는 여암 신경준의 성운(聲韻) 인식이 어떤 것인지를 살펴보는 것을 목적으로 하였다. 이를 위하

---

42 이런 지향점에 따라서 볼 때 [그림 4]에서 보인 「초성배경세수도(初聲配經世數圖)」의 '匣ᅘᅣ', '日ᅀᅵ'는 『운해(韻解)』에서 입성을 보존하고 있는 방향성과는 맞지 않고 당대 화음(華音)의 실정에 부합하는 한자음이다. 따라서 「초성배경세수도(初聲配經世數圖)」는 신경준이 만든 것이라기보다는 초성에 관한 논의를 전개하기 위하여 가져온 것이거나 신경준이 만들어 제시하였다면 당대 음에 기반하여 논의를 전개하는 것이 자연스럽다는 그의 인식을 반영한 것으로 보아야 하지 않을까 생각된다.

여 『운해(韻解)』에 기술된 구체적인 내용들을 살펴본 후 이를 바탕으로 신경준의 저작 목적과 정음관(正音觀)이 어떤 것인지를 살펴보았다. 실제적인 논의를 위해서 이 글에서는 『운해(韻解)』를 편찬한 목적이 화음(華音)의 자모도(字母圖) 및 운도(韻圖)를 제시하려 한 것인지 국어 한자음의 자모도(字母圖) 및 운도(韻圖)를 제시하려 한 것인지 살폈다. 그리고 신경준이 지향한 정음관(正音觀)은 어떤 과정을 거쳐서 형성된 것이며 이에 영향을 준 것은 무엇인가를 살폈다. 끝으로 운학자로서의 신경준은 어느 정도의 식견을 가지고 실제 언어를 관찰하였는지를 살폈다.

신경준은 『운해(韻解)』에서 한어(漢語), 국어(國語), 일본어(日本語)에 관련한 기술을 모두 제시하였는데, 여기에서 우리는 그가 어느 정도로 언어를 관찰하였고 어느 정도의 언어적 식견을 지니고 있는지를 살펴볼 수 있다. 기술 분량상의 차이는 있으나 모두 다 상당히 구체적인 언어적 양상을 한자음을 중심으로 하여 제시하고 있다는 점을 볼 수 있다. 그러나 이런 기술 가운데에서 단연 중심에 놓이는 것은 한어(漢語)의 음에 관한 것이다. 이것을 세종이 만든 훈민정음을 이용하여 실제 소리를 성리학적인 관점에서 분석적으로 이해하고 체계적 관점에서 서로 간의 관계를 파악하고 그 결과로 자모도(字母圖)와 4장(章)의 운도(韻圖)를 그려 제시하였다.

이처럼 신경준이 한어(漢語)에 관심을 기울이고 있다고 것은 일차적으로 그가 제시한 자모도(字母圖)나 운도가 국어 한자음과는 거리가 있다는 것을 통하여 알 수 있다. 자모도(字母圖)에서 전탁음을 설정하였다든지 운도에서 촬구호를 설정하였다든지 하는 것은 한어(漢語)를 표시하기 위해서 작성된 것이라고 보아야 자연스럽게 이해되는 것이다. 그리고 『운해(韻解)』의 「중성금속지변(中聲今俗之變)」이 『화동정음통석운고(華東正音通釋韻考)』의 「각운중성(各韻中聲)」과 거의 같기는 하지만 이곳에 실린 국어 한자음의 변화에 관한 것은 싣고 있지 않다는 점에서 역시 분명히 드러난다.

이런 점을 포함하여 그가 기술한 여러 내용들을 종합적으로 검토할 때 그는 기본적으로는 『황극경세서(皇極經世書)』를 바탕으로 하되, 당시 중국에서 유행하던 『음운천미(音韻闡微)』와 같은 음운서를 접해 보고 한어(漢語)의 변화에 상당한 관심을 가지고 구체적인 고민을 하였던 것으로 보인다. 그리고 청(淸)의 복고주의와 조선의 청(淸)에 대한 반발심 등으로 인하여 명대(明代)의 것을 존숭하는 의식이 결부되어 『홍무정운(洪武正韻)』의 음을 중시하는 경향에 발맞추어 자모도(字母圖)와 운도(韻圖)를 작성하게 된 것으로 보인다.

그가 지향한 구체적인 흐름은 자모(字母) 쪽은 전탁음(全濁音)의 보존, 설상음 부활 등의 복고적인 음을 지향하고 중성은 사호(四呼)의 분화를 반영하여 현실음을 반영하되 종성은 입성을 그대로 유지하고 양성 운미도 그대로 유지한 상태로 사성(四聲)을 갖춘 한자음 체계를 구상한 것이다. 즉 『홍무정운(洪武正韻)』에서 성모에서는 전탁음이 유지되고, 입성이 보존되었으며, 평성은 음양(陰陽)으로 나뉘지 않고 단일한 성조로 유지되었지만 운모(韻母)는 북방음의 변화를 상당히 수용한 양상으로 편찬된 것과 유사한 방향성을 지향한 것으로 이해해 볼 수 있다.

이런 방향에서 그는 한자음은 초성 · 중성 · 종성에 사성(四聲)을 모두 갖추어야 한다는 정음관(正音觀)을 갖게 되었던 것으로 보인다. 이런 정음관에 입각하여 구체적으로 화음(華音)을 대상으로 하여 적용하여 「운해삼십육자모도(韻解三十六字母圖)」와 4장(章)의 운도(韻圖)로 써 표현해 낸 것으로 보인다.

이와 같이 『운해(韻解)』를 분석하고 『운해(韻解)』의 편찬 목적이 무엇이고 신경준이 지니고 있었던 정음관(正音觀)이 어떤 것인지에 관하여 거칠게나마 다루어 보았다. 본문을 통해 충실히 다루어진 부분도 있으나 그렇지 못한 것도 있다. 그러기에 앞으로 미진한 부분이 보강되어 논의의 완성도를 높여야 할 필요를 느낀다.

대표적으로 『운해(韻解)』를 저작하는 데에 중요한 도구로 활용되고 있는 훈민정음에 관해서는 충분한 접근을 하지 못하였다. 구체적으로는 이곳에서 말하는 훈민정음의 정체가 무엇인지에 관해서 고찰이 이루어지지 못했고, 신경준이 『훈민정음 해례』를 보고서 『운해(韻解)』를 지은 것인지 그렇지 않은 것인지에 관해서도 충분히 고찰을 하지 못하였다. 또한 청(淸)의 여러 저술을 직접 접하여 보았다면 어떤 식으로 저술을 입수하여 보게 되었는지 그의 행적과 관련하여 살펴봐야 하는데 그러지 못하였다. 일본어에 관련한 기술에 반영된 지식을 어떻게 지니게 된 것인지도 그의 행적과 관련하여 살펴보지를 못하였다. 이처럼 부족한 것들은 후속 연구로 보완하겠다. 거친 글을 인내를 갖고 읽어 주신 독자 여러분께 감사의 마음을 전하는 바이며 이만 글을 맺도록 하겠다.

參考文獻

姜信沆(1959), 「申景濬의 基本的 國語學 研究 態度」, 『국어국문학』 20, 국어국문학회, 30~32.

______(1967), 『韻解 訓民正音 研究』, 韓國研究院.

______(1973), 『四聲通解研究』, 新雅社.

______(2000), 『한국의 운서』, 태학사.

______(2003), 『(수정 증보) 훈민정음연구(7판)』, 성균관대학교 출판부.

曲曉雲(2009), 「『五方元音』訓民正音和滿文譯訓本考」, 『중국어문학논집』 56, 중국어문학연구회, 105~118.

______(2012a), 「『五方元音』 訓民正音 音解本 연구(1)」, 『중국어문학논집』 73, 중국어문학연구회, 41~57.

______(2012b), 「『五方元音』 訓民正音 音解本 研究(2)」, 『중국언어연구』 43, 한국중국언어학회, 41~60.

金敏洙(1980), 『新國語學史(全訂版)』, 一潮閣.

金錫得(1975), 「실학과 국어학의 전개-최석정(崔錫鼎)과 신경준(申景濬)과의 학문적 거리-」, 『東方學志』 16, 연세대학교 국학연구원, 117~143.

김슬옹(2016), 「신경준, 『운해훈민정음[邸井書]』의 정음 문자관」, 『한말연구』 39, 한말언어학회, 33~70.

김윤경(1954), 『한국문자국어학사』, 동국문화사.

金泰完 · 安奇燮(2004), 「《音韻闡微》의 音韻 體系와 清代 官話」, 『중국인문과학』 28, 중국인문학회, 1~19.

金薰鎬(1986), 「『五方元音』 研究」, 전남대학교 석사 논문.

박태권(1970), 「이조 실학파 학설이 국어학에 미친 영향-신경준(申景濬)의 어학설을 중심으로-」, 『부산대 논문집』 11, 부산대학교, 1~23.

배윤덕(1991), 「신경준의 운해 연구」, 『二重言語學會誌』 8, 이중언어학회, 538~552.

신용권(2019), 『『老乞大』와 『朴通事』 언해서의 중국어음 연구』, 서울대학교 출판문화원.

심소희(2012a), 「조선후기 문인들의 서신을 통한 성운 인식 고찰-최석정과 정제두의 서신을 중심으로-」, 『중국언어연구』 38, 한국중국언어학회, 21~45.

______(2012b), 「최석정의 《황극경세 · 성음창화도》에 대한 인식」, 『한중언어문화연구』 28, 한국중국언어문화연구회, 3~22.

______(2013), 『한자 정음관의 통시적 연구』, 이화여자대학교 출판부.

심소희 · 구현아(2013), 「조선시기 최석정과 황윤석의 성음인식 비교-『皇極經世 · 聲音唱和圖)』에 대한 훈민정음 표음체계의 분석을 중심으로-」, 『중국언어연구』 45, 한국중국언어학회, 1~34.

유창균(1988), 『국어학사』, 형설출판사.

이상규(2014), 「여암 신경준의 『저정서(邸井書)』 분석」, 『어문론총』 62, 한국문학언어학회, 153~187.

______(2018), 『명곡 최석정의 경세훈민정음』, 역락.

이상규 · 천명희(2018), 『여암 신경준의 저정서 연구』, 역락.

이재승 · 김만태(2018), 「한글 순음(脣音) · 후음(喉音)의 오행배속(五行配屬)에 대한 성명학적 고찰」, 『한국융합인문학』 6~3, 한국융합인문학회, 27~48.

이준환(2014), 「『兒學編』 일본어 어휘의 한글 표기와 국어와 일본어의 음운론적 대응 양상」, 『한국어학』 63, 한국어학회, 305~343.

이희재(2014), 「17세기 조선후기 최석정의 훈민정음의 역학적 원리 연구」, 『대동철학』 66, 대동철학회, 51~66

정경일(2002), 『한국 운서의 이해』, 아카넷.

정영지(2004), 「四呼의 名稱考」, 『언어과학연구』 30, 언어과학회, 321~334.

趙堈熙(2003), 「조선시대 일본어학습서의 한글 注音 表記에 의한 일본어 淸濁音의 음성적 연구」, 『일본문화학보』 16, 한국일본문화학회, 31~49.

조희영(2018a), 「邵康節 數學이 15-16세기 조선 音韻學에 끼친 영향-『訓民正音』과 徐敬德의 『聲音解』를 중심으로-」, 『민족문화연구』 78, 고려대학교 민족문화연구원, 243~274.

______(2018b), 「『訓民正音』 制字解에 함유된 宋代 象數易과 朝鮮易-『皇極經世書』, 『太極圖說』, 『易學啓蒙』을 중심으로」, 『동방학지』 184, 연세대학교 국학연구원, 123~147.

______(2019), 「旅菴 申景濬의 『韻解訓民正音』에 담긴 邵康節易學의 현대적 의미-康節易學을 통한 분석으로 국어학계와 다른 주장을 제시함」, 『대동문화연구』 108, 성균관대학교 대동문화연구원, 177~209.

蔡元定 著/李厚瑩 譯註(2011), 『國譯 律呂新書』, 問津.

伊藤英人(1995), 「申景濬의 『韻解訓民正音』에 대하여」, 『國語學』 25, 국어학회, 293~306.

耿振生(1992), 『明淸等韻學通論』, 北京 : 語文出版社.

葉寶奎(2001), 『明淸 官話音系』, 廈門 : 廈門大學出版社.

李如龍(2001), 『漢語方言的比較硏究』, 北京 : 商務印書館.

馬淵和夫(1971), 『國語音韻論』, 東京 : 笠間書院.

平山久雄(1993), 「邵雍 『皇極經世聲音唱和圖』의 音韻體系」, 『東洋文化硏究所紀要』 120, 東京 : 東京大學 東洋文化硏究所, 49~107.

| 旅　菴 |

여암 신경준의 지리학

류명환 | 한국학중앙연구원 전임연구원

1. 머리말

신경준(申景濬)은 1712년(숙종 38) 4월 15일 전라도 순창군 남산대(南山臺)[현 전라북도 순창군 순창읍 가남리 남산마을]에서 태어나 70세 때인 1781년(정조 5) 5월 21일 졸하였다. 본관은 고령(高靈), 자는 순민(舜民), 휘는 경준(景濬), 호는 여암(旅菴)이다.

신경준이 활동한 18세기에는 사상, 문학, 건축, 의학을 비롯한 다양한 분야에서 국학에 대한 연구가 활발히 진행되었다. 지리학에서도 공간성에 대한 높은 관심으로 인해 국토를 계통적으로 인식하기 위한 저술이 적지 않게 이루어졌는데, 지리지 · 읍지 편찬을 비롯하여 지도 제작도 활발하게 추진되었다. 특히 중국의 영향을 받았으나 독자적인 모습으로 조선을 묘사하기 시작하였는데, 위당(爲堂) 정인보(鄭寅普, 1893~1950)는 성호(星湖) 이익(李瀷, 1681~1763)-여암(旅菴) 신경준(申景濬, 1712~1781)-다산(茶山) 정약용(丁若鏞, 1762~1836)으로 이어지는 조선학(朝鮮學)의 계보를 설정하기도 하였다.[1]

신경준은 『신찬팔도지리지(新撰八道地理志)』를 저술한 11대조 암헌(巖軒) 신장(申檣, 1382~1433), 『해동제국기(海東諸國記)』를 저술한 10대조 보한재(保閑齋) 신숙주(申叔舟, 1417~1475), 『신증동국여지승람(新增東國輿地勝覽)』 편찬에 참여한 8대조 이계(伊溪) 신공제(申公濟, 1469~1536)로 이어지는 가학(家學)을 배경으로 『강계고(疆界考)』, 『사연고(四沿考)』, 『도로고(道路考)』, 『산수고(山水考)』, 『가람고(伽藍考)』 등의 지리서와 『동국여지도(東國輿地圖)』를 편찬하여 지리학적 역량

---

1 장문석(2014) 참조.

을 발휘하였다.

더욱이 신경준은 영조의 총애를 받으면서 당상관을 지냈고, 우리 문화가 조선화되어 가는 시기에 국가사업의 중심적 위치에서 지리학 분야를 집대성한 대학자이다. 1770년(영조 46)에는 관찬지리지인 『동국문헌비고(東國文獻備考)』 13고(考) 중 『여지고(輿地考)』 편찬을 맡음으로써 중국의 속국(屬國)이 아닌 조선의 독자성을 강조한 신경준의 역사·지리관은 영조대 조선의 공식적인 시각으로 자리매김을 한다.

신경준과 그의 저술물에 대해서는 그동안 다양한 전공 분야에서 연구가 이루어졌다. 국문학에서 출발하여 역사학·지리학으로 확대되면서 연구자의 관심 분야에 따라 신경준은 국어학자, 또는 역사학자·지리학자 등으로 평가가 이루어졌다.

신경준에 대한 지리학 분야의 접근은 인물 평가, 지리서, 지도 등으로 구분해 볼 수 있다. 신경준에 대한 평가로는 최창조와 양보경의 연구가 대표적이다. 최창조는 풍수지리 분야를 제외한다면 이토록 많은 지리 관계 저술을 이룬 사람은 여암 이외에는 달리 없었다고 하였으며, 당시 사람들이 별로 거들떠보지도 않던 풍수 이외의 실질적 지리학을 계통적으로 정리한 공적을 높이 평가하였다.[2] 양보경은 신경준처럼 방대한 지리학 저술을 남기고 자신의 지리적 지식을 인정받아 국가적인 편찬사업으로 연결했던 경우는 매우 드물다고 하면서, 많은 실학자들이 재야에서 활동하였음에 반하여 국가적인 사업에 재능과 학식을 발휘하여 조선 후기에 광범위한 영향을 미친 실천적 지리학자라는 점에서 다른 실학파 지리학자들과 구별된다고 평가하였다.[3]

---

2 최창조(1986), 58쪽 참조.

지리서에 대한 연구는 『강계고』에 대한 이상태의 연구,[4] 『산수고』에 대한 양보경의 연구,[5] 『여지고』에 대한 박인호의 연구,[6] 『도로고』·『가람고』·『사연고』에 대한 류명환의 연구[7] 등에서 살펴볼 수 있다.

지도에 대한 연구는 신경준이 제작한 것으로 기록되어 있는 『동국여지도』가 현재 전하는 지도 중에서 어떤 지도와 연관성이 있는가를 추정하는 연구가 중심을 이룬다. 양보경은 규장각한국학연구원 소장 『조선지도(朝鮮地圖)』(奎16030)의 방안(方案) 수가 「동국여지도발(東國輿地圖跋)」의 기록과 일치하는 것과 관련하여, 『동국여지도』 중 열읍도(列邑圖) 8권을 『조선지도』로 추정하였다.[8] 이기봉은 성신여자대학교 소장 도별도인 『동국팔로분지도(東國八路分地圖)』의 「동국여지도범례(東國輿地圖凡例)」를 통해 『조선지도』가 신경준이 제작한 원본인지는 분명하지 않으나, 이를 그대로 모사하거나 약간 수정한 지도로 보았다.[9] 김기혁은 국립중앙도서관 소장 『동국지도3(東國地圖三)』(승계貴2702-22)이 『조선지도』의 저본으로 이용된 이후 수정·가필이 이루어져 이를 바탕으로 『해동여지도(海東輿地圖)』가 제작된 것으로 분석하여, 가필되기 이전의 『동국지도3』이 신경준이 제작한 최초의 방안식 지도 형태에 가까운 것으로 해석하였다.[10]

---

3 양보경(1999), 36~37쪽 참조.
4 이상태(1984) 참조.
5 양보경(1992; 1994) 참조.
6 박인호(1995) 참조.
7 류명환(2005; 2014a; 2014b; 2015; 2016) 참조.
8 양보경(1995), 104~109쪽 참조.
9 이기봉(2005) 참조.
10 김기혁(2007), 33~35쪽 참조.

본고에서는 신경준의 문집 간행을 조명해 보고, 영조대 학문의 종합화와 전문화가 함께 일어나는 시기에 그가 편찬한 지리서와 지도 등 지리 관련 저술 연구를 통해 조선 지리학의 분류사를 체계화하는 과정을 고찰해보고자 한다. 아울러 『도로고』에서 정리한 「6대로(六大路)」와 「사연로(四沿路)」 체제를 통해 신경준의 국토 인식 또한 살펴보고자 한다.

2. 문집 간행과 지리서 편찬

지리의 중요성을 학문적으로 정리하고 체계화하고자 하는 노력은 조선 후기에 들어 본격적으로 진행되었다. 조선 후기 사회의 역동적인 변화가 지역 내지 국토의 공간구조 변화와 밀접한 관련을 맺고 있음을 인식한 실학적 지리학자들이 이를 주도하였다. 대부분의 실학자들이 사회 변화와 함께 국토 · 지역의 구조가 변화함을 인식하고, 지리학의 중요성과 실용성에 주목하여 지리 관련 저술들을 남겼다. 이것은 지리학의 다양화와 전문화의 추구가 이루어지고 있음을 보여 주는 것인데, 이러한 조선 후기의 경향을 대표하는 지리학자가 신경준이다.[11]

신경준의 유고에는 『여암집(旅菴集)』, 『여암유고(旅菴遺稿)』, 『여암전서(旅菴全書)』, 『여암산고(旅菴散稿)』, 『여암수필유고(旅菴手筆遺稿)』 등이 있다. 규장각한국학연구원 소장 『여암집』(奎2440)은 8권 4책의

11 양보경(1999), 36쪽 참조.

필사본이다. 『여암집』 원책(元冊)에는 홍양호의 서문과 시(詩)·가승(家乘), 형책(亨冊)에는 묘갈류(墓碣類)와 기(記)·서(序), 이책(利冊)과 정책(貞冊)에는 잡저(雜著)가 수록되어 있다. 홍양호가 쓴 서문과 묘갈명에는 사위 이영갑(李永甲)이 유고를 가지고 와서 서문을 써줄 것을 요청하였다고 하며, 문인 류숙지(柳肅之) 등이 묘갈명을 부탁하였다고 한다. 그리고 홍양호가 서문을 쓴 것은 그가 동지사(冬至使)로 연경(燕京)을 다녀온 1782년(정조 6) 이후이고, 묘갈명은 그보다 이후에 쓰인 것으로 미루어 대략 18세기 말경 문집 간행을 위한 준비가 완료되었다고 할 수 있다.

신경준의 문집은 1910년 4월에 『여암유고』가 처음으로 간행된다. 『여암유고』에는 4세손 신익구(申益求)와 5세손 신기휴(申冀休)가 쓴 두 편의 발문과 예조판서 신헌구(申獻求, 1823~?)가 쓴 행장이 실려 있다. 행장에 따르면, 증손 신병모(申秉模)가 신헌구에게 여러 차례 행장을 써줄 것을 청하는 등 적극적으로 유문의 간행을 추진하였으나 그의 생전에는 뜻을 이루지 못하였고, 사후에 신익구와 신기휴 및 신경우(申瓊雨), 신상휴(申庠休), 신재휴(申宰休) 등 후손들을 중심으로 지속적인 작업이 이루어져 13권 5책으로 간행이 된다.

『여암유고』 권두에는 홍양호의 서문이 있고, 권1에는 시(詩) 134수, 권2에는 사(辭) 1편·서(書) 10편, 권3에는 서(序) 23편, 권4에는 기(記) 29편, 권5에는 발(跋) 11편·설(說) 3편·찬(贊) 1편·명(銘) 5편, 권6에는 전문(箋文) 6편·상량문 2편·축문 1편·제문 3편·애사 4편, 권7~10에는 잡저 19편, 권11에는 비명 15편·갈명(碣銘) 3편, 권12에는 묘지명 10편·행장 3편·전(傳) 3편, 권13에는 행장·묘갈명·「어제여지도소서(御製輿地圖小敍)」 등이 실려 있으며, 신익구와 신기휴의 발문이 마지막에 있다. 이 초간본 『여암유고』는 1999년에 민족문화추진회에서 『(영인표점)한국문집총간』 231로 간행되었고, 2019년에는 한국고전번역원 한국문집번역총서로 번역되었다.

『여암전서』는 1939년 7월부터 1940년 1월까지 신조선사(新朝鮮社)에서 연활자본(鉛活字本) 17권 7책으로 중간이 이루어진다. 여기에는 초간본 작업에 참여했던 신경준의 5세손 신재휴가 소장한 필사본을 대본으로 하여 흩어진 유문을 수집하여 편찬하였고, 위당 정인보와 운정(云丁) 김춘동(金春東, 1906~1982)이 교열하였다. 일제강점기에 설립된 신조선사에서는 조선의 고문헌 중 조선 후기의 실학과 관련된 문집을 집중적으로 발간한다. 이는 당대 학술의 맥락을 염두에 두고 '조선학'과 관련되는 문헌들을 간행한 것으로, 정인보가 그 중심 역할을 하고 있었다.

신조선사에서는 1934년부터 정약용의 『여유당전서(與猶堂全書)』 154권 76책 출간을 시작으로 담헌(湛軒) 홍대용(洪大容, 1732~1783)의 『담헌서(湛軒書)』 14권 7책에 이어, 신경준의 『여암전서』 17권 7책 발간을 마지막으로 1940년에 간행사업을 종료한다. 특히 일제강점기에 『여암전서』를 발간하는 것은 조선학을 강조한 정인보가 여암의 가치를 재조명하였기 때문에 가능했던 것이다. 또한 신조선사에서 간행한 『여암전서』에는 신경준 후손가에서 얻은 저작을 확보함으로써 1910년 발간 『여암유고』에 수록하지 못한 지리서들을 포함할 수 있었다.

『여암전서』 권1~3은 편집 단계에서 비워두었다. 권4~7은 『강계고』, 권8 · 9는 『사연고』, 권10~15는 『산수고』, 권16은 『가람고』, 권17은 『군현지제(郡縣之制)』, 권18은 『차제책(車制策)』 · 『논선거비어

(論船車備禦)』, 권19는 『수차도설(水車圖說)』, 권20은 『소사문답(素沙問答)』·『장자변해(莊子辨解)』· 연보 · 신원식(申元植)의 발문 등으로 구성되어 있다. 이 중 『소사문답』과 『차제책』 등 일부를 제외하고는 초간본에 수록되지 않은 것들이며, 일실되었던 저작들을 찾아 수록하는 데 주의를 기울였다.

1976년에는 경인문화사에서 영인본 『여암전서』 2책을 출간한다. 이 영인본은 신경준의 저술을 총괄해 놓은 것으로, 1책에는 초간본 『여암유고』와 중간본 『여암전서』가 수록되어 있다. 2책에는 국립중앙도서관 소장 4권 2책의 필사본 『도로고』(古985-1)와 1855년(철종 6)에 남희채(南羲采)가 신경준의 유고를 필사한 국립중앙도서관 소장 『여암잡저(旅庵雜著)』(한古朝93-21), 국립중앙도서관 소장 『훈민정음운해(訓民正音韻解)』(한古朝40-18)가 실려 있다. 특히 1책에는 1939년 『여암전서』 중간 때 수록하지 못한 정인보의 「여암전서총서(旅菴全書總敍)」와 후손 신원식이 쓴 연보와 발문이 실려 있다.

규장각한국학연구원 소장본인 『여암산고』(古0320-20) 1책은 1932년 11월에 정인보 소장의 신경준 필사본을 일부 등록(謄錄)한 책이다. 주요 내용은 『소사문답』을 비롯하여 「용담선사시집서(龍潭禪師詩集序)」, 「동국여지도발」, 「시칙(詩則)」, 「화훼잡설(花卉雜說)」, 「직주기(稷州記)」 등으로 구성되어 있다.

『여암수필유고』 9책은 고려대학교 중앙도서관 소장의 신경준 친필본인데, 『군현지제』 1책, 『열읍산수지(列邑山水志)』 3책, 『산수위(山水緯)』 2책, 『사연고』 1책, 『병선지제(兵船之制)』 1책, 『이수지(里數志)』 1책으로 구성되어 있다.[12] 한편, 1978년에는 (사)세종대왕기념사업회에서 『증보문헌비고』 중 『여지고』를 국역하여 4책으로 간행하였다.

신경준은 언어학, 이용학, 철학, 천문학 등 여러 분야에 걸쳐 많은 책을 저술하였으나 가장 많은 저술은 단연 지리학 분야라고 할 수 있다. 신경준은 영조대에 진작되는 국학 연구의 분위기 속에서 기존의 지리지 혹은 백과전서에 묻혀 있던 지리학 영역의 '강계', '도로', '산천', '사찰' 등을 독립시켜 고증적 방법을 통해 『강계고』, 『사연고』, 『도로고』, 『산수고』, 『가람고』 등 독자적인 지리서를 저술한다. 또한 왕명을 받아 조선 후기를 대표하는 관찬지리지인 『여지고』를 편찬한다.

신경준이 지리학에 관심을 갖고 연구한 동기는 신헌구가 쓴 행장에서 살펴볼 수 있다.

> 선생은 재기가 준위하고 의기가 호매하며 깊은 곳에 큰 뜻이 있었다. 일찍이 말하기를 "대장부로 이 세상 태어남에 천하의 일이 모두 나의 직분이니, 하나의 사물이라도 궁구하지 못하면 부끄럽고 하나의 기예도 능숙하지 못하면 병통이다. 성현이 되기를 바라는 것은 깊이 생각하고 힘써 실천하는 데에 있을 뿐이다. 학문은 도를 보는 것이 귀하고, 도는 스스로 얻고자 하는 데 있다. 맹자(孟子)는 '마음이 생각을 관장하는데, 생각하면 얻고 생각하지 않으면 얻지 못한다.'라고 말하였고, 관자(管子)는 '생각하고 또 생각하면 귀신이 통하게 해준다.'라고 말하였으니, 이것이 스스로 얻는 방법이다."라고 하였다. 드디어 성현의 서적에 마음을 집중해 심오한 진리를 탐색하여 성명의 근원을 깊이 연구하고, 구류백가(九流百家)를 두루 섭렵하여 그 시비를 논증하지 않음이 없었다. 천문(天文) · 지리(地理) · 성률(聲律) · 의복(醫卜)의 학문, 역대의 헌장(憲章)과 해외의 기이한 서적까지 그 깊은 이치를 찾아내 긴요한 곳을 헤아렸다. 우리나라의 산천과 관애(關隘), 형승(形勝)은 마치 눈 안에 있는 것 같이 더욱 분명하게 알아 "무릇 장수가 된 사람은 모

12 『여암전서』(1976); 『한국문집총간』 231(1999), 해제 참조.

름지기 지리의 이점을 먼저 깨달아야 한다."라고 하였으니, 자임(自任)하기가 이와 같았다.[13]

행장에서 신경준의 학문은 "구류백가를 두루 섭렵하고, 천문 · 지리 · 성률 · 의복의 학문, 역대의 헌장과 해외의 기이한 서적까지 그 깊은 이치를 찾아내 긴요한 곳을 헤아렸으며, 우리나라의 산천과 관애 · 형승은 마치 눈 안에 있는 것 같이 더욱 분명히 알았다."라고 하여 그가 다문다재한 학자임을 말해주고 있다. 또 "무릇 장수가 된 사람은 모름지기 지리의 이점을 먼저 깨달아야 한다."라고 자임한 것으로 보아 저술의 대상이 장수, 즉 국방을 담당하는 사람들로 추정할 수 있다. 곧 신경준은 장수들이 갖추어야 할 가장 기초적인 지식을 지리라고 하였는데, 이를 위한 정치 · 군사 · 행정 등에 필요한 각종 지리 정보를 축적 · 정리하는 것이 지리학 연구의 동기라고 할 수 있다.

한편, 신경준의 지리학은 지명 고증을 위한 언어학 연구에서 출발한다. 즉, 방언(方言) · 음사(音似) · 음독(音讀) · 이두 등을 이용하여 지명을 고증하였으며, 이러한 언어학 연구가 지리적 공간 규명의 바탕이 되었다.[14]

---

13 『여암전서』 I , 「행장」, "先生才器俊偉, 意氣豪邁, 沈深有大志. 嘗曰: '大丈夫生斯世, 天下事皆吾職, 一物未格耻也, 一藝不能病也. 希聖希賢, 在深思力行而已. 學貴見道, 道在自得. 孟子曰, 心之官思, 思則得之, 不思則不得. 管子曰, 思之思之, 鬼神其通之. 是自得之法也.' 遂自聖賢之書, 潛心探賾, 探究乎性命之原, 汎濫乎九流百家, 莫不證印其是非. 以至天文地理聲律醫卜之學, 歷代憲章海外奇僻之書, 靡不鉤其奧而絜其要. 於本國山川關隘形勝處, 尤瞭然如在目中. 曰: '凡爲將者, 須先識地利.' 其自任如此."

14 이상태(1984); 류명환(2012) 참조.

1) 『강계고(疆界考)』

『강계고』는 신경준이 1756년(영조 32)에 저술한 역사지리서이다. 신경준은 『강계고』로 인해 『동국문헌비고』 편찬에 참여하게 되며, 『강계고』는 『여지고』의 저본이 된 지리서이다. 필사본 『강계고』는 현재 두 곳에 소장된 것이 확인된다. 고려대학교 중앙도서관에는 『강계지(疆界志)』라는 표제로 영본(零本) 3책이 있는데, 책의 크기는 32.8×20.0㎝이다. 연세대학교 학술정보원에는 『신여암강계지(申旅庵疆界誌)』라는 표제로 5권 3책이 있는데, 책의 크기는 28.9×20.6㎝이다.

고려대학교 중앙도서관 소장 『강계지』 1책에는 자서(自序)·아동국별호(我東國別號)·삼조선(三朝鮮)·한군현(漢郡縣)·고구려·진국(辰國)·삼한·백제국·당주부(唐州府), 2책에는 신라국, 3책에는 소대(昭代)가 수록되어 있다. 연세대학교 학술정보원 소장 『강계지』 권4에는 신라국·고려국, 권5에는 소대, 권6에는 아동국별호·삼조선, 권7에는 한군현, 권8에는 고구려국 순으로 필사되어 있다. 『강계고』는 고려대학교 중앙도서관 소장본을 대본으로 하여 정인보와 김춘동이 4권으로 교열하였으며, 1939년 7월에 신조선사에서 『여암전서』 1책과 2책으로 간행하였다.

정인보는 「여암전서총서」에서 "지역을 고증해 역사 기록을 증명하고 역사 기록에 의거해 지역을 비정하였다. 무릇 수천 년 간 출입과 진퇴가 어지러이 나누어지고 합해져서 실타래처럼 엉켜 아득하여 따져 궁구할 수 없는 것을 모두 힘써 헤아려 확정하고 고금 승패의 연유를 힘써 밝혀 손바닥 위에서 보는 듯한 것으로 『강계고』가 있다." 라고 평가하였다.[15]

『강계고』는 고조선부터 조선 중기까지 우리나라 강역의 시간적인 변화를 고증하였는데, 우리나라의 별호를 비롯하여 각 국가별 국도(國都)와 강계(疆界), 위치 비정에 논란이 있는 지역에 대한 변론 등을 싣고 있다. 「강계고서」에는 신경준이 『강계고』를 저술한 배경을 살펴볼 수 있다.

> 우리나라에서 사관(史官)을 둔 것이 고구려는 영양왕, 백제는 근초고왕, 신라는 진흥왕 때부터 시작되었으나 그 역사책은 전하지 않는다. 고려에 이르러 김부식(金富軾)이 지은 『삼국사기(三國史記)』의 지지(地志)는 아마도 삼국의 유서(遺書)에서 자료를 얻었는데도 소략함을 면치 못하였으니 삼국시대 이전은 더욱 고증할 수 없다. …… 그런 까닭에 우리나라의 지지는 비단 빠트리거나 누락되어 고증할 수 없게 되거나 난잡하여 의심스러운 것이 많아 논설이 분분하고 단안(斷案)할 수 없다. 지금 우선 여러 서적을 나열하여 기록하고 거기에 나의 견해를 덧붙여 훗날 밝혀줄 사람을 기다릴 뿐이다.[16]

신경준은 서문에서 우리나라의 역사를 고증할 기록이 없는 점와 지지에 대한 비판을 바탕으로 여러 사서를 참고하여 『강계고』를 저술하였음을 밝히고 있다. 〈표 1〉은 정인보와 김춘동이 교열한 『여암전서』에 수록된 『강계고』의 편찬 체제이다.

---

15 『여암전서』 I, 「여암전서총서」, "其考地以證史, 據史以定地. 凡數千年間, 出入進退, 糾散分合, 紛耘滂洋而不可究詰者, 皆力爲之商確, 務昭古近勝敗之所以, 以示諸掌, 則有疆界考."

16 『여암전서』 I, 「강계고서」, "東國置史, 麗自嬰陽, 濟自肖古, 羅自眞興始, 而其史不傳. 至高麗金富軾作三國地志, 是必得於三國遺書者, 而未免疎略, 前乎三國, 尤無可攷. …… 故東方地志, 非闕略無可攷, 則必雜亂多可疑, 論說紛紜, 未有斷案. 今姑列錄諸書, 續之以愚見, 以俟後之明者云爾."

〈표 1〉『강계고』의 편찬 체제

강계고서(疆界考序)		
강계고1	아동국별호(我東國別號) 삼조선(三朝鮮) 한군현(漢郡縣)	기전설(箕田說) 전후고구려지변(前後高句麗之辨) 대방재낙랑군남지변(帶方在樂浪郡南之辨) 평양기실지후낙랑유존지변(平壤既失之後樂浪猶存之辨) 신라낙랑군지변(新羅樂浪郡之辨)
강계고2	고구려국(高句麗國) 진국(辰國) 삼한(三韓) 백제국(百濟國)	맥소수비적강지변(貊小水非狄江之辨) 국내여환도비일처지변(國內與丸都非一處之辨) 안시비환도지변(安市非丸都之辨) 봉황성비당종소공안시지변(鳳凰城非唐宗所攻安市之辨) 삼국사본기지지소재고구려이도평양부동지변(三國史本紀地志所載高句麗移都平壤不同之辨) 동명고적부재평양지변(東明古蹟不在平壤之辨) 전후부루지변(前後夫婁之辨) 압록강이남패강이북지지소속지변(鴨綠江以南浿江以北之地所屬之辨) 말갈잡거나제북경지변(靺鞨雜居羅濟北境之辨) 압록강북역대연혁총서(鴨綠江北歷代沿革總敍) 삼한역년지변(三韓歷年之辨) 부삼한지분제설(附三韓地分諸說) 패하이남비마한지지변(浿河以南非馬韓地之辨) 발해득변한지변(渤海得卞韓之辨) 변한묘예재낙랑지지변(卞韓苗裔在樂浪地之辨) 백제동유낙랑지변(百濟東有樂浪之辨) 백제개국금마지변(百濟開國金馬之辨)
강계고3	당주부(唐州府) 신라국(新羅國) 고려(高麗)	묘청지란(妙淸之亂) 조위총지란(趙位寵之亂) 최탄지란(崔坦之亂) 최승로청정계소(崔承老請定界疏)
강계고4	소대(昭代) 일본(日本) 대만도(臺灣島) 유구국(琉球國) 섬라국(暹羅國) 아란타국(阿蘭陀國)	김종서논사진형세축성편부소(金宗瑞論四鎭形勢築城便否疏) 안용복사(安龍福事) 서시위왕일본지변(徐市爲王日本之辨)

『강계고』는 『삼국사기』·『동국여지승람』·『후한서(後漢書)』·『한서(漢書)』 외에도 구암(久菴) 한백겸(韓百謙, 1552~1615)의 『동국지리지(東國地理誌)』와 반계(磻溪) 유형원(柳馨遠, 1622~1673)의 『여지지(輿地志)』 등 90여 종에 이르는 우리나라와 중국의 사서를 인용하였다. 신경준은 단순 사료 취합에서 벗어나 각종 사서의 기록을 비교하고, 역사적 사실로 지역을 비정하는 방법, 지세를 연구하여 위치를 파악하는 방법, 금석문의 내용을 분석하는 방법 등을 동원하여 강계와 지명의 고증을 시도하였다. 이를 통해 신경준은 역사상 각 나라의 위치를 비정하고, 그 경계를 해명하는 한편, 지명의 상이를 고증하여 각 문헌 사이에 나타나는 모순을 해소하고자 하였다.[17]

우리나라의 별호는 군자국(君子國), 소중화(小中華), 근화향(槿花鄕), 청구(靑丘), 접역(鰈域), 제잠(鯷岑), 구이(九夷) 순으로 제시하고, 그 배경을 설명하였다. 시대별로 북쪽에는 삼조선[전조선국·후조선국·위만조선국]-한사군-고구려, 남쪽에는 진국-삼한[마한국·진한국·변한국]-백제·신라 순으로 기술한 후 고려-조선까지의 강역과 지명 등을 고증하였다. 특히, 조선에서는 북도칠부(北道七府)·백두산(白頭山)·가도(椵島)·울릉도(鬱陵島)·부산(釜山) 등에 대해 수록하고, 일본·대만도(臺灣島)·유구국(流球國)·섬라국(暹羅國, 태국)·아란타국(阿蘭陀國, 네덜란드)도 관련 기사를 실었다.

또, 한백겸의 기전설(箕田說), 안용복사(安龍福事), 묘청(妙淸)·조위총(趙位寵)·최탄(崔坦)의 난, 최승로(崔承老)·김종서(金宗瑞)의 소(疏)와 변론 20편을 수록하였다. 주요 내용을 설명할 때는 '한서왈(漢書

17 이상태(1984) 참조.

曰)', '여지지운(輿地志云)', '동국통감운(東國通鑑云)' 등으로 고증을 위해 인용한 사서를 밝히고 있으며, 논란이 되는 주제에 대해서는 '안(按)'이라 하여 신경준의 의견을 제시하였다.

한편, 신경준은 『강계고』에서 지명 고증을 위해 언어학이나 금석학의 지식, 음사와 이두 등의 자료 활용을 통하여 지명을 확인하고, 이를 통해 지도에 지명의 위치를 표시하는 것까지 영향을 준 것으로 보인다. 『강계고』 서문에는 이러한 신경준의 학문적 태도가 잘 나타나 있다.

> 우리나라 사람들이 글자를 읽을 때에 음[음은 글자 소리이다.]으로도 읽고, 뜻[뜻은 글자의 풀이이며, 방언이다.]으로도 읽는다. 그러므로 그 지명이 음과 뜻 두 가지로 쓰이는 경우가 있으니, 사평현(沙平縣)·신평현(新平峴)과 계립령(雞立嶺)·마골령(麻骨嶺)이 이것이다.[방언에서 사(沙)의 음은 신(新)의 뜻과 같고, 마골은 계립이라 부른다.] 예전에는 뜻으로 읽다가 지금은 음으로 읽는 경우가 있으니, 덕물(德勿)을 덕수(德水)라 하고, 삼기(三歧)를 마장(麻杖)이라 하는 것이 이것이다.[모두 현(縣)의 명칭이다. 방언에서 수(水)를 물(勿)이라 부르고, 마(麻)를 삼(三)이라 부른다.] 예전에는 음으로 읽다가 지금은 뜻으로 읽는 경우가 있으니, 설림(舌林)을 서림(西林)[현의 명칭이다.]이라 하며, 추화(推火)를 밀성(密城)이라 하고, 물노(勿奴)를 만노(萬弩)[모두 군(郡)의 명칭이다. 방언에서 설(舌)을 서(西)라 부르고, 추(推)를 풀이하면 그 소리가 밀(密)이 되고, 물(勿)을 풀이하면 그 소리가 만(萬)에 가깝다.]라 하는 것이 모두 그러한 유형이다. 혹은 이속(俚俗)의 자음(字音)이 섞이기도 하고, 혹은 방언이 와전되어 그 지명이 현란(眩亂)하게 바뀐 경우가 있으니, 량(良)이 라(羅)와 같고 소(召)가 조(祚)와 같은 것이 이것이며[이속에서 량(良) 자의 음이 라(羅)와 같고, 소(召) 자의 음은 조(祚)와 같은데, 아슬라주(阿瑟羅州)의 라(羅)를 량(良)으로도 쓰고, 가조현(加祚縣)의 조

> (祚)를 본래 소(召)로 썼던 것이 이것이다.], 성(省)을 솔[所乙]이라 하고 [방언에서 성(省)은 소(所)라 부르는데, 소부리(所夫里)를 성진(省津)이라 하는 것이 이것이다. 또 속음에 소(所)가 소(蘇)와 같기 때문에 매성군(買省郡)을 내소군(來蘇郡)이라 하고, 성대군(省大郡)을 소태군(蘇泰郡)이라 하였다. 소(所)가 이제 바뀌어 솔[所乙]이 되었는데, 지금 영남의 성현(省峴)을 솔현[所乙峴]이라 부르고, 사물의 명칭인 소성(梳省)도 소솔[梳所乙]이라 부르는 것이 이것이다.], 량(梁)을 돌[道乙]이라 하고 [방언에서 량(梁)을 도(道)라 부르는데, 진한(辰韓)의 마을 이름인 사량(沙梁)을 사도(沙道)라 부르는 것이 이것이다. 도(道)가 이제 바뀌어 돌[道乙]이 되었다.], 야(野)를 화(火)라고 한 것[방언에서 야(野)를 벌(伐)이라 부르고, 벌(伐)은 바뀌어 불(不)이라 부르고, 불(不)은 화(火)라 부르기 때문에 골벌국(骨伐國)을 골화국(骨火國)이라 하고, 구벌성(仇伐城)을 구화현(仇火縣)이라 하는 것이 이것이다.] 또한 그 유형이다.[18]

위 서문에서 첫째, 우리나라 사람들이 한자를 음과 뜻의 두 가지로 읽으면서 음과 뜻을 같이 적용하거나 뜻으로 읽다가 지금은 음으로 읽는 지명, 반대로 옛날에는 음으로 읽다가 지금은 뜻으로 읽는 지명 등을 고증하고 있다. 음과 뜻을 같이 적용하는 지명은 사평(沙平)과

---

18 『여암전서』 I, 「강계고서」, "東人讀字, 有音[音字音也.], 有釋[釋字解也卽方言.]. 故有其名之以音釋二行者, 如縣之沙平新平, 嶺之雞立麻骨[方言沙之音與新之釋同, 呼麻骨爲鷄立.]. 有古以釋而今以音者, 如德勿之爲德水, 三岐之爲麻杖[皆縣名. 方言呼水爲勿, 呼麻爲三.]. 有古以音而今以釋者, 如舌林之爲西林[縣名.], 推火之爲密城, 勿奴之爲萬弩[皆郡名. 方言呼舌爲西, 推之釋其聲爲密, 勿之釋其聲近萬.], 皆其類也. 或雜以俚俗字音, 或由於方言訛傳, 而有其名之眩亂變遷者, 如良與羅同召與祚同[俚俗良字之音同羅, 召字之音同祚, 如阿瑟羅州之羅亦作良, 加祚縣之祚本作召.], 如省之爲所乙[方言呼省爲所, 如所夫里爲省津. 又俗音所與蘇同, 故買省郡爲來蘇郡, 省大郡爲蘇泰郡. 所今轉爲所乙, 如今嶺南之省峴, 稱以所乙峴, 至於物名, 梳省亦稱以梳所乙.], 梁之爲道乙[方言呼梁爲道, 如辰韓里名沙梁, 稱以沙道. 而道今轉爲道乙.], 野之爲火[方言呼野爲伐, 伐轉爲不, 不因以爲火, 如骨伐國爲骨火國, 仇伐城爲仇火縣.], 亦其類也."

신평(新平), 계립(雞立)과 마골(麻骨)을 예로 들었고, 뜻으로 쓰다가 음으로 읽는 지명은 덕물(德勿)이 덕수(德水), 삼지(三岐)가 마장(麻杖)으로 되는 예를, 음으로 읽다가 뜻으로 읽는 지명은 설림(舌林)이 서림(西林), 추화(推火)가 밀성(密城), 물노(勿奴)가 만노(萬弩)로 되는 예를 들고 있다.

둘째, 지명이 방언을 사용함으로 인해 현란스러워진 근거를 밝히고 있다. 여기에는 아슬라(阿瑟羅)가 아슬량(阿瑟良), 가조현(加祚縣)이 가소현(加召縣), 소부리(所夫里)가 성진(省津), 매성군(買省郡)이 내소군(來蘇郡), 성현(省峴)이 솔현[所乙峴], 골벌국(骨伐國)이 골화국(骨火國)이 되는 예를 들고 있다. 또, 신라의 지명에 '화(火)'자가 많은 원인이 '야(野)'의 뜻인 '벌(伐)'에서 유래를 찾고 있다.

따라서 신경준은 지명 고증에 방언, 음사, 음독 등 다양한 방법을 사용하고 있다. 이러한 지명에 대한 다양한 고증 방법과 태도는 언어학 연구를 바탕으로 하고 있는데, 신경준의 언어에 대한 관심이 곧 지리학의 지명 연구와 무관하지 않음을 짐작할 수 있다.

2) 『사연고(四沿考)』

『사연고』는 영조대 강역의 범위를 정리한 지리서이다. 이는 고조선부터 조선 중기까지 우리나라 강역의 역사적인 변화를 고증한 『강계고』와 내용이 서로 연결된다. 즉 『강계고』와 『사연고』는 개별적으로 저술된 것이 아니라 『여지고』라는 종합적인 지리지 편찬을 위한 밑그림을 완성하는 과정에 연속적으로 편찬된 지리서로 추정된다.

『사연고』는 1939년 2월 작성된 「신여암선생전서간행취지서(申旅菴

先生全書刊行趣旨書)」에서 '남북동서(南北東西) 해륙변요(海陸邊徼)의 험이(險易)와 및 전석(前昔)의 경과(經過)를 비술(備述)한 대저(大著)'라고 처음으로 경개(梗槪)하였다.[19] 또 정인보는 「여암전서총서」에서 "나라가 나라 구실을 할 수 있음은 능히 스스로 지키는 데에 있는 것인데, 나라를 지키는 요체는 사방의 변방에 달려 있다. 두만강・압록강으로부터 삼면의 연해에 이르기까지 하나하나 차례대로 늘어놓아 세세한 것도 빠뜨리지 않아 이에 그 조목을 따라 나아가며 그 득실을 살필 수 있는 것으로 『사연고』가 있다."라고 평가하였다.[20]

1책으로 구성된 『사연고』 필사본은 현재 두 곳에 소장된 것이 확인된다. 고려대학교 중앙도서관에 소장되어 있는 『사연고』 필사본은 신재휴가 기증한 것으로, 『여암수필유고』 중 7책에 해당되는데, 책의 크기는 27.0×19.5㎝이다. 또 연세대학교 학술정보원에 소장되어 있는 『사연고』는 『신여암강계고(申旅庵疆界考)』라는 표제를 사용하고 있는데, 책의 크기는 30.5×19.3㎝이다. 『사연고』는 1939년 7월에 신조선사에서 간행한 『여암전서』 3책에 실리면서 소개되었다.

고려대학교와 연세대학교 소장본은 같은 체제로 편찬되었으며, 내용에 있어서도 필사 과정에서의 오류를 제외하고는 유사하다. 즉 고려대학교 소장본에는 동가강(佟家江), 도사성(都司城), 북독(北瀆), 일로(一路), 사면(四面) 등으로 기록된 용어들이 연세대학교 소장본에서는 종가강(終家江), 군사성(郡司城), 북속(北續), 일우(一隅), 서면(西面) 등으로 잘못 필사되어 있다. 또, 연세대학교 소장본에는 고려대학교

---

19 장문석(2014) 참조.

20 『여암전서』 I, 「여암전서총서」, "國之爲國, 以能自守, 守之之要, 在於四邊. 自豆滿鴨綠, 以至三面濱海之緣, 循而次之, 纖悉不遺, 從而歷條往驗, 以見得失, 則有四沿考."

소장본에 비해 누락된 단어들이 다소 발견되는데, 이것은 초고본에 해당되는 고려대학교 소장본을 바탕으로 연세대학교 소장본이 필사되었음을 시사한다.[21]

『사연고』 필사본 1책은 교열하면서 2권으로 나누어 편집하였는데, 〈표 2〉는 고려대학교 소장 필사본 『사연고』와 『여암전서』에 수록된 교열본 『사연고』의 편찬 체제이다.

〈표 2〉 『사연고』의 편찬 체제

고려대학교 소장본	『여암전서』 교열본
양도연강(兩道沿江)	사연고1
압록강(鴨綠江)	
두만강(豆滿江)	양도연강(兩道沿江)
팔도연해(八道沿海)	압록강(鴨綠江)
평안도연해(平安道沿海)	두만강(豆滿江)
황해도연해(黃海道沿海)	팔도연해(八道沿海)
경기연해(京畿沿海)	평안도연해(平安道沿海)
함경도연해(咸鏡道沿海)	황해도연해(黃海道沿海)
강원도연해(江原道沿海)	경기연해(京畿沿海)
경상도연해(慶尙道沿海)	함경도연해(咸鏡道沿海)
전라도연해(全羅道沿海)	강원도연해(江原道沿海)
충청도연해(忠淸道沿海)	경상도연해(慶尙道沿海)
중국상통해로(中國相通海路)	전라도연해(全羅道沿海)
조공해로(朝貢海路)	충청도연해(忠淸道沿海)
서해범월선(西海犯越船)	사연고2
서해적선(西海賊船)	
일본상통해로(日本相通海路)	중국상통해로(中國相通海路)
신사수륙로(信使水陸路)	조공해로(朝貢海路)
일본구로(日本寇路)	서해범월선(西海犯越船)
수종(水宗)	서해적선(西海賊船)
해도(海島)	일본상통해로(日本相通海路)
조석(潮汐)	신사수륙로(信使水陸路)

21 류명환(2016), 62~66쪽 참조.

중국조석(中國潮汐) 풍신(風迅) 해상노타사축월기폭일전결 (海上老舵師逐月起暴日傳訣) 분야(分埜) 북극출지상도수(北極出地上度數) 노인성기(老人星記) 지형방위(地形方位)	일본로(日本路) 수종(水宗) 해도(海島) 조석(潮汐) 중국조석(中國潮汐) 풍신(風迅) 해상노타사축월기폭일전결 (海上老舵師逐月起暴日傳訣) 분야(分埜) 북극출지상도수(北極出地上度數) 남극노인성기(南極老人星記) 지형방위(地形方位)

『사연고』는 사연(四沿)을 핵심으로 하여 사행로, 조석, 해도, 천문, 지형 등에 대해 기술하였다. 사연은 주위, 즉 둘레의 개념으로 우리나라 영역의 범위를 의미하며, 양강연(兩江沿)과 삼해연(三海沿)으로 구성되어 있다. 이는 백두산을 중심으로 압록강과 두만강을 잇는 지역인 북연(北沿)과 동해연·남해연·서해연의 삼연(三沿)을 통합하여 사연으로 삼았다.[22]

『사연고』에서 사연은 북연에 해당하는 '양도연강(兩道沿江)'과 동해연·남해연·서해연에 해당하는 '팔도연해(八道沿海)'로 구분되어 있다. '양도연강'에서는 중국과 국경을 이루는 압록강과 두만강의 연혁·유역 범위 및 강을 따라 분포하는 군현 간의 거리를 밝히고 있다. 압록강에는 함경도 갑산부터 평안도 의주까지 13개 군현 간의 2,229리를 순차적으로 기록하였다. 두만강에는 함경도 무산부터 경흥까지 6개 군현 간의 1,140여 리를 차례대로 고증하였다.

'팔도연해'는 평안도에서 경기에 이르는 서해 북부 연해와 함경도

22 류명환(2010), 107~109쪽 참조.

에서 동해 · 남해를 거쳐 경기에 이르는 서해 남부 연해까지 각 도별로 바다와 접하는 모든 군현 간의 거리와 각 군현 소속 진(津) · 포(浦) · 도서에 대한 읍치에서의 거리 등을 기록하였다. 각 연해는 평안도 17관 740리, 황해도 14관 842리, 경기 9관 462리, 함경도 21관 1,504리, 강원도 9관 917리, 경상도 21관 1,255리, 전라도 20관 1,068리, 충청도 14관 662리이다.

사행로는 중국과 일본으로 통하는 해로를 기록하였다. '중국상통해로(中國相通海路)'는 중국 문헌에 언급된 해로와 관련된 고려 · 조선시대의 일화를 소개하였다. '조공해로(朝貢海路)'는 천계(天啓) 이후의 조공해로와 중국인들의 왕래 사례, 서해에 위치한 정관(亭舘), 중국의 군사상 항로인 사로(師路), 우리나라의 조로(漕路)에 대해 기록하였다. '서해범월선(西海犯越船)'은 서해를 통해 중국 어선 혹은 이양선이 조선을 침범한 사례를 수록하였다. '서해적선(西海賊船)'은 1710년(숙종 36)에 청나라 사람이 보낸 자문(咨文) 내용을 싣고 있다.

'일본상통해로(日本相通海路)'는 『왜기(倭記)』에 나오는 부산에서 일본 대진성(大津城, 오즈성)까지 이르는 방법을, '신사수륙로(信使水陸路)'는 부산 영가대에서 일본 강호(江戶, 에도)에 이르는 통신사의 수륙로와 주요 지역의 풍향을, '일본구로(日本寇路)'[23]는 왜구의 침범 현황과 이에 대한 계책을 논한 백사(白沙) 이항복(李恒福, 1556~1608)의

23 『여암전서』에는 '일본로'로 교열되어 있다. 이것은 『여암전서』가 발간되기 전인 1939년 6월 30일 조선총독부 경무국 도서과에서 내린 「編輯에 關한 希望 및 指示事項」에 따른 것이다. 즉 『사연고』에 언급되는 중국과 일본 관련 단어와 기사들을 교열할 때, 조선총독부의 조선통치정신에 위반된다는 기준에 의해 『여암전서』 발간을 위해 일부 문장과 단어를 변경해 검열을 피할 수밖에 없었던 것이 확인된다.(류명환(2016) 참조)

계(啓)와 동명(東溟) 김세렴(金世濂, 1593~1646)의 기(記)를 각각 싣고 있다.

조석에서는 수종(水宗)의 변화, 우리나라 조석의 하루·한 달·일 년 동안의 진퇴 징후, 『해교지(海嶠志)』와 「고려론(高麗論)」에 언급된 중국 조석의 변화, 『속문헌통고(續文獻通考)』와 『왜기』에 기록된 월별 바람의 강약을 설명한 풍신, 달에 따라 폭풍이 일어나는 날 등을 수록하고 있다. '해도(海島)'는 석간(石磵) 조운흘(趙云仡, 1332~1404)의 상서(上書)와 서애(西厓) 유성룡(柳成龍, 1542~1607)·이항복의 계를 인용하여 도서(島嶼)의 개척과 해방(海防)의 이용을 논하고 있다.

천문과 관련된 내용은 중국 서적에 나오는 분야(分野)와 『여지지』에서 유형원이 언급한 우리나라의 분야, 조선의 북극고도와 회헌(晦軒) 조관빈(趙觀彬, 1691~1757)의 「견노인성기(見老人星記)」를 인용하였다. 마지막으로 '지형방위(地形方位)'에는 『고사촬요(攷事撮要)』에 나오는 우리나라 동서 간·남북 간 거리를 부기하였다.

따라서 『사연고』는 압록강과 두만강을 조선의 북쪽 경계로 하여 이에 접하는 군현과 동해·남해·서해를 따라 분포하는 군현의 현황을 밝힌 사연 외에도, 중국·일본과의 사행로, 해안 방어의 중요성을 논의한 해도와 조석, 우리나라의 위치를 밝힌 분야와 지형방위로 구성된 인문지리서이다.

3) 『도로고(道路考)』

18~19세기에 『도로표(道路表)』, 『정리표(程里表)』, 『도리표(道里表)』, 『산리고(山里攷)』 등 도로와 관련된 다양한 저술서가 등장하지만, 『도

로고』는 전국의 도로를 계통적으로 정리한 저작물로 당시 도로체계 연구에 중요한 위치를 점하는 것으로 평가받고 있다.[24]

『도로고』는 서문에 '지금 임금 46년 경인년 순주 사람 신경준 쓰다.'[25]라고 기록되어 있어 신경준이 59세가 되는 경인년, 즉 1770년(영조 46)에 저술하였음을 알 수 있다. 필사본 『도로고』는 국립중앙도서관과 규장각한국학연구원, 한국학중앙연구원 장서각에 소장되어 있다.

국립중앙도서관 소장 『도로고』(古985-1)는 4권 2책이며, 책의 크기는 25.2×17.4㎝이다. 국립중앙도서관 소장본은 곽(郭)과 사란(絲蘭)이 없고, 반엽(半葉)에 10행 20자로 배자되었으며 주(註)는 쌍행(雙行)으로 되어있다. 규장각한국학연구원 소장 『도로고』(奎7327) 또한 4권 2책이며, 책의 크기는 24.5×14.5㎝이다. 규장각한국학연구원 소장본은 네 모서리 모두 두 줄로 테두리가 있는 사주쌍변(四周雙邊)이고, 반엽에 10행 20자로 배자되었으며 주는 쌍행이다.

또 국립중앙도서관 소장본에는 판심(板心)이 없는 반면 규장각 소장본에는 판심은 있지만 책 이름과 권 수 및 페이지 숫자 등은 표시되어 있지 않다. 서체는 두 소장본 모두 일반적인 서체로 특이한 점은 없는데, 국립중앙도서관 소장본은 1책과 2책의 글자체가 다른 반면 규장각 소장본은 1·2책 모두 일관되게 작성되어 있다.

한국학중앙연구원 장서각 소장본 『도로고』(K2-4352)는 2권 1책이며, 책의 크기는 33.2×21.7㎝이다. 한국학중앙연구원 장서각 소장본

---

24 최창조(1986); 류명환(2005) 참조.

25 『도로고』, 「도로고서」, "上之四十六年庚寅淳州申景濬書."

은 국립중앙도서관 소장본이나 규장각한국학연구원 소장본보다 크게 만들어져 서미(書眉)가 다소 길게 나타나고 있는데, 이는 어람용으로 제작되었을 경우에 나타나는 일반적인 형태이다. 한국학중앙연구원 장서각 소장본은 권1 · 2가 결본이고, 권3 · 4 1책만 남아있다. 내용은 국립중앙도서관 소장본 2책 중 곤(坤)과 거의 일치한다. 또 국립중앙도서관 소장본과 마찬가지로 곽과 사란이 없고, 반엽에는 10행 20자로 배자되었으며 주는 쌍행으로 되어있다. 또 판심이 없는 것도 동일하지만 국립중앙도서관 소장본과는 서체에서 차이를 보인다. 한국학중앙연구원 장서각 소장본은 권3의 처음부터 권4의 끝까지 국가 문서용으로 사용되는 사자관체(寫字官體)를 사용하였다.

『도로고』는 개인이 저술한 지리서임에도 불구하고 규장각한국학연구원 소장본과 국립중앙도서관 소장본으로도 존재하며, 더욱이 한국학중앙연구원 장서각 소장본의 경우에는 서체와 필사본 형태로 볼 때 어람용으로 다시 제작된 것으로 추정된다.[26] 〈표 3〉은 국립중앙도서관 소장 필사본 『도로고』의 편찬 체제이다.

〈표 3〉 『도로고』의 편찬 체제

도로고서(道路考序)	
권1	능원묘 어로(陵園墓 御路) 온천행궁 어로(溫泉行宮 御路) 팔도육대로소속제읍목(八道六大路所屬諸邑目) 육대로(六大路)
권2	팔도각읍[용6대로차제]계사지급저경성제영리수총 (八道各邑[用六大路次第]界四至及抵京城諸營里數摠)

26 류명환(2014b) 참조.

권3	사연로(四沿路) 역로(驛路) 파발로(擺撥路) 봉로(烽路)
권4	해로(海路) 사행로(使行路) 조석(潮汐) 풍우(風雨) 개시(開市)

권1에서는 「능원묘 어로」, 「온천행궁 어로」, 「팔도육대로소속제읍목」, 「6대로」 순으로 서술하였다. 「능원묘 어로」에서는 조선 태조의 건원릉부터 영조의 맏아들 효장세자와 비 효순왕후의 능인 영릉까지 34개의 능을 언급하면서, 경성(京城)에서 능원에 이르는 경로와 거리를 기록하였다. 「온천행궁 어로」에서는 서울에서 충청도 온양군 온천행궁에 이르는 경로와 거리를 밝히고 있다. 「팔도육대로소속제읍목」에서는 전국의 읍치를 경성에서의 원근과 도로의 분기에 따라 6대로로 구분하여 서술하였다. 6대로는 의주제1로, 경흥제2로, 평해제3로, 동래제4로, 제주제5로, 강화제6로로 구성되어 있다.

권2에서는 팔도 각읍의 관원과 각 읍치에서 사방 경계 및 경성·감영·병영·통영·행영·수영 등에 이르는 거리를 경기, 황해도, 평안도, 강원도, 함경도, 충청도, 경상도, 전라도 순으로 기록하였다. 경기는 고양군수부터 교동도호부사까지 38개의 군현, 황해도는 금천군수(金川郡守)부터 토산현감까지 23개의 군현, 평안도는 중화도호부부터 창성도호부까지 42개의 군현, 강원도는 원주판관부터 이천도호부(伊川都護府)까지 26개의 군현, 함경도는 안변도호부부터 삼수도호부까지 23개의 군현, 충청도는 직산현감부터 진천현감까지 54개의 군현,

경상도는 문경현감부터 남해현령까지 71개의 군현, 전라도는 여산도호부부터 함열현감까지 56개의 군현이 수록되었다.

권3에서는 「사연로」, 「역로」, 「파발로」, 「봉로」 순으로 기록하였다. 「사연로」는 영조대 강역의 범위를 정리하였는데, 양강연과 삼해연으로 구분하였다. 양강연은 백두산로, 압록강연로, 두만강연로로 구성되어 있고, 삼해연은 팔도해연로에 해당된다. 백두산로는 무산과 갑산에서 백두산에 오르는 경로를 기록하였다. 압록강연로는 혜산진에서 위원군, 벽동군, 창성부를 거쳐 의주 미곶보에 이르는 경로를 보여준다. 두만강연로는 허항령 삼지에서 무산부, 경흥부를 거쳐 녹둔도에 이르는 경로를 수록하였다. 팔도해연로는 함경도 · 강원도 · 경상도 · 전라도 · 충청도 · 경기 · 평안도 · 황해도 순으로 바다와 접한 각 고을의 관아에서 바다에 이르는 거리와 고을과 고을 사이의 거리를 관도로 밝히고 있다.

「역로」는 경기, 황해도, 평안도, 강원도, 함경도, 충청좌도, 충청우도, 경상좌도, 경상우도, 전라좌도, 전라우도 순으로 각 역도(驛道)를 제시하였다. 「파발로」는 서발(西撥) · 북발(北撥) · 남발(南撥) 등 삼대 파발로의 참 수를 밝히고 있다. 「봉로」는 제1거에는 함경도 지방으로부터 양주 아차산까지, 제2거에는 경상도 지방으로부터 광주 천림산까지, 제3거에는 평안도 지방으로부터 육로를 따라 고양 무악동봉까지, 제4거에는 평안도 지방으로부터 해안을 따라 고양 무악서봉까지, 제5거에는 전라도 지방으로부터 양천 개화산까지의 주봉(主烽)과 간봉(間烽)을 자세히 기록하였다.

권4에서는 「해로」, 「사행로」, 「조석」, 「풍우」, 「개시」 순으로 기록하였다. 「해로」는 자통진유도저경흥입두만강로(自通津留島抵慶興入豆

滿江路)에서 통진 유도에서 경흥에 이르러 두만강으로 들어가는 해로를, 자유도저의주입압록강로(自留島抵義州入鴨綠江路)에서 통진 유도에서 의주에 이르러 압록강으로 들어가는 해로를 서술하였다. 제주해로는 영암의 이진(梨津), 해남의 관두포(舘頭浦), 강진의 남당포(南塘浦)에서 제주로 가는 해로를 소개하였다.

「사행로」는 중국사행육해로(中國使行陸海路)에서 압록강을 출발하여 요동, 성경(盛京), 영원위(寧遠衛), 산해관(山海關)을 거쳐 북경까지 가는 2,490리의 경로를 보여주고 있다. 만력신유이후조공해로(萬曆辛酉以後朝貢海路)에는 1621년(광해군 13) 이후에 선천 선사포(宣沙浦)에서 평도(平島)를 거쳐 등주(登州)까지 가는 해로와 등주에서 청주부(青州府), 제남부(濟南府), 덕주(德州)를 거쳐 중국 경도(京都)에 이르는 육로를 기술하였다. 기사이후개해로(己巳以後改海路)에는 1629년(인조 7) 이후 평도에서 여순구(旅順口), 남신구(南汛口), 각화도(覺華島)를 거쳐 영원위까지 이르는 달라진 해로를 보여준다.

일본국통신사해륙로(日本國通信使海陸路)에는 부산 영가대에서 출발하여 대마도, 남포(藍浦), 향포(向浦), 대판성(大坂城), 왜경(倭京), 강고(江尻)를 거쳐 강호에 이르는 경로로 수로 3,290리와 육로 1,300리를 기술하였다. 만력임진이전일본입경로(萬曆壬辰以前日本入京路)에는 1592년(선조 25) 이전에 한성에서 일본으로 가던 중로(中路) · 좌로(左路) · 우로(右路) · 수로(水路) 등 네 길을 보여주고 있다. 유구국해로(琉球國海路)는 『해동제국기』에서 인용하였는데, 동래의 부산포에서 대마도, 일기도(一岐島), 비전주(肥前州), 대도(大島)를 거쳐 유구국에 이르는 5,430리 경로를 기록하였다.

「조석」은 조석일월내성쇠지일(潮汐一月內盛衰之日)에서 초1일 일곱 물부터 15일 사리 때까지 조수의 변화를 기록하였다. 아국조석일월내진퇴지시(我國潮汐一月內進退之時)는 우리나라 서·남해의 다양한 조석 변화를 보여준다. 오월조신가(吳越潮信歌)와 절강조신(浙江潮信)은 물이 불어나고 잠잠해지는 변화를 날짜별로 기록하였고, 태양가(太陽歌)와 인시가(寅時歌)는 태양의 출몰로 조신(潮信)이 상응하던 시간의 장단을 수록하였다.

「풍우」는 해·일진(日辰)·간지(干支)·달·별·구름·노을·무지개·천둥 등으로 기후를 예지하는 방법과 『농경(農經)』·『기효신서(紀效新書)』 등에 언급된 풍우 관련 내용, 폭풍이 일어나는 날 등을 기록하였다. 화신풍(花信風)은 초봄에서 초여름까지 부는 바람에 대하여, 연등절(燃燈節)은 2월에 부는 바람과 연등의 유래에 대하여, 강해기풍지풍방(江海起風止風方)은 강과 바다에서 바람을 일으키고 바람을 그치게 하는 방법에 대하여, 해중취청수방(海中取淸水方)은 바다에서 맑은 물을 구하는 방법에 대하여 알려준다. 「개시」는 전국의 각 군현에서 정기시장이 서는 장소와 날짜를 경기, 황해도, 평안도, 강원도, 충청도, 함경도, 경상도, 전라도 순으로 기록하였다.

따라서 『도로고』는 어로, 6대로, 사연로, 역로, 파발로, 봉로, 해로, 사행로 등 영조대 이용되던 교통로에 대한 정보를 종합하고, 이를 보완하는 조석, 풍우, 개시 등 실용적인 정보를 담고 있는 지리서이다. 더욱이 『도로고』는 조선 전기 『세종실록지리지(世宗實錄地理志)』와 『신증동국여지승람』에서 사방 경계까지의 거리만 표시되던 단계에서 조선 후기 『여지도서(輿地圖書)』의 도로(道路)조와 『여지고』의 도리(道里)조 단계를 넘어 처음으로 교통망을 대상으로 한 책이 단일본으로 저술된 데 의의가 있다. 이것은 『도로고』가 도로의 비중이 중요해지는 시기에 나타난 지리 인식의 변화를 반영한 지리서임을 보여준다.

4) 『산수고(山水考)』

『산수고』는 1939년 7~8월에 걸쳐 신조선사에서 간행한 『여암전서』 3~5책에 실리면서 소개되었다. 『산수고』는 1939년 2월 작성된 「신여암선생전서간행취지서」에서 '전조선의 산(山)의 간지(幹枝)와 수(水)의 원류(原流)를 고하여 그것을 경(經)으로 하고 산수(山水)에 관한 지치(地置) 이외 각종의 전고(典故)를 세술(細術)하야 위(緯)로 한 우리 과거(過去) 일즉 보지 못한 창제(刱製)'라고 경개하였다.[27]

또 정인보는 「여암전서총서」에서 "큰 산을 근본으로 삼아 그 지맥을 말하고 큰 하천에 말미암아 그 근원을 구하여, 날줄로 벼리를 저술하고 씨줄로 조목을 상세히 밝혔다. 집 밖을 나가지 않아도 강역의 험난하고 평이함을 모두 알 수 있게 한 것으로 『산수고』가 있다."라고 평가하였다.[28]

『산수고』는 국토의 뼈대와 핏줄을 이루고 있는 산과 강을 체계적으로 정리한 최초의 지리서이며 한국적인 산천 인식 방식을 전해준다.[29] 『산수고』 서언에서 저술의 동기와 원리를 잘 보여준다.

---

27 장문석(2014) 참조.

28 『여암전서』 I, 「여암전서총서」, "本大山而道其支, 由大川而求其源, 經以著綱, 緯以詳目. 不出戶而域中之險夷臬焉, 則有山水考."

29 양보경(1994), 78쪽 참조.

하나의 근본이 만 가지로 갈라진 것이 산(山)이고, 만 가지가 하나로 합해진 것이 강(水)이다. 우리나라의 산수는 열둘로 표시할 수 있으니, 백두산(白頭山)에서 갈라져 열두 개 산이 되고, 열두 개 산이 갈라져 팔로의 모든 산이 된다. 팔로의 모든 강은 합해져 열두 개 강이 되고, 열두 개 강이 합해져 바다가 된다. 산천이 흐르고 솟는 형세와 갈라지고 합해지는 오묘함을 여기에서 볼 수 있다. 열두 개 산의 첫 번째는 삼각산(三角山), 두 번째는 백두산(白頭山), 세 번째는 원산(圓山), 네 번째는 낭림산(狼林山), 다섯 번째는 두류산(豆流山), 여섯 번째는 분수령(分水嶺), 일곱 번째는 금강산(金剛山), 여덟 번째는 오대산(五臺山), 아홉 번째는 태백산(太白山), 열 번째는 속리산(俗離山), 열한 번째는 육십치(六十峙), 열두 번째는 지리산(智異山)이다. 열두 개 강의 첫 번째는 한강(漢江), 두 번째는 예성강(禮成江), 세 번째는 대진(大津), 네 번째는 금강(錦江), 다섯 번째는 사호강(沙湖江), 여섯 번째는 섬강(蟾江), 일곱 번째는 낙동강(洛東江), 여덟 번째는 용흥강(龍興江), 아홉 번째는 두만강(豆滿江), 열 번째는 대동강(大同江), 열한 번째는 청천강(淸川江), 열두 번째는 압록강(鴨綠江)이다. 산은 삼각산을 으뜸으로 삼았고, 강은 한강을 으뜸으로 삼았는데, 경도(京都)를 높인 것이다.[30]

신경준은 『산수고』 서언에서 "하나의 근본이 만 가지로 갈라진 것이 산이고, 만 가지가 하나로 합해진 것이 강이다."라고 하여, 산과 강을 유기체적으로 바라보고 있다. 신경준은 조선의 산지를 조종(祖

30 『여암전서』 I, 『산수고』 서언, "一本而分萬者, 山也, 萬殊而合一者, 水也. 域內之山水, 表以十二, 自白頭山分而爲十二山, 十二山分而爲八路諸山. 八路諸水合而爲十二水, 十二水合而爲海. 流峙之形, 分合之妙, 於玆可見. 十二山, 一曰三角, 二曰白頭, 三曰圓山, 四曰狼林, 五曰豆流, 六曰分水, 七曰金剛, 八曰五臺, 九曰太白, 十曰俗離, 十一曰六十峙, 十二曰智異. 十二水, 一曰漢江, 二曰禮成, 三曰大津, 四曰錦江, 五曰沙湖, 六曰蟾江, 七曰洛東, 八曰龍興, 九曰豆滿, 十曰大同, 十一曰淸川, 十二曰鴨綠. 山以三角爲首, 水以漢江爲首, 尊京都也."

宗)인 백두산 등 열두 개 산으로 구분하고, 이 열두 개 산을 중심으로 해서 팔도의 모든 산들이 형성된 것으로 보았다. 또, 팔도의 모든 하천은 열두 개 강으로 합쳐지고, 이 열두 개 강이 바다로 흘러드는 것으로 분류하였다.

『산수고』에 대해 양보경[31]은 우리나라의 산과 하천을 각각 열두 개의 분(分)·합(合) 체계로 파악한 한국적 지형학을 정리한 책이며, 촌락과 도시가 위치한 지역을 산과 강의 측면에서 파악함으로써, 우리 국토의 지형적인 환경과 그에 의해서 형성된 단위 지역을 잘 정리하였다고 평가하였다. 최창조[32]는 모든 산들은 하나의 근본이 되는 산으로부터 갈라져 나갔다는 지인상관적인 유기체로 보는 관점과 산과 물을 경위의 개념으로 파악하였다고 보았다. 〈표 4〉와 〈표 5〉는 정인보와 김춘동이 『여암전서』 권10에서 권15까지 6권으로 교열한 『산수고』의 편찬 체제이다.

〈표 4〉 『산수고』의 편찬 체제1

서언		
산수고1	산경(山經)	삼각산(三角山) 백두산(白頭山) 원산(圓山) 원산동북차지산(圓山東北次之山) 낭림산(狼林山) 낭림서차지산(狼林西次之山) 낭림서남차지산(狼林西南次之山) 두류산(頭流山) 두류서차지산(頭流西次之山)

31 양보경(1992) 참조.

32 최창조(1986) 참조.

		개련남차지산(開蓮南次之山)
		  개련서차지산(開蓮西次之山)
		  멸악남차지산(滅惡南次之山)
		분수령(分水嶺)
		  분수령동차지산(分水嶺東次之山)
		금강산(金剛山)
		오대산(五臺山)
		  오대서차지산(五臺西次之山)
		태백산(太白山)
		  태백동차지산(太白東次之山)
		속리산(俗離山)
		  속리서차지산(俗離西次之山)
		  칠현북차지산(七賢北次之山)
		  칠현서남차지산(七賢西南次之山)
		육십치(六十峙)
		  육십치서차지산(六十峙西次之山)
		  마이서남차지산(馬耳西南次之山)
		  마이서북차지산(馬耳西北次之山)
		  내장동남차지산(內藏東南次之山)
		  내장서남차지산(內藏西南次之山)
		지리산(智異山)

산수고2	산위(山緯)	삼각산(三角山)
		백두산(白頭山)
		원산서북차(圓山西北次)
		원산동북차(圓山東北次)
		낭림산남거대간(狼林山南去大幹)
		  낭림서차지산(狼林西次之山)
		  낭림서남차지산(狼林西南次之山)
		두류동남간(頭流東南幹)
		  개련남차지산(開蓮南次之山)
		  개련서북지산(開蓮西北之山)
		  멸악남차지산(滅惡南次之山)
		분수령북동간(分水嶺北東間)
		  분수령동차지산(分水嶺東次之山)
		금강산남간(金剛山南幹)

산수고3	산위(山緯)	오대산동남간(五臺山東南幹) 오대서차지산(五臺西次之山)

		태백산서간(太白山西幹)
		태백동차지산(太白東次之山)
		태백산동차하(太白山東次下)
		속리산남간(俗離山南幹)
		속리산서차지산(俗離山西次之山)
		칠현북차지산(七賢北次之山)
		칠현서남차지산(七賢西南次之山)
		육십치남간(六十峙南幹)
		육십치서차지산(六十峙西次之山)
		마이서남차지산(馬耳西南次之山)
		마이서북차지산(馬耳西北次之山)
		내장동남차지산(內藏東南次之山)
		내장서남차지산(內藏西南次之山)
		지리산(智異山)

『산수고』는 제일 앞에 서언을 싣고, 권1 「산경(山經)」과 권2 · 3 「산위(山緯)」,[33] 권4 「수경(水經)」과 권5 · 6 「수위(水緯)」로 구성되어 있다. 조선의 산천을 「산경」과 「산위」, 「수경」과 「수위」로 나누어 파악함으로써 산줄기와 강줄기의 전체적인 구조를 날줄[經]로, 각 군현별 산천의 상세하고 개별적인 내용을 씨줄[緯]로 엮어 우리나라의 국토를 인식하였다.

『산수고』 권1의 「산경」에서는 조선의 산지를 삼각산(三角山), 백두산, 원산(圓山), 낭림산(狼林山), 두류산(豆流山), 분수령(分水嶺), 금강산(金剛山), 오대산(五臺山), 태백산(太白山), 속리산(俗離山), 육십치(六十峙), 지리산(智異山) 등 열두 개 산으로 분류하였다. 삼각산을 가장 앞에 둔 것은 경도(京都)를 높이기 위한 것이라 하였고, 백두산부터 원산-낭림산-두류산-분수령-금강산-오대산-태백산-속리산-육

33 『여암전서』 산수고3에는 '산위'가 '산경'으로 잘못 교열되어 있어 '산위'로 수정하였다.

십치를 거쳐 지리산까지 이어지는 열두 개 산을 중심으로 산줄기가 뻗은 방향에 따라 연결되는 주요 산과 고개들을 기록하고, 산 아래에 위치한 읍치 등을 밝히고 있다.

또 거점이 되는 열두 개 산에서 뻗은 지맥 또한 「산경」에 기록하였는데, 원산은 동북쪽, 낭림산은 서쪽과 서남쪽, 두류산은 서쪽과 개련산(開蓮山) 남쪽 · 개련산 서쪽 · 멸악산(滅惡山) 남쪽, 분수령은 동쪽, 오대산은 서쪽, 태백산은 동쪽, 속리산은 서쪽과 칠현산(七賢山) 북쪽 · 칠현산 서남쪽, 육십치는 서쪽과 마이산(馬耳山) 서남쪽 · 마이산 서북쪽 · 내장산(內藏山) 동남쪽 · 내장산 서남쪽 등으로 분류하였다.

「산위」에서는 「산경」에서 구분한 열두 개 주산과 그 지맥에 따라 강원도 오대산을 기준으로 북쪽에 위치한 산지는 권2에, 남쪽에 위치한 산지는 권3에 수록하였다. 주요 내용은 「산경」에서 선정된 주산과 지맥에 포함된 군현별로 범위 내에 있는 산과 고개에 대해 읍치에서의 거리와 방향, 주요 경유지, 기우처 · 진산 · 봉수 등의 특징이 기록되어 있다. 예를 들어 오대산동남간(五臺山東南幹)에는 강릉부 · 삼척부, 오대서차지산(五臺西次之山)에는 정선군 · 영월군 · 춘천부 · 홍천현 · 평창군 · 원주 · 제천현 · 횡성현 · 지평현 · 양근군 순으로 실려 있다.

〈표 5〉『산수고』의 편찬 체제2

산수고4	수경(水經)	한강(漢江) 예성강(禮成江) 　부해서연해제천(附海西沿海諸川) 대진(大津) 금강(錦江) 　부호서연해제천(附湖西沿海諸川) 사호강(沙湖江) 섬강(蟾江)

		부호남연해제천(附湖南沿海諸川) 낙동강(洛東江) 부영남연해제천(附嶺南沿海諸川) 대동강(大同江) 청천강(淸川江) 용흥강(龍興江) 두만강(豆滿江) 부관북연해제천(附關北沿海諸川) 압록강(鴨綠江)
산수고5	수위(水緯)	한강(漢江) 달강(達江) 신연강(新淵江) 임진강(臨津江) 예성강(禮成江) 대진(大津) 돈곶진(頓串津) 미륵천(彌勒川) 금강(錦江) 동진강(東津江) 사호강(沙湖江) 지석강(砥石江) 섬강(蟾江) 잔수(潺水) 부호남연해제천(附湖南沿海諸川) 사수(泗水) 장수(漳水) 사진포(沙津浦) 예양강(汭陽江)
산수고6	수위(水緯)	낙동강(洛東江) 황둔강(黃芚江) 진강(晉江) 금호강(琴湖江) 신한천(神漢川) 위수(渭水) 감천(甘川) 사천(沙川) 호계천(虎溪川) 대동강(大同江)

		비류강(沸流江)
		능성강(能城江)
		월당강(月唐江)
		청천강(淸川江)
		대령강(大寧江)
		용흥강(龍興江)
		두만강(豆滿江)
		압록강(鴨綠江)

『산수고』 권4의 「수경」에서는 우리나라의 하천을 한강(漢江), 예성강(禮成江), 대진(大津), 금강(錦江), 사호강(沙湖江), 섬강(蟾江), 낙동강(洛東江), 대동강(大同江), 청천강(淸川江), 용흥강(龍興江), 두만강(豆滿江), 압록강(鴨綠江) 등 열두 개 강으로 분류하였다. 한강을 가장 앞에 둔 것은 삼각산과 마찬가지로 경도를 높이기 위한 것이라 하였고, 열두 개 강을 중심으로 여기에 속한 지류들의 발원지와 유로 방향 · 주요 경유지 · 합류점 등을 기록하였다.

또, 열두 개 강 외에도 바다에 유입되는 하천들을 지방별로 부기하였는데, 해서지방은 수회천(水回川) · 태탄(苔灘) · 삼탄(三灘), 호서지방은 종침연천(鍾沉淵川), 호남지방은 사수(泗水) · 장수(漳水) · 사진포(沙津浦) · 예양강(汭陽江), 영남지방은 태화강(太和江) · 형강(兄江)을 들었다.

「수위」에서는 「수경」에서 구분한 열두 개 강 중에서 한강 · 예성강 · 대진 · 금강 · 사호강 · 섬강은 권5에, 낙동강 · 대동강 · 청천강 · 용흥강 · 두만강 · 압록강은 권6에 수록하였다. 또 한강은 달강(達江) · 신연강(新淵江) · 임진강(臨津江), 대진은 돈곶진(頓串津) · 미륵천(彌勒川), 금강은 동진강(東津江), 사호강은 지석강(砥石江), 섬강은 잔수(潺水), 낙동강은 황둔강(黃芚江) · 진강(晉江) · 금호강(琴湖江) · 신한천(神漢川)·위수(渭水)·감천(甘川)·사천(沙川)·호계천(虎溪川), 대동강은 비류강(沸流江)·능성강(能城江)·월당강(月唐江), 청천강은 대령강(大寧江) 등을 지류로 구분하였다.

주요 내용은 「수경」에서 선정된 열두 개 강과 지류에 포함된 군현별로 영역 내에 있는 하천에 대해 읍치에서의 거리와 위치, 수원(水源), 유로, 유입처, 경치 등을 기록하였다. 예를 들어 섬강에는 진안현·임실현·순창군·남원부·곡성현·옥과현·구례현·하동부·광양현, 지류인 잔수에는 장흥부·보성현·순천부·곡성현·동복현 순으로 실려 있다.

따라서 『산수고』는 조선의 산천을 「산경」과 「산위」, 「수경」과 「수위」로 나누어 파악함으로써 산줄기와 강줄기의 전체적인 구조를 날줄로, 각 지역별 산천의 상세하고 개별적인 내용을 씨줄로 엮어 우리나라의 국토를 인식한 지리서이다.

5) 『가람고(伽藍考)』

조선시대에는 사찰(寺刹) 관련 기록이 국가의 운영과 통치 자료로 편찬된 지리지의 주요 항목으로 구성된다. 현전하는 최초의 기록은 『경상도지리지(慶尙道地理志)』의 불우(佛宇) 항목에서 출발한다. 이어 『세종실록지리지』의 사찰 기록, 『경상도속찬지리지(慶尙道續撰地理誌)』의 승사(僧寺) 항목, 『신증동국여지승람』의 불우 항목, 『동국여지지(東國輿地志)』의 사찰 항목, 『여지도서』의 사찰 또는 불우 항목 등으로 세종대에서 영조대까지 사찰은 지리지의 한 항목을 구성하였다.

그러나 1770년에 편찬된 『동국문헌비고』 중 『여지고』부터 사찰 항목이 전국지리지에서 제외되면서 신경준에 의해 『가람고』라는 독립된 사찰지(寺刹誌)가 완성된다. 『가람고』는 고려대학교 중앙도서관에 필사본 1책이 소장되어 있는데, 책의 크기는 31.5×22.5㎝이고, 10행 20자로 배자되어 있다. 주는 쌍행이며, 무괘(無罫)로 되어 있다. 『가람고』는 고려대학교 중앙도서관 소장본을 대본으로 하여 정인보와 김춘동이 1권으로 교열하였으며, 1939년 9월에 신조선사에서 간행한 『여암전서』 6책에 실리면서 소개되었다.

『가람고』의 장정은 전통적인 방식에 따라 5침안(五針眼)으로 된 선장본(線裝本)인데, 필사본이기 때문에 다양한 형태로 글자를 고치거나 가필한 흔적을 확인할 수 있다. 글자를 고치면서 그 위에 새롭게 써서 붙인 경우, 글자 위에 그냥 적어 버린 경우, 글자를 삽입한 경우, 글자 위에 '○'이나 'ㅣ' 표시를 하여 지운 경우, 원문 주변에 추가로 가필한 경우 등이 있다.

『가람고』는 서문이나 총목, 범례 등이 없이 바로 도별로 해당 군현의 사찰을 기록하였는데, 경기 · 충청도 · 경상도 · 전라도 · 황해도 · 강원도 · 함경도 · 평안도 순으로 편성되었다. 이러한 도별 편성 순서는 『동국여지승람』과 일치하지만, 각 도의 군현 배열 순서는 『동국여지승람』 이후 달라진 군현과 읍격을 반영한 『동국여지지』를 바탕으로 하였다.

주요 내용은 각 군현을 대상으로 현존하는 사찰명과 사찰의 위치, 읍치에서의 거리 등을 기술하였다. 『가람고』에서는 도 명칭 다음에 각 군현의 사찰 현황을 기록하면서 해당 군현의 읍격은 생략하고 군현명만 기록하였다. 또한 기존의 지리지에서 사찰을 기록하는 방식과 동일하게 사찰 소재지가 '읍치에서 몇 리 거리에 있는 어느 산에 있다.'라는 형식에 따라 서술되었으며, 사찰에 따라 창건 유래 외에도 누정, 기문, 고사, 주위 경관 등이 함께 기록되어 있다. 대체로 같은 영조대에 각 지방에서 올린 읍지를 성책한 『여지도서』의 기록을 발췌하여 사용한 것으로 확인된다. 고사 내용은 『신증동국여지승람』에 기술되어 있는 내용을 『여지도서』에서도 인용하고 있는데, 『가람고』에서도 이러한 내용을 대체로 수용하였다.

『가람고』에는 영조대 334개 군현 중에서 한성부, 개성부 등 17개 군현에 대한 사찰 기록이 누락되어 있다. 따라서 317개 군현에 소재한 1,459개 사찰이 확인되는데, 폐사로 기록된 11개 사찰을 빼면 1,448개의 현존하는 사찰이 수록되어 있다. 전체 사찰의 개수는 군현의 개수가 많은 경상도에 가장 많이 실려 있으며 가장 적은 곳은 황해도와 함경도이다. 〈표 6〉은 『가람고』에 수록된 도별 사찰 개수이다.

〈표 6〉『가람고』에 수록된 도별 사찰 개수

행정구역	군현 개수	사찰 기록 군현 개수	사찰 개수	사찰 중 폐사
한성부	1	×	×	×
경기	38	32	133	×
충청도	54	51	181	1
경상도	71	71	315	7
전라도	56	53	205	1
황해도	23	23	128	×
강원도	26	26	140	2
함경도	23	22	128	×
평안도	42	39	229	×
계	334	317	1,459	11

『가람고』에서 제외된 군현은 한성부와 경기의 개성 · 부평 · 진위 · 양천 · 포천 · 마전, 충청도의 이산(尼山) · 비인 · 아산, 전라도의 김제 · 정의 · 대정, 함경도의 온성, 평안도의 강계 · 위원 · 이산(理山) 등 17개이다. 특히 『가람고』는 당시에 제작된 『여지도서』의 기록을 참고한 것으로 판단되는데, 『여지도서』에 현존 사찰이 없는 군현들은 『가람고』에도 대부분 기록되지 않았다. 따라서 『가람고』에서 언급된 사찰 기록은 신경준이 『여지도서』를 바탕으로 하여 재편집한 것으로 추정되며, 『여지도서』에 없는 내용은 『동국여지지』에 관련 내용이 대부분 기술되어 있다.

『가람고』는 『강계고』 · 『산수고』 · 『사연고』 등이 『여지고』의 저본으로 이용된 것과는 달리 『도로고』처럼 별도의 지리서로 제작되었다. 조선 전기에 제작된 『동국여지승람』은 『방여승람(方輿勝覽)』과 『대명일통지(大明一統志)』를 바탕으로 편찬되었다. 따라서 『방여승람』에 있는 불우 항목과 『대명일통지』에 있는 사관(寺觀) 항목이 『동국여지승람』에는 불우 항목으로 편성된다. 그러나 『동국문헌비고』는 1319년에 원나라 마단림(馬端臨)이 저술한 『문헌통고(文獻通考)』의 편목을 바탕으로 편찬되었다. 따라서 『문헌통고』에 사찰 관련 편목과 내용이 없어 『여지고』에서도 편성되지 못한 것으로 추정된다.

이는 신경준이 기존에 편찬된 지리지에 사찰 항목이 실려 있기 때문에 『여지고』에 수록할 사찰 관련 내용을 정리하였지만 역대국계 · 군현연혁 · 산천 · 도리 · 관방으로 구성된 『여지고』에서 사찰 항목이 제외되자 사찰 기록을 모아 별도의 독립된 사찰지를 편찬한 것으로 판단된다. 이미 신경준은 상월선사(霜月禪師, 1687~1767)와 용담선사(龍潭禪師, 1700~1762)의 시집 서문, 승려 홍유(泓宥, 1718~1774)의 『추파집(秋波集)』 서문, 법운암(法雲菴)·변산 내소사(來蘇寺)·용천사(龍泉寺)의 기문 등을 작성하는 것에서 불교에 대한 호의적인 태도를 엿볼 수 있다.

신경준은 『가람고』를 저술하면서 기존의 지리지에서 통상적으로 사용하던 승사, 불우, 사찰이라는 용어를 인용하지 않고 가람(伽藍)이라는 용어를 사용하였다. 가람은 산스크리트어인 '상가 아라마(saṃgha-ārāma)'의 음사인 승가람마(僧伽藍摩)에서 유래한 용어이다. 그 뜻은 불상과 보살상 등을 모셔 놓고 승려들이 거주하면서 부처의 가르침에 따라 수행하고 그 가르침을 설하는 집을 의미한다.[34] 이는 지리지로부터 독립된 분야로서의 정체성 내지 독자성을 내세우기 위해 산스크리트어에서 가람이라는 용어를 차용한 『가람고』를 편찬하게 된다.

더욱이 『가람고』는 사찰을 대상으로 한 책이 단일본으로 처음 편찬되었다는 데 의의가 있다. 또 『가람고』는 정조의 명에 의해 1799년(정조 23)에 제작되는 『범우고(梵宇攷)』 등 종합적인 사찰지 편찬의 바탕이 된다.[35]

6) 『여지고(輿地考)』

『여지고』는 『동국문헌비고』 100권의 13고 중 하나로 17권으로 편성되었다. 『동국문헌비고』는 1770년(영조 46) 1월에 영조가 『문헌비고』 편찬을 명하는데, 이것은 1756년(영조 32)에 신경준이 개인적으로

34 곽철환(2003), 11쪽 참조.

35 류명환(2016) 참조.

저술한 『강역지』가 직접적인 동기가 되었다고 한다.[36] 특히, 영조는 『여지고』 편찬에 많은 관심을 가지고 신경준을 절대적으로 신임하였는데, 홍양호가 쓴 묘갈명에서 확인할 수 있다.

> 영의정 홍봉한(洪鳳漢)이 공의 명성을 듣고 서울로 들어오라고 하였으나 공이 움직이지 않았다. 이에 임금에게 아뢰기를 "신아무개[申某]는 경제(經濟)할 인재입니다. 불러서 비국의 낭관으로 삼으십시오."라고 하니. 임금이 급히 불러들여 『여지편람(輿地便覽)』을 감수하게 하였다. 다음 해에 장악원정에 뽑혔으며 예전과 같이 비국의 낭관을 겸하였다. 이에 임금이 또 문학하는 선비 8명을 선발하여 『문헌비고』를 찬수하려고 편집청을 설치하였는데, 공은 『여지고』를 담당하였다. 임금이 공을 자주 입시(入侍)하도록 명하여 지진(指陳) · 응대(應對)하다가 한밤중에 이른 날이 많았다. 임금이 기특하게 여겨 자주 술과 안주를 하사하고, 특명으로 호조와 선혜청에서 돈과 쌀을 지급하며, 양 군문(軍門)에 땔감과 숯을 계속 대주어 객지 생활의 곤란함을 도와주었으나 공이 굳이 사양하자 두어 달 만에 중지하였다. 이 해 여름에 책이 완성되자 임금이 책머리에 친히 쓰기를 "이 책은 편집하는 데에 아무개의 공이 많았다."라고 하고, 특별히 통정의 품계를 올려 승정원 동부승지로 발탁했다가 얼마 후에 병조참지로 옮겼다.[37]

---

36 "『문헌비고』의 상위고가 이루어졌다. 임금이 몸소 숭정전에서 받고, 편집청의 당상과 낭관에게 차이를 두어 상을 내렸다. 임금이 『문헌비고』가 이루어진 것은 신경준의 『강역지』에 의거한 것이라 하여 특별히 가자(加資)하라고 명하였다."(『영조실록』 권114, 영조 46년(1770) 5월 16일 신유)

37 『여암전서』 I, 「묘갈명」, "領議政洪鳳漢, 聞公名諷, 使入京, 公不動. 乃言于. 上曰: '申某經濟之才也. 辟爲備局郎.' 上命馳馹召之, 監修輿地便覽. 明年拜掌樂正, 兼備局郎如故. 於是, 上又選文學之士八人, 纂文獻備考, 設編輯廳, 公則掌輿地考. 上數命公入侍, 指陳應對, 多至夜分. 上奇之賜酒饌, 特命地部惠廳給錢米, 兩軍門繼薪炭, 以周旅食之艱, 公固辭數月乃止. 是夏書成, 上親序卷首, 乃曰, 是書之輯, 某也功爲多, 特加通政階, 擢承政院同副承旨, 旋移兵曹參知."

『여지고』는 신경준이 저술한 『강계고』·『동국군현연혁표』·『사연고』·『산수고』 등을 저본으로 하여 1770년에 편찬된 『동국문헌비고』에 수록된 관찬지리지이다. 특히 『여지고』에서 역대국계는 『강계고』, 군현연혁은 『동국군현연혁표』, 산천은 『산수고』, 도리(道里)는 『도로고』, 관방(關防)은 『도로고』·『사연고』와 내용이 유사하다.[38] 〈표 7〉은 『여지고』 17권의 편찬 체제이며, 편찬과 관련 있는 신경준이 저술한 지리서와 비교하였다.

〈표 7〉 『여지고』의 편찬 체제

권수	목차	관련 지리서
동국문헌비고 권6 [여지고1]	서언 역대국계상(歷代國界上)	『강계고』
동국문헌비고 권7 [여지고2]	역대국계하(歷代國界下)	『강계고』
동국문헌비고 권8 [여지고3]	군현연혁1(郡縣沿革一) ○승국(勝國) 이상	『동국군현연혁표』
동국문헌비고 권9 [여지고4]	군현연혁2(郡縣沿革二) ○이하 본조(本朝) 경기, 충청도, 강원도, 황해도	『동국군현연혁표』
동국문헌비고 권10 [여지고5]	군현연혁3(郡縣沿革三) 전라도, 경상도	『동국군현연혁표』
동국문헌비고 권11 [여지고6]	군현연혁4(郡縣沿革四) 함경도, 평안도	『동국군현연혁표』
동국문헌비고 권12 [여지고7]	산천1(山川一) ○총설(總說)	『산수고』
동국문헌비고 권13 [여지고8]	산천2(山川二) ○한성부 ○경기 ○충청도	『산수고』
동국문헌비고 권14	산천3(山川三)	『산수고』

38 박인호(1996), 148~153쪽 참조.

[여지고9]	○강원도 ○황해도 ○전라도 ○경상도	
동국문헌비고 권15 [여지고10]	산천4(山川四) ○함경도 ○평안도 도리(道里)	『산수고』 『도로고』
동국문헌비고 권16 [여지고11]	관방1(關防一) 성곽상(城郭上) ○고도성 ○한성부 ○경기 ○충청도 ○강원도 ○황해도 ○전라도	
동국문헌비고 권17 [여지고12]	관방2(關防二) 성곽하(城郭下) ○경상도 ○함경도 ○평안도	
동국문헌비고 권18 [여지고13]	관방3(關防三) 해방1(海防一) ○동해	『사연고』 『도로고』
동국문헌비고 권19 [여지고14]	관방4(關防四) 해방2(海防二) ○남해	『사연고』 『도로고』
동국문헌비고 권20 [여지고15]	관방5(關防五) 해방3(海防三) ○서해지남(西海之南)	『사연고』 『도로고』
동국문헌비고 권21 [여지고16]	관방6(關防六) 해방4(海防四) ○서해지북(西海之北)	『사연고』 『도로고』
동국문헌비고 권22 [여지고17]	관방7(關防七) 해방5(海防五) 해로1(海路一) 서남해로(西南海路) 해로2(海路二) 중국상통해로(中國相通海路) 해로3(海路三) 서해정관(西海亭舘) 해로4(海路四) 사로(師路) 해로5(海路五) 조로(漕路) 해로6(海路六) 서해범월방수(西海犯越防守) 해로7(海路七) 일본상통해로(日本相通海路) 해로8(海路八) 유구국상통해로(琉球國相通海路) 부 조신(附潮汛)	『사연고』 『도로고』

『여지고』는 권1~2 「역대국계」, 권3~6 「군현연혁」, 권7~10 「산천」·「도리」, 권11~17 「관방」으로 구성되어 있다. 권1 역대국계 상에는 단군조선국(檀君朝鮮國)·기자조선국(箕子朝鮮國)·위만조선국(衛滿朝鮮國)·한사군·고구려국, 권2 역대국계 하에는 진국·마한국·진한국·변한국·백제국·신라국·고려국 순으로 역대의 각 국가와 영역의 범위 등을 고증하였는데, 『동국통감(東國通鑑)』, 『한서』, 『문

헌통고』, 『여지지』, 『동국여지승람』, 『동사회강(東史會綱)』 등 여러 종류의 우리나라와 중국의 서책을 참고하였다. 또, 유형원과 한백겸 등 여러 학자들의 말을 인용하였으며, 논쟁이 되는 부분에 대해서는 '신근안(臣謹按)'이라 하여 신경준의 의견을 제시하였다.

권3 군현연혁1에는 고구려 · 백제 · 신라의 행정구역 개수와 구주(九州) 소속 행정구역, 고려의 행정구역 연혁과 도(道) · 계(界)별로 소속된 경(京) · 주(州) · 목(牧)과 그 하위 군현을 기록하였다. 권4~6 군현연혁2~4에는 도별로 소속 군현의 연혁 변화를 조선 혹은 진, 백제-구려-신라[마한-백제-신라, 예맥-구려-신라, 진한-신라, 구려-신라, 구려, 옥저-구려-신라, 옥저-구려], 고려, 본조로 구분하여 대동보(大同譜) 형식의 표로 제시하였다. 당시 행정구역은 부, 대도호부, 목, 도호부, 군, 현으로 지정되어 있었는데, 경도(한성부)를 비롯하여 경기 38개, 충청도 54개, 강원도 26개, 황해도 23개, 전라도 56개, 경상도 71개, 함경도 23개, 평안도 42개 등 334개였다.

권7 산천1 총설에는 열두 개의 산과 열두 개의 강으로 조선의 산천을 분류하였다. 열두 개의 산은 삼각산, 백두산, 원산, 낭림산, 두류산, 분수령, 금강산, 오대산, 태백산, 속리산, 장안산(長安山), 지리산으로 이어지는 산줄기를 중심으로 연결되는 주요 산과 고개를 기록하고, 산 아래에 위치한 읍치 등을 밝히고 있다. 열두 개의 하천은 한강, 예성강, 대진, 금강, 사호강, 섬강, 낙동강, 대동강, 청천강, 용흥강, 압록강, 두만강 순으로 여기에 속한 지류들의 발원지와 유로 방향 · 주요 경유지 · 합류점 등을 기록하였다. 권8~10 산천2~4에는 한성부와 팔도 군현별로 소속된 산지와 하천에 대해 읍치에서의 거리와 위치 등을 수록하였다.

권10 도리에는 전국의 도로를 9대로로 편성하여 대로와 방통로에 위치한 주요 읍치 상호 간의 거리가 기록되어 있다. 특히 도리조에 언급된 9대로는 서울에서 서북쪽으로 의주에 이르는 제1로, 동북쪽으로 경흥의 서수라에 이르는 제2로, 동쪽으로 평해에 이르는 제3로, 동남쪽으로 부산에 이르는 제4로, 남쪽으로 통영에 이르는 제5로, 남쪽으로 통영에 곧장 이르는 제6로, 남쪽으로 제주에 이르는 제7로, 서남쪽으로 충청수영에 이르는 제8로, 서쪽으로 강화에 이르는 제9로이다.

권11 · 12 관방1 · 2 성곽에는 도별로 소속 성곽의 소재지, 주위, 성모, 토축 · 석축별, 성곽에 관한 역사적 연유 등이 수록되어 있다. 권13~16 관방3~6 해방에는 동해 · 남해 · 서해의 팔도해연에 접한 군현별로 읍치에서 바다까지의 거리 및 읍치 간 거리, 소속된 포구와 도서들의 위치 · 특징 · 고사 등이 기재되어 있다. 동해는 함경도 경흥부터 경상도 기장까지, 남해는 경상도 동래부터 전라도 영암까지, 서해 남부는 전라도 해남부터 경기 강화까지, 서해 북부는 평안도 의주부터 경기 교동까지 바다와 접한 월경지와 해도에 해당되는 군현을 모두 포함하여 기록하였다. 이어 함경도 갑산부터 평안도 의주까지 이어지는 압록강연(鴨綠江沿)과 함경도 무산부터 경흥까지 이어지는 두만강연(豆滿江淵)의 경로를 기록하였다. 그리고 삼해연과 양강연의 합을 총 11,218리로 정리하였다. 권17 관방7 해방에는 서남해로(西南海路), 중국상통해로, 서해정관(西海亭舘), 사로, 조로, 서해범월방수(西海犯越防守), 일본상통해로, 유구국상통해로(琉球國相通海路), 조신(潮汛) 등을 기록하였다.

따라서 『여지고』는 한백겸 이래 개인들이 발전시켜온 역사지리학의 연구 성과를 정부적인 차원에서 결집시켜 이룬 조선 후기 역사지리학 발전의 중요한 결과물이자 발전의 지표라고 평가할 수 있다.[39] 특히, 『여지고』는 관찬으로 편찬됨으로 인해 신경준의 지리 지식이 국가적으로 공유화되면서 강역, 군현연혁, 산천, 방어, 교통 등 국토에 대한 다양한 주제를 포괄한 지리지이다.

3. 지도 제작

신경준이 지도 제작에 참여하였다는 것은 홍양호의 묘갈명과 『승정원일기』 기사뿐만 아니라 「동국여지도발」, 「어제여지도소서」 등의 글을 통해서 살펴볼 수 있다.

> 임금이 "전 사간 신경준을 입시하도록 하라."라고 탑교를 내었다. 택인이 나가 신경준을 불러오니 신경준이 진복하였다. 임금이 "『강역지』에 대해서 네 생각은 반드시 방략이 있을 테니 어떻게 하면 좋겠는가?"라고 하니, 대답하기를 "각 읍의 지도를 조그만 종이에 그리면 그 장단과 활협(闊狹)을 알기 어렵습니다. 360주을 각각 지도로 그린다면 오차가 없을 것입니다."라고 하였다.[40]

> 임금이 명하여 『팔도지도』를 감수하였고, 이윽고 완성되자 족자로 만

39 박인호(1996) 참조.

40 『승정원일기』, 영조 45년(1769) 12월 24일 임신, "上曰: '前司諫申景濬入侍.' 出榻教. 宅仁出去, 召入申景濬, 景濬進伏. 上曰: '疆域誌, 汝意則必有方略, 何以則爲好耶.' 對曰: '各邑地圖, 以數尺之紙, 難考其長短闊狹. 三百六十州各有圖, 然後可無註誤矣.'"

들어 궁궐 안에 걸어두었다.[41]

『승정원일기』에서 영조의 『강역지』에 대한 질문에 신경준이 360개 각 읍의 지도를 그려서 해결하는 방안을 제시하였고, 묘갈명에서는 신경준이 감수한 『팔도지도』를 족자로 만들어 궁궐 안에 걸어둔 것을 알 수 있다. 또 「동국여지도발」에는 다음과 같이 기록되어 있다.

> 하늘은 멀고 땅은 가까우나 하늘의 해와 달의 운행 도수와 성수(星宿)의 높고 낮은 전차(躔次)는 분촌(分寸)으로 계산이 가능하고 털끝만큼의 오차도 없다. 땅의 산천의 맥락과 도리의 원근에 대해서는 끝내 상세한 것이 없다. 대개 하늘은 높지만 그 보이는 것이 트였고, 땅은 낮아도 그 보이는 것이 막혔기 때문이다. 천체는 평평하고 곧으나 지형은 올록볼록하고 구불구불하다. 하늘은 양이라 드러나 있으며, 땅은 음이라 숨어 있다. 그러므로 땅을 그리는 것이 하늘을 그리는 것보다 어려운 법이다. 내 친구 현로(玄老) 정항령(鄭恒齡)은 그 어려운 일에 고심했다. 일찍이 우리나라의 지도를 그리면서 나누면 열읍(列邑), 합하면 전국지도가 되도록 했다. 척(尺)과 촌(寸)을 헤아려 지극히 정밀하게 만들었는데, 방성도(方星圖)·탁성도(坼星圖)·혼개통도(渾盖通圖)와 그 체례(體例)를 같이 한다. 현로의 황고(皇考) 농포공(農圃公)이 실제 시작했고, 그 맏아들 원림(元霖)이 증익(增益)하였으니, 무릇 3대 50여 년에 걸쳐 완성하였다. 이렇게 하지 않았다면 어떻게 그 오묘함을 발휘할 수 있었겠는가. 경인년에 임금께서 『동국문헌비고』를 편찬하도록 명하였는데, 나도 그 일에 참여하게 되었다. 또 신하들에게 명하여 『동국지도』를 제작하게 하였다. 이에 공부(公府)에 보관되어 있던 십여 건을 꺼내고, 여러 집안의 고본(古本)을 찾아 참고하였지만 현로

41 『여암전서』 I, 「묘갈명」, "命監修八道地圖, 旣成作障掛殿中."

> 가 그린 것보다 나은 것이 없었다. 드디어 그 지도를 바탕으로 약간 고치고 손을 보았다. 6월 초6일에 시작하여 8월 14일에 마치고 임금께 올렸다. 『열읍도(列邑圖)』 8권, 『팔도도(八道圖)』 1권, 『전국도(全國圖)』 족자 1개였다. 주척 2촌을 한 선으로 삼아서 종선이 76개, 횡선이 131개였다. 또 동궁에도 그 수량대로 똑같이 올리도록 명하고, 임금이 친히 「소서(小序)」를 지어 족자의 머리에 두었으니, 신장(宸章)이 빛나서 팔역(八域)의 산천이 모두 환희 비춰주는 빛을 입게 되었다.[42]

발(跋)에서 겸재(兼齋) 정항령(鄭恒齡, 1700~?)과 교유하고 있던 신경준은 농포자(農圃子) 정상기(鄭尙驥, 1678~1752), 겸재 정항령, 정원림(鄭元霖, 1731~1800)까지 3대 50여 년에 이어 제작된 『동국지도』를 바탕으로 약간 교열하여 두 달여 만에 『열읍도』 8권, 『팔도도』 1권, 『전국도』 족자 1개를 완성하였음을 알 수 있다. 또 주척 2촌을 한 선으로 하여 종선은 76개, 횡선은 131개의 좌표 방안 위에 지도를 그린 것으로 되어있는데, 이러한 방안지도는 모든 군현지도들 사이의 분합을 가능하게 한 지도로 회화식 지도의 전통과는 다른 방안지도를 국가적 차원에서 시행하도록 함으로써 정확하고 과학적인 지도 제작에도 중요한 역할을 하였다.[43]

---

42 『여암전서』 I, 「동국여지도발」, “天遠地邇, 而天之日月運行度數, 星宿高低躔次, 可以分寸計, 而無毫髮差也. 地之山川脉絡道里遠近, 卒無以詳. 盖天高而其望通, 地低而其見窒. 天體平直, 地形凹凸紆曲. 天陽也顯, 地陰也隱. 故圖地難於圖天也. 吾友鄭恒齡玄老, 於其難者用心苦. 嘗圖東國, 分而爲列邑, 合而爲全國. 尺量寸度, 至爲精密, 與方星坼星渾盖通圖, 同其例也. 玄老之皇考農圃公實創之, 其胤元霖增益之, 凡三世五十餘年乃成. 不如是, 何以盡其妙乎. 歲庚寅, 上命撰東國文獻備考, 賤臣與其役. 旣又命臣作東國地圖. 於是發公府藏十餘件, 訪諸家古本考之, 無如玄老所圖者. 遂用之略加校讎. 始于六月初六, 八月十四日訖進之. 列邑圖八卷, 八道圖一卷, 全國圖簇子一. 以周尺二寸爲一線, 縱線七十六, 橫線一百三十一. 又命獻, 東宮如其數, 上親製小序, 弁諸簇子之顚, 宸章煥爛, 八域山川, 咸被昭回之光矣.”

> 대개 지도가 있으면 서문이 있는 것이 관례이다. 이 지도는 처음에 『문헌비고』에 함께 기록하려 하였으나 『문헌통고』에도 이러한 사례가 없었다. 그래서 여러 의론에 따라 이것의 명칭을 『여지도』라고 하였으니, 경도와 양도(兩都)에서부터 팔도의 도리와 산천에 이르기까지 상세하게 구비되었다. 이 편집은 신경준이 전담하여 완성한 것으로, 360주의 대소와 원근이 한바탕에 펼쳐져 손바닥을 가리키는 것과 같으니, 대략 전말을 기록하여 특별히 지도 위에 쓰노라.[44]

위 영조가 지은 「어제여지도소서」에는 신경준이 만든 지도가 『여지도』임을 밝히고 있으며, 360개 군현을 각 군현별로 한 장의 지도에 그렸음을 알려주고 있다. 이는 「동국여지도발」에 영조가 서문을 지었다는 기록을 뒷받침해 준다. 따라서 홍양호가 쓴 묘갈명에 나오는 『팔도지도』, 「동국여지도발」에 언급된 『동국지도』, 「어제여지도소서」에서 기록된 『여지도』 등은 이름은 다르지만 정황으로 보아 모두 같은 지도로 판단된다.

현재 보물 제1587호로 지정된 규장각한국학연구원 소장 『조선지도』(奎16030)는 신경준이 제작한 『열읍도』 8권으로 추정하고 있다.[45] 이것은 『조선지도』에 1767년 이후에 개칭된 경상도 안의(安義)와 산청(山淸), 1776년 이전까지 사용되던 충청도 이산(尼山)·평안도 이산(理山)이 표기되어 있기 때문이다. 이 시기는 신경준이 영조의 명을 받아

---

43 양보경(1999) 참조.

44 『여암전서』 I, 「어제여지도소서」, "夫有圖則有敍, 例也. 此圖初欲同錄於備考通考, 無此例故. 因諸議, 作此名曰, 輿地圖, 自京都兩都, 至於八道道里山川, 纖悉具備. 此編緝卽申景濬之所專掌, 而成之者也, 三百六十州, 大小遠近, 一展而如指掌焉, 畧記顚末, 特題於圖上云爾."

45 양보경(1995); 이기봉(2005) 참조.

지도를 편찬한 시기와 일치한다. 더욱이 『조선지도』의 방안을 세어 보면 세로 76개, 가로 131개로 신경준이 「동국여지도발」에 기록한 내용과 같으며, 일정한 크기의 방안에 전국 각 군현을 그렸기 때문에 동일한 축척으로 제작된 지도를 합해 전국지도를 만들 수 있도록 구성된 지도이다.[46]

『조선지도』는 7책으로 구성된 군현지도책이다. 1책은 함경도 23개 군현의 지도 23장, 2책은 평안도 42개 군현의 지도 42장, 3책은 강원도 26개 군현과 울릉도의 지도 등 27장, 4책은 황해도 23개 군현의 지도 23장, 5책은 경기 가평 · 양주 · 연천 · 영평 · 포천 5개 군현을 제외한 33개 군현의 지도 33장, 6책은 충청도 54개 군현의 지도 54장, 7책은 경상도 71개 군현의 지도 71장으로 구성되어 있으며, 전라도 56개 군현은 결본이다. 특히 3책의 강원도와 7책의 경상도 목차 부분에 '비변사(備邊司)'라는 도장이 찍혀 있어, 비변사에서 보관하며 사용하던 지도였음을 알 수 있다.

『조선지도』는 전국의 군현을 4.2㎝의 축척 역할을 하는 동일한 크기의 방안 위에 그린 지도책이다. 주기(註記)는 없으며, 대부분의 군현이 약 50×38㎝의 지도에 묘사되었다. 군현의 면적이 넓은 함흥, 무산, 원주, 청주, 안동 등은 좀 더 큰 지도를 사용하였으며, 폐사군 지역을 포함하고 있는 「강계지도(江界地圖)」는 117.5×77.5㎝로 가장 크게 그려졌다.[그림 1] 따라서 지도에 표현된 군현의 크기는 실재 면적의 비율을 보여주고 있으며, 군현의 모양이나 지리 정보의 위치 역시 전통적인 지도책 중에 가장 정확한 내용을 보여준다.[47]

46 양보경(1995) 참조.

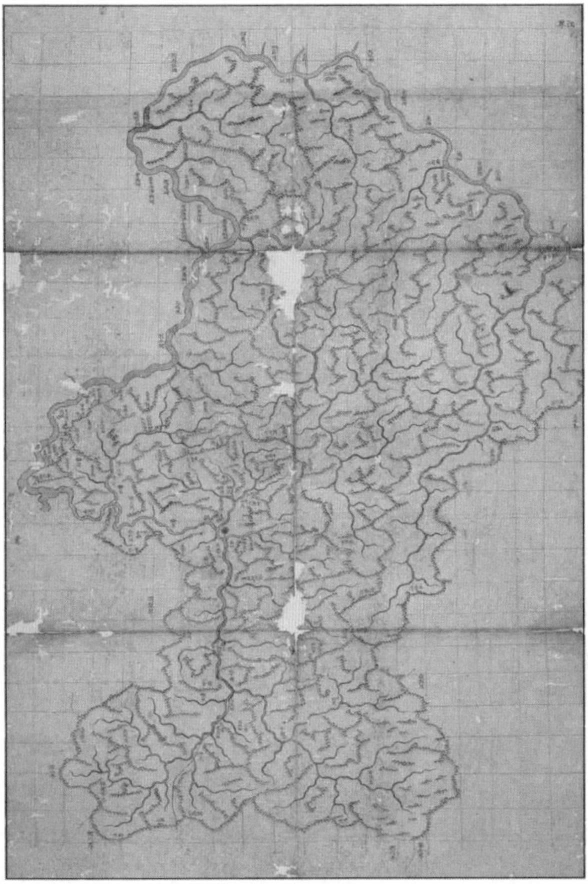

[그림 1]『조선지도』「강계지도」 출처: 규장각한국학연구원 소장.

이외에 전라북도 유형문화재 제89호로 지정된 '신경준의 고지도'는 고령신씨 종손 신남두(申南逗) 본가 소장 「북방강역도(北方彊域圖)」와 「강화도이북해역도(江華島以北海域圖)」인데, 신경준이 제작한 지도로 알려져 있다.

47 이기봉(2005) 참조.

4. 신경준의 국토 인식 : 「6대로(六大路)」와 「사연로(四沿路)」

신경준은 『도로고』를 통해 당시에 길이라고 부를 수 있는 모든 정보들을 모아 계통적으로 정리하였다. 권1에서 우리나라의 뼈대에 해당하는 6대로(六大路)를 경(經)으로, 혈관을 이루는 방통로(旁通路)를 위(緯)로, 권3에서 국토 외곽을 연결하는 사연로를 주위(周圍)로 보았다. 권4에서 국토의 외연을 두르는 해로(海路)를 중심으로 도로를 구성하여 우리나라 도로망 체계를 경, 위, 주위 순으로 서술하였다. 또 개별적으로 언급된 각 도로들을 사연(四沿) 안에 유기적으로 엮어 당시까지 축적된 지식과 성과를 바탕으로 우리나라 영역의 범위를 『도로고』 안에 설정하였다.[48]

1) 「6대로」

「6대로」는 경성에서 팔도 333개 읍치까지 가는 경로와 거리를 보여주는 도로망이다. 「6대로」에는 각 대로의 경로와 거리 및 각 대로에서 주요 읍치에 이르는 방통로의 경로와 거리를 함께 기록하고 있다. 경성에서 의주까지 가는 의주제1로를 기준으로 시계 방향으로 경흥제2로, 평해제3로, 동래제4로, 제주제5로, 강화제6로 순으로 이름을 붙였다. 〈표 8〉은 6대로의 대로 구간에 있는 주요 도시와 총 거리를 정리한 것이다.

48 류명환(2005) 참조.

〈표 8〉『도로고』 6대로 구간과 거리

대로번호	명칭	구간	거리(리)
1	경성서북저의주로제1	경성 – 개성 – 황주 – 평양 – 안주 – 의주 – 압록강	1,085
2	경성동북저경흥로제2	경성 – 덕원 – 함흥 – 경성(鏡城) – 경흥 – 서수라보	2,504
3	경성동저평해로제3	경성 – 양근 – 지평 – 원주 – 강릉 – 삼척 – 평해	865
4	경성동남저동래로제4	경성 – 용인 – 충주 – 대구 – 밀양 – 동래 – 부산진	937
5	경성서남저제주로제5	경성 – 공주 – 삼례 – 나주 – 해남 – 관두량 – 제주	970
6	경성서저강화로제6	경성 – 김포 – 통진 – 강화	120

※ 제1로는 의주까지 1,075리이다. 제2로는 경흥까지 2,444리이다. 제4로는 동래까지 907리이다.

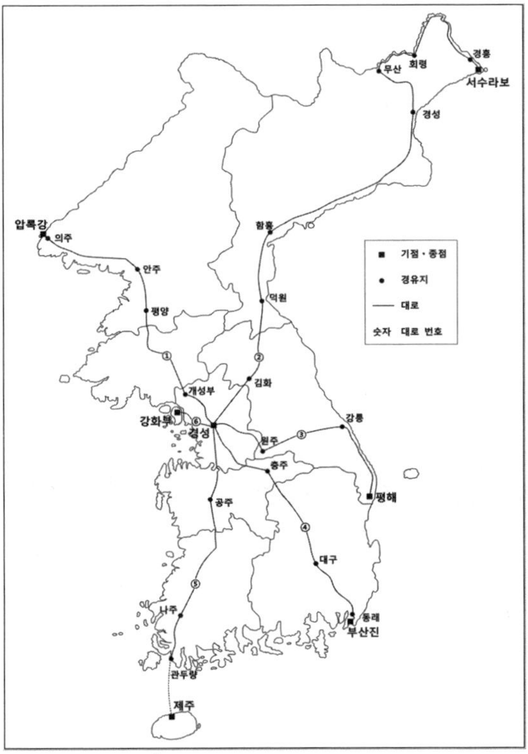

[그림 2]『도로고』 6대로 경로 출처: 류명환(2014a).

6대로는 단순한 도로라기보다는 해당 대로 주변을 하나로 묶는 네트워크를 형성하고 있다.[그림 2] 즉 의주제1로는 평안도와 황해도 전 지역 및 경기 일부를 포함하며, 경흥제2로는 함경도 전 지역과 강원도 및 경기 일부를 포함하고 있어 의주로라고 하면 평안도 가는 길, 경흥로라고 하면 함경도 가는 길이라고 볼 수 있다. 또 평해로라고 하면 강원도 가는 길, 동래로라고 하면 경상도 가는 길, 제주로라고 하면 충청도 · 전라도 가는 길이라고 할 수 있다. 특히 대로의 경로는 경성에서 각 대로의 종점으로 가는 최단거리를 선택하였다. 평해제3로의 경우도 양근과 지평을 경유하여 원주, 강릉을 잇는 경로가 경성과 강원도를 연결하는 최단거리에 해당된다.

① 의주제1로

의주제1로는 경기 7읍, 황해도 23읍 전부와 평안도 42읍 전부를 포함하고 있는데, 72개 읍치 중 대로에는 21개, 방통로에는 51개가 기록되어 있다. 〈표 9〉는 「팔도육대로소속제읍목」의 의주제1로에 포함된 읍치이다.

〈표 9〉 의주제1로의 읍치

행정구역	읍치 수	읍치 명
경기	7	고양(高陽), 파주(坡州), 장단(長湍), 개성(開城), 교하(交河), 삭녕(朔寧), 풍덕(豊德)
황해도	23	금천(金川), 평산(平山), 서흥(瑞興), 봉산(鳳山), 황주(黃州), 토산(兎山), 연안(延安), 해주(海州), 옹진(瓮津), 배천(白川), 송화(松禾), 풍천(豊川), 은율(殷栗), 장연(長淵), 강령(康翎), 신계(新溪), 곡산(谷山), 수안(遂安), 재령(載寧), 신천(信川), 안악(安岳), 장련(長連), 문화(文化)
평안도	42	중화(中和), 평양(平壤), 순안(順安), 숙천(肅川), 안주(安州), 가산(嘉山),

		정주(定州), 곽산(郭山), 선천(宣川), 철산(鐵山), 용천(龍川), 의주(義州), 강서(江西), 함종(咸從), 용강(龍岡), 삼화(三和), 증산(甑山), 삼등(三登), 상원(祥原), 강동(江東), 성천(成川), 양덕(陽德), 자산(慈山), 은산(殷山), 순천(順川), 개천(价川), 덕천(德川), 맹산(孟山), 영원(寧遠), 영유(永柔), 박천(博川), 태천(泰川), 구성(龜城), 삭주(朔州), 영변(寧邊), 희천(熙川), 강계(江界), 운산(雲山), 벽동(碧潼), 위원(渭原), 초산(楚山), 창성(昌城)

의주제1로는 경성에서 파주, 개성, 평산, 황주, 평양, 안주, 정주, 의주를 거쳐 압록강에 이르는 1,085리가 대로이고, 여기에서 방통로가 분기하여 주요 읍치로 연결된다.

② 경흥제2로

경흥제2로는 경기 6읍, 강원도 10읍과 함경도 23읍 전부를 포함하고 있는데, 39개 읍치 중 대로에는 24개, 방통로에는 15개가 기록되어 있다. 〈표 10〉은 「팔도육대로소속제읍목」의 경흥제2로에 포함된 읍치이다.

〈표 10〉 경흥제2로의 읍치

행정구역	읍치 수	읍치 명
경기	6	연천(漣川), 양주(楊州), 적성(積城), 마전(麻田), 포천(抱川), 영평(永平)
강원도	10	김화(金化), 금성(金城), 회양(淮陽), 철원(鐵原), 평강(平康), 안협(安峽), 이천(伊川), 통천(通川), 흡곡(歙谷), 고성(高城)
함경도	23	안변(安邊), 덕원(德源), 문천(文川), 고원(高原), 영흥(永興), 정평(定平), 함흥(咸興), 홍원(洪原), 북청(北青), 이성(利城), 단천(端川), 길주(吉州), 명천(明川), 경성(鏡城), 부령(富寧), 무산(茂山), 회령(會寧), 종성(鍾城), 온성(穩城), 경원(慶源), 경흥(慶興), 갑산(甲山), 삼수(三水)

경흥제2로는 경성에서 김화, 안변, 영흥, 함흥, 북청, 길주, 경성(鏡

城), 부령, 무산, 회령, 종성, 온성, 경흥을 거쳐 서수라보에 이르는 2,504리가 대로이고, 여기에서 방통로가 분기하여 주요 읍치로 연결된다.

③ 평해제3로

평해제3로는 경기 3읍, 강원도 16읍을 포함하고 있는데, 19개 읍치 중 대로에는 7개, 방통로에는 12개가 기록되어 있다. 〈표 11〉은 「팔도육대로소속제읍목」의 평해제3로에 포함된 읍치이다.

〈표 11〉 평해제3로의 읍치

행정구역	읍치 수	읍치 명
경기	3	양근(楊根), 지평(砥平), 가평(加平)
강원도	16	원주(原州), 강릉(江陵), 삼척(三陟), 울진(蔚珍), 평해(平海), 춘천(春川), 양구(楊口), 낭천(狼川), 홍천(洪川), 인제(麟蹄), 간성(杆城), 횡성(橫城), 양양(襄陽), 영월(寧越), 평창(平昌), 정선(旌善)

평해제3로는 경성에서 평구역, 양근, 원주, 대화역창, 대관령상, 강릉, 삼척, 울진을 거쳐 평해에 이르는 872리가 대로이고, 여기에서 방통로가 분기하여 주요 읍치로 연결된다.

④ 동래제4로

동래제4로는 경기 9읍, 충청도 10읍, 경상도 63읍을 포함하고 있는데, 82개 읍치 중 대로에는 9개, 방통로에는 73개가 기록되어 있다. 〈표 12〉는 「팔도육대로소속제읍목」의 동래제4로에 포함된 읍치이다.

〈표 12〉 동래제4로의 읍치

행정구역	읍치 수	읍치 명
경기	9	용인(龍仁), 양지(陽智), 양성(陽城), 안성(安城), 죽산(竹山), 광주(廣州), 이천(利川), 음죽(陰竹), 여주(驪州)
충청도	10	충주(忠州), 진천(鎭川), 괴산(槐山), 연풍(延豊), 음성(陰城), 청안(淸安), 청풍(淸風), 단양(丹陽), 제천(堤川), 영춘(永春)
경상도	63	문경(聞慶), 대구(大丘), 청도(淸道), 밀양(密陽), 양산(梁山), 동래(東萊), 풍기(豊基), 영천(榮川), 봉화(奉化), 순흥(順興), 예안(禮安), 용궁(龍宮), 예천(醴泉), 안동(安東), 진보(眞寶), 영해(寧海), 청송(靑松), 영양(英陽), 영덕(盈德), 함창(咸昌), 상주(尙州), 성주(星州), 현풍(玄風), 칠원(漆原), 함안(咸安), 진해(鎭海), 고성(固城), 거제(巨濟), 개령(開寧), 지례(知禮), 거창(居昌), 안의(安義), 김산(金山), 선산(善山), 고령(高靈), 초계(草溪), 합천(陜川), 삼가(三嘉), 의령(宜寧), 창녕(昌寧), 영산(靈山), 창원(昌原), 웅천(熊川), 비안(比安), 군위(軍威), 신녕(新寧), 영천(永川), 경주(慶州), 울산(蔚山), 의성(義城), 의흥(義興), 하양(河陽), 언양(彦陽), 흥해(興海), 청하(淸河), 영일(迎日), 장기(長鬐), 인동(仁同), 칠곡(漆谷), 경산(慶山), 자인(慈仁), 김해(金海), 기장(機張)

동래제4로는 경성에서 판교점, 용인, 양지, 충주, 조령동화원, 문경, 덕통역, 낙동진, 동명원현, 대구, 청도, 밀양, 양산, 동래, 좌수영을 거쳐 부산진에 이르는 937리가 대로이고, 여기에서 방통로가 분기하여 주요 읍치로 연결된다. [그림 3]은 동래제4로의 대로와 방통로에

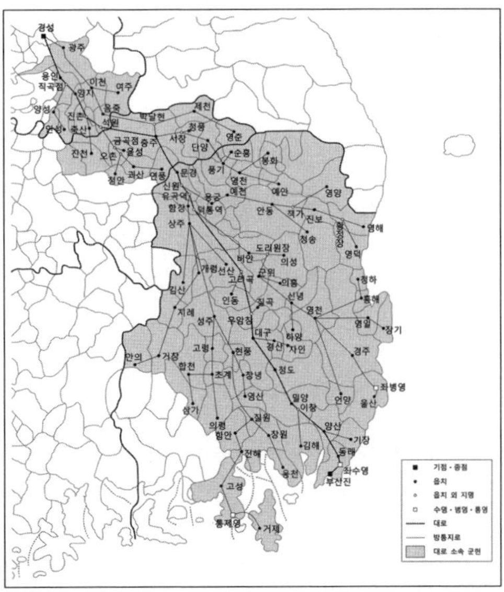

[그림 3] 동래제4로와 방통로 출처: 류명환(2014a).

소속된 읍치까지의 경로를 지도화한 것이다.

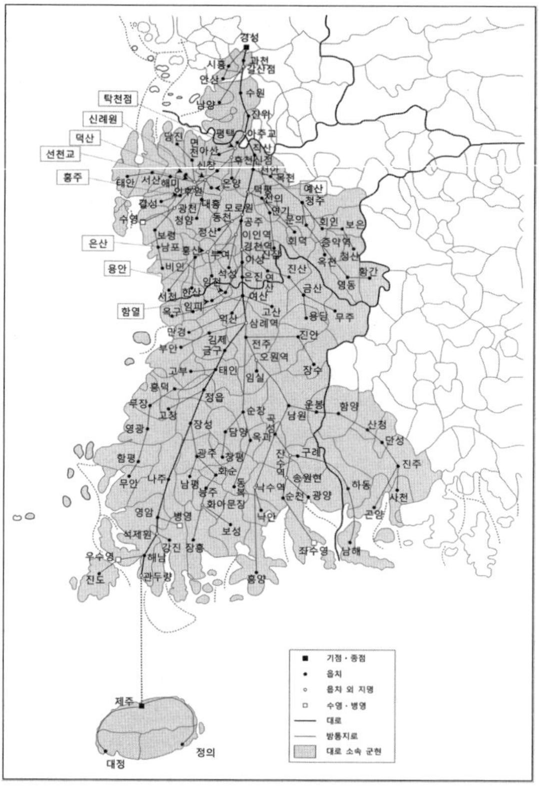

[그림 4] 제주제5로와 방통로 출처: 류명환(2014a).

⑤ 제주제5로

제주제5로는 경기 6읍, 충청도 44읍, 전라도 56읍 전부와 경상도 8읍을 포함하고 있는데, 114개 읍치 중 대로에는 18개, 방통로에는 96개가 기록되어 있다. 〈표 13〉은 「팔도육대로소속제읍목」의 제주제5로에 포함된 읍치이다.

〈표 13〉 제주제5로의 읍치

행정구역	읍치 수	읍치 명
경기	6	과천(果川), 수원(水原), 진위(振威), 남양(南陽), 시흥(始興), 안산(安山)
충청도	44	직산(稷山), 천안(天安), 공주(公州), 이성(尼城), 은진(恩津), 평택(平澤), 신창(新昌), 보령(保寧), 아산(牙山), 온양(溫陽), 예산(禮山), 대흥(大興), 청양(青陽), 해미(海美), 서산(瑞山), 태안(泰安), 덕산(德山), 면천(沔川), 당진(唐津), 홍주(洪州), 결성(結城), 남포(藍浦), 비인(庇仁), 목천(木川), 청주(清州), 문의(文義), 영동(永同), 황간(黃澗), 회인(懷仁), 보은(報恩), 청산(青山), 옥천(沃川), 전의(全義), 연기(燕岐), 진잠(鎭岑), 회덕(懷德), 정산(定山), 홍산(鴻山), 한산(韓山), 임천(林川), 서천(舒川), 부여(扶餘), 석성(石城), 연산(連山)
전라도	56	여산(礪山), 금구(金溝), 태인(泰仁), 정읍(井邑), 장성(長城), 나주(羅州), 영암(靈岩), 해남(海南), 제주(濟州), 대정(大靜), 정의(旌義), 진산(珍山), 금산(錦山), 무주(茂朱), 용담(龍潭), 용안(龍安), 함열(咸悅), 고산(高山), 익산(益山), 만경(萬頃), 임피(臨陂), 옥구(沃溝), 김제(金堤), 부안(扶安), 전주(全州), 남원(南原), 곡성(谷城), 순천(順天), 진안(鎭安), 장수(長水), 순창(淳昌), 담양(潭陽), 창평(昌平), 옥과(玉果), 동복(同福), 임실(任實), 운봉(雲峰), 홍양(興陽), 낙안(樂安), 구례(求禮), 광양(光陽), 고부(古阜), 홍덕(興德), 무장(茂長), 영광(靈光), 함평(咸平), 무안(務安), 고창(高敞), 광주(光州), 화순(和順), 능주(綾州), 장흥(長興), 남평(南平), 보성(寶城), 강진(康津), 진도(珍島)
경상도	8	함양(咸陽), 산청(山淸), 단성(丹城), 진주(晋州), 사천(泗川), 곤양(昆陽), 하동(河東), 남해(南海)

제주제5로는 경성에서 과천, 수원, 소사점, 천안, 공주, 은진, 삼례역, 정읍, 장성, 나주, 영암, 해남, 관두량을 거쳐 제주에 이르는 987리[관두량에서 제주까지는 수로]가 대로이고, 여기에서 방통로가 분기하여 주요 읍치로 연결된다. [그림 4]는 제주제5로의 대로와 방통로에 소속된 읍치까지의 경로를 지도화한 것이다.

⑥ 강화제6로

강화제6로는 경기 7읍을 포함하고 있는데, 7개 읍치 중 대로에는

4개, 방통로에는 3개가 기록되어 있다.

〈표 14〉 강화제6로의 읍치

행정구역	읍치 수	읍치 명
경기	7	양천(陽川), 김포(金浦), 통진(通津), 강화(江華), 부평(富平), 인천(仁川), 교동(喬桐)

〈표 14〉는 「팔도육대로소속제읍목」의 강화제6로에 포함된 읍치이다. 강화제6로는 경성에서 양화도, 양천, 김포, 통진을 거쳐 강화부에 이르는 120리가 대로이고, 여기에서 방통로가 분기하여 주요 읍치로 연결된다.

2) 「사연로」

『도로고』에 기술된 「사연로」의 사연은 우리나라 동서남북의 범위를 의미한다. 〈표 15〉는 「사연로」의 구성인데, 양강연과 삼해연으로 구분된다.

〈표 15〉 사연로 구성

구분	명칭		구간	거리
양강연	백두산로		삼지 - 분수령 - 백두산	86리쯤
			혜산진 - 소백산 - 백두산	330여 리쯤
	압록강연로		백산발원처 - 혜산진 - 중강 - 의주 - 미곶보	2,336리
	두만강연로		백산발원처 - 삼지 - 무산 - 경흥부 - 녹둔도	954리
삼해연	팔도 해연로	함경도해연로	경흥 - 안변(21관)	1,567리
		강원도해연로	흡곡 - 평해(9관)	847리
		경상도해연로	영해 - 하동(21관)	1,115리
		전라도해연로	광양 - 옥구(20관)	1,064리

		충청도해연로	서천 - 평택(14관)	563리
		경기해연로	수원 - 개성부(9관)	489리
		평안도해연로	의주 - 용강(17관)	754리
		황해도해연로	황주 - 배천(14관)	827리

양강연은 신경준이 3개의 독립된 장으로 구분한 백두산로, 압록강연로, 두만강연로를 묶은 지역이다. 이는 우리나라의 사연 중에서 육지와 접하고 있는 북쪽 영역인 북연에 해당한다. 또 삼해연은 팔도해연로 지역으로 사연 중에서 바다와 접하고 있는 동해연, 남해연, 서해연에 해당한다. [그림 5]는 사연로를 구성하는 양강연과 동해연, 남해연, 서해연을 지도화한 것이다.

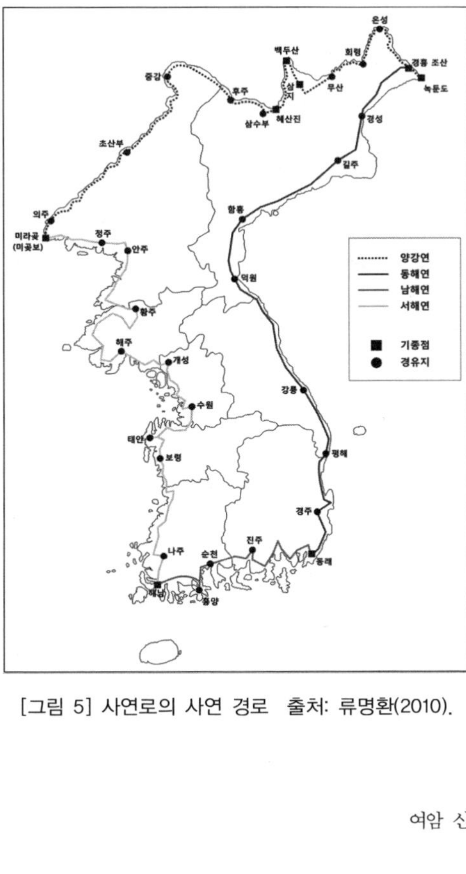

[그림 5] 사연로의 사연 경로 출처: 류명환(2010).

먼저 양강연 지역 중에서 백두산로에는 백두산에 대한 지형적인 소개와 함께 무산의 삼지와 갑산의 혜산진에서 백두산에 오르는 경로를 소개하였다. 압록강연로는 혜산진에서 위원군, 벽동군, 창성부, 의주를 거쳐 미곶보에 이르는 경로로 2,336리에 해당한다. 두만강연로는 삼지에서 무산부, 경흥부를 거쳐 녹둔도에 이르는 경로로 954리에 해당한다. 신경준은 백두산을 중심으로 백두산로, 압록강연로, 두만강연로의 거리를 합하면서 '양강연은 합이 3,290리이다.'라고 기록하였다. 이는 압록강과 두만강에 해당하는 지역의 거리 합을 기술하여 중국과 경계를 접하고 있는 북쪽의 영역을 별도로 구분하였다.

다음으로 팔도해연로에는 함경도 · 강원도 · 경상도 · 전라도 · 충청도 · 경기 · 평안도 · 황해도 순으로 바다와 접하고 있는 월경지를 포함한 모든 군현을 소개한다. 이렇게 도별로 언급된 해연로를 다시 팔도해연로 끝에 동해연, 남해연, 서해연으로 구분하였다. 즉 경흥의 조산에서 동래관까지를 동해연, 동래관에서 해남관까지를 남해연, 해남관에서 의주의 미라곶까지를 서해연으로 보았다. 또 삼해연의 거리 합은 7,236리로 기록하였는데, 양강연을 북연으로 본다면, 이 삼해연이 바로 사연 중에서 동연, 남연, 서연에 해당된다.

(1) 양강연

① 백두산로

신경준은 「사연로」 중에 백두산로를 가장 먼저 수록하여 백두산에 중심적, 상징적 의미를 부여하였다. 백두산로에는 무산의 삼지와 갑산의 혜산진에서 백두산에 오르는 2개의 경로를 제시하였다.[그림 6]

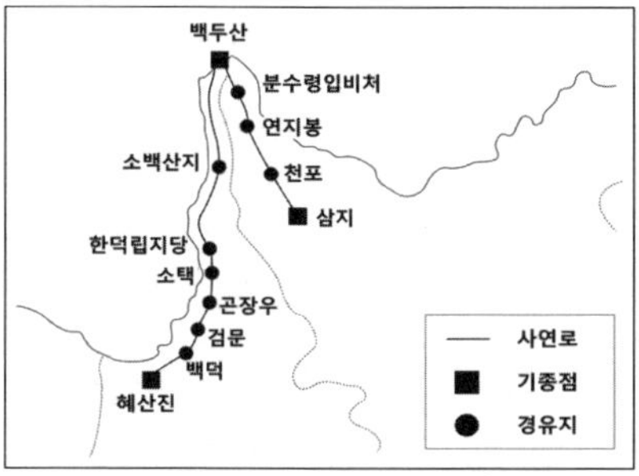

[그림 6] 백두산로 출처: 류명환(2010).

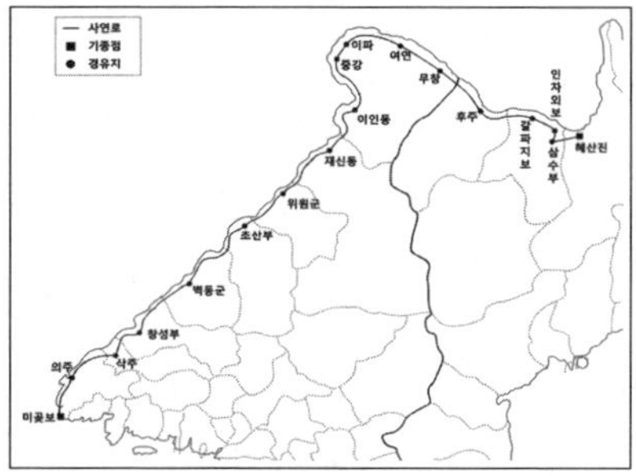

[그림 7] 압록강연로 출처: 류명환(2010).

② 압록강연로

백두산로 다음으로 압록강연로를 기술하고 있다. 압록강연로에는 혜산진에서 의주 미곶보까지 함경도와 폐사군을 포함한 평안도 지역 순으로 읍치, 진보, 그리고 강 주변의 기타 지명에 대해 매우 자세하게 기록하였다.[그림 7]

압록강연로에는 압록강을 따라 자세한 지리 정보와 그 경로를 제공하고 있어 당시의 지도와 지리지에서 볼 수 없는 연로를 제시하였다. 이는 압록강을 따라 분포하는 우리나라 국경 범위 내의 지역을 연결하는 도로로서의 의미를 부여할 수 있다. 즉 압록강연로는 압록강을 접하고 있는 폐사군을 포함한 모든 군현의 강안 경로를 상세히 기록한 국경지역의 방어망으로 해석된다.

③ 두만강연로

양강연 지역 중 마지막으로 두만강연로를 기술하였는데, 백두산에서 발원하여 동해로 흘러가는 경로를 밝히고 있다. 두만강연로 서두의 글에는 두만강의 기원을 백산, 즉 백두산의 천지로 기록하였다. 또한 천지에서 발원하여 무산을 경유해 오늘날의 방향과 거의 일치하는 동북쪽으로 두만강이 흐르는 것이 묘사되어 있으며, 그 이후 온성에서 남쪽으로 흐르는 두만강의 유로 또한 잘 기술되어 있다.

두만강연로의 경로는 삼지에서부터 경흥의 녹둔도까지 기록되어 있다. 무산에서 경흥까지 사용된 지명들은 읍치를 제외하면 모두 보, 참, 진에 해당된다. 압록강연로에 많은 파수와 진보가 설치된 것과 마찬가지로 두만강연로 또한 국경지역의 방어망을 형성하고 있음을 알 수 있다.

(2) 삼해연

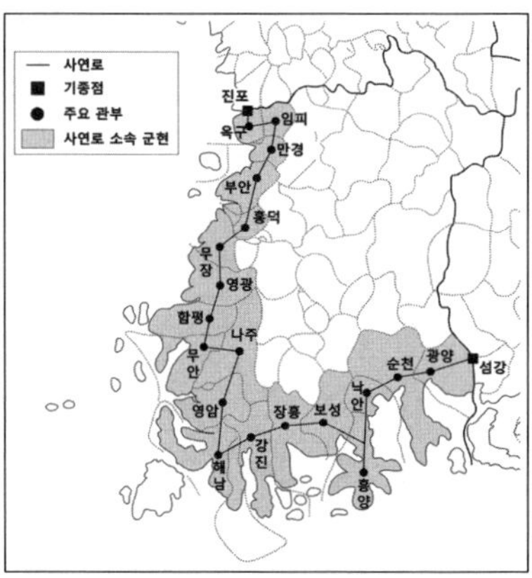

[그림 8] 전라도해연로 출처: 류명환(2010).

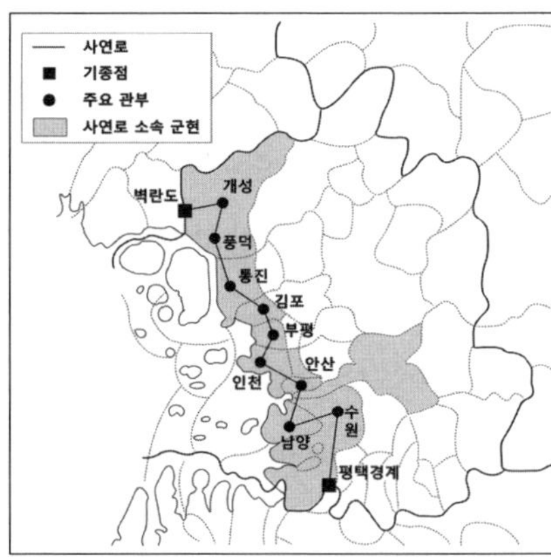

[그림 9] 경기해연로 출처: 류명환(2010).

삼해연은 동해연, 남해연, 서해연으로 구성되어 있지만 신경준은 팔도해연로라는 독립된 장으로 묶어 동북쪽으로 두만강 하구의 함경도부터 강원도, 경상도, 전라도, 충청도, 경기 순으로, 서북쪽으로 압록강 하구의 평안도부터 황해도 순으로 수록하고 있다. 즉 두만강과

압록강에서 경기의 조강에 이르는 경로를 표현하였다.[그림 8, 9]

(3) 「사연로」의 영토 인식

신경준은 압록강연로와 두만강연로의 출발점을 백두산으로 보아 두 연로에 포함시킬 수 있음에도 불구하고 백두산로를 독립된 장으로 구분하였다. 이는 『여지고』 해방의 경기에는 압록강연과 두만강연으로, 『사연고』 권1 양도연강에는 압록강과 두만강으로만 기록되어 백두산로라는 별도의 서술이 없는 것을 볼 때, 백두산에 특별한 의미를 부여하였다. 신경준은 이미 『강계고』와 『산수고』에서도 백두산을 조선의 조산으로 인식하였다. 또 『산수고』 서언에 "우리나라의 산수는 열둘로 표시할 수 있으니, 백두산에서 갈라져 열두 개 산이 된다."라고 하여 조선 열두 개 산의 출발점이 백두산이라는 것을 분명히 밝히고 있다.

이러한 서술은 국가적 차원에서 백두산의 중요성이 점차 증가하고 있는 시대적 상황을 반영하고 있다. 숙종대에 청나라와의 국경분쟁으로 인해 백두산정계비가 세워진 이후로 압록강-백두산-두만강을 잇는 우리나라의 영토관이 정립되고 있었다. 특히 양강 연안 지역의 개발과 영토 확립에 대한 의지와 함께 1767년(영조 43)에 백두산을 국가제례의 대상으로 정식 지정하게 된다. 백두산은 조선의 조산으로 그 중요성이 증대되었고 그 경로 또한 신경준이 새롭게 정리한 것으로 해석된다. 이는 백두산을 사연로의 출발점으로 삼는 상징적인 의미를 부여하고 있으며 백두산이 곧 우리나라의 영토라고 인식하는 것이다.

1712년(숙종 38)의 조·청백두산 정계는 대청전쟁의 가능성에 대한 우려를 불식하고 영토문제에 대한 본격적인 관심을 환기시키는 중요한 계기가 되었다. 이후 압록강과 두만강 중상류 지역과 백두산 일대, 함경도 개마고원 지역 등 이전에 거주나 개발이 제한되었던 지역 주민의 경제활동이 허용되어 인구가 늘고 개간지가 확대되었으며 이에 부응하여 읍치와 진보가 신설되었다.[49]

신경준은 사연 중에 북쪽 영역으로 압록강-백두산-두만강을 잇는 지역을 설정하였는데, 이러한 백두산을 중심으로 하는 북쪽 영역의 설정은 우리 강역에 대한 인식에 바탕한 영토관의 반영으로 볼 수 있다. 정조대에 이르러 북학사상이 대두되면서 발해 지역을 우리 영역의 범위로 인식하는 사관으로 인해 사연로라는 용어는 사라지지만 그 개념은 사연에서 북연의 경계가 좀 더 북쪽으로 올라가면서 간도를 포함하여 보다 발전적으로 계승되고 있다. 따라서 사연의 용어가 후대에 사용되지 않음은 단절로 보기보다는 압록강-백두산-두만강 지역을 우리의 영역으로 당연하게 받아들임으로 인해 보다 북연 지역이 명확해지는 것으로 해석할 수 있다.

북연 지역의 계승은 영조대 국학의 발달에 입각하여 만들어진 사실적인 지도와 지리서인 『조선지도』와 『도로고』에서 확인할 수 있다. 이는 당시의 가장 정확한 자료를 바탕으로 한 것이며, 19세기에 제작되는 『청구도』, 『동여도』, 『대동여지도』 등의 지도에서도 압록강-백두산-두만강을 잇는 지역이 지도화되면서 북쪽 영역에 대한 상세한 지리 정보를 제공하였다.

「사연로」 중 해연로에는 월경지를 포함하여 바다를 접하는 모든 군현들을 함경도 경흥부터 의주 미라곶까지 순서대로 기술하였다. 이

49 강석화(2005) 참조.

는 우리나라 해연을 접하는 모든 군현에 대해 정리함으로써 위정자에게 정확한 지리 정보를 제공하려는 목적으로 볼 수 있다. 신경준의 사연은 사방으로 해석할 수 있는데, 사연로는 우리나라 육지 영토의 표현이자 4극을 연결하는 도로망을 보여주는 것이다. 이는 숙종대 이후로 국경분쟁이 대두되면서 영조대에 이르러 신경준은 사연의 개념을 도입하여 우리 영토의 범위 설정을 시도한 것으로 보인다.

5. 맺음말

신경준은 영조대에 진작되는 국학 연구의 분위기 속에서 기존의 지리지 혹은 백과전서에 묻혀 있던 지리학 영역의 '강계', '도로', '산천', '사찰' 등을 독립시켜 고증적 방법을 통해 『강계고』, 『사연고』, 『도로고』, 『산수고』, 『가람고』 등 독자적인 지리서를 저술한다. 더욱이 신경준은 영조의 명을 받아 관찬지리지인 『여지고』와 『동국여지도』를 편찬하는데, 이를 통해 중국의 속국이 아닌 조선의 독자성을 강조한 신경준의 역사·지리관은 영조대 조선의 공식적인 시각으로 자리매김을 한다. 이러한 신경준의 학문적 위상에 대해 정인보는 성호 이익-여암 신경준-다산 정약용으로 이어지는 조선학의 계보를 설정하기도 하였다.

신경준의 유고에는 『여암집』, 『여암유고』, 『여암전서』, 『여암산고』, 『여암수필유고』 등이 있다. 또 국립중앙도서관, 규장각한국학연구원, 한국학중앙연구원, 고려대학교 등 주요 기관의 도서관에는 신경준 관련 문헌들이 소장되어 있다. 특히 1939년 7월부터 1940년 1월까지 신조선사에서 정인보와 김춘동이 교열한 『여암전서』 17권 7책을 간행하였고, 이를 바탕으로 1976년에는 경인문화사에서 영인본 『여암전서』를 발간하면서 『강계고』·『사연고』·『도로고』·『산수고』·『가람고』 등 신경준의 지리서들이 소개된다.

『강계고』는 신경준이 1756년(영조 32)에 저술한 역사지리서이다. 신경준은 『강계고』로 인해 『동국문헌비고』 편찬에 참여하게 되며, 『강계고』는 『여지고』의 저본이 된 지리서이다. 『강계고』는 고조선부터 조선 중기까지 우리나라 강역의 시간적인 변화를 고증하였는데, 우리나라의 별호를 비롯하여 각 국가별 국도와 강계, 위치 비정에 논란이 있는 지역에 대한 변론 등을 싣고 있다.

『사연고』는 영조대 강역의 범위를 정리한 인문지리서로, 『강계고』와 함께 연속적으로 저술되어 『여지고』 편찬에 바탕이 되었다. 『사연고』는 압록강과 두만강을 조선의 북쪽 경계로 하여 이에 접하는 군현과 동해·남해·서해를 따라 분포하는 군현의 현황을 밝힌 사연 외에도, 중국·일본과의 사행로, 해안 방어의 중요성을 논의한 해도와 조석, 우리나라의 위치를 밝힌 분야와 지형방위 등에 대해 기술하였다.

1770년에 저술한 『도로고』는 어로, 6대로, 사연로, 역로, 파발로, 봉로, 해로, 사행로 등 영조대 이용되던 교통로에 대한 정보를 종합하고, 이를 보완하는 조석, 풍우, 개시 등 실용적인 정보를 담고 있는 지리서이다. 더욱이 『도로고』는 조선 전기 『세종실록지리지』와 『신증동국여지승람』에서 사방 경계까지의 거리만 표시되던 단계에서 조선 후기 『여지도서』의 도로조와 『여지고』의 도리조 단계를 넘어 처음으로 교통망을 대상으로 한 책이 단일본으로 저술된 데 의의가 있으며, 도로의 비중이 중요해지는 시기에 나타난 지리 인식의 변화를 반영한 지리서이다.

『산수고』는 국토의 뼈대와 핏줄을 이루고 있는 열두 개 산과 열두 개 강을 체계적으로 정리한 최초의 지리서이며 한국적인 산천 인식 방식을 보여준다. 『산수고』는 조선의 산천을 「산경」과 「산위」, 「수경」과 「수위」로 나누어 파악함으로써 산줄기와 강줄기의 전체적인 구조를 날줄로, 각 지역별 산천의 상세하고 개별적인 내용을 씨줄로 엮어 우리나라의 국토를 인식하였다.

『가람고』는 영조대 334개 군현 중에서 317개 군현에 소재한 1,459개 사찰을 기록하였으며, 폐사로 기록된 11개 사찰을 빼면 1,448개의 현존하는 사찰을 수록한 지리서이다. 『가람고』는 사찰을 대상으로 한 책이 단일본으로 처음 편찬되었다는 데 의의가 있으며, 정조의 명에 의해 1799년에 제작되는 『범우고』 등 종합적인 사찰지 편찬의 바탕이 된다.

『여지고』는 1770년에 편찬된 『동국문헌비고』에 수록된 관찬지리지이다. 『여지고』는 신경준이 저술한 지리서들을 참고하여 제작되었는데, 역대국계는 『강계고』, 군현연혁은 『동국군현연혁표』, 산천은 『산수고』, 도리는 『도로고』, 관방은 『도로고』·『사연고』와 내용이 유사하다. 특히 『여지고』는 관찬으로 편찬됨으로 인해 신경준의 지리 지식이 국가적으로 공유화되면서 강역, 군현연혁, 산천, 방어, 교통 등 국토에 대한 다양한 주제를 포괄하였다.

신경준이 지도 제작에 참여한 것은 홍양호의 묘갈명과 『승정원일기』 기사뿐만 아니라 「동국여지도발」, 「어제여지도소서」 등의 글을 통해서 살펴볼 수 있다. 정항령과 교유하고 있던 신경준이 『동국지도』

를 바탕으로 『열읍도』 8권, 『팔도도』 1권, 『전국도』 족자 1개를 완성하였는데, 주척 2촌을 한 선으로 하여 종선은 76개, 횡선은 131개의 좌표 방안 위에 지도를 그렸다. 이러한 방안지도는 모든 군현지도들 사이의 분합을 가능하게 한 지도로 회화식 지도의 전통과는 다른 방안지도를 국가적 차원에서 시행하도록 함으로써 정확하고 과학적인 지도 제작에도 중요한 역할을 하였다. 현재 보물 제1587호로 지정된 규장각한국학연구원 소장 『조선지도』(奎16030)가 신경준이 제작한 『열읍도』 8권으로 추정하고 있다.

신경준은 『도로고』를 통해 당시에 길이라고 부를 수 있는 모든 정보들을 모아 경-위-주위 순으로 서술하였고, 우리나라 도로망 체계를 「6대로」와 「사연로」로 정리하였다. 또 개별적으로 언급된 각 도로들을 사연 안에 유기적으로 엮어 당시까지 축적된 지식과 성과를 바탕으로 우리나라 영역의 범위를 『도로고』 안에 설정하였다. 신경준은 백두산을 사연로의 출발점으로 삼아 압록강-백두산-두만강을 잇는 지역을 우리나라 북쪽 경계로 설정하였다. 이러한 영토 인식은 영조대 가장 정확한 자료를 바탕으로 제작된 사실적인 지도와 지리서인 『조선지도』와 『도로고』에서 확인할 수 있는데, 이는 19세기 고산자(古山子) 김정호(金正浩)가 제작하는 『청구도』, 『동여도』, 『대동여지도』 등의 지도에서도 압록강-백두산-두만강을 잇는 지역이 지도화되는 것에서 계승되고 있다.

조선 후기에는 다양한 주제별 지리서가 활발하게 편찬되었으며, 국가는 중앙집권적인 통치 체제를 강화하고, 효율적인 지방 통치를 위해 지리서와 지도의 편찬에 노력하였다. 따라서 영조대 학문의 종합화와 전문화가 함께 일어나는 시기에 신경준의 지리서 편찬은 학문의 전문화 경향을 반영하며, 신경준은 이 시기에 지리학이 독자성을 가지는 계기를 만들면서 조선 지리학의 분류사를 체계화한 것으로 평가할 수 있다. 신경준의 학문적 성과는 산수와 도로를 대동보 형식으로 정리한 『산경표(山經表)』와 『거경정리표(距京程里表)』에서 실용화되었고, 후대에 제작되는 『청구도』·『대동여지도』·『대동지지』 등의 지도와 지리서의 바탕이 되었다.

參考文獻

申景濬,『伽藍考』(대학원 B10 A139, 고려대학교 중앙도서관 소장)
申景濬,『疆界考』(고서(원씨) 915.1 신경준 신, 연세대학교 학술정보원 소장)
申景濬,『疆界誌』(대학원 貴 518, 고려대학교 중앙도서관 소장)
申景濬,『道路考』(K2-4352, 한국학중앙연구원 장서각 소장)
申景濬,『道路考』(古985-1, 국립중앙도서관 소장)
申景濬,『道路考』(奎7327, 규장각한국학연구원 소장)
申景濬,『東國郡縣沿革表』(귀K2-4179, 한국학중앙연구원 장서각 소장)
申景濬,『旅菴手筆遺稿』(대학원 貴 572A, 고려대학교 중앙도서관 소장)
申景濬,『旅菴遺稿』, 1910.
申景濬,『旅菴全書』, 景仁文化社, 1976.
申景濬,『旅菴全書』, 新朝鮮社, 1939.
申景濬,『旅庵散稿』(古0320-20, 규장각한국학연구원 소장)
申景濬,『旅菴雜著』(한古朝93-21, 국립중앙도서관 소장)
申興雨 編(1927),『高靈申氏世譜』, 申龍休家, 1927.
『(影印標點)韓國門集叢刊』 231, 民族文化推進會, 1999
『東國文獻備考』(한古朝31-20, 국립중앙도서관 소장)
『承政院日記』, 국사편찬위원회.
『朝鮮王朝實錄』, 국사편찬위원회.
『朝鮮地圖』(奎16030, 규장각한국학연구원 소장)

강석화(2005),「조선후기의 북방영토의식」,『한국사연구』 129, 한국사연구회.
고동환(2003),「여암 신경준의 학문과 사상」,『지방사와 지방문화』 6-2, 역사문화학회.
곽철환 편(2003),『시공 불교사전』, 시공사.
김기혁(2007),「조선후기 방안식 군현지도의 발달 연구 :『동국지도 삼』을 중심으로」,『문화역사지리』 19-1, 한국문화역사지리학회.

류명환(2005), 「여암 신경준의 『도로고』 연구 : 「육대로」를 중심으로」, 부산대학교 석사학위논문.

______(2010), 「신경준의 『도로고』 중 「사연로」 분석」, 『문화역사지리』 22-3, 한국문화역사지리학회.

______(2012), 「『도로고』·「여지고」의 도로체계와 『동역도』의 비교 연구」, 부산대학교 박사학위논문.

______(2014a), 『여암 신경준과 역주 도로고』, 역사문화.

______(2014b), 「신경준의 『도로고』 필사본 연구」, 『문화역사지리』 26-3, 한국문화역사지리학회.

______(2015), 「조선시대 사찰 기록 비교를 통한 『가람고』 편찬의 의의」, 『한국사상과 문화』 79, 한국사상문화학회.

______(2016), 「필사본 『사연고』의 편찬 현황과 성격에 대한 연구」, 『문화역사지리』 28-3, 한국문화역사지리학회.

박인호(1995), 『조선후기 역사지리학 연구 : 문헌비고 여지고를 중심으로』, 한국정신문화연구원 박사학위논문.

______(1996), 『조선후기 역사지리학 연구』, 이회문화사.

양보경(1992), 「신경준의 『산수고』와 『산경표』 : 국토의 산천에 대한 체계적 이해」, 『토지연구』 3-3, 한국토지개발공사.

______(1994), 「조선시대의 자연 인식 체계」, 『한국사시민강좌』 14, 일조각.

______(1995), 「『대동여지도』를 만들기까지」, 『한국사시민강좌』 16, 일조각.

______(1999), 「여암 신경준의 지리사상」, 『국토』 211, 국토연구원.

이기봉(2005), 「조선지도 해설」, 『조선지도 : 해설 · 색인』, 서울대학교 규장각.

이상태(1984), 「신경준의 역사지리 인식 : 강계지를 중심으로」, 『사학연구』 38, 한국사학회.

장문석(2014), 「식민지 출판과 양반 : 1930년대 신조선사의 고문헌 출판 활동과 전통 지식의 식민지 공공성」, 『민족문학사연구』 55, 민족문학사학회 · 민족문학사연구소.

최창조(1986), 「여암 신경준의 지리학해석」, 『다산학보』 8, 다산학연구원.

고려대학교 중앙도서관(https://library.korea.ac.kr)

국립중앙도서관(http://www.nl.go.kr)

문화재청 국가문화유산포털(http://www.heritage.go.kr)

서울대학교 규장각한국학연구원(http://kyujanggak.snu.ac.kr)

승정원일기(http://sjw.history.go.kr)

연세대학교 학술정보원(https://library.yonsei.ac.kr)

조선왕조실록(http://sillok.history.go.kr)

한국고전종합DB(http://db.itkc.or.kr)

한국학중앙연구원 한국학도서관(https://lib.aks.ac.kr)

旅 菴

여암 신경준의 과학사상

박권수 | 충북대학교 창의융합교육본부 교수

1. 머리말

> (선생은) 마침내 스스로 성현들의 글들을 마음으로 침잠하고 탐색하여 성명(性命)의 근원을 깊이 탐구하였으니, 구류(九流)와 백가(百家)의 학설을 넘나들면서 옳고 그름을 변증하지 않은 바가 없었다. 천문(天文)과 지리(地理), 성률(聲律)과 의복(醫卜)의 학문에 이르러서는 역대의 헌장(憲章)과 해외의 기벽(奇僻)한 서적에까지 그 심오한 바를 잡아내고 그 요지를 헤아리지 않은 바가 없었다.[1]

1910년에 간행된 『여암유고(旅菴遺稿)』의 행장(行狀)에서 후손 신헌구(申獻求, 1823~?)는 신경준(申景濬, 1712~1781)의 학문이 "구류(九流)와 백가(百家)의 설에까지 넘나들면서 옳고 그름을 증명하고 확인하지 않음이 없었"으며 천문과 지리, 성음(聲音)과 율려(律呂), 의학(醫學)과 복서(卜筮)에 이르기까지 광범위한 범위를 아우르고 있었다고 평가하였다. 신헌구의 이러한 평가는 1976년에 경인문화사에서 『여암유고』에서 빠진 저술들을 포함하여 영인, 간행한 『여암전서(旅菴全書)』를 통해서 구체적으로 확인할 수가 있는데, 특히 천문(天文)과 지리(地理), 성률(聲律)과 의복(醫卜)으로 대표되는 전통시대의 과학기술과 관련된 저술들도 상당한 분량으로 수록되어 있기 때문이다.

신경준의 저술들에서 다루어지고 있는 과학기술의 분야들은 아주 다양한데, 이는 신경준 이 남긴 저술들의 제목들을 한 번 열거해보면 알 수 있는 바이다.[2] 우선, 「행장」을 통해 그 제목만 알려져 있는 『의

1 신헌구(申獻求), 『여암유고(旅菴遺稿)』 권13, 「행장(行狀)」, 156쪽, "遂自聖賢之書, 潛心探賾, 深究乎性命之原, 汎濫乎九流百家, 莫不證印其是非. 以至天文地理聲律醫卜之學, 歷代憲章海外奇僻之書, 靡不鉤其奧而絜其要."

표도(儀表圖)』와 『부앙도(頫仰圖)』은 천문관측 기구와 관련된 저술이며, 『강계지(疆界志)』와 『산수경(山水經)』, 『도로고(道路考)』, 『사연고(四沿考)』와 같은 저술들은 익히 알고 있는 바와 같이 지리학 저술들이다. 지리학과 관련된 저술로는 정상기(鄭尙驥, 1678~1752)의 「동국여지도(東國輿地圖)」에 붙인 발문인 「동국여지도발(東國輿地圖跋)」과 같은 글도 있다. 한편, 신경준이 영조(英祖)의 명을 받아 편찬한 『동국문헌비고(東國文獻備考)』의 「여지고(輿地考)」에는 「조신(潮汛)」이라는 글이 부록으로 수록되어 있는데, 이는 조석(潮汐)의 문제를 다룬 글이다. 조석에 대한 글은 『여암전서』의 『사연고』에도 일부 포함되어 있다.

『여암전서』에는 기술 지식과 군사 분야에 관한 글들도 여러 편 수록되어 있는데, 「차제책(車制策)」, 「수차도설(水車圖說)」, 「논병선화차제비어지구(論兵船火車諸備禦之具)」 등이 그것이다. 또한, 『일본증운(日本證韻)』, 『언서음해(諺書音解)』, 『오성운해(五聲韻解)』, 『훈민정음운해』 등은 언어학과 관련된 저술들인데, 이들 중에서 특히 『훈민정음운해』는 상수학적(象數學的)인 음운학, 혹은 역학적(易學的) 자연철학의 관점을 드러내는 저술이라고 할 수 있다. 이 외에도 『소사문답(素沙問答)』은 성리학적 자연철학 일반에 관한 논의를 담고 있는 글이

2 본 논문에서는 1976년에 경인문화사에서 『여암유고(旅菴遺稿)』를 포함한 신경준의 여러 저술들을 영인, 간행한 『여암전서(旅菴全書)』를 원전으로 사용하였다. 이하 각주에서 『여암유고(旅菴遺稿)』 등의 원전을 인용할 때에 권수(卷數)와 작품 제목 다음에 적힌 페이지 숫자는 대부분 이 경인문화사본 『여암전서(旅菴全書)』 제1책의 페이지 숫자를 의미한다. 다만, 6절 이하에서 『훈민정음운해(訓民正音韻解)』를 인용한 각주들에 적힌 페이지 수는 『여암전서(旅菴全書)』 제2책의 페이지 숫자를 의미한다.

라고 할 수 있다. 이처럼 『여암전서』에는 천문학과 지리학, 조석설, 수리기술(水利技術)과 조선기술, 군사기술에서부터 음운학과 상수학적 자연철학 일반에 이르기까지 과학기술과 관련된 다양한 분야의 저술들이 수록되어 있는 것이다.

그런데 이와 같이 여러 분야를 포괄하면서 상당한 분량으로 남아 있는 신경준의 과학기술 관련 저술들에 대해서는 아직까지 전체적이고 통합적인 논의가 이루어지지 않았으며, 나아가 각각의 저술들에서 드러나는 다양한 성격과 요소들이 균형감 있게 다뤄지고 평가되지 않았다고 할 수 있다. 이는 신경준의 과학기술 관련 저술들이 하나의 일관된 체계를 갖고서 저술된 것이 아니라는 점과도 관련이 있을 듯하다. 이런 상황에서 그동안 신경준의 과학기술 관련 저술들 중에서 많은 주목을 받고서 연구가 이루어진 것은 주로 지리학과 기술 분야의 저술들이다.[3] 이에 반해 천문학 관련 내용들이나 성리학적 자연철학과 관련된 저술 등은 상대적으로 연구자들의 주목을 받지는 못하였다.[4] 또한 신경준의 상수학적 음운학 저술인 『훈민정음운해』에 대한 연구가 국어학 분야에서 이미 이루어졌지만,[5] 그와 같은 연구의 결과들이

---

3 신경준이 남긴 지리학 문헌들과 해로(海路)와 선박(船舶) 등에 관한 기술적 저술들에 대한 연구로는 대표적으로 양보경과 류명환, 신익철, 김재근 등의 논문과 연구서를 들 수 있을 것이다.(양보경(1995; 1996); 신익철(2009); 류명환(2014), 김재근(1984))

4 신경준의 천문학 관련 지식활동에 대해서는 아직 제대로 된 연구가 이루어지지 않았다. 성리학적 자연철학 저술에 해당하는 『소사문답(素沙問答)』에 대해서는 오병무가 철학적으로 분석하여 소개한 바가 있다.(오병무, 1996)

5 신경준의 상수학적 성운론에 대해서는 일찍부터 여러 국어학자들에 의해 주목되고 연구가 이루어졌다.(강신항(1959); 김석득(1975); 김일(2001) 참조할 것.) 한편, 이영준은 신경준의 시문학 저술들을 분석하여 보여주면서, 그의 학문경향을 실증적 성격과 현실주의적 성격을 갖는 것으로 규정하였다.(이영준(2011). 참조.)

신경준의 학문경향 전반을 논의할 때에 충분히 반영되지가 않았다.

뿐만 아니라, 기존의 연구들은 신경준의 과학기술 저술들 중에서 주로 지리학과 기술 관련 저술들에 주목을 하면서 그 속에 나타나는 실증적인 측면과 실용성에 대한 추구의 모습, 명물도수(名物度數)에 대한 관심과 서양과학기술에 대한 적극적인 수용의 모습을 주로 강조하였다. 그러면서 신경준을 전통적인 '성리학(性理學)의 학문적 굴레'로부터 탈피한 학자로까지 평가를 내리기도 하였다.[6] 그동안 제출된 신경준에 관한 연구는 그의 실용주의적 면모와 전통 주자학(朱子學)에서 탈피한 학자라는 점을 주로 강조한 것이다.

그런데 신경준의 과학기술 저술들에는 기존의 연구들이 보여준 바와 같은 실증적이고 실용주의적인 측면들도 존재하지만, 다른 한편으로는 전통적인 성리학적 자연철학의 내용들도 분명하게 확인된다.[7]

---

6 일례로 고동환의 연구가 그러하다. 고동환의 연구는 신경준의 학문과 생애, 저술과 사상에 대해서 전체적으로 검토하고 평가하고 있어 많은 참고가 된다.(고동환(2000). 참조.) 하지만, 그는 신경준의 학문적 경향이 주로 '실용적인 학문추구', '명물도수(名物度數)에 대한 관심', '서양 과학기술 지식의 적극적 수용', '성리학적 굴레로부터의 탈피'에 있는 것으로만 평가하고 있다.

7 본 논문에서 사용된 '성리학적 자연철학'이란 용어는 송대 신유학의 성립 이후 확립된 성리학의 자연철학 이론을 통칭하는 말이다. 송대 신유학, 혹은 성리학의 자연철학은 성리학 일반과 마찬가지로 주희(朱熹, 1130~1200)에 의해 정리되고 종합화되었다고 말할 수가 있다.(주희의 자연철학 전반에 대해서는 김영식(2005)을 참고할 것.) 성리학적 자연철학에서는 전통적인 음양(陰陽), 오행(五行), 기(氣), 수(數)에 대한 관념들과 더불어 태극(太極), 도서(圖書), 상수(象數), 역(易) 등과 관련된 용어와 이론들이 새롭게 추가되면서 포괄적으로 논의되었다. 조선 후기에 이르러서는 이와 같은 성리학적인 자연철학이 조선의 유학자들 사이에서 자연철학적 논의의 주된 전통으로서 확립되었기에 본 논문에서는 '전통적 자연철학'이란 용어를 이용하여 성리학적 자연철학을 함께 지칭할 것이다. 조선 후기 유학자들의 상수학적 자연철학 논의 전반에 대해서는 박권수(2006a)를 참고할 것.

하지만 이러한 점들은 기존의 연구에서 충분히 고려되거나 반영되지 못하였다. 특히 신경준의 음운학 저술뿐만 아니라 기술 분야의 저술들에서 나타나는 상수학적인 지식의 내용들은 제대로 주목받지 않고서 오히려 논의에서 배제되었던 것이다. 하지만 신경준의 학문, 특히 자연과학과 기술 관련은 기존의 성리학 체계를 바탕으로 실용적 · 실증적 연구를 병행한 것으로 이해되고 파악되어야 한다.

이러한 문제의식에서 필자는 본 논문에서 '신경준의 과학사상'에 대해 통합적이고 균형감 있는 분석과 평가를 시도해보고자 한다. 이를 위해 필자는 신경준의 과학기술 관련 저술들에 포함되어 있었지만 기존의 연구자들이 그다지 주목받지 못했던 천문학 활동과 관련된 내용들을 소개할 것이다. 또한, 기존의 연구들이 주목했던 신경준의 기술관련 저술들에 포함되어 있는 전통적 자연철학의 지식의 내용들을 드러내주고자 한다. 그러면서 신경준의 과학기술 저술에서 실용적이고 실제적인 지식들이 전통적 자연철학적 지식들과 어떤 식으로 결합되어 있었는지, 그리고 이 두 가지 성격의 지식들은 어떠한 지적인 맥락 속에서 통합되어 있었는지를 보여주고자 한다. 이를 통해 필자는 '신경준 과학사상'의 전반적 특징을 한번 규명해보고자 하는 것이다.

이를 위해 본문에서는 우선 그동안 주목받지 않았던 신경준의 천문학 지식활동을 정리하여 그가 천문학 지식을 활용하여 지도 제작의 정확성을 제고하고자 하였음을 보여줄 것이다. 또한 그가 천문학 지식을 지도 제작에 활용하는 논리와 한반도의 지리적 체계를 파악하는 기본적 논리가 전통적이고 성리학적인 자연철학의 맥락에 기대고 있음을 드러내줄 것이다. 3절에서는 조석에 관한 신경준의 저술들을 살펴보고 조석의 원인에 대해 그가 제시하고 있는 자연철학적 논리들을 설명할 것이다. 4절에서는 기술적 지식에 관한 저술들의 내용을 간략히 정리하고 그 속에서 나타나는 전통적 자연철학, 혹은 상수학적 논의들을 함께 보여줄 것이다. 5절과 6절에서는 신경준의 여러 저술들 중에서 순전히 성리학적 자연철학적 논의를 담고 있는 저술과 상수학적 자연철학의 이론으로 논의를 전개하고 있는 음운학 관련 저술을 소개한다. 마지막으로 결론에서는 신경준의 과학기술 지식에 대한 실용주의적인 측면과 상수학(象數學)과 같은 전통적 자연철학의 측면들이 어떤 맥락에서 함께 존재하고 통합될 수 있었는지를 한번 논해보고자 한다.

2. 천문학 관련 저술

1) 천문학 지식과 지도 제작

『여암유고』에 수록되어 있는 「행장」에 따르면, 신경준은 『의표도』와 『부앙도』라는 책을 지었는데, 이들 저술들은 『한서(漢書)』「천문지(天文志)」와 같은 종류의 천문학 서적이었다고 한다.[8] 『한서』「천문지」는 중국 고대 한(漢)나라에서 발전한 천문학 지식들을 정리한 서적으로서 조선 후기의 지식인들도 상당수 참고를 하였던 서적이다. 그런데 안타깝게도 『의표도』, 『부앙도』와 같은 신경준의 천문학 관

8 신경준(申景濬), 『여암유고(旅菴遺稿)』 권13, 「행장(行狀)」, 156쪽, "若儀表圖, 頫仰圖, 如漢書天文志也."

련 저술들은 현재 일실되어서 전해지지가 않는다.

다만 『의표도』, 『부앙도』의 제목을 통해 보건대 이들 저술들은 천문관측 기구와 기법 등에 관한 내용을 담은 저술일 것으로 짐작할 수 있다. 이 중에서 특히 『의표도』는 아마도 간평의(簡平儀)와 같은 천체관측 기구의 제작과 관련된 저술일 가능성이 있다. 이렇게 짐작하는 이유는 뒤에서 서술하겠지만, 신경준이 간평의를 사용하여 지도제작의 정확성을 높이려고 한 기록이 있기 때문이다. 간평의는 일종의 아스트롤라베(astrolabe), 즉 평면 천체 관측 기구로서 명(明)나라 말기에 예수회 선교사인 웅삼발(熊三拔, P.S. de Ursis, 1575~1620)이 편찬한 『간평의설(簡平儀說)』에 그 제작방법과 사용법이 서술되어 전해지기 시작한 서양식 천문관측 기구이다.[9] 18세기 초인 숙종대에는 관상감(觀象監)에서 간평의의 제작할 것을 건의하기도 하였다.[10]

이에 비해 『부앙도』는 그 이름을 통해서 살펴보건대 아마도 천문도(天文圖)의 일종이거나 천문도에 수록된 여러 별자리의 그림과 위치를 정리한 서적일 가능성이 높다. 물론 『부앙도』라는 명칭만으로는 이 책이 어떠한 천문도, 혹은 성도(星圖)를 담고 있는 것인지는 알 수가 없지만 당시 중국을 통해 전해진 서양식의 천문도일 가능성도

9 간평의는 천구의 구면을 평면에다 투여하면서 천체들의 위치를 측정할 수 있도록 하는 기구로서, 천반(天盤)과 지반(地盤)의 상하 양반으로 이루어져 있으며 절기선(節氣線)과 시각선(時刻線) 등이 그어져 있다. 간평의를 이용하면 지평좌표계 상의 천체의 경위도와 적도좌표계 상의 천체의 경위도를 구할 수 있는데. 이를 통해서 태양의 위치값, 북극고도의 크기, 각 절기의 밤낮의 길이 등 13가지의 값들을 측정할 수가 있다. 간평의 관련 지식의 수용과 조선에서의 제작 등에 대해서는 구만옥(2008), 273~275쪽을 참고할 것.

10 『숙종실록(肅宗實錄)』 권61, 숙종 44년 6월 13일 庚寅. "其器械中所謂中星儀, 簡平儀. 亦令造給. 世子許之."

있는 것이다. 이러한 추정들을 통해서, 비록 『의표도』와 『부앙도』의 내용에 대해서 정확히는 알 수는 없지만, 신경준이 당시 서양으로부터 전해진 천문학 서적들과 지식들에 대해서 충분히 파악하고 있었으며 나아가 천문도와 천문관측 기구의 제작과 관련된 저술을 남길 정도로 수준 높은 이해를 지니고 있었을 것으로 판단할 수 있다.

신경준이 천문학 지식을 연구하고 천문관측 기구의 제작하고자 한 것은 기본적으로 지도 제작에 도움을 얻기 위해서였다. 실제로 그는 지도의 제작을 천문학의 지식, 구체적으로는 천문도를 만드는 방식을 이용한다면, 정밀한 지도의 제작이 가능해질 것이라고 생각하였다. 그는 이러한 지도 제작의 방식이 이미 정항령(鄭恒齡, 1700~?)에 의해 이용되고 있음을 확인하였다. 신경준은 이런 사실을 "나의 친구 정항령이 조선의 지도를 제작할 때에 여러 읍들을 나누어 늘어놓고서 합하여 전국 지도를 척촌(尺寸)을 헤아리며 정밀하게 만드는 것이 마치 방성도(方星圖)와 탁성도(坼星圖), 혼개통헌도(渾蓋通憲圖)를 늘어놓고서 이용하는 것과 같다"고 기록하고 있다.[11] 여기서 말하는 방성도와 탁성도, 혼개통헌도 등은 천구 전체의 별자리를 적도 부근과 북극 부근 등을 중심으로 그린 서양식 천문도를 의미한다.[12] 이와 같은 서양식의 천문도는 조선 태조 시대에 만들어진 「천상열차분야지도(天象列次分野之圖)」와 같은 동아시아의 전통적 천문도와 다른 새로운 양식의 천문도였다. 신경준은 이들 천문도들을 이용하여 그 속에 그려진

---

11 신경준(申景濬), 『여암유고(旅菴遺稿)』 권5, 「동국여지도발(東國輿地圖跋)」, 57쪽, "吾友鄭恒齡玄老, 於其難者用心苦, 嘗圖東國, 分而爲列邑, 合而爲全國, 尺量寸度, 至爲精密. 與方星, 坼星, 渾盖通圖, 同其例也."

12 탁성도(坼星圖)는 『성호사설(星湖僿說)』에서는 '성토탁성도(星土坼星圖)'로 적고 있다.

하늘 각 부분의 별자리들을 경위도를 기준으로 비교하면서 합하면 전천성도(全天星圖)를 그릴 수 있듯이 지도의 경우에도 방안도를 기준으로 각 지방의 지도를 모으고 비교함으로써 전국지도(全國地圖)를 그릴 수가 있다고 생각한 것이다.

신경준이 말하는 '천문도를 그리는 것과 같이 지도를 그리는 방식'은 구체적으로는 백리척(百里尺)의 방안도를 도입하여 전국 지도를 완성하는 방식을 의미한다. 이러한 방안도를 이용하는 지도제작의 방식은 정항령의 아버지인 정상기에 의해서 시작되었는데, 이러한 방식은 당시 조선의 지도제작 수준을 한 단계 끌어올린 것으로 평가된다.[13]

당시 정항령은 자신의 부친이 만든 『동국지도(東國地圖)』를 수정하는 과정에서 신경준과 더불어 간평의라는 천문관측 기구를 활용하여 천체들을 관측하고 이를 이용하여 보다 정확한 지도를 제작하고자 하였는데, 이러한 작업에 신경준 자신이 참여하여 함께 계획하였다는 것이다.

> 玄老(정항령, 필자)의 집안에는 간평의를 제작하여 두고 있었는데, 나와 더불어 나라의 네 귀퉁이에 이르러 별들의 도수와 해 그림자의 길이를 측정하고 온다면, 지도를 만드는 일을 끝마칠 수 있을 것이라고 하였다. 하지만 현로가 이미 죽었고 나도 또한 늙었으니, 그 누가 이를 행하겠는가![14]

---

13 조선 후기에 이루어진 대축적지도의 발달에 결정적인 공헌을 한 정상기와 정항령에 대해서는 전상운(1998), 194~197쪽과 양보경(1995), 89쪽, 배우성(1996) 등을 참고할 수 있다.

14 신경준(申景濬), 『여암유고(旅菴遺稿)』 권5, 「동국여지도발(東國輿地圖跋)」, 57쪽, "玄老家製置簡平儀, 與余約苟到於國之四隅, 測星度晷景而來, 以卒地圖之業. 玄老已沒矣, 余且老, 其誰爲之噫."

간평의는 앞서 설명한 바와 같이 일종의 아스트롤라베(astrolabe)로서 태양을 비롯한 천체들의 지평고도와 적도위도, 관측지의 북극고도(北極高度) 등을 측정할 수 있는 도구였다. 황윤석(黃胤錫, 1729~1791)에 따르면, 정항령의 집에 있었던 간평의는 관상감 관원인 조홍규(趙鴻逵)가 함께 참여하여 제작한 것이라고 한다. 조홍규는 일찍이 정철조(鄭喆祚, 1730~1781)와 함께 지평경위도의(地平經緯儀)와 상한의(象限儀), 관성반(觀星盤) 등을 만들기도 하였던 관원이었다.[15]

그런데 정항령과 신경준이 간평의를 사용하여 주로 측정하고자 하였던 것은 바로 조선 팔도(八道)의 북극고도 값이었다.[16] 흔히 '북극출지도(北極出地度)'라고도 일컬어지는 이 값은 밤하늘의 북쪽을 바라봤을 때 별들의 일주운동의 중심이 되면서 고정되어 있는 북극점이 지평으로부터 떠올라있는 각도를 의미한다. 북극고도는 사실 특정 관측지의 위도값과 일치하므로, 북극고도를 관측하면, 지구 표면 위에서 해당 관측지의 경위도 중에서 위도값을 알 수가 있는 것이다.[17] 이러한 이론을 바탕으로 신경준은 정항령과 더불어 조선의 몇몇 지점에서 북극고도를 측정하여 이를 통해서 지도제작의 정확성을 재고하고자 하였던 것이다.

---

15 황윤석(黃胤錫), 『이재난고(頤齋亂稿)』 권11, 戊子(1768) 8월 23일, "方與觀象官趙鴻逵, 並力新製地平經緯象限儀, 周天四之一也. 又製觀星盤. 亦周天四之一也, 幷用木爲之. …… 鄭君又爲余, 送人鄭司諫恒齡家, 借示簡平儀, 亦趙鴻逵所共製者."

16 앞서 말한 대로 간평의에는 지평좌표계의 경위도를 측정할 수 있는 원반들이 있으므로 이를 가지고서 관측지의 북극고도를 측정할 수가 있다.

17 둥근 지구표면 위에서 특정 지점의 경도와 위도를 얻으면, 해당 지점의 위치를 정확하게 파악할 수가 있고, 이를 이용해서 지표면의 형상을 그대로 반영하는 지도가 만들어질 수 있다. 그런데 특정 지점의 위도는 북극고도를 측정함으로써 쉽게 얻어질 수 있지만, 경도의 측정은 상당히 어려운 기술을 요구한다.

이런 생각은 1770년(영조46)에 신경준이 『동문문헌비고』 「여지고」의 편찬을 주관할 때에 국왕 영조와의 대화 속에서 이미 거론한 바였다. 그는 북극고도의 측정이 지도의 정확성을 높일 수 있는 중요한 계기가 될 것이라는 점을 인식하고 있었고, 이를 영조에게 설명하였던 것이다.

> 신경준이 말하기를, "중국인들은 땅을 측량하고자 할 때에는 먼저 하늘을 측정합니다. 북극이 땅 위로 올라오고 땅 아래로 내려가는 것에 대해서는 모두 살펴 알고 있으므로 조금의 차이도 있을 수 없습니다." 하였다. 임금께서 말하기를, "내가 비록 이 이치를 잘 이해하기는 어렵지만 그대의 말을 들어보니 공부한 것이 극히 정밀함을 알겠다." 하였다. 신경준이 말하기를, "서양의 역법(曆法)이 나온 이후에 동방의 역서가 정밀해졌습니다. 지리(地理)에 관해 말씀드리자면, (평안도의) 강계(江界)와 같이 큰 지역과 (경기도의) 양천(陽川)과 같이 작은 지역이라도 모두 (거기에) 따라서 땅의 모양을 그린다면 이로써 그 지도를 완성할 수 있습니다. 단지 높낮이와 곧고 굽음이 같지 않을 뿐입니다." 하였다.[18]

하지만, 앞의 인용문에서 알 수 있는 바와 같이, 천문의기를 이용하여 팔도의 각 지역에서 북극고도를 측정하고 이를 지도제작에 활용하고자 하였던 시도는 정항령이 일찍 죽음으로써 무산되었다. 그 결과 신경준 역시 북극고도의 측정이 실제로 이루어지지 않은 상황에서 「여

18 『승정원일기(承政院日記)』 권1300, 英祖 46년 1월 5일 癸未, "景濬曰, 中原人, 欲量地則先尺天, 北極出地上入地下, 皆按而知之, 不差毫末矣. 上曰, 予雖不解此理, 聞其言, 工夫極精矣. 景濬曰, 西洋曆法出後, 東方曆書精矣, 以地理言之, 則如江界之大, 陽川之小, 皆隨形地, 以成其圖. 但高低橫直不同."

지고」를 만들 수밖에 없었다. 이런 사실들은 당시 백리척을 이용하여 나름대로 정확히 제작된 지도도 북극고도를 활용하여 수정하지 않고서는 더 이상 정확해질 수가 없다는 인식이 생겨났음을 의미한다.

사실 조선 팔도의 북극고도, 구체적으로는 팔도 감영(監營)이 자리 잡고 있는 지역의 북극고도를 측정하여 지도를 제작하는 데 활용하자는 주장은 서명응(徐命膺, 1716~1787)이 1760년에 처음으로 제기하였다. 서명응은 팔도 감영의 북극고도 수치를 활용하여 팔도의 지방시(地方時), 즉 팔도의 일출입시각(日出入時刻)과 절기시각(節氣時刻)을 계산하고 그 결과를 역서(曆書)에다 수록하여 간행하자고 주장하였다.[19]

서명응의 이러한 주장은 전통적인 '왕도정치(王道政治)'의 이념과 관상수시(觀象授時)의 이상을 확장한 데에서 나왔다. 즉, 그는 하늘의 명(命)을 받는 제왕이 왕천하자(王天下者)로서의 자격을 갖추기 위해서는 백성들에게 제대로 된 시각을 파악하고 이를 알려줘야 한다고 생각하였다. 이런 생각들에서 그는 한양 도성(都城) 이외의 지역에서도 역서에 기재된 시각이 그 지역의 천상(天象)의 변화와 일치하도록 만들어야 한다고 주장하였다. 이는 결국 도성 이외의 몇몇 지역의 시각, 즉 지방시들을 구하여 역서에 기재하자는 주장으로 이어진다.

> 임금이 말하기를, 이른바 주야절기지차(晝夜節氣之差)에 대해 한번 상세히 말해보라. 서명응이 말하기를, …… 북극출지(北極出地)는 매 250리(里)마다 1도(度)씩 차이가 나는 것이니, 주야의 차는 이로부터 말미암아 생기는 것입니다. 만약 우리 나라 서울의 북극출지를 38도라고 한다면 매 250리마다 1도씩 더해서 삼수(三水)와 갑산(甲山)의 땅에 이

19 이 점에 대해서는 배우성(1996), 102~111쪽을 참고할 것.

르러서는 꼭 40도가 됩니다. 여기서는 하지(夏至)의 낮길이가 가장 길어 60각에 이릅니다. 서울에서 남쪽으로 매 250리마다 1도씩 감해서 강진(康津)과 해남(海南)의 땅에 이르게 되면 북극출지가 30도에 이릅니다. 이 지방에서는 하지의 낮길이가 가장 짧아 40각 이상에 이릅니다.[20] 신이 일찌기 어사(御使)의 직책으로서 삼수와 갑산에 이르러 그 동짓날의 낮길이를 보니 아주 짧았습니다. 동서 절기(節氣)의 빠르고 느림 역시 4분으로서 번갈아 서로 더하고 감해집니다. 따라서 우리나라의 역서는 도성으로부터 3백리 내에서만 사용할 수 있을 뿐 그 바깥의 지방에서는 사용할 수 없습니다.[21]

게다가 서명응은 자신이 갑산부에 유배되었던 있던 영조 42년에 갑산부사와 삼수부사와 함께 백두산 유람을 하게 되는데, 등산 도중에 목수로 하여금 상한의[22]라는 관측기구를 제작하도록 하였다. 서명

---

20 일반적으로 동일 절기에서 관측지의 위도가 높아질수록 낮길이는 길어지고, 위도가 낮아질수록 낮길이는 짧아진다. 그런데 위도가 낮아질수록 낮길이가 짧아진다고 하더라도, 위도 30도 지역에서 하지의 낮길이가 40각까지 짧아질 수는 없다.(당시에는 하루를 96각으로 나누고 있었다.) 따라서 강진과 해남의 낮길이를 40각이라고 언급한 것은 잘못된 것이다. 그러므로 이 수치는 관측에 의해 얻어진 수치가 아니라 잘못된 계산에 의해 얻어진 수치임이 분명하다. 따라서 이 부분은 서명응이 아직 일출입시각의 차이와 주야장단의 차이에 대해 정확히 파악하지 못하고 있었음을 보여준다. 일출입시각과 주야시각의 차이에 대해서는 이은성(1985)를 참고할 것.

21 『승정원일기(承政院日記)』 권 1188, 英祖 36년 12월 7~8일(66책, 440쪽), "上曰 所謂晝夜節氣之差 試詳陳之. [徐]命膺曰, …… 北極出地 每二百五十里差一度 而晝夜之差 由是而生焉. 且如我國京城北極出地三十八度 則自京城以北 每二百五十里加一度 以至於三甲之地 則北極出地恰爲四十度. 此地夏至之晝極長而六十刻. 則自京城以南 每二百五十里減一度 以至於康津海南之地 則北極出地爲三十度 此地夏至之晝極短而四十刻强弱. 臣嘗以御使 至于三甲 見其冬日之晝甚短. 東西節氣之早晚 亦以四分 遞相加減. 故我國曆書 可用於京城三百里內 而其外則不可用矣."

22 상한(象限)이란 전체 하늘의 도수, 즉 주천도(周天度)인 360도의 1/4인 90도를 지칭하는 용어다. 따라서 상한의(象限儀)는 90도의 눈금이 새겨져 있는 부채꼴 모양의 천체 고도(지평 고도)를 측정하는 기구를 말한다.

응은 이렇게 만든 상한의를 이용하여 백두산의 등반과정에서 임어수(林魚水)와 연지봉(臙脂峯) 아래, 그리고 천수(泉水)라는 지역의 북극고도를 직접 측정하였는데, 각 지역의 북극고도를 42도 소약(小弱), 42도 3분, 42도 소강(小强)으로 적고 있다.[23] 서명응의 이러한 주장은 그의 아들이자 서유구(徐有榘, 1764~1845)의 생부(生父)인 서호수(徐浩修, 1736~1799)에 의해서도 비슷한 방식으로 반복되었다.

그러나 이와 같은 서명응과 서호수, 신경준에 의해 주장된 북극고도 측정과 지방시의 수록, 지도제작에의 활용에 대한 주장에도 불구하고, 영조를 걸쳐 정조대에 이르기까지 국가에 의해 정식으로 팔도의 북극고도를 실측하는 사업은 결국 진행되지 않았다. 그 대신 당시에는 팔도의 북극고도를 실측이 아닌 정확한 지도를 이용한 계산을 통해 얻으려는 시도가 이루어졌다.

이는 당시로서는 나름대로 정확하다고 여겨지는 지도를 가지고 '북극고도 1도당 지면에서 남북의 거리차가 몇 리'라는 정확하지 않은 원칙과 지도상에서 나타나는 두 지점 사이의 거리차이를 이용하여 팔도감영의 북극고도를 계산하려는 시도이다. 그런데, 원칙대로라면 동일 자오선(子午線) 상의 두 지점의 북극고도를 측정하여 북극고도 1도의 차이가 지면에서 얼마의 거리차이로 나타나는지를 확정하고 이후 정밀한 지도를 제작하는 것이 올바른 순서라고 할 때, 이런 시도는 이를 역으로 이용한 것이라고 할 수 있다.

하지만 이런 방식은 기본적으로 정확하지 않은 방식이다. 왜냐하면 이와 같이 지도를 이용하여 북극고도를 추산하기 위해서는 '북극고도

23 서명응(徐命膺), 『보만재집(保晩齋集)』 권8, 「유백두산기(遊白頭山記)」.

1도의 차이를 가져오는 지면에서의 거리차이'를 우선 결정해야 하는데, 이 또한 쉽게 얻어질 수 있는 일이 아니었기 때문이다. 게다가 '북극고도 1도의 차이를 가져오는 지면에서의 거리차이'를 결정하는 것은 거꾸로 북극고도를 지도의 제작에 실제로 활용하기 위해서도 확정되어 할 문제였다.

결국 조선에서는 팔도의 북극고도에 대한 실측이 이루어지지 않은 상태에서 '팔도여도(八道輿圖)'를 이용한 계산을 통해서 팔도 감영의 북극고도와 동서편도(東西偏度)를 얻는 작업이 이루어졌고, 이들 수치들은 1770년에 서호수가 편집한 『동국문헌비고』 「상위고(象緯考)」에 실리게 되었다. 서호수는 이러한 내용과 더불어 팔도의 북극고도에 대한 실측이 필요하다는 주장과 지도를 이용하여 팔도 감영의 북극고도와 동서편도를 정하는 것은 단지 임시적인 방편일 뿐이라는 지적을 『동국문헌비고』 「상위고」에 남겨놓고 있다.

서명응의 주장은 이후 아들인 서호수와 손자인 서유구에게도 그대로 반복되고 있다. 또한 서명응 당대에 이미 정항령과 신경준 등에게 알려져 함께 공감되고 논의되었던 듯하다. 물론 서명응과 정항령, 신경준의 이러한 인식들은 서양의 천문학과 지리학 지식이 중국과 조선에 전해지면서 가능했던 것인데, 실제로 중국에서는 강희(康熙) 연간에 예수회선교사들을 동원하여 경위도를 측정하고 이를 이용하여 『황여전람도(皇輿全覽圖)』라는 지도를 제작하기도 하였다. 특히 이 팔도의 북극고도를 측정하고 이를 지도제작에 이용할 것을 주장한 데에는 강희 연간의 사업에 대해 전해들은 것이 바탕이 된 듯하다.[24]

---

24 신경준(申景濬), 『여암전서(旅菴全書)』, 권9, 「사연고(四沿考)」, 「북극출지상도수

1770년에 신경준이 『동국문헌비고』의 「여지고」의 편찬을 진행하고 있었을 때에 서명응은 『동국문헌비고』의 편집 당상(堂上)이었으며 그 아들인 서호수는 「상위고」의 편찬을 맡고 있었다. 게다가 신경준은 서명응과는 연배도 비슷한 학자였기에 서로 긴밀히 교류를 하면서 작업을 진행하였을 가능성이 높다. 이러한 학문적 교류를 통해서 신경준은 서명응과 더불어 천문학 지식을 활용한 지도 제작의 방법들을 공유하고 또한 실제로 적용하고자 노력하였던 것이다. 실제로 팔도 감영의 북극고도의 측정에 대한 신경준의 주장과 서명응, 서호수 부자의 주장은 그 논리와 논의의 방식에서 크게 다르지 않은 주장들이다. 다만, 서명응, 서호수 부자가 북극고도를 통해서 지방시의 측정과 역서에 수록하는 문제에 초점을 맞추었다면, 신경준의 경우에는 팔도 감영의 북극고도를 측정하고 이를 이용하여 지도 제작의 정밀성을 높이는 문제에 초점을 두고 논의를 전개하고 있는 것이다.

2) 천문학 지식과 자연철학적 논리

그렇다면 하늘을 관측하여(구체적으로는 북극고도를 측정하여) 땅을 정확히 측정하고 이를 통해 보다 정밀한 지도를 제작할 수 있다는 생각은 어떠한 논리를 바탕으로 하는 것일까? 『여암유고』에 실려 있는 「동국여지도발(東國輿地圖跋)」의 도입부를 읽어보면, 지도제작과 천문학의 관계에 대한 신경준의 생각을 어느 정도 짐작할 수 있다.

(北極出地上度數)」, 314쪽, "康熙年間西洋人, 測各省北極出地度數, 朝鮮三十八度, 與山西同, 北京四十度."

하늘은 멀리 있고 땅은 가까이 있지만, 하늘에 있는 태양과 달의 운행 도수와 별들의 고저(高低)와 전차(躔次, 궤도)는 분촌(分寸)을 따져 계산하면 털끝만큼의 차이도 없이 알 수 있는 데, 땅에 있는 산천의 맥락과 도로의 원근(遠近)은 끝내 상세히 파악하기가 어렵다. 대개 하늘은 높이 있어서 그 바라봄이 통하지만 땅은 낮아서 그 바라봄이 막히기 때문이다. 하늘의 형체는 평탄하고 곧지만 땅의 형태는 요철이 있고 굽어져있는데, 하늘은 양(陽)이기에 드러나고 땅은 음(陰)이기에 숨기 때문이다. 그러므로 땅을 그리는 것은 하늘을 그리는 것보다 어렵다.[25]

그에 따르면, 하늘은 근본적으로 양(陽)이기 때문에 밖으로 드러나 탁 트여 있어서 관측이 용이하고 천체들의 운동 또한 평이하고 곧바르기에 정확히 계산할 수가 있다. 하지만, 땅은 근본적으로 음(陰)이기 때문에 막혀 있어서 멀리 관찰하기 어려우며 요철이 있어서 정확히 가늠하기가 어렵다. 이러한 이유로 지도, 즉 땅을 그리는 것이 하늘 즉, 천문도를 그리는 것보다 훨씬 어렵다는 것이다. 여기서 주목할 점은, 탁 트여 있는 하늘과 막혀 있는 땅의 속성이 근본적으로 양으로서의 하늘과 음으로서의 땅의 본질에서 비롯하는 것으로 생각한다는 사실이다. 이는 신경준의 생각이 하늘과 땅을 음양(陰陽)의 관계로 파악하는 전통적 자연철학을 토대로 하고 있음을 의미한다.

한편, 탁 트인 하늘에서 운동하는 천체들을 관측함으로써 땅의 모양을 그리고자 할 때에는 기본적으로 '천구(天球) 상의 경위도(經緯度)'와 '지표면 위의 경위도' 사이에 존재하는 상호 대칭적 관계를 상정하

25 신경준(申景濬), 『여암유고(旅菴遺稿)』 권5, 「동국여지도발(東國輿地圖跋)」, 57쪽, "天遠地邇, 而天之日月運行度數, 星宿高低躔次, 可以分寸計而無毫髮差也. 地之山川脉絡, 道里遠近, 卒無以詳. 盖天高而其望通, 地低而其見窒. 天體平直, 地形凹凸紆曲, 天陽也顯, 地陰也隱. 故圖地難於圖天也."

고 있어야 한다. 앞서 말한 바와 같이, 천문도들에 그려진 하늘 각 부분의 별자리들을 천구의 경위도를 기준으로 합하여 전체 하늘의 천문도를 그리는 방식을 활용하여 지도의 경우에도 방안도를 기준으로 각 지방의 지도를 모으고 비교함으로써 전국지도를 그리는 방식이 그것이다. 이때 방안도가 바로 지구 위에서의 경위도에 해당하는 것이다. 신경준이 1770년에 『동문문헌비고』 「여지고」를 편찬하면서 영조와 나눈 대화에서 “중국인들은 땅을 측량하고자 할 때에는 먼저 하늘을 측정합니다. 북극이 땅 위로 올라오고 땅 아래로 내려가는 것에 대해서는 모두 살펴 알고 있으므로 조금의 차이도 있을 수 없습니다”라고 말한 언급도 이러한 ‘하늘과 땅의 대칭적 관계’에 대한 인식한 토대로 하는 발언이었다.[26]

흥미로운 점은, 천구의 경위도와 지표면의 경위도에 대한 대칭적 인식을 가장 먼저, 그리고 가장 전형적으로 표현한 사람은 바로 조선팔도의 북극고도 측정을 처음 주장하였던 서명응이라는 사실이다. 이런 인식은 서명응의 상수학적 지리학 저술인 『위사(緯史)』의 서문에서 다음과 같이 명시적으로 표현되어 있다.

> 땅에 대해서 말하면서 하늘에 근본하지 않고, 하늘에 대해서 말하면서 도(道)에 근본하지 않으면 마침내 그 요체를 얻을 수 없으니, 왜인가? 하늘에서 북극(北極)에서부터 적도(赤道)까지의 거리, 적도에서 남극(南極)까지의 거리는 모두 일월성신(日月星辰)의 경도(經度)로써 분절하니 면포(綿布)를 짤 때의 씨줄[緯]과 같다. 그러므로 위도(緯度)라고 한다. 위도는 일월성신에서 또한 벼리가 되는데, 하물며 (하늘에) 둘러

26 앞의 주18)을 참고할 것.

싸인 땅에 있어서 이겠는가? …… 이 북극이 곧 땅에서 장(丈), 척(尺), 촌(寸)을 이끄는 것이다. 그러므로 삼대(三代) 이전부터 모두 북극의 위도로써 천하의 거리를 정하였다.[27]

땅에서의 경위도는 하늘에서의 경위도에서 비롯하고, 심지어 땅에서의 거리의 단위인 장, 척, 촌이 모두 하늘의 경위도와 북극으로부터 유추된 것이라는 서명응의 생각은 기본적으로 하늘과 땅의 상호 대응과 대칭을 설정하는 사고방식을 토대로 하고 있다. 서명응은 『위사』에서 지표면 상의 각 위도에 대해 『주역(周易)』의 64괘(卦)를 배당함으로서 이와 같은 천지 사이의 우주적 대칭성을 보여주고자 하였다.[28] 그리고 이와 같은 하늘과 땅의 대칭성에 대한 서명응의 생각은 하늘과 땅의 관계를 음양의 관계로 설정하면서 천문도의 방식을 이용하여 땅에서의 지도를 정확히 그리고자 하는 신경준의 생각과 크게 다를 바가 없는 것이다.

지도의 제작을 위해 땅의 형태를 전통적인 자연관, 특히 우주적인 대칭성의 관념으로써 파악하고자 하는 모습은 신경준에게도 명시적으로 나타나는 바이다. 즉 그는 「산수고」의 서두에서 한반도의 지리적 체계를 아래와 같이 전통적인 음양의 이론과 12산(山)과 12수(水)에 대한 수리적(數理的)인 대칭성의 관념을 토대로 이해하고자 하였다.

---

27 서명응(徐命膺), 『위사(緯史)』「서(序)」, "言乎地而不本諸天, 言乎天而不本諸道, 終無以得其要矣, 何者. 天自北極距赤道, 自赤道距南極, 皆所以節日月星辰之經度, 如織布之緯, 故曰緯度. 緯度於日月星辰, 且爲之紀, 況所包之地乎. …… 則是北極乃引丈尺寸於地也, 故由三代以上, 皆以北極緯度, 定天下之道里."

28 이 점에 대해서는 김문식(2006)을 참고할 것.

> 하나의 근본에서 만 갈래로 나누어지는 것이 산(山)이요, 만 가지 다른 것이 하나로 합하는 것이 물[水]이다. (우리나라) 역내(域內)의 산수는 12로 드러낼 수 있으니, (산은) 백두산으로부터 12산으로 나누어지며, 12산은 다시 나뉘어서 팔로(八路)의 여러 산이 된다. 팔로의 여러 물은 합하여 12수가 되고, 12수는 합하여 바다가 된다. 흐르고 솟는 형세와 나누어지고 합하는 묘한 이치를 여기에서 볼 수가 있다.[29]

신경준은 한반도의 산과 강[水]의 흐름을 하나에서 나누어져 12가 되고 12에서 나누어져 만 가지의 것으로 분기되었다가 다시 12로 수렴하고 다시 하나로 합하는 형상으로 파악한다. 전통적인 지리의 관념에 따르면 산은 양이고 강은 음이다. 산은 양이기에 하나의 근본인 백두산에서 나누어져 12산이 되고, 이 12산이 다시 만 가지의 것으로 발산한다. 이에 비해 강[水]은 음이기에 만 가지로 나누어졌던 하천들이 합하여 12수가 되고, 12수는 다시 하나의 바다로 수렴하는 것이다. 이처럼 한반도의 산과 물을 12의 숫자를 중심으로 파악하는 것은 전통적인 음양관과 자연철학을 토대로 하는 것이다.[30] 이러한 신경준의 전통적 지리관은 서명응이 『위사』에서 64괘를 이용한 상수학적 표상을 토대로 지표를 구획하는 방식으로 세계 지리를 이해하고 있는 모습과도 그다지 멀지 않는 것이다.

---

29 신경준(申景濬), 『여암전서(旅菴全書)』 권10, 「산수고(山水考)」, 315쪽, "一本而分萬者山也, 萬殊而合一者水也. 域內之山水, 表以十二. 自白頭山, 分而爲十二, 由十二山分而爲八路諸山. 八路諸水合而爲十二水, 十二水合而爲海. 流峙之形, 分合之妙, 於玆可見."

30 「산수고(山水考)」에 표현된 신경준의 전통적인 자연관과 지리 관념에 대해서는 양보경(1996), 41~42쪽을 참고할 것.

3. 조석(潮汐)에 대한 논의

신경준은 조석에 대한 저술을 남긴 몇 안 되는 조선의 유학자들 중의 한 명이다. 1770년에 편찬된 『동국문헌비고』의 「여지고」에는 조석설(潮汐說)이 부록으로 수록되어 있는데, 이 글은 『여암전서』에 수록된 「여지고」와 마찬가지로 신경준이 지은 글이다. 그는 「사연고」에서도 중국과 조선의 조석에 대한 논의를 전개시켜 놓기도 하였다.

신경준은 조석의 발생 원인에 대해서 당시 조선의 유학자들이 받아들였던 여러 학설들 중에서 '응월설(應月說)', 즉 '조석은 달과 상응하여 발생한다'는 일반적인 생각을 받아들였다.[31] 전통적인 음양오행설(陰陽五行說)에 따르면, 기본적으로 달이 음의 정수인 태음(太陰)이고 물[水]은 오행(五行)의 하나이지만 음에 해당하므로 태음의 운동에 응한다. 이처럼 태음인 달에 물이 이끌려서 조석이 발생한다는 설이 응월설이다. 신경준에 따르면,

> 조석은 달과 더불어 상응하는 것이다. 그런데 달에는 대소(大小)가 있고 현망(弦望)에는 진퇴(進退)가 있기 때문에 조석의 성쇠(盛衰)는 반드시 역서를 기준으로 삼아야 한다. 이것이 한 달 내에 조석이 성쇠하는 징후이다.[32]

조석은 기본적으로 달의 운동에 영향을 받아서 발생하는 현상이라

---

31 조선 후기 유학자들의 조석에 대한 논의는 구만옥(2001)을 참고할 것.

32 신경준(申景濬), 『여암전서(旅菴全書)』 권9, 「사연고(四沿考)」 「조석(潮汐)」, 312쪽, "潮水與月相應, 而月有大小, 弦望進退, 潮汐之盛衰, 必以曆書爲准. 此一月之內, 潮汐盛衰之候也."

는 것이다. 여기서 달에 대소가 있다는 것은 큰 달[大月, 30일]과 작은 달[小月, 29일]의 차이가 있음을 말하는 것이고, 현망에는 진퇴가 있다는 것은 달의 위상(모양)이 한 달 동안 삭(朔, 초승달)-상현(上弦)-망(望, 보름달)-하현(下弦)-회(晦, 그믐달)의 순서로 변화가 있음을 의미한다. 그리고 조석은 그 크고 작음의 변화가 달의 운동과 위상변화에 맞추어서 일어난다고 파악하였던 것이다. 그런데, 조선시대의 역서는 기본적으로 태양태음력(太陽太陰曆)이지만 달의 위상변화를 기준으로 매일의 날짜를 진행하였고, 이런 점에서 태음력적(太陰曆的) 요소가 중요한 달력이었다.[33] 이런 이유로 신경준은 달의 위상변화를 반영하는 역서의 날짜를 토대로 실생활에서 조석의 성쇠를 미리 파악할 수 있다고 말한 것이다.

물론 조석은 달에 의해서만 영향을 받는 것이 아니라 태양에 의해서도 영향을 받는다. 보다 정확하게 말하자면, 조석은 태양과 달, 그리고 지구의 위치관계에 따라서 복잡하게 변화한다. 그 결과 조석은 일년 내에서도 크고 작은 차이가 생기기 마련이다. 신경준은 조석의 대소가 일어나는 원인으로 태양의 영향이 작용하고 있음을 알지는 못했지만, 조석 자체가 일년 동안에도 크고 작음의 차이가 있다는 사실은 알고 있었다.

한편, 조석은 지역에 따라서도 차이가 나타나기 마련인데, 특히 우리나라의 경우 서해와 남해, 그리고 동해에서의 조석의 차이가 뚜렷

33 조선의 역서는 정확히 말하면, 태양력의 요소와 태음력의 요소가 함께 결합된 태양태음력 형식의 역서이다. 조선의 역서 중에서 24절기는 태양력적 요소에 해당하며, 날짜의 진행을 달의 위상변화, 즉 삭망의 변화에 맞추어서 설정하는 점 등은 태음력적 요소에 해당한다.

하게 생겨난다. 신경준은 조석이 지역에 따라서도 차이가 나며, 심지어 같은 바다 안에서도 차이가 난다는 사실을 알고 있었다.

> 한 바다 안의 물에도 조석이 있는 곳이 있고 없는 곳이 있다. 그래서 조석이 있을 때에는 모든 물이 일제히 들어오고 일제히 물러나지 않는다. 진실로 한 가닥 조석의 통로가 있을 뿐이다.[34]

> 우리나라에는 오직 서해와 남해에 조석이 있는데, 영암의 갈두산 동쪽에 이르러 다름이 있고, 영남의 김해에 이르러서는 미약해지고, 울산 이북의 동해에는 전혀 없다.[35]

> 호서 지방이 경기도보다 빠르고, 호남 지역은 호서 지역보다 빠르다.[36]

그렇다면 이와 같이 조석이 지역적으로 차이가 나는 원인은 무엇인가? 신경준은 조석의 지역적인 차이의 원인을 오행 중에서 수토(水土)의 기운이 곳에 따라서 다르게 나타나기 때문이라고 생각하였다. 그에 따르면, 조석이라고 하는 것은 수기(水氣)의 승강(升降)에 따라 발생한다. 그런데, 물이라고 하는 것은 대지 위에 실려 있기 때문에 토기(土氣)와도 서로 감응하게 된다는 것이다. 물론 토기는 지역에 따

---

34 신경준(申景濬), 『여암전서(旅菴全書)』 권9, 「사연고(四沿考)」 「조석(潮汐)」, 312쪽, "一海之中水, 有潮汐者, 有不潮汐者. 故潮汐之時, 諸水未嘗齊進齊退, 而固有一條潮汐之路耳."

35 신경준(申景濬), 『여암전서(旅菴全書)』 권9, 「사연고(四沿考)」 「조석(潮汐)」, 312쪽, "我國惟西南海有潮汐, 而至靈岩之葛頭山東有異, 至嶺南之金海遂微, 蔚山以後東海全無焉."

36 신경준(申景濬), 『여암전서(旅菴全書)』 권9, 「사연고(四沿考)」 「조석(潮汐)」, 311쪽, "湖西差早於京畿, 湖南差早於湖西."

라서 그리고 땅의 형세에 의해 차이가 나는 것이다. 그러므로 수기가 토기와 감응하여 생기는 조석현상은 지역에 따라서 차이가 날 수 밖에 없다는 것이다.

> 무릇 조석이라고 하는 것은 수기의 승강에서 나온다. 물은 토(土)에 실려 있는데, 토의 기운은 또 서로 감응하는 것이 있다. …… 그러므로 조석이 곳에 따라 다른 것은 수토의 기운이 곳에 따라 다른 데에서 말미암은 것이다.[37]

심지어 그는 조수가 밀려오고 물러남에 따라 지하수의 수위가 변화하는 것도 알고 있었던 듯하다. 그에 따르면, "높은 산 위에 있는 우물도 혹은 능히 조석을 한다." 그가 생각하기에 이러한 현상은 "모두 먼 곳에서 온 것이 아니며, 조석이 멀지 아니한 사이에서 저절로 일어났다가 저절로 없어지는 것"의 영향을 받은 결과이다. 그리고 조석이 지역에 따른 차이가 있는 것은 "물과 흙의 기운이 곳에 따라 다름이 있는 것에서 연유"한다고 생각하였다.[38]

신경준은 이와 같은 조석의 지역적인 차이, 그리고 시간적 변화에 따른 차이를 구체적인 표로 작성하였다. 즉 그는 하루 동안 조석이 진퇴하는 시간, 한 달 동안 조석이 성쇠하는 시간, 일 년 동안 조석이 크고 작아지는 시간을 정리하였다. 이것을 도표로 작성한 것이 바로 『여암전서』의 「사연고」에 수록된 「조석일삭진퇴성쇠지도(潮汐一朔進

37 신경준(申景濬), 『여암전서(旅菴全書)』 권9, 「사연고(四沿考)」 「조석(潮汐)」, 313쪽, "潮汐者出於水氣之乘降, 而水載於土. 土之氣又有以相感之者. …… 潮汐之隨處有異者, 由水土之氣隨處有異也."

38 신경준(申景濬), 『여암전서(旅菴全書)』 권9, 「사연고(四沿考)」 「조석(潮汐)」, 313쪽, "且高山之上有井泉, 或有潮汐. …… 此皆非遠而來也. 潮汐之自起自滅於不遠之間者."

退盛衰之圖)」이다.[39] 이 표에서 신경준은 한 달 동안의 달의 위상 변화와 그에 따른 만조와 간조 시각, 대조와 소조의 변화를 4개의 지역으로 나누어 정리하고 있다. 아울러 그는 「도로고」에서 태양의 출몰에 따라서 조석이 상응하던 시간의 장단을 구결의 형식으로 표현한 「태양가(太陽歌)」와 「인시가(寅時歌)」를 수록하기도 하였는데, 이 두 구결은 명나라의 장수인 척계광(戚繼光, 1528~1588)의 『기효신서(紀效新書)』의 내용을 전재한 것들이다.[40]

이상의 내용을 통해서 우리는 조석에 대한 신경준의 논의를 통해 그가 당시 조선의 여러 지역에서 일어나는 조석의 실제적인 상황을 조사하고 정리하고자 하였음을 알 수 있다. 조석의 지역적인 차이를 자세히 조사하고 도표로써 정리하여 제시하고자 하는 신경준의 조석설은 실제적인 지식, 구체적인 지식에 대한 그의 지향성을 드러낸다. 그러면서도 그의 조석론이 기본적으로 전통적인 음양설과 오행설을 바탕으로 하는 응월설과 수기와 토기의 승강과 감응의 이론을 토대로 전개되었음을 확인할 수가 있는 것이다.

4. 기술적 지식 관련 저술들

『여암유고』와 1976년에 영인, 간행된 『여암전서』에는 기술적 지식과 관련된 내용들이 많이 수록되어 있다. 그 대표적인 것이 바로 「차

39 신경준(申景濬), 『여암전서(旅菴全書)』 권9, 「사연고(四沿考)」 「조석(潮汐)」, 313쪽.
40 척계광(戚繼光), 『기효신서(紀效新書)』 권18, 「정태양출몰이응조신시각장단(定太陽出沒以應潮信時刻長短)」; 「정인시(定寅時)」.

제책」과 「논병선화차제비어지구」, 그리고 「수차도설」 등의 저술들이다. 이 중에서 「수차도설」은 신경준 자신의 저작이 아니라 명말(明末)의 학자인 서광계(徐光啓, 1562~1633)의 『농정전서(農政全書)』 권19 「태서수법상(泰西水法上)」과 권20 「태서수법하(泰西水法下)」의 내용을 그대로 전재한 것이다.[41] 『태서수법』의 내용은 이태리 출신 예수회 선교사인 저자 우르시스(Sabbathino de Ursis, 웅삼발(熊三拔), 1575~1620)가 구술한 것을 서광계가 필기하여 편찬한 것으로서 당시 서양에서 사용하던 수리법과 관련된 각종 기기들과 시설들을 제작하는 방법을 전하고 있는 책이었다.[42]

과거에는 「수차도설」의 내용이 신경준의 저작인 것으로 오해하고 이를 토대로 그의 기술적 지식에 대한 논의를 전개한 경우도 있었다. 하지만 비록 「수차도설」이 「태서수법」의 내용을 그대로 전재하고 있다고 해서, 이 책에 소개되어 있는 용미차(龍尾車)와 옥형차(玉衡車), 항승차(恒升車) 등과 같은 각종 수차와 펌프 등에 대한 신경준의 관심과 탐구를 부정하지는 못할 것이다.[43] 게다가 신경준의 저술인 「차제

---

41 이 점에 대해서는 고동환(2000)의 186~187쪽을 참고. 한편, 고동환은 신경준의 『여암유고』에 실려 있는 일부 저술은 조부인 신선부(申善溥, 1667~1745)가 남겨놓은 원고들이 문집 간행 시에 포함된 것일 수도 있다고 보는데, 「수차도설」과 선박, 화기에 대한 저술들이 그러한 것들일 것으로 짐작하였다.(같은 논문 193~194쪽) 「수차도설」 부분의 내용이 비록 신선부에 의해 처음 작성된 것이라고 하더라도 신경준 또한 이 내용을 학습하고 연구하였을 것이다.

42 전체 6권으로 구성된 『태서수법』에는 저수와 치수의 방법, 수차와 댐, 온천을 이용한 치료와 제약(製藥) 등과 관련된 내용이 용미도(龍尾圖) 5점, 옥형도(玉衡圖) 4점, 항십도(恒什圖) 4점, 댐 관련 그림 3점, 기타 제약증류도(製藥蒸溜圖) 등의 도식과 함께 수록되어 있다. 『태서수법』은 이지조(李之藻)의 교정을 거쳐서 1612년에 편찬되었다. 사고전서(四庫全書)에는 자부(子部) 농가류(農家類)에 포함되어 있다.

43 용미차(龍尾車)는 강물같이 큰 물을 양수하는 데 이용된 수차로서, 자그마한 수통들

책」을 살펴보면, 그 속에는 수차에 대한 논의를 함께 전개되어 있음을 확인할 수 있다. 이를 통해 볼 때, 우리는 그가 다양한 형태의 수차를 연구하였음이 분명하고, 또한 그것들을 제작하여 시험하는 작업을 했으리라 짐작해볼 수 있다.

아래에서는 「차제책」과 「논병선화차제비어지구」에 실려 있는 내용들을 간략히 소개하고 이를 통해 신경준이 논의한 기술적 지식의 수준을 가늠해보고자 한다. 이어서 「차제책」과 「논병선화차제비어지구」의 논의에 깔려 있는 전통적 자연철학, 혹은 상수학적 관념을 드러내 보이고자 한다.

1) 수레에 대한 논의

「차제책」은 신경준이 1754년에 치러진 호남좌도의 증광초시(增廣初試)에서 답안으로 제출한 글이다.[44] 이 시험의 책문(策問)에서는 "중국의 경우 부상대고(富商大賈)들이 수레를 이용하여 천하를 주유하는데, 우리나라는 예전부터 지금까지 수레를 사용할 수 없어서 오로지 우마에 의존한다. 비용은 많이 드나, 그 공은 적다. 그 이유가 무엇인가?" 라고 하면서, 우리나라에서 수레가 전국적으로 통용되지 않는 이유가 무엇인지를 묻고 있다. 책문을 내린 이는 우리나라에서 수레가 통용되지 않는 이유가 단순히 지세의 험함이나 좁음에서 비롯된

을 여러 개 연결하여 이를 계속 돌려서 강으로부터 물을 끌어들이는 형태를 가지고 있다. 이에 대해 옥형차(玉衡車)와 항승차(恒升車)는 우물이나 소류지 등으로부터 물을 끌어올리는 데에 사용된 수차이다. 특히 항승차는 일종의 펌프와 같은 것이었다.

44 당시의 장시관(掌試官)이 이후 신경준과 밀접한 관계를 유지했던 홍양호(洪良浩)이다.

것이 아니라고 지적하면서, 이는 임진왜란 때에 조선에 파병된 중국 병사들이 수레를 사용한 사실이나 관북(關北)이나 해서(海西) 지방에서 수레를 사용되는 자가 많다는 사실에서 이유가 되지 못하다고 지적하고 있는 것이다. 그러면서 수레가 통용되지 않는 이유와 조선에서 수레를 널리 사용하게 만들 방안을 묻고 있는 것이다.

신경준에 따르면, 수레의 제도가 이로운 이유로 크게 세 가지를 들 수가 있다. 첫 번째는 "양진(兩陣)이 서로 상대할 때에 융차(戎車)가 없으면 충돌하여 막아내기가 어렵고", 두 번째는 "나라에서 병사를 사용함에 승차(乘車)가 없으면 풀과 곡식을 운송하기 어렵고", 세 번째는 "하늘의 재앙이 내릴 때에 수차(水車)가 아니면 가뭄을 대비하기 어렵다"다는 것이다. 이 세 가지 이익을 간략히 요약하면, 각각 군사상의 이익, 화물운송의 이익, 관개를 통한 가뭄극복의 이익이라고 말할 수 있을 것이다. 따라서 신경준이 주장하는 수레 제도의 세 가지 이익이란 군사상의 이익, 관개를 통해 가뭄극복의 이익, 용이한 화물운반의 이익을 의미한다.[45] 하지만, 수레의 제도를 통해 얻을 수 있는 이득이 이렇게 큼에도 "우리 동쪽의 사람들은 그 법에 완전히 우매하고 그 이익에 어둡다"는 것이다.

그렇다면 다시, 수레가 통용되지 않는 이유와 조선에서 수레를 널리 사용하게 만들 방안은 무엇인가? 여기에 대한 신경준의 대답을 한 마디로 정리하자면, '조선의 지형지세와 사정에 맞게 수레의 제도를 고쳐서 사용해야 하는데, 이를 제대로 수행할 지식을 갖춘 기술자가 조선에는 없다'라는 것이다. 신경준은 수레를 제대로 사용하기 위해

45 신경준(申景濬), 『여암유고(旅菴遺稿)』 권8, 「차제책(車制策)」, 89~92쪽.

서는 우선 중국의 고대에서부터 발전하였던 수레의 제도와 기술을 확실히 파악하고 익혀야 한다고 생각했다. 그는 정전제도(井田制度)가 제대로 시행되던 고대 성인(聖人)의 시대에는 수레의 제도도 제대로 갖추어져 있었다고 파악한다. 그에 따르면, 이후

> 정전(井田)의 제도가 폐지되고 이랑과 두렁이 개간되면서부터 수레의 제도가 점차적으로 무너졌다. 주자(朱子)와 같이 격물(格物)을 궁구하는 밝은 안목을 지닌 이라도 그 상세한 제도를 알아내서 말할 수가 없었다.[46]

신경준은 주자의 말을 빌려 "일용(日用)의 도구라도 지극한 이치에 의지하지 않을 수 없는 것이니, 진실로 물(物)에 격(格)하고 이치[理]에 밝지 않는다면 비록 수레의 제도와 같은 미미한 것이라도 성취를 이룰 수가 없다"라고 생각하였다.[47] 그렇다면 사물의 이치를 밝히고 탐구하는 자세가 수레의 제도에 대해서는 어떠해야 할까? 그가 보기에 수레가 제대로 사용되기 어려운 이유는 우선 땅에는 수많은 산들과 계곡과 같은 요철들이 있기 때문이다. 따라서 "수레의 사용은 대개 마땅하지 않은 곳이 없지만, 다만 도로의 평탄함을 얻은 연후에야 수레의 쓰임이 크게 될 수 있고, 수레의 이익이 넓어질 수 있다"는 것이다.[48] 또한 신경준에 따르면, "수레의 제도는 필히 땅에 따라서 다름

---

46 신경준(申景濬), 『여암유고(旅菴遺稿)』 권8, 「차제책(車制策)」, 89쪽, "井田廢, 阡陌開, 而車之制漸壞焉. 雖以朱夫子窮格之明見, 未能詳知爲言."

47 신경준(申景濬), 『여암유고(旅菴遺稿)』 권8, 「차제책(車制策)」, 89~90쪽, "故朱子以爲日用之器, 莫非至理所寓, 苟不格乎物明乎理. 則雖一車之微, 其何以成之乎."

48 신경준(申景濬), 『여암유고(旅菴遺稿)』 권8, 「차제책(車制策)」, 89쪽, "夫十里之野, 而凹凸不一, 百里之路, 而嶺谷亦多, 行千里者, 將不得用車乎. …… 車之用, 盖無處

이 있어야 한다. (이는) 선박이 동해와 서해, 그리고 강과 나루에서 그 사용되는 제도가 다른 것과 같다. 따라서 그 제도를 (다르게 한) 연후에야 사용에 편리해질 수 있다"는 것이다.[49] 지형과 지리의 차이에 따라서 수레의 제도를 달리 해야 한다는 것이다.

그렇다면 조선의 사람들이 이와 같이 수레의 제도와 그 제작법에 어두워서 지형지세에 적합한 수레를 개발하여 사용하지 못하는 근본적인 이유는 무엇인가? 신경준에 따르면, 그것은 조선의 선비들이 사장(詞章)이 중심이 되는 과거공부에만 치중하고 있거나 아니면 산림에 은거하여 심성에 대해 논하는 등의 고담준론(高談峻論)에만 치중하고 있으면서, 수레의 제도와 같은 기예, 혹은 기술적 지식에 대해서는 하찮게 여겨서 배우고 익히지를 않고 있기 때문이다.

> 우리 동방에서 선비된 자들은 사장(詞章)에 공을 쏟아서 과거에 합격하기를 계책하는 데에 심력(心力)을 다 바치다가 일생을 마친다. (이에 반해) 모든 사물에 대해 해박하고, 다양한 기술에 통하는 길에 대해서는 진실로 족히 책임을 지지는 않는다. 또 산림에 은거하여 수양을 업으로 하는 자들은 왕왕 그 뜻을 높게 하고 그 말을 크게 하면서도 명물도수(名物度數)는 하찮은 일이라고 여기며 지극한 뜻을 두려하지 않는다. …… 『서경(書經)』에 정덕(正德), 이용(利用), 후생(厚生)의 세 가지 일은 성인이 편벽되게 폐하지 않았다는 것을 알 수 있는데, 진실로 일세의 선비들로 하여금 덕(德)에 근거하고 또한 예(藝)에 노닐면서 격물(格物)의 공(工)을 다하게 함으로써 궁리(窮理)의 밝음에 도달하게 해야 할 것이다.[50]

不宜, 而第得道路之平坦, 然後車之用乃得以大, 而車之利乃得以博也."

49 신경준(申景濬), 『여암유고(旅菴遺稿)』 권8, 「차제책(車制策)」, 91쪽, "然而其制似必隨地有異. 如船之用於東海, 用於西海, 用於江津之異, 其制然後可以便於用也."

그에 따르면, 수레의 제도와 같이 기예(技藝)의 학문이나 구체적 사물의 이치를 탐구하는 작업, 곧 명물도수를 탐구하는 작업은 고대 이래 성인들이 행한 학문인데, 당시 조선의 지식인들은 그와 같은 구체적 사물의 이치를 탐구하는 학문을 등한시하고 있다는 것이다.

결국 수레의 제도가 발전하지 못하는 이유는 단지 수레에 대한 서적이 갖추어지지 않고 그에 대한 지식이 밝혀지지 않았기 때문만은 아니다. 문제는 보다 근본적인 차원에서부터 발생한 것이다. 그것은 바로 조선의 지식인 계층인 선비[士]들의 학문에 대한 태도, 다시 말해 실제적이고 구체적인 사물과 세계에 대한 지식을 추구하지 않는 당대 유학자들의 학문적 태도와 풍조 자체에서부터 비롯되는 것이다. 이에 대해 신경준은 "공가(工家)의 일은 또한 우리 유가(儒家)들의 격물(格物)의 일사(一事)이다"라고 하면서 기술적 지식과 명물도수에 대한 연구에 유학자들이 힘을 쏟아야 한다고 주장하였다.[51]

2) 선박과 병선에 대한 논의

한편, 『여암전서』에는 병선(兵船)의 제도와 화차(火車)의 제도 등과 같은 군사기술에 대한 논의를 담고 있는 저술이 수록되어 있는데,

---

50 신경준(申景濬), 『여암유고(旅菴遺稿)』 권8, 「차제책(車制策)」, 92쪽, "我東之爲士者, 以詞章之功, 爲決科之計者, 枉費心力, 壞了一生. 其於明庶物通衆藝之道, 固無足責. 而山林之隱居修業者, 往往高其志大其言, 以名物度數爲末務, 不肯致意. …… 書以正德利用厚生爲三事, 聖人之不爲偏廢者可知矣, 誠使一世之士, 既據於德, 又游於藝, 以盡格物之工, 以致窮理之明."

51 신경준(申景濬), 『여암유고(旅菴遺稿)』 권8, 「차제책(車制策)」, 89쪽, "則工家事, 亦吾儒格物之一事也."

「논병선화차제비어지구」이 그것이다. 특히 병선과 관련해서 이 글은 군선(軍船)의 편제와 설계 등을 포함하는 광범위한 문제를 다룬 논설로서 후대의 연구자들이 조선후기의 전선(戰船)을 비롯하여 각종 군선의 선형과 구조 및 시공방법 등을 연구하는 데에 있어 결정적으로 중요한 자료라고 평가받고 있다.[52]

신경준은 이 글에서 우리나라의 병선, 방패선(防牌船), 전선, 사후선(伺候船, 척후선), 복물선(卜物船, 화물선) 등에 대한 논의를 행하고 있는데, 그 내용은 크게 전래의 군선의 형태와 구조, 속력, 편제상의 여러 결함을 지적한 서두부분과 군선의 크기를 규제할 필요성을 논한 부분, 전선의 전반적인 형태와 구조를 개혁하는 방안을 구체적인 치수와 도면을 가지고 논술한 부분, 방선(防船)과 복물선 등의 여러 군용선의 개혁을 논한 부분 등으로 나누어진다. 그리고 그 속에서 신경준이 내어놓은 병선의 구좌에 대한 주장들은 오늘날 배를 만들 때에 통용되는 기본 상식적 지식과도 부합한다. 신경준은 배의 속도가 빠르고 느린 이유를 다음과 같이 이야기 한다.

> 선박의 운행이 더디거나 빠른 것은 판재가 두껍고 얇은 것에 달려 있는 것이 아니라 모두 (선박의) 구조와 체제의 득실에 달려 있다. 그 구조와 체제가 반드시 앞이 무겁고 뒤가 가벼워야 하니, 그래야 보습이 땅을 가는 것과 같은 형세로 물을 가르는 힘을 얻는다. 반드시 (선박의 구조가) 앞이 낮고 뒤가 높아야 하니 그래야 비탈을 달려 내려오는 형세로 바람을 가르는 힘을 얻을 수가 있다.[53]

---

52 「논병선화차제비어지구(論兵船火車諸備禦之具)」에 수록되어 있는 신경준의 병선론(兵船論_에 대한 이와 같은 평가는 김재근(1984)을 참고할 것. 김재근은 이 책 7장 「旅菴의 兵船論」에서 신경준의 병선(兵船)에 대한 저술을 자세하게 분석하고 있다.

이와 같은 내용을 현대 선박 이론의 관점에서 분석하면 우선 앞이 무겁다는 것은 배가 앞으로 숙여진다는 것을 의미한다. 그리고 이로 인해 배의 부심(浮心), 즉 부력의 중심이 뒤에 놓이게 된다. 그리고 배의 구조를 선수가 선미보다 뾰족한 형태로 만들면, 수력학적 관점에서 볼 때 물살을 가르는 효과로 인해 효율성이 더 높다. 또한 뒤가 높고 앞을 낮게 만들면, 배가 바람을 따라 전진할 때 배의 뒷부분에 바람을 받아 추가적인 추진력을 얻을 수 있고, 반대로 바람을 거슬러 전진할 때는 바람의 저항을 적게 받을 수 있게 된다.

다음으로 배의 너비가 넓고 원에 가까우면 선회하는 데에 유리하나 속도를 내는 데는 불리하다. 이와 반대로 배의 너비가 좁고 길면 선회하는 데는 불리하나 전진하는 데는 유리하다. 또한 배의 길이가 길어야 속도가 빠를 수 있다. 오늘날로 말하자면, 일종의 수력학적 상식을 신경준은 이미 체득하고 있었던 것이다.

그는 이러한 관점을 토대로 조선의 주력선인 전선을 만들 때에 배의 밑면을 평평한 형태로 고수해 온 것을 비판한다. 밑면이 평평한 형태가 지니는 한계는 배의 운항 속도가 느리고 구조적으로 취약하다는 단점이 있다는 것이다. 그러면서 배의 하부 구조를 평면저판(平面底板) 대신에 곡선저판(曲面底板)의 형태, 곧 선박의 아래 쪽 면이 굽은 형태로 바꾸고, 평판선수(平板船首), 즉 배의 선수를 평평하게 하는 구조 대신에 방선선수(方形船首)를 사용할 것을 주장하였다. 그 결과

---

53 신경준(申景濬), 『여암전서(旅菴全書)』 권18, 「논병선화차제비어지구(論兵船火車諸備禦之具)」, 474쪽, "船行之鈍疾, 多不在板木之厚薄, 而都在於體制之得失也. 其體其制必前重後輕, 然後有犁況之勢, 而水力得緊. 必前低後高, 然後有走坂之勢, 而風力得專矣."

병선의 전체적인 구조를 평저선형(平底船形)이 아닌 첨저선형(尖底船形, 아래쪽이 면이 뾰족한 형태)로 만들어져야 한다는 것이다. 그는 배의 모양을 평저선형에서 첨저선형으로 바꾸게 되면 일차적으로 배의 운항속도를 향상시킬 수 있다고 주장하였다. 또한 선박의 선형이 앞이 무겁고 뒤가 가벼워야하고, 앞이 낮고 뒤가 높아야 빠른 속도를 낼 수 있다고 분명히 밝히고 있다.

신경준의 선박에 대한 논의에서 또 한 가지 주목되는 부분은 배의 설계도와 유사한 선박의 도면을 구체적으로 그리고 제시하였다는 점이다. 그가 제시한 도면은 호누선본판곡직지도(號樓船本板曲直之圖), 본판횡협지도(本板廣狹之圖), 누선전체지도(樓船全體之圖), 사후선지도(伺候船之圖), 사선지도(沙船之圖) 등이 있다. 이들 도면들을 보면 선박의 모양을 측면에서 투영한 것과 정면에서 투영한 것, 위에서 투영한 것 등이 있음을 알 수 있는데, 이와 같은 선박의 모양에 대한 투영도면은 이 시기 다른 나라에서도 쉽게 찾아보기 힘든 것으로 평가를 받는다.

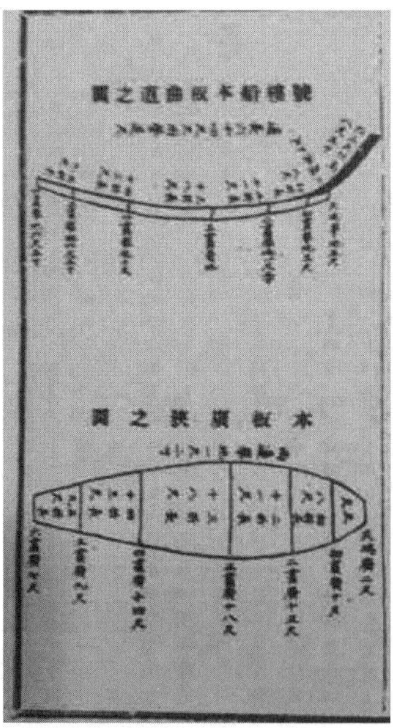

[그림 1] 호누선본판곡직지도(號樓船本板曲直之圖)와 본판횡협지도(本板廣狹之圖)

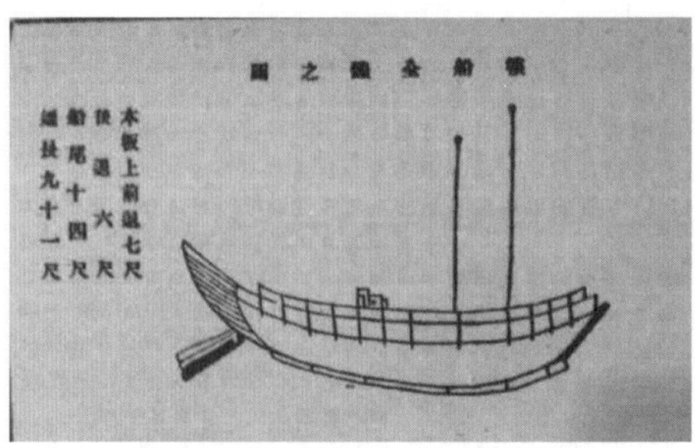

[그림 2] 누선전체지도(樓船全體之圖)

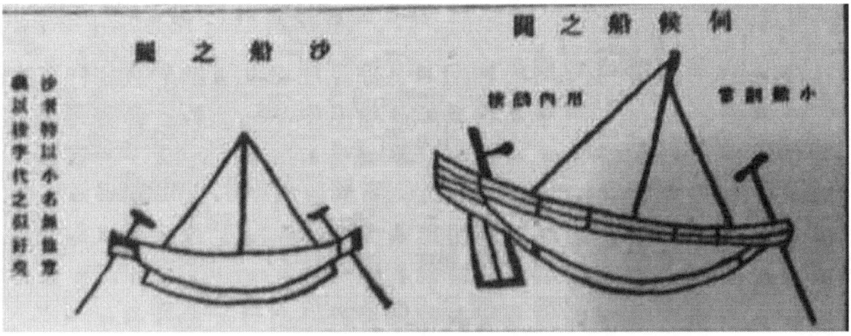

[그림 3] 사후선지도(伺候船之圖)와 사선지도(沙船之圖)

신경준은 군선의 형태나 구조의 변경만을 주장한 것이 아니라 각종 군선의 크기를 통일화할 필요가 있다고 주장하기도 하였다. 그리고 이를 위해서는 군선의 크기를 조정하면서 규제할 필요가 있다고 말하였다. 그는 군선의 크기를 전반적으로 축소하여 저판(底板)의 길이를 전선의 경우는 55~64척, 구선(龜船)의 경우에는 50척으로 정할 것을 주장하였다. 이것은 당시 조선의 주력함선의 크기를 무모하게 대형화시켜 나가는 추세에 제동을 건 것이다. 또한 그 전까지 군선의 편제가 주력함인 전선 1척, 중형군함인 병선 1척, 소형무장선인 사후선 2척 등 4척으로 되어 있었는데 그는 편제의 단위를 줄일 것을 주장하였다.

3) 화차에 대한 논의

한편 「논병선화차제비어지구」에는 화차에 대한 내용도 기술되어 있다. 그는 화차지도(火車之圖)를 그려서 수록하면서 그 치수와 제도들을 상세하게 논의하고 있다. 그는 홍이포(紅夷砲)와 불랑기(佛狼機)

를 비교하면서, 홍이포는 매우 무거워 운반하기는 어려운 반면, 불랑기포는 상대적으로 가벼워 운반하는 데 편리하다고 평가한다. 그는 병자호란 때에 청(淸)나라 군대가 남한산성을 공격하면서 홍이포를 사용하였는데, 그들이 이렇게 무거운 대포를 5천리의 바깥에 능히 운용할 수 있었던 이유를 파악할 필요가 있다고 이야기 한다. 그러면서 이렇게 무거운 홍이포 등도 화차로 제작하여 활용하면 운용의 어려움을 극복할 수 있다고 하면서, 화차의 구조를 도면[火車之圖]으로 제시하고 있다.

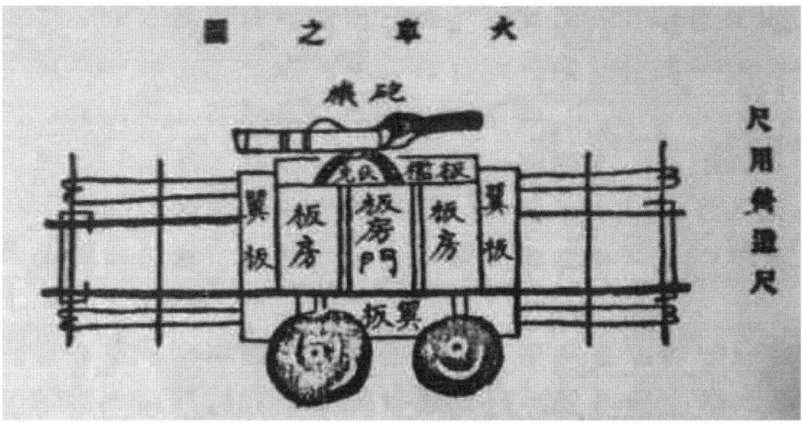

[그림 4] 화차지도(火車之圖)

신경준이 도면을 그려서 설명하고 있는 이 화차는 세 개의 바퀴를 지니고서 화약을 싣고 다니며 대포를 쏘는 전차였다. 화차는 전체적으로 철판을 덧대어 만들었기에 적의 공격에도 대처할 수 있다. 심지어 화차가 움직일 때에는 안쪽에서 칼이 밖으로 나가서 적의 접근을 막을 수 있도록 되어 있으며, 화차가 정지하면 이 칼이 안쪽으로 다시 들어가도록 만들었다. 그리고 화차의 윗부분에는 대포를 장착하였는데, 이 대포는 그림에서 보는 바와 같이 '복토(伏兎)'라는 이름을 지닌 반달형의 만능접철을 올려놓았기에 포신의 방향을 어느 방향으로도 돌려서 포를 쏠 수 있게 되어 있다.

신경준이 논의하고 있는 화차가 당시 조선에서 실제로 제작되었는지는 알 수 없다. 다만, 『만기요람』에 따르면 훈련도감에 화차 121대 금위영에 화차 56대, 어영청에 화차 10대와 전차 51대가 있었다고 적혀있다.

신경준은 이와 같은 화차를 소개함과 공주의 쌍수산성(雙樹山城) 등을 보강하고 5천 냥을 투자하여 동철 1800근, 수철 500근, 정철 500근, 연철 1천근을 사용하여 지자총통(地字銃筒) 2대, 불랑기 10대, 자포 50문과 대완 7천개, 연환 6만개 등의 무기를 만들어서 비치할 것을 제안한다. 또한, 각종 수공업 장인들을 각 읍에 거주하게 하여 만일에 대비토록 하면 유사시에 군비의 부족으로 곤란을 겪는 일이 없을 것이라고 주장하였다.

한편, 병선과 화차와 같은 무기 외에 『여암전서』에는 비거(飛車)라고 하는 무기가 소개되어 있기도 하다. 「차제책」에 소개된 내용에 따르면, "임진 연간에 영남의 읍성이 왜적에게 포위되었을 때 어떤 사람이 성의 우두머리에게 비거의 법을 가르쳐 이것으로 30리 밖으로 날아가게 하였다."[54]는 것이다. 비거에 대한 다른 기록은 이후 이규경(李圭景, 1788~?)의 『오주연문장전산고(五洲衍文長箋散稿)』에서 다시

54 신경준(申景濬), 『여암유고(旅菴遺稿)』 권8, 「차제책(車制策)」, "洪武年間, 倭寇圍嶺邑, 有隱者教邑守以車法, 登城放之, 一去三十里, 此亦飛車之類也."

등장한다.[55]

4) 기술적 지식에 대한 상수학적 논의

앞에서 살펴 본 바와 같이 수레와 선박, 화차에 대한 신경준의 논의에서 우리는 분명 실제적인 지식을 추구하면서 실용주의적이고 현실주의적 효용성을 강조하는 모습을 확인할 수 있다. 하지만, 다른 한편으로 기술적 지식과 관련된 신경준의 저술들 곳곳에서는 전통적인 자연철학과 상수학적 관념이 함께 깃들어 있는 것도 확인할 수가 있다.

예를 들어, 그는 「논병선화차제비어지구」라는 글에서 화물선인 복물선의 규격을 이야기하고 난 뒤에 다음과 같은 언급을 덧붙이고 있다.

> 다섯 번 쪼개어서 굽고 곧은 것을 만드는 것은 5가 중(中)에 위치하는 상(象)이다. 다섯 번 쪼개면 여섯 개의 조각을 얻을 수 있는데, 육효(六爻)가 괘(卦)를 이루는 뜻이다. 앞면을 뾰족하게 하고 머리를 5척으로 한 것은 곧 삼천양지(三天兩地)의 도(道)를 마름질하여 정한 것이다. 극(極)의 끝에 폭을 2척으로 한 것은 양의(兩儀)를 표상한[象] 것이고, 극에서 3과 4의 수는 윤달의 수에 응하는 것이니, 합하여 소양(少陽)의 7수를 이룬다. 변환되는 처음의 6으로 중부(中孚)의 괘상(卦象)을 얻는다. 가운데가 뜸[中孚]이니 어찌 이롭지 않음이 있겠는가! 비록 크고 작게 바뀌고 주는 차이는 있겠지만, 다섯 번 쪼개어서 여섯 개의 획으로

---

55 이규경의 『오주연문장전산고(五洲衍文長箋散稿)』에 따르면, 비거(飛車)는 가죽으로 제작하는데, 네 사람이 타고 다닌다고 하였다. 그 형태는 따오기와 같은데 배 부분을 두드려 바람을 내면 떠올라 공중으로 100장(200m) 정도 날아갈 수 있으나 회오리바람을 만나면 전진하지 못하고 떨어진다. 이규경, 『오주연문장전산고(五洲衍文長箋散稿)』, 인사편(人事篇), 기용류(器用類), 「비거변증설(飛車辨證說)」.

만드는 뜻은 무릇 각각의 선체에서 모두 빠트릴 수가 없는 것이다.[56]

위의 인용문 중간에서 신경준은 여러 수치들의 변환과 해석을 통해 『주역』의 양의(兩儀)와 사상(四象)의 개념, 나아가 중부괘(中孚卦)의 형상을 도출해 내고 있다. 특히 그가 『주역』 중부괘의 형상으로부터 '가운데가 뜨는' 부력의 의미를 끄집어내고 있는 논리는 아주 기발하고 흥미롭다. 중부괘는 상괘(上卦)가 손괘(巽卦, ☴), 하괘(下卦)가 태괘(兌卦, ☱)로 이루어져 바깥에 양효(陽爻) 세 개가 가운데 음효(陰爻) 세 개를 둘러싸고 있는 형상이다. 신경준은 이렇게 가운데가 비어 있는 중부괘의 형상에 선박의 부력의 이치가 숨어 있다는 것이다. 또한 신경준은 선체의 모양을 만들 때에 사용되는 여러 수치들의 의미를 『주역』 괘상의 이론을 가지고 설명하고 있다. 그리고 이런 식으로 『주역』, 혹은 역학의 이론을 동원하여 여타의 지식들을 해석하는 상수학적 관념은 「논병선화차제비어지구」을 포함하는 과학기술 관련 저술에서도 적지 않게 등장한다.

이와 같이 도서(圖書)와 괘(卦)의 형상에 문명의 여러 도구들의 이치가 깃들어 있다는 생각은 『주역』의 「계사전(繫辭傳)」으로부터 시작된 것이다. 「계사전」에서는 도서와 괘가 출현한 이후 성인들이 이 괘를 토대로 문명의 여러 이기(利器)를 만들고 인문(人文)을 밝히기 시작하였다고 적고 있다. 「계사전」에 따르면, 복희씨(伏犧氏)가 하늘과

56 신경준(申景濬), 『여암전서(旅菴全書)』 권18, 「논병선화차제비어지구(論兵船火車諸備禦之具)」, 475쪽, "分五折以生曲直者, 五數居中之象. 五折則盡得六, 六爻成卦之義. 面尖頭五尺, 乃裁定參天兩地之道. 極端用廣二尺, 法兩儀. 而極其四三之數, 以應閏合成少陽七數. 以變換之初六, 則得中孚之象也. 中孚而其有不利者乎. 雖有大小替減之不同, 而五折六畫之義, 凡各船體皆不可闕者也."

땅의 상을 관찰하여 역(易)의 괘들을 그리고 난 이후에, 이(離) 괘를 참고하여 밧줄로 그물을 만들어 고기 잡는 법을 가르쳤다. 이후 신농씨가 익(益) 괘를 참고하여 나무로 보습과 쟁기를 만들어 농사짓는 법을 가르쳤으며, 서합(噬嗑) 괘를 참고하여 화폐를 만들어 시장에서 물건을 교환하는 법을 가르쳤다는 것이다.[57] 중부괘의 형상에서 선박의 이치가 숨어 있다는 신경준의 논리는 괘의 형상에서 문명 이기의 기본적 원리가 깃들어 있다고 보는 「계사전」의 관념과 이론을 그대로 계승하고 있는 것임을 알 수 있다.

또한 그는 통제영(統制營)에서 선박들을 그 크기를 가지고서 '1호선'에서부터 '8호선'까지 구분한다고 말하면서, 그 크기들에 대해서 아래와 같이 상수학적 논의들을 전개하고 있다.

> 제1호선이라고 하는 것은 본판(本板)의 길이를 64척으로 사용하여 64괘의 뜻에 응하도록 하는 것이 좋을 듯한데, 오히려 최근에는 이것이 지나치게 크다고 하여 혹 60척을 사용하니, 이는 천지(天地)의 수(數)가 음과 양을 이루고 짝으로 합하는 이치에 맞으니 더욱 절절하게 합하여 좋다. 다음으로 누선(樓船)으로 제2호선이 되는 것인데 본판의 길이가 55척이니, 하도(河圖)의 전체 수를 사용한 것이다. 거북선은 본판의 길이가 50척이니 대연지수(大衍之數)에 응하는 것이다. 방선(防船)은 제4선이 되는 것인데 본판의 길이가 45척이니 낙수(洛書)[58]의 전체 수를 사용한 것이다. 별방선(別防船)이라고 이름하는 것이 제5호선이 되는 것인데 본판의 길이를 단지 40척으로 사용하니, 이는 도서(圖書)의 홀

---

57 『주역(周易)』의 「계사하전(繫辭下傳)」 제2장의 내용이 그것이다.

58 원문에서는 구문(龜文)이라고 적고 있는데, 곧 역(易)에서의 도상(圖象)인 낙서(洛書)를 의미한다. 낙서에는 1에서 9까지의 숫자가 나오는데 그 숫자들을 모두 합하면 45가 된다.

[奇]과 짝[偶]의 숫자에 응하도록 한 것이다. 높이와 넓이, 원과 직선의 도수(度數)가 각각 그 체(體)에 따라 제도가 정해지는 것이다.[59]

그에 따르면, 본판의 길이를 기준으로 제1호선은 64척, 또는 60척이 되는데, 이는 각각 64괘의 숫자와 천지의 숫자에 부합하는 것이다. 또한 제2호선의 본판의 길이가 55척인 것은 하도(河圖)의 전체 숫자 합을 이용한 것이며, 제3호선이 50척인 것은 대연의 수, 제4호선이 45척인 것은 낙서(洛書)의 전체 숫자 합, 제5호선이 40척인 것은 하도와 낙서에서 홀수와 짝수들을 합친 40의 수를 이용한 것이라고 본다.[60]

사실 「논병선화차제비어지구」의 내용을 자세히 살펴보면, 신경준은 이 글 전체에서 선박의 종류들과 선박에 사용되는 여러 수치들을 설명할 때에 가능한 한 상수학적인 원리들이나 혹은 음양오행의 원리들을 끌어들여서 그 근본적 이치를 설명하고자 하였다. 이를 통해 그는 병선의 제도에 천지 자연의 이치가 깃들어 있음을 보여주고자 한 것이다.

전통적 자연철학, 혹은 상수학적 관념으로부터 기술적 지식들의 기본적 원리들을 보여주고자 하는 모습은 수레에 대한 논설을 담고 있는 「차제책」에서도 나타난다. 그는 아래와 같이 수레의 제도 전반,

---

59 신경준(申景濬), 『여암전서(旅菴全書)』 권18, 「논병선화차제비어지구(論兵船火車諸備禦之具)」, 475쪽, "第一號船. 則本板長用六十四尺, 以應六十四卦之義似好, 而尙近過大, 或用六十尺, 以節天地之數成陰陽配合之理, 尤切恰好. 次樓船之爲二號者, 則本板長五十五尺, 用河圖全數. 龜船, 則本板長五十尺, 以應大衍之數. 防船之爲四號者, 則本板長四十五尺, 用龜文全數. 名之以別防船, 其爲五號者, 則本板長但用四十尺, 以應圖書奇偶之數. 而高廣圓直之度數, 各隨其體而定制

60 하도(河圖)에서 가운데 숫자 5와 바깥의 숫자 10을 뺀 나머지 홀수와 짝수들을 합친 것이 40이다. 낙서(洛書)에서도 가운데 숫자 5를 뺀 나머지 숫자들의 합이 40이다.

즉 그 형상에 천지자연의 상(象)과 수(數), 즉 상수학적인 이치가 깃들어 있다고 본다.

> 또 고공기(考工記)를 보니, "수레 차체의 방형(方形)은 땅의 상(象)을 취한 것이고, 수레 덮개가 둥근 것은 하늘의 상을 취한 것이다. 수레의 바퀴살이 30개인 것은 일월(日月)의 상을 취한 것이고, 수레 덮개의 살(시렁)이 28개인 것은 별의 상을 취한 것이다"하였으니, 그 외에도 유(斿), 여(旟), 기(旗), 정(旌)과 같은 깃발들에도 모두 상을 취한 것이 있다. 수레가 상을 취하여 만들어진 것이 어찌 그렇게도 지극한가![61]

그에 따르면, 수레의 제도 전반은 그 모양과 수치들이 천지(天地)의 상(象)과 수(數)로부터 도출되었다. 즉 수레의 차체 모양 자체가 사각형인 것은 땅의 형상을 취하였고, 수레 덮개가 둥근 것은 하늘의 형상을 따른 것이다. 또한 수레의 바퀴살이 30인 것은 태양과 달의 형상을 따른 것이다.[62] 수레 덮개를 받치는 활 모양의 살(나무시렁)이 28개인 것은 하늘의 별자리에 28수가 있는 것과 같은 이치라는 것이다. 이처럼 신경준은 수레의 제도 자체에서 전통적인 자연철학의 원리, 즉 상수학적인 원리를 찾아내고 드러내고 있는 것이다.

한편 신경준은 「도로고」의 풍우점(風雨占) 부분에서 일진(日辰)과 간지(干支)에 따라 태양과 달, 별, 구름과 노을, 무지개, 천둥 등으로 기후를 점치는 다양한 방법들을 서술하기도 하였다. 그러면서 『농경

---

61 신경준(申景濬), 『여암유고(旅菴遺稿)』 권8, 「차제책(車制策)」, 90쪽, "又觀考工記, 軫之方象地也, 蓋之圓象天也, 輪輻三十象日月也, 蓋弓二十有八象星也, 其他斿旟旗旌皆有取象. 車之取象何其至也." 신경준이 「考工記」에서 인용한 부분은 『주례주소(周禮註疏)』 권40, 「동관고공기(冬官考工記)」, 「주인(輈人)에 수록되어 있는 구절이다.

62 아마도 1달의 길이가 30일인 것을 따랐다고 보는 듯하다.

전서』와 『기효신서(紀效新書)』 등의 내용을 토대로 하면서 풍우 관련 점이나 폭풍이 일어나는 날들에 대한 예측과 대처의 방법 등을 기록하였다. 예를 들어, 「강해기풍지풍방(江海起風止風方)」에서는 강과 바다에서 바람을 일으키고 바람을 그치게 하는 방법에 대해서, 「해중취청수방(海中取淸水方)」은 바다에서 맑은 물을 구하는 방법에 대해서 서술하기도 하였다.

사실, 기술과 관련된 여러 저술들에서 우리는 분명히 신경준이 세계와 사물에 대해 실제적이고 구체적인 지식들을 탐구하고 정리를 하고 있음을 알 수 있다. 그런데 다른 한편으로 그가 기술에 대한 저술들 곳곳에서 기술적 지식들의 근본 이치로서 전통적인 자연철학의 원리들을 끌어내고 설명하고 있음을 확인하게 된다. 그러고 이러한 전통적인 자연철학의 논의들은 상수학적 지식이나 술수학적인 지식으로까지 확대되어 포괄하고 있음을 알 수가 있다. 이러한 모습으로부터 우리는 신경준이 전통적인 자연철학, 다시 말해 주자학으로 대변되는 성리학적 자연철학의 사고들에서 그다지 벗어나지 않았음을 알 수 있는 것이다.

5. 『소사문답(素沙問答)』에 나타난 성리학적 자연철학 논설

『여암전서』에는 기술적 저술들 외에 전통적인 자연철학, 혹은 성리학적 자연철학 자체를 논의한 저술들도 남아 있다. 신경준의 저술들 중에서 전통적인 성리학적 자연철학의 성격을 가장 확실하게 드러내고 있는 것은 『소사문답(素沙問答)』과 『훈민정음운해(訓民正音韻解)』이다.

이들 중에서 『소사문답』은 순전히 성리학적 자연철학의 논의를 담고 있는 수필식의 글이라고 할 수 있다. '소사문답'이라는 제목은 신경준이 한때 살았던 경기도의 소사(素沙)라는 지역의 지명에서 따온 것이다. 신경준은 소사, 즉 '흰 모래'에서 '흰색(色)'과 '모래'와 같은 미천한 존재들이 토론을 전개하는 식으로 글을 저술하였다. 이러한 문답체의 저술을 통해 물(物)과 색(色)이라는 개념을 중심으로 세상과 사물의 근원적 이치를 탐구하여 정리해 놓고자 한 것이다.

『소사문답』에서 소(素)와 사(沙)는 형(形)과 색(色)의 문제를 가지고서 사물의 실상에 대해 토론을 행하는데, 그 과정에서 기(氣)와 음양, 오행의 개념을 위주로 논변을 전개한다. 그리고 여기에서부터 시작해서 팔괘(八卦)와 오음(五音), 상수(象數)의 개념들을 풀어내고 있으며, 나아가 음양과 오행의 조화를 통해서 천지의 발생, 동물과 식물의 생성 등에 대한 논의를 서술하고 있다. 즉 『소사문답』의 이론과 개념들은 기본적으로 전통적인 성리학적 자연철학의 그것이었다.

> 형과 색이 다른 것이 많음을 가지고서 바람과 구름, 소나무와 말의 무리들을 서술한다. 형과 색이 비롯되는 바의 근원을 가지고서 음(陰)과 양(陽)의 조화의 묘를 탐구한다. 형과 색이 드러나는 차이를 가지고서 우리 유교의 종지를 천명한다.[63]

63 신경준(申景濬), 『여암유고(旅菴遺稿)』 권7, 「소사문답(素沙問答)」, 79쪽, "以形色所殊之多而敍風雲松馬之羣, 以形色所始之原而究陰陽造化之妙, 以形色所見之異而闡吾儒之宗旨."

이제 사발 가운데에 탁한 물을 가득 채우고 사발에 손가락을 넣어서 돌리면, 찌꺼기는 모두 가운데로 모여드는 것이 그러하다. 한번 열리고 한번 닫히고, 한번 쇠퇴하다가 한번 성장하니, 큰 풀무로 두드리고 불며 맷돌로 갈아서 솟아나는 것과 같다.[64]

위에서 인용한 두 번째의 인용문은 성리학자들, 혹은 주자학자들이 태극(太極)으로부터 기(氣)가 생겨나서 이 기의 소식(消息)과 성쇠(盛衰)로서 세계의 발생을 논의하는 전통적 관념을 그대로 계승하고 있다. 이어서 아래의 구절들은 그가 을 세계 내용을 몇 구절 살펴보면, 신경준이 천지의 조화와 사물의 생성을 이해하는 기본적인 관점은 음양오행설을 토대로 한 것임을 알 수 있다.

토(土)의 물(物)도 수(水)를 낳고, 수(水)의 물(物)도 수(水)를 낳고, 화(火)의 물(物)도 수(水)를 낳고, 목(木)의 물(物)도 수(水)를 낳고, 금(金)의 물(物)도 수(水)를 낳는다. 토(土)의 물(物)도 화(火)도 낳고, 수(水)의 물(物)도 화(火)를 낳고, 화(火)의 물(物)도 화(火)를 낳고, 목(木)의 물(物)도 화(火)를 낳으며, 금(金)의 물(物)도 화(火)를 낳는다.[65]

양이 음에 교합하면 제각(蹄角, 발굽을 가진 동물)을 낳고, 음이 양에 교합하면 우익(羽翼, 깃털과 날개를 가진 동물)을 낳는다. 강(剛)이 유(柔)에 교합하면 근릉(根菱, 뿌리식물)을 낳고, 유(柔)가 강(剛)에 교합

---

64 신경준(申景濬), 『여암유고(旅菴遺稿)』 권7, 「소사문답(素沙問答)」, 81쪽, "今盛濁水於盂中, 其盂而以指幹之, 滓纚悉聚於中者然也. 一闔一闢, 一消一長, 大鞴之鼓吹也, 磨齒之嶙峋也."

65 신경준(申景濬), 『여암유고(旅菴遺稿)』 권7, 「소사문답(素沙問答)」, 81쪽, "土之物生水, 水之物生水, 火之物生水, 木之物生水, 金之物生水, 土之物生火, 水之物生火, 火之物生火, 木之物生火, 金之物生火."

하면 지간(枝幹, 줄기식물)을 낳는다. 천(天)이 지(地)에 교합하고, 지(地)가 천(天)에 교합하면 깃털을 갖고서도 달리는 동물과 다리를 갖고서도 날아오르는 동물이 생기고, 풀이면서 나무이고 나무이면서 풀인 식물이 생긴다.[66]

그러므로 하늘에 붙어 있는 것은 그 형이 허하고, 땅에 붙어 있는 것은 그 형이 실하다. 처음에 생겨난 것은 그 형이 미미하지만, 뒤에 생겨난 것은 그 형이 확고하다. 무릇 토(土)가 가장 나중에 생겨난 것이므로, 큰 것으로서 지극한 것이고 또 견고한 것이다. 토(土)의 기(氣)가 응결하여 정(精)이 된 것이 옥(玉)이다.[67]

기(氣)가 응결한 것은 그 무늬가 바로 색(色)이 된다. 빛은 색(色)이 발하는 것이요, 비치는 것은 색이 사물에 접한 것이다. 기(氣)가 둘이면 음과 양이 있게 되고, 다섯이면 목화토금수(木火土金水)가 있게 된다.[68]

위에서 인용한 구절 중에서 위에서 두 번째의 구절은 음(陰)과 양(陽), 강(剛)과 유(柔)가 교합하여, 여러 종류의 동물과 식물이 생겨나는 이치를 적은 것이다. 즉, 음(陰)과 양(陽), 강(剛)과 유(柔)가 교합하여 발굽을 가진 동물, 깃털과 날개를 가진 동물, 뿌리식물 등이 생겨난다. 또한 하늘과 땅의 기운이 교합하고 뒤섞이면, "깃털을 갖고서 달리는 동물과 다리를 갖고서도 날아오르는 동물이 생기고, 풀이면서

66 신경준(申景濬), 『여암유고(旅菴遺稿)』 권7, 「소사문답(素沙問答)」, 81~82쪽, "陽交於陰而生蹄角, 陰交於陽而生羽翼, 剛交於柔而生根荄, 柔交於剛而生枝幹, 天交於地, 地交於天, 而生羽而走足而騰, 草而木水而草."

67 신경준(申景濬), 『여암유고(旅菴遺稿)』 권7, 「소사문답(素沙問答)」, 82쪽, "故附於天者其形虛, 附於地者其形實, 生於初者其形微, 生於後者其形確, 夫土生於終者也, 大之極而且堅, 土之氣又結而精者爲玉."

68 신경준(申景濬), 『여암유고(旅菴遺稿)』 권7, 「소사문답(素沙問答)」, 81쪽, "氣之凝也, 其文爲色, 光者色之發乎, 映者色之接於物乎, 氣二而有陰陽, 五而有木火土金水."

나무이고 나무이면서 풀인 식물이 생겨"나기도 한다. 사물의 발생이 음양과 오행, 천지의 교합에 의해 이루어진다는 전통적 음양오행의 이론들을 그대로 따르고 있는 것이다.

한편 다음에 소개하는 구절은 신경준이 『주역』의 여러 개념들과 수적인 상상을 토대로 하는 상수학적 자연관을 그대로 드러내고 있는 구절이라고 할 수가 있다.

> 천하의 수는 기수(奇數, 홀수)와 우수(偶數, 짝수)의 바깥을 벗어나지 못한다. 기수가 우수와 더불어 곱해지면, 60을 이룬다. 5는 성(聲)이 되고 6은 양률(陽律)과 음려(陰呂)가 된다. 5와 12, 12와 5가 곱하면, 이것이 60이다. 10은 천간(天干)이고 12는지지(地支)이다. 10과 12가 곱하면, 이것이 60책(策)의 수가 된다. 36은 노양(老陽)이 되고, 24는 노음(老陰)이 되며, 28은 소양(少陽)이 되고, 32는 소음(少陰)이 된다. 합하면 이것이 바로 60이 된다.[69]

기수와 우수, 5와 12, 60 등의 수를 가지고 수적인 대칭성을 얻어가는 논의들은 성리학적 자연철학의 기본적 특질을 드러낸다. 또한 60책(策)이라고 하는 것은 『주역』에서 시초(蓍草)를 이용하여 점을 치는 과정에서 나타나는 산술적 개념이고, 노양, 노음, 소양, 소음이라는 개념들도 괘효(卦爻)를 얻어내기 위한 과정에서 등장하는 개념이다. 그러므로 위의 논의들은 성리학적 자연철학의 주요 요소인 상수학적 이론들을 그대로 채용하고 이용하고 있는 것이다.

---

69 신경준(申景濬), 『여암유고(旅菴遺稿)』 권7, 「소사문답(素沙問答)」, 82쪽, "天下之數, 亦不外乎奇與耦, 而奇與耦之乘焉, 成於六十也, 五爲聲, 六爲陽律陰呂, 五與十二, 十二與五乘之, 是爲六十. 十爲幹, 十二爲枝, 十與十二乘之, 是爲六十策數, 三十六爲老陽, 二十四爲老陰, 二十八爲少陽, 三十二爲少陰, 合之是爲六十."

6. 『훈민정음운해(訓民正音韻解)』에 나타난 성리학적 성운학

이기(理氣)와 태극(太極), 음양과 오행의 개념들과 『주역』의 괘상(卦象)과 수리적 논의를 활용하는 상수학적 관념은 신경준의 여러 저술들 중에서 『소사문답』에서만 보이는 것이 아니다. 잘 알려져 있다시피, 신경준의 『훈민정음운해』(1750)는 상수학(象數學)의 기본 서적인 소옹(邵雍, 1011~1077)의 『황극경세서(皇極經世書)』의 이론을 토대로 음운학적 논의를 펼치고 있는 저술이다. 『훈민정음운해』에 전개되어 있는 상수학적 음운학의 논의는 애초 정음(正音), 즉 '올바른 소리'를 정하고 가르치며 표기하고자 하는 이상과 관련이 있다. 그리고 이러한 정음의 이상은 세종시대에 훈민정음을 만들면서부터 시작된 것이다.

1) 정음의 이상과 상수학적 성운학 전통

'훈민정음'에서 '정음(正音)'을 글자 그대로 해석하면 '바른 소리'라는 뜻이다. 따라서 '훈민정음'을 글자 그대로 해석하면, 백성을 가르치는 올바른 소리이다. 그런데 '정(正)'을 동사로 볼 경우에 '정음(正音)'은 '소리[音]를 바르게 한다'는 뜻으로도 해석할 수 있다. '바른 소리'를 강조한다는 것은 결국 '소리를 바르게 한다'는 생각을 내포한 것이라고 할 때 이 두 가지 해석은 서로 크게 다르지 않을 것이다.

그런데 훈민정음을 창제한 조선의 세종시대를 물론하고 동아시아 전통시대를 통틀어 유학에는 일종의 '정음의 이상', 즉 '바른 소리'를 찾고 '소리를 바르게 세우고자 하는 이상'이 존재하였으며, 중국과 조선의 유학자들 사이에서는 이러한 지속적으로 공유되었다. 즉, 요순

(堯舜)의 시대와 같은 태평성대에는 성음(聲音), 즉 악기에서 울려 나오는 음악 소리와 사람의 말소리가 올바르고 편안하였으며, 난세의 시대에는 소리도 어지럽고 올바르지 못하다는 식의 생각이다.

'정음의 이상'은 구체적으로 아래와 같이 두 가지 차원으로 나누어 볼 수가 있다. 첫 번째는 '바른 소리'를 찾으려는 이상, 즉 고금을 통틀어 표준이 되는 '올바른 소리'가 존재한다는 이상을 설정하고, 이를 다시 복원하려는 관념과 노력이다. 여기서 '올바른 소리'는 일반적으로 고대 성인의 시대에는 온전히 존재하였으며, 사물의 본성에 부합하고 우주적 이치와 합당한 '원래의 소리(?)'를 의미한다. 즉, 소리가 올바로 구현되어야 세상의 질서가 올바로 세워질 수 있는데, 이때 올바른 소리는 천지의 도(道)나 혹은 만물의 존재원리들과 부합하는 소리가 되어야 한다는 것이다.

두 번째로 정음의 이상은 세상의 모든 소리를 설명하고 담을 수 있는 체계를 구현하려는 관념과 노력으로 나타난다. 이를 성운학(聲韻學)과 문자학(文字學)과 관련해서 설명하자면, '세상의 모든 소리를 표현할 수 있는 문자의 체계'를 구현하는 것이다.

훈민정음의 창제 과정에서도 위에서 이야기한 정음의 첫 번째 이상, 즉 고대에는 존재하였다고 생각되는 '이상적이고 온전한 소리'를 상정하고 복원하려는 관념이 이야기되고 표출되었다. 하지만 훈민정음 창제 과정에서 '올바른 소리'는 한자에 대한 '올바른 소리'를 의미하였고, 올바로 읽고자 하는 한자의 소리는 '고대 중국의 한자음'이 아닌 '현실 중국의 한자음'이었던 것이다. 이는 '정음의 이상'이 이념적으로는 '고대 성인의 시대에 존재하였던 한자음'을 지향하는 것이었겠지만, 현실적 차원에서는 '현존 중화(中華)의 한자음'을 구현하는 것에서 그칠 수밖에 없었음을 의미한다. (물론 이 '중화의 한자음'이 15세기 당대에 존재하였던 명나라의 한자음을 의미하는 것은 아니었다.)

이에 비해 훈민정음의 창제 과정에서 이와 같은 정음의 두 번째 이상은 명확하게 표명되며, 실제적으로 강력하게 작동하였던 듯하다. 그 결과가 바로 '형상을 통해 의미를 전달하는 문자'가 아닌 '소리를 직접적으로 표현하는 문자', 특히 음절을 '소리의 단위 요소 별로 분해하여 표기하는 문자'를 만드는 작업이었던 것이다.

그런데 위와 같은 '정음의 사상'을 강력하게 표명하고서 조선 초기부터 18세기 후반에 이르기까지 조선의 유학자들에게 지적인 자극과 성운학의 이론적 틀을 지속적으로 제공한 서적이 바로 소옹의 『황극경세서』이다.

'천지만물의 존재는 곧 소리로서 표출되며 이들 소리는 역학(易學)의 사상(四象) 체계를 활용한 문자의 체계로서 파악하고 표기할 수 있다'는 소옹의 성운학 이론과 관념은 15세기에 조선의 유학자들이 훈민정음을 창제할 때 중요한 영향을 미쳤다.[70] 하지만, 훈민정음의 창제 과정에서부터 『황극경세서』에 수록된 소옹의 상수학적 성운학이 실질적으로 영향을 미쳤는지의 여부에 대해서는 논란이 될 수 있다.[71] 왜냐하면, 훈민정음에는 소옹의 『황극경세서』에 사용된 사상(四象)의 체계와 경세성운도(經世聲音圖)의 분류 체계 등이 '직접적으로' 활용된 흔적을 찾기가 어렵기 때문이다.

---

70 『황극경세서』가 훈민정음의 편찬과정에 끼친 영향 및 이후 조선 유학자들의 언어학 연구에 끼친 영향에 대해서는 유창균(1989), 69~102쪽; 심소희(1996); 강신항(2003) 등을 참고할 수 있다.

71 심소희(2013), 260쪽.

하지만, 모든 소리를 문자로서 표현할 수 있어야 한다는 '정음의 이상'은 훈민정음 속에서 분명하게 표현되어 있다. 정인지(鄭麟趾, 1396~1478)는 이러한 이상을 "천지자연(天地自然)에 소리가 있으면, 반드시 천지자연의 문자가 있다"고 표현하였으며,[72] 이 정음의 이상을 구현한 결과 "비록 바람 소리와 학의 울음, 닭이 홰치며 우는 소리, 개가 짖는 소리일지라도 모두 이 글자를 가지고 적을 수 있다"고 표현하고 있는 것이다.[73]

소옹의 『황극경세서』는 단순히 훈민정음의 제자과정뿐만 아니라 훈민정음의 창제의 이념과 조음체계의 기본적 성격을 결정하는 데에서부터 중요한 역할을 수행하였다. 세종과 집현전 학자들은 소옹의 이론을 따라서 '천지자연의 모든 글자는 소리에서 비롯한 것'이라는 인식을 가지게 되었으며, 모든 소리를 성운도 속에서 특정한 위치에 배당하고 있는 『황극경세서』의 「성음창화도」를 참고하여 세상의 모든 음을 글자로 표현할 수 있는 문자를 구상하게 되었던 것이다. 결국 훈민정음은, 정음의 사상을 토대로 상수학적 성운학 이론을 이용하여 '세상에서 존재가능한 모든 소리를 구분해서 표기'할 수 있는 완벽하고 정합적인 문자의 체계를 구축하고자 하는 노력의 결과임 셈이다.

훈민정음의 창제 이후 서경덕과 최석정, 신경준과 같은 조선의 유학자들은 소옹의 『황극경세서』에 수록된 상수학적 성운학의 이론의 체계와 훈민정음의 문자 체계를 보다 정합적으로 결합시키는 작업을

72 『훈민정음해례(訓民正音解例)』, 「정인지서(鄭麟趾序)」, "有天地自然之聲, 則必有天地自然之文."

73 『훈민정음해례(訓民正音解例)』, 「정인지서(鄭麟趾序)」, "雖風聲鶴唳, 鷄鳴狗吠, 皆可得而書矣."

수행하였다. 그러면서 그들은 소옹의 성운학 이론에 맞춰서 훈민정음을 문자 체계를 재설명하거나 혹은 소옹의 성운도를 훈민정음의 체계에 맞추어서 새롭게 조정하는 식으로 '해석적 정교화'의 작업을 수행하였던 것이다. 그리고 그 과정에서 우리는 소옹의 이론이 조선 유학자들의 관념 속에서 하나의 '이상적 체계'로서 지속적으로 작동하고 있음을 알 수 있었다.

훈민정음에 대해서 처음으로 상수학적 성운학의 논의를 전개한 학자는 서경덕(徐敬德, 1489~1546)이었다. 『화담집(花潭集)』의 「성음해(聲音解)」에서 서경덕은 『성리대전』 판 『황극경세서』에 수록된 소백온(邵伯溫)의 관점을 그대로 수용하고 되풀이하였다. 서경덕 이후 상수학적 성운학의 논의를 전개한 유학자로는 최석정(崔錫鼎, 1646~1715)과 박성원(朴性源, 1697~1767), 이사질(李思質, 1705~1776), 신경준(申景濬, 1712~1781), 황윤석(黃胤錫, 1727~1791), 정동유(鄭東愈, 1744~1808), 홍계희(洪啓禧, 1703~1771), 홍양호(洪良浩, 1724~1802), 유희(柳僖, 1773~1837) 등을 들 수 있다. 특히 17세기 중엽 이후 『성리대전』에 수록된 축약본이 아닌 소옹의 『황극경세서』의 전체 판본이 조선에 전해진 상황과 조선 후기에 들어서 상수학적 성운학의 논의가 보다 본격적으로 발전하기 시작한 것으로 짐작된다. 이러한 이유에서인지 17세기 중엽 이후 최석정과 신경준은 우리나라의 훈민정음의 소리 체계와 문자 체계를 소옹식의 상수학적 이론에 철저하게 적용하여 해석하고자 한 학자였다.

우선 최석정은 『경세정음도설(經世正韻圖說)』(1678)에서 훈민정음의 글자체계 전체를 소옹의 성운학 이론으로 해석하고, 그것을 토대로 새로운 상수학적 운도(韻圖)를 작성하였다.[74] 일례로 훈민정음에서는 중성(中聲)인 '·', 'ㅡ', 'ㅣ'에 대해서만 그것들이 천지인(天地人) 삼재(三才)를 본떠서 만든 것이라고 하였는데, 최석정은 여기서 나아가 중성자들을 포함하여 초성자들 전체에는 삼재(三才)와 태극(太極), 사상(四象), 팔괘(八卦) 등의 상수학의 이치가 깃들어 있다고 주장하였다. 신경준의 『훈민정음운해』는 최석정의 이후 상수학적 성운학의 논의를 치밀하게 전개한 주요한 저작이다.

2) 『훈민정음운해』의 성운학

> 동방에는 오래전부터 민간에서 사용하는 문자가 있었으나, 그 수(數, 원리)가 갖추어지지 못하였고 그 형태에는 법식이 없었으니, 일개 방국(方國)의 말을 형상화하거나 일개 방국의 쓰임을 대비하기에는 부족하였다. 정통(正統) 병인년(丙寅年, 1446)에 우리 세종대왕께서 훈민정음을 창제하셨으니, 그 법식은 반절의 뜻에서 취하시고, 그 형상(形象)은 교역(交易)과 변역(變易)의 가일배(加一倍)의 법을 사용하시니, 그 문자의 점획이 매우 간단하였고, 청탁(淸濁)과 벽흡(闢翕), 초성, 중성, 종성의 소리가 찬연히 구비되고 드러났다.[75]

세종을 도와서 성운학 연구를 수행하고 훈민정음 창제에 참여한 집현전의 젊은 학자들 중에 신숙주(申叔舟, 1417~1475)도 있었는데,

---

74 최석정의 『경세정운도설』에 대해서는 유창균(1988); 배윤덕(1990); 배윤덕(1995); 김성규(1997); 김성규(1998) 등을 참고할 수 있다.

75 『훈민정음해례(訓民正音韻解)』「운해서(韻解序)」, "東方舊有俗用文字, 而其數不備, 其形無法, 不足以形一方之言而備一方之用也. 正統丙寅, 我世宗大王製訓民正音, 其例取反切之義, 其象用交易變易加一倍之法, 其文點畫甚簡, 而淸濁闢翕, 初中終音聲, 燦然具著."

신경준은 신숙주의 아우인 신말주(申末舟)의 11대 손이다. 이렇게 본다면, 신경준의 성운학 연구와 『훈민정음운해』의 저술은 이와 같은 가학(家學)의 연원을 가진 것이라고 짐작할 수 있을 것이다.

신경준이 지은 『훈민정음운해』는 기본적으로 『황극경세서』에 나와 있는 상수학적 성운학의 기본적 원칙을 받아들이고 있으며 다른 한편으로는 최석정의 이론까지도 상당부분 포괄하고 있는 글이기도 하다.[76] 특히 중성의 글자를 태극과 양의, 사상, 팔괘의 순으로 풀이하는 것은 최석정의 『경세정운도설』의 내용을 거의 비슷한 방식으로 반복한 것이라고 할 수 있다. 그러면서도 훈민정음의 초성과 종성의 제자 원리를 천원(天圓)과 지방(地方)의 상형에서 찾는 등 선배 학자들의 이론을 추종한 것만 아니다.

나아가 초성을 궁(宮), 상(商), 각(角), 치(徵), 우(羽)의 오음(五音)에 배당하고 각각을 다시 오행에 배당한 것은 훈민정음에서도 나타나는 바이지만, 그것을 다시 팔괘와 절기(節氣), 장기(臟器) 등에 배당하며 논의한 부분은 『훈민정음운해』에서 특이하게 나타나는 것이다. 그에 따르면,

> ㅇ ㆆ ㅎ ㆅ은 궁(宮) 음에 속하는 것으로 토(土)의 음이다. 비장(脾腸)에서 생겨나서 목구멍[喉]에서 이루어지고 미미하게 어금니[牙]에서 치(徵) 음을 겸한다. ㆁ ㄱ ㅋ ㄲ은 각(角) 음에 속하는 것으로 목(木)의 음이다. 간(肝)에서 생겨나 어금니에서 이루어진다. …… ㅁ ㅂ ㅍ ㅸ ㅹ ㆄ 은 우(羽) 음에 속하는 것으로 수(水)의 음이다. 신장(腎腸)에서 생겨나고 입술[脣]에서 만들어진다.[77]

76 신경준의 상수학적 성운론에 대해서는 강신항(1959); 김석득(1975); 김일(2001) 등을 참고할 수 있다.

궁음(宮音) 중의 ㅇ은 그 괘(卦)가 곤(坤) 괘이고 그 수가 2이며, 방위는 미(未) 방이고 그 절기는 입추(立秋)이며 그 바람은 서늘하며, 그 성(聲)은 호방함을 품고 있고, 그 음(音)은 탁(濁)하며, 그 그릇은 토(土)이다. ㆆ은 그 괘가 건(乾) 괘이고 그 수가 6이며 그 방위는 술(戌) 방이며 그 절기는 입동(立冬)이고 그 바람은 두루 돌지 못하며, 그 성(聲)은 온화하고 윤택하며, 그 음(音)은 분별되며, 그 그릇은 석(石)이다.[78]

훈민정음의 글자들을 오음과 24방위, 팔풍(八風), 오장(五臟), 24절기 등과 결합시키는 논의들은 상수학적 성운학의 또다른 확장이라고 평가할 수 있을 것이다. 이와 같이 다양한 방식의 상수학적 성운학을 전개한 후 신경준은 훈민정음이 조선뿐만 아니라 "천하에서 통용될 수 있는 성음(聲音)의 대전(大典)"이라고 주장하였다.[79] 이는 그가 보기에 훈민정음이 천지의 이치에 완전하게 부합하는 성음체계였기 때문이었다.

그런데 신경준이 훈민정음의 글자들을 오행에 배당할 때에는 세종시대 훈민정음을 창제할 때와 약간 다르게 배당하였다. 즉 세종시대의 훈민정음 체제에서는 아음(牙音)인 ㄱ, ㅋ ㄲ 을 목음(木音)에, 설음

---

77 신경준(申景濬), 『여암전서(旅菴全書)』, 『훈민정음운해(訓民正音韻解)』, 「자모분속(字母分屬)」, 421쪽, "喩ㅇ影ㆆ曉ㅎ匣ㆅ, 屬宮土音. 生於脾成於喉, 而微兼牙. 疑ㅇ見ㄱ溪ㅋ羣ㄲ, 屬角木音. 生於肝而成於牙. …… ㅁㅂㅍㅸㅸㆄ 屬於羽, 水音, 生於腎腸, 成於脣."

78 신경준(申景濬), 『여암전서(旅菴全書)』, 『훈민정음운해(訓民正音韻解)』, 「오음소속(五音所屬)」, 423쪽, "宮之ㅇ, 其卦坤, 其數二, 其方未, 其氣立秋, 其風凉, 其聲函胡, 其音濁, 其器土. ㆆ, 其卦乾, 其數六, 其方戌, 其氣立冬, 其風不周, 其聲溫潤, 其音辨, 其器石."

79 신경준(申景濬), 『여암전서(旅菴全書)』, 『훈민정음운해(訓民正音韻解)』, 418쪽. "諸國各有所用文字. ……中略…… 皆不免荒亂無章, 則正音不止惠我一邦而可以爲天下聲音大典也."

(舌音)인 ㄴ,ㄷ,ㅌ,ㄹ 을 화음(火音)에, 순음(脣音)인 ㅁ, ㅂ, ㅍ 을 토음(土音)에, 치음(齒音)인 ㅅ, ㅈ, ㅊ 을 금음(金音)에, 후음(喉音)인 ㅇ,ㅎ을 수음(水音)에 배당하였다. 하지만 신경준은 앞의 인용문에서 보는 바와 같이 순음인 ㅁ, ㅂ, ㅍ을 수음(水音)으로, 후음인 ㅇ,ㅎ 을 토음(土音)에 배당하였다. 그는 아설순치후(牙舌脣齒侯)의 음들이 발하는 장기들에 말하면서 오행을 새롭게 배정하고 있는 것이다.

〈표 1〉『훈민정음해례』와『훈민정음운해』의 오행 및 오음, 오장의 배치

구분		훈민정음해례		신경준의 훈민정음운해		
		오행	오음	오행	오음	장기배당
牙音	ㄱ,ㅋ ㄲ	木音	각음	木音	각츰	肝
舌音	ㄴ,ㄷ,ㅌ,ㄹ	火音	치음	火音	치음	心腸
脣音	ㅁ, ㅂ, ㅍ	土音	궁음	水音	우음	腎腸
齒音	ㅅ, ㅈ, ㅊ	金音	상음	金音	상음	폐
喉音	ㅇ,ㅎ	水音	우음	土音	궁음	脾

한편『훈민정음운해』는 그 앞부분이 소옹의 성운학 이론을 설명하는「경세성음수도(經世聲音數圖)」로 구성되어 있는데, 그는 특이하게도 한글의 초성자를 이「경세성음수도」의 12음도에 맞춰 중국의 전통적인 36자모 체계에 집어넣어서 36자로 정하고 있다. 신경준은 자신이 초성의 글자를 중국의 성운체계에 맞춘 36자모 체계로 설정한 이유를

그 음들이 지금은 비록 분명하지 않더라도 옛날에는 존재하던 음들이고, 중국 땅에서는 비록 사용되지 않더라도 다른 나라에서는 사용하고 있는 곳도 있다. …… 우리나라 서북지방 사람들이나 서울의 반촌인(泮

村人)들도 이를 쓰기도 하는데, 이제 옛 법도에 의거하여 36자모를 갖추었다.[80]

라며 설명하고 있는데, 이런 설명은 '고대의 음운(音韻) 체계'를 회복하려는 이상을 표현한 것이다. 신경준이 표방하고 있는 고대의 음운체계에 대한 이상은 보편적이고 순정한 음운체계의 원형을 찾으려고 하는 소옹의 이상과 그다지 다르게 보이지 않는다. 이러한 이상을 토대로 그는 아래 [그림 3]에서 보는 바와 같이 소옹이 수행한 방식처럼 12개 성모와 수화토석(水火土石) 사상(四象)의 곱을 하여 48개의 음가를 만들고, 그중 실제로 소리가 없는 12개의 음가를 뺀 36개의 음가에 훈민정음 초성자를 대입하여 도식으로 만들어 보여주고 있다.

[그림 5] 신경준의 「자모분속도(字母分屬圖)」

이러한 내용들은 신경준이 『황극경세서』를 통해 접한 소옹의 상수학적 성운학의 이론체계를 '하나의 선험적 원리'로서 설정하고서 훈민정음의 초성자들을 그 체계 속에 집어넣고 있음을 의미하는 것이다.

한편 신경준 역시 최석정과 마찬가지로 소옹의 '경세사상체용지수

80 신경준(申景濬), 『여암전서(旅菴全書)』, 『훈민정음운해(訓民正音韻解)』, 421~422쪽, "且今雖不用, 而古有存者. 中土雖不行, 而他國有用處. ……中略…… 我國西北人多用之, 在京中泮村人亦或用之. 故今依舊法, 備三十六母焉."

도(經世四象體用之數圖)'를 개정하여 새로운 「경세성음수도」를 만들어서 제시하고 있다.([그림 4]를 참고할 것.) 그가 소옹의 「정음정성도」를 새롭게 개정하는 원칙은 '한자 1자에는 초성, 중성, 종성의 3성이 반드시 있어야 한다'는 원칙을 토대로 하는 것이다. 신경준은 훈민정음의 구성 원리인 초·중·종성의 원칙에 맞추어서 소옹이 제시한 성운도와의 괴리를 해결하고자 하였던 것이다. 그는 「경세성음수도」의 말미에 다음과 같이 적고 있다.

> 무릇 한 글자에는 초성과 중성, 종성의 3성이 있는데, 음여(陰呂)에는 초성이 있을 뿐이고 양률(陽律)에는 중성과 종성 2성이 겸하고 있다. 그래서 중성이 비록 같으나, 종성이 다른 것이 많다. 오른쪽의 성운도는 평상거입(平上去入)을 가지고서 일월성신에 배치시켜 가로로 4등분하였는데, 각각 종성이 같지 않은 것들을 수록하였다. 예를 들어, 일성일(一聲一)의 강단마합(岡但禡合)과 이성일(二聲一)의 가안가합(艮眼駕呷)과 같은 것들이 그것이다. 평성에서 강(岡)을 얻으면, 그 상성, 거성, 입성이 강의 종성이 있음을 알 수 있다.[81]

신경준이 「경세성음수도」를 새롭게 작성하여 제시한 뜻을 이해하기 위해서는 '중성이 비록 같으나 종성이 다른 것이 많다'는 구절의 의미를 파악할 필요가 있다. 일반적으로 성운학에서는 음절을 성모(聲母)와 운모(韻母)로 2분하는 것이 전통적인 분석방법이었다. 소옹

---

81 신경준(申景濬), 『여암전서(旅菴全書)』, 『훈민정음운해(訓民正音韻解)』, 「경세성음수도(經世聲音數圖)」, 410쪽, "凡一字有初中終三聲, 陰呂只初聲, 陽律兼中終二聲. 中聲雖同, 而終聲不同者多矣. 右圖, 以平上去入, 配日月星辰, 分作橫四等, 而四等之中, 各收終聲之不同者. 如一聲日之岡但禡合, 二聲日之艮眼駕呷之類是也. 於平聲得岡, 則其上去入, 皆有岡終聲者可知也."

과 더불어 최석정도 이러한 방법에 따라서 「경세사상체용지수도」를 작성하였던 것이다. 그리고 이러한 원칙에 따라서 소옹과 최석정은 운모와 운미가 같은 자(字)들만을 한 데 묶어서 설정해 놓았다.

이에 비해서 신경준은 전혀 다른 원리로 성운도를 완전히 새롭게 작성하였다. 즉, 신경준은 주요 모음, 즉 중성의 차이를 기준으로 삼고서 종성의 차이를 이용하여 「경세사상체용지수도」, 즉 「정성정음도(正聲正音圖)」를 새롭게 제시하였던 것이다. 신경준이 작성한 새로운 「경세성음수도」를 이해하기 위해서 아래의 도식을 참고해보자.

아래의 도식들은 「경세사상체용지수도」의 제 일성일벽(一聲一闢) 부분과 제 이성일벽(二聲一闢) 부분에 소옹과 최석정, 신경준이 각각 채워 놓은 글자들을 비교한 것이다.

일성일벽(一聲一闢)

	日	月	星	辰
소옹	多	可	箇	舌
최석정	多	可	箇	○
신경준	岡	但	禡	合

이성일벽(二聲一闢)

	日	月	星	辰
소옹	良	兩	向	○
최석정	良	兩	向	勺
신경준	良	眼	駕	呷

위의 일성일벽(一聲一闢) 에서 신경준이 적어 놓은 '강단마합(岡但禡合)'은 주요모음, 곧 중성 'ㅏ'를 같이 하면서 종성이 서로 다른 글자들이다. 이어서 이성일벽(二聲一闢)에 적혀있는 '간안가합(良眼駕呷)'은 주요 모음인 'ㅑ'를 같이 하면서 종성이 서로 다른 字를 모아놓은 것이다.[82]

82 동아시아 음운학사에 있어서 신경준은 소리를 초성, 중성, 종성의 음소별로 분명하게 구분하면서 논의한 최초의 학자로 평가받기도 한다. 이 점에 대해서는 伊藤英人

신경준의 이러한 시도는 2분법을 기준으로 하는 한자음에 대해서 초중종성의 3가지 요소에 대한 분해를 강조하면서, 중성을 기준으로 중국의 한자음을 새롭게 정리하고자 하는 것이다. 나아가 이는 결국 『황극경세서』에 제시된 소옹의 성운학적 도식과 훈민정음의 체계를 새로운 방식으로 결합시키고자 하는 시도라고 평가할 수가 있을 것이다. 이처럼 『훈민정음운해』는 신경준이 소옹의 상수학적 성운학을 이용하여 음운학적 연구를 수행하고 훈민정음의 체계를 새롭게 이해하고자 한 서적이라고 할 수 있다.

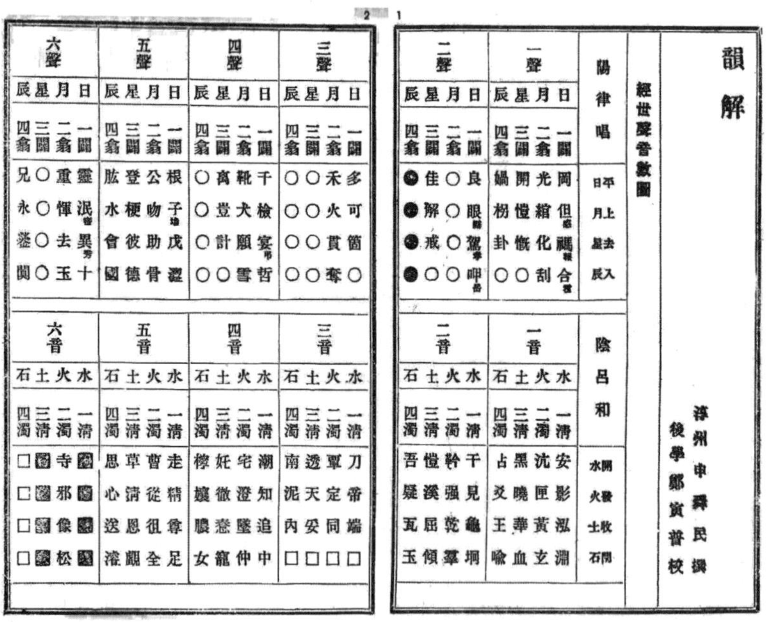

[그림 6] 신경준의 「경세성음수도(經世聲音數圖)」 1

(2012)를 참고할 것.

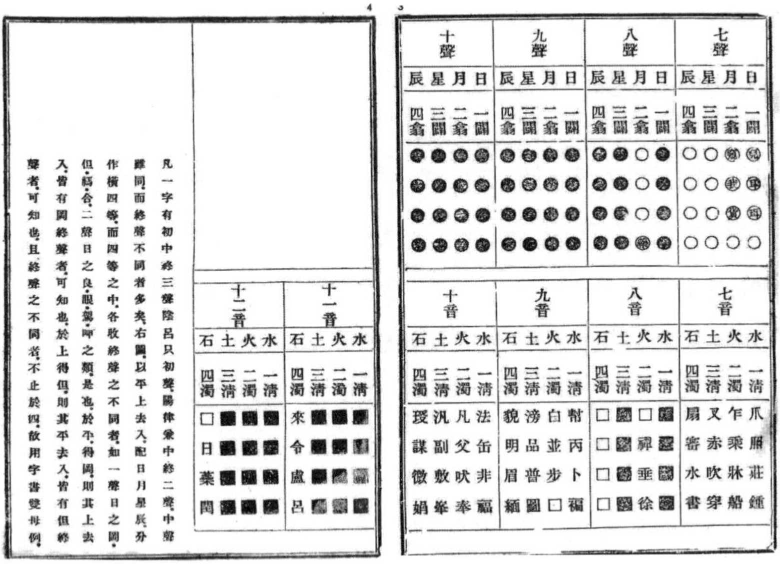

[그림 7] 신경준의 「경세성음수도(經世聲音數圖)」 2

최석정과 신경준 이후 상수학적 성운학 이론은 황윤석과 같은 학자에 의해 계속 이어지고 있다. 황윤석은 『이수신편(理藪新篇)』 속에 「운학본원(韻學本源)」이라는 제목으로 선유들의 성운학적 이론들을 발췌해 놓았는데, 소옹식의 상수학적 성운학은 그가 가장 중시해서 다루고 있는 이론이었다.[83]

황윤석은 최석정이나 신경준과 마찬가지로 소옹의 「성음창화도」를 본떠서 자신의 운도(韻圖)를 새롭게 만들었는데, 그 형태는 신경준이

83 『이수신편(理藪新編)』에서 이(理)란 우주와 인생의 근본 이치를 탐구하는 이치(理學)을 말하며, 수(藪)란 사물이 집중되고 귀속되는 곳을 말한다. 따라서 이수(理藪)란 '이학(理學)의 총집(總集)', 혹은 '물리(物理)의 연원(淵源)'을 의미한다. 황윤석에게는 천문 · 역법 · 수학 · 화성학 · 음운학 등이 이러한 '물리(物理)의 연원(淵源)'을 밝히는 학문, 즉 이수(理藪)에 관한 학문으로서 여겨졌다. 이숭녕(1975), i~vi쪽.

제시한 36자모표와 거의 일치하였다.[84] 하지만 황윤석은 훈민정음의 자형의 기원을 범자(梵字, 산스크리트 문자)로부터 찾으려는 시도를 하였으며, 중국어의 중성이 33개인데 비해 우리나라의 중성은 19개이면 충분하다고 하면서 성음(聲音)의 개수를 이상적 숫자에 따르기보다는 현실음을 기준으로 설정하려고 하였다. 이러한 사실을 토대로 황윤석 역시 신경준과 마찬가지로 성운학을 순전히 소옹의 이론을 그대로 준수하고 있는 학자는 아니었다고 할 수 있다.[85]

7. 맺음말: 신경준 과학사상의 특징

앞에서 살펴본 바와 같이 신경준은 과학기술 관련 저술을 상당한 분량으로 남겨놓고 있다. 신경준이 작성한 친조부에 대한 묘지명에 의하면, 그의 친생 조부인 신선부(申善溥)는 시, 서, 화에 모두 능했는데, 시는 당시(唐詩)에 뛰어났고, 서는 진체(晉體)를 잘했으며, 그림은 핍신(逼神)의 경지였는데, 특히 고전대자(古篆大字)와 영모도(翎毛圖)는 조선 건국 이래 필적할 사람이 드물었다고 한다. 또한 병법서를 즐겨 읽어서 공수진영(攻守營陣), 기정합산(奇正合算), 천시음양(天時陰陽)의 법을 모두 통달했으며, 선기옥형(璣衡儀器)과 보시종(報時鍾), 전진기계(戰陣機械), 주거수차(舟車水車)와 기타 개물이용(開物利用)의 도구에 대해 옛날 제도의 어려움을 모두 풀고, 혹은 새로운 방안을

84 박태권(1972), 144~145쪽.

85 위의 글, 140~152쪽.

적용하여 만들어 낸 것이 많았다고 쓰고 있다.[86] 조부 신선부에 대한 이러한 내용을 보건대, 신경준의 학문의 주요한 특징, 특히 과학기술과 관련된 분야에서 광범위한 지식들을 탐구하고 연구한 모습은 상당 부분 조부와 가학의 전통으로부터 영향을 받은 것이라고 할 수 있다.

이와 더불어 신경준이 강화도에서 수학하던 시기에 정제두(鄭齊斗, 1649~1736) 등의 소론계 유학자들과 교류를 하거나 사습을 하였을 것으로 보이며,[87] 앞에서 서술한 바와 같이 『동국문헌비고』의 편찬 과정을 통해서 서명응, 서호수 일가와도 학문적 교류를 하면서 새로운 서양과학 지식에 대해서도 폭넓은 식견을 갖출 수가 있었을 것으로 짐작된다.[88] 그리고 이러한 교류는 신경준 저술의 다양한 곳에서, 특히 그의 저술들에서 드러나는 상수학적인 특징들을 통해서 강한 흔적들을 남기고 있다.

신경준이 남긴 과학기술 관련 저술의 전체적인 구성을 생각해보면 다음과 같은 특징이 발견된다. 우선 과학 기술 관련 저술의 분량이'엄청난 거질'이라고까지 말할 수 있을 정도로 많지는 않다. 물론 그렇다고 해서 그 분량의 분량이 적다고도 말할 수도 없는데, 이는 당시 여

---

86 신경준(申景濬), 『여암유고(旅菴遺稿)』 권12, 「본생조고진사공묘지명(本生祖考進士公墓誌銘)」, "公於文章天得也, 不大肆力而就, 世稱公有三絶藝, 詩學唐, 筆法晉, 畫以逼神名. 而弱冠後絶筆, 傳于世者絶少. 識者以爲古篆大字及翎毛圖, 國朝三百年, 鮮公敵, 然而公不欲以一藝成名, 又不喜名, 故不留意於是三者. 蚤有遺世遐擧之志, 喜看靑霞子丹訣, 靑霞子南人也, 得其全書, 益求奧旨, 嘗試以行火曰, 不可謂天下無是理也. 又悅孫吳書, 攻守營陣, 奇正合散, 天時陰陽之法皆通焉, 平居一語未嘗及此. 凡璣衡儀器報時鍾, 戰陣機械, 舟車水車, 其他開物利用之具, 解古制之難解.或創智以成者多, 而皆試之己, 不示於人, 畏其名也."

87 정제두의 자연철학에 대해서는 박권수(2008) 187~222쪽을 참고할 것.

88 서명응, 서호수 부자의 과학 활동과 자연철학적 논의에 대해서는 박권수(2006b) 109~125쪽을 참고할 것.

타 학자들의 경우와 비교해보면 알 수가 있다. 또한 신경준이 남긴 과학 기술 관련 저술들 전체를 일람해보면, 우선 천문학 관련 저술이 적은 것을 발견할 수가 있다. 특히 천문(天文, 관측천문학)이나 역법(曆法, 계산천문학)과 관련된 전문적인 과학지식을 담고 있는 저술들이 별도로 남아 있지는 않다. 이는 그의 과학 기술 관련 저술들 전체는, 서명응이나 서유구의 경우와 달리 하나의 체계적인 총서나 저작집을 염두에 두고서 작성된 것이 아니기 때문이라고 생각된다.

이와 관련해서 또 한 가지 지적할 수 있는 점은, 신경준의 저술에는 역학(易學)이나 상수학(象數學)과 관련된 독립된 저작물이 존재하지 않는다는 점이다. 나아가 태극이나 이기론과 같은 우주론, 본체론과 관련된 저술들도 존재하지 않는다. 비록 독립적인 역학, 상수학 저술들이 존재하지 않지만, 그의 저술에는 태극(太極)과 음양오행(陰陽五行), 주역(周易), 도서(圖書), 상수학의 개념들이 계속 등장하며 광범위하게 사용되고 있다. 이러한 점에서 신경준이 남긴 과학기술 저술들은 학문적인 차원보다는 실제적인 사물이나 현실의 문제와 관련된 기술이나 지식들에 관심을 집중하고 있다고 말할 수가 있을 것이다. 그렇다면 이러한 점들을 토대로 과학기술 저술에서 신경준이 보여주고 있는 학문적 관심과 지향을 어떻게 특징지을 수 있을까? 단순히 '실제적 지식에 대한 관심'이나 '실용적 지식에 대한 지향'으로만 특징짓는다면 신경준의 과학사상을 충분히 설명했다고 말할 수 있을까?

신경준의 과학기술 분야와 관련된 여러 저술들을 살펴보면, 그는 분명 세계와 사물에 대해 실제적이고 구체적인 지식들을 탐구하고 정리하고자 하였음을 알 수 있다. 그리고 이러한 저술들에 수록되어 있는 지식의 범위는 아주 다양하고 광범위하다. 그는 일부가 아닌 사물

전체와 세계 전체에 대한 탐구를 수행하고 있었던 것이다. 그런데, 그 동안 연구자들은 신경준의 저술들을 분석하고 연구하면서 그 속에 나타나는 '실용주의적인 면모', 혹은 '구체적이고 실제적인 지식에 대한 추구'의 모습만을 주로 강조하였다. 그러면서 그의 학문에서 나타나는 명물도수지학(名物度數之學)의 성격을 '기술 중심의 실용주의적 학문관'에 따라 사물에 대한 관심이 높아진 결과로서만 이해하였다.

문제는 이와 같은 실제적 지식에 대한 탐구, 그리고 기술주의적, 실용주의적 면모만을 지나치게 강조하면서 신경준의 학문이 마치 전통적인 주자학의 체계나 성리학의 체계에서 상당히 벗어나 있는 것으로 바라본다는 점이다.

하지만 앞에서 살펴본 바와 같이, 우리는 신경준의 저술을 통해서 그가 과학과 기술적 지식에 대해 현실적이고 실용적인 관점을 지니고 구체적인 탐구를 진행하였을 뿐만 아니라, 다른 한편으로 전통적인 자연철학, 혹은 성리학적 자연철학을 토대로 기술적 지식의 기본 원리를 드러내고자 하였음을 알 수 있다. 그리고 신경준이 보여주고 있는 성리학적 자연철학은 상수학적 자연철학의 특징을 기본적 토대로 하고 있음을 알 수 있는 것이다. 신경준은 분명히 조선의 유학자들이 일반적으로 공유하고 있었던 전통적 자연철학 체계, 혹은 상수학을 중심으로 하는 성리학적 자연철학 체계에서 그다지 벗어나지 않았던 학자였는데, 그가 남긴 과학기술 관련 저술에는 이와 같은 특징이 분명하게 반영되어 있다.[89]

89 조선 후기 유학자들이 일반적으로 공유하고 있었던 상수학적 자연철학에 대해서는 박권수(2006a)를 참고할 것.

그런데, 그동안 연구자들은 이와 같은 두 가지의 상이한 측면, 즉 '실제적이고 구체적인 지식에 대한 탐구와 정리'와 '전통적 성리학의 자연철학 관념'이 신경준에게서 공존하고 있음에 모순을 느끼거나 불편하게 느낀 듯하다.[90] 그러면서 그에게서 근대적 과학기술과 유사하다고 생각되는 실제적이고 실용적인 지식의 내용과 그에 대한 탐구만을 강조하여 부각시키고자 하였다.

그렇다면, 이 두 가지의 면모는 과연 신경준의 학문과 사상체계 속에서 과연 어색하게 공존하고 있었던 것일까? 만약 그것이 어색한 상황이 아니었다면, 그에게서 이 두 가지 성격의 지식들은 어떠한 맥락에서 통합되어 있었던 것일까? 필자가 생각하기에 아래의 구절이야말로 신경준의 학문적 지향을 가장 잘 표현하고 있는데, 이를 통해 그의 학문적 체계 내에서 이 두 가지 면모가 어떤 차원에서 공존하고 있었는지를 이해할 수 있을 것이다.

> 일찍이 말하기를, 대장부가 이 생을 살아감에 천하의 일이 모두 내가 깨칠 바이니, 일물(一物)이라도 격(格)하지 못하면 부끄러운 것이요, 일예(一藝)라도 능(能)하지 못하면 병스러운 바이다.[91]

그는 격물(格物), 즉 개개의 사물과 사건들을 대하면서 그 이치를 궁구하는 작업을 학문하는 기본적 자세로 생각하였다. 그리고 이러한

---

90 예를 들어, 「논병선화차제비어지구(論兵船火車諸備禦之具)」를 자세하게 분석한 김재근은 신경준의 병선론 전반에 음양오행 사상이 깃들어 있어 처음에는 그 분석이 꺼려졌다고 고백하고 있다.(김재근(1984), 138쪽.)

91 신경준(申景濬), 『여암유고(旅菴遺稿)』, 권13, 「행장(行狀)」, 153쪽, "嘗曰, 大丈夫生斯生, 天下事皆吾識, 一物未格恥也, 一藝不能病也."

입장에서 '일예(一藝)라도 능(能)하지 못할 수 없다'고 생각하였던 것이다. 그런 이유로 그가 수행한 사물에 대한 지식 탐구의 범위는 기예(技藝)의 차원까지도 포괄하는 것이었다. 신경준은 이러한 작업들을 통해 세계와 사물에 대한 치지(致知), 즉 지극한 앎의 경지에 도달하고자 하였으며, 지식세계 전체를 체계적으로 구성하고자 하였던 것이다.[92]

이제 그가 행한 일예(一藝)에 대한 탐구 작업들의 하나로써 저술해 놓은 「차제책(車制策)」의 구절을 다시 읽어보자.

> 우리 동방에서 선비가 된 자들은 사장(詞章)에 공(功)을 쏟아서 과거에 합격하기를 계책하는 데에 심력(心力)을 다 바치다가 일생을 마친다. (이에 반해) 모든 사물에 대해 해박하고, 다양한 기술에 통하는 길에 대해서는 진실로 족히 책임을 지지는 않는다. 또 산림에 은거하여 수양을 업으로 하는 자들은 왕왕 그 뜻을 높게 하고 그 말을 크게 하면서도 명물도수(名物度數)는 하찮은 일이라고 여기며 지극한 뜻을 두려고 하지 않는다. …… 『서경(書經)』에 정덕(正德), 이용(利用), 후생(厚生)의 세 가지 일은 성인(聖人)이 편벽되게 폐하지 않았다는 것을 알 수 있는데, 진실로 일세의 선비들로 하여금 덕(德)에 근거하고 또한 예(藝)에 노닐면서 격물(格物)의 공(工)을 다하게 함으로써 궁리(窮理)의 밝음에 도달하게 해야 할 것이다.[93]

"예(藝)에 노닐면서 격물(格物)의 공(工)을 다하게 함으로써 궁리(窮理)의 밝음에 도달하게 해야 할 것"이라는 마지막 구절은 그의 행한 과학기술적 지식에 대한 탐구의 목표가 결국에는 모든 사물의 궁극적

---

92 고동환(2000), 199쪽.

93 원문은 앞의 각주 49)를 참고할 것.

이치를 탐구하는 데에 있음을 의미한다. 이와 같은 학문적인 태도는 성리학자, 혹은 주자학자가 인간과 자연세계를 대하고 학문적 탐구를 수행하려는 기본적인 입장이었다.

그런데 이러한 관점에서 보면 신경준의 저술 속에서 과학기술과 실용적 지식에 대한 상세하고 구체적인 탐구의 결과들은, 신경준의 자연과학 사상을 구성하고 있는 또다른 부분인 태극과 음양오행, 주역, 도서, 상수학 등 전통적 자연철학의 내용들과 밀접하게 연결되고 함께 공존하고 있음을 충분히 이해할 수 있다. 즉, 신경준의 저술에서 나타나는 상수학적 자연철학의 연구는 자연세계와 기술적 지식들에 대한 보다 엄밀하고 통합적인 이해와 수리적인 이해를 얻고자 하는 노력의 일환이었다. 상수학, 혹은 상수학적 자연철학은 그가 자연세계를 바라보고 실용적 지식을 연구하는 이론적 틀로 작용한 것이다.

따라서 신경준이 행하였던 천문학과 천문관측 기구에 대한 연구와 조선의 지리 지식에 대한 정리, 도로와 강하(江河)에 대한 연구, 조석(潮汐)에 대한 탐구와 조석시각에 대한 정리, 수레와 선박, 화차 등과 같은 기술적 지식에 대한 탐구, 상수학적 음운학의 연구 등은 결국 '사물과 세계에 관한 모든 지식들을 정리하고 이해'하고자 하는 지적인 욕구와 학문적 전망을 구현하고자 한 구체적인 노력의 결과물들이었던 셈이다. 그리고 이러한 점에서 신경준의 저술들에서 드러나는 명물도수(名物度數)에 대한 관심과 상수학적 자연철학 연구는 곧 모든 사물과 세계의 궁극적 이치를 온전히 탐구하고 기술하고자 하는 성리학자의 모습에서 크게 벗어나는 것이 아니다. 뿐만 아니라 역으로 신경준의 저술에서 나타나는 상수학적 자연철학의 면모는 구체적이고 실제적인 지식에 대한 지향, 즉 신경준 학문의 '실학적 성격'의 또다른 일면이라고 볼 수 있을 것이다.

따라서 그의 저술들과 학문적 논의들을 가지고서 어떤 불편함을 느낀다면, 그것은 신경준이 가졌던 불편함이 아니라, 오히려 전통시대로부터 근대주의적 측면만을 읽어내고자 하였던 현대 연구자들의 불편함이라고 봐야 할 것이다.

參考文獻

신경준(申景濬), 『여암전서(旅菴全書)』 (경인문화사, 1976).

강신항(1959), 「신경준(申景濬)의 기본적(基本的) 국어학(國語學) 연구(硏究) 태도(態度)", 『국어국문학』, 제20권, 국어국문학회.

______(2003), 『훈민정음연구』, 성균관대출판사.

고동환(2003), 「旅菴 申景濬의 학문과 사상」, 『지방사와 지방문화』, 제6권 2호, 역사문화학회.

구만옥(2001), 「조선후기 조석설과 '동해무조론'」, 『동방학지』 별책 111집, 연세대학교 국학연구원.

______(2008), 「朝鮮後期 '儀象' 改修論의 推移」, 『동방학지』 144집, 연세대학교 국학연구원.

김문식(2006), 「18세기 서명응(徐命膺)의 세계지리 인식」, 『한국실학연구』, 한국실학학회.

김석득(1975), 「실학과 국어학의 전개-최석정과 신경준과의 학문적 거리-"」, 『동방학지』, 16집, 연세대학교 국학연구원.

김성규(1997), 「최석정의 경세정운도설 1」, 『문헌과해석』 1호

______(1998), 「최석정의 경세정운도설 2」, 『문헌과해석』 2호

김영식(2005), 『주희의 자연철학』, 예문서원.

김 일(2001), 「신경준의 《훈민정음운해》와 그의 역학적 언어관」, 『중국조선어문』 3호, 길림성민족사무위원회.

김재근(1984), 『韓國船舶史硏究』, 서울대학교출판부.

류명환(2014), 『여암 신경준과 역주 도로고』, 역사문화.

______(2016), 「필사본 『사연고』의 편찬 현황과 성격에 대한 연구」, 『문화역사지리』 제28권 제3호, 한국문화역사지리학회.

______(2016), 『역주 가람고』, 역사문화.

박권수(2006a), 「조선후기 象數學의 발전과 변동」, 서울대학교 박사학위논문.

______(2006b), 「서명응 서호수 부자의 과학활동과 사상-천문역산 분야를 중심으로」, 『한국실학연구』 제11집, 109~125쪽

______(2008), 「霞谷 鄭齊斗의 象數學的 自然哲學」, 『韓國思想史學』 제30집, 187~222쪽

박태권(1972), 「황윤석의 어학설에 대하여」, 『한글』, 146호.

배윤덕(1990), 「최석정의 경세정운 연구-韻攝圖와 관련하여-」, 『국어국문학』 104호, 국어국문학회,

______(1995), 「최석정의 경세정운 연구-外內四攝부터 外內八攝까지-」, 『국어국문학』 114호, 국어국문학회.

배우성,(1996), 「18世紀 官撰地圖 製作과 地理 認識」, 서울대학교 박사학위논문.

심소희(1996), 「《皇極經世書·聲音唱和圖》와 訓民正音의 正音觀 연구」, 『대한음성학회 제회음성학학술대회 논문집』.

______(2013), 『한자 정음관의 통시적 연구』, 이화여자대학교 출판부.

양보경(1995), 「『大東輿地圖』를 만들기까지」, 『한국사시민강좌』 16집.

______(1999), 「여암 신경준의 지리사상」, 『국토연구』, 211호, 국토문화원.

오병무(1996), 「여암(旅菴) 신경준(申景濬)의 '소사문답(素沙問答),에 관한 존재론적 조명」, 『건지철학』, 4권, 한국건지철학회.

유창균(1988), 『국어학사』, 형성출판사

______(1989), 「皇極經世書가 國語學에 끼친 영향」, 『石堂論叢』 15, 1989.

이강오(1993), 「旅菴 申景濬의 素沙問答」, 『丹石 韓端錫教授 停年紀念論文集』, 鮮明出版

伊藤英人(1995), 「申景濬의 『韻解訓民正音』에 대하여」, 『국어학』, 25호, 국어학회.

________(2012), 「旅菴의 한자음-그 한국적 특징과 보편성」, 『여암 신경준 선생 탄생 300주년 기념 국제학술대회 논문집』, 65~92면.

이숭녕(1975), 「理藪新編解題」, 『理藪新編』, 亞細亞文化社影印.

이은성(1985), 『曆法의 原理分析』, 정음사.

이준형(2011), 「旅菴 申景濬의 學問傾向과 詩世界」, 서울대학교 석사학위논문.

전상운(1998), 『한국과학사의 새로운 이해』, 연세대출판부.

부록

- 신경준 연보
- 여암 신경준 연구논저 목록
- 『여암 신경준 연구』 집담회
- 찾아보기

신경준 연보[1]

여암(旅菴) 신경준(申景濬, 1712~1781)

1712년(숙종 38) 4월 15일, 순창 남산 옛집[舊第]에서 부친 뢰(淶), 모친 한산 이씨 [진사(進士) 의홍(儀鴻)의 딸]의 맏아들로 태어나다. 부친이 꿈에 큰 붉은 호랑이가 하늘로부터 내려오니, 한 노인이 이는 추성(樞星 : 북두칠성 중에 제일 첫째 별)의 정(精)을 말하니 반드시 뛰어난 아들이 태어날 것이라고 해몽하다.

1~2세 : 1712~13 생후 8~9개월 만에 벽에 걸린 것이 문자임을 알아내다.

4세 : 1715년(숙종 41) 주흥사(周興嗣)의 천자문을 읽고 문자를 쓰다.

5세 : 1716년(숙종 42) 어릴 때부터 재주가 남달라서 5살 때부터 시경(詩經)을 읽고, 글공부가 크게 나아가다.

7세 : 1718년(숙종 44) 「용기부(龍旂賦)」를 짓다.

8세 : 1719년(숙종 45) 서울에 올라가서 공부를 시작하다. 그해 겨울에 강화도로 건너가 공부하다.

9세 : 1720년(숙종 46) 강화도에서 공부하면서 부모를 생각하며 「사비곡(悲思曲)」을 짓고 산에 올라가 읊으니 듣는 사람이 가엽게 여기다.

12세 : 1723년(경종 3) 순창으로 낙향하다.

15세 : 1726년(영조 2) 문장이 이루어졌다고 평가 받다.

17세 : 1727년(영조 3) 태인현의 시산(詩山 : 현재 정읍시 칠보면)에 거주하다.

18세 : 1729년(영조 5) 「농구(農謳)」를 짓다.

* 17~18세 : 고체시(古體詩)를 즐겨 지었고, 당손로(唐孫盧)를 본받아 많은 시를 지었다.

19세 : 1730년(영조 6) 여름에 옥과현(현 전라남도 곡성군 지역)의 이양(伊陽) 옛집에 살았는데, 2년 동안 머무르다. 이곳에서 「유자음(遊子吟)」을 짓고, 백운산(白雲山 : 전남 광양시 다압면에 있는 산)을 유람하다.

---

1 '신경준 연보'를 작성함에 있어 신경준의 문집, 묘갈명, 묘지명, 행장 등의 기록과 『승정원일기(承政院日記)』, 『영조실록(英祖實錄)』, 『비변사등록(備邊司謄錄)』 등의 조선왕조 관찬 기록 등을 참조했다. 이 자료 중에서 서로 어긋나는 기록이 있을 경우 『승정원일기』 등 조선왕조의 관찬 기록을 우선 적용했음을 밝힌다.

21세 : 1732년(영조 8) 이때부터 과거공부를 위해 서울과 충청도지역을 두루 돌아다니다.

22세 : 1733년(영조 9) 서울과 충청도 사이를 매우 분주하게 다녔다. 한 해 동안 다닌 거리는 적어도 천여리가 넘는다.

23세 : 1734년(영조 10) 온양(溫陽)을 여행하다가 어린아이의 물음에 대한 답으로 『시칙(詩則)』을 저술하다. 정해(貞海) 이정지(李正之)의 시골집을 방문하여 그 동생인 이신지(李新之)를 만나다.

24세 : 1735년(영조 11) 온양의 산재(山齋)에 머무르다.

26세 : 1737년(영조 13) 부친상을 당하다. 부친상을 당한 이후 모친을 모시고 경기도 소사로 이사하다. 그런데 이웃집의 화재로 집이 불타다.

27세 : 1738년(영조 14) 소사(素沙)에서 3년을 생활하면서 『소사문답(素沙問答)』을 저술하다.

29세 : 1740년(영조 16) 「채포인(菜圃引)」을 짓고, 소사에서의 생활과 경험을 소재로 「소사감회(素沙感懷)」를 짓다.

* 1732년 이후부터는 연속되는 상화(喪禍)로 29세인 1740년(경신년)까지 여러 곳을 옮겨 다녔던 까닭에 시를 짓지 못하다.

30세 : 1741년(영조 17) 정월 상순에 직산(稷山)으로 이사했고, 이후 여가가 없어 고향의 매화나무를 제대로 돌보지 못했다. 여러 해 동안 귀향하지 못했는데, 1년에 한 차례 또는 두 차례 고향집에 들렀지만 매번 매화가 필 때가 아니었다. 10년 동안 한 번도 매화가 핀 것을 볼 수 없었다. 두 번째 부인 강릉 최씨와 외할머니, 삼촌과 숙모가 모두 돌아가시다. 직산에서 「직주기(稷州記)」를 저술하다.

* 20세에서 30세 사이에 등산을 좋아하여 변산, 선운산, 백양산, 추월산, 무등산, 황학산, 백운산, 방장산(지리산), 마이산, 대둔산, 계룡산, 태화산, 오서산, 가야산, 용문산, 월농산, 마니산의 참성단까지 오르다.

31세 : 1742년(영조 18) 정월 두 번째 부인 강릉 최씨의 장례를 치르다.

33세 : 1744년(영조 20) 봄에 친할아버지[본생조(本生祖)]인 선부(善溥)가 며칠을 앓더니 돌아가시다. 할아버지의 상을 치른 이후 이해 겨울에 경기도에서 순창으로 돌아와서, 고향주변의 나무와 꽃 등을 보면서 「순원화훼잡설(淳園花卉雜說)」을 짓다. 11월에는 옛집에 있던 상자에 보관되어 있던 20세 전에 지었던 고체시(古體詩)를 가려서 책을 만들다. 고향에 돌아오니 어머님께서 "가난이 괴로운 것이 아니라 공부가 모자란 것이 부끄러운 것이니 나를 걱정하지 말고 너만을 걱정해라. 무릇 효라는 것은 그 뜻을 키우는 데 있다"고 여암에게 훈계하다.

34세 : 1745년(영조 21) 상월선사(霜月禪師)가 순창에 있는 신경준을 방문하다.

37세 : 1748년(영조 24) 모친상을 당하다. 향시의 초시에는 합격[발해(發解)]했으나, 지리산을 유람하느라 회시(會試)에 참가하지 못하다.

39세 : 1750년(영조 26)『훈민정음운해(訓民正音韻解)』를 저술하다. 그해 덕유산을 놀러가서 절에 보관되어 있는 백도연적(白陶硯滴)에 대해 승려와 얘기를 나누다.

41세 : 1752년(영조 28) 봄에 지리산 쌍계 계곡에 놀러가서 뛰어난 경치를 감상하다.

* 순창으로 돌아온 33세에서 과거에 합격하여 벼슬길에 나아가기 전 10년간 여암은 순창에서 과거 공부와 더불어 다양한 저술을 완성했으며, 주변의 명산을 두루 돌아다녔을 뿐만 아니라, 불교의 선사들과도 교류하였다.

43세 : 1754년(영조 30) 호남좌도 증광초시(增廣初試)에 응시 1등으로 합격하다. 당시의 장시관(掌試官)은 이계(耳溪) 홍양호(洪良浩, 1724~1802)였고, 이때의 책제(策題)가 거제(車制)였다. 홍양호가 장시부관(掌試副官)인 호남 수령 두 명에게 호남에서 제일 뛰어난 선비가 누구냐고 묻자, 모두 다 순창의 신경준을 지목하였고, 홍양호가 신경준이 쓴 글을 최고로 뽑아내자 호남 수령들이 놀랐다고 한다. 이로써 보면 신경준은 과거급제 이전부터 호남 지역에서 제일 뛰어난 유생으로 이름을 날리고 있었음을 알 수 있다. 이해 여름에 서울로 올라와서 증광문과(增廣文科)에 중고(中高, 을과(乙科) 7명 중에서 높은 성적)성적으로 급제하였다.

- 윤 4월 11일 영조가 명정전(明政殿)에서 문무과 합격자를 면담할 때 신경준이 전시(展試) 답안지에 자(字 : 순민(舜民))를 누락한 사실을 지적하고, 글 잘하는 선비는 자(字)를 누락하지 않는다고 힐책하고 전시에서 지은 주문(奏文) 구절을 외우게 하다.
- 윤 4월 26일 가주서(假注書, 정7품)가 되다.
- 윤 4월 27일 신경준이 밖에 있었기 때문에 임일원(任一源)으로 가주서를 삼다.

44세 : 1755년(영조 31) 나주괘서사건이 발생하자 3월 3일 홍문관 부정자(副正字, 종9품)로 이광좌(李光佐) 등 소론 준론계(峻論系)를 성토하는 소북계 인사들이 올린 상소에 참여하다.

- 4월 15일 가주서로 임명되다.

45세 : 1756년(영조 32)『강계고(疆界考)』를 완성하여 역사지리 전문가로서 입지를 굳히다.

- 3월 12일 휘릉별검(徽陵別檢, 종8품)에 임명되다.

46세 : 1757년(영조 33) 2월 13일 의금부에서 여러 능의 별검과 참봉에 대해 직을 물러나게 한 후에 체포하라는 명령에 따라 신경준도 의금부에 20일 정도 투옥되었다가, 3월 5일 정성왕후(貞聖王后 : 영조의 비(妃)의 초상(初喪)을 맞아 석방되다.

47세 : 1758년(영조 34) 이 해에 휘릉별검의 근무 기한을 다 채워 6품직으로 승진하였고, 10월 18일 성균관 전적(典籍, 정6품)에 임명되다.

- 12월에는 홍릉(弘陵) 제관(祭官)에 차정되어 홍릉 재소(齋所)에서 숙직하다.

48세 : 1759년(영조 35) :

- 5월 28일 예조좌랑(禮曹佐郎, 정6품)에 임명되다.
- 6월 5일 춘추관의 겸춘추(兼春秋) 후보에 오르다.
- 6월 8일 춘추관의 기사관(記事官, 정6품)에 임명되다.
- 6월 23일 춘추관의 예비 겸춘추 신경준이 신병(身病)이 중하여 직임을 다하기 어려우니 잠시 직에서 물러나게 하다.
- 윤 6월 16일 겸춘추 신경준을 통정대부(通政大夫)로 가자(加資)하다.
- 7월 14일 춘추관 기사관(記事官)에 임명되다.
- 8월 4일 병조좌랑(兵曹佐郎, 정6품)에 임명되다.

49세 : 1760년(영조 36) :

- 7월 26일 사간원 정언(正言, 정6품)에 임명되다.
- 8월 3일 순창에 있었기 때문에 신속하게 상경하라는 어명을 받들지 못하였다. 이에 영조가 신경준을 파직하여 의금부에서 압송하라고 명령하였다가, 순창이 서울과 멀리 떨어져 있음을 감안하여 신경준을 처벌하지 말 것을 다시 명령하다.
- 8월 30일 신속하게 상경하라는 어명에도 기한을 넘겨도 상경하지 않은 신경준의 직임을 체직(遞職)하고 의금부에서 추고(推考)할 것을 아뢰자 사도세자가 이를 허락하다.
- 9월 24일 부사과(副司果, 종6품)에 임명되다.
- 12월 2일 이조좌랑(吏曹佐郎, 정6품)에 임명되다.
- 12월 19일 이조정랑(吏曹正郎, 정5품)에 임명되다. 1761년(영조 37) 말까지 이조정랑직임을 수행하다.
- 「첨학정십경(瞻鶴亭十景)」을 짓다.

51세 : 1762년 (영조 38) :

- 1월 16일 서산군수(瑞山郡守, 종4품)로 임명받다. 서산군수로 재직하면서 큰 기근이 닥치자, 자신의 봉급을 줄여서 빈민들의 진휼에 보태고, 소금을 구워 무역하여 굶주린 백성을 구제하다. 또한 기후를 잘 살펴서 미리 백성들에게 이를 대비토록 했는데, 이해 가을에 큰비가 내릴 것으로 예상하고 벼가 여물었으나,

아직 익지는 않은 상태[숙화미등(熟禾未登)]에서 급히 명령을 발하여 모든 벼를 베어내게 하였다. 여암의 예상처럼 벼를 베어낸 지 3일 만에 큰비가 내려 다른 지역과 달리 서산 지역은 피해를 입지 않았다.

52세 : 1763년(영조 39) :

- 7월 7일 사간원 정언에 다시 임명되다. 서산군 임소에 있기 때문에 신속히 상경하여 사간원 정원으로 일하라고 하유(下諭)하다. 서산의 임소를 떠나려 하자 서산군의 남녀노소가 길을 가로막고 계속 머물러 달라고 호소하고, 떠나게 된다면 옷이라도 남겨 두어 제사를 지내게 해달라고 요청했으나 여암은 이를 웃으면서 거절하다.
- 7월 19일 부사과로 임명되다.
- 7월 22일 충청도사(忠淸都事, 종5품)로 임명되어, 충청도의 과거시험을 관장하다.

53세 : 1764년(영조 40) :

- 충청도에 사형수 3명에 대한 재판을 관찰사와 유능한 수령 7~8명이 모여 판결하도록 하였지만, 판결하지 못하였는데, 충청도 관찰사가 여암에게 이를 판결하도록 요청하자 여암이 판결하여 3명의 사형수를 석방하였다. 사형수를 석방한 지 얼마 되지 않을 때 셋째 아들이 태어나서 아들의 이름을 활삼(活三)이라고 짓다.
- 충청도사로 조운(漕運)을 감독하였고, 근무 기한을 채워 고향에 돌아오다.
- 9월 17일 사헌부 장령(掌令, 정4품)에 임명되었지만, 고향에 있었기 때문에 곧 교체되다.
- 9월 29일 부사과에서 부호군(副護軍)으로 승진 명단에 오르다.
- 12월 3일 사헌부 장령으로 다시 임명되다.
- 12월 4일 부호군으로 승진 발령이 나다.
- 12월 25일 장연현감(長淵縣監, 종6품)으로 임명받다.

54세 : 1765년(영조 41) :

- 1월 3일 종6품직 장연현감에서 종3품직 장연부사(長淵府使, 종3품)로 수정 임명받다.
- 2월 18일 영조가 팔도 방백 수령들에게 자신이 다스리는 지역의 풍속과 민막(民瘼)에 대한 부(賦)를 지어 올리라는 명령에 따라 「민은시(民隱詩)」를 지어 올리자 영조가 매우 잘 지은 시라고 칭찬하다.
- 장연에서 셋째 아들 활삼이 따라와 9개월을 함께 지내다.
- 장연부사로 재임 시 군교와 활리(猾吏)의 농간을 바로잡다.

- 황해도 장연에서 고향으로 돌아오다. 이때 집이 낡아 비가 샐 지경이었다.
- 12월 22일 사간원 헌납(獻納, 정5품)으로 임명되다.

55세 : 1766년(영조 42) :

- 1월 2일 장연에 있는 헌납 신경준에게 신속하게 상경할 것을 명하다.
- 9월 14일 통례원(通禮院) 우통례(右通禮, 정3품)로 임명되다.

56세 : 1767년(영조 43) :

- 7월 15일 신경준이 휴가 기간을 넘겨 상경하지 않으므로 직임을 교체하다.
- 7월 15일 사간원 사간(司諫, 종3품)에 임명하다.
- 8월 9일 사간으로 임명을 받았으나, 지방에 있어 사헌부로 복귀하지 않은 자들에게 불서지전(不敍之典)을 시행하다. 이때 신경준은 면천(沔川) 유배형에 처해지다. 이해를 면천에서 귀양살이로 넘기다.

57세 : 1768년(영조 44) :

- 2월 10일 영의정 김치인(金致仁)이 신경준이 대간으로 때에 맞춰 상경하지 못한 것은 문제가 있으나 이미 유배 생활이 해를 넘겼으므로 특별히 신경준의 귀양을 풀고 석방할 것을 건의하자 영조가 이를 허락하다.
- 3월 3일 면천 유배에서 풀려나 순창으로 돌아오다.
- 8월 23일 순창에 있다가 사간원 사간으로 복귀하다.
- 9월 14일 이조판서 조명정(趙明鼎)이 고산찰방(高山察訪) 후보에 천거하였으나 영조는 신경준이 어떤 사람인지 모르겠다고 하여 서용(敍用)되지 않다.
- 12월 13일 홍봉한(洪鳳漢)이 전라도 강진현감으로 천거하였으나, 영조는 또 신경준이 어떤 사람인지 모른다고 하여 받아들이지 않다.
- 12월 26일 다시 사간으로 임명되다.

58세 : 1769년(영조 45) :

- 4월 23일 사간으로 다시 임명되다.
- 윤5월 16일 『동국문헌비고(東國文獻備考)』의 상위고(象緯考)가 이루어지다. 임금이 『동국문헌비고』가 이루어진 것은 신경준의 『강역지(疆域誌)』에 의거한 것이라 하여 특별히 가자(加資)하다.
- 7월 27일 종부시정(宗簿寺正)로 임명되다.
- 명을 받들어 강화도의 선원각(璿源閣)을 수리하고, 이를 완수한 이후에 순창으로 내려가다.
- 순창으로 내려와 셋째 아들 활삼(活三)과 함께 있었지만, 곧 다시 벼슬길에 올라

이후론 셋째 아들을 다시 보지 못하다.

- 10월 8일 부사과로 임명되다.
- 11월부터 비변사 좌목에 부사과의 직함으로 비변사의 낭청으로 근무하다.
- 11월 25일 통례원 우통례(정3품)로 임명되다.
- 11월 29일 지방에 있어 숙배(肅拜)하지 못하자 우통례 직임에서 교체되다.
- 12월 비변사 좌목에 전통례(前通禮) 직함으로 비변사 문랑청(文郎廳)으로 근무하다.
- 12월 21일 다시 사간으로 임명되다.
- 12월 24일 홍봉한이 신경준은 언어가 불선(不善)하지만, 총명하고 꼼꼼하고, 전고(典故)에 밝기 때문에 비변사 문랑관(文郎官)으로 강역지의 교정을 맡길 수 있다고 천거하였고, 영조가 신경준이 노론, 소론 중에 어디냐고 하자 홍봉한이 노론은 아니라고 답하다. 이때 비변사 문랑청으로 임명되다.
- 12월 24일 『강역지(疆域誌)』의 이름을 『여지편람(輿地便覽)』으로 바꾸고, 신경준을 사헌부 사간에서 다시 비변사의 편집청 낭청으로 임명하여, 이 책의 편찬과 교정에 전념토록 하다.

59세 : 1770년(영조 46) 이해 초에 영조는 대궐 내에 찬집청(纂輯廳)을 설치하고, 문학지사(文學之士) 8인을 뽑아 『문헌비고(文獻備考)』를 편찬하게 하다. 여암은 「여지고(輿地考)」를 관장했지만, 영조가 자주 입시하게 하여 밤늦도록 대화를 나누었다. 술과 음식, 호조와 선혜청에서는 쌀과 돈을, 어영청과 금위영 등 군문(軍門)에서는 땔감을 내려주다.

* 이 한 해는 매일 또는 이틀에 한 번꼴로 영조와 대면하면서 『문헌비고』 「여지고」 편찬에 열중했다. 영조의 특별한 배려로 창경궁 안의 태복시(太僕寺) 직방(直房)에 거처를 마련했을 뿐만 아니라, 때대로 음식과 술을 내려주었고, 의정부, 호조, 선혜청, 훈련도감, 금위영 등에서 매달 쌀과 돈을 지급하여 평상시 받는 녹봉의 부족분을 보조해 주었다. 이처럼 궁궐 내에 거처를 마련한 까닭은 밤늦게까지 작업하는 신경준이 궁궐 출입으로 불편이 많았기 때문에 영조가 특별히 배려한 것이다.

- 1월 통례원 우통례 직함으로 비변사 낭청으로 근무하다.
- 1월 5일 비변사 문랑청(文郎廳)으로 임명되다.
- 1월 5일 영조가 저녁 늦은 시간에 일하고 있는 여암을 보고 "이미 여러 해 동안 나를 시종했는데 네가 어떤 사람인지 몰랐다. 지금 아뢰는 바를 들으니 실로 직접 대면이 늦었던 것이 너무나 한스럽구나"라고 얘기하다.
- 1월 6일 영조가 신경준을 해박지재(該博之材)이며, 질박하고 진실된 것은 북도(北道) 사람과 같다고 평가하다.

- 1월 8일 새로 편찬한 책의 제목을 『해동문헌통고(海東文獻通考)』로 정하다. 후에 이 책은 『동국문헌비고(東國文獻備考)』로 최종 정해진다.
- 1월 10일 장악원정(掌樂院正, 정3품)이 되다.
- 1월 14일 영조가 신경준의 인물됨을 평가하면서 북도풍(北道風)이 있어 귀하다고 말하다.
- 1월 27일 신경준이 영조 앞에서 『강역고(疆域考)』를 읽다.
- 비변사 2월 좌목 장악원정의 직함으로 비변사 낭청으로 근무하다.
- 2월 5일 영조가 신경준을 알게 된 것이 늦었음을 한스럽게 여기다.
- 2월 8일 신경준이 『산수고(山水考)』를 완성하여 아뢰다.
- 3월 18일 신경준 등이 『문헌비고』 초고를 진독(進讀)하다. 신경준은 「여지고(輿地考)」를 담당하다.
- 3월 28일 신경준에게 창덕궁 궁궐 내의 태복직방(太僕直房)에 거처를 정하도록 허가하다. 영조가 여암이 궁궐 출입의 불편 없이 『문헌비고』 편찬 작업에 열중할 수 있도록 배려한 것이다.
- 4월 9일 영조가 『문헌비고』가 5월 내로 완성될 것인가를 묻자 5월 내에 완성되지는 못할 것이라고 답하다.
- 5월 14일 영조가 신경준에게 「여지고」를 읽게 하다.
- 5월 23일 셋째 아들 활삼이 병으로 죽다. 후에 묘명(墓銘)을 짓다.
- 윤5월 10일 영조가 '여지도(輿地圖)'는 예로부터 드문 일이라고 평가하고, 신경준을 편집청의 주인이라고 평가하다.
- 윤5월 16일 장악원정 신경준을 오위장(五衛將)으로 임명하다.
- 윤5월 16일 신경준의 해박함은 누구도 따라올 수 없다고 평가하다.
- 윤5월 16일 『동국문헌비고』의 「상위고(象緯考)」가 이루어졌다. 임금이 몸소 숭정전에서 받고, 편집청의 당상과 낭관에게 차이를 두어 상을 내렸다. 신경준에게는 호조와 선혜청에서 돈과 쌀을 그리고 두 군문에서는 신탄(薪炭)을 지급하였다. 임금이 『문헌비고』가 이루어진 것은 신경준의 『강역지(疆域誌)』에 의거한 것이라 하여, 특별히 가자(加資)하여 통정대부로 승진하다.
- 윤 5월 17일 영조가 여지도를 완성한 공이 매우 크므로 신경준에게 공해(公廨)를 택하여 가지도록 하다.
- 윤 5월 21일 「여지고(輿地考)」의 교정이 끝난 후 목록에 따라 차례로 제출하도록 분부하다. 신경준을 "이 책의 주인이다"라고 평가하다.
- 6월 10일 신경준에게 『동국여지도(東國輿地圖)』(처음에는 『여지도(輿地圖)』로

불리다가 『동국여지도』로 바뀌었음)의 정본이 아직 완성되지 않았는지를 묻다. 신경준이 면과 마을이름은 모두 수록되었는데, 332개 군현의 지도는 대소가 부동하여 책으로 만들기가 어렵다고 보고하다.

- 6월 11일 휴가를 얻어서 자리를 비운 승지 대신에 오위장 신경준을 임시로 승지로 임명했다가, 다시 오위장으로 복귀하다.
- 6월 12일 신경준이 동부승지(同副承旨, 정3품 당상관)가 되다.
- 6월 20일 병조 참지(정3품)로 임명되다.
- 6월 29일 부사직
- 7월 8일 예조낭청
- 7월 22일 『동국문헌비고』 편집청의 감인당상(監印堂上)
- 7월 24일 영조가 신경준에 대해 속태(俗態)가 없을 뿐만 아니라 시체(時體)도 아니다. 늘그막에 신경준을 얻어 기쁘다고 말하다.
- 8월 3일 『동국여지도(東國輿地圖)』의 초고가 완성되다.
- 8월 21일 영조가 『해동문헌비고(海東文獻備考)』(이 책의 이름은 후에 『동국문헌비고』로 정해진다)의 서문을 직접 쓰고 나서 이 책의 완성에 가장 공이 큰 사람은 신경준이라고 평가하다.
- 8월 24일 『동국여지도』가 완성되다. 이 지도책은 처음에는 『동국문헌비고』에 함께 실릴 예정이었지만, 책에 지도를 수록한다는 것이 전례가 없어서 영조가 특별히 『동국여지도』의 제작을 따로 하도록 명령하였다. 신경준의 발문에 따르면, 여암은 자신의 집에 소장되어 있는 10여 건의 지도와 여러 집안에 소장된 옛 지도들을 참고하였고, 정항령(鄭恒齡)의 부친인 정상기(鄭尙驥, 1678~1752)가 제작한 백리척을 사용한 『동국지도(東國地圖)』를 본보기 삼아 여기에 약간의 교정과 수정을 거쳐 6월 6일 시작하여 8월 24일에 드디어 끝냈다. 『동국여지도』는 정상기가 만든 『동국지도(東國地圖)』처럼 백리척을 사용하여 만든 지도로 주척(周尺) 2촌(寸)을 1선(線), 종선(縱線)은 76, 횡선(橫線)은 131로 구획을 했고, 「열읍도(列邑圖)」 8권, 「팔도도(八道圖)」 1권, 「전국도(全國圖)」 족자 1개로 구성되었다. 「전국도」 족자는 360여 개의 군현의 크기와 멀고 가까움을 한 번에 펼쳐 손바닥 들여다 보듯이 알 수 있도록 한 것으로 영조는 대전(大殿)에 이를 걸어두고 항상 참조하였다.
- 9월 1일 신경준을 승지로 임명하다. 영조는 여암을 승지로 임명하면서 "승지의 머리칼이 반백이 되었고, 나도 그러한데 이렇게 늦게 만난 것이 한스럽다"고 한탄하고, 또 "여암의 부모가 모두 돌아가셨고, 나도 또한 그러하니 그 또한 나와 같다며 함께 눈물을 흘리면서 승지로서 일을 마치고 나서도 나에게서 멀리 떨어지지 않도록 하라"고 당부하다.

- 9월 5일 우부승지가 되다. 이후 승지로 업무를 계속하다.

  * 2년 전인 1768년 고산찰방, 강진현감으로 추천했을 때 영조는 여암이 어떤 사람인지 모른다고 얘기하면서 신경준을 추천한 이조판서를 처벌하기도 했지만, 1770년 1월 우통례로 비변사 문랑청으로 근무하면서 『동국문헌비고』의 편집을 담당하면서 영조의 지음(知音)을 얻게 된다. 1770년 1월 영조는 여암에게 "이처럼 늦게 알게 된 것이 한스럽다"라고 평가하고, 9월 영조는 "일을 마친 이후에도 나에게서 멀리 떨어지지 않도록 하라"라고 하여 여암에 대한 무한한 신뢰를 보여주고 있다.

- 9월 22일 참찬관(參贊官, 경연을 담당하는 정3품 관직)
- 10월 2일 부사직
- 11월 9일 동부승지
- 11월 13일 최익남 상소를 봉납(奉納)한 신경준에 대해서 불서지전(不敍之典)에 처하다.
- 11월 25일 신경준을 승지에서 쫓아내고, 삭직지전(削職之典)을 시행하다.
- 최익남이 영의정 김치인을 비난하는 상소를 올린 것에 대해서 영조가 신경준에게 옳고 그름을 물었으나 여암은 '네네'라고만 답하였다. 3번이나 영조가 물었지만, 대답을 하지 않아 영조가 호서의 바닷가 고을에 유배형을 내렸다. 여암이 대답을 하지 못한 것은 최익남의 상소 중에 말하기 어려운 부분이 있어서, 이를 배척하는 말을 하고 싶지 않았기 때문이다.
- 11월 26일 영조는 신경준을 최익남의 상소를 봉납한 죄로 은진현에 3년 유배형에 처했다. 그러나 은진현이 신경준의 고향인 순창과 가깝기 때문에 유배가 풀린 이후 여암이 영원히 고향으로 낙향할 것을 염려하여 영조는 유배 장소를 수원부로 옮겼다. 3년 유배형이었지만, 24일 동안 유배 생활을 하고 곧 풀려나다.
- 12월 25일 수원의 유배에서 풀려 부사직으로 복귀하다.
- 『도로고(道路考)』를 완성하다.

60세 : 1771년(영조 47) :

- 1월 27일 우부승지로 다시 복귀하다.
- 2월 10일 우부승지 신경준이 지방에 있어 참례하지 못하다
- 2월 11일 부사직에서 사직(司直, 정5품)으로 승진하다.
- 2월 17일 영조가 신경준이 공로가 많다고 하여 북청부사(北青府使)로 임명하다.
- 북청부사로 근무할 때 들에 있는 무너진 고분을 발견하고 도관(陶棺)[옹관(甕棺)]이 그 속에 있음을 확인하고 「와관설(瓦棺說)」을 짓다.

61세 : 1772년(영조 48) :

- 2월 북청부의 유생 3백 명과 함께 엄숙하게 향사례를 거행하다. 여암이 직접

활쏘기, 음주례를 시범 보이자, 백성들이 윗사람을 공경하는 뜻을 조금 알게 되었다.

- 7월 5일 북청으로 귀양 온 천극죄인(荐棘罪人) 정존겸(鄭存謙, 1722~1794)은 가시울타리 속에 있으면서도 외부 사람들과 서로 연락하는 등 자유롭게 행동하였다. 이에 조정에서는 죄인 단속을 소홀히 했다는 죄를 물어 북청부사 신경준을 파직하다.

62세 : 1773년(영조 49) :

- 2월 28일 전시(殿試)의 일소시관(一所試官)으로 직임을 수행하다.
- 5월 4일 강계부사로 발령받았지만, 대사헌 정광충(鄭光忠)이 여암이 문반으로 박식하고 화려하지만 변방의 어려운 임무에는 적임이 아니므로 신경준을 교체해 줄 것을 건의하자 영조가 이를 허락하다.
- 5월 7일 부사직
- 5월 8일 승지로 임명하다. 이후 10월까지 승지로 근무하다.
- 6월 25일 영조가 신경준이 호남사람이지만 영남인과 같이 순실하면서 야박(野朴)한 모습이 있다고 하면서 이러한 여암의 성품은 호남 사람 중에서 매우 귀하다고 얘기하다.
- 10월 15일 순천부사로 발령받다.
- 순천부사로 부임하는 도중에 고갯길가의 남편 무덤에서 곡을 하는 여인의 곡성을 듣고 여인의 안색을 살펴서 무엇인가 몰래 숨기는 것이 있음을 알았다. 그리하여 이교(吏校)에게 여인을 붙잡아 오라고 하여 3일 동안 조사하고, 죽은 남편을 위해 곡하는 까닭을 말하는데 숨기는 것이 많았다. 이에 무덤을 파내 남편의 시신을 검시해보니 시신의 배꼽에 쇠꼬챙이가 꽂혀 있었다. 엄하게 추궁하니 여인이 비로소 간부(間夫)와 함께 남편을 살해한 것이라고 자복하였다. 살인 사건을 잘 처리하니 순천부 사람들이 그 밝음에 모두 탄복하고 감히 속일 생각을 하지 못했다.
- 순천은 순창과 가까운 곳이어서 친척과 친지들이 방문이 잦았는데도 여암은 이들에게 여러 도움을 주면서도 어려운 기색을 보이지 않았으며, 스스로 검약하게 살았다. 집안의 가재도구들이 낡아서 순천부에서 와부(瓦釜) 하나를 구매해서 순창에 보냈는데, 사람들이 이를 운반하다가 10리도 가지 못해서 바위에 떨어져 파손되었다. 주민들이 아직도 그 바위 이름을 '파부(破斧)'바위로 부르고 있다.

63세 : 1774년(영조 50) :

- 서악대사(西岳大師)의 제자 조계산인(曹溪山人) 우행(宇幸)이 찾아와 서악대사 시문집 서문을 써 달라고 부탁하다.

- 6월 3일 순천부사의 직을 사임하는 소를 올리니 영조가 이를 허락하고 대신 기당(騎堂, 병조의 당상관 직임)으로 차정하다.
- 6월 3일 제주목사로 임명받다. 그 후 거의 1년 동안 제주목사로 근무하다.
- 11월 7일 제주목사가 진상품을 싣고 가는 선박이 역풍에 손상을 입어 진상물품이 기한 내에 바다를 건너지 못했기 때문에 대죄(待罪)하다. 영조는 여암의 보고를 받아보고 대죄하지 말 것을 회유(回諭)하다.
- 12월 5일 제주목사 신경준을 잉임(仍任)하라는 전교를 내리다.
- 12월 10일 제주의 감귤을 비롯한 공물이 제때 진상되지 않은 책임을 물어 함사중추(緘辭重推)[2]할 것을 요청하다.

64세 : 1775년(영조 51) :

- 1월 3일 영조는 과일의 공납을 지체하고 장계를 올리지 않은 신경준에 대해 함사(緘辭)를 기다리지 말고 즉각 불서지전(不敍之典)을 시행하도록 명하여 제주목사에서 파직되다.
- 2월 1일 암행어사 홍상민(洪相聖)이 민사(民事)를 이유로 신경준의 처벌을 요청하다. 그런데 홍상성이 기생을 데리고 제주로 온 것이 알려지자 대사헌 송형중(宋瑩中)과 대사간 박사해(朴師海) 등이 홍상성을 사형에 처하라고 탄핵하였고, 또한 박사해가 신경준을 체포하여 심문한 이후 엄중히 처벌하도록 요청하니, 임금이 그대로 따랐다.
- 3월 13일 의금부에서 도사(都事)를 파견하여 체포해 올 것을 명령하다.
- 3월 19일 의금부에서 신경준의 초공(草供)을 아뢰어 하교를 기다리다.
- 3월 20일 신경준의 공사(供辭)을 모두 읽고 제주목사 신경준은 이미 그 직을 교체했기 때문에 특별히 석방할 것을 명령하다.
- 4월 15일 덕유당(德游堂)의 문신 제술시관(製述試官)으로 신경준을 임명하였다가 신경준을 대신해서 제술시관으로 이방영(李邦榮)으로 교체 임명하다.
- 5월 2일 부사직
- 7월 20일 제주목사 신경준은 교체되었지만, 진상한 말이 모두 병들었거나 약한 것이어서 신경준을 추고경책(推考警責)하도록 하다.

---

2 함사(緘辭)는 6품 이상의 관원이 경미한 죄를 범한 경우, 서면으로 그 죄과를 신문하여, 서면으로 진술을 받는 것을 의미하며, 중추(重推)는 종중추고(從重推考)의 줄임말로 벼슬아치의 죄과 중에서 중벌에 따라 징계를 하는 것을 의미한다. 즉 서면으로 진술을 받아 무거운 죄에 따라 처벌할 것을 명하는 것이다.

- 서악대사 시문집의 서문 「서악집서(西岳集序)」를 쓰다
- 풍고자(楓臯子) 유광익(柳光翼, 1713~1780)이 직하(稷下)로 이사하자, 신경준이 유광익이 살던 집을 빌려 거주하다.

65세 : 1776년(영조 52, 정조 즉위) :

- 3월 5일 영조가 승하하다. 여암은 "모두가 임금의 신하이지만, 나처럼 임금님의 은혜를 입은 사람은 만고에 매우 드물 것"이라고 하면서 "은혜를 하나도 갚지 못했는데, 같이 죽지 못한 것이 한스럽다"고 하다. 여암은 월이곡반(月二哭班)에 참여하여 곡을 하고, 서울의 남산 밑의 집에서 3년간 상복을 입다. 영조가 승하하자 여암은 음식을 조금씩 들고 매번 영조와의 인연을 얘기하면서 울면서 3년을 지내다.
- 6월 27일 정조 즉위 이후 홍인한의 죄상을 탄핵하는 인양군(仁陽君) 이경호(李景祜)등의 상소에 참여하다.
- 8월 17일 분병조참의(分兵曹參議) 부사직으로 임명받다.
- 「온진정중건기(蘊眞亭重建記)」를 짓다.

66세 : 1777년(정조 1) :

- 가을 서울집에 있었는데, 꿈에 셋째아들 활삼이 나타나자 처연한 생각이 들어 「상아활삼묘명(殤兒活三墓銘)」을 짓다.
- 8월 1일 분병조참의에 임명되다.
- 8월 10일 행부사직(行副司直)에 임명되다.

67세 : 1778년(정조 2) :

- 의령 남씨 집안의 묘지명, 신도비명 등 5편과 「현록집성니옹행장(顯祿輯成泥翁行狀)」 1권을 쓰다.
- 「암헌선생친필첩후서(巖軒先生親筆帖後敍)」를 쓰다.

68세 : 1779년(정조 3) :

- 정월 28일 영조의 3년상이 끝나자 서울에서 유광익과 14명의 벗들과 함께 시를 읊고 이를 『풍암아집(楓巖雅集)』으로 엮다.
- 영조의 3년상을 치루고 고향 순창의 남산 옛집으로 돌아가다.
- 「온진정팔경(蘊眞亭八景)」을 짓다.
- 간선사(侃禪師)가 용천산(龍泉山)에서 순창으로 여암을 방문하다.
- 「남산구려기(南山舊閭記)」 짓다.

69세 : 1780년(정조 4) :

- 4월 14일, 6월 9일, 6월 10일 세 차례 승지에 임명되었으나, 소를 올리고 나가지 않다.
- 「소충십장(小蟲十章)」을 짓다.

70세 : 1781년 (정조 5) :

- 5월 21일 세상을 떠나다. 3개월 후인 7월에 남산간좌지원(南山艮坐之原)[반용강(盤龍崗)]에 장사를 지내다.

  * 여암은 부인 3명에 2남 3녀를 두었다. 첫째 부인은 광주 이씨로 자녀가 없었으며, 둘째 부인은 강릉 최씨로 소생은 큰아들 재권(在權), 둘째 아들 두권(斗權), 첫째 딸(사위 진사 이영갑(李永甲))이며, 셋째 부인은 평창 이씨로 소생은 둘째 딸(사위 이호연(李浩淵)), 셋째 딸(사위 진사 윤치정(尹致鼎))이 있다. 아들을 낳은 강릉 최씨에 대해서 애정이 많아 최씨 부인에 대해서만 특별히 제문(祭文)을 남기고 있다.

작성 : 고동환(KAIST 인문사회과학부)

여암 신경준 연구논저 목록

■ 원전

〈初刊本〉

『旅菴遺稿』 13卷 5冊, 국립중앙도서관 소장 木活字本, 1910.

『旅菴遺稿』 13卷 5冊, 고려대학교 도서관 소장 木活字本, 1910.

『旅菴遺稿』 13卷 5冊, 미국 버클리대학 리치몬드문고 소장 木活字本, 1910.

『旅庵遺稿』 13卷 5冊, 서울대학교 규장각한국학연구원 소장 木活字本(後期), 1910.(『한국문집총간』 卷231, 1999.)

『旅菴遺稿』 13卷 5冊, 성균관대학교 존경각 소장 木活字本, 1910.

『旅菴遺稿』 13卷 5冊, 숭실대학교 도서관 소장 木活字影印本, 刊寫年未詳.

『旅菴遺稿』 13卷 5冊, 연세대학교 학술정보관 소장 木活字本, 1910.

『旅庵遺稿』 13卷 5冊, 전남대학교도서관 소장 木活字本, 1910.

『旅菴遺稿』 13卷 5冊, 충남대학교도서관 소장 木活字本, 1910.

『旅菴遺稿』 13卷 5冊, 한국학중앙연구원 도서관 소장 木活字本, 1910.

〈重刊本〉

『旅菴全書』 7冊, 고려대학교 도서관 소장 鉛印本, 新朝鮮社(申宰休 編; 鄭寅普 · 金春東 校), 1939.

『旅菴全書』 14卷 6冊(缺帙), 국립중앙도서관 소장 新鉛活字本, 1939.

『旅菴全書』 15卷 6冊(缺帙), 국민대학교 성곡도서관 소장 新鉛活字本, 刊寫年未詳.

『旅菴全書』 20卷 7冊, 단국대학교 퇴계기념도서관 소장 新鉛活字本, 新朝鮮社(申宰休 編; 鄭寅普 · 金春東 校), 1939.

『旅菴全書』 17卷 7冊, 동국대학교 도서관 소장 新鉛活字本, 新朝鮮社(申宰休 編; 鄭寅普 · 金春東 校), 1939.

『旅菴全書』 20卷 8冊, 부산대학교 도서관 소장 活字本, 新朝鮮社(申宰休 編; 鄭寅普 · 金春東 校), 1939.

『旅菴全書』 1冊(零本), 서울대학교 규장각한국학연구원 소장 石版本, 新朝鮮社(申宰休 編; 鄭寅普 · 金春東 校), 1929.
『旅菴全書』 線裝 12卷 5冊, 성균관대학교 존경각 소장 新鉛活字本, 新朝鮮社(申宰休 編; 鄭寅普 · 金春東 校), 1939.
『旅菴全書』 20卷 7冊, 숙명여자대학교 도서관 소장 新鉛活字本, 新朝鮮社(申宰休 編; 鄭寅普 · 金春東 校), 1939.
『旅菴全書』 6冊(缺帙), 전남대학교 도서관 소장, 新鉛活字本, 新朝鮮社(申宰休 編; 鄭寅普 · 金春東 校), 1939.
『旅菴全書』 17卷 7冊, 전주대학교 중앙도서관 소장 新鉛活字本, 新朝鮮社(申宰休 編; 鄭寅普 · 金春東 校), 1939.

〈影印本 · 筆寫本〉

『旅庵集』 8卷 · 附錄 合4冊, 서울대학교 규장각한국학연구원 소장 筆寫本, 刊寫年未詳.
『旅菴集』 東裝 1冊, 계명대학교 동산도서관 소장 筆寫本, 刊寫年未詳.
『旅庵集』 4卷 4冊, 고려대학교 도서관 소장 筆寫本(草稿), 刊寫年未詳.
『旅菴散稿』 1冊, 서울대학교 규장각한국학연구원 소장 筆寫本, 1932.
『旅菴散稿』 1冊, 성균관대학교 존경각 소장 筆寫本, 刊寫年未詳.
『旅菴手筆遺稿』 9冊, 고려대학교 도서관 소장 筆寫本(草稿), 刊寫年未詳.
『訓民正音韻解』, 한양대학교부설 국학연구원 影印本, 1974.
『訓民正音韻解』 1冊 52張, 고려대학교 도서관 소장 油印本, 刊寫年未詳.
『訓民正音韻解』 1冊, 서울대학교 도서관 소장 筆寫本, 刊寫年未詳.
『訓民正音韻解』 1冊 60張, 국립중앙도서관 소장 謄寫本, 刊寫年未詳.
『訓民正音韻解』 1冊 60張, 국립중앙도서관 소장 油印本, 刊寫年未詳.
『山經表』, 푸른산, 1990.
『旅菴全書』 I · II, 경인문화사, 1976.
『旅庵先生文集』, 경인문화사, 1997.

■ 번역서

김남형(2014), 『여암 신경준의 장자 : 새로 발굴된 유학적 장자 읽기』, 예문서원.

류명환(2014), 『여암 신경준과 역주 도로고』, 역사문화.

______(2016), 『(역주) 가람고』, 역사문화.

장안영 · 안동교 · 이덕현(2019), 『여암유고』 1, 경인문화사.

김석태 · 이덕현 · 안동교(2019), 『여암유고』 2, 경인문화사.

■ 연구저서

순창군(2012), 『여암 신경준선생 탄신 300주년 기념 국제학술대회 : 여암 신경준 선생 업적의 현대적 의미에 대한 학제적 검토』, 순창군.

이상규 · 천명희(2018), 『여암 신경준의 저정서 연구』, 역락.

유기상(2017), 『조선후기 실학자의 풍수사상 : 이재 황윤석, 존재 위백규, 여암 신경준의 풍수사상 연구』, 경인문화사.

노중석(2014), 『旅菴 申景濬의 『文章準則 莊子選』 硏究』, 계명대학교.

■ 연구논문

강신항(1959), 「申景濬의 基本的 國語學 硏究 態度」, 『국어국문학』 제20호, 국어국문학회, 30~32쪽.

______(1995), 「旅菴의 文字學-訓民正音韻解」, 『옥천문화』 2집, 옥천향토문화연구소, 279~291쪽.

고동환(2003a), 「旅菴 申景濬의 학문과 사상」, 『지방사와 지방문화』 제6권 제2호, 역사문화학회, 179~216쪽.

______(2003b), 「신경준-기술과 실용을 중시한 국학자」, 『63인의 역사학자가 쓴 한국사인물열전2』, 돌베개. 299~318쪽.

______(2012), 「旅菴 申景濬의 생애와 학문관」, 『여암 신경준선생 탄신 300주년 기념 국제학술대회 논문집』, 순창군, 7~29쪽.

구만옥(2017), 「『四沿考』와 『道路考』를 통해서 본 申景濬의 潮汐說」, 『한국실학연구』 34권, 한국실학학회, 497~554쪽.

권택룡(1999), 「旅菴申景濬先生之生平與著述簡考」, 『동방한문학』 17권, 동방한문학회, 53~70쪽.

김남형(2013), 「申景濬의 『文章準則 莊子選』 硏究(1)-문헌적 성격 검토를 중심으로」, 『한국학논집』 제51집, 계명대학교 한국학연구원, 419~441쪽.

______(2015), 「신경준의 『文章準則莊子選』 연구(II)-「양생주」편의 주석내용 분석을 중심으로」, 『한국학논집』 제59집, 계명대학교 한국학연구원, 325~348쪽.

______(2015), 「申景濬의 『莊子』 〈양생주〉편 해석에 대하여-구조와 주제에 대한 인식을 중심으로-」, 『대동한문학』 제44집, 대동한문학회, 101~126쪽.

______(2016), 「申景濬의 『莊子』 「逍遙遊」 편 해석에 대하여: 체제와 주제에 대한 인식을 중심으로」, 『한국학논집』 제63집, 계명대학교 한국학연구소, 159~189쪽.

김동준(2021), 「旅庵 申景濬의 문학과 行人의 감성」, 『이화어문논집』 제53집, 이화어문학회, 119~148쪽.

김명희(1998), 「旅庵 申景濬의 詩則考 I」, 『東皐學論叢』 제2집, 水原大學校 東皐學研究所, 147~185쪽.

김석득(1975), 「실학과 국어학의 전개-최석정(崔錫鼎)과 신경준(申景濬)과의 학문적 거리-」, 『동방학지』 16권, 연세대학교 국학연구원, 117~143쪽.

김슬옹(2016), 「신경준, 『운해훈민정음[邸井書]』의 정음 문자관, 『한말연구』 제39호, 한말연구학회, 33~70쪽.

김 일(2001), 「신경준의 《훈민정음운해》와 그의 역학적 언어관」, 『중국조선어문』 113호, 길림성민족사무위원회』, 23~26쪽.

김재근(1995), 「旅菴의 兵船改革論」, 『옥천문화』 2집, 옥천향토문화연구소, 315~327쪽.

김현주(2003), 「譯註 旅菴詩」, 경성대학교 한국학과 석사학위논문.

노중석(2014), 「旅菴 申景濬의 『文章準則 莊子選』 研究」, 계명대학교 한국어문학과 박사학위논문.

도도로키 히로시(2021a), 「신경준 『산수고』와 『산경표』의 내용 비교」, 『한국고지도연구』 제13권 제1호, 한국고지도연구학회, 95~111쪽.

____________(2021b), 「전국지리지에 나타난 제주도 위상-신경준의 산천도리(山川道里) 인식을 사례로-」, 『제주도연구』 56집, 제주학회, 77~92쪽.

류명환(2005), 「旅菴 申景濬의 『道路考』 연구 : 「六大路」를 중심으로」, 부산대학교 지리교육학전공 석사학위논문.

______(2010), 「신경준의 『道路考』 중 「四沿路」 분석」, 『문화역사지리』 22권 3호, 한국문화역사지리학회, 104~121쪽.

______(2012), 「『도로고』·「여지고」의 도로체계와 『동역도』의 비교 연구」, 부산대학교 지리교육학전공 박사학위논문.

______(2014), 「신경준의 『도로고』 필사본 연구」, 『문화역사지리』 26권 3호, 한국문화

역사지리학회, 19~32쪽.

______(2015), 「조선시대 사찰 기록 비교를 통한 『가람고』 편찬의 의의」, 『韓國思想과 文化』 79집, 修德文化社, 229~257쪽.

______(2016), 「필사본 『사연고』의 편찬 현황과 성격에 대한 연구」, 『문화역사지리』 28권 3호, 한국문화역사지리학회, 62~77쪽.

류명환 · 김기혁(2013), 「『여지고』와 『동역도』의 9대로 비교 연구」, 『문화역사지리』 25권 1호, 한국문화역사지리학회, 21~46쪽.

박권수(2015), 「여암 신경준의 과학사상」, 『한국실학연구』 29권, 한국실학학회, 235~277쪽.

박명희(1995), 「旅菴 申景濬의 詩論考」, 『한국언어문학』 제35집, 한국언어문학회, 301~318쪽.

______(2005), 「旅菴 申景濬의 古體詩에 나타난 眞情性」, 『한국시가문화연구』 16권, 한국고시가문학회, 111~137쪽.

______(2005), 「旅菴 申景濬의 「詩則」 再論」, 『한국언어문학』 제54집, 한국언어문학회, 157~180쪽.

______(2005), 「旅菴 申景濬의 詠物詩 연구」, 『한국언어문학』 제55집, 한국언어문학회, 223~244쪽.

______(2012), 「旅菴 申景濬의 務實 정신과 시적 실천」, 『국어국문학』 제162호, 국어국문학회, 205~236쪽.

______(2015), 「18세기 호남실학 문인의 시 세계와 지향 의식」, 『한국언어문학』 제92집, 한국언어문학회, 105~130쪽.

박태권(1970), 「이조 실학파 학자들의 학설이 국어학에 미친 영향 : 신경준(申景濬)의 어학설을 중심으로」, 부산대학교 논문집 제11집, 부산대학교, 1~23쪽.

배기호(2019), 「여암(旅庵) 신경준(申景濬)과 실학정신(實學精神)」, 『시대와 철학』 30권 1호, 한국철학사상연구회, 145~173쪽.

배윤덕(1988), 「신경준의 운해 연구 : 사성통해와 관련하여」, 연세대학교 국어국문학과 박사학위논문.

______(1991), 「신경준의 운해 연구」, 『이중언어학회』 8호, 이중언어학회, 538~552쪽.

신익철(2009), 「申景濬의 국토지리관과 海路 · 船舶에 대한 인식」, 『한국한문학연구』 43권, 한국한문학회, 109~135쪽.

______(2015), 「신경준」, 『동아시아 실학사상가 99인』, 학자원, 61~64쪽.

______(2016), 「신경준(申景濬)의 『장자(莊子)』 독법(讀法)과 『시칙(詩則)』에 담긴 시의식」, 『반교어문연구』 43권, 반교어문학회, 169~198쪽.

양보경(1999), 「여암 신경준의 지리사상」, 『국토』 211호, 국토연구원, 36~43쪽.

오병무(1996), 「여암(旅庵) 신경준(申景濬)의 '소사문답(素沙問答)'에 관한 존재론적 조명」, 『건지철학』 4권, 한국건지철학회, 204~233쪽.

유기상(2015), 「旅庵 申景濬의 풍수지리 인식」, 『전북사학』 제47호, 전북사학회, 111~144쪽.

______(2016), 「朝鮮後期 湖南派 實學者의 風水認識과 風水生活-黃胤錫, 魏伯珪, 申景濬을 중심으로-」, 전북대학교 사학과 박사학위논문.

유대학(2003), 「申景濬의 地理知識에 관한 考察」, 관동대학교 교육대학원 지리교육학과 석사학위논문.

유미림(2009), 「한국 문헌의 '울릉 · 우산' 기술에 관한 고찰 : '신경준 개찬'론에 대한 비판」, 『동양정치사상사』 제8권 1호, 한국동양정치사상사학회, 185~211쪽.

유재영(1995), 「旅菴의 輿地 文字」, 『옥천문화』 2집, 옥천향토문화연구소, 292~314쪽.

유지웅(2018), 「여암 신경준 실학사상의 지향점」, 『동서인문학』 제54권, 계명대학교 인문과학연구소, 85~110쪽.

윤재풍(1995), 「旅菴先生의 生涯와 學問的業績」, 『옥천문화』 2집, 옥천향토문화연구소, 269~278쪽.

이강오(1995), 「旅菴의 素沙問答」, 『옥천문화』 2집, 옥천향토문화연구소, 328~372쪽.

이규춘(1998), 「旅庵 申景濬의 「畵舫齋辭」 研究」, 『한국시가연구』 제4집, 한국시가학회, 287~309쪽.

伊藤英人(1995), 「申景濬의 『韻解訓民正音』에 대하여」, 『국어학』 25권, 국어학회, 293~306쪽.

이상규(2014), 「여암 신경준의 『저정서(邸井書)』 분석」, 『어문론총』 제62호, 한국문학언어학회, 153~187쪽.

이상태(1984), 「申景濬의 歷史地理 認識-疆界誌를 中心으로-」, 『史學研究』 제38호, 한국사학회, 397~426쪽.

이용숙(1998), 「申景濬의 〈畵舫齋辭〉 분석」, 『초등교육연구』 9권, 전주교육대학교 초등교육연구소, 491~508쪽.

이종범(2003), 「신경준-국토와 도로의 개념을 발견한 실학자-」, 『역사비평』 62, 역사비평사, 323~339쪽.

이주행(1982), 「申景濬의 '韻解'와 柳僖의 '諺文志' 對比 考察」, 『外大學報』 1, 중앙대학교 외국어대학, 61~81쪽.

이준영(2009), 「申景濬의 「淳園花卉雜說」로 본 18세기 글쓰기의 변화」, 『冠嶽語文研究』 제34집, 서울대학교 국어국문학과, 367~389쪽.

______(2011), 「旅菴 申景濬의 學問傾向과 詩世界」, 서울대학교 국문과 석사학위논문.

이향배(2018), 「旅庵 申景濬의 詩理論 體系」, 『어문연구』 96집, 어문연구학회, 229~253쪽.

이형대(1999), 「漁父歌의 變轉과 〈화방재사〉의 세계인식」, 『민족문화연구』 제32호, 고려대학교 민족문화연구원, 415~446쪽.

정대림(1986), 「申景濬의 詩論 研究-Ⅰ. 「詩法原流」와 「詩法原流體意三字註解」의 영향을 중심으로」, 『세종대학 논문집』 제13집, 세종대학교, 9~26쪽.

______(1988), 「신경준의 '시칙' 분석」, 『한국고전시학사』, 기린원.

정형기(1993), 「辭說時調의 古典詩學的 研究-〈詩則〉의 作詩論을 중심으로-」, 『국어국문학』 109권, 국어국문학회, 241~265쪽.

조병오(1984), 「申景濬의 「詩則」 研究」, 동아대학교 국어국문학과 석사학위논문.

조유진(1996), 「旅菴 申景濬의 思惟樣式과 詩文學世界」. 경북대학교 교육대학원 한문교육전공 석사학위논문.

조희영(2019), 「旅菴 申景濬의 『韻解訓民正音』에 담긴 邵康節易學과 현대적 의미-康節易學을 통한 분석으로 국어학계와 다른 주장을 제시함」, 『대동문화연구』 제108집, 성균과대학교 대동문화연구원, 177~210쪽.

최신호(1977), 「申景濬의 『詩則』에 대하여-聲의 問題-」, 『한국한문학연구』 제2집, 한국한문학회, 5~13쪽.

하우봉(2018), 「호남실학의 전개양상과 성격」, 『한국실학연구』 36권, 한국실학학회, 385~445쪽.

허호구(1986), 「〈譯注〉 旅菴 申景濬의 「詩則」」, 『한문학논집』 제4집, 근역한문학회, 303~346쪽.

■ 기타

김슬옹(2018), 「신경준, 『운해훈민정음(邸井書)』, 세종의 정음 문자관을 잇다」, 월간 『영웅』 36호, 꼬레아우라.

배우리(2018), 「신경준과 한국의 전통지리」, 월간 『영웅』 36호, 꼬레아우라.

이강록(2018), 「신경준 선생의 식견은 넓고도 깊었다 : 4 · 27 판문점 선언으로 더욱 빛나는 역사의 가르침」, 『사람과 언론』 창간호, 사람과 언론.

이기범(2018), 「여암 신경준의 문학」, 월간 『영웅』 36호, 꼬레아우라.

정대영(2018), 「여암 신경준 선생이 그려낸 우리의 산과 바다 : 정대영의 고지도와 인문학」, 『사람과山』 341호, 사람과산.

작성 : 최다정(한국학중앙연구원 한국학대학원 박사과정)

『여암 신경준 연구』 집담회

- 일시 : 2021년 8월 13일 오후 4시~오후 6시 30분
- 장소 : 온라인 회의(https://us06web.zoom.us/j/86099260602)
- 참석자 : 고동환, 신익철, 이준환, 류명환, 박권수

|旅 菴|

신익철 여러 선생님들 코로나 사태 때문에 우리가 다 같이 한 자리에 직접 얼굴을 맞대고 모여서 이야기를 나누지를 못하게 됐습니다. 온라인상으로 집담회를 개최하게 된 것이 참 유감스러운데요. 그래도 오늘 그동안 연구하시면서 못다 한 얘기를 나눌 수 있는 기회가 됐으면 합니다. 아무래도 온라인으로 진행하다보니 편의상 제가 사회를 맡아가지고 하는 것이 좋을 듯합니다. 오늘 논의 순서는 먼저 본인의 원고 내용을 간략하게 정리해서 말씀해주시고 나서, 다른 선생님들께서 그 주제에 대해서 궁금한 것들을 묻거나 보충 발언을 해주시는 걸로 진행할까 합니다. 그리고 각자 원고에 대한 소개와 관련 논의가 끝나고 나면 우리가 함께 신경준(申景濬)을 실학(實學) 사상가로서 평가할 때 유의해야 될 점이라든가, 또 문제가 되는 사안을 자유롭게 논의하는 걸로 하겠습니다.

그러면 결과 발표회 때 고동환 선생님께서 '여암 신경준의 생애와 사상'을 주제로 가장 먼저 발표를 하셨는데요. 선생님께서 먼저 말씀을 해 주시죠.

고동환 저는 그동안 여암(旅菴)에 대해서 3편의 글을 발표한 바 있습니다. 이번 글은 기왕에 발표한 글을 토대로 '조선왕조실록(朝鮮王朝實錄)'이나 『승정원일기(承政院日記)』, 문집(文集) 등의 자료들을 보완해서 종합한 그런 글이 됐습니다. 그래서 분량이 200자 원고지로 거의 500매 가량 됐고, 또 저한테 연보(年譜) 작성의 과제도 있어서, 연보도 80~90매 정도로 작성했습니다.

생애와 사상이라는 주제로 자료를 보면서 여암이 당대 사대부들과 구별되는 몇 가지 특성을 발견할 수 있습니다. 첫 번째는 상당히 많이 이사를 많이 다녔다는 것입니다. 9살부터 33살까지 순창에서부터 서울, 강화도, 순창, 온양, 직산, 소사까지 옮겨 다니며 살았습니다. 온양, 직산, 소사 같은 곳은 당시에 교통요지로서 산골은 아니었습니다. 그리고 어릴 때 강화도에서 수학한 것은 소론(少論)의 강화학파(江華學派)와 연결도 있었다고 추정할 수 있습니다. 33살 때 다시 순창으로 돌아와서 한 10년 동안 머무는데, 이때도 지리산 등 주변의 산들을 많이 돌아다녀요. 그리고 43살 때 증광시(增廣試)에 급제하여 출사하는데, 벼슬길에 들어서도 충청도 서산, 충청도 공주(忠淸都事), 황해도 장연, 함경도 북청, 전라도 순천, 제주 등으로 외관직으로 8년 가까이 경상, 평안, 강원도를 제외하고 전국을 돌아다닙니다. 65세 때 영조(英祖)가 승하(昇遐)하면서 관직생활이 실질적으로 끝나는데, 이처럼 전국 여러 곳을 계속 돌아다닌 것은 당대의 사대부들의 삶과 구별되는 특징으로 볼 수 있을 것입니다.

또 하나 여암의 승진 과정을 보면 근무기한을 다 채워 승진하는 것이 대부분입니다. 물론 『동국문헌비고(東國文獻備考)』의 『여지고(輿地考)』 편찬을 담당하면서 영조의 지음(知音)을 얻은 이후는 다릅니다만, 그 이전에는 모든 단계를 밟아서 승진하는 모습을 볼 수 있습니다. 외관직도 무반(武班) 수령들하고 같이 겸직하는, 국경지역이나 해안가 지역의 수령을 전전합니다. 권세가문이 아닌 사람들이 역임하는 그런 자리들이죠. 이러한 사정을 보면 여암은 권세가와의 연결 없이 자신의 능력을 토대로 출세했던 사람이라고 할 수가 있습니다.

또 하나는 여암의 가학 전통과 소북인(小北人)으로서의 당색이 여암의 사상 학문을 결정하는 데 중요한 요소가 됐다고 볼 수 있습니다. 그의 교유 관계를 보면 소북인과는 매우 긴밀하게 연결되고 있으며, 소론(少論)인 이계(耳溪) 홍양호(洪良浩)하고는 평생의 지기로 상당히 밀접하게 교유했습니다. 그리고 지리에 대한 가학 전통도 영향을 미쳤다고 보입니다. 또한 당대는 물론 오늘날까지 여암은 호남을 대표하는 학자, 실학자로 평가되지만, 물론 호남 실학자가 아니라고는 할 수는 없습니다만, 여암을 호남이라고 하는 지역성에 가둘 필요는 없다고 생각합니다. 여암이 영향을 주고받은 학문 범주가 호남성이라고 하는 지역성에 갇히는 것은 아니기 때문입니다. 소북(小北)가문의 실무적인 학문경향, 강화학파와 소론의 영향력 등도 여암의 학문을 형성하는 데 중요합니다. 여암의 증조부들은 소북 가문의 핵심으로 한때 서울의 지식계를 주도했던 인물들입니다. 그렇기 때문에 여암의 학문형성에서 서울의 학문풍토의 영향력도 상당히 강하다고 평가됩니다. 그리고 이교구류(二教九流)를 회통했다고 홍양호가 평가했듯이 성리학(性理學)적 세계관에 매몰되지 않는 학문 경향은 소북계와 서울지역의 학문 풍토가 영향을 미친 게 아닌가 이런 생각을 해봅니다. 그리고 마지막으로 여암의 사상사적 위치를 어떻게 설정할 것이냐 이게 또 하나의 과제인데요. 여암의 글들을 보면 경세론(經世論)이라든가 이기론(理氣論)에 관련되는 글들이 거의 없습니다. 주로 국토, 지리라든가 언어, 수차(水車), 선박, 화기와 같은 실용이기(實用利器)에 관심이 많습니다. 그리고 학문 방법도 직접 답사를 하거나 또는 관찰을 통해서 하는 어떤 실증적 학문 방법을 상당히 많이 도입했다는 것이고……. 나중에 신익철 선생님한테 좀 물어보려고 하는데, 여암의 글쓰기도 좀 다른 것 같아요. 주관적인 감정을 내세우는 그런 글쓰기들이 거의 없는 것으로 보입니다. '일이험지(日以驗之)'날마다 그것들을 직접 점검해서 그 결과를 글로 남기는 글쓰기 방식이 주류를 이루고 있는데, 여암의 글쓰기가 사실주의적 관점에 많이 서 있다고 평가될 수 있습니다. 여암 사상의 이런 측면들은 18세기 사상사에서 쉽게 찾기 힘든 그런 점이 아닌가 생각을 해봅니다.

그래서 여암 사상의 특질을 정확히 이해하려면 18세기의 사상가들과 비교 검토할 필요도 있다고 생각합니다. 여암에게는 제가 과문(寡聞)인지는 몰라도 18세기 사상계의 종장(宗匠)이라고 얘기되는 성호(星湖)의 영향력도 잘 안 드러나는 것 같습니다. 그리고 연암(燕巖) 박지원(朴趾源)이 여암보다 25살 밑이고, 다산(茶山)이 연암보다 25살 밑입니다. 25년을 격해서 연암과 다산이 있습니다. 담헌(湛軒) 홍대용(洪大容)이나 연암 등 노론계(老論界) 지식인들이 연행(燕行) 경험을 토대로 해서 중국의 선진 문명들을 수용하자는 풍토가 일세를 풍미하게 되는데, 바로 25년 전에 여암의 학문을 보면 연행기(燕行記)에서 보이는 영향력들도 크게 나타나지 않아요. 청조(淸朝) 고증학(考證學)의 영향력도 잘 안 드러납니다.

또 여암은 많은 여행을 했잖아요? 당시 사대부들은 여행기를 많이 남기는 분위기가 있었습니다. 여행기가 아니더라도 일기나 시 등의 형식으로 많이 남겼습니다. 심지어는 와유기(臥遊記)처럼 그냥 상상 속에서 여행한 글도 남기는 판인데, 여암은 그러한 기록은 없어요. 자신이 간 곳에 대해서는 여러 가지 사실들을 조사해서 도로망이나 장시망(場市網) 등, 현대적인 관점에서 얘기하자면 사회과학적인 차원의 조사기록을 남기고 있습니다. 『가람고(伽藍考)』, 『도로고(道路考)』 등이 그 결과인 것이죠. 이렇게 여행기를 남기지 않은 것도 당시 사대부의 글쓰기 관습에서 보면 좀 특이한 거다 이런 생각을 하게 됩니다.

여암의 사상사적 위치와 관련하여 저는 글의 결론에서 전근대학문은 정치와 분리될 수가 없는 것인데, 여암은 정치와 분리된 학문을 추구한 그런 학자로 평가할 수 있지 않겠느냐, 이렇게 조심스럽게 전망해보았습니다. 물론 관료 학자이기 때문에 사(士)로서의 경세(經世)라는 책임의식에서 벗어나지는 못했지만, 여암의 학문은 치인지학(治人之學)이라는 전근대 학문의 속성에서 약간은 벗어나고 있었다고 생각해봤습니다.

신익철 고동환 선생님께서 여암의 생애에 대해서 소상하게 설명해주시고, 또 여암의 독특한 사상적 면모를 어떻게 이해할 것인가에 대해서도 좋은 말씀을 해주셨습니다. 선생님께서 문학에 대해서도 언급하시면서 여암은 관찰과 실증을 중시하며 상당히 치밀한 글쓰기를 한 것으로 보인다는 그런 말씀도 하셨는데, 저 역시 거기에 대해서 공감합니다. 여암은 다른 저술의 방대함에 비해 시문의 양은 매우 소략해 보입니다. 그러니까 시문을 즐긴 문학가라기보다는 어떤 학자로서의 면모가 두드러진 그런 분으로 생각이 됩니다. 그리고 제가 좀 이따 말씀을 드리겠지만, 『장자(莊子)』의 「제물론(齊物論)」 편을 분석한 글을 보면 대략 10여 개가 넘는 부호를 사용해서 분석하면서 장자 사상의 핵심을 파악하는 것은 다른 사람에게서는 볼 수 없는 치밀한 글쓰기의 전형이라고도 생각이 됩니다. 그런데 여암이 이제 어떤 정치와 분리된 학문, 중세 사대부가 가지고 있던 사(士)로서의 치인지학(治人之學)을 넘어서서 말하자면 지식인으로서 어떤 학문을 위한 학문, 그런 거가 되는 건가요? 그런 면모에 상당히 근접해 있는 실학자로 여겨진다는 말씀을 해주셨는데, 여기에 대해서 다른 선생님들의 생각이 어떠신지 모르겠습니다.

저는 이번 기회에 여암의 시문(詩文)을 전반적으로 좀 깊이 있게 살펴보고자 했는데요. 그러다 보니까 여암의 「소사문답(素砂問答)」은 당시 여러 사상의 핵심적 이치를 논하면서 자신의 사상적 입장을 천명하는 그런 철학적인 글쓰기라고 생각되었습니다. 그리고 「순원화훼잡설(淳園花卉雜說)」 같은 글에서도 중간 중간에 역학(易學)이나 상수학(象數學)에 대한 논의를 많이 펼치고 있음을 볼 수 있었구요. 그리고 「혼돈주가(渾沌酒歌)」 같은 시에서도 이러한 주제를 인상적으로 노래하고 있기도 했습니다. 그래서 이런 것은 지금 고동환 선생님께서 지적했듯이 여암이 실용과 실질을 굉장히 중시하면서도, 한편으론 역학이나 상수학 같은 성리학의 전통적인 범주를 완전히 탈피했다고 볼 수는 없겠죠. 이런 점은 여암이 전통적인 성리학적 사유 체계 속에서 객관 세계의 이치를 파악하려는 면모로 보이거든요. 그래서 어찌 보면 상충돼 보이는 이 두 가지 면모를 어떻게 이해해야 할 것인가에 대해서는 아마도 하실 말씀들이 많이 있을 것 같습니다. 혹시 박권수 선생님께서 과학사를 하신 입장에서 지금 한 말씀 해 주시겠어요? 아니면…….

박권수 나중에 말씀드리려고 했는데…… 지금 발표를 하면…….

신익철 아. 그러셔도 됩니다.

박권수 지금 말씀하신 신익철 선생님이 말씀하신 그 부분, 그리고 아까 고동환 선생님 말씀하신 부분과 관련된 건데요. 그런 부분들에 대해서 고민이, 그러니까 어떻게 판단할 것이냐 그 부분들을…… 좀 그런 전통적인 어떤 자연 철학적인 어떤 내용들, 상수학을 포함해서, 그러한 내용들과 그런 실용적 지식에 대한 그런 탐구들, 그런 면모들, 이런 것들을 이제 전통적 성리학자로 보면서 이렇게 파악할거냐, 아니면 이제 보다 새로운, 흔히 말해서 실학자 또는 새로운 어떤 학문적인 분위기를 드러내는 학자로 파악할 것이냐는 부분에서 이렇게 저 나름대로 입장을 그동안 갖고 있었다고 생각을 했었는데, 저도 다시 이걸 보면서 좀 고민이 되는 부분이 사실 생겼습니다. 저도요. 그래서 안 그래도 그런 부분들에 대한 이야기를 나중에 좀 더 길게 드리고 싶은 생각이 드는데요. 실학(實學)이라고 하는 단어 자체가 이렇게 저로서는 조금 솔직히 말씀드리면, 그렇게 잘 쓰는 단어는 아닌데, 그럼에도 불구하고 이 시기에 분명히 새로운 실용적 지식이나 실제적 지식에 대해서 관심을 갖는 그러한 학문적 흐름이 있었던 건 분명한 거고, 그 부분들을 어떻게 거부를 할 수는 없는 거죠. 그런데 또 한편으로는 이들 모두가 조선시대 사람이고 조선시대 유학자(儒學者)들이고 성리학을 기본 베이스로 삼은 사람이니까 그것으로부터 자유로울 수도 없는 사람들이었다고 생각하는데, 그럼에도 분명히 어쨌든 새로운 면모를 보여주는 건 분명하다, 그렇게 저는 이제 생각이 돼요. 조심스럽게 이제 제 스스로도 받아들여지더라고요. 그러니까 과거에는 그런 상수학, 제가 서명응(徐命膺)을 비롯해서 여러 가지 상수학자들의 작업들을 많이 봤기 때문에 그런 면들을 관점으로 위주로 보고 이제 평가를 하려고 했는데……. 예, 그래서 고동환 선생님 말씀처럼 사실 여러 가지 경험들과 여러 가지 지역적으로도 그렇고 또 학파적으로도 그렇고, 여러 가지 그런 교류들이 많다는 이야기를 또 들어보니 그런 느낌들이 드는데요. 흔히 소북이나 소론 학파의 학자들 자체가 살펴보면 약간 좀 실용적인 그런 지식, 구체적 지식들을 탐구하면서도 또 그러한 어떤 전통적인 철학적 면을 분명히 드러내거든요. 그런 부분들이 그러니까 저로서는 사실 새롭게 판단이 되는 그런 계기였다라고 생각되고요……. 나중에 또 말씀드리겠습니다.

고동환 자연에 대한 이해 방식은, 그것은 서양에서도 뉴턴(Newton, Sir Isaac, 1642~1727) 역학(力學)이 대두되기 전에는 결국에는 아리스토텔레스(Aristoteles, B.C.384~B.C.322) 역학에 기반해서 설명할 수밖에 없는 거죠. 여암이나 다산도 근대적인 역학이 들어오기 전에는 자연의 변화를 이해할 때는 상수학적인 그런 세계관에서 벗어나지 못하는 건 당연한 게 아닌가 싶어요. 그렇기 때문에 여암이 상수학적 논리 체계로 세계를 이해했다고 해서 그를 전통적인 지식 체계에 안주했다고 평가해서는 여암이 지닌 새로운 측면을 너무 간과하게 될 것입니다.

박권수 예. 저도 비슷한 생각입니다.

신익철 이는 워낙 중요한 문제이기 때문에 아마 나중에 과학사 분야에 관한 박권수 선생님의 말씀을 듣고 나면 자연스럽게 또 다시 논의할 수 있을 것 같습니다. 그래서 지금은 우선 문학 부분을 담당한 저의 원고 내용에 대해 말씀드릴까 합니다. 저는 신경준의 문학관이 어떤 특징을 지니고 있고, 그것이 그의 시와 산문(散文)에서 어떻게 나타나고 있는지를 전반적으로 살펴보고자 했습니다. 아까 말씀드렸듯이 신경준은 문인이라기보다는 학자적인 면모가 강한 분으로 경세 의식을 분명히 지니고 있으면서 이치의 자득(自得)을 중시했던 분입니다. 그런 신경준은 문학에 대한 생각에서도 상당히 독특한 관점을 지녔던 것 같습니다. 신경준은 20대 젊은 시절에 『시칙(詩則)』이라는 시에 대한 이론서를 저술했는데요. 이 시학서는 성률(聲律)을 매우 중시한 점에 가장 큰 특징이 있다고 할 수 있습니다. 성률에 대한 중시는 『운해훈민정음(韻解訓民正音)』과 같은 저술에서도 확인되는데, 이것은 역학이나 상수학에 대한 신경준의 관심이 반영된 것으로 보입니다. 신경준은 성률이 우주의 어떤 생성 법칙을 반영하면서 우주정신과의 합일(合一)을 매개하는 그런 거로 인식한 측면이 있다고 봤습니다. 그리고 형식적으로 구속이 심한 근체시(近體詩)보다는 고체시(古體詩)를 중시한 것 또한 중요한 특징으로 보입니다. 고체시 중에서도 우리 민족 고유의 정서를 반영하는 데 관심이 많아서, 그리 많다고 할 수 없는 시작품 중에서 민요풍이나 악부시(樂府詩)가 상당한 비중을 점하고 있습니다. 산문에 있어서는 아까 고동환 선생님께서 관찰과 실증을 중시한 점을 거론하셨는데, 그와 관련해 독특한 점은 사물을 대하면서 거기에 담긴 이치를 파악함에 있어서 상수학적인 논의를 펼치고 있는 것이 상당히 많이 보인다는 것입니다. 「소사문답」이나 「혼돈주가」나 「소사감회(素沙感懷)」 같은 시에서 그런 천지만물(天地萬物)의 질서를 어떤 기본적으로는 상수학의 위치를 통해서 파악하려는 그런 지향을 읽을 수가 있었습니다. 그리고 순창의 시골집에 있는 화훼(花卉)에 대한 여러 단상을 담은 「순원화훼잡설(淳園花卉雜說)」에서도 음양오행(陰陽五行)과 상수학의 사유 체계를 반영하고 있는 글쓰기 방식을 많이 확인할 수 있었습니다.

신경준의 산문의 또 다른 특징으로는 매우 분석적이고 치밀한 글쓰기 방식을 들 수 있습니다. 여암은 여러 저작에서 도해(圖解)나 부호(符號)를 사용해서 치밀하게 논의를 전개하고 있습니다. 예를 들어 「서장자제물론후(書莊子齊物論後)」 같은 글에서는 「제물론」에 쓰인 주요 글자를 10여 개가 넘는 부호를 사용해서 표시하면서 이것이 전편(全篇)에 있어서 어떤 관계를 가지고 있는지를 아주 예리하게 분석하고는, 장자가 이단(異端)으로 흐르게 된 것이 인식과 실천의 괴리에 있음을 설파한 글이 인상 깊었습니다. 그리고 신경준은 불교계의 여러 선승(禪僧)들과 교류한 시나 산문 또한 상당수를 차지하고 있습니다. 그중에는 상당히 깊은 주제 의식이 담긴 글도 볼 수 있었고요.

민요와 악부풍의 작품으로 주목되는 작품으로 「농구(農謳)」를 들 수 있는데, 이것은 전대의 문인인 강희맹(姜希孟, 1424~1483)과 이형상(李衡祥, 1653~1733)의 작품을 계승해서 창작한 것입니다. 「농구」는 여암이 18세 무렵에 농부의 일상을 민요풍의 한시로 지은 것인데, 돌아가시기 두 해 전인 1779년에 순창 온진정(蘊眞亭)의 8경을 읊은 시 중에도 「보평농구(寶坪農謳)」라는 작품이 있습니다. 이것은 보평 들판에 울려 퍼지는 농부들의 노래 소리를 듣고 시화한 것인데, 이를 온진정 8경의 하나로 꼽은 데서 농부의 삶과 노동에 대한 관심은 여암이 평생에 걸쳐서 간직한 것임을 알게 해줍니다. 그리고 이를 가장 잘 보여주는 작품으로 신경준이 장연현감(長淵縣監)을 지낼 때 영조의 명에 의해 지어진 민은시(民隱詩)를 들 수 있습니다. 이 민은시는 총 10장으로 장연 지방의 토속과 백성들의 생활상을 아주 실감나게 그려낸 시경체(詩經體)의 시입니다. 이 민은시는 영조가 『시경(詩經)』의 「빈풍(豳風) · 칠월(七月)」 장을 강하다가 감회가 일어 전국 팔도의 방백들에게 각자 그 지역의 민은, 즉 백성의 숨은 고통을 시로 지어 올리라는 명에 따라 지어진 것입니다. 이 시들을 정서해서 첩으로 엮은 책이 『양도팔도민은시』라는 제목으로 한국학중앙연구원 장서각에 남아있는데, 아마도 유일본인 것 같습니다. 제가 사실 몇몇 선생님들과 함께 이것을 번역하고 책으로 간행하기 위해 지금 교정을 보고 있는 중입니다. 이 중 여암이 지은 시는 그 당시 장연 지역의 민풍토속(民風土俗)을 정확하게 포착하고 백성들의 생활상을 실감나게 묘파하고 있는 점에서 여기에 수록된 많은 민은시와 비교해 보면 거의 최고작으로 꼽을 수 있다는 생각입니다.

여암은 두기(杜機) 최성대(崔成大)로부터 문학을 배웠다고 그 자신 언급한 적이 있는데, 최성대는 소북 계열의 시인으로 명망이 높았던 인물입니다. 그리고 여암의 선조 중에 신유(申濡) 같은 분은 소북 8문장의 한 사람으로 꼽히기도 합니다. 그래서 여암의 독특한 문학세계는 소북 계열의 문학 전통과 일정한 관련이 있을 것으로 생각되는데, 이 점은 앞으로 보다 명확히 해명될 필요가 있겠습니다. 그리고 사상적으로도 상수학적인 관점을 지니면서도 일상현실에 깊은 관심을 지니고 여러 실용적 저술을 남긴 것 또한 북인(北人)의 학문 경향을 계승한 측면이 있지 않나 하는 생각 또한 들었습니다. 예. 대략 저는 이 정도로 제 글에 대한 소개를 마치겠습니다.

고동환 여암의 문집들을 쭉 보다 보면 젊었을 때 쓴 글들 「소사문답」이나 『시칙』이나 이런 저작들은 상당히 자유분방한 글인 반면, 관료시절의 글은 실용이기 이쪽에 치중한 뭐랄까 세계가 좀 좁아진다 그럴까요? 그렇기 때문에 여암 사상을 연배에 따라서 나눠서 볼 필요도 있지 않겠나 이런 생각도 해봅니다.

신익철 아, 예. 좋은 지적인 것 같습니다. 그러니까 「소사문답」이나 『시칙』이나 다 젊은 시절의 저작이거든요. 그러니까 여암이

43세인가요? 그때 문과급제 하기 이전에 사실 여암의 중요한 저작들이 거의 나왔죠. 그러니까 여암은 일찍 과거에 급제해가지고 관료로서 경륜을 펼치겠다 이런 생각보다는 학문의 토대를 아주 철저하게 다지고 한 사람의 학자로서 중요한 저작을 상당히 완성을 해놓은 상태에서 나중에 관료 생활을 시작했다고 볼 수 있겠는데요. 아마 『시칙』 같은 것도 자신의 시에 대한 견해를, 그게 23살인가 그때쯤의 저작으로 알고 있는데, 그때 벌써 확실하게 이론화시킨 그런 거로 보이고, 「소사문답」이라는 것도 유교(儒敎), 불교(佛敎), 도교(道敎)를 비롯한 구류(九流)의 사상이 거기 다 언급이 되죠. 그런 것들을 과연 어떻게 받아들여야 할 것인가 하는 그런 고민을 나름대로 일단락 지으면서 「소사문답」이 나온 것 같습니다. 젊은 시절에 자신의 사상적인 입장을 명확하게 정리하고 심화시켜 나가는 과정에서 여암의 글쓰기가 오히려 큰 주제를 다루었다고 한다면, 나중에 관료 생활을 시작하고 나서는 시문을 즐겨 짓기 보다는, 내가 이거 할 시간이 어디 있냐? 이제 관리로서 생활하면서 얻은 실무 경험과 관련된 지리서의 편찬이라든지 이런 부분에 좀 더 힘을 쏟지 않았나. 저는 그런 생각이 듭니다.

이준환 선생님 말씀 잘 들었습니다. 저는 뭐 신경준의 작품에 관해서는 전혀 아는 바도 없고 잘 접해 보지도 못했는데, 아까 말씀을 하실 때 이형상과 관련된 말씀을 좀 하신 것 같아서…….

신익철 예.

이준환 이형상이 『자학(字學)』을 집필을 했지 않습니까? 그래서 한자를 대상으로 그 글자가 담고 있는 세계에 관심을 기울이고 그랬는데, 이것에 신경준이 영향을 받았을 가능성이 좀 있지 않나 하는 그런 생각이 드는데, 결국은 한자의 음이라고 하는 것이 뜻과 무관하지가 않고, 또 자형도 의당 어찌해야 한다고 하는 또 그런 규범적 판단도 하게 되고. 그래서 신경준이 이형상에게서 그런 한자를 매개로 한 뜻과 음과 또 글자의 모양과 관련한 이런 것들에 관하여 혹시 어떤 영향을 받았을까 그게 좀 궁금해집니다. 그래서 혹시 또 그…… 물론 신경준이 이제 한창 활동하기 전에 이형상이 작고하신 걸로 알고 있는데, 그래서 직접적인 관계가 어떤지는 잘 모르겠는데, 어쨌든 학술적으로 어떤 그런 맥이 닿아 있을 수 있고, 그래서 혹시 그런 것에 관해서 선생님께서 좀 알고 계신 바가 있으시면, 소개해 주실 수 있을까 해서…….

신익철 그러니까 『운해훈민정음』의 저작에서 병와(甁窩)에게서 받은 영향 관계가 좀 확인되는 게 있냐. 이걸 물으신 건가요?

이준환 네 그렇습니다. 네. 일단은 그 당시에 이제 중국에서도 자학에 굉장히 관심이 많았고 『강희자전(康熙字典)』이 편찬되는 데는 사실 그게 큰 동기 중에 하나였지 않습니까? 그런 점에서 이형상의 그런 학술적 활동이 신경준에게 좀 어떤 영향을 미치지 않았을까……. 그게 좀 궁금했습니다.

신익철 사실 『자학』과 관련해서는 제가 본 글 중에서는 병와 이형상에 대한 언급이라든지 그런 거는 사실 잘 느껴지는 게 없고요. 다만 신경준이 성률학(聲律學)에 대해서는 아주 관심이 깊었죠. 음운과 성률학에 대해서……. 여러 언어에 대해서도 관심이 많았고,

그런데 제가 이형상을 언급하게 된 것은 강희맹이 「농구(農謳)」라는 제목의 악부시를 최초로 창작했거든요. 그런데 그것이 한 150년 정도의 시차가 되나요? 병와가 또 같은 제목으로 시를 짓습니다. 그런데 이 병와의 시는 강희맹의 시상(詩想)을 상당히 많이 따라가면서 흡사하게 전개를 합니다. 그리고 강희맹이 14장의 연작시로 짓는데, 병와도 똑같이 14장으로 지으면서 거의 같은 제목으로 짓는 데 비해서, 신경준은 12장으로 줄이면서 시의 내용도 강희맹과 이형상의 것과는 상당히 다른 면모의 「농구」를 창작합니다. 그래서 아마 이 이형상과 관련해서는, 병와도 악학(樂學)에 대한 지식이 상당하지 않았습니까? 그래서 아마 두 사람의 성률과 악학에 대한 관심이 서로 일치해서 「농구」를 지은 게 아닌가 하는 생각이 듭니다.

이준환 감사합니다. 선생님.

신익철 예. 그러면 이제 세 번째로 국어학 분야의 이준환 선생님 차례인데요. 결과발표회 때 주제는 「『운해훈민정음』에 반영된 신경준의 성운 인식」 이거였던 걸로 기억이 됩니다. 먼저 선생님께서 글에 대해서 좀 정리해서 말씀해 주시죠.

이준환 예. 저는 이번에 실시학사 쪽에서 좋은 기회를 주셔서 굉장히 좋은 공부를 했습니다. 그래서 아주 기쁜 상태고 신경준 선생을 이렇게 만나게 되었다고 하는 게 앞으로 제 공부하는 데 어쨌든 큰 전환점이 되지 않을까 약간 그런 생각을 하고 있습니다. 어쨌든 이번 연구 덕택에 이 무렵의 이른바 한자음을 대하는 태도에 대해서 좀 더 생각을 많이 하게 된 것 같습니다. 그래서 제가 기존에 해왔던 홍계희(洪啓禧)의 『삼운성휘(三韻聲彙)』이라든지 박성원(朴性源)의 『화동정음통석운고(華東正音通釋韻考)』랄지 이런 것 등을 이해하는 데에도 정말 많은 도움이 되었습니다.

제가 이 제목을 처음에 '운해훈민정음' 이렇게 했는데, 지금 '훈민정음'은 좀 떼 버렸습니다. 그냥 그대로 '운해(韻解)'로 이해를 하는 것이 좋지 않을까, 그런 생각이 들고, 만약에 '운해훈민정음'이라고 하면은 '운해'와 '훈민정음', 물론 해석의 가능성은 여러 가지가 있습니다만, '운해'에 못지않게 '훈민정음'에도 방점이 찍히는 것으로 이렇게 생각을 할 수 있는데, 제가 검토를 해 본 바로는 '운해'는 말 그대로 운(韻)을 연구해서 그걸 그림으로 보이고 그것들의 운과의 관계를 어쨌든 잘 보여주는 이런 연구를 한 거라고 생각할 수 있는데, '훈민정음'은 사실 연구의 대상이 되었다기보다는 그 운의 특성을 잘 드러내는 이 표음의 도구로 활용된 그런 것이 아닌가 그렇게 생각이 됩니다. 그래서 '훈민정음'은 한어(漢語), 즉 중국어를 적는 데도 사용이 되었고 또 조선어를 적는 데도 사용이 되었고, 또 일본어를 적는 데도 사용이 되었고, 그래서 철저하게 표음 도구로만 쓰이고 있는 것이 아닌가 하는 그런 생각이 들었습니다. 그래서 '훈민정음'을 가지고 이러한 운학서(韻學書)를 냈다고 하는 점은 굉장히 그 가치가 높고 우리가 주목해야 될 바이긴 하지만 '훈민정음'이 쓰였다고 해서 이것이 곧 우리에 관한 즉 우리 것에 관한 연구, 이렇게 좀 등식화해서 보는 것은 좀 지양해야 되지 않을까 하는 그런 결론을 사실은 좀 얻게 되었습니다. 그래서 이제 그런 생각에서 『운해훈민정음』 혹은 『훈민정음운해』라고 부르는 것보다는 일단 책에 쓰여 있는 대로 운해로 보는 것이 타당하지 않을까 그렇게 생각을 했습니다.

그래서 저는 그 기존의 연구에서 이 『운해훈민정음』을 가지고 마치 '훈민정음' 연구서처럼 이야기한 경우도 있고, 또 이 '운해'가 우리의 한자음 연구서, 이렇게 이야기한 경우도 있고 그런 연구 성과들이 있는데, 제가 여기에 있는 운도(韻圖)들도 쭉 분석을 해보고 여러 가지로 이제 판단을 해 본 결과는 분명히 구별이 있다고 생각합니다. 앞부분에 제시되어 있는 이른바 여러 가지 전도(全圖)들이 있는데, 거기에서 나타내는 이 운은 철저하게 중국의 한자음을 나타낸 것이고, 그 뒤에 아국 즉, 조선에 관한 것과 또 일본에 관한 것을 따로 제시해서 사실 동일한 접근 틀을 가지고 중국의 음과 중국의 한자음과 우리의 한자음, 그다음에 일본의 한자음을 분석해서 어쨌든 표로 나타낸 그런 결과물이 아닌가 이렇게 생각이 됩니다. 그래서 중점은 중국의 한자음에가 있지만 실제로 그것의 어떤 틀로서 중국과 그 다음에 조선과 일본의 이 성운에 대해서 그림을 그려 가지고 제시하는 그런 결과를 어쨌든 얻었다 이렇게 생각을 합니다. 그래서 저는 운해라고 하는 것은 그런 틀로 이루어지지 않았느냐 이제 그런 생각을 하게 됐습니다.

그런데 이 틀을 제시하는 이제 방법들, 혹은 어떤 여암의 접근틀을 보게 되면 중국의 성운학 이론을 그대로 일단 받아들이면서 한자음을 성모와 운모로 나눈 태도는 그대로 가져가는데, 이 성모하고 운모를 보는 기준이 기본적으로는 이제 소옹(邵雍)의 「황극경세성음창화도(皇極經世聲音唱和圖)」에 기반을 두고 있습니다. 이건 『성리대전(性理大全)』에 실려 있는 그런 것이기도 하고, 그런데 이제 언어의 변화가 일어나지 않습니까? 이처럼 일어나는 언어 변화를 성리학에서 존중하는 그 운도의 틀로써 어떻게 설명할 수 있겠느냐. 거기에서 신경준은 고민을 했다고 보고 그것을 실제 중국어의 변화 또 조선어의 변화 또 일본어의 변화를 관찰해서, 구체적으로 한자음입니다만, 중국, 조선, 일본 한자음의 변화를 관찰해서 성모는 전통적인 한자음 틀로써 규범화를 하고 운모의 경우는 현실 한자음의 변화를 그래도 최대한 반영을 하려고 노력하는 방식으로 어쨌든 연구를 했다는 결론을 얻게 되었습니다.

그래서 그 운모의 변화는 전통적인 틀과 그다음에 당시에 중국에서 이른바 소리를 인식할 때 보통은 이제 전통적으로는 운도를 보게 되면 개구(開口), 합구(合口) 이렇게 해서 모음의 종류나 혹은 모음 앞에 오는 이른바 반모음이라고 부르는 것이 'ㅣ'를 갖는 소리인지 혹은 'ㅗ' 또는 'ㅜ'를 갖는 소리인지에 따라서 개구호(開口呼), 합구호(合口呼) 이렇게 나눴던 것을 중국에서 이것을 제치호(齊齒呼)와 촬구호(撮口呼)로 더 세분화해서 보는 그런 양상을 반영해서 즉, 이호(二呼) 체계를 사호(四呼) 체계로 변환을 해 가지고 운도를 현실에 맞게 변환을 해서 제시를 하고 있습니다. 그런데 이것을 기존 운도의 틀을 가지고 이 사호로의 변화를 나타내다 보니, 이때 이 한자음이 바뀌었다고 하는 것을 한자만 제시해서는 충실하게 드러내기가 어렵고, 그래서 훈민정음을 이용해서 이것이 개구다 합구다 그다음에 제치다 촬구다 하는 것을 충실하게 드러내고 있지 않느냐 하는 그런 생각을 하게 되었습니다. 그래서 결과적으로 성모(聲母)는 이전에 『홍무정운(洪武正韻)』 등에서 중요하게 생각했던 그 성모의 틀을 그대로 36자모의 틀을 유지를 했지만 운모(韻母)의 경우는 근대 한어에서의 변화까지도 충실하게 반영을 해서 나름대로는 규범화를 했다 이렇게 생각을 하게 됩니다. 그래서 즉 변화의 와중에 있는 한어를 관찰을 해서 성모는 좀 규범화를 하고 운모는 현실 언어에 맞게 재편하는 방식으로 운도를 만들어낸 것이 바로 '운해'다. 이렇게 생각을 하게 되었고 실제로 조선과 일본에 그런 한자음을 제시하는 것을 보면 역시 성모에 관해서는 상당히 규범적인 처리를 하고 있습니다만 운모는 현실음의 변화를 적극적으로 반영하고 있는 그런 양상을 띠고 있다. 이것이 제가 이번 연구를 통해서 얻은 바라고 할 수 있겠습니다.

그래서 이제 신경준은 성리학, 그러니까 기본적으로 실학자라 하더라도 성리학자의 틀을 가지고 있지 않습니까? 그 성리학자의 틀 기본 골격이 되는 것이 한자음을 인식할 때는 바로 소옹의 음운학(音韻學) 이론에서 온다고 하는 것을 잊지 않고 그 틀에서 음을 관찰하되 음에 관해서는 현실음에 맞게 어쨌든 그것을 반영하려고 노력을 했다고 하는 그런 생각을 하게 되었습니다. 그래서 어쨌든 원칙이라고 하는 것이 무엇이냐 하는 것을 생각하면서도 제가 실학자가 어떤 지향점을 갖고 있었는지는 잘 좀 몰라서 좀 조심스럽긴 합니다만, 실제 현실의 변화에 눈 감으려고 하지 않고 그것에 관심을 가지고 자료들을 수집을 하고 그것들을 잘 분석하고 귀납(歸納)해서 바로 그런 현실 감각을 갖춘 운도의 형태로 만들어낸 것이 아닌가. 그런 생각을 하게 되었습니다. 그런데 그런 기본적인 인식이 중국 한자음이나 조선 한자음이나 일본 한자음을 대할 때 똑같이 평행적으로 나타난다고 하는 점, 이것이 굉장히 흥미로웠다는 그런 말씀을 좀 드립니다.

그런데 어떻게 신경준이 그런 중국의 한자음에 관련된 자료들도 수집하고 조선인이니까 조선 한자음에 대해서는 당연히 잘 알 텐데 일본 한자음에 관한 그런 자료들은 어떻게 수집을 했을까? 이제 그것이 좀 굉장히 궁금해지기도 했습니다. 그래서 신경준이 이제 조선팔도를 다니면서 수많은 사람들과 만나고 또 학술적으로 교류를 하고 또 그러면서 이방인들도 적잖이 만나지 않았을까 이런 생각을 하게 되는데, 그런 말하자면 네트워크가 어땠을까? 그래서 본인이 수집한 것과 학술적인 교류를 통해서 이제 영감을 받은 것들, 이제 이런 것들을 앞으로 어떻게 수집하고 좀 정리해 가면서 신경준의 언어 연구를 살필까 하는 것이 좀 과제가 된다 하는 그런 생각을 하게 되었습니다. 제가 말씀드릴 건 여기까지입니다.

신익철 예. 선생님 글과 관련된 논의를 좀 더 했으면 좋겠는데요. 먼저 제가 지금 『여암전서(旅庵全書)』를 마침 옆에 놓고서 선생님 설명할 때 잠깐 『운해』를 좀 보다 보니까 거기 「초성도(初聲圖)」 바로 위에 「구국소서팔자(九國所書八字)」라는 게 있습니다. 아홉 나라에서 쓰는 여덟 개의 글자다 이런 제목인 것 같은데, 거기 보면 여진(女眞)도 있고, 달달(達達)도 있고, 회회(回回)도 그러니까 페르시아 그쪽도 있고, 면전(緬甸)은 아무래도 미얀마 같은데, 이런 나라의 글자를 표기 해놓았네요. 그래서 신경준이 왜 여기 「초성도」에다가 이런 글자를 표기해 놓은 것인지 그게 문득 궁금해집니다. 지금 선생님 말씀을 들으면서 내가 이 자료를 보다가 이게 딱 눈에 들어와서.

이준환 저도 그걸 보고 굉장히 이제 신기하다고 생각했는데, 어떤 동기로 하여 실어놨을까. 신경준이 이곳에 실어놓은 것이 앞으로 어떤 쪽으로 연구를 해야 할 것에 관한 그런 암시를 보인 것이 것일까? 제가 궁금하긴 했는데, 여하튼 그게 기본적으로 어쨌든 중국을 중심에 놓고 생각을 할 때, 사실 이해하기가 좀 수월한 그런 것이 아닌가 싶은데, 일단은 그 중국의 주변 국가들이 어쨌든 한자, 이렇게 중국의 음을 어떤 식으로든 적으려고 굉장히 노력을 했고 그런 것들을 기본적으로는 좀 보여주는 것이 아닌가 하는 그런 생각이 들었습니다.

물론 각 문자들을 따로따로 살펴봐야겠습니다만. 그렇다면 그 문자들이 제시가 돼 있고 그다음에 '훈민정음'이 나타나게 되는데, '훈민정음'의 정체성은 어떤 역할을 하는 것으로 봐야 될까? 약간 좀 그 정도만 제가 좀 생각을 좀 해봤습니다. 그래서 결국은 처음에 보여 주는 그 표는 한국 조선만의 어떤 독자성을 이야기하는 거라고 보기는 좀 어렵지 않느냐. 물론 그렇게 해석할 수 있는 가능성을 전혀 부정할 수는 없습니다만 일단 자국의 문자를 가지고 자국 언어를 표기한다. 이렇게도 이제 볼 수 있습니다만 그 자국의 언어를 가지고 어쨌든 한자음을 표시하려고 이제 노력을 했다는 점을 또 부인할 수가 없고, 제일 먼저 나오는 내용들이 바로 결국은 중국의 한자음에 관련된 그런 이야기 또 그런 기술들……. 이런 것들을 보면 결국 중국을 중심으로 한 주변 국가의 문자, 이런 점에 좀 방점을 찍어야 되지 않을까? 그 정도로만 좀 생각을 했습니다. 근데 좀 섣부른 생각이라서…….

신익철 예. 『운해』가 결국 중국 한자음을 정확하게 표현하는, 그리고 지금 현재의 음가로 표기하는데, 이제 중국을 중심으로 한 주변 나라의 이런 여러 가지 문자의 체계 그걸 하나의 예시하는 방안으로 보여준 게 아니냐, 그렇게 이해했다는 말씀이시죠? 그런데 한편으로는 사실 '훈민정음'이 가장 음을 정확하게 표기했다고 신경준은 분명히 얘기하고 있는 거죠. 어떤 언어보다도…….

이준환 예. 그러니까 이제 신경준이 이제 알고 있는 겁니다. 이 '훈민정음'의 표음력(表音力)이 굉장히 좋다고 하는 것을 알고 있고, 그걸 최대한 활용을 해 보려고 노력을 한 건데……. 여하튼 한어, 중국어도 적고 조선어도 적고 일본어도 다 적어낼 수 있다고 하는 걸 분명하게 보여 주고 있는 것이고, 그래서 여러 가지로 이 문자를 어떻게 활용하냐에 따라서 표음 능력은 상당히 극대화될 수 있다. 그걸 일단 알 수 있고, 그런데 세 나라의 운도를 제시하는 방식을 보면 그 운도의 틀은 기본적으로 중국의 것입니다. 중국의 틀을 다 중국의 음운학 틀을 가지고 결국 조선 한자음과 일본 한자음도 규범화하고 있다. 그러니까 각 나라의 한자음의 사정에 따라서 틀을 새로 만들고 거기에 따라 규범화를 해도 된다고 생각을 할 수도 있는데, 그러지 않고 중국 한자음을 보는 틀에 따라서 조선과 일본 한자음도 규범화를 하려고 했다고 하는 점, 그것이 이제 신경준이 가지고 있는 이제 중요한 틀이 아닌가. 약간 그런 생각이 듭니다. 그래서 이제 그런 틀에서 문자의 사용이라고 하는 것도 한번 생각을 해 볼 필요가 있다는 것이고 그렇다면 결국은 자국의 언어를 적기 위해서 '훈민정음'을 만들었다 이렇게도 볼 수 있지만 한자음도 적고 또 주변 나라의 언어음도 표시하고, 결국은 『운해』에서 보여주는 한글 사용은 바로 그런 점을 잘 보여주고 있지 않느냐.

신익철 네. 가장 효율적으로 표기할 수 있는 문자 체계다 그런 것이겠죠?

이준환 이제 맨 앞에 나와 있는 다른 나라의 경우도 문자사용 양상이 대체로 다 그러하거든요. 그것과 배치되는 것이 아니고, 그래서 이제 그렇게 연결해서 볼 수 있지 않을까? 약간 지금은 이제 그 정도로만 생각을 하고 있습니다.

고동환 '훈민정음'의 기능 중에서 중국어 표기를 정확하게 하고자 하는 발음 기호로서의 역할은 세종(世宗) 당시에도 주목했던 것으로 알고 있습니다. 또한 책 이름만 전하는 여암의 『일본증운(日本證韻)』이라고 하는 책도 있잖아요? 제목으로만 보면 일본 음운학 관련 책일 것 같은데, 중국의 음운학, 일본의 음운학, 우리 조선의 음운학 이걸 비교하는 그런 언급들은 없습니까?

이준환 그건 저도 선생님 말씀하시니까 예전에 제가 봤던 기억이 납니다. 그 말씀은 저도 어디서 들어봤는데……. 잘 모르겠습니다. 좀 찾아봐야겠습니다. 제가 이제 이번에 어쨌든 이 신경준 선생님 거 하면서 이것저것 찾아본 바로는 제 눈에는 아직 띄진 않아서 거기까지는 이제 말씀은 좀 못 드리겠습니다. 근데 선생님 말씀하신 거와 좀 관련해서는 좀 말씀을 드리자면, 일단 세종이 '훈민정음'을 만든 목적이 무엇이냐에 대해서 여러 가지 설이 많은데 『훈민정음해례본』에 보면 당시 조선이 겪고 있는 언어적 문제점이 무엇인지는 정말 안 나옵니다. 하나도 안 나옵니다. 그냥 선언(宣言)만 있을 뿐이고, 어떤 것을 백성들이 어려워한다. 이 정도 이야기만 있을 뿐이지 구체적으로 이러이러한 경우에 백성들이 어려워한다. 이런 내용은 없고, 그 다음에 '실록'의 기사를 찾아봐도 '훈민정음'을 가지고 백성들이 문자생활을 어떻게 한다든지 혹은 '훈민정음'을 가지고 우리말을 어떻게 적도록 하자든지, 이런 기사는 제가 찾아본 바로는 없습니다. 어떤 기사들이 있느냐면, 우리 한자음을 어떻게 적을 것이냐, 또 중국의 한자음을 어떻게 표시할 거고, 그 다음에 역관(譯官)들은 어떻게 교육을 해야 되지, 이런 이야기들이 주가 됩니다. 그러니까 물론 어쨌든 '실록'이라고 하는 것이 갖고 있는 정치적인 거 그런 걸 고려하면 그런 내용이 들어가는 것이 마땅하다 이렇게 생각은 할 수 있겠지만, 그래도 어쨌든 백성들과 관련된 우리 고유어를 적는 것과 관련된 어떤 언급이 있을 법한데, 제가 본 바로는 단 한 건의 기사도 없습니다.

박권수 그런 점들은 사실은 이제 과학사에서도 예를 들면 이건 논쟁이 되는 부분이긴 한데요. 『칠정산(七政算)』을 만들었는데, 왜 만들었냐? 그것도 과거에는 주로 이제 조선의 자주적인 역법을 만들고 자주적인 달력을 만들기 위해서였다라고 하지만 물론 그 입장도 틀린 건 아닌데요. 제가 좀 이제 논문에서 강하게 이야기를 해서 논쟁이 되는 부분인데, 당시 중국에서 오던 달력을 제대로 똑같이 만들려고 하는 거예요. 예, 그러니까, 결국은 제가 생각하는 바는 세종대에도 선진적인 어떤 문물로서 선진적인 학문 체계로서 한자를 뭔가 제대로 토대를 만들어서 해야 되는데, 그 체계를 만들려고 하는 작업이라고 저는 생각되는데요. 약간 비슷한 맥락이라서 저도 그렇습니다. 실제로도 백성의 어떤 문제나 또는 자주적인 이런 문제, 독립 이런 문제들이 후대에 크게 읽혔지만 사실은 그건 아니다라는 것이 이준환 선생님 논문에서도 상당히 중요하게 이야기하는 부분이죠.

저도 지금 이준환 선생님 발표 듣고 너무 재미있어서 빨리 본문을 읽고서 공부를 해야겠다는 생각이 정말 드는데요. 다시 한 번 더, 사실은 이 음운학이나 언어학이라는 것 자체가 이게 하나의 조그만 분야이지만 그 뒤에 있는 백그라운드로서 뒤에 놓여있는 일종의 깔대기처럼 다 모이는 지점일 거라는 생각도 다시 한 번 듭니다. 그래서 사실 이 신경준의 『운해훈민정음』 자체도 이해가 어려워서 그동안 힘들었는데, (이준환 선생님께서) 그것들을 정확하게 포지션해주시고 이 내용들을 설명해주셔서 저는 정말 빨리 좀 읽어보고 싶다는 생각이 들고요. 정말 그래서 그거와 관련해서 이제 아까 말씀하셔서 좀 이제 궁금한

게, 일단은 말씀드리고 싶은 게 기본적으로 이제 중국 한자음 표기의 어떤 체계 자체를 중국 측 체계 중국의 음운학 체계로 보는 거는 당연한 거 아닌가? 당시로서는……. 원래 과거에부터 있었던 어떤 그러한 체계 방식이지 그게 신경준에 와서 새롭게 생긴 거냐? 그런 의문들 좀 들고……. 이제 무지인(無知人)으로서 문외한(門外漢)으로서 질문을 던지고 싶은 부분이고요.

또 하나는 아까 당시 실제의 당시대의 어떤 음의 변화, 이거를 반영을 하고 이제 (신경준이) 뭔가를 새롭게 체계를 바꾸겠다고 하였다고 하였는데, 아까도 선생님께서 질문을 하셨지만 당시 중국 한자음이라는 게 뭐고, 구체적으로……. 그걸 어떻게 수집을 했냐는 거죠. 지금처럼 여행이 자유롭고 이런 것도 아니었고, 아마 역관들을 통해서 또는 중국에 간 사람들을 통해서 이렇게 알았을 텐데……. 그러면 그 당시 중국음의 변화, 또는 더 나아가서 한국에서의 한자음의 변화 이런 것들은 조선 내에서의 변화는 알 수 있을 텐데, 일본은 그 책이나 어떤 것들을 통해서 알았을 텐데……. (중국 한자음의 변화) 그것을 어떻게 파악했을까하는 궁금증이 들고요.

또, 마지막으로 여쭤보고 싶은 게 그런 식의 어떤 당대 현실 한자음을 반영해서 뭔가를 이렇게 그 내용 체계도 바꾸고 뭔가 다듬으려고 하는 그러한 신경준의 이러한 모습이 당시 중국에서의 음운학의 어떤 사조(思潮)와 어떤 관련을 가지는지, 그러니까 이러한 신경준의 이러한 작업들이 음운학사 내에서 어떻게 포지션을 잡을 수 있을까가 좀 궁금하다는 거죠. 그게 당대에 신경준은 당대의 그런 책들을 봐서 자기가 이렇게 해야 되겠다고 하였던 건지, 아니면 정말 좀 독자적으로 뭔가 이런 생각을 하는 건지 이런 부분들이 궁금합니다. 제가 세 가지를 질문드렸는데요…….

이준환 네, 말씀 감사합니다.

박권수 모르니까 막 질문이 많습니다.

이준환 일단 중국음의 틀에 맞게 운도를 만드는 건 당연하다 이렇게 생각을 할 수 있습니다만, 신경준이 놀라운 것은 아까 말씀드린 사호 체계로 어쨌든 해 놨다는 겁니다. 근데 그 이전에 나온 최석정(崔錫鼎)의 『경세정운(經世正韻)』을 보면 최석정은 이걸 반영하고 있지 못합니다. 그러니까 최석정은 말하자면 『황극경세서(皇極經世書)』를 보고 이에 따라 운도를 만들어 본 정도에 그치는 것 같습니다. 이렇게 말하면 좀 죄송스럽긴 한데……. 그러니까 거기에 최석정이 음운이라고 하는 것을 어떻게 인식하고 있다 이게 잘 드러나지가 않습니다. 즉 성리학자로서 음을 이렇게 봐야지라고 하는 지향점은 보이지만 당시 음을 나는 이렇게 생각하고 음은 이렇게 체계화되어야 해라고 하는 그런 인식은 잘 보이지 않는데, 신경준의 『운해』를 보면 이게 딱 보이는 겁니다. 그 점에서 신경준이 훨씬 진보했다 이렇게 이야기를 할 수 있는데, 이런 중국음의 변화를 어떻게 신경준이 인식하고 또 그 자료들을 수집했을까 그건 제가 앞으로 해야 될 과제라고 생각을 합니다. 그런데 그때의 시대적 분위기가 『화동정음통석운고』도 나오고 또 『삼운성휘』도 나오고 이런 것들 보면, 이게 우리나라 음하고 중국의 음을 다 병기하고 있는 그런 운서(韻書)지 않습니까? 그걸 보면 중국음의 이런 현실적인 상태를 꽤 정확하게 표시들을 하고 있습니다. 그러니까 이미 조선 안에서 어디서부터 이게 촉발된 것인지 모르겠지만 중국 음의 변화에 굉장히 관심을 가지고 뭔가 차곡차곡 서로 간의 교류를 통해서 데이터화해 놓는 그런 과정이 있었다 이렇게 생각을 하고……. 신경준도 아마 거기에 어느 정도 덕을 봤을 가능성이 있고 또 미심쩍은 것은 본인이 워낙에 조선팔도를 많이 다니고 또 학술적 교류도 많이 하고 그런 분이라서 또 좀 채집을 하지 않았을까? 약간 좀 그렇게 생각을 하고 있습니다.

끝으로 신경준이 그렇게 『운해』를 만들고 한자음의 틀을 만든 걸 보면 핵심은 즉 운모가 사호 체계로 재편되었다고 하는 것을 반영했다고 하는 데 있는데, 중국에서 이 사호와 관련된 기술이 이루어진 책이, 사실 이 사호 체계로 중국 한자음이 변화한 것은 명(明)대부터 시작된 일인데, 명대에는 그 관련된 기술을 보기가 좀 어렵습니다. 그래서 제가 이번 글에는 『음운천미(音韻闡微)』에서 비로소 이 사호의 이야기가 명시적으로 나온다는 그런 말씀을 드렸는데, 제가 잘 몰라서 『음운천미』만 말씀드린 것이고, 더 살펴보면 또 다른 책이 있을지 모르겠습니다. 그럴 가능성이 있다고 생각하는데, 굉장히 뒤늦은 시기에 중국의 체계에서도 비로소 중국의 운모가 사호로 재편된 것을 반영을 하고 있습니다. 그러니까 그게 어쨌든 신경준이 책을 쓴 거하고 대체로 시기가 좀 비슷하긴 한데, 그걸 중국 책에서 도움을 받았을 수도 있고 아니면 도움을 받지 않았다 하더라도 이미 사람들 사이에서 공공연히 떠도는 중국음의 변화에 대해서 신경준이 충분히 듣고 나름대로 연구를 하지 않았을까. 그래서 책을 보고서 파악을 한 것인지 아니면 사람들과의 교류를 통해서 또 자료를 통해서 틀을 만든 것인지 그것은 분명하지는 않습니다만, 여하튼 제가 이번에 글에서는 『음운천미』와 좀 관련지어서 생각해볼 필요가 있다 그런 말씀을 좀 써 놓았습니다. 이 정도 말씀드리겠습니다. 감사합니다. 선생님.

고동환 『이재난고(頤齋亂藁)』에 보면 여암 신경준이 제주목사로 갔을 때, 그 표류에서 돌아온 사람들 인터뷰해가지고 베트남 사람에서는 하늘과 땅, 하나, 둘을 어떻게 발음하느냐고 묻고 그 대답을 적은 기록이 있어요.

이준환 네. 살펴보겠습니다.

신익철 그러니까 여암이 베트남어도 그렇고, 여러 언어에 대해서 굉장히 관심이 많았던 건 분명한 것 같습니다. 예, 그러면 이제 류명한 선생님께서 담당하신 지리학 분야로 한번 넘어가 보도록 하겠습니다.

류명환 네. 지리학 분야는 성신여자대학교의 양보경 교수님께서 집필하셔야 되는데, 외람되게 제가 참여하게 되어 부끄럽게 생각합니다. 일단 저는 신경준의 지리 관련 저작물이 매우 방대해서 특정 주제가 아닌 주요 저술물 소개와 국토 인식을 이해하는 방향을 중심으로 집필을 진행하였습니다. 신경준은 영조 대에 진작되는 국학 연구의 분위기 속에서 지리지, 백과전서 속에 묻혀 있던 지리학 영역의 강계, 도로, 산천, 사찰 등을 고증학적 방법을 통해 『강계고(疆界考)』, 『사연고(四沿考)』, 『도로고』, 『산수고(山水考)』, 『가람고』 등의 독자적인 지리서를 저술하였습니다. 더욱이 신경준은 영조의 명을 받아서 관찬지리지인 『여지고(輿地考)』와 『동국여지도(東國輿地圖)』를 편찬하게 됩니다. 이것은 결국 중국의 속국이 아닌 조선의 독자성을 강조하는 신경준의 역사지리관이 영조 대 조선의 공식적인 시각으로 자리매김을 하게 되는 것에 의미를 부여할 수 있습니다. 이러한 신경준의 학문적 위상에 대해서는 위당(爲堂) 정인보(鄭寅普)가 성호 이익(李瀷), 여암 신경준, 그리고 다산 정약용(丁若鏞) 등으로 이어지는 조선학의 계보를 설정하기도 하였습니다.

신경준의 유고를 보면 『여암집(旅庵集)』, 『여암유고(旅菴遺稿)』, 『여암전서』, 『여암산고(旅庵散稿)』, 『여암수필유고(旅庵手筆遺稿)』 등이 남아있습니다. 실제로 국립중앙도서관, 규장각한국학연구원, 한국학중앙연구원, 그리고 고려대학교 등 주요 기관에 신경준의 친필본을 비롯한 관련 저술물들이 소장되어 있습니다. 그렇지만 1939년에 위당 정인보가 운정(云丁) 김춘동(金春東)과 함께 교열을 했던 『여암전서』가 간행됨으로 인해 『강계고』, 『사연고』, 『산수고』, 『가람고』 등이 소개될 수 있었고, 신경준의 학문적인 위상이 널리 알려지는 계기가 된 것으로 보입니다. 더욱이 위당 정인보의 간행사업도 『여암전서』를 마지막으로 중단되어 버렸습니다.

주요 지리서 중 『강계고』는 신경준이 『동국문헌비고』에 참여하게 되는 배경이 되는 지리서로, 고조선부터 조선 중기까지 우리나라 강역의 시간적인 변화를 고증하고 있습니다. 반면 『사연고』는 영조 대라는 당시의 강역의 범위를 정리한 책으로 볼 수 있었습니다. 따라서 『강계고』와 『사연고』는 연속적으로 저술이 이루어지면서 『여지고』 편찬에 바탕이 되었습니다. 이때 '사연(四沿)'이라는 용어는 신경준 외에는 아무도 사용하지 않은 개념으로, 조선의 북쪽 경계는 백두산을 중심으로 압록강과 두만강으로 하고, 동해, 남해, 서해로 이어지는 세 범위를 함께 묶어 사연으로 규정하고 있습니다.

『도로고』는 영조 대에 이용되던 교통로에 대한 모든 정보를 종합하고 있는 책입니다. 따라서 『도로고』에는 어로(御路), 육대로(六大路), 사연로(四沿路), 역로(驛路), 파발로(擺撥路), 봉로(烽路), 해로(海路), 사행로(使行路)를 비롯하여 이를 보완하는 조석(潮汐)이나 풍우(風雨), 개시(開市) 등의 실용적인 정보도 담고 있는 지리서입니다. 다음으로 『산수고』는 국토의 뼈대와 핏줄을 이루는 12개의 산과 12개의 강을 체계적으로 정리한 최초의 지리서라고 볼 수 있습니다. 그래서 조선의 산천을 산경(山經)과 산위(山緯), 그리고 수경(水經)과 수위(水緯)로 나누면서 전체적인 구조는 '경(經)'으로 표현하고, 각 지역별 산천의 상세하고 개별적인 내용은 '위(緯)'로 표현하면서 우리 국토를 인식하고 있습니다. 『가람고』는 영조 대 334개의 군현 중에서 317개의 군현에 소재하고 있는 1,459개의 사찰을 기록하고 있는데, 당시 폐사(廢寺)로 기록되어 있던 11개 사찰을 제외하면 1,448개의 현존하는 사찰을 수록하고 있습니다. 따라서 『가람고』는 사찰을 대상으로 한 책이 단일본으로 처음 편찬된 데 의의가 있으며, 이후 정조의 명에 의해 1799년에 편찬되는 사찰지 『범우고(梵宇攷)』의 바탕이 되는 것으로 생각됩니다.

『여지고』는 신경준이 저술한 지리서들을 참고해서 제작이 됩니다. 따라서 역대 국계(國界) 부분은 『강계고』, 군현 연혁은 『동국군현연혁표(東國郡縣沿革表)』, 산천은 『산수고』, 도리(道里)는 『도로고』, 또 관방(關防)은 『도로고』 및 『사연고』와 내용이 유사합니다. 그래서 『여지고』가 편찬됨으로 인해 신경준의 지리지식이 국가적으로 공유화 되면서 이렇게 강역, 군현 연혁, 산천, 방어, 교통 등 국토에 대한 다양한 주제를 포괄하게 된 것으로 보입니다. 또 신경준은 지도 제작에도 참여하는데 홍양호의 묘갈명(墓碣銘), 『승정원일기』, 「동국여지도발(東國輿地圖

跋)」, 또는 「어제여지도소서(御製輿地圖小敍)」 등의 글에서도 살펴볼 수 있는데, 신경준은 『동국지도(東國地圖)』를 바탕으로 『열읍도(列邑圖)』 8권과 『팔도도(八道圖)』 1권, 「전국도(全國圖)」 족자 한 개를 완성하였다라고 하는데, 현재 보물 1587호로 지정되어 있는 규장각 소장 『조선지도(朝鮮地圖)』 7책을 대부분의 지리학자들은 신경준의 『동국여지도』에 있는 『열읍도』로 추정하고 있습니다. 또, 보물 1598호로 지정되어 있는 경희대학교 혜정박물관 소장 함경도 · 경기도 · 강원도지도 4장과 보물 1599호로 지정된 개인 소장의 『경상총여도(慶尙摠輿圖)』 1첩은 신경준의 『팔도도』 원본이거나 후대 필사본으로 추정하고 있습니다.

한편, 신경준의 국토 인식과 관련하여, 『도로고』에서 경(經), 위(緯), 주위(周圍) 순으로 6대로와 사연로로 우리나라의 도로망을 정리했습니다. 그래서 동서남북이라는 사연(四沿) 안에 우리나라 영역의 범위를 유기적으로 엮어 『도로고』에 설정하고 있습니다. 특히 백두산을 사연로의 출발점으로 삼아, 압록강-백두산-두만강을 잇는 지역을 우리나라 북쪽 경계로 설정을 했고, 이러한 영토 인식은 영조 대의 가장 정확한 자료를 바탕으로 제작된 『조선지도』와 『도로고』에서 확인할 수 있습니다.

조선 후기에는 다양한 주제별 지리서가 활발하게 편찬되었고, 또 국가는 중앙집권적인 통치 체제를 강화하고, 또 효율적인 지방 통치를 위해서 이러한 지리서와 지도 편찬에 노력을 한 것 같습니다. 따라서 영조 대 학문의 종합화 또는 전문화가 일어나는 시기에 신경준이 지리서를 편찬하는 것은 학문의 전문화 경향도 반영하고, 이 시기에 지리학이 독자성을 가지는 계기를 만들면서 조선 지리학이라는 분류사를 체계한 것으로 평가할 수 있습니다. 그리고 신경준의 학문적인 성과는 산수와 도로를 대동보(大同譜) 형식으로 정리한 『산경표(山經表)』나 『거경정리표(距京程里表)』에서 실용화되고 있으며, 고산자 김정호가 제작하는 『청구도(靑邱圖)』, 『대동여지도(大東輿地圖)』, 『대동지지(大東地志)』 등의 지도와 지리서의 바탕이 되고 있습니다.

신익철 류명환 선생님 글의 내용에 대해 궁금하신 거 말씀해 주시죠. 제가 사회를 보다 보니까 이렇게 말문이 막히면 그냥 떠오르는 대로 제가 먼저 질문 드리게 되네요. 신경준은 육지뿐만 아니라 바다에 대해서도 상당히 관심을 가지고 해양의 교통로에 대해서도 정리해 놓지 않았습니까? 제가 이제 이쪽 분야에 과문해서 그러는데요. 신경준만큼 이 시기에 그렇게 해로(海路)에 관심을 가진 분이 또 있었는지, 아니면 신경준 지리 인식의 독특한 면모인지가 궁금합니다. 사실 제가 알기로는 근대라고 하는 것이 해양 문화로부터 전개되는 측면이 있는데, 그런 것과 관련해서도 신경준이 해양의 중요성을 미리 인식한 측면이 있는 건지 하는 생각이 듭니다.

류명환 해로 같은 부분은 실질적으로 신경준이 단독으로 했다기보다는 그 이전에 신숙주(申叔舟)가 썼던 『해동제국기(海東諸國記)』 등을 바탕으로 하고 있습니다. 신경준이 직접 경험하지 못한 부분들에 대해서는 아마도 기존에 있는 책들을 인용한 것으로 생각됩니다. 그런데 인용한 책이 무엇인가에 대해서는 좀 애매한 부분들이 있습니다. 특히 『사연고』의 경우에는 『동국여지승람(東國輿地勝覽)』, 『동국여지지(東國輿地志)』, 『빈일쇄록(賓日鎖錄)』, 『동국지리지(東國地理志)』, 『고사촬요(攷事撮要)』, 『통문관지(通文館志)』, 『필원잡기(筆苑雜記)』, 『해사록(海槎錄)』 외에도 『대명일통지(大明一統志)』, 『문헌통고(文獻通考)』,

『왜기(倭記)』, 백사(白沙) 이항복(李恒福)의 계(啓), 조운흘의(趙云仡) 상서(上書) 등 여러 문헌들을 참고하는 것으로 되어 있습니다.

신익철 교수님께서 신경준이 관직에 들어오기 전에는 어문학적인 연구를 많이 했다고 하였는데, 관직에 임용되면서부터는 영조의 명을 받아 지도와 지리서 제작에 신경준의 역량이 발휘된 것으로 생각됩니다. 특히, 지도와 지리서 제작에는 지명 고증 부분이 많이 포함되어 있기 때문에 그것을 해결하는 방법에 언어학적인 고증을 바탕으로 타의 추종을 불허할 정도의 완성도 높은 저술물을 제작한 것으로 판단됩니다. 그리고 선학(先學)들의 책을 잘 살펴보고, 그 시대에 맞게끔 잘 인용하여 좋은 책들을 만들 수 있었다고 봅니다.

신익철 예. 근데 지금 하신 말씀 잘 알겠는데……. 제가 궁금했던 것은 연해(沿海)의 도로망이나 해로는 육지의 지리 교통망이라든지 지도라든지 하고는 좀 다른 성격이 있지 않나요. 여암 이전에 지리적 관심에서 이런 점에 대해서 주목하고 저작으로 남긴 분이 있었는지, 그게 제가 궁금해서 질문을 드린 겁니다.

류명환 네. 저도 『도로고』와 『사연고』에 있는 내용 중 해로 부분은 어떤 책을 참고 및 인용하였는지 확인하지 못하였습니다.

고동환 해양 파악에 대해서 「관방(關防)」의 해로항목을 보면 좌협, 우협의 암초까지도 상당히 자세히 기록돼 있거든요. 이는 경험을 바탕한 것이고……. 내가 볼 때는 호조(戶曹) 소속 조운선(漕運船)의 항로에 대한 기록들이 축적되어 남아 있을 수는 있겠다고 생각합니다. 조운 경로상에 30리 정도의 거리마다 각 참을 두고 점검을 했으니까요. 그러한 자료들이 『여지고』나 『도로고』를 편찬할 때 여암한테 수집된 것으로 추정됩니다. 실제 보면 놀라울 정도로 자세합니다. 조선시대는 정확한 항해지도가 없었으므로 낮에는 '육표도항(陸標導航)'이라고 해서 육안으로 식별할 수 있는 표지를 토대로 운항했습니다. 그러므로 예전 사람들은 항로상에 보이는 조그만 섬은 물론 암초까지도 기록했고, 그 기록들을 토대로 해서 그게 만들어진 것 같아요. 오늘날 해양수산부에서 섬들을 어느 정도 파악하고 있나 궁금해서 홈페이지에 들어가 봤더니, 『도로고』의 좌협, 우협에서 파악된 해양 정보가 훨씬 더 많습니다. 그만큼 지금 신 선생님 말씀하셨던 대로 여암이 파악한 해양에 대한 정보는 대단한 겁니다.

신익철 이게 여암 이전에는 아마 그 정도로 상세하게 정리하고 체계화시킨 분이 잘 보이지 않고, 그 중요성을 발견하지 못한 점이 있다는 거죠? 선생님 말씀이……. 아마 바다나 해로에 대해 여암만큼 관심을 가지고 그 중요성을 인식한 사람도 드물지 않았나 하는 생각이 듭니다.

고동환 뱃사람들은 이미 익숙하게 알고 있는 정보인데, 이것을 문자로 남긴 거는 여암이 처음인 게 아닌가 싶습니다.

신익철 마지막으로 박권수 선생님이 여암의 과학사상 분야에 대한 원고를 집필하셨는데요. 선생님이 그 내용을 요약해 말씀해 주시고, 우리가 관련 내용을 토의하도록 하겠습니다.

박권수 여암 신경준의 과학 사상이라는 제목으로 글을 썼는데요.

이제 그 내용들은 신경준 저술에 있는 천문학 저술, 그리고 조석(潮汐) 관련 저술, 그리고 기술 관련된 저술들, 상수학 관련 진술들을 소개를 하고, 그런 것들의 지식사적 맥락 이런 것들을 드러내는 내용으로 썼는데요. 이제 신경준의 과학 사상을 어떻게 평가할 것이냐라는 부분과 관련해서, 예전의 말들 그리고 그전에 상수학적, 철학적 논의들에 대해서 이야기를 하면서 서술을 했습니다. 근데 사실 글에는 적지 않았지만 말씀드리고 싶은 게, 신경준의 과학 기술 관련 저술이 분량이 적지는 않습니다. 그런데 그렇다고 해서 아주 많지도 않습니다. 그리고 또 하나, 이게 우리가 글을 쓸 때 이게 없다라고 쓰는 것을 참 싫어하거든요. 그건 뭔가 표본으로 놔두고서 이 사람에 비해서는 이게 없다라고 말하는 것이기 때문에……. 예를 들면, 과학 기술과 관련해서 이야기를 하자면 대표적으로 천문학 관련 저술이 적습니다. 그러니까 천문 특히 역법에 관한 저술이 별도로 없어요. 별로……. 근데 당시에 (신경준은) 『동국문헌비고』 찬술에도 참가했고, 그러면 서호수(徐浩修) 집안의 인물들하고도 이야기하고 그러다 보면 당시 대표적인 천문 역산 서적인 『역상고성(曆象考成)』은 분명히 봤을 겁니다. 이 사람이 안 봤을 리가 없거든요. 어떻게 한번 껍데기라도 봤을 거라고 생각하고요. 아마 내용도 좀 봤을 겁니다. 근데 그런 내용이 없다라는 겁니다. 왜 이렇게 말씀드리냐면, 흔히 우리가 과학사의 글쓰기와 관련해서 약간은 노이로제 같은 습관이 있는데요. 과학기술사 서적들을 한번 보시면 처음에는 천문학서부터 나옵니다. 수학사, 천문학사, 그다음에 지리학 나오고, 그다음에 기술 나오고, 기타 등등이 나오거든요. 근데 (신경준의 저술에 대해서도) 이런 눈으로 보게 되는 거죠. 따져보면 전통시대에는 '과학'이라고 할 만한 하나의 큰 덩어리로 동일한 것이 없었고, 우리가 그래도 비슷하게 보려고 하는 것이 '자연철학'이라는 용어로 볼 수 있는 것들인데…… 그럼에도 불구하고 신경준에게 있어서 과학 전반에 대해서 어떠한 관점을 갖고서 생각했을까를 한번 이야기해 볼 수는 있다고 생각하기 때문에 이런 제목을 갖는 거죠. 근데 어쨌든 다른 당대의 유학자들이나 성리학자들 또는 실학자들과 비교해보면 신경준의 과학 기술 관련 저술이 적지는 않습니다. 하지만 또한 아주 많지도 않습니다. 왜냐면 당시에 실학자나 유학자들 중에 과학 기술 관련 저술 자체가 많이 없습니다. 기본적으로는. 그런데 그렇다고 해서 아주 풍부하게 많지는 않고 또 체계적이지는 않습니다. 그러니까 체계적으로 저술된 게 아니라는 건 분명하다는 거죠.

또 하나 이제 역학, 상수학과 관련된 특징들과 관련해서 보면, 신경준 저술에 역학 관련된 저술이 없습니다. 상수학과 관련된 단독 저술이 또 있는 건 아닙니다. 「소사문답」이라든지 이런 자연 철학적 저술은 있지만, 역학 자체에 대한 저술은 없습니다. 그래서 처음에 신익철 교수님께서 '고증학 역량' 이런 이야기를 하셨는데, 그와 관련해서 말씀을 좀 드리면, 예를 들면 서양의 과학이 이제 중국이나 동아시아 세계에 들어왔을 때 그것들에 대응하는 것에 대해 하나의 논의하는 맥락의 방식이 있는데, 뭐냐 하면, 중국 동아시아 지식인들이 서양의 새로운 지식들을 가져와서 받았을 때, 그것들을 대하는 하나의 방법이, 이해하고 대하는 방법이, 어떤 문헌학적인 어떤 반응을 가하는 거죠. 즉 '아, 과거에 우리의 문헌들에도 보니까 이런 것들이 자세하게 있었고, 이런 것들이 있구나'하고 구체적으로 찾아가는 거죠. 그래서 그러한 문헌학적인 대응이 사실 고증학적인 반응으로 나온다라고 봅니다. 그니까 로지컬한 대응이 나오고……. 그게 더 발전을 해서 사실은 그야

말로 구체적 사물에 대한 연구, 아까 음운에 대한 그런 구체적인 것들에 대해서 더욱더 깊이 있는 연구가 나오거든요. 그래서 역학 같은 경우는 다 박학역(樸學易)의 단계에 도달함으로써 완전히 문헌학적인 차원에서 호위(胡渭)나 염약거(閻若璩) 같은 사람들에 의해 송(宋)대 역학에 대해서 강하게 비판이 가해지는데, 그러한 흐름이 이때 또 들어왔거든요. 특히 정조 대에 되면 들어옵니다. 들어와서 논의를 한단 말이에요. 근데 그러한 부분들이 (신경준의 저술에는) 없습니다.

또 서양에 과학 지식이 들어왔을 때 또 하나의 반응이 뭐냐 하면, 새로운 어떤 통합적인 우주론 체계, 자연 철학 체계를 만들려고 하는 반응이 있다고 봅니다. 신경준을 굳이 그 둘 중에 하나 이야기를 한다면, 이 후자 쪽에 속하는 겁니다. 그래서 기존의 어떤 지식 체계들을 통해서 새로운 지식 체계들을 수용하고 새로운 포괄적인 체계를 만들려고 한 건 분명한 것 같다. 그런 사람인 거라고 생각 드는데요. 그런 점에서 이제 글에서 무엇이 없다고 말하기에는 조심스러워서 적지는 않았는데…… 좀 어쨌든 조금씩 언급을 해야 될 필요성을 느끼고 있습니다. 그런 부분에 대해서 조금 더 평가를 한다는 차원에서요. 그래서 그런 내용들을 좀 수정을 하면서 넣고 있고요.

그리고 이제 다시 돌아가서, 그럼 이제 신경준의 과학이나 기술적 지식과 저술들에 대해 어떻게 평가할 것이냐는 거죠. 구체적이고 아주 자세한 실질적인 지식에 대한 탐구는 분명히 있었고, 그런 내용들이 풍부하게 들어가 있는데, 또 한편으로는 전통적인 자연 철학, 음양오행이라든지 또는 상수학적인 이러한 어떤 해석들이 분명히 깃들어 있습니다. 저는 사실은 이제 예전에 신경준에 관한 글을 썼을 때는 이런 식으로 썼습니다. 그러니까 과거에 선배 학자들이 그런 전통적인 자연 철학이나 상수학이나 이런 거에 대해서 주목하지 않았고 또 지금 같이 실용적인 그런 내용들에만 주목하는 것에 대해서 비판하는 관점에서, 신경준은 크게는 성리학자로서, 어떤 지식에 대한 아주 자세한 포괄적인 탐구와 체계적인 탐구 자체가 성리학자의 학문적 자세에서 크게 벗어나는 것이 아니다 라고 평가를 주로 하였습니다. 이제 다른 선생님들 말씀을 듣고 또 저도 이번 기회에 다시 보고 나니 아까 말씀드린 것처럼 상수학이나 이런 면들을 성리학적 어떤 성격이라고만 무조건 치부할 거냐는 거죠. 그래서 어떻게 보면 과거에 명물도수지학(名物度數之學)에 대한 관심이라는 말들을 많이 썼지 않습니까? 고동환 선생님도 그런 말씀을 논문에서 넣으시고, 과거에 북학파(北學派)를 이야기할 때도 명물도수지학적 관심에 대해서 주목을 하시고 그러셨는데……. 그러한 명물도수지학적 관심도 이제 실학적 관심의 일환으로서 파악을 하는 거죠. 그 부분에 대해서 상당히 동의를 합니다. 이 명물도수지학이라고 할 때 그때는 이런 상수학적인 수학이 아니라 보다 실제적인 수학과 관련된 부분만을 강조를 하시는데, 그런 부분도 있긴 하지만 또한 전통적인 상수학적인 부분들도 있다라고 분명 보이는데요.

그런데 이제 다시 생각이 드는 게, 그런 상수학적인, 전통 철학적인 그러한 부분들조차도 실제적 지식에 대한 관심의 일환으로 봐야 할 수 있다고 생각되는 거죠. 이게 전통적인 것이냐 새로운 것이냐로 너무 양단(兩斷)하려고 하는 관점을 좀 버린다면, 어찌 보면 그러한 수리적인 것에 대한 관심, 상수학적인 관심, 보다 은밀한 것에 대한 관심조차도 실제적인 지식에 대한 관심의 연장선이라고도 보인다는 거죠. 근데 그러한 것이 아주 새로운 것은 아니고, 과거로부터 존재하던 것이 어떤 모습이긴 하지만 이때 새롭게 신경준을 비롯해서 학자들에 의해서 보다 새롭게 나타난다고 말하거나, 실용적 지식에 대한 관심이 일환이라고 말해도 크게 틀리지는 않다라고 생각되면서…… 제가 판단을 조금 조심스럽게 바꾸게 되는 계기가 아닐까 생각합니다. 그래서 수정을 하면서 그런 내용들을 조금 넣고 있습니다. 사실 그런 부분이 있는데, 그 부분 자체도 참 조심스러워서요. 어찌 보면 똑같은 어떤 내용에 대해서 판단을 다르게 하는 부분이기는 한데……. 어쨌든 조금 더 균형감 있게 볼 수 있는 시각이라고 생각됩니다. 저는 실학이라는 것과 약간 전통적인 것들을 너무 적대적으로 보는 것을 조금 지양한다면 좀 더 포괄적으로 이해할 수 있다는 생각이 들고, 그런 점에서 신경준의 과학 사상도 비록 체계적으로 다 건설되어 있는 건 아니지만, 여암 선생의 세계를 바라보는, 자연의 세계를 바라보는 관점들이 조금 더 이해가 됩니다. 그런 식으로 조금 더 수정을 하고 보완을 할 생각을 하고 있습니다. 선생님들 도움 주신 말들을 반영을 해서 수정을 하도록 하겠습니다.

고동환 천문학에 대한 저작이 없다. 이게 또 하나의 특징일 수가 있다는 거죠?

박권수 없다는 것을 '특징'이라고 말하기가 참 그러잖아요.

고동환 아니 그러니까, 나는 그게 상당히 중요하다고 보이는데…….

그러니까 여암은 천도(天圖)는 그리기 쉬운 반면 지도(地圖)를 그리는 건 엄청 어렵다라고 얘기합니다. 조선 후기 사회에서 천문학이 가지는 실용성은 어디서 찾을 수 있을 것인가? 물론 24절기를 확정하고 농사를 준비하는 것은 별개로 하고요. 당시 24절기에 대한 파악은 천문학에 대한 심오한 연구가 아니어도 경험적으로 어느 정도 확립되고 있었다고 이해됩니다. 그 외에 천문학은 달력을 제작하는 데 필요한 지식들을 제공했을 거라고 생각됩니다. 여암은 「무명(無名)」이라는 글에서 아름다운 꽃을 보고 아름다움을 그냥 즐기면 그걸로 끝이지 왜 굳이 이름을 알려고 하느냐라고 얘기합니다. 여기서 보듯이 여암은 극단적 실용주의의 단면을 내보이고 있습니다. 실용성 측면에서는 천문학은 지리학의 상대가 되지 못합니다. 지금 박 선생님의 여암이 천문학에 관심이 없었다는 지적을 들으면서 이 측면이 여암 사상의 특성일 수도 있겠다고 생각이 듭니다.

박권수 근데 이제 한편으로는 또 이런 「소사문답」 등을 보면, (신경준이) 세계에 대해 전체적인 어떤 면을…… 그것을 관찰을 하고 또 이렇게 통합적으로 생각을 안 하는 분도 아니고, 물론 젊을 때 그것이 저술됐다고 하지만……. 그래서 천문학이라고 하는 게 아까 말씀하신 것처럼 실용적인 차원에서는 딱 달력이거든요. 달력이고 또 한 시각입니다. 그런데 그건 분명히 중요한 부분이거든요. 그래서 그 부분에 대해서는 신경준 선생도 내용에 분명히 관심이 있었고 저술도 있는 것 같아요. 북극고도(北極高度)에 대한 내용이라든지 팔도시각(八道時刻)에 대한 관심이 분명히 있었으니까요, 말씀처럼…….

고동환 그러니까, 지리를 확정하기 위해서 북극고도 측정이 필요한 것이죠. 그리고 아니 쉽게 얘기해서 우리가 천동설(天動說), 지동설(地動說) 얘기하지만, 천동설이든 지동설이든 그게 현실 생활에서는 큰 의미가 없는 거잖아요?

박권수 네. 근데 어쨌든 학자라고 하면 이 세계 전체에 대해서 분명히 뭔가 이 세계 속의 땅이 어떻게 생겼고 이 세계가 어떻게 생겼고 우주와 하늘이 어떻게 생겼는지 분명히 관심이 있었을 것이고 분명히 또 토론도 했을 거라 생각합니다. (신경준이) 만난 학자들이 그러한 사람들이었기 때문에 분명히……. 그런데 저술로 안 남겼을 뿐인데, 단편적으로 생각하면 신경준의 학문적인 백그라운드, 성장 과정에서 여러 지역들에서 공부를 하고 또 여러 지리적인 지식들을 쌓아오면서 올라오고, 그게 하나의 배경이 아닌가, 어릴 때부터 서울에서 자라고 근무하던 시기, 그 당시의 경향 분기 내에서 그때 최첨단의 지식 즉, 중국에서 들어온 것도 바로바로 습득하고 그런 것은 아닌데, 나중에 사환(仕宦) 이후에 물론 또 중간 중간 여러 가지 정보를 통해서 서울의 학문들을 접하긴 했겠지만, 그것 자체에 또 이렇게 워낙 접하기 힘든 지식이기도 하고 책이기 때문에요. 황윤석(黃胤錫) 같은 경우는 『역상고성(曆象考成)』 내용들 보려고 (서명응, 서호수 집안을) 여러 번 찾아가서 보고 그러잖아요. 그런 것처럼, 이 분의 성장, 학문적 성장 배경과도 관련이 있다는 생각이 듭니다. 고동환 선생님 말씀하신 것처럼 분명히 실질적인 면들에 대한 그런 것도 분명히 나타나긴 하는 것 같습니다.

고동환 그러니까 극단적 실용주의자, 이런 표현이 맞을지 모르겠지마는…….

박권수 너무 강한 것 같습니다.

신익철 그러니까 여암의 저작 중에서 저는 개인적으로 느끼게 되는

게 그 당시에 중요한 경학에 관한 저술은 전혀 남기지 않았죠.

박권수 네. 그것도 없습니다.

신익철 그러니까 현실과 동떨어진 형이상학적 문제를 탐구하는 것에 대해서는 확실히 여암은 달가워하지 않았던 것 같아요. 그리고 뭔가 현실에 관련이 있는 분야로 언어라든지 지리, 그 다음에 여러 가지 도로망, 이런 것에 대해서는 매우 체계적으로 정리하고 또 성률 같은 분야도 상당히 관심을 가졌지요. 이런 면에 있어서는 본인이 관심 가지는 분야나 실용과 관련된 것에 대해서는 깊은 관심을 가지고 학문적으로 체계화시키는 데에 상당한 노력을 경주(傾注)했다고 생각됩니다. 그에 비하면 당시 양반 사대부들이 많은 관심을 가졌던 천문학이나 경학(經學)이나 이런 문제에 대해서는 거의 저작을 남기지 않았구요. 이 점은 여암의 특징적인 면모로 생각됩니다.

박권수 예. 정약용만 해도 사실은 역학 관련 저술들이 큰 게 몇 덩어리가 있고, 그것들에 청대 고증학 영향과 같은 것들이 드러나지만, 참 재미있는 내용들도 많이 있고, 또 홍대용도 보면 역학 관련된 내용들이 또 있거든요? 이기론에 대한 내용도 있고 그런데……. (신경준의 저술에는) 태극에 대한 어떤 내용도 없고, 특별한 저술이 따로 있는 것도 아닙니다. 그런 점이 분명히 특징적인 부분인 것 같습니다.

신익철 예. 그래서 신경준에 대해 개성이 강한 그런 실학자로 보통 얘기하지 않나. 지금 말씀하신 게 우리가 실학사 안에서 이 분의 사상적 위치를 어떻게 보아야 할지 이런 문제하고 통하는 것 같습니다. 그와 관련해서 더 말씀해주셨으면 합니다.

고동환 여암 자료의 정본을 확립해 가는 게 중요합니다. 제가 예전에 순창 남산골 종택을 방문해서 얘기를 들어봤더니 위당 선생이 『여암전서』를 만들면서 남산골에 있는 자료들 다 가져갔답니다. 근데 안 돌아온 자료도 많다고 합니다. 그래서 여암 자료들이 많이 흩어졌을 수도 있기 때문에 적극적으로 조사해서 여암이 직접 저작한 것과 학습용으로 다른 사람들의 저작을 초록한 것 등을 자세히 검토해서 정본을 확립하는 작업이 1차적으로 필요할 것 같고요. 또 하나 아까 신 선생님이 얘기했던 것처럼 이렇게 실학사상사 쪽에서의 어떤 위상들을 어떻게 볼 거냐. 위당은 성호와 다산 사이에 여암을 위치시켰는데, 사실 성호가 가지고 있는 그 관심들, 서학(西學)에 대한 관심들 상당히 대단하잖아요. 성호가 가지고 있는 저술의 폭이 엄청나게 넓은데, 여암은 거기 하고는 확연히 다른 그런 분위기가 느껴져요. 그래서 이걸 또 어떻게 연결시킬 것인가도 한 번 우리가 좀 고민해봐야 되지 않겠나 이런 생각을 해봅니다.

신익철 예. 그러니까 아마도 일반적인 호남(湖南) 실학의 범주에 가둘 수는 없지 않을까요?

고동환 네네. 저는 호남 실학자로 여암을 가두어서는 여암을 제대로 볼 수 없다고 생각합니다.

신익철 여암의 학문적인 배경이나 또 관료 생활에서 습득한 여러 가지 실무 경험을 실학적인 저작으로 남긴 거로 보면 호남 실학의 테두리 안에서만 논해서는 곤란하지 않은가 하는 생각이 듭니다. 여암 저작에 대해서는 사실 류명한 선생님께서 『사연고』를 보면서 많은 점을 느끼신 것 같은데, 그와 관련해서도 한 말씀해주시죠.

류명환 제가 『사연고』 연구를 하면서 고려대학교 소장 『사연고』 필사본과 『여암전서』에 수록된 『사연고』 교열본을 비교하면서 일부 내용을 변경하거나 의도적으로 삭제한 용어들을 다소 발견하였습니다. 『사연고』는 『여암전서』 7책 중 1939년 7월 30일에 간행된 3책 권8~9에 실렸는데, 1책으로 권 수 구분이 없는 필사본을 교열본에서는 2권으로 나누어 편집하였습니다. 이때, '왜구(倭寇)'는 대부분 '해선(海船)'으로, '왜적(倭賊)'과 '왜선(倭船)'은 '일선(日船)' 혹은 '해선(海船)'으로, '적(賊)'·'적선(賊船)'·'적왜(賊倭)'의 경우도 일부는 '해선(海船)'으로 교열하였지만 대부분은 삭제하였습니다. 일본인을 얕잡아보는 '만인(蠻人)' 혹은 '만(蠻)' 자도 삭제하였고, '왜언(倭言)'은 '일어(日語)'로, '왜경(倭京)'은 '일경(日京)' 등으로 교열이 진행됩니다. 이것은 『여암전서』가 발간되기 전인 1939년 6월 30일 조선총독부 경무국 도서과에서 내린 「편집에 관한 희망 및 지시사항」에 따른 것으로, 『사연고』에 언급되는 중국과 일본 관련 단어와 기사들을 교열할 때, 조선총독부의 조선통치정신에 위반된다는 기준에 의해 『사연고』 발간을 위해 일부 문장과 단어를 변경해 검열을 피할 수밖에 없었던 것으로 생각됩니다. 더욱이 신경준 저술서 연구자들의 대부분이 『여암전서』에 실린 위당 정인보와 운정(云丁) 김춘동(金春東)의 교열본에 의존하고 있지만, 교열본은 필사본을 그대로 옮기지 않은 부분도 있기 때문에 연구자들이 일제강점기에 발간된 자료를 참고로 할 때, 이에 대한 주의가 필요하며, 교열에 바탕이 된 원본을 확인해야만 연구의 오류를 피할 수 있다고 봅니다.

고동환 1939년 『여암전서』를 간행할 때 위당이 총서(總敍)를 썼는데 실리질 못해요. 이 글은 최근 위당 전집 만들면서 거기에 실렸는데, 이 글에서 보면 여암을 상당히 높이 평가하죠. 여암이 발탁되어 제대로 쓰였으면 나라가 망하지 않았을 텐데, 오히려 우리나라가 일본보다 더 나았을 텐데, 이런 글을 썼습니다. 이 글이 실리지 못한 이유가 얘기를 들어보니 검열 때문으로 보입니다.

신익철 일제강점기 때 간행되다 보니까 그런 게 분명히 있을 것 같고, 여암의 저서 중에 좀 흩어진 것들이 확인이 되면 이런 걸 다 포함해서 『여암전서』를 정본화하는 그런 작업도 앞으로 꼭 필요하리라는 생각이 듭니다.

고동환 『태서수법(泰西水法)』이 1939년 간행된 『여암전서』에 실렸는데, 저는 이는 여암의 조부 신선부(申善溥)가 참고했던 자료가 아닌가 추정하고 있습니다. 신선부는 성균관(成均館) 진사(進士)로 한 10년 동안 있으면서 다양한 과학기술, 서학에서 전래된 수차(水車)나 천문의기(天文儀器) 등을 직접 만들어서 실험했다고 그러거든요? 또 『태서수법』은 서영보(徐榮輔)의 문집 『죽석관유집(竹石館遺集)』에도 그대로 실려 있습니다. 그래서 18세기 지식인들에게는 『태서수법』이 상당히 광범위하게 베껴지고, 그런 거 아닌가 싶습니다. 여암만 그런 게 아니고…….

신익철 그것도 고동환 선생님께서 『여암전서』에 있는 글 중 여암의 저작이 아닌 것도 일부 포함되어 있다는 걸 처음으로 밝혀 주셨죠. 이런 저런 문제를 다 포함해서 『여암전서』가 제대로 정본화되는 작업이 이루어지면 참 좋겠습니다.

예. 이상 마지막으로 우리가 여암의 저작(著作)을 접할 때 주의해야 할 점, 그리고 실학사상사에서 여암의 위치를 어떻게 평가해야 할지, 그 다음에 실용적인 것에 대한 비상한 관심과 함께 상수학이나 역학에 대해서도 조예가 깊었던 이런 측면을 어떻게 이해해야 될 것인지 등에 대해서 어느 정도 관련 논의가 있었던 것 같습니다. 혹시 마지막으로 이와 관련해서 꼭 하실 말씀이 있으시면 한 말씀 해 주셔도 좋습니다.

예. 더 이상 하실 말씀이 없으신 것 같고 시간도 상당히 경과했으니, 오늘 집담회는 여기서 마치는 걸로 하겠습니다. 우리가 함께 모여서 이야기를 나누었다면 끝나고 나서 당연히 식사를 함께 하면서 회포를 풀 수 있었을 텐데, 코로나 사태로 그런 기회를 갖지 못해 못내 아쉽습니다. 나중에 책이 출간될 때 꼭 함께 만나서 식사 하면서 술 한 잔 나눌 기회가 허락됐으면 좋겠습니다. 그럼 오늘 온라인 회의를 마치도록 하겠습니다. 고맙습니다.

일동 : 수고하셨습니다. 건강히 계십시오.

정리 : 감준희(한국학중앙연구원 한국학대학원 박사)

가

아

집필진(원고 게재 순)

고동환 · KAIST 인문사회과학부 교수
신익철 · 한국학중앙연구원 한국학대학원 인문학부 교수
이준환 · 전남대학교 국어국문학과 교수
류명환 · 한국학중앙연구원 전임연구원
박권수 · 충북대학교 창의융합교육본부 교수

실시학사 실학연구총서 17

여암 신경준 연구

1판 1쇄 발행 2022년 5월 20일

기　획 : 재단법인 실시학사
집필진 : 고동환 · 신익철 · 이준환 · 류명환 · 박권수
펴낸이 : 김병환
펴낸곳 : 학자원
주　소 : 서울시 강동구 천호대로 1121
전　화 : 02) 6403-1000
팩　스 : 02) 6338-1001
E-mail : hakjaone@daum.net
등　록 : 2011년 3월 24일 제2011-14호

ISBN 979-11-6247-269-9 94810
979-11-87806-76-9 (세트)

값 45,000원